樊崇义教授八十华诞著作系列 9

诉讼原理

主编　樊崇义

中国人民公安大学出版社
·北　京·

图书在版编目（CIP）数据

诉讼原理 / 樊崇义主编. —北京：中国人民公安大学出版社，2020.1

（樊崇义教授八十华诞著作系列；9）

ISBN 978－7－5653－3799－4

Ⅰ. ①诉… Ⅱ. ①樊… Ⅲ. ①诉讼法－法的理论－研究 Ⅳ. ①D915.01

中国版本图书馆 CIP 数据核字（2019）第 216395 号

诉讼原理

主编 樊崇义

出版发行：中国人民公安大学出版社

地　　址：北京市西城区木樨地南里

邮政编码：100038

经　　销：新华书店

印　　刷：天津盛辉印刷有限公司

版　　次：2020 年 1 月第 1 版

印　　次：2020 年 1 月第 1 次

印　　张：42.25

开　　本：787 毫米×1092 毫米 1/16

字　　数：710 千字

书　　号：ISBN 978－7－5653－3799－4

定　　价：175.00 元

网　　址：www.cppsup.com.cn www.porclub.com.cn

电子邮箱：zbs@cppsup.com zbs@cppsu.edu.cn

营销中心电话：010－83903254

读者服务部电话（门市）：010－83903257

警官读者俱乐部电话（网购、邮购）：010－83903253

公安业务分社电话：010－83905672

总　序

樊崇义教授是我国著名法学家，是刑事诉讼法学、证据法学的领军者，在国际上享有崇高声誉和威望。在长期的法学教育和科研工作中，樊崇义教授笔耕不辍，著述鸿博，成果丰硕，他出版著作、教材近四十部，发表论文三百五十余篇，主持国家级、省部级以上科研课题十余项，有多部著作获司法部、教育部等省部级以上科研奖。他主编的《迈向理性刑事诉讼法学》一书获得第一届中国出版政府奖提名奖；主编的《刑事诉讼法学》和《证据法学》多次再版，被司法部、教育部列为法学高等教育国家级规划教材。

追求真理是樊崇义教授的学术使命。樊崇义教授拥有认知事物、辨别真理的大智慧，在长期的法学理论和实务研究中，积极主张我国刑事诉讼程序的科学化与民主化，证据法学的哲理化与现代化，开创性地提出了许多奠定我国刑事诉讼法学和证据法学学科及其理论基础的重要学术理论和研究方法，在法学界和实务界得到了广泛的认同。早在1996年，他在证明标准上提出了“法律真实观”；2000年年初，提出了“诉讼认识论”和“刑事诉讼法律观的转型”；2002年，提倡“刑事诉讼人本主义”，倡导实证研究方法；近年来，又率先提出部门法学哲理化，首倡刑事诉讼法哲理思维。这些都对我国刑事诉讼和证据理论及其应用产生了深远影响。

学以致用体现了樊崇义教授的使命担当。樊崇义教授长期投身于我国法治现代化建设，积极参与刑事诉讼法修改和司法体制改革，为国家立法建言献策，将自己的学术主张变为立法现实，为我国法治建设作出了杰出贡献。例如，樊崇义教授主持了侦查讯问中的录音、录像和律师在场等三项制度项目研究，其成果——全程录音、录像制度在2012年刑事诉讼法修改时被正式确立为一项诉讼制度；2018年刑事诉讼法修正案确立的值班律师制度也是该项目研究成果——律师在场的重要体现。2012 年刑事诉讼法修改时将“证据确实、充分”的证明标准解释为“排除合理怀疑”，这是对樊崇义教授提出的“法律真实观”的接受和肯认。此外，樊崇义教授还经常走出校门，到实务部门讲学，播撒最前沿的法学知识，提升司法人员业务素质，直接推动我国法治文明的进步。

适逢樊崇义教授八十华诞之际，应学界同仁及同门弟子盛情相邀，获中国人民公安大学出版社鼎力支持，我们编辑出版了“樊崇义教授八十华诞著作系列”，该著作系列共二十部，包括四部分：

一是樊崇义教授近年来独著、合著或主编的理论价值较高、在法学界和实务界影响较大的学术著作的重新编辑出版，共十四部，包括《刑事诉讼法实施问题与对策研究》《刑事诉讼法再修改理性思考》《正当法律程序研究——以刑事诉讼程序为视角》《刑事审前程序改革实证研究——侦查讯问程序中律师在场（试验）》《迈向理性刑事诉讼法学》《侦查讯问程序改革实证研究——侦查讯问中律师在场、录音、录像制度试验》《部门法学哲理化研究》《检察制度原理》《诉讼原理》《刑事诉讼法哲理思维》《刑事证据制度发展与适用》《论检察》《刑事证据规则研究》《底线——刑事错案防范标准》。这些著作的重新出版基本上保持了书稿原貌，只是校正原书中的错字、漏字、衍字及明显有误的标点符号，订正错误的引注。这些著作出版时间跨度较大，其间刑事诉讼法经过两次大修，《宪法》《律师法》和其他法律法规、司法解释也有修改，为避免不必要的混乱，原书中涉及或者援引的法律条文序号及内容保持不变。一方面，书中有很多内容是针对原法条的不足和缺陷提出的分析和修改完善意见，保持原样可以更好地体现当时的学术讨论与争鸣的原貌；另一方面，读者可以从法条内容的前后变化和书中修改完善意见的比较中发现樊崇义教授对于我国刑事诉讼和证据立法的贡献。

二是樊崇义教授近十年来发表的主要学术论文，按照研究的内容及其内在的逻辑关系，整理编辑形成四部新的学术专著，包括《刑事诉讼法学方法论》《刑事诉讼程序的改革与发展》《证据法治与证据理论的新发展》《司法制度与司法改革》。所选论文均是樊崇义教授七十华诞后至今公开发表的论文，具有很强的思想性、时代性和创新性，反映了樊崇义教授的理论思想、创新思维和研究范式，同时也展现了樊崇义教授最近十年的学术历程。所选论文原则上保持了发表时的原貌，对于有些论题相同或者相近的论文，为避免内容重复，在充分考虑原文整体性和逻辑性的前提下，对部分论文进行了内容整合、适当删节和编辑加工；有些论文发表时有中英文“摘要”“提要”“关键词”等，收录本书时全部予以删除；部分论文是樊崇义教授与学生合作发表的成果，收录本书时均标有题注，标明了合著作者的姓名、论文发表的报刊或其他出版物的名称、时间等。

三是樊崇义教授主编的一部新作《法律援助制度研究》。该书围绕我国法律援助制度及其实施过程中的历史发展、基本理论、性质定位、功能设置、制度建设、立法建言等若干重大问题展开研究，旨在进一步推动我国当前正在进行的法律援助立法工作、法律援助制度的现代化发展及其优化实施。

四是樊崇义教授指导的学生为其八十华诞撰写的庆贺文集《刑事诉讼法哲理思考》。该文集收录七十一篇文章，内容涉及樊崇义教授学术思想、理论贡献、为人师表以及长期关注或者当前司法改革的重要理论和实践问题等方面，同门弟子以各自不同的方式表达了对樊崇义教授杰出的学术成就、高尚的品格和他对高级法学人才培养等方面所作贡献的崇高敬意！

樊崇义教授是始终走在时代前列的法学家，在学术上所取得的成就是巨大的，对于我国刑事诉讼法学和证据法学的理论贡献是有目共睹的，而谦虚谨慎的人格和锐意进取的精神更能展示出他作为一个真正学者的伟大品质。老骥伏枥，志在千里。八十高龄的樊崇义教授依然身先士卒地活跃在刑事诉讼法学研究的前沿，躬行求索在推进中国刑事诉讼法治化进程的道路上，以不倦的学术追寻引领中国法学前行！

衷心祝愿樊崇义教授学术人生不老，思想之树常青！

樊崇义教授八十华诞著作系列编辑小组

2019 年 8 月

出版说明

樊崇义教授主持研究的《诉讼原理》分别于2003年4月和2009年10月由法律出版社第一版和第二版出版发行，均在当时产生了广泛的学术影响。本次由中国人民公安大学出版社再版出版。

《诉讼原理》主要研究刑事诉讼、民事诉讼和行政诉讼三大诉讼的共同原理，在全国尚属首次，面临难度大、挑战多、要求高的诸多困难，樊崇义教授带领的研究团队遵循诉讼规律，经过认真、反复和艰辛的研究，为诉讼法学界奉献了一份学术大典，对指导诉讼实践和繁荣学术创新均具有重大意义。全书分为诉讼文化、诉讼价值与人权；诉讼认识与诉讼行为；司法运行机制与法律移植三篇。本书是国内第一本系统、全面介绍诉讼原理的法学专著，标志着我国刑事、民事、行政三大诉讼法学从注释法学走向理论法学。本书首次提出了诉讼文化、诉讼人权、诉讼认识论、诉讼价值、诉讼法律移植、诉讼透明等一系列新概念，吸收了当时国内外最新科研成果。本书的出版，为诉讼法学界的理论研究和实践工作提供了重要的价值指引和方法论参考，影响深远。

2013年11月12日，中国共产党第十八届中央委员会第三次全体会议通过《中共中央关于全面深化改革若干重大问题的决定》提出：建设法治中国，必须坚持依法治国、依法执政、依法行政共同推进，坚持法治国家、法治政府、法治社会一体建设。深化司法体制改革，加快建设公正高效权威的社会主义司法制度，维护人民权益，让人民群众在每一个司法案件中都感受到公平正义。2014年10月23日，中国共产党第十八届中央委员会第四次全体会议通过《中共中央关于全面推进依法治国若干重大问题的决定》提出，推进以审判为中心的诉讼制度改革，确保侦查、审查起诉的案件事实证据经得起法律的检验。全面贯彻证据裁判规则，严格依法收集、固定、保存、审查、运用证据，完善证人、鉴定人出庭制度，保证庭审在查明事实、认定证据、保护诉权、公正裁判中发挥决定性作用。2012 年 3 月 14 日，第十一届全国人民代表大会第五次会议《关于修改〈中华人民共和国刑事诉讼法〉的决定》对我国《刑事诉讼法》进行了第二次修正。2018 年 10 月 26 日，第十三届全国人民代表大会常务委员会第六次会议《关于修改〈中华人民共和国刑事诉讼法〉的决定》对我国《刑事诉讼法》进行了第三次修正。客观来说，上述中央文件和刑事诉讼法法典的修正，都鲜明贯彻了诉讼原理尤其是刑事诉讼相关原理的精神和内容，樊崇义教授主编出版的《诉讼原理》为我国历年的立法实践和司法改革作出了重要的理论贡献和学术指引。

本次出版由刘文化博士负责统稿。

樊崇义教授八十华诞著作系列编辑小组
2019 年 8 月

撰稿人及其写作分工

（以撰写章节先后为序）

樊崇义（中国政法大学教授、博士生导师），导论
宋英辉（北京师范大学教授、博士生导师），第一章
吴卫军（成都电子科技大学副教授、博士），第一章
肖建华（中国政法大学教授、博士生导师）第二章
肖建国（中国人民大学副教授、博士），第三章
魏晓娜（中国人民大学副教授、博士），第四章
杨宇冠（中国政法大学教授、博士生导师），第五章
吴宏耀（中国政法大学副教授、博士），第六章
陈永生（北京大学副教授、博士），第七章
张建伟（清华大学教授、博士），第八、九、十一章
高家伟（中国政法大学教授、博士生导师），第十章（博士刘东亮协助）

目　录
CONTENTS

中编 诉讼认识与诉讼行为

下编　司法运行机制与法律移植

导　论

第一节　诉讼原理界定

什么叫“原理”？按照《现代汉语词典》的解释：“原理”是“带有普遍性的、最基本的、可以作为其他规律的基础的规律；具有普遍意义的道理。”《辞海》对“原理”的解释为“通常指某一领域、部门或科学中具有普遍意义的基本规律。科学原理以大量的实践为基础，故其正确性为实践所检验与确定。从科学的原理出发可以推演出各种具体的定理、命题等，从而对进一步实践起指导作用”①。根据对“原理”的解释和理解，作为一个部门法学的原理，应具备三个要素：一是带有普遍性，即对本学科具有普遍的指导意义；二是最基本的规律，亦即是本学科领域中的定理、规则、原则、命题的依据，根据这一原理，能够推演出各种原则和命题；三是能够指导实践，它是实务工作的灵魂和理念，只有在它指导下的行为才是科学的、正确的行为，脱离了它的指导，行为必然出现瑕疵。

根据“原理”的定义和构成要素，究竟什么是“诉讼原理”？目前，我国诉讼法学界说法种种，尚无一致意见。

陈光中教授、徐静村教授主编，由司法部法学教材编辑部审定的《刑事诉讼法学》，把刑事诉讼理论的基本范畴概括为六点：一是刑事诉讼目的；二是刑事诉讼结构；三是刑事诉讼职能；四是刑事诉讼价值；五是刑事诉讼主体；六是刑

① 辞海编辑委员会编：《辞海》（上卷），上海辞书出版社1979年版，第345页。

事诉讼客体。[①] 陈光中教授主编的全国高等学校法学专业核心课程教材《刑事诉讼法学》，将刑事诉讼的基本理念概括为四点：一是惩罚犯罪与保障人权相结合；二是程序公正与实体公正并重；三是控审分离、控辩对抗和审判中立；四是诉讼效率。[②] 陈瑞华教授所著《刑事诉讼的前沿问题》一书中，把刑事诉讼的基本理论范畴归纳为九点：一是刑事诉讼价值；二是刑事诉讼目的；三是刑事诉讼构造；四是刑事诉讼阶段；五是刑事诉讼法律关系；六是刑事诉讼主体；七是刑事诉讼职能；八是刑事诉讼客体；九是刑事诉讼行为。[③] 樊崇义教授主编的高等院校法学教材《刑事诉讼法学》把刑事诉讼基本原理概括为六点，即刑事诉讼的价值、目的、结构、职能、阶段、法律关系等。[④] 江伟教授主编的《民事诉讼法学原理》对民事诉讼的基本理论与民事诉讼的基本原则和制度加以区分，对民事诉讼基本理论作了专编论述，包括民事诉讼目的论、民事诉讼程序价值论、民事诉讼模式论、民事诉讼法律关系论、诉权论、诉讼标的论、诉讼行为论、既判力论等。[⑤]

从这些著作和论述中可以看出，20 世纪末期起，诉讼法学界开始对诉讼的基本范畴、基本理论、基本理念、基本原理探讨，法学教材和论著开始走出注释法学的樊篱，这些探讨和概括虽然名称各异，但所涉及的内容都是和诉讼原理相关联的。可是，我们也应该承认，由于诉讼原理研究起步较晚，人们对原理的理解标准也不一致，因此，所涉内容是比较肤浅的。笔者认为，对诉讼原理的研究，必须解决以下几个问题：

第一，不能把诉讼原则和制度混同为诉讼原理。诉讼原理同诉讼原则、制度是两个不同层面的问题。如前所述，诉讼原理是诉讼法学科中具有普遍意义的基本规律。而诉讼原则和制度是以诉讼原理为依据而衍生出来的法则或标准，正如《现代汉语词典》对何谓原则的诠释，“原则”是指“说话或行事所依据的法则或标准”。我国刑事、民事、行政三大诉讼法都分别规定了诉讼的基本原则和制度，但诉讼原理研究的对象并非诉讼的基本原则，它是研究三大诉讼基本原则所

① 陈光中、徐静村主编：《刑事诉讼法学》，中国政法大学出版社 1999 年版，第 47 ~ 61 页。

② 陈光中主编：《刑事诉讼法学》，北京大学出版社、高等教育出版社 2002 年版，第 10 ~ 13 页。

③ 陈瑞华著：《刑事诉讼的前沿问题》，中国人民大学出版社 2000 年版，第 74 ~ 191 页。

④ 樊崇义主编：《刑事诉讼法学》，中国政法大学出版社 2002 年版，第 23 ~ 24 页。

⑤ 江伟主编：《民事诉讼法学原理》，中国人民大学出版社 1999 年版，第 125 ~ 303 页。

依据的基本原理，亦即比基本原则更高更深层面的问题。因此，诉讼法学界的许多著作从这两个层面出发，已经对诉讼的基本原理和基本原则加以区分。如上所述，江伟教授主编的《民事诉讼法学原理》一书，就把此二层面分为两编加以阐述，将民事诉讼的基本理论归纳为八论（见前述），民事诉讼的基本原则和制度归纳为六大基本原则和四个基本制度，即诉讼权利平等原则、法院调解原则、辩论原则、处分原则、检察监督原则、同等与对等原则以及合议制、回避制、公开审判制、两审终审制等。再如谢佑平教授在《刑事诉讼法学论点要览》一书中，把刑事诉讼的基本范畴归纳为刑事诉讼目的、犯罪控制、人权保障、刑事诉权、诉讼结构、职能、价值、法律关系、主体客体、诉讼形式等，对刑事诉讼的基本原则归纳为14个原则，即程序法制、司法独立、不告不理、无罪推定、诉讼及时、平等对抗、禁止重复追究、辩护、职权、依靠群众、以事实为根据以法律为准绳、适用法律一律平等、分工配合制度、检察监督。对于每一个原理、范畴或原则、制度概括的正确与否，这里不去探讨。其可贵之处在于，他们把原理和原则（制度）加以区分，这对深入开拓和研究诉讼法学具有深远意义。

第二，正确区分诉讼概念、范畴、原理，构建诉讼法学科体系。在诉讼原理研究的过程中，解读了国内诸多名家的著作。多数的教科书和学术著作，把诉讼的概念、范畴、基本原理等混同使用，这里不再一一列举。为了把基本原理的研究引向系统化、科学化，为了建立诉讼法学独立的学科体系，我们必须从法哲学的高度，把三大诉讼法学所涉及的概念、范畴、原理加以科学地区分。

概念与范畴。概念与范畴作为人类认识成果的结晶，作为人类思维的形式，它们之间没有实质区别，它们的区别仅仅在于范畴是人类在认识客体的过程中形成的基本概念。在哲学史上，古希腊哲学家亚里士多德把范畴看作是对客观事物的不同方面进行分析归类而得出的基本概念。我国哲学家高清海先生指出“范畴是内容更为抽象、概括性也更大的概念”①。正因为此，很多学者对范畴和概念不加区分地并用。

范畴与原理。科学研究是最高的理性认识，通过理性认识所形成的理论是由一个个概念范畴序列化、体系化的过程，这一过程就是理论的形成与发展。由此可见，“任何一门科学成熟的标志，总是表现为将已经取得的理性知识的成果

① 高清海著:《高清海哲学文存》（第2卷），吉林人民出版社1997年版，第285页。

——概念、范畴、定律和原理系统化，构成一个科学的理论体系。这种理论体系不是零碎知识的成果，也不是一些定律的简单拼凑，更不是许多科学知识的机械凑合，而是有一定内部结构的相对完整的知识体系，或者说是反映对象本质、对象发展规律的概念系统”①。

通过概念、范畴、原理相互关系的分析，我们可以清楚地看到，诉讼法学之研究，在走出诠释法学的束缚之后，其研究方法和思路，必须沿着“概念—范畴—原理”这样的逻辑思维，唯有如此，才能把学术研究不断引向深入。目前摆在我们面前的一项重要任务，就是不断地概括和抽象诉讼法学的范畴，然后从范畴走向理性的序列化、体系化，从而产生诉讼原理，并形成独立的诉讼法学科学体系和科学风格。

第三，按照共性和个性的关系，区分三大诉讼的共同原理和每一诉讼的特有原理。对于诉讼原理的研究，必须分别从刑事、民事、行政每个诉讼法学着手，从每一诉讼的概念、范畴中进行理性思考，归纳出每一个诉讼法学原理，然后再从三大诉讼的原理中抽象出共同原理。这一研究过程就是按照从个别到一般、从个性到共性这一逻辑思维方式进行的。因此，诉讼法学研究中心关于诉讼原理的研究成果将分四卷。第一卷为三大诉讼共同原理；第二卷为刑事诉讼原理；第三卷为民事诉讼原理；第四卷为行政诉讼原理。

第四，按照原理构成的三个要素，把那些带有普遍性的最基本的规律，而且对诉讼活动制约最紧密的原理，抽象和挖掘出来，把诉讼法学研究不断引向深入，推向高峰。诉讼原理研究的第一卷（共同原理），就是根据这一构成要素和思路抽象和演绎出十一个命题，即诉讼本质、诉讼价值、程序正义、诉讼文化、诉讼认识、诉讼人权、诉讼透明、诉讼系统、司法独立、诉讼行为、法律移植。当然，这十一个命题作为三大诉讼的基本原理是否准确、合适，以及所涉范围的宽窄，都是值得研究的。前者的初衷是力争从注释诉讼法学转向理论诉讼法学，这一转变也仅仅是一个尝试。尝试就意味着学术上的冒险，这一冒险行为同样也反映着理论上的幼稚，甚至会被人们称为无知。正如英国哲学家罗素的至理名言：“最终证明是正确的和重要的理论，最初是由于它们的发现者有一些不切实际的、荒谬的考虑而想出来的。由于最初人们不可能知道一个新的学说是否正

① 彭漪涟主编：《概念论：辩证逻辑的概念理论》，学林出版社1991年版，第2页。

确。因此，在提出新真理的自由中必然包含着相等的犯错误的自由。”① 请理解或允许著者可能犯的这一错误吧！

第五，研究诉讼原理的一项基础性工作，就是必须建构诉讼法学范畴体系。每一个学科的“范畴体系是思想家借助于逻辑的方法，对丰富的感性材料进行科学的抽象，对已有的知性和理性知识进行整理和升华建立起来的……”② 它是一门学科走向成熟的必由之路，所以诉讼法学范畴体系的建构是十分重要的。在思想史上，亚里士多德、康德、黑格尔等思想大师曾经有过构建逻辑范畴体系的不同尝试，为后人提供了可资借鉴的重要思想资料。马克思在《资本论》中建构范畴体系的经验，以及在建构范畴体系时所遵循的基本原则，为世人研究社会科学树立了典范。按照马克思的做法，对每一学科范畴体系的构建，一要坚持历史、逻辑、理论三统一原则；二要坚持范畴体系与客观辩证法相一致的原则；三要遵循由现象到本质，由初级本质到深层本质，由简单到复杂，由抽象到具体的原则。根据先人和大师们的科学经验，笔者认为，对诉讼法学的原理研究必须从研究诉讼法学范畴体系入手，再从范畴体系中抽象归纳出制约和指导三大诉讼的基本原理。

第二节　推进诉讼法学的发展，必须研究诉讼原理

诉讼原理研究是我国诉讼法学发展的必然和需要。回顾和反思我国近一个世纪以来诉讼法学的产生和发展过程，会使我们清晰地看到，加强诉讼法原理的研究是诉讼法学历史演进的必然。现代诉讼法学产生于清朝末期的“改制”和大规模的修律运动当中。1903 年，清政府修订法律馆建立，以沈家本为首的开明人士认为，外国之所以富强，中国之所以遭列强欺凌，主要是因为外国“事事皆有政治法律也”。因此，沈家本克服重重困难开始引进西方法律制度，筹建修订法律馆，并首先翻译了西方一些国家的诉讼法典。沈家本说，“参酌各国法律，首重翻译”，“欲明西法之宗旨，必研西人之学，尤必编译西人之书。”③ 在沈家

① 转引自陈兴良著：《刑法哲学》，中国政法大学出版社 1992 年版，第 1 页。

② 张文显著：《法哲学范畴研究》，中国政法大学出版社 2001 年版，第 9 页。

③ 沈家本：《寄移文存》之《新译法规大全序》，中华书局 1985 年版。

本的主持下，到清朝覆亡为止，共译出几十种外国的法律、法规和法学著作。其中与诉讼法有关的有《德国民事诉讼法》、《德意志裁判法》、《日本刑事诉讼法》、《日本裁判所构成法》、《美国刑事诉讼法》，以及德、日等国改正的刑事、民事诉讼法、日本民诉法注解和论纲、奥国民事诉讼法律等。在翻译外国法律的同时，沈家本还聘请了外国法学家，如日本的冈田朝太朗、松岗义正等作为法律顾问，并着手仿照大陆法系的立法架构制定刑事、民事诉讼法。关于这方面的活动主要有：于 1906 年奏进的《刑事民事诉讼法》，由于部院督抚大臣的反对，未实施；1909 年颁行了《法院编制法》；1910 年奏进的《刑事诉讼法草案》和《民事诉讼法草案》；1911 年 1 月 24 日完成了《大清刑事诉讼律草案》；1911 年 1 月 27 日完成了《大清民事诉讼律草案》，并提交审议。尽管这些法律的制定，受到封建势力以“与中国情况不符”为借口而被搁置，且最终由于清廷的覆灭，未及实施。但是，它对现代诉讼法学的产生，有积极意义。首先，这是中国历史上第一次开始区分实体法和程序法；其次，也是第一次在民事诉讼中引进当事人主义模式，实行公开、辩论、辩护、陪审、回避等各种先进的诉讼原则和制度；最后，这些法律的形成，均为民国时期刑事、民事诉讼法的制定提供了蓝本，具有极高的学术和立法参考价值，尤其是当沈家本在 1910 年《刑事诉讼律草案》起草完毕而奏请清廷的奏折中，沈家本关于实体法与程序法的关系，特别是程序法的价值和作用的论述，关于陪审、律师制度、审判公开、刑事追诉方式和证据运用规则等一系列问题的阐发，可以说为我国现代诉讼法学的产生、发展奠定了基础。

沈家本在奏折中说：

……查诸律中，以刑事诉讼律尤为切要。西人有言曰：“刑律不善不足以害良民，刑事诉讼法律不备，即良民亦罹其害。”盖刑律为体，而刑讼为用，二者相为维系，故不容偏废也。中国第有刑律，而刑事诉讼律向无专名，然其规程律文中不少概见。李悝法经有囚法、捕法；唐律疏义谓囚法即断狱律，捕法即捕亡律，此即刑诉之权兴。汉魏以将，篇目迭更亦暨。宋明代有修改，其中如告劾、传覆、系凶、鞫狱、讨捕、斗讼诸律规定綦详。我朝钦定大清律例亦列诉讼、断狱、捕亡等目，是中国未尝无刑事诉讼律，特散见于刑律之中，未特设专律耳。臣等受命以来，昕夕督率馆员或司译述或事编撰，兹拟定刑事诉讼律六编，都五百一十五条，谨将修订大旨为我皇上缕析陈之。

一曰诉讼用告劾程式……

二曰检察提起公诉……

三曰摘发真实……

四曰原被待遇同等……

五曰审判公开……

六曰当事人无处分权……

七曰用干涉主义（当事人无处分权，审判官因断定其罪之有无）……

八曰三审制度……

以上数端均系各国通例，足以补我之所未备，兹谨甄择分列各章。[①]

清朝末年至民国时期，在引进和制定刑民诉讼法律的同时，刑事诉讼法、民事诉讼法已分别成为高等学堂法律的专门课程。从 20 世纪 20 年代到 40 年代，已开始出现刑事、民事诉讼法纲要、要义、释义、通义等教科书或著作，对诉讼法的渊源、效力、基本程序和制度，以及涉及诉讼的一些基本理论，如诉讼的主体、客体、行为、法律关系等，均有初步研究和论述，为诉讼法学科学体系的形成奠定了基础。

1949 年 2 月，中共中央发布了《关于废除国民党的六法全书与确定解放区的司法原则的指示》，对国民党政府以六法全书为核心的法律制度作出了全盘否定的评价。中华人民共和国建立之初，一场反对“旧法”观点、司法作风和改造司法机构的改革运动得以深入地发展。在这场改革斗争中，我国的诉讼法学也进行了脱胎换骨的改造。随之兴起的是引进、学习苏联的诉讼法学理论。在 20 世纪 50 年代初期，我国诉讼法学的改造是通过“学习苏联”的大规模运动而进行的。

首先，翻译出版了一大批苏联和东欧各人民民主国家的法典、教科书和专著，包括《苏联和各加盟共和国的刑事诉讼纲要》，《苏联和各加盟共和国民事诉讼纲要》，苏联各加盟共和国和东欧各人民民主国家的《刑事诉讼法》、《民事诉讼法典》、《苏维埃刑事诉讼》（切里佐夫和蒂里切夫两个版本）、《苏维埃刑事

① 转引自陈瑞华著：《刑事诉讼的前沿问题》，中国人民大学出版社 2000 年版，第 65～67 页。

诉讼教学大纲》(莫斯科罗蒙诺索夫大学)、《苏维埃法律上的证据理论》(维辛斯基著)、《苏维埃民事诉讼》(克列曼和阿布拉莫夫著)、《苏联和匈牙利刑事诉讼中的证据来源》等。

其次，法学人才交流，苏联派法学专家到中国讲授苏联的诉讼法学理论和法律制度，中国也派学生到苏联进修，学习苏联的法律学理论和法律制度。

最后，在引进和派出学习过程中，借鉴苏联的诉讼法学理论和法律制度，确立我国的诉讼法学理论体系。例如，我国人民检察院的性质、地位，由国家宪法确定为“中华人民共和国的法律监督机关”，以及在刑事诉讼法中的公诉职能与法律监督职能，都源于苏联的检察制度；1956 年 7 月经高等学校法律专业教学大纲审定会议讨论，由中国人民大学审判法教研室和北京政法学院刑事法教研室共同起草并于同年 12 月出版的《中华人民共和国刑事诉讼法教学大纲》以及后来编写的教材（未出版），基本上沿用了苏联的大纲和教材体系，直到今天，一些内容和理论观点，在刑事诉讼法学理论体系中仍占据着主要的地位。学习和借鉴苏联的诉讼法学，加上总结我们自己的经验，同旧中国的旧法观点相比，我们认为诉讼法学的研究，确立了以马克思列宁主义关于国家和法的理论作为指导思想，在诉讼法学领域，加强党对司法工作的领导，倡导依靠群众、调查研究的工作作风，在当时新旧交替的转型时期，确实发挥了重要的作用。在教材建设方面，虽然中国尚未颁布三大诉讼法，苏联诉讼法教材的框架，即切里佐夫编著的《苏维埃刑事诉讼》和克列曼、阿布拉莫夫编著的《苏维埃民事诉讼》，对我国刑事、民事诉讼的教学产生了深刻影响。反思我们学习苏联诉讼法学理论，苏联把国家和无产阶级专政的理论，即以阶级性和党性的研究方法传到我国，而且很快为我国诉讼法学者所接受，并一直禁锢了思想近 30 年。这种禁锢最显著的例子就是，在 1957 年的反右派斗争中，持不同看法者，无一例外地全部被打成右派。在“以阶级斗争为纲”的研究方法中，“司法独立”“无罪推定”“疑案从无”“有利被告”“辩护制度”“自由心证”等一系列诉讼原则，都被列为禁区，诉讼原理的研究根本无法提及。由此可见，我国司法制度的完善和发展，司法体制的改革，尤其是诉讼法原理的研究，认真反思和澄清苏联诉讼法学的影响是非常重要的。

从 1957 年的“反右”运动到 20 世纪 60 年代中期开始的“文革”运动，诉讼法学研究长期停滞，到 20 世纪 70 年代中后期，具有历史意义的党的十一届三中全会召开，社会主义民主与法治得以重视，诉讼法学的研究才得以“复苏”。

20 世纪的最后 20 年，从 1978 年到 2000 年，诉讼法学经历了一个“复苏”—“发展”时期，人们把这个阶段称为“法律的春天”。首先，在党的领导下确立了“依法治国”的方略，加快了国家的立法步伐，以宪法为核心的社会主义法制框架已经形成。1979 年 7 月 1 日第五届全国人民代表大会第二次会议通过了《中华人民共和国刑事诉讼法》，1996 年 3 月 17 日第八届全国人民代表大会第四次会议又通过了《关于修改〈中华人民共和国刑事诉讼法〉的决定》，新的《刑事诉讼法》于 1997 年 1 月 1 日起施行；1982 年 3 月 8 日第六届全国人民代表大会常务委员会第 22 次会议通过《中华人民共和国民事诉讼法（试行）》，1991 年 4 月 9 日第七届全国人民代表大会第四次会议正式通过并颁行《中华人民共和国民事诉讼法》；《中华人民共和国行政诉讼法》于 1989 年 4 月 4 日由第七届全国人民代表大会第二次会议通过，自 1990 年 10 月 1 日起施行。其次，随着三大诉讼法典的颁布、实施和修改，诉讼法的教材、专著、论文如雨后春笋，脱颖而出。就全国规划教材而言，历经四代，虽各具特色，但基本特点都是以法典为框架，以注释为方法，阐释立法精神，结合实施中的问题而展开。再次，诉讼法学研究开始由浅入深，逐步缩小“禁区”，已经初步形成了宽松、争鸣和发展的学术趋势。例如，关于“无罪推定”“诉讼中的人权保障”“沉默权”“三大诉讼法的性质与任务”“民告官”“刑事司法国际标准”“外国诉讼程序的移植”等问题的研究，已经冲破了“禁区”的束缚，开始出现“百花齐放、百家争鸣”的生动局面。最后，在诉讼法学研究的方法上，开始从法条的注释式步入学科体系研究，开始探索诉讼法学的独立品格，一些诉讼原理的范畴、概念于 20 世纪 90 年代显现于诉讼法学的论坛之上。诉讼法学的教材中出现了诉讼的目的、价值、职能、模式、阶段、法律关系等基本理论范畴的阐释。

总之，近一个世纪以来，诉讼法学的发展经历了一个“萌生—停滞—复苏—发展”的曲折过程，复苏以后的发展呈现出良好态势，已经开始步入由浅入深，由表及里，探索诉讼的发展规律，摸索诉讼法学深层次问题的新领域。但是，作为一门独立的学科，其科学体系是什么，决定其独立发展的基本原理又是什么，仍处在朦胧之中。其集中表现在：基础理论薄弱，没有形成一套完整、系统的基本原理，即对立法、执法乃至教科书的编写，发挥指导作用的原理性研究刚刚开始；整个诉讼法学研究基本上还有急功近利的心态，出现什么问题就解决什么问题，东来东挡，西来西挡，堵不完的漏洞，治不完的硬伤和软伤。例如，刑事诉讼中辩护职能的确立，辩护律师介入诉讼的时间和权利保障，1979 年《刑事诉讼法》规定开庭前七天律师才能介入诉讼，1996 年《刑事诉讼法》修改，把律师介入的时间提前到审查起诉阶段，律师在侦查阶段只能为犯罪嫌疑人提供法律帮助。按照近现代刑事司法的国际准则和司法现代化的标准，一个完整和健康的刑事诉讼是由三大基本诉讼职能构成的，在刑事诉讼法学的科学体系中，辩护职能是不可削弱，更是不能空缺的基本职能。但是，我国的刑事诉讼立法关于辩护制度的确立与完善，仍有相当差距。无论从辩护律师介入诉讼的时间，还是从介入诉讼后的权利保障，诸如律师的先悉权、会见权、申请调查权等，都存在相当多的问题。就辩护制度的贯彻落实而言，其差距就更大了，百分之六七十的刑事案件，请不到律师，即便出席法庭的辩护律师，其诉讼权利的保护也成为一大难题。许多案件仍然是你辩你的，我判我的，多数律师感到诉讼中维权难。立法不完善，执法有困难，究其原因还是刑事辩护在诉讼原理中的地位和科学体系没有得到真正的确立，没有把它作为近现代刑事司法的重要标志之一，对诉讼中的人权保障理论，即人权观，缺乏应有的认识。再如，1996 年修改《刑事诉讼法》时为了审判方式的改革，解决先定后审，先判后审问题。修改后的《刑事诉讼法》规定，人民检察院向法院移送的案卷材料，只包括起诉书、证据目录、证人名单和主要证据的复印件和照片。案件的原卷、全卷不再往法院移送，虽对庭审改革、限制先定后审、先入为主有了积极作用，但是顾此失彼，却限制了律师的阅卷权，使诉讼的三大基本职能之一，辩护职能的发挥受到了损伤。由此可见，立法也好，执法也好，没有正确的理论作指导，特别是缺乏诉讼原理作为基础，不可避免地出现漏洞或冲突，从而导致诉讼秩序的混乱。这也就是说，没有一套切合实际，并反映诉讼规律的基础理论作为程序的支持和支柱，程序的科学性和民主性是很难实现的！诉讼程序是很难理顺的！因此，加强诉讼原理研究是我国近一个世纪以来历史发展的必然要求，更是巩固和发展诉讼秩序和诉讼法学研究成果的需要。

诉讼法学发展的现状，亟待加强诉讼法原理的研究。党的十一届三中全会以后，诉讼法学的发展经历了一个“立法—释法”发展过程，个别的教科书和学术论文开始涉及一些诉讼法学范畴研究，如诉讼价值的研究、诉讼人权保障的研究、诉讼法律关系的研究、诉讼认识的研究、诉讼法律观的研究等。但是，这些研究不仅仅是刚刚开始，而且是刚刚涉及名词、概念的阐释，对其丰富内涵的揭示还处于起步阶段。

必须走出注释法学。我们回到20世纪八九十年代，我国三大诉讼法典的面世与实施，应当说注释法学对法律的注释和阐解，发挥了极大的作用。经过20多年的普法教育和法律的实施，三大诉讼法规定的条文和内容已深入人心，特别是公、检、法、律师界对于三大诉讼法的适用。凡遇到诉讼程序问题，人人学会对照法典找依据，抠住法条找理由。但是，司法实务也告诉我们，为什么三大诉讼法的贯彻实施不甚理想，为什么各项诉讼制度还不被人们理解，为什么“重实体、轻程序”的观念还有深厚的土壤，特别是刑事诉讼的辩护制度、证据制度、庭审制度等很难落到实处，超期羁押、诉讼权利保障，违反诉讼程序的情况和问题还大量存在。三大诉讼法执行中存在的问题使我们看到，注释法学还不能真正把法律变成人们手中的武器，人们还不能自觉用法律来维护国家、社会和个人的合法权益。作为法学工作者，必须要把诉讼法学的原理、根据教给执法者，教给人民群众，把诉讼法律观变成人们学法、用法的指导思想，把握诉讼法的立法实质。只有从法哲学原理的高度解决人们的价值观和世界观问题，法律武器才能发挥作用。

怎样才能走出注释法学的樊篱？

首先，要注意诉讼法学理论研究与诉讼法典的区别与联系，尤其是二者的区别。诉讼法学是对诉讼理论本身内在规律的研究，诉讼法主要着眼于对司法活动的规定和指导，诉讼法学理论体系和诉讼法的架构与体系是不同的。当前我国的诉讼法学研究仍然受现行三大诉讼立法的局限，不能完全摆脱注释法学的束缚，诉讼法的教材、教程和论文，乃至一些专著、课题的立项和选择，只是对现行立法和司法机关的司法解释作释义性的讲解与论证，我们必须把立法释义与学理研究加以区分，从注释法学走向理论法学。

其次，要把握诉讼法学理论研究的规律和方法，在新的形势下，一定要有所突破和创新。笔者认为，在市场经济培育和发展的过程中，在我国社会的转型时期，以科学发展观为指导按照诉讼法学研究的规律和方法，要突破与创新的问题主要有以下几个方面：

一是制度改革的创新和突破。目前，我国司法制度、诉讼制度的改革与创新，已经到了攻坚阶段。例如，怎样科学地创建和完善诉讼中的监督制约机制；

如何改变诉讼中的分工配合机制，创建以审判为中心，树立审判权威，强化审判制度的改革；结合我国实际情况，如何创建符合中国实际的证据制度；针对公、检、法三个机关人员构成存在的问题，如何整顿和组建逐步走向现代法治的警官队伍、检察官队伍和法官队伍，即警官、检察官、法官制度的改革与创新。现存的侦查模式、公诉制度、审判制度、辩护制度等，都存有大量陈旧落后的妨碍现代化法治的体制和程序方面的问题。在正确理论指导下的司法改革，势在必行。

二是突破诉讼法学的体系，创建具有独立品格的诉讼法学科学体系，编制具有新意的教材和教科书。诉讼法学既然是一门独立的部门法学，必然要有自己独立的科学体系，必然有自己的科学规律可循。所以，要从近 20 年来诉讼法教材所恪守的以法典为主体，以基本知识、基本概念、基本程序为内容的框架中解放出来，以基本原理为主线，以诉讼活动的规律、人类诉讼文化的发展为思路，结合诉讼法典的内容，构建诉讼法学教材和教科书，从而做到理论先行，发挥理论对立法和司法实务的指导和推动作用。例如，关于刑事诉讼法学教科书的编撰，近日的一次专家研讨会上，许多刑事诉讼法学者提出，新一代的刑事诉讼法学教科书应加强诉讼理论的内容。他们的具体意见是，把传统的刑事诉讼法学教材的结构从三论（即总论、证据论、程序论）改为四篇，即原理篇、通则篇、证据篇、程序篇，而且要在各个诉讼阶段的第一节，冠以本阶段特有的诉讼原理，如侦查原理、公诉原理、审判原理、执行原理等。笔者认为，这一建设和思路是值得吸收的。这种思路不仅改变了以法典为框架编写教材的诠释方式，而且突出了理论的指导作用，更重要的是它能使人们从世界观和方法论上理解诉讼法的本质，引导人们学习之后，自觉和灵活地加以运用。当然教材的编写思路和框架，可以是多种多样，但要在理论的高度说明问题，更要反映诉讼程序的科学性、民主性。对于立法、执法、守法中的一些深层次的问题，诸如观念形态的转变问题、诉讼法哲学问题、诉讼原理问题等，必须加以阐释和说明。对此，诉讼法学界的前辈夏勤教授早在 20 世纪 20 年代至 40 年代所编撰的《刑事诉讼法要论》的框架就值得一读。时任朝阳大学、北京大学、国立中央大学法学教授的夏勤先生，并不是局限于一个刑事诉讼法典的架构而设计教材，他经过高度的概括和抽象，按照法哲学范畴的科学结构，编写了《刑事诉讼法要论》。该书包括绪论、本论两大部分。其中在绪论部分分 12 章，阐述了刑事诉讼渊源、地位、效力、种类、阶段、法律关系、刑事诉讼的条件、形式和刑事诉讼之主义等；本论中着重阐述了诉讼的主体、行为、客体及各个程序。笔者认为，该教科书以刑事诉讼法哲学为主线来阐释诉讼程序问题，读后使学生掌握了一门实实在在的工具和武器，使大家从哲学的高度来认识诉讼程序问题，其科学性一目了然。当然，时代在前进，科学在发展。面对21世纪科学技术的现代化，我们所处的电子信息时代，信息论、控制论在制约着人们的世界观方法论，我们如何运用时代赋予我们的认识方法，改造诉讼法学教材，是摆在我们面前的又一重要课题。

三是按照诉讼法学知识架构层次向更深更高的理论研究进军，挖掘诉讼原理，研究诉讼原理，实现理论创新。从党的十一届三中全会以来，即1979年《刑事诉讼法》的制定与颁布，到1996年《刑事诉讼法》修改，从总结我们自己人民司法工作的经验、教训到诉讼法典的产生，再到移植国外先进的做法，结合我国国情对法典的修订，这一发展过程是中华民族民主与法治前进的过程。但是，每前进一步，特别是诉讼法的贯彻执行，大家都感到是多么的艰难。其“难”不仅表现在立法上，立法后又表现在执法上，人们把它概括为：立法难、执法更难。例如，刑事诉讼法中关于无罪推定原则的确立问题，关于疑罪从无的确认和执行问题，作为无罪推定应有之义的沉默权等一系列与人权保障有关的诉讼原则和程序的确立问题，立法难，执行就更难。以“疑罪从无”的适用为例，我国《刑事诉讼法》第162条第3项虽然作了比较明确的规定，但据许多省市的调查，多数法院不能适用这一方法，都用“留有余地”“疑罪从轻”的办法取而代之。定罪要靠证据，达不到证明标准，证据不确实、不充分，为什么还要定罪？“留有余地”和“疑罪从轻”的做法仍然是“有罪推定”的变种，至于说赋予犯罪嫌疑人、被告人沉默权的问题，直到今天还被人们以“中国特色”为借口拒之门外。出现这一窘境，笔者认为，除了人们观念形态上的原因外，另一个重要的原因是诉讼法学理论研究上，关于诉讼中的人权保障原理人们还了解甚少。我们在人权理论的研究上不深不透，甚至直到今天个别同志还将它视为盲区或禁区。其实诉讼中的人权原理，已经成为全人类不容回避并给以高度重视的问题。因为它本身就是诉讼法知识架框中的一个重要的内容，诉讼的进行无论从定罪量刑的刑事诉讼，还是从解决权利义务关系的行政或民事诉讼来看，每一个诉讼阶段、每一个诉讼程序、每一个行为都涉及行为的主体与客体，其中都和有关的人打交道，它是人与人的法律关系、法律行为，一涉及人，就有一个人权问题。诉讼中的人权包括基本人权和诉讼人权两个部分：所谓基本人权，是人生固有的（或曰天赋的）权利，包括生命权（或生存权）、自由权和平等权。因此，《世界人权宣言》第1条就开宗明义："人人生而自由，在尊严和权利上一律平等。"《国际人权宪章》还规定："人人有固有的生命权。"诉讼人权的含义就是一旦发生诉讼，在三大诉讼中人人享有诉讼权利，这些权利在刑事、民事、行政三大诉讼法中均作了明确规定。因此，就诉讼中的人权保障原理而言，要求诉讼的进行必须从两个层面上给以保障。刑事诉讼中无罪推定原则的确立，就是从这两个层面上完整地要求对人权加以保障，只有这样才能完成诉讼的任务，达到诉讼的目的。当前，个别侦查人员虐待犯罪嫌疑人，形形色色的刑讯逼供、骗供、诱供；对疑案的处理，不是疑罪从无，而是疑罪从轻，留有余地，留一尾巴等，显然悖于人权保障原理。由此可见，关于诉讼原理的研究，仅仅停留在诠释法律上，还远远不够，对当事人各项权利的理解和运用，必须上升到人权保障原理的高度，才能说明问题。当然，就人权而言，我们也知之甚少，有关人权理论知识研究，在我国也是刚刚起步。研究诉讼人权必须了解人权理论，有关人权理论的起源、产生、演变、内涵、标准、适用以及如何普及和教育等，都是我们必须从头学起的。

我国诉讼法学理论研究的现状不容乐观。由于我国步入民主与法治的时间较晚，诉讼法学研究起步的时间不长，因此，我们应该清楚地认识到许多诉讼理论问题的研究，与发达国家的水平还没法相比，与依法治国的要求差距还很大，还不能满足人民群众的要求。仅就严格执法，公正司法而言，不仅执法人员存在的问题很多，而且在三大诉讼中如何实现"公正与效率"的理论研究也刚刚开始。如果没有先进的理论作指导，很难要求司法人员有正确的执法行为，诸如此类的问题，还有很多很多。例如，诉讼理念研究、程序正义（或曰正当程序）研究、诉讼文化研究、行政与民主关系研究、程序与实体的关系研究、诉讼认识研究、诉讼机制研究、诉讼利益观研究、诉讼的主体与客体研究、实质真实与形式理性研究、证据制度的理论基础研究等。诉讼基本理论与诉讼原理，诉讼法学研究还没涉及或涉及很少很浅。总之，在依法治国的里程中，有关诉讼原理的研究是摆在诉讼法学界面前一项亟待解决的问题，是每一个诉讼法学者必须承担的历史任务。

第三节　诉讼原理概述

我们在研究了什么叫原理，什么叫诉讼原理，以及研究诉讼原理的意义何在之后，必须回答诉讼原理的具体内容是什么？诉讼原理具体内容的总结和抽象归纳，本书各章均有详述。这里为帮助读者对诉讼原理有一个客观的了解与把握，就各章所涉作统一概述。

关于三大诉讼的共同原理的概括与归纳，正如前文所述，这是一个冒险行为，也可能是一种错误行为，因为它是前人没有先例的做法。更重要的是，这一命题，即“诉讼原理”的内容与外延，所涉内容丰富，外延宽广，哲理较深。笔者水平有限，其概括抽象的内容是否科学正当、合理准确，很难把握。这一点必须向读者说明。它的出现只起到抛砖引玉的作用。

诉讼原理所涉命题与内容的产生，笔者经历了一个艰难的研究过程，在技术上也经过了一个比较严密的逻辑思维过程。就逻辑思维而言，它是通过研究三大诉讼的“概念—范畴—原理”，而逐步地进行逻辑归纳和演绎得出的结论。三大诉讼的概念与范畴研究，笔者把诉讼的范畴体系归纳为七大类：（1）本体论范畴；（2）进化论范畴；（3）运行论范畴；（4）主体论范畴；（5）客体论范畴；（6）行为论范畴；（7）价值论范畴。关于从概念到范畴的归纳与研究，仅以刑事诉讼法条为例，加以说明。

（一）本体论范畴

所谓本体论范畴，是对刑事诉讼法的存在及其本质的认识和概括，反映刑事诉讼法是什么，不是什么，刑事诉讼法的构成要素和结构形式。刑事诉讼法的本体论范畴包括刑事诉讼法的结构、体系、效力、价值，以及刑事诉讼法的原则、制度、程序等。其具体内容如下：

第一章　刑事诉讼法概说

　第一节　刑事诉讼法概念

　　一、诉讼

　　二、刑事诉讼

　　三、刑事诉讼法

　第二节　刑事诉讼法的结构、体系和特征

一、宗旨—任务—原则—制度—程序结构（或曰总则—分则结构）

二、刑事诉讼法体系——编、章、节、条、款、项、目

三、刑事诉讼法特征

1. 公法的特征

2. 基本法的特征

3. 刑事法的特征

4. 刑事诉讼法的特征

5. 强制性的特征

第三节　刑事诉讼法的分类、界定和解释

一、刑事诉讼法的分类

1. 狭义刑事诉讼法与广义刑事诉讼法

2. 普通刑事诉讼法与特别刑事诉讼法

3. 国内刑事诉讼法与国际刑事诉讼法

二、刑事诉讼法的界定

1. 刑事诉讼法与宪法

2. 刑事诉讼法与刑法

3. 刑事诉讼法与民事诉讼法

4. 刑事诉讼法与行政诉讼法

5. 刑事诉讼法与人民法院组织法、人民检察院组织法

6. 刑事诉讼法与警察法、检察官法、法官法、律师法

7. 刑事诉讼法与治安管理处罚法

8. 刑事诉讼法与监狱法

三、刑事诉讼法与司法解释

1. 刑事诉讼法解释的原则

2. 刑事诉讼法解释的分类

3. 刑事诉讼法解释的方法

4. 刑事诉讼法解释的效力

第四节　刑事诉讼法的效力

一、刑事诉讼法关于人的效力

二、刑事诉讼法关于事的效力

三、刑事诉讼法关于空间的效力

四、刑事诉讼法关于时间的效力

第二章　刑事诉讼法的机能和价值

第一节　刑事诉讼法的机能

一、规范机能（对各诉讼主体之诉讼行为的评价机能和裁判机能）

二、社会机能（保障与保护机能）

第二节　刑事诉讼法价值

一、工具价值

二、独立价值（进步、文明、法治、民主）

三、效益与效率价值

第三章　刑事诉讼法原则

第一节　诉讼原则概述

一、诉讼原则概念、功能

二、诉讼原则体系

三、共同原则与特有原则

第二节　职权原则

一、职权原则的立法背景

二、职权原则的价值内容

三、职权原则的司法运作及现实考察

第三节　司法独立原则

一、司法权

二、司法独立的国内立法及国际准则内涵

三、司法独立的价值内容

四、司法独立的运作及现实考察

第四节　无罪推定原则

一、我国刑事诉讼法的立法机理

二、无罪推定原则的产生及价值内涵

三、无罪推定原则司法运作及现实考察

第五节　人权保障原则

一、人权保障与诉讼权利

二、陪审制度的价值内涵

三、陪审制度的运作及现实考察

第三节　两审终审制

一、审级制度

二、两审终审制的价值内涵

三、两审终审制的运作及现实考察

第四节　回避制度

一、回避制度的价值内涵

二、回避制度的种类、理由、程序

三、回避制度的运作及现实考察

第五节　强制措施

一、强制措施的概念及法律性质

二、强制措施的价值内涵

三、强制措施的种类及每一种措施适用的条件、程序

四、强制措施的司法运作及现实考察

第六节　证据制度

一、证据裁判原则

二、证据制度的价值内涵

三、各种证据的证据力及证明力

四、证据分类

五、证明（概念、对象、责任、标准、程序及方法）

六、诉讼证明（认识）特征

第七节　刑事附带民事诉讼

一、刑事附带民事诉讼的价值内涵

二、刑事附带民事诉讼的启动条件和当事人的确定

三、刑事附带民事诉讼的程序

第五章　诉讼程序

第一节　程序概述

一、诉讼阶段及区分标准

二、普通程序

三、特殊程序

第二节　庭审前程序

一、立案

二、侦查

1. 侦查原则

2. 侦查职能

3. 侦查行为

4. 侦查终结

三、起诉（公诉、自诉）

1. 公诉制度

2. 提起公诉

3. 不起诉

第三节　审判程序

一、第一审程序

1. 审判模式及发展趋势：弹劾式、纠问式、审判辩论式、职权主义、当事人主义

2. 审理原则：调查原则、直接原则、言词原则、辩论原则

3. 审判组织：独任、合议、审判委员会

4. 庭审程序：开庭、法庭调查、交叉询问、法庭辩论、最后陈述

5. 判决、裁定、决定

6. 自诉案件及其审判程序

二、第二审程序

1. 第二审程序的职能

2. 第二审程序的价值内涵

3. 第二审程序的审判程序

4. 全面审理

5. 上诉不加刑

6. 原判诉讼程序错误的价值选择

第四节　执行程序

一、生效的判决裁定

二、执行的价值内涵

三、各种判决、裁定的执行程序

四、执行中的诉讼问题

第五节　特殊程序

一、死刑复核程序

二、生效裁判的再审程序

三、未成年人刑事诉讼程序

四、涉外案件刑事诉讼程序

五、单位犯罪案件刑事诉讼程序

六、刑事赔偿程序

七、强制性医疗程序

（二）主体论范畴

刑事诉讼法的主体论范畴是对刑事诉讼法的实践主体及其相互关系的认识和概括，既反映谁在从事刑事诉讼法律活动，又说明谁是刑事诉讼法律调整的受益者。刑事诉讼主体主要包括诉讼中的专门机关和诉讼参与人。

第一章　主体论概说

第一节　主体界定（诉讼主体与诉讼关系人）

第二节　刑事诉讼法律主体

第三节　刑事诉讼行为主体

第四节　刑事诉讼主体范围和分类

第五节　研究刑事诉讼主体价值

第二章　法院

第一节　刑事审判权

一、刑事审判权的界定

二、刑事审判权的特征

三、刑事审判权的行使

第二节　法院组织与职权

一、基层法院

二、中级法院

三、高级法院

三、检察官的权限

第四章　公安机关

第一节　侦查权与公安机关

一、侦查权的界定

二、公安机关的性质与地位

三、公安机关的职权与侦查职能

四、公安机关的组织体系及立案管辖

第二节　刑事警官

一、刑事警官的产生（条件）

二、刑事警官的职权

三、刑事警官的职业和道德准则

第三节　警检关系

一、警检关系现状

二、国家的主要警检关系

三、警检关系改革

第五章　当事人

第一节　刑事被告人

一、刑事被告人与犯罪嫌疑人的界定

二、刑事被告人的地位

三、刑事被告人的能力

四、刑事被告人的权利义务

第二节　被害人

一、被害人的界定

二、被害人的地位

三、被害人的能力

四、被害人的权利义务

第三节　自诉人

一、自诉人的界定

二、自诉案件及特点

三、自诉人的地位

第四节　辩护人与刑事代理人

一、辩护人的范围

二、辩护人的职责与地位

三、辩护人的权利义务

四、刑事代理人的地位、权利、义务

第五节　其他诉讼参与人

一、证人

二、鉴定人

三、法定代理人

（三）客体论范畴

刑事诉讼法学中的“客体论范畴”，是指刑事诉讼法调整的对象，以及对权利义务指向、影响、作用的对象的认识和反映，反映其法律属性和价值意义。

第一章　刑事诉讼客体概念

一、客体的界定和形成

二、客体的价值分析

第二章　客体的构成

一、刑事实体关系

二、刑事案件在诉讼过程中的分类

三、刑事案件之构成

1. 犯罪嫌疑人和被告人

2. 犯罪事实

第三章　客体特征

一、刑事诉讼客体的单一性

二、刑事诉讼客体的同一性

第四章　实体的形成

一、实体形成的性质

二、实体形成的分类（请求、主张、举证）

第五章　诉讼条件

一、诉讼条件概念

二、诉讼条件内涵

三、诉讼条件的效果

(四）行为论范畴

刑事诉讼行为是刑事诉讼法律关系主体在刑事诉讼过程中有意识实施的能够产生刑事诉讼效力的行为。它是刑事诉讼法律规范的主要调整对象，是刑事诉讼法律关系产生、发展、变化和消灭的主要原因，也是刑事诉讼程序的主要构成要素、刑事诉讼行为论范畴包括诉讼行为概念、各诉讼主体的诉讼行为、诉讼行为的要素、诉讼行为的效力、诉讼行为的程序等。

第一章　诉讼行为的概念

一、诉讼行为概念的界定

二、诉讼行为的特征（专属性、时空性、法律性、关联性、程序性）

三、研究诉讼行为的价值分析

第二章　刑事诉讼行为分类

一、职权诉讼行为与非职权诉讼行为

二、实体形成行为和程序形成行为

三、合法诉讼行为与不合法的诉讼行为

四、作为诉讼行为与不作为诉讼行为

第三章　刑事诉讼行为的要素及效力

一、刑事诉讼行为的要素（一般要素、特别要素、要素分类）

二、刑事诉讼行为的解释与评价

三、刑事诉讼行为的效力

第四章　刑事诉讼行为程式

一、刑事诉讼行为含义

二、刑事诉讼行为分类

三、刑事诉讼行为时间

四、刑事诉讼行为的文书（文书分类、制作的共同程式、各种文书的个别程式、文书送达等）

(五）运行论范畴

刑事诉讼法运行的范畴，是指各诉讼主体对刑事诉讼的运行和操作（从刑事诉讼法的制定、修改到实施）的各个环节的认识和概括。反映法律制定者的立法政策，制约法律的效力，影响法律实行和实现的因素，刑事诉讼法运行的操作过程中的主要环节和基本机制。刑事诉讼法学关于运行论的主要范畴包括：刑事诉讼法制定、修改和实施的基本理念和指导思想；立法和执法的刑事政策；实施刑事诉讼法的制约机制和法律救济手段。

第一章　刑事诉讼法运行理念

一、依法治国

二、程序与实体并重

三、程序正义

四、诉讼人权

五、无罪推定

六、证据裁判

七、惩罚与保护

八、程序与人文

九、教育与犯罪预防

第二章　刑事政策

一、专门机关与依靠群众相结合

二、惩办与宽大相结合

三、坦白从宽、抗拒从严

四、区别对待、分化瓦解、教育多数、孤立少数

五、少捕少杀（可捕可不捕的不捕，可杀可不杀的不杀）

六、依法从重从快

七、有法可依，有法必依，执法必严，违法必究

八、预防为主，打击为辅

第三章　制约与救济

一、分工负责，互相配合，互相制约

二、审级制度（两审终审）

三、检察监督

四、审判监督

五、人大监督

六、群众监督

七、诉讼期间与超期羁押

八、控告、申诉、上诉、抗诉

笔者仅以刑事诉讼法学为例，从法哲学的视角，把刑事诉讼法学的基本范畴体系作以上概括。当然，这些概括和认识仅仅是初步的，也是不成熟的。但是，这种思考问题的方法和模式，其用意和目的，如前所述，还是为了走向理论法学，为了推进诉讼原理的研究。因为只有把这些基本范畴抽象出来，深入研究之后，在范畴的背面，基本原理也就比较容易演绎出来。本卷诸原理的命题与论证，就是这样产生的。这一逻辑思维方法，正是笔者近几年来关于诉讼原理的研究过程，也就是这个科研项目的理性总结。

在“概念、范畴”的背面，更为深入的层次就是对概念、范畴起着制约作用、指导作用，并带有规律性特征的诉讼原理。本书对诉讼原理的客观安排分为上、中、下三篇。上篇为理念与价值，包括诉讼文化、诉讼本质、诉讼人权、诉讼价值和程序正义；中篇为诉讼认识和行为，包括诉讼认识论概念的确立，诉讼认识的主体、客体，诉讼认识模式方法与结果，还有诉讼行为等；下篇为诉讼运行，即司法运行机制与法律移植，具体内容有司法独立、司法透明、诉讼机制和诉讼法律之移植。尤其是司法现代化与本土资源的关系，国际法与国内法的关系，以及如何面对国际司法标准的问题，均在理论与实践的结合上加以全面论述和阐释。

第四节　如何学习诉讼原理

诉讼原理的学习，必须做到以下两点：

第一，在学习的过程中，必须把诉讼原理的学习同三大诉讼的基本概念、基本范畴以及基本制度和程序结合起来，按照哲理思维的方法，认真进行研读。因为，三大诉讼共同原理的形成，就是在诉讼概念、范畴、制度、程序的基础上，抽象、归纳、总结形成的。对各个原理的深入理解和把握，如果不了解诉讼概念、范畴等基础知识，原理就无从学起，即使了解了诉讼原理的某些概念，也不会从其精神实质上深入地理解每一个原理的真正含义。例如，诉讼人权原理的学习，它是通过诉讼原则、诉讼制度和诉讼的每一个环节和程序体现出来的，亦即诉讼人权制约着整个诉讼的过程。如果你不了解诉讼程序中的基本概念和范畴，就没法了解诉讼人权的深刻内涵。再如，诉讼价值原理的学习，何谓价值？何谓公平正义？何谓实体公正？何谓程序公正？实体公正与程序公正之间的关系如何？当实体公正与程序公正发生矛盾时，应作何处理？对于这些问题的理解和学习，似乎是抽象的，实际上它是活生生的，它必须通过诉讼的行为、程序、过程的学习而充分地体现出来。尤其是诉讼的结果公正，以及社会效果、政治效果、法律效果如何，是否实现了公平正义，它是由诉讼程序决定的，它是程序的正当性、科学性和公平性，以及严格执行而必然得出的结论。由此可见，对诉讼原理的学习，必须同诉讼的基本概念、基本知识和基本程序的学习结合起来。

第二，要加强实证研究。说到实证研究，人们自然先联想到实证主义哲学。其实，这两者虽有联系但有重要区别。实证主义哲学是19世纪30年代由法国学者孔德创立，后来演变为马赫主义、逻辑实证主义的一种哲学体系。实证哲学和作为研究方法的实证分析都强调感觉、经验、客观观察在认识活动中的重要性，但实证主义是一种哲学思想，是关于世界的认识成果，而实证分析是研究方法，是获得理论认识所凭借的工具。作为一种方法，实证分析不具有实证主义哲学所固有的某些特征，也不依附于实证主义哲学所信奉的某些理念。比如，实证主义哲学“拒斥形而上学”①，否认现象背后存在本质，和贝克莱的“存在即被感知”一脉相承。而实证分析本身没有这些理论预设，从实证分析方法本身无法直接推论出某种世界观。其实，一方面，强调自然科学的观察实验方法；另一方面，又构思出一种适用于一切领域的一般原理或“第一原理”，企图从该原理出发演绎出一套理论，这与其说是实证分析，倒不如说更像思辨哲学，这本身就是实证主义哲学的一个矛盾。② 而且，实证主义哲学对经验观察在认识活动中重要意义的强调已经过分到了轻视甚至无视理性思维的地步。在实证主义哲学看来，人的认识只能达到可能感觉到的现象，现象以后是不可知的。而实证研究不接受这种束

① 在希腊文中，“形而上学”意为“物理学之后”。后人在编纂亚里士多德的生前手稿时，把有关自然科学的论著归为“物理学”。把有关抽象本质、本体论的论著归为“物理学之后”，或“物理学之后诸篇”。这里，“物理学之后”与“物理学”的对应，与我国古人所谓“形而上者谓之道，形而下者谓之器”中的“道”与“器”的对应相类似，所以，在我国，“物理学之后”翻译为“形而上学”。这个意义上的“形而上学”，是指研究世界本原、本质的学说，是研究有形实体背后的本质的抽象学问。孔德所拒斥的形而上学就是这个意义上的形而上学。它既反对将世界归结为精神，也反对将世界归结为物质。他只承认研究现象本身和有形实体的学问才是科学。他认为，知识都是关于现象的知识，科学都是经验科学。感觉是一切知识的来源。我感觉到山、水、木、石的存在，因而它们是真实的。但我感觉不到这些东西背后还有什么本质、本源，因此，研究世界本质、本源的努力是徒劳的。

② 谢立中主编：《西方社会学名著提要》，江西人民出版社1998年版，第3页。

缚，它强调不间断地往返于研究对象的经验层与抽象层之间，强调对任何数据都要进行深入解释和理性把握。在实证研究看来，理性能力和感性能力这两者一个也不能少。还有，实证主义哲学具有突出的自然主义和还原主义倾向，不仅认为社会现象同样受制于自然规律，而且将社会简单归结为自然界的延续。与此不同，实证研究方法本身对社会现象的属性没有自然主义的假定。从某种意义上说，彻底的实证精神，对研究对象的属性不作任何预先的规定。[①] 总之，我们强调的实证研究的学习方法，不同于实证主义哲学的思维和研究方法，它不仅要注重经验层面，还要注重经验和实务背后的理性层面，从经验中抽象原则和原理，再从原则和原理的高度提升经验，指导司法实务工作。

当前，我国诉讼法学界正经历着一个从部门法学哲理研究转向实证研究的过程，许多学者走出书斋，设定专题，与司法实际部门相结合，进行实证分析，提升实务经验、实践理性与实务的有机结合，应该说这是一个可歌可泣的新局面。但是，在这一实证研究的大潮中，如何从实际的工作中找出数据，进行量化分析，再走向理性认识，加深对诉讼原理的理解，这一过程需要研究者花费多少心血，付出多少代价。诚然，也有一个方法问题，有的实证研究只有数量报告、数字、比例之堆砌，没有理性认识，有的只是空洞的理性分析，缺少量化标准和客观依据，更没实例分析。对诉讼原理的实证研究，一定要克服上述两种倾向，要实现量与质的统一，既要有数量依据，又要有理性的分析和认识，这样才能达到对规律、原理的深刻理解，并学会运用。

① 白建军著：《法律实证研究方法》，北京大学出版社 2008 年版，第 4 页。

上　编

诉讼文化、诉讼价值与人权

第一章 诉讼文化

第一节 诉讼文化的一般理论

一、文化、法律文化、诉讼文化

概念是我们认识事物的工具和理论研究的先导，对诉讼文化的研究自然理应从其概念的分析着手。

文化、法律文化、诉讼文化是处于三个不同位阶层面、内涵呈递进关系的关联概念，对诉讼文化的分析离不开对文化、法律文化含义的界定。文化，无论是从社会学、政治学、经济学、人类学的视野考察，都是一个争议极大的多义语汇。不同的研究者从各自的标准出发，给文化以不同的定义，赋予其不同的内涵，差异之大，令人瞠目结舌。因此，即便是专门研究文化概念的学者也感慨："企图或者声称给文化概念确定范围是徒劳的。"① 不过大致说来，通过对学者们各种文化概念的分析，可归纳出三种不同的文化观：广义文化观，"指人类社会历史实践过程中所创造的物质财富和精神财富的总和"。在这个意义上，文化与"文明"同义。狭义文化观，"指社会的意识形态，以及与之相适应的制度和组织机构"②，在这个意义上，文化是指人类在长期的历史实践过程中所创造的精神财富的总和，即"精神文明"。最狭义的文化观，指人们对自然、社会的各种

① ［法］维克多·埃尔著，康新文、晓文译：《文化概念》，上海人民出版社1988年版，第8页。

② 辞海编辑委员会编：《辞海》（缩印本），上海辞书出版社1979年版，第1533页。

观念形态的总和，它是“一定社会的政治和经济在观念上的反映”[①]。与此相对比，作为下位概念的法律文化显然也有广义、狭义、最狭义之分。广义法律文化，指作为人类文明的法律现象的总和。狭义的法律文化，指人类在社会实践中创造的有关法律的精神财富的总和，主要包括制度法律文化与观念法律文化两部分内容；当然，也有学者认为这个意义上的法律文化还包括法律设施、法律技术两方面的内容，但我们认为这两者都可归入制度文化的范畴中去。限于篇幅，在此就不展开论证了。最狭义的法律文化，是指人们有关法律的群体性认知、评价、心态的总和，即前述狭义法律文化中的观念法律文化。诉讼文化，严格意义上应称之为“诉讼法律文化”，显然是法律文化的下位概念，前述法律文化的三种定义对其完全适用，只需将“法律”两字替换为“诉讼法律”即可。

就本章题旨而言，我们将在最狭义的意义上使用“诉讼文化”一词，即本章研究的诉讼文化专指观念层面的诉讼文化。之所以作这样的范围限定，首先，在于广义上的诉讼文化含义太广，远远超出了本章诉讼原理的承载范围。其次，制度层面诉讼文化的研究历来是众人瞩目的热门话题，学界发表的论著绝大多数是从这个角度展开研讨的，加之涉及的内容多、分工细，主要应是三大诉讼法学各自研究的领域，故也不适合作为本章的分析对象。最后，从观念层面研讨三大诉讼法的共性问题在学界尚不多见，但这又是我国法制现代化建设中不容回避的重大课题，具有相当的理论意义与实践价值，完全符合序言阐明的宗旨，因此，我们将之作为本章的研究范围。但是，应该指出，尽管本书是在观念层面展开对诉讼文化的研讨，但由于观念往往以人们的行为及制度设计为载体和表现形式，故本章在阐述观点时将大量涉及制度层面诉讼文化的内容，或者说主要以具体的诉讼制度为列举对象，企图将两者完全割裂开来既不现实，也无可能。

二、诉讼文化的特征

诉讼文化既具有法律文化的一般特征，又具有自己的特殊性，其特征表现为：

---

① 毛泽东：《新民主主义论》，载中共中央毛泽东选集出版委员会编辑：《毛泽东选集》（第2卷），人民出版社1991年版，第695页。

（一）物质依附性

马克思主义唯物史观认为：社会存在决定社会意识。因此，“一定的文化（当作观念形态的文化）是一定社会的政治和经济的反映，又给予伟大的影响和作用于一定社会的政治和经济”①。诉讼文化也不例外，作为上层建筑的一部分，是为社会的经济基础所决定的，这就是它的物质依附性。一般而言，有什么样的经济基础，就有与之相对应的诉讼文化；经济基础发生重大变化时，诉讼文化或迟或早会发生转变。换言之，诉讼文化的物质依附性决定了：产生于自然经济、计划经济时代的诉讼文化从整体上讲是无法与市场经济、商品经济的要求相契合的。当然，诉讼文化一旦确立，又会像所有上层建筑一样，对经济基础产生反作用，推动或延缓社会物质生产方式的变革。

（二）抽象性

作为观念形态的诉讼文化，它反映了一定时期人们对诉讼法律、诉讼制度、诉讼活动的整体性认知、评价、观念、看法，是一种主观的心理态度，因此，具有很强的抽象性，这也是观念形态诉讼文化与制度形态诉讼文化的重要区别。这种抽象性决定了：尽管诉讼文化无时无刻不在影响和决定着人们的日常行为，但它是隐藏在人们观念中，无法直接被感知的，换言之，我们只能从人们的言语、举止、行为——诉讼文化的载体中感知推测人们的诉讼文化观。此外，诉讼文化的抽象性还表明它具有不确定性，即诉讼文化是人们在实践中自发或自觉形成的，无法由法律加以规定，“法律上可以明确规定人们在刑事诉讼中为这样或那样的行为或不为这样或那样的行为，但却不能对人们应当持有什么样的诉讼文化作出明确的规定”②。

（三）层次性

美国学者克鲁克洪曾指出：“每一种文化都是关系的复合体，都是既有序且相关的部分的多重体。”③ 诉讼文化作为整个人类文化的子系统，也是由诸多部分组成的复杂的“多重体”，这些组成部分之间呈现出前后递进的位阶关系，表

① 毛泽东：《新民主主义论》，载中共中央毛泽东选集出版委员会编辑：《毛泽东选集》（第2卷），人民出版社1991年版，第663～664页。

② 汪建成：《刑事诉讼文化研讨》，载《政法论坛》1999年第6期。

③ ［美］克莱德·克鲁克洪等著，高佳、何红、何维凌译：《文化与个人》，浙江人民出版社1986年版，第11页。

现出很强的层次性。在我们看来，就整体而言，诉讼文化由低至高大致可分为表层结构、中层结构、深层结构三部分，关于各部分的具体内容及相互关系，下文将专门介绍。

（四）民族性

诉讼文化的民族性，是指任何诉讼文化都是在一定时期、一定地域和一定民族范围内，基于特定的历史环境和历史条件而孕育和生成的。如果说，“法律是民族的历史、文化、社会价值观念和一般意识与认识的集中表现，没有两个国家的法律体系是确切地相同的”①，那么，也没有任何两个国家的诉讼文化是完全雷同的。尽管各国诉讼文化之间由于不断交流、融合、移植，可能表现出很强的亲缘性与趋同性，但始终无法根除民族性的烙印。比如，同为英美法系的英国、美国在关于陪审团功能的大小、法官在社会中的地位与作用等方面就存在较大的认知差别。诉讼文化的民族性造就了诉讼文化的多元化趋势，各国诉讼文化都有其产生、发展、变化的内在根据和历史原因，不能简单地以高低之分进行价值评判。然而，另一方面，由于“过去那种地方的和民族的自给自足和闭关自守状况，被各民族各方面的互相往来和各方面的互相依赖所代替了。物质的生产是如此，精神的生产也是如此，各民族的精神产品成了公共的财产。民族的片面性和局限性，日益成为不可能”②。

因此，我们不能借口“民族性”而闭关自守，应当以开放的姿态、以世界的眼光去检视我国目前的诉讼文化，在不断的对外交流、取长补短中使其得到完善、升华。

（五）延续性

与其他人类文化一样，诉讼文化是人们在长期历史进程中形成、发展起来，并得以连绵不断，代代相传的，表现出很强的延续性。列宁在论述无产阶级文化时指出：“无产阶级文化并不是从天上掉下来的，也不是那些自命为无产阶级文化的专家的人杜撰出来的……无产阶级文化应当是人类在资本主义社会、地主社

① ［美］M. A. 格伦顿等：《比较法律传统绪论》，载《法学译丛》1987年第2期。

② 马克思、恩格斯：《共产党宣言》，载中共中央马克思恩格斯列宁斯大林著作编译局编：《马克思恩格斯选集》（第1卷），人民出版社1972年版，第255页。

会和官僚社会压迫下创造出来的全部知识合乎规律的发展。”① 诉讼文化的发展也是如此，任何国家的诉讼文化都是千百年历史积累的产物，都带着深厚的历史沉淀，企图割裂过去与现在、历史与未来的观念都是错误的。诉讼文化的这种延续性和历史惯性要求我们在进行诉讼文化的改造与更新时应尊重历史、善待传统，几千年封建社会留给我们的既有糟粕，也有精华，从传统文化中提炼富有生命力的诉讼理念应是我们义不容辞的历史使命，也是诉讼文化现代化的必然要求。正如美国联邦最高法院戈登堡大法官指出的那样：“过去与现在不仅不可割裂，还能共同构筑一个美好的未来。”②

（六）内容的特定性

诉讼文化是观念形态的总和，反映的是人们对一系列诉讼现象的整体性认知、价值取向、观念、看法、思想等，这体现了其内容的特定性，也是诉讼文化区别于一般法律文化的重要特征。具体而言，诉讼文化的认识内容与评价对象包括社会中各种有关诉讼的法律、法规、判例，现存的各种诉讼制度、诉讼原则、诉讼法律思想，司法机关及普通民众的诉讼行为与诉讼活动，古代或国外的各种诉讼制度、诉讼法律思想等，概言之，即指古今中外所有的诉讼现象。从涉及的法律领域来看，既有人们熟知的刑事、民事、行政三大诉讼法，也有在域外不少国家盛行，但国内至今尚未制度化的宪法诉讼。由于法律的具体实施最终大多需要通过诉讼来保障，因此，诉讼文化所涉及的内容是极其广泛的。

三、诉讼文化的结构

结构，是指事物的组成要素及其相互关系。“文化不仅有其内容而且有其结构这一事实，现已获得普遍的认识。”③ 诉讼文化也不例外。诉讼文化的结构，指作为观念形态诉讼文化的构成要素及其相互关系。诉讼文化的结构，反映了诉讼文化整体与部分的关系，勾勒出诉讼文化的现实框架。由于事物的结构还在一

① 列宁：《青年团的任务》，载中共中央马克思恩格斯列宁斯大林著作编译局编：《列宁选集》（第4卷），人民出版社1972年版，第348页。

② ［美］阿瑟·J. 戈登堡：《普通法的精神》（本版前言），见［美］罗斯科·庞德著，唐前宏、廖湘文、高雪原译：《普通法的精神》，法律出版社2001年版，第10页。

③ ［美］克莱德·克鲁克洪等著，高佳、何红、何维凌译：《文化与个人》，浙江人民出版社1987年版，第10页。

定意义上决定了事物的性质，因此，解读诉讼文化的结构不仅有利于我们加强对诉讼文化概念的认识，而且对指导我国诉讼文化的构建也具有相当的积极意义。

关于诉讼文化的具体结构如何，尚未见学界有人单独论及，可参考借鉴的资料主要是关于法律文化结构问题的论著。蒋迅先生认为，法律文化的结构是由三个纵向层次、九个横向层次、两个时向序列共同组成的一张内涵丰富、关系复杂的网络；[①] 武树臣教授认为，法律文化由法律思想、法律规范、法律设施、法律艺术四大要素组成；[②] 刘学灵先生认为，法律文化由表层结构（法律活动、法律制度、法律机构、法律条文与判例等）、中层结构（法律关系、法律规范、法律思想、法律经验与技术等）、深层结构（法律心理、法律思维方式、行为方式、法律观念等）三部分组成；[③] 张文显教授认为，法律文化系统内部可以区别出四种结构：认识结构、评价结构、心态结构和行模结构；[④] 刘作翔教授认为，法律文化由深层结构（法律心理、法律意识、法律思想）与表层结构（法律规范、法律制度、法律组织机构、法律设施）组成。[⑤] 显而易见，上述论述都是从广义或者狭义的角度来分析法律文化的结构的，对本章在最狭义层面上探讨诉讼文化的结构并不能完全适用。

就观念层面的诉讼文化而言，我们认为至少应包括以下三个层次：

（一）表层结构——（诉讼）法律心理

法律心理，是指人们在日常生活中形成的对诉讼法律、诉讼制度、诉讼活动等表面的、直观的感性认识和情绪，是诉讼文化观念形态的初级阶段和表层结构。法律心理具有自发或半自发性，是人们在长时间社会生活中不自觉的产物：法律心理具有直观性，不是人们缜密理性思维的产物，常常潜意识或无意识表现于人们的日常行为或言谈举止之中；法律心理还具有多样性、分散性，每个人的职业、年龄、身份、阅历等不同，其对诉讼的感知也不同，其法律心理自然也就各异。法律心理的以上特点决定了其普遍存在于社会民众之中，是直接影响或决定公民诉讼理念及诉讼行为的内在动因。目前，我们广泛开展的普法教育，其目

---

① 蒋迅：《法律文化刍议》，载《比较法研究》1987 年第 4 期。

② 武树臣：《让历史预言未来》，载《法学研究》1989 年第 2 期。

③ 刘学灵：《法律文化的概念、结构和研究观念》，载《河北法学》1987 年第 3 期。

④ 张文显著：《法学基本范畴研究》，中国政法大学出版社 1993 年版，第 228 页。

⑤ 刘作翔著：《法律文化理论》，商务印书馆 1999 年版，第 150 页。

的也主要在于提高公民的上述法律心理，使其对诉讼的认识逐渐从自发走向自觉，由感性走向理性。

（二）中层结构——（诉讼）法律认知

法律认知，这里指人们对诉讼法律、诉讼制度、诉讼活动等较系统化的认知与评价。它是介于自发或半自发的、感性的法律心理与系统的、抽象的法律思想体系的一个中间层次。刘作翔教授在这个意义上使用了“法律意识”一词。[①] 鉴于“法律意识”在法理学中都有较明确的内涵，故在此选用“法律认识”进行概括。与法律心理不同，法律认识反映了人们对诉讼现象已经有了一定的理性认识，有了较深程度的评价水准，但还没有达到法律思想体系那样缜密、系统的程度。在这个层面上，感情因素与理性因素、自发意识与自觉认识错综交织在一起，无法明确区分。一般来说，法律认知主要存在于受过一定程度文化教育，具有相当知识水平的人群之中。

（三）深层结构——（诉讼）法律思想体系

法律思想体系，是指人们对诉讼法律、诉讼制度、诉讼活动等全面、系统、深刻的理论性知识。法律思想体系，是理论化的法律意识的总和，是诉讼文化结构的高级阶段和最高层次。法律思想体系是人们自觉思维的产物，具有整体性、系统性、严密性。这些特点决定了法律思想体系是广大法律工作者长期艰苦思维的产物，决定了它在一个社会的诉讼法律实践中居于指导性的地位，发挥着十分重要的作用。一般而言，法律思想体系只存在于受过专门法律教育的人群中，其主体不可能是全体社会成员。

上述法律心理、法律认知、法律思想体系三位一体，互相勾连，密不可分，共同形成了诉讼文化的纵向结构。就三者而言，法律思想体系一般集中反映了统治阶级的意志和社会的主流意识形态，深刻地影响着一个国家诉讼法律的创制与司法实务活动，同时还对法律心理、法律认知发挥着导向和牵引作用，使后两者逐渐向其靠拢与聚合。而法律心理、法律认知则构成了诉讼文化的大众心理基础，是法律思想体系的资料库与信息源，是一个国家诉讼文化水平高低的重要标尺。因此，在我国诉讼文化重构工程中，既要重视法律思想体系的发展、完善，也要重视具有更广泛群众基础的法律心理、法律认知水平的提高。

---

① 刘作翔著：《法律文化理论》，商务印书馆 1999 年版，第 127 页。

四、诉讼文化由传统到现代的演进

以不同的标准为基点，可将诉讼文化作不同的分类：如东方诉讼文化与西方诉讼文化；宗教型诉讼文化与世俗型诉讼文化；大陆法系诉讼文化与英美法系诉讼文化；农业文明型诉讼文化与工业文明型诉讼文化等。但从现代化理论出发，以历史序列为标准作传统与现代的两分法是最为常见的分类方法。

现代化理论认为，现代化是一个复杂的理论范畴，同时也是一种现实的社会运动形态。作为理论，它不仅是一种分析问题的框架与结构，同时也是对实际生活的理论观察与提炼。作为实践，它是一种发源于西方并逐渐扩展至全球的运动，至今仍在不少发展中国家持续进行着。对此，国内理论界普遍予以认同。如果我们把现代化视为涉及方方面面的整体演进过程，那么，就不得不承认诉讼文化同样存在一个现代化问题，同样可依照现代化的有关理论加以分析。

现代化理论普遍承认传统与现代两分法，即把社会形态分为传统社会与现代社会，国家形态分为传统国家与现代国家，相应诉讼文化也可分为传统诉讼文化与现代诉讼文化。当然，本书所说的传统诉讼文化与现代诉讼文化乃是对现实的一种概念上的选择性重构，是一种观念上的理想类型，亦即“经由价值关联而建立起来的思维图像”[①]。实际上，这种理想类型与具体事物之间并不是一一指称的关系，正如作为“理想类型”的“资本主义”在现实生活中并不存在一样，社会中也不会存在纯粹的传统诉讼文化与纯粹的现代诉讼文化。但另一方面，这种理想类型尽管是观念的构造物，但并非研究者随心所欲臆造的产物，而是由处于特定阶段的“历史文化现象的逻辑和规则构成的”[②]。不过，具体而言，何为传统诉讼文化，何为现代诉讼文化，恐怕难以在概念上将其含义精确化。笼统而言，与现代诉讼制度相适应的一系列观点、认知、评价、思想等可称为现代诉讼文化，而与传统诉讼制度相适应的观念形态则可视为传统诉讼文化。在我们看来，传统诉讼文化与现代诉讼文化至少在以下几方面存在重大区别：首先，传统诉讼文化一般建立在自然经济基础上，而现代诉讼文化的经济基础则是商品经济；其次，传统诉讼文化一般对应的是专制政体或权力高度集中型政体，而现代

① 见 A. Giddens, Capitalism and Modem Social Theory, London, 1971, E. 141.

② 见 Oakes, Guy: Introduction Essays in Marks Webbe ~ Poscherand Knies, New York, 1975, p. 34.

诉讼文化则建立在民主政治的基础上；最后，从时间维度来看，传统诉讼文化一般存在于资本主义社会前，而现代诉讼文化则生成于资产阶级革命胜利后。

现代化理论认为，在全球范围内，由传统向现代的转变趋势是整体的、互动的、持久的和不可逆的，由此，诉讼文化也必然要经历一个由传统走向现代的过程，这一趋势在当下中国显得尤为明显。中国诉讼法制现代化起源于清末民初的维新变法运动，至今已有一百多年的历史，仅从制度层面看，中国诉讼法制已经比较完备、健全，尽管尚存诸多地方有待进一步完善，但与法治发达国家相比，已差距不大，颇具现代化的雏形。与此相对应，诉讼文化的建设则相对落后，蒋迅先生认为，中国当代法律文化由四部分的渊源构成：苏联法律文化、西方资本主义法律文化、革命根据地法律文化、中国古代法律文化；这对我国当前诉讼文化现状的描述也大体适用。在这四者中，中国古代法律文化显然所占比重最大。蒋迅先生在文章中对此虽未明确指出，但从后文论述看也是承认这一点的。[①] 时至今日，传统型因素仍占据主导地位，现代化程度不够，其表现形式是多层面的，如公民普遍的厌讼心理，司法人员程序意识淡漠，诉讼理论研究的深度和广度有待进一步加强等。因此，正如汪建成教授在论及刑事诉讼文化时所指出的那样，“我国刑事诉讼现代化建设中面临的主要问题并不是制度化建设问题，而在于诉讼观念和意识的培育上，其重心应当放在改造或重构国民诉讼文化心理和价值观念上，使其由传统形态向现代形态转变”[②]。

五、解读诉讼文化的意义

对诉讼文化进行系统解读研究，具有重要的理论意义和实践价值。

（一）能够加深对诉讼法律现象的认识，丰富诉讼法学理论研究

改革开放以来，我国诉讼法学理论研究取得了长足进步，但制度层面的丰硕成果凸显出诉讼文化领域研究的寂寥与冷清，这种“一手软、一手硬”的现象应当得到纠正。作为社会法律现象的重要组成部分，诉讼文化是社会实践的产物，是我国诉讼法制建设不可或缺的构成要件。“它既是制度化的现实，又是凝结了的历史；既是一个内部有机联系的整体也是一个包含有外部关系，即与环境

① 蒋迅：《中国法律文化的现代化》，载《法律科学》1987 年第 7 期。

② 汪建成：《刑事诉讼文化研讨》，载《政法论坛》1999 年第 6 期。

发生关系的网络。”[①] 因此，对诉讼文化进行解读，有助于我们加深对诉讼法律现象的认识，对于把握其规律性知识，丰富我国诉讼法学基础理论的研究，均有不可忽视的意义。

（二）有助于完善我国诉讼法律制度，推动诉讼法制建设

诉讼法律制度与诉讼文化之间是双向的互动关系。就诉讼文化对于诉讼制度的作用而言，诉讼文化的滞后不仅影响或阻碍诉讼制度功能的充分发挥，导致司法二元化现象的产生，还会阻碍制度的变革与发展；而诉讼文化特别是其中诉讼法律思想体系的丰富与完善，既能够为制度变革进行充分的理论准备，提供强大的理论基础，又能为诉讼制度功能的发挥提供条件保障。因此，研究我国诉讼文化，在其与诉讼制度的互动关系中进行解读，能够有助于我国诉讼法律制度与司法实践的改进完善，进而推动我国诉讼法制建设的发展。

（三）有利于推动我国诉讼文化由传统向现代的演进

诉讼文化是诉讼法制建设的重要组成部分，没有诉讼文化的现代化，就没有我国诉讼法制建设的现代化。研究诉讼文化，能够使我们深切把握我国诉讼文化的现状，进而有针对性地开展法制宣传教育工作和诉讼法学理论研究；研究诉讼文化，能够使我们充分认识中西诉讼文化、传统与现代诉讼文化冲突的历史缘由与现实根源，在比较中相互借鉴，进而实现外来诉讼文化的中国化、传统诉讼文化的现代化；研究诉讼文化，能够使我们了解诉讼文化由传统向现代的发展趋势及其历史动力，坚定信心，通过智识上的不懈努力，实现“时间叠合”。“时间叠合”是舒国滢教授提出的一个描述我国法治进程时空背景的颇有新意的概念，意指我国目前现代化的“共时”结构中包含有农业文明（现代）—工业文明（现代）—工业文明（后现代）及其精神的“历时”形态[②]背景下先进诉讼文化的社会化、大众化和本土化，建构起符合法制现代化进程要求的程序理念和诉讼规则。

---

① 张文显著：《法学基本范畴研究》，中国政法大学出版社1993年版，第214页。

② 参见《法治进程中的大众文化背景——兼谈现代化之“时间叠合”结构》一文，见舒国滢著：《在法律的边缘》，中国法制出版社2000年版，第175～180页。

第二节　中西传统诉讼文化之比较

如前所述，我国目前诉讼文化中传统型因素占据主导地位，尤其是在具有广泛群众基础的法律心理、法律认识层面更是如此。而西方法治发达国家在其诉讼制度现代化的同时，基本上已实现了诉讼文化由传统向现代化的转型。这一转型具有历史的必然性，可以说，西方传统诉讼文化是其现代诉讼文化的母体，其中蕴涵的诸多理念前后贯穿，一脉相承。因此，对中西传统诉讼文化进行比较，有助于我们从历史的角度洞悉差异，审视现状，构建未来。

“中西传统诉讼文化比较”是一个具有相当涵盖力和包容性的大题目，若仔细研讨，无疑具备编撰多本专著的写作空间。我们决然不敢奢望在此能够对相关问题一一论及，出于避免泛泛而论的考虑，在展开正文之前，有必要交代本章持守的几个基本观点和理论前提。

首先，“中西”是一个具有模糊内涵的空间概念，加上“传统”这一同样模糊的时间概念，容易导致本部分内容的不确定性。由此，在本书中，我们将“中西”中的“西”界定为广大具有基督教文化底蕴的西方国家，既包括欧陆传统意义上的大陆法系国家，也涵盖了一般意义上的英美法系国家，尽管两者在诉讼文化传统上也存在不少差异，但就整体而言两者之共性显然更多。就“传统”来说，在中国特指从夏商周以来至清末维新变法之前数千年的这段时间；在西方，则上溯古希腊、古罗马，下至资产阶级革命广泛取得胜利前的 18 世纪。我们确信，这种时空环境的明确化将有助于界定及深化对本书主旨的研讨。

其次，诉讼在一般意义上有刑事、民事、行政之分，由于行政诉讼是世界各国近现代法制发展的产物，在传统社会中发展并不完善，而刑事、民事诉讼与之相比则无疑具有更大的影响性，也更为成熟和系统化。因此，既出于论述方便的考虑，也为了增加本书的说服力，我们在研讨时将以刑事、民事案件为列举对象，对行政诉讼并不涉及。

最后，基于地理环境、社会结构、经济基础、思想条件等颇为复杂的原因，[①] 中西两种传统诉讼文化尽管存在一些共同之处，但从整体上讲是两种性质

① 关于这些内容的详尽分析可参见汪建成：《刑事诉讼文化研讨》，载《政法论坛》1999 年第 6 期。

截然不同、特征差异极大的诉讼文化。正是由于这个原因，两者之间才不可避免会在中国法制现代化进程中发生激烈的冲突和碰撞，才会如影附随地在各自制度背后发挥着潜移默化的牵引和导向作用，进而影响着各自的司法实践。由此，尽管本章名为“比较”，而比较自然有异同之分，但本章的主旨显然在于比较差异，而相同或类似之处则不在本章的研究范围之内。

以下，将从四个方面对中西传统诉讼文化的差异略作阐述。

一、追求“无讼”与实现“正义”——诉讼文化的特征差异之一

诉讼文化的价值取向决定了诉讼文化的基本特征，同时又深深影响和制约着司法实践的运作机制和决策程序，比较中西传统诉讼文化的差异首先由此展开。

中国传统诉讼文化的价值取向一言以蔽之，即“无讼”。这一语汇直接来源于儒家创始人孔子的教诲：“听讼，吾犹人也。必也使无讼乎!”① 所谓无讼，即没有或者说不需要争讼。简言之，诉讼的终极目标或根本出发点在于消灭争讼，其隐含的观念基础在于，争讼是社会的一种恶和不道德行为，理应越少越好，如《周易·讼卦》就说：“讼，终凶,”因此，“讼不可妄兴”，“讼不可长”，“无讼”的社会才是理想中的大同世界。“听讼”是实现“无讼”的一种手段，“无讼”才是“听讼”的最终目的。儒家创始人提出的这一观点成为长达两千多年的中国封建社会一以贯之的基本诉讼理念，深深影响着中国古代的诉讼立法和司法实践。

一方面，普通民众普遍养成了厌讼、息讼的生活习惯和思维定式，遇到争讼特别是民事争讼，大多依家族家规、风俗习惯由长辈裁断，或通过亲友族邻出面调解说理，不愿告之官府，通过诉讼解决，以致许多豪族大户都以几十年“无字纸入官府”自誉自励，同时还将息讼、无讼的思想记入祖训家法，以规后人，如安徽黟县南屏叶氏《祖训家风》就明白告之后人：“族内偶有争端，必先凭劝谕处理，毋得遽兴词讼。前此我族无一字入公门者，历有年……族中士庶以舞弄刀笔、出入公门为耻，非公事不见官长。或语入呈词、讼事则忸怩而不安，诚恐开罪祖先，有忝家风。”② 另一方面，劝讼、止讼、息讼也成为中国历代官府的重

① 《论语·颜渊》。

② 转引自张中秋著：《中西法律文化比较研究》，南京大学出版社1999年版，第337页。

要使命和断案宗旨，力图以此实现“完赋役、无讼事”的“天堂世界”，与此相对应，诉讼常被视为官吏德化不足和政绩不好的表现，如东汉时吴祐为胶东相时，遇“民有争讼者，必先闭合自责，然后断讼，以道譬训喻之，或亲到闾里重相和解。自是争讼省息，吏人怀而不欺”①。而陈宠则把诉讼的增多看作是吏治败坏的结果，他说：“西州豪右并兼，吏多奸贪，诉讼日百数。”② 隋朝的刘旷在任职期间，“人有争讼者，辄叮咛晓以义理，不加绳劾，各自引咎而去”③。更有甚者，不少清官循吏还以地方诏告的方式来劝阻诉讼，以实现“无讼”的目的，如明代的王守仁在《禁省词讼告谕》中明确指出：“一应小事，各宜念忍，不得辄兴词讼……若剖断不公，或有亏枉，方诉申诉，敢有故违，仍前告扰者，定行痛责，仍照例枷号问发，决不轻贷。”④ 即便是海瑞这样的清官，尽管因断案而出名并因此深受百姓拥戴，但内心深处仍洋溢着“化有讼为无讼”的理想，其在《兴革条例·吏属》中就写道：“各衙门日日听讼，迄不能止讼者何？失其本也……今日风俗健讼，若圣贤当于其间，当必须止讼之方，而不徒听讼之为尚也。”⑤

与中国古代不同，西方传统诉讼文化中诉讼的价值取向在于通过适用法律实现正义。早在古希腊时期，“法”（jus）就与“正义”（justita）紧密联系在一起。柏拉图的著作《理想国》有一副标题即为“论正义”，主要围绕正义来阐述其法律、政治思想。亚里士多德更是在《政治学》一书中指出：“相应于城邦政体的好坏，法律也有好坏，或者是合乎正义或者是不合乎正义。”⑥ 到了古罗马时期，自然法思想得以萌芽并发展起来，正义开始被明确视为法的目的和衡量标准。西塞罗就明确指出：“法是正义与非正义事物之间的界限，是自然与一切最原始的和最古老的事物之间达成的一种契约；它与自然的标准相符并构成了对邪恶予以惩罚，对善良予以捍卫和保障的那些人类法。”⑦《阿伯特：犹太智慧书》

---

① 《后汉书·吴祐传》。

② 《后汉书·陈宠传》。

③ 《隋书·刘旷传》。

④ 《王文成公全书》卷三十一。

⑤ 陈义钟编校：《海瑞集》（上册），中华书局1962年版，第39～40页。

⑥ ［古希腊］亚里士多德著，吴寿彭译：《政治学》，商务印书馆1994年版，第148页。

⑦ 西塞罗：《法律篇》，转引自法学教材编辑部《西方法律思想史》编写组编：《西方法律思想史资料选编》，北京大学出版社1983年版，第78页。

中更是记载说："世界立于三块基石之上：至理、公正的审判及和睦。"此时，适用法律的诉讼活动开始被认为是寻求和培植自然正义的活动，法官也被视为正义的传播者。《学说汇纂》中，对司法官的职责是这样定位的："人们有理由称我们为法的司铎，因为我们是在培植正义，并传播善良和公正的知识；区分公正与不公正，区别合法与非法；我们希望在教导人们行善时不仅借助刑罚的威吓，而且也利用奖赏的鼓励；我们追求的是真正的哲理，而不是虚伪的哲理。"①

到了中世纪时期，神学思想统揽一切，法学也成为神学体系的一个分支，被奥古斯丁、伊西多、托马斯·阿奎那等神学政治家以上帝的名义重新加以检视。此时，正义成了上帝的一种意志，它通过永恒法、自然法和神法所体现出的理性为人定法的制定和执行指明了方向。② 正如休斯勒指出的那样，翻开中世纪日耳曼的法律典籍，其通篇驰骋的观点是：法——"人们对上帝所创造的公正和真理的一种追求。"③ 与此相对应，法官的职责就是依据理性和良心原则作出裁判，确保案件审理的公正性和客观真实性。④ 由此，不论是宗教法庭，还是世俗法庭，适用法律的诉讼活动仍然被视为寻求正义的活动，只不过此时的"正义"已打上了神的烙印，成为上帝意志的体现。到16世纪的时候，罗马法复兴运动带来了法律的重新世俗化，以格劳秀斯、斯宾诺莎、洛克、孟德斯鸠、卢梭、伏尔泰等人为代表的启蒙思想家摆脱了"神示正义"的束缚，赋予"法"以新的含义，将其与公平、正义、人的理性等联系起来，如格劳秀斯就将法定义为："一种正当理性的命令，它指示任何与合乎理性的本性相一致的行为就是道义上必要的行为；反之，就是道义上罪恶的行为。"⑤ 继古典自然法学派之后兴起的历史法学派和分析法学派，同样将正义与法律紧密联系在一起，只是前者视正义为民族传统和习惯中体现出的人民意志，后者一般从功利主义的视角来诠释正义。资产阶级革命胜利后，以法治国的理念逐渐深入人心，诉讼作为人民实现正

---

① 《学说汇纂》节选，黄风译，载《政法论坛》1990年第3期。

② ［意］托马斯·阿奎那著，马清槐译：《阿奎那政治著作选》，商务印书馆1982年版，第106～116页。

③ 转引自［美］罗斯科·庞德著，唐前宏、廖湘文、高雪原译：《普通法的精神》，法律出版社2001年版，第45页。

④ ［美］哈罗德·J. 伯尔曼著，贺卫方等译：《法律与革命——西方法律传统的形成》，中国大百科全书出版社1993年版，第304页。

⑤ 转引自［美］E. 博登海默著，邓正来、姬敬武译：《法理学——法哲学及其方法》，华夏出版社1987年版，第106～116页。

义的方法和手段也逐渐被广泛认可，上至政权更迭、官员选举，下至财产纠纷、交通肇事等，人们都愿意通过诉讼的方式加以解决，以此求得一个“说法”。

二、“程序化”与“非程序化”——诉讼文化的特征差异之二

立法和诉讼实践中对程序的认识与看法构成传统诉讼文化的重要内容，正是在这一点上，中西方呈现出较大的差异。

中国古代社会法典中，不仅“民刑不分”，而且实体法与程序法也没有截然的区别，由此导致了人们诉讼程序观的淡漠及在司法实践中对程序的肆意违反和粗暴践踏。这种传统诉讼文化非程序化的特征主要表现在以下方面：

首先，人们对诉讼的认识带有非程序化的特点。如前所述，由于深受儒家“非讼”思想的影响，诉讼在本质上被视为一种不道德的行为，自然应当越少越好，由此导致了家族内部裁判、民间调解等非讼争端解决方式在中国古代的盛行，以致成为传统社会中国司法的一大特色。[①]

其次，表现为中国古代诉讼程序的非体系化、单一化。中国传统法律的法典化起源于战国时期魏司寇李悝“集诸国刑典”而作的《法经》。《法经》共6篇：《盗》《贼》《囚》《捕》《杂》《具》。其中，《囚》《捕》两篇中包含了大量有关刑事诉讼的程序规定。这种编制体例，“既以刑法为主，又包含了诉讼法、行政法的内容，可以说开了后世‘诸法合体、民刑不分’的法典体例的先河”[②]。此后，从秦汉直至唐宋元明清，有关诉讼程序的规定都是较为零散地分布于历朝各代的法典，这种“诉讼断狱附见刑律”[③] 的结构不仅未与以刑法为主的实体法区分开来，单成体系，而且刑事诉讼与民事诉讼混为一体，殊难区别。

再次，表现为中国古代诉讼实践中从未形成相对独立的法律职业阶层。长达数千年的中国古代社会从未出现过与“行政”相对应的“司法”，“司法”只是“行政”的诸多职能之一，因而传统社会中既不存在专门化的司法系统，也没有形成职业化的司法队伍。在历代统治者看来，审理案件、裁断纠纷只是行政长官治理社会的方式之一，诉讼运作更多讲究情、礼、法的统一，不需要专门的技

---

① 有关这方面的描述，可参见黄宗智：《民事审判与民间调解：清代的表达与实践》，中国社会科学出版社1998年版。

② 张晋藩著：《中国法律的传统与近代转型》，法律出版社1997年版，第303页。

③ 沈家本：《奏编纂诉讼法请硕行理由》，参见《档、法、律例》60号。

能，自然也排斥一个与行政长官分享权力的法律职业阶层的形成。因此，尽管早在秦汉时期就出现了世代相传专习法律的人才，也有不少熟谙注释的律学大家，且这种现象历朝历代都不罕见，但终未形成一个独立的法律职业共同体。即便是明清两代相当盛行的“刑名幕友”，也始终只能藏在幕后为人作嫁衣，无法名正言顺地主持诉讼；至于当时与之齐名的“讼师”，则地位更加悲惨，不仅为世人所贱视和不屑，而且由于法律的严加限制，难以正常参加诉讼，当然也谈不上形成制衡国家权力的法律共同体了。[①] 这种法律职业阶层阙如是中国古代诉讼非程序化的重要表象之一。

最后，表现为中国古代诉讼运作的非程序化。由于中国古代诉讼文化具有强烈的伦理性，加之系统化程序规则的缺乏与粗糙化，中国古代对于庭审程序规定较为详细的莫过于《明会典》，该法典记载如下：“其引问一干人证，先审原告，词因明白，然后放起原告，拘唤被告审问；如被告不服，则审干证人，如干证人供与原告同词，却问被告，如各执一词，则唤原被告、干证人一同对问；观看颜色，察听情词，其词语抗厉颜色不动者，事即必真；若转换支吾，则必亏，略见真伪，然后用笞决勘；如不服，用杖决勘，仔细磨问，求其真情。”导致司法实践中诉讼运作的个别化色彩浓厚。可以毫不夸张地说，不同朝代的官吏，断案方式与审判程序是不大一样的，即便是同一朝代，不同的官吏常常在审理案件时也具有不同的风格与特点。尽管如此，有一点是共通的，即历代官吏在裁断案件时往往不重视程序的规范性与正当性，非程序化现象严重，如清代康熙年间，陆陇其任某地知县时，有兄弟二人因财产争讼状至县衙，这位知县开庭时既不询问案件，也不调查证据，更“不言其产之如何分配，及谁曲谁直”，“但令兄弟相呼”，结果“此唤弟弟，彼唤哥哥，未及五十声，已各泪下沾襟，自愿息讼”[②]。由此可见，在“息讼”“无讼”的价值取向下，司法官员关心的只是如何以宗法伦理来劝诱当事人，以减少或消除诉讼，此时程序本身自然已没有多大的价值了。

与中国古代不同，西方国家在古代诉讼立法及司法实践中一直比较重视程序

① 关于中国传统诉讼中的非专门化、非职业化的详细阐述，可参见胡旭晟：《试论中国传统诉讼文化的特质》，载《南京大学法律评论》1999年春季号。

② 《陆稼书（陇其）判牍兄弟争产之妙判》。

的价值和作用，由此形成了自己传统诉讼文化的特色。

首先，如前所述，在西方，诉讼被视为实现社会公正的一种手段。由此，从古希腊、古罗马开始，人们对于生活中发生的矛盾和纠纷，愿意求助于诉讼加以解决，这就客观上导致对程序的重视及程序立法的发达化。早在古希腊、古罗马时期，诉讼就已区分为公诉与私诉两种。古罗马时的公诉，是指任何人都有权告发，对有关损害国家利益案件的审查；私诉是根据个人的申诉，对有关个人案件的审查，这种分类已经具备了现代诉讼形态中公诉与自诉的雏形。此外，在古罗马法的发展过程中，私诉程序还先后呈现出法定诉讼、程式诉讼、特别诉讼三种不同的形态。① 古希腊也根据案件性质不同，形成了由不同陪审法庭审理的诉讼制度。这种细密精致的分工既显示了古希腊、古罗马社会立法技术的高超，也反映了当时对诉讼程序规范化的重视。公元533年颁布施行的《法学阶梯》是当时古罗马的钦定教科书，并具有法律效力，该书在“人法”、“物法”后单列“诉讼法”的目次，由此可见当时诉讼程序的发达程度。到了中世纪教会立法时，诉讼程序已经非常严密发达，如证人必须进行宣誓、允许代理人参加诉讼、诉讼程序分为“庄重的和正式的”与“简易的和衡平的”两种、法官根据理性和良心原则断案等为现代诉讼制度所广泛采用的做法已经程序化、规范化了。

其次，长期以来，西方社会中独立的法律职业阶层已经形成并得以延续。考察西方法制史我们会发现，与中国古代不同，西方很早就形成了特定的法律职业阶层，且数千年来绵延不断，持续至今。早在古罗马时期，便活跃着一群职业法学家，他们通过解答法律问题、指导诉讼、撰写契据、注释与编辑罗马法的各种渊源、著书立说，极大地推动和影响着罗马法的发展。特别要指出的是，许多法学家还通过担任“辩护士”或“辩论家”这一类似现代律师的角色参加诉讼，推动着古罗马诉讼程序的精密化与发达化。基督教出现并盛行后，僧侣由于受教育程度高，逐渐掌握并垄断了对法律的解释与传播，开始形成新的法律职业阶层，这一法律群体对教会法的发展与完善功不可没，他们通过召开宗教会议、诠释《圣经》与教皇的敕令、编撰教会法典、著书立说、传习法律，极大地推动了教会法的发展。此外，中世纪法学高等教育的盛行也从另一个方面促成了法律职业阶层的形成，从最早成立的意大利波伦亚大学开始，法学就是与神学并列的

① 何勤华主编：《外国法制史》，法律出版社1997年版，第97～98页。

大学必修课程之一，许多法律学家在此授课、开展研究，丰富与发展了包括诉讼法在内的法学体系，如中世纪在欧洲产生重大影响并被广泛适用的《格拉蒂安教令集》就是由波伦亚大学教师约翰·格拉蒂安于1139—1141年间编撰的，该法典即包含了大量有关诉讼法的内容。①

最后，西方古代诉讼运作很早就有了程序化、正规化的特点。如上已述，早在古罗马时期，便出现了辩护士，诉讼运作依案件性质不同而采用不同的程序，表现出很高的规范性。古希腊也是如此，著名哲学家苏格拉底因“渎神罪”被判处死刑，就是通过当时盛行的陪审法庭投票裁决完成的，苏格拉底在法庭上不仅有辩论权，而且还可以与有关证人进行对质，这些都显示了当时诉讼程序已经相当严密、发达。② 即便是进入中世纪，教会法庭审理案件也比较重视诉讼的规范化运作。事实上，按照龙宗智教授的观点，《圣经》本身就是一部刑事诉讼法的教科书。③ 而从摩西十诫中的“不可作假见证陷害人”到《旧约·申命记》中的“人无论犯什么罪、作什么恶，不可单凭一个人的口作证，总要凭两三个人的口作见证才可定案”，无一不折射出现代诉讼文明的理性之光。即便是过于呆板、机械而备受后人诟病的证据法定主义，在当时对限制法官的司法专断、促进事实真相的查明、统一办案规格、保证程序的规范运作无疑也具有相当积极的价值。在较少受到教会法影响的中世纪英格兰法律体系与司法实践中，也比较重视程序的规范运作。早在亨利六世时代，大法官福蒂斯丘爵士即主张应赋予法律职业以神秘性，主张法律是法官和律师的特殊科学。中世纪时，司法权当时尽管依然受制于国王，但国王往往只能在特殊的场合“因要人和大案”才行使司法职能。④ 即便这样，国王对司法的干预也往往受到法官以专业为由的反对，如在1612年大法官柯克与国王詹姆斯一世的争论中，柯克便指出，法律是一门“人为理性”，一个人只有经过长时期的学习和实践才能掌握，在未达到这一水平前，任

---

① 何勤华主编：《外国法制史》，法律出版社1997年版，第123页。

② 有关这方面的详细描述可参见［美］斯东著，董乐山译：《苏格拉底的审判》，生活·读书·新知三联书店1998年版，特别是第十四章。

③ 龙宗智：《上帝怎样审判》，载《法学》2000年第4期。

④ ［美］哈罗德·J. 伯尔曼著，贺卫方等译：《法律与革命——西方法律传统的形成》，中国大百科全书出版社1993年版，第530～531页。

何人都不能从事案件的审判工作。[①] 由此，尽管国王在普通法上被视为“一国之父”，但其权力仍应受普通法基本原则和法定程序的限制，以防止其剥夺或侵害任何人的天赋人权。[②]

三、伦理性与宗教性——诉讼文化的特征差异之三

中国传统诉讼文化具有强烈的伦理色彩，而西方传统诉讼文化又深深打上了宗教性的烙印，这是两大诉讼文化的又一重要区别。

中国传统诉讼文化的伦理性，也有学者称为“诉讼的道德化”[③]，是指儒家伦理的原则支配和规范着法的发展，成为诉讼立法与司法实践的指导思想，同时人们对诉讼的认识又深深渗透着儒家的伦理精神。在中国古代的青铜时代，法与宗教、伦理不分，“天罚神判”成为统治者进行诉讼的指导思想和行动准则。进入周朝，“神明裁判”逐渐退出诉讼领域，法律与宗教开始分离，法律有了独立的发展。到了秦始皇一统天下后，法家思想成了诉讼的指导原则。中国传统法律包括诉讼法律伦理化的进程，按照学术界的普遍看法，大致始于汉武帝时期的“罢黜百家、独尊儒术”，完成于唐律的诞生，前后长达7个半世纪，其间可以粗分为三个阶段：第一阶段是汉代，这是伦理化的初始阶段，此时儒家伦理对法律与诉讼实践的影响和改造只能通过“引经决狱”和研习律学、解释法律这种侧面迂回的方式来实现。第二阶段是三国两晋南北朝时期，这是立法和诉讼实践伦理化不断深入的阶段，此时众多儒家伦理道德直接全面地贯彻、渗透到法律中去。第三阶段是隋唐时期，立法与司法的伦理化全面完成，儒家的宗法伦理已全面渗透进法律之中。[④]

就中国传统诉讼文化伦理性的表征来说，大致体现在以下几个方面：一是表现在对“诉讼”的认识上。正如前文分析的那样，无论是普通民众，还是清官廉吏，从观念上都视“诉讼”为一种恶，一种不道德、不光彩的行为，因此，

---

① ［美］罗斯科·庞德著，唐前宏、廖湘文、高雪原译：《普通法的精神》，法律出版社 2001 年版，第 45 页。

② ［美］罗斯科·庞德著，唐前宏、廖湘文、高雪原译：《普通法的精神》，法律出版社 2001 年版，第 47 页。

③ 胡旭晟：《试论中国传统诉讼文化的特质》，载《南京大学法律评论》1998 年春季刊。

④ 以上分析可详见张中秋著：《中西法律文化比较研究》，南京大学出版社 1999 年版，第 122 ~ 125 页。

诉讼的目的不是或者主要不是为了裁断纠纷，而是为了实现“无讼”，为了“明刑弼教”，这种在诉讼正式开始之前已久久萦绕在司法官员和各方当事人心头的道德观念从根本上决定了诉讼运作的伦理化倾向。二是法典的伦理化。早在曹魏时期，“八议”开始入律，到《晋律》时确立了“准五服以制罪”的原则，《北魏律》将“官当”制度法律化，《北齐律》又明确规定了“重罪十条”，至唐律“一准乎礼”时，法典的儒家化、伦理化已经完成，宋元明清诸律基本上以“华夏刑律不祧之正统”[①] 的唐律为蓝本，同时还结合各自实际对其中的伦理化精神作了弘扬，特别是宋明理学成为占统治地位的意识形态后，法典伦理化得到前所未有的深化和扩张，在有关家庭、婚姻、两性关系等领域达到了十分极端的地步。[②] 三是诉讼实践的伦理化。《礼记・王制》很早就指出：“凡听五刑之讼，必原父子之亲，立君臣之义以权之。”东汉初年，大儒董仲舒便创设了“引经决狱”的断案方式，深深影响着当时的诉讼实践，以致出现了“故胶东相董仲舒老病致仕，朝廷每年有政议，数遣延尉张汤亲至陋巷，问其得失”[③] 的情况。此后，这种诉讼运作引经据典的泛道德化现象在中国古代司法中屡见不鲜，已成为常态，以至于有人说，古代司法官办案的第一原则就是：“人有争讼，必谕以理，启其良心，俾悟而上。”[④] 因为历代统治者均奉信“道之以政，齐之以刑，民免而无耻；道之以德，齐之以礼，有耻且格”[⑤]。

与中国传统世俗政权的强大和占主导意识形态的儒家伦理对佛、道等宗教思想的强烈排斥而导致中国传统诉讼文化非宗教性不同，西方各国由于特定的历史传统和社会环境，导致其诉讼文化呈现出较强的宗教色彩。在基督教产生以前，西方法律与原始宗教紧密相连，人们对诉讼的认识也打上了强烈的宗教烙印。博登海默指出：“在古希腊的早期，法律和宗教没有多大区别……宗教仪式渗透在立法和司法的形式中，祭司在司法中也起着重要的作用。人们认为国王作为最高法官，其职责及权力是宙斯亲自赐予的。”[⑥] 公元前5世纪中叶，古罗马颁布的

① 陈寅恪著：《隋唐制度渊源略论稿》，上海古籍出版社1982年版，第100页。

② 具体内容可参见张中秋：《中国封建社会奸罪述论》，载《南京大学学报》1987年第3期。

③ 《后汉书・应劭传》。

④ 《金华黄先生集・叶府君碑》。

⑤ 《论语・为政》。

⑥ ［美］E. 博登海默著，邓正来、姬敬武译：《法理学——法哲学及其方法》，华夏出版社1987年版，第2页。

《十二铜表法》就是一部带着浓厚宗教色彩的法典，除了第十表是“宗教法”外，该法典对诉讼活动的规定许多地方充斥着神明裁判的内容，泰格就此评价道，《十二铜表法》“其特征均在于信赖巫术和宗教礼仪，以之作为法律诉讼程序的主要部分和产生义务的手段。”[①] 此后，到公元前 1 世纪罗马法中的原始宗教因素逐渐产生并发展起来。公元 4 世纪左右，基督教为罗马皇帝所承认并被立为国教，此后，基督教的思想和理念开始渗透入法，影响着人们对法的认识及诉讼实践活动，如古罗马时期的自然法学者普遍认为，世界上只有两种法，一种是永恒的自然法，另一种是人定的制定法。[②] 但是，一旦上帝至高无上的观点在人们心目中树立起来后，便出现了高于人定法、自然法的上帝法（神法）。到了公元 5 世纪的时候，开始出现了各类教会、宗教会议的教令、教规汇编，较著名的有《罗马的礼仪》《西斯帕那教会观点汇编》等。而“《查士丁尼法典》的诞生，标志着基督教在罗马法体系中已占有了一个不可动摇的位置”[③]。此时，在诉讼实践中出现了一些新的变化，一些宗教机构开始在民事领域获得管辖权，出现了宗教人士担任法官的主教审。[④]

从公元 5 世纪末期西罗马帝国的灭亡到 16 世纪初罗马法复兴运动以前，基督教（主要是天主教）教权及教会法的地位不断上升，直至凌驾于世俗法及世俗政权之上，由此开始了神学一统天下的格局。此时，在诉讼实践中，一方面，“政治和法律都掌握在僧侣手中，也和其他一切科学一样，成了神学的分支，一切按照神学中通行的原则来处理。教会教条同时就是政治信条。《圣经》词句在各法庭中都有法律效力”[⑤]。另一方面，教会中出现了以主教法庭、大主教法庭和教皇法庭为主体的独立的审判机构体系，形成了完整的诉讼程序。就案件的管辖范围来看，凡涉及教会利益的案件或涉及宗教信仰的民事案件，诸如违反誓言、亵渎神灵、侵犯教会经济利益以及家庭和婚姻案件，甚至一般的刑事和民事

---

① ［美］泰格、利维著，纪琨译：《法律与资本主义的兴起》，学林出版社 1996 年版，第 10 页。

② 参见［古罗马］西塞罗：《法律篇》（第 2 卷），转引自法学教材编辑部《西方法律思想史》编写组编：《西方法律思想史资料选编》，北京大学出版社 1983 年版，第 75 ~ 79 页。

③ 张中秋著：《中西法律文化比较研究》，南京大学出版社 1999 年版，第 162 页。

④ ［意］朱塞佩·格罗索著，黄风译：《罗马法史》，中国政法大学出版社 1994 年版，第 392 页。

⑤ 中共中央马克思恩格斯列宁斯大林著作编译局编：《马克思恩格斯全集》（第 7 卷），人民出版社 1972 年版，第 400 页。

契约案件，教会都有管辖权。[1] 至于臭名昭著的宗教裁判所则是专门审理异端（异教）案件的教会法庭，它更是建立了一套包括法官任命、案件告发、侦讯、审问、刑讯、判决在内的严密制度，成为人类诉讼史上最为黑暗的一页。在长达近千年的中世纪时期，教规教义不仅与法律融为一体，而且在某种程度上凌驾于世俗法律之上，此时，无论是人们对诉讼活动的认识，还是司法实践，都深深打上了宗教的烙印。

16 世纪后，随着文艺复兴运动、宗教改革的兴起，教会及教会法逐渐丧失了其显赫地位，特别是在资产阶级革命胜利后，宗教对世俗法律及司法实践的直接干预日益减少。但是，这并不等于终止了基督教及其教会法对西方诉讼文化的继续影响，正如学者指出的那样："被结束的是天主教会的政治和法律统治，而不是作为文化精神现象的基督教；被摧毁和被唾弃的是宗教裁判所，而不是教会法的全部。因此，基督教和教会法不仅对中世纪而且对近代以后的西方法仍然产生了巨大的影响。"[2] 表现在诉讼实践中就是诸如法官应当依"理性"和"良心"断案、证人宣誓制度等带有浓厚宗教色彩的做法得以继续沿用。也正是在这个意义上，伯尔曼认为，西方法律传统产生于一次宗教革命。[3]

四、封闭性与开放性——诉讼文化的特征差异之四

从整体上看，中国传统诉讼文化表现出较强的封闭性和稳定性，而西方传统诉讼文化则呈现出开放性和不稳定性，这是两者在特征方面的重大差异之一。

封闭性，是指中国传统诉讼文化的主流思想与核心内容皆生自本土，形成了自己独特的术语、概念、命题、内容及观念体系，其产生和发展具有内发的渐进式特点，受外界的冲击和影响较小。一方面，这种封闭性表现在诉讼的价值取向和指导思想上。自从东汉初期"罢黜百家、独尊儒术"后，孔孟儒家思想就成为统治者"修身、齐家、治国、平天下"的指导思想，其中蕴涵的"无讼""德主刑辅""引礼入法"等观念成为千百年来司法活动和诉讼实践一以贯之的行动指南，几乎历朝各代都奉为"圭臬"而遵守之，没有太大的变动。另一方面，

---

① 何勤华主编：《外国法制史》，法律出版社 1997 年版，第 132～133 页。

② 张中秋著：《中西法律文化比较研究》，南京大学出版社 1999 年版，第 179 页。

③ ［美］哈罗德·J. 伯尔曼著，贺卫方等译：《法律与革命——西方法律传统的形成》，中国大百科全书出版社 1993 年版，主要见该书"导论"及第四章的内容。

作为观念文化对应物的诉讼制度，起于《法经》，形成于秦汉，到唐代《唐律疏议》而臻于完备，以后无论是《宋刑统》《大元通制》，还是《大明律集解附例》《大清律例》，几乎没有因朝代更迭而发生太大的变化，表现出异乎寻常的稳定性和封闭性。正如清代纪昀所说："论者谓唐律准乎礼，以为入得古今之平，故宋世多采用之。元时断狱，亦每引为据。明洪武初，命儒臣四人同刑官进讲唐律，后命刘惟谦等详定《明律》，其篇目一准于唐。"① 清代也不例外，王友谅指出："唐律具存，计篇十二，计卷三十，而国朝定制，参稽旧文，损益以归于大中，共所资者，亦以唐律为多。"②

开放性，是指西方传统诉讼文化是在国家与国家之间、地区与地区之间不断交流与融合中形成的，其产生和发展是各种思想观念激烈碰撞、互相扬弃的产物，具有较强的外源诱发性特点。关于西方法系的开放性，张中秋教授认为主要表现在三方面，并就此进行了十分精彩的阐述：（1）西方法系是一个庞大的多源的组合性法律体系；（2）西方法系是一个保持对外和对内相互交流与联系并能实现自我更新的法律体系；（3）西方法系是一个不断发展的体系。③ 本章仅以所截取的诉讼制度中的一个方面——"陪审制的产生与发展"为例进行说明。

早在公元前6世纪的雅典，当时的著名政治家梭伦进行改革时便首创了多人参与案件审理的陪审法庭，一般认为，这就是现代陪审制度的萌芽。④ 其后，陪审制度在古希腊得到进一步发展，出现了6001人、1501人、1001人或501人分别组成陪审团审理不同案件的制度。⑤ 此后的古罗马文明是在对其他文明特别是古希腊文明的不断吸收与借鉴中得以滋养长大，并因其兼容并蓄、博大精深而流传后世的。陪审制度就是一例。陪审制度因其自身蕴涵的民主性与科学性而被古罗马从古希腊引进，并备受青睐，因此得到进一步完善，到了古罗马共和时期，陪审制度不仅种类增多，而且对案件的参与、讨论、表决等都有了较严格的程序。⑥ 欧洲中世纪在法国卡诺林国王统治时期，该国在讯问制度中还保留有陪审

---

① 见《四库全书总目提要》卷82。

② 见《清·经世文编》卷9。

③ 张中秋著：《中西法律文化比较研究》，南京大学出版社1999年版，第207~224页。

④ 何勤华主编：《外国法制史》，法律出版社1998年版，第64页。

⑤ 何勤华主编：《外国法制史》，法律出版社1998年版，第73~74页。

⑥ ［意］朱塞佩·格罗索著，黄风译：《罗马法史》，中国政法大学出版社1994年版，第196~197页。

制的痕迹。诺曼征服后，陪审制度被引进并得以在英国产生和发展起来。11 世纪，陪审团还只是扮演类似控方证人的角色，随后其职能开始复杂化，一方面，行使控告犯罪的职能，即后来的“大陪审团”；另一方面，享有对案件事实的裁断权，即后来的“小陪审团”。至17 世纪，英国的陪审制度开始形成一套固定的程序，成为英国刑事诉讼制度的重要组成部分。在大陆法系的法国，漫长的中世纪，由于王权的扩张，审判权由国王所垄断，陪审制度逐渐消失。[①] 法国大革命后，在反对司法专断，倡扬自由民主的口号下，英国式的陪审制度被引进，并为1871 年宪法所认可。然而，由于各方面的原因，英国式陪审制在法国的引进出现了南橘北枳的效果，法国在 19 世纪初便逐渐废止了这种做法，取而代之的是法官与陪审员共同评议案件的参审制。至于美国与德国，由于分别效仿英国、法国，也分别走上了陪审和参审的不同发展道路。由此可见，西方各国陪审制度以及与此相关的陪审文化从整体上看，处于不断的变动、融合之中，各国、各地区的诉讼观念、思想在频繁的交流中分别形成了适合于本国国情的特色。

中西方传统诉讼文化之所以呈现出封闭性与开放性的差异，其原因是多方面的。首先，从地理环境上看，中国东临大海，北靠沙漠，西面是号称世界屋脊的连绵大山，这种环境使中国文化一开始就处于一种相对封闭的状态中，受外来的文化影响小。加之中国历史上虽然朝代不断更迭，但自秦始皇一统天下后，大一统的政治格局基本上没有改变过，这更强化了中国传统文化的稳固性。而西方各国不仅国土面积狭小，相互之间往来便利，而且自古罗马帝国消灭后，西方不断经历十字军东征、诺曼征服、殖民扩张等大规模社会动荡，各国之间战乱不断，人民交往频繁，这就不可避免地促进了诉讼文化之间的不断交流与融合。其次，从经济关系和社会结构来看，几千年的中国封建社会建立在自给自足的小农经济基础之上，生产资料交换少，人们之间交往不多，加之家国一体化，以血缘亲情关系作为社会联系的基本纽带，形成了十分稳定的社会结构。由此，建立于这种经济关系和社会结构之上的诉讼文化难免呈现出封闭性的特点。与此相对应，古希腊、古罗马很早就出现了以交易行为为基础的商品经济，其国家从产生之日起就打破了人们之间的血缘亲情关系，社会中个人与个人之间更多地表现为一种契约关系。因而，建立在这种经济关系和社会结构之上的诉讼文化自然就有了开放

① 林永谋：《德国陪审、参审采行之理念上观察》，载台湾《法令月刊》第46 卷第1 期。

性的特点。最后，从思想条件来看，中国古代儒家思想很早就一统天下，成为历代统治者治国安邦的基本国策，这就大大限制了与儒家思想不符的其他诉讼文化对国家司法实践的影响和渗透，使以儒家思想为内核的传统诉讼文化得以万古不易，历代相袭。反观西方各国，尽管有基督教思想的共同传统，但从未成为各国一以贯之的治国理念，即便是神学一统天下的中世纪也是如此，这就使其传统诉讼文化与中国古代相比有了更大的发展空间和变动可能性。

第三节　我国诉讼文化演进之研讨

一、诉讼文化落后导致制度设计的虚置——演进之必要性分析

考察我国现行诉讼文化的演进问题，必须对诉讼文化的现状及其机制运作、功能发挥有一个明晰的认识。对此，我们的基本观点是：与整体上较为先进的制度设计相比，现行诉讼文化具有严重的滞后性，导致实践中“纸面上的法”与“行动中的法”严重背离的“司法二元化现象”的泛滥。也有学者用“二元结构”来对当代中国法律文化现状进行理论概括，我们认为，其基本观点也大体适用对现行诉讼文化的研讨。① 从理论上讲，诉讼文化与具体诉讼制度之间的关系可能呈现出三种不同的样态：一是诉讼制度已不适应社会生产力的发展，与之相伴随的政治体制处于崩溃、解体的边缘，此时可能出现先进的诉讼文化与落后的诉讼制度并存且不断发生冲突的情况；二是当一个社会经过革命或变革确立了新的适应社会发展的诉讼法律制度体系，但大多数社会成员的思想观念尚未发生实质性变化时，可能出现先进的诉讼制度与落后的观念性诉讼文化的冲突；三是诉讼文化与诉讼制度建设齐头并进、协调发展，形成良性运作的互动机制。就以上三种样态而言，第一种常常出现于社会革命或社会变革的前夕，第二种又主要出现在社会革命或社会变革之后不久，第三种情况则是一个各方面运转正常的法治社会的常态。我国目前正处于社会转型时期，实践中诉讼文化与诉讼制度的关系主要表现为第二种样态。

① 刘作翔著：《法律文化理论》，商务印书馆 1999 年版，第 263 ~ 274 页。

一方面，中华人民共和国成立后的半个多世纪以来，特别是改革开放后的二十多年时间中，我国法制建设取得长足进步，以宪法为指导，以三大诉讼法为核心，以《人民法院组织法》《人民检察院组织法》《法官法》《检察官法》及其他相关法律、法规为辅助的诉讼法制体系已粗具规模并日益完善，仅仅从法律制度的规定上讲，西方法治发达国家一些主要的诉讼制度、诉讼原则，如审判独立、无罪推定、疑罪从无、辩论主义、直接言词主义、陪审制度、上诉制度、时效制度等在我国已经确立。不仅如此，根据我国的具体国情，立法还建构起一系列具有中国特色的诉讼制度、诉讼原则，如死刑复核制度、检察监督原则、调解原则等。因此，从整体上说，尽管我国诉讼立法尚存许多有待进一步完善之处，一种较为先进的、同现代社会结构基本相适应的诉讼法制框架已经形成并正日趋完备。

另一方面，广大民众及司法工作人员对诉讼的群体性认知、评价、心态、看法等相对滞后，尚不能适应诉讼法制日益民主、科学化发展趋势的要求。比如，时至今日，尽管国家法制建设与法制宣传教育在改革开放后已取得长足进步，但传统诉讼文化中“厌讼”“无讼”的思想在普通民众中仍根深蒂固，由此导致对大多数公民来说，当其合法权益受到侵害时，宁愿寻找行政机关或上级部门解决，也不愿通过“打官司”的方式解决纠纷。当然，这一现象是诸多因素共同作用的结果，比如，诉讼成本高、时间长、对司法机关普遍不信任等都从不同方面影响着社会成员的诉讼积极性，但对诉讼本身的传统认识显然是其中最重要的原因之一。至于认为同亲朋好友、邻居、同事“打官司”是不光彩的看法则更为常见和普遍。据一项调查表明，时至20世纪90年代中期，认为与亲戚、朋友、邻居或同事发生纠纷到法院打官司会感到比较丢脸、很丢脸的想法占被调查人数的35.4%，在乡村竟达到49.7%。[①] 再比如，尽管律师制度在我国恢复发展已有相当长一段时间，但普通民众对律师仍敬而远之，不愿意与之打交道。上述调查材料还显示，被调查对象中就法律问题与律师打过交道的人仅为7.8%，在乡村这一比例仅为5%。[②] 不仅普通民众如此，司法工作人员的诉讼文化建设也

① 参见夏勇主编：《走向权利的时代——中国公民权利发展研究》，中国政法大学出版社2000年版，第760~762页。

② 参见夏勇主编：《走向权利的时代——中国公民权利发展研究》，中国政法大学出版社2000年版，第762~763页。

不容乐观，亟待加强。比如，长期以来，实践中“重实体、轻程序”的观念普遍存在，许多人认为，程序法只是“助法”，是工具，因此即便不是可有可无，也是无足轻重和不受重视的，于是导致实践中诸如超期羁押、违法取证、刑讯逼供、随意干涉当事人的处分权等程序违法现象大量存在，这些显然与现代社会的发展不相适应。

因此，总体上看，现有诉讼文化与诉讼制度并存的状况，给人感觉是在一个颇具现代化特征的诉讼制度上强行铆上了一个传统意蕴十足的诉讼文化，用梁治平先生的话来表达就是“制度是现代化的或近于现代化的，意识则是传统的或更近于传统的”①。这不仅难以收到“同声相应”的效果，而且容易使人感到一种扭曲，机制性冲突，其后果便是使立法上的大量制度设计被废止。于是，一方面，立法确定了人民法院、人民检察院独立行使职权的原则；另一方面，某些机关、个人非法影响和干预司法工作的现象屡见不鲜。一方面，立法规定了公民在法律上一律平等，必须保障诉讼参加人的合法权利；另一方面，当事人的身份、地位等常常影响着诉讼的最终结果，实践中刑讯逼供等侵犯当事人合法权益的现象时有发生。一方面，立法确立了辩护与代理制度；另一方面，大量当事人不愿或不能聘请律师参加诉讼。一方面，法律赋予了当事人庭审时的质证权；另一方面，又因证人极少出庭导致该权利形同虚设。如此等等，无一不与诉讼文化与诉讼制度的机制性冲突密切相关。

形成上述制度文化与观念文化相背离现象的原因是多方面的，但制度文化与观念文化建设的不同步以及传统诉讼文化对国人心理的长期渗透与塑造无疑是其中最为重要的原因。我国诉讼法制现代化起源于清末民初的变法运动，从最初动机来看，是学习西方“船坚炮利”的直接产物，几乎是在国人没有太多思想准备的情况下进行的，具有极大的外发性、应急性。在制度移植引进的同时，观念层面的诉讼文化仍是传统的，故两者从一开始就存在着机制性的冲突。此后近百年时间内，中国经历了多次政权更迭，加之战乱不断，各种政治运动此起彼伏，根本没有客观条件去培育与现代诉讼制度相适应的诉讼文化。加之中华人民共和国成立后长期高度集中化政治体制、大一统的计划经济的影响及“阶级斗争论”在意识形态的盛行，公民的主体地位和权利意识被扼杀，以商品经济与政治民主

① 梁治平、齐海滨等著：《新波斯人信札——变化中的法观念》，贵州人民出版社1988年版，第101页。

为基石的现代诉讼文化根本没有立足之地。即便是改革开放以来，在诉讼法制建设步伐不断加快且日臻完善的同时，文化在社会变革时固有的滞后性又导致人们观念层面认识的演进颇为缓慢，由此导致时至今日，无论是普通民众还是司法官员，诸多观念仍深受传统诉讼文化的影响，未能真正建构起符合现代社会发展的程序理念。这样，在旧的观念的影响和作用下，“纸面上的法”难免不发生异化和歧变，导致司法二元化现象的产生。因此，正如樊崇义教授指出的那样，“一项先进的司法制度的贯彻实施，首先遇到的一个问题，就是诉讼法律观的转变问题，这种转变要经过一个漫长的痛苦的磨合期，要有一个认识的过程、实践的过程，要有一个从不自觉走向自觉的过程”①。

二、诉讼文化演进的历史动力——演进之可行性分析

诉讼文化演进的历史动力，刘作翔教授在“法律文化”的层面上称之为“中国法律文化现代化的历史动力”，是指“那些能够推动中国法律文化由传统形态向现代形态转变的现实的经济基础和政治依据”②。公丕祥教授也明确指出，中国法律文化现代化的历史动力来自于现代商品经济和民主政治建设所形成的强大合力。③ 在诉讼文化演进的历史动力上，除了经济基础与政治依据之外，我们认为，还应包括诉讼法律制度的反向能动作用，这三者既是诉讼文化演进的历史动力，同时，它们的结合又构成了我国现存诉讼文化演进的可行性环境。

社会主义市场经济的逐步建立和完善是推动我国诉讼文化演进的强大历史动力。恩格斯早就明确指出：“一切社会变迁和政治变革的终极原因，不应当在人们的头脑中，在人们对永恒的真理和正义的日益增进的认识中去寻找，而应当在生产方式和交换方式的变更中去寻找；不应当在有关的哲学中去寻找，而应当在有关的时代的经济学中去寻找。”④ 诉讼文化的演进也不例外。一方面，社会主义市场经济从本质上讲就是商品经济的社会主义化，它要求实现商品生产者之间的平等、互利、互惠的交换关系，为了使市场在资源配置中起基础作用，必须减

---

① 樊崇义：《论刑事诉讼法律观的转变》，载《政法论坛》2001 年第 2 期。

② 刘作翔著：《法律文化理论》，商务印书馆 1999 年版，第 196 页。

③ 公丕祥：《中国法律文化现代化的概念分析工具论纲》，载《南京社会科学》1990 年第 1 期。

④ 恩格斯：《社会从空想到科学的发展》，载中共中央马克思恩格斯列宁斯大林著作编译局编：《马克思恩格斯选集》（第 3 卷），人民出版社 1972 年版，第 424 ~ 425 页。

少行政干预和市场壁垒，形成全国统一的市场，促进生产资料和劳动力的大范围流动，这些已经和正在瓦解的长期以来以“身份凝固”为特点的社会结构，导致利益主体的多元化和复杂化，进而促使各种纠纷大量产生，这在客观上为诉讼在社会生活中发挥更大的作用提供了背景条件。另一方面，经济市场化、商品化又促进了人们权利意识的觉醒，加之“熟人社会”结构模式的解体，普通民众对诉讼的整体性认知、评价等开始发生转变，从拒绝、排斥诉讼到愿意求诸诉讼解决纠纷，进而对诉讼的认识逐步深化，这样必将从整体上推动诉讼文化向现代化方向不断发展。除此之外，市场经济的深入发展还为人们诉讼权利的行使提供了日益丰厚的物质条件。也正是因为如此，公丕祥教授认为，“改造中国传统法律文化，重建新型的法律文明，实现中国法律现代化，最根本的是要用商品经济代替自然经济”①。

社会主义民主政治的日益完善也将极大地推动诉讼文化的演进。从整体上看，民主政治的不断发展能够为诉讼文化的演进提供和营造更加适宜的外部环境，进而促进诉讼文化的现代化，这主要表现在以下几方面：首先，它能保证司法机关更加独立、公正、公开地行使职权，增加民众对诉讼活动的亲和力与信任感；其次，它能形成一个宽松的政治环境，培育和孵化民众的民主意识和诉讼观念；再次，它能促使国家机关（特别是行政机关）在涉及自身的诉讼案件（如行政诉讼）中自觉守法服法，进而影响和教育普通民众；最后，政治民主化本身也是通过正当化程序得以实现的，这一过程必将潜移默化地影响和改变人们的诉讼文化观。

现代诉讼制度对现代诉讼文化的演进无疑也具有强大的反向能动作用。在诉讼制度与诉讼文化的关系上，一方面，观念文化对制度文化具有极大的牵引和导向作用，制度层面的变革若以观念的更新为前提，则能收到事半功倍之效，反之则不免步履维艰；另一方面，制度文化对观念文化也具有强大的反向能动作用，先进的诉讼制度能够通过实践促使人们对诉讼的认知、评价、观念等发生变革，实现从传统到现代的演进。我国改革开放与法制建设是自上而下以制度变革为先导而展开的，如前所述，经过二十多年的建设，现代化的诉讼制度体系和框架已颇具雏形，在这种背景之下，制度层面的建构已经并且正在产生强大的效用，推

① 公丕祥：《冲突与融合：外域法律文化与中国法制现代化》，载《法律科学》1991 年第 2 期。

动人们的诉讼文化观不断走向现代化，这是任何不持偏见的人都无法否认和漠视的客观现实。

三、诉讼文化演进的难点

实现诉讼文化的演进，不可避免要面对一系列难点问题，在我们看来，以下两个问题解决的好坏及成功与否将直接影响我国诉讼文化的演进程度。

（一）如何对待传统诉讼文化

如前所述，中国传统诉讼文化与西方传统诉讼文化存在着较大的区别，以自然经济和封建专制政体为基石的中国传统诉讼文化是无法内生出根植于商品经济、民主政治的现代诉讼制度的，因此，中国现代诉讼制度大多是“西学东渐”、引进移植的产物，与此相对应，诉讼文化的建构也必须在相当程度上参考和借鉴域外的经验，此时，如何对待有着数千年历史的传统诉讼文化的问题则不可避免地凸显出来。

对此，我们的总体观点是：中国传统诉讼文化中既有糟粕，也有精华，整体上传统诉讼文化与现代诉讼制度的矛盾并不能否认其自身蕴涵的大量合理性因素，扬弃基础上的批判性继承应当是我们对待传统诉讼文化的正确态度。

中国传统诉讼文化中可以继受的合理性因素较多，以下试以其颇具特色的“谨刑慎狱”思想予以说明。所谓谨刑慎狱，是指司法官员在办理刑事案件中，应当秉公持正、不偏不倚，谨慎而认真地查明案件真相，准确适用法律，做到不枉不纵。这种“谨刑慎狱”深深“镶嵌”于中国古代的社会环境和文化土壤中，已然成为中国传统诉讼文化中极具特色的一个组成部分。这种“谨刑慎狱”的表象在中国古代刑事司法制度中比比皆是，尤以滤囚、死刑复奏制度最为突出。

滤囚，又称录囚，指君主或上级官吏查阅案卷或向囚犯问讯决狱情况，或督办久系未决之狱的一项制度。上级官吏录囚始于西汉时期。《汉书·隽不疑传》记载：“隽不疑每行录囚徒还，其母辄问不疑：有所平反，活几何人?”据《后汉书·百官志》记载：汉武帝时州刺史常在8月巡行所属郡国，录囚徒。郡国在秋、冬派遣官吏案讯诸囚平其罪法，并以此作为考核郡县长官的依据之一。唐代时期，滤囚为大理寺少卿的常职。《唐六典》记载：“若囚有推决未尽，留系未决杀，五日一滤囚。”宋代规定：“诸州十日一滤囚。”皇帝亲自录囚始于东汉，此后，唐、宋都有滤囚的记载。《宋会要辑稿·刑法五》记载：太平兴国五年，开封府左军巡推典受贿，令狱卒使用“鼠弹筝”酷刑，逼迫王元吉承认投毒害继母，行刑时，元吉喊冤，太宗得报后，亲自审理，才搞清是一起贿赂官吏而制造的冤案。明清时期，会审制度发达，滤囚不再作为一种制度而存在，其职能通过会审制度得以体现。从性质上讲，滤囚制度是中国古代的一种审判监督程序，与现代审判监督程序相比，其适用范围更广泛，既可适用于已决犯，也可适用于未决犯，这无疑增加了刑事诉讼中当事人的救济渠道，对于减少或防止冤假错案的发生具有一定的价值。

死刑复奏，指已判决死刑的案件，在执行前再奏请皇帝核准的制度。死刑复奏制度始于隋朝，隋文帝时下令“诸州死罪，不得辄决，悉移大理按复，事尽，然后上省奏裁”①。死囚执行前，须经三奏而行刑。这一制度在隋炀帝时未能实施。唐初，唐太宗因错杀大理丞张蕴古及交州都督卢祖尚，追悔之余，乃下令“凡决死刑，虽令即杀，仍司复奏”②。后来认为三奏时间间隔太短，不利于皇帝慎重考虑，改为京师五复奏（决前一日、二日复奏，决日三复奏），诸州三复奏。但犯恶逆以上罪，一复奏即可。《唐律疏议》里有三复奏的规定，《唐律疏议·断狱》记载：“诸死罪囚，不待复奏报下而决者，流两千里，即奏报应决者，听三日乃行刑，若限未满而行刑者，徒一年。”疏议曰：“死罪囚谓奏画已讫，应行刑者，皆三复奏讫，然始下决。”宋代普遍实行一复奏，明代复又实行三复奏。清代朝审案件三复奏，秋审情况属实并立决的案件在清顺治时不复奏，雍正二年三复奏，而乾隆十四年改为一复奏。死刑复奏制度属中国古代的刑事特别程序，它使皇帝对死刑判决有最后斟酌的机会，体现了最高统治者对死刑的重视，是慎重刑狱在立法与司法上的又一表现。从司法实践来看，死刑复奏制度在中国古代确实起到了少杀、慎杀的作用。

除此之外，中国古代刑事司法中的回避制度、会审制度、司法官责任制度、起诉与管辖制度、上诉与直诉制度等都无一不渗透了“谨刑慎狱”的思想。这一思想对于当前我国的刑事诉讼立法及司法实践都有借鉴意义。

（二）如何对待西方诉讼文化

随着诉讼制度在清末民初的被引进移植，与之相伴随的西方诉讼文化也在国

---

① 《隋书·刑法志》。

② 《旧唐书·刑法志》。

内得到传播。由于中国传统诉讼文化与西方现代诉讼文化是在不同历史条件下生长出来的法律精神载体，具有不同的质的规定性，因此，两者之间从一开始就发生着剧烈的撞击和冲突，这种冲突在不是自发（指继受法）而是强制移植（指强加的法）的情况下，显得非常严重。[①] 在这个意义上，公丕祥教授认为，包括诉讼文化在内的中国法制现代化的过程是一个传统法律文化与西方法律文化的冲突过程，也是传统法律文化迎接挑战、扬弃自身，进而实现创造性转换的过程。[②] 在这个过程中，如何正确对待西方诉讼文化的问题便显得尤为突出了。

在诉讼文化的建构上，“全盘西化论”与“移植论”既不可能，也不可取。诉讼文化，作为文化的一部分，从本质上讲，是深深镶嵌于特定区域的历史传统与人文土壤中的意识复合体，它“融化于血液里，渗透在行动中”，既无法彻底根除、消灭，也不能被完全仿制、复印，自然也说不上全面移植了。换言之，文化具有较强的民族性、排他性，“当一种外来文化传入时，区域文化的封闭体系就会产生一种排他性，因而发生文化冲突”[③]。这种情况不仅会发生于不同历史传统的国家之间，而且在有相同历史传统的国家之间也屡见不鲜。前者如20世纪中期，具有大陆法系传统的日本在大量引进移植英美国家的诉讼制度时，便受到传统诉讼文化的强烈排斥与抵制，以致一位日本法学教授在自己的著作中写道，“有时，人们厌恶法律”[④]，与此同时，立法确立的一些制度远不如英美国家那样充分发挥作用。后者如18世纪资产阶级革命胜利后的法国，为了倡扬民主，反对司法专横，特意从有着类似文化传统的英国引进陪审团制度，但由于水土不服，很快便不了了之，这也与诉讼文化的排他性有关系。中国是一个有着数千年封建历史的大国，又没有经历过真正资本主义社会的洗礼，其传统诉讼文化既与西方国家传统诉讼文化有着巨大的差异，同时从整体上看也与以西方为源头的现代诉讼文化格格不入，这种国情就决定了我们在对待西方文化时不能全盘移植，否则，难免会陷入梁治平先生所述的尴尬境地：“旧的业遭破坏，新的却无以

---

① ［日］千叶正士著，强世功译：《法律多元——从日本法律文化迈向一般理论》，中国政法大学出版社1997年版，第244页。

② 公丕祥：《冲突与融合：外域法律文化与中国法制现代化》，载《法律科学》1991年第2期。

③ 司马云杰著：《文化社会学》，山东人民出版社1987年版，第372页。

④ 转引自梁治平著：《法辨——中国法的过去、现在与未来》，贵州人民出版社1992年版，第235页。

产生。”[①]

另外，由于我国现行诉讼制度绝大多数毕竟是从西方引进的，在进行诉讼文化建设时就不能不参考、借鉴西方现代诉讼文化的诸多内容，只有这样，才能使制度层面的设计与观念层面的建构协调一致、良性运作。特别是随着世界一体化趋势的出现，全球范围内诉讼制度、诉讼观念也开始趋向于相互吸收、借鉴，融合发展，此时我们更应注意以世界的眼光进行开放式审视，完善我国的诉讼文化建设，不能借口诉讼文化的民族性和中国特色而排斥对域外文化的借鉴。以对法官独立的认识为例，有论者指出，我国《法官法》第 8 条中关于法官职权的规定——“依法审判案件不受行政机关、社会团体和个人的干涉”——表明我国立法上已明确规定了法官独立。[②] 这种看法显然不妥，一方面，该条规定只是对“法院独立”立法表述的简单重复，与现代诉讼理念中“法官独立”的蕴涵相去甚远；另一方面，在宪法及三大诉讼法都没有修改之前，作为一般法律的《法官法》不可能在这一问题上突破国家根本大法及基本法律的规定。我国立法中缺乏法官独立的规定，便自然难以保证法官及合议庭在裁决案件时的独立自主权，而司法的过程决定了它是一种个性化的活动，只能依赖法官个人的独立判断，公正才可能实现。[③]

我们认为，参照西方法治发达国家的做法及联合国有关标准，“法官独立”在中国的确立，至少应包含以下几方面的内容：一是法官身份、地位、待遇、任免独立于其他政府官员，非依法不得改变，法院内部应当由法官在自治的基础上实行自我管理、自我约束；二是法院内法官的地位都是平等的，特别是在审理案件过程中，法官不论资历、才智、学识、级别、职位如何，对案件都有平等的裁断权；三是法官在单独或组成合议庭审理案件时，只服从于法律，凭借自己长期专门训练形成的知识、技能、手段，本着良知和理性独立裁判；四是非由法律明确规定，其他任何机关、团体、个人都不得在法官独立或集体承办案件时施加影响，将自己的意志强加于法官；五是对法官审理案件的监督、制约应当以事后审查为主，减少和杜绝事中干预；六是法官独立意味着职责恒定明确的条件下，法

---

① 梁治平著：《法辨——中国法的过去、现在与未来》，贵州人民出版社 1992 年版，第 234 页。

② 韩象乾、任生林：《论审判长选任制的理论基础》，载《人民法院报》2001 年 4 月 14 日。

③ 关于这一点的详细阐述可参见章武生、吴泽勇：《司法独立——法院组织机构的调整》，载《法学》2000 年第 5 期。

官对案件承担的责任也更加个体化，法官的声誉和地位在最大限度上取决于法官办案质量的高低；七是陪审员参与案件审理时享有和职业法官同等的权力和独立性。由此，我们在引进“审判独立”或“法官独立”的诉讼理念时，不能以“本土化”为名进行随意改造或曲解，而应实事求是，客观全面地认识与把握。

第四节　我国诉讼文化的建构

我国诉讼文化的建构是一个长期的系统工程，其目标是实现从传统向现代的全面转型，最终培育出与现代诉讼制度全面契合的诉讼理念。这一目标的最终实现，在根本上仰赖于一个与之相适应的内外环境的全面培植和营造。有鉴于此，当前及今后很长一段时期内，尚需投入相当大的勇气与精力进行多方面的改革。

一、对诉讼功能的认识

社会学中，功能是指一定组织或体系所发挥的作用，以及为发挥作用而应完成的一整套任务、活动与职责。[①] 长期以来，对诉讼功能认识的偏差影响着人们对诉讼的利用及诉讼理论、诉讼制度的建构。

许慎在《说文解字》中指出，“诉，告也”，“讼，争也”。由此，诉讼就是告于司法机关以争辩是非曲直，俗称打官司。[②] 这既是千百年来一以贯之深深镶嵌于中国社会普通民众心目中的不变信条，也是为当前主流社会观念所认同的价值理念。然而，诉讼的功能究竟有哪些，如何进行分类等相关理论问题却鲜见有人论及。在普通民众看来，这一问题的答案似乎显而易见：诉讼就是打官司，其功能（作用）自然是解决社会冲突或纠纷。实际上，这一认识既不全面，也不准确。在我们看来，现代社会中诉讼的功能大致可作如下划分：纠纷解决功能与其他社会功能。

纠纷解决功能，是指诉讼具有化解与消弭社会冲突的作用，这既是诉讼最古老也是其最重要的功能。要全面认识这一功能，必须把握与了解该功能的下列特

① ［法］莫里斯·迪韦尔热著，杨祖功、王大东译：《政治社会学——政治学要素》，华夏出版社1987年版，第180页。

② 陈光中、徐静村主编：《刑事诉讼法学》（修订版），中国政法大学出版社1999年版，第3页。

点：一是纠纷解决范围具有广泛性，即司法机关有权受理和处置广泛发生于社会生活中的大多数争议，现代社会中少有诉讼不能涉及的领域。二是纠纷解决方式具有受动性，即任何诉讼的启动均须遵循“不告不理”原则，没有当事方的告诉（在民事、行政诉讼中是原告方，在刑事诉讼中是检察机关或自诉权人），裁判者不能主动介入纠纷的解决。三是纠纷解决过程中主体具有多样性，即任何严格意义上诉讼的成立，都至少应该有争议的双方当事人、裁判者三方主体；当然，一些特殊诉讼程序中也可能只存在两方主体，即裁判者与一方当事人，如民事诉讼中的宣告失踪、宣告死亡程序、公示催告程序等，但这些都不是我们这里所说的“严格意义上的诉讼”。四是纠纷解决程序具有法定性，即诉讼是真正意义上的法律活动，必须由法定主体，遵循法定步骤、方法、方式来进行，违反法定程序必然损害纠纷解决结果的公正性。五是纠纷解决结果具有权威性，即现代社会中相对于其他纠纷解决方式，诉讼居于优势地位，一旦纠纷被求之于诉讼，其他解纷方式都应终止或暂时停止，同时，诉讼裁决的结果一般不受其他非诉讼程序的审查，具有终局性。正是由于诉讼的纠纷解决功能具有以上特点，因此，一方面，我们将诉讼视为现代社会最重要、最正式的纠纷解决方式，发挥着社会减压阀和平衡器的重要作用；另一方面，这些特点又决定了诉讼解决纠纷时具有正规性、过程性、对抗性，并非任何纠纷适用诉讼方式解决都能收到最佳效果，因此，现代社会需要调解、仲裁、当事人自行和解、行政裁决等大量非讼解纷方式的存在。套用一句俗语来说：对于纠纷解决而言，诉讼不是万能的，但没有诉讼却是万万不能的。

其他社会功能，是指以纠纷解决功能为前提而派生或发展出来的其他延伸性功能。我们认为，现代社会中这些功能至少包括：[①] 控制功能，即通过对社会中纠纷的解决，诉讼能够实现对现存社会秩序与政治权威的维护，进而使社会达到治理性控合效果；权力制约功能，即诉讼中通过司法审查权的行使，实现对包括立法权、行政权等其他政治权力的监督与制衡；社会政策的制定功能，即通过诉讼活动，能在一定程度上影响国家社会政策的制定与实施，参与国家宏观事务的决策；民主功能，即通过诉讼活动中普通民众的广泛参与，实现民主化司法，保

① 对这些功能的归纳我们在一定程度上参考了左卫民、周长军两人对法院延伸性功能的论述。见左卫民、周长军著：《变迁与改革：法院制度现代化研究》，法律出版社2000年版，第95~105页。

证人们对包括司法权在内的国家事务的广泛参与权、决策权；教育功能，即通过日常的、反复的诉讼活动，潜移默化地强化民众的法律意识，引导人们遵循社会主流价值观行事。

诉讼上述两方面的功能休戚相关，密不可分，共同构成了完整意义上的诉讼功能体系。但长期以来，我们对此认识是不全面或不准确的。比如，虽然认识到诉讼具有解决纠纷的功能，但没有深入了解该功能还意味着纠纷解决范围的广泛性，没有认识到充分发挥诉讼的纠纷解决功能就意味着现代社会中少有不能通过诉讼解决的纠纷，于是制度设计时将大量社会矛盾排斥于诉讼解决之外，目前行政诉讼受案范围狭窄就是非常典型的例子。行政诉讼中，一方面，抽象行政行为被排斥于法院受案范围之外；另一方面，即便是大量具体行政行为，也由于法律依据的欠缺而无法求诸诉讼，如学校对学生的处分行为等。再比如，我们对待诉讼的社会控制功能、民主功能等一向比较重视，也在此方面积累了较丰富的经验，但对其权力制约功能、社会政策制定功能、教育功能等的价值却认识不够，导致诉讼在社会中的影响和作用有限，难以发挥其在法治发达国家那样对社会的强大整合能力。

二、对诉讼价值的认识

诉讼价值是近年来理论界研究的热点问题，学者们见仁见智，从不同角度提出、设计、建构了一系列价值模型和学术观点。我们认为，自由与秩序、公正与效率应当是诉讼价值体系中最重要的两对价值。

诉讼中的自由价值，是指保证公民从事合理选择的自主权利，同时又保障其免受国家司法机关的不当干预。① 秩序，则意味着通过诉讼促使社会冲突得以和平解决，借以维护现存政治权力的合法性与社会的有序性。公正包括实体公正与程序公正两层含义，前者指通过诉讼活动实现法律对人们实体权利义务的合理分配，又称为“结果公正”；后者指诉讼活动过程自身所体现出的合理性、妥当性，也称为“过程公正”。效率，是指以一定数量司法资源的消耗实现对尽可能多的诉讼案件的处理。自由与秩序、公正与效率是诉讼价值体系中两对相互依

---

① 李文健著：《刑事诉讼效率论》，中国政法大学出版社 1999 年版，第 18 页。

存、密不可分的矛盾统一体，它们之间此消彼长的互动关系深刻地影响着国家的诉讼立法与司法实务。

长期以来，普通民众、司法实务人员，理论工作者对诉讼价值观的认识存在偏误。一方面，在自由与秩序之间，人们普遍重秩序、轻自由，重社会控制、轻人权保障；在理论建构及制度设计上，将诉讼对社会的镇压及控制功能放在首位，忽视对自由价值的追求；在刑事司法实务中“打击犯罪、保障人权”的口号下“一手软、一手硬”，既不重视对涉诉公民自主权利的保障与尊重，也不强调对国家司法权的制约与监控，秩序价值的过度扩张导致自由价值被严重忽视。另一方面，对公正与效率的看法也不全面、准确。长时间中，诉讼法被视为手段、工具，处于“助法”的地位，其独立价值被忽视，公正成为“实体公正”“结果公正”的代名词，由此导致立法与司法实践中重实体、轻程序观念的蔓延，违法取证、超期羁押、不当限制公民的诉讼权利、强行调解等各种程序违法现象屡禁不止，以维护社会秩序为目的的刑事诉讼法在司法实践中偏离公正程序的轨道，出现了“不守秩序”的尴尬局面。同时，这种忽视程序公正价值的程序工具主义观还深深影响着普通民众的诉讼理念，导致人们普遍对各种程序违法现象具有较高的容忍度，这又从反面助长了该现象的普遍蔓延。在效率问题上，实践中似乎一谈效率就与“从重从快”联系在一起，就是简单的多办案、快办案，由此导致诉讼中各种法定程序被裁剪、删节，实行公、检、法三机关提前介入、联合办案，诉讼期限被压缩，合议庭“形合实独”等大量不正常现象出现。这样，认识的偏差就使“效率”与“公正”被人为割裂开来，对立起来了。

因此，进行诉讼文化的建构必须实现诉讼价值观的转变。我们认为，理想的诉讼价值观应当以“均衡”为原则，在兼容并蓄的基础上实现自由与秩序、公正与效率的协调一致，均衡发展，任何重此轻彼或将两者割裂开来的做法都不可取。此外，理想的诉讼价值观还应具备适当的弹性范围，在这样一个范围内，根据国家社会政治、经济、文化状况等客观背景，针对司法实践中的具体情况（如犯罪率的高低、国家司法权力运用的妥当性等)，诉讼价值又可作适当变化。[①]只有这样，在秩序与自由、公正与效率发生价值冲突时，才能够通过某一方或者双方的相对牺牲或割让来避免两败俱伤，此时，“作为权衡与选择的一般原则，

① 左卫民著：《价值与结构——刑事程序的双重分析》，四川大学出版社 1994 年版，第 97 页。

通常为两害相比择其轻，两利相较选其重”①。

三、对诉讼国际标准的认识

随着全球经济一体化的加剧，世界各国在诉讼领域内的交流与合作日益增多，趋同化趋势越来越明显。不仅各国在诉讼立法及司法制度上相互吸收、相互借鉴、相互接近，以至出现了日本、意大利等兼具两大法系特色的国家，而且第二次世界大战后五十多年来，在联合国及有关专门机构的组织推动下，世界许多国家先后通过、缔结或加入了一系列国际条约、公约、章程、宣言，在世界范围内初步确立了有关诉讼活动的国际标准。对这些国际标准的准确把握及认识也是我们在建构诉讼文化时必须面对的重要问题。

相当长一段时间以来，我们对一系列诉讼活动的国际标准采取了拒绝、否定、排斥的消极态度，理论研究时有意无意地加以忽视，立法时不注意吸收、借鉴，司法实务中更是鲜被提及。对于普通民众而言，由于宣传普及的落后，诉讼国际标准仿佛更是非常遥远的事情。这样的直接后果是，诸多我国已签署、加入、批准的国际条约既没有在国内立法中得以明确化，更谈不上切实履行条约义务，导致我国有关诉讼的许多制度设计落后于世界发展趋势，缺乏与外国同行进行平等交流和对话的空间。

近年来，随着国际人权领域交流对话的增多，上述局面逐渐得到改善，并出现了一些可喜的变化：理论研究中已有越来越多的学者开始关注诉讼活动的国际标准问题，并出版了有关的专著及文献汇编；如陈光中、丹尼尔·普瑞方廷主编的《联合国刑事司法准则与中国刑事法制》，程味秋、杨诚、杨宇冠编的《联合国人权公约和刑事司法文献汇编》等书。立法修改时开始注意与国际接轨，吸收、借鉴诉讼国际标准的有关内容，1996 年《刑事诉讼法》的修改就是一个典型的例子；在司法实务中，随着国际间司法协助的增多及涉外案件的大量出现，人们也开始关注诉讼活动的国际标准问题。然而，我们应该看到，这种转变仅仅是初步的，一方面，普通民众对诉讼活动的国际标准问题仍然十分陌生，缺乏认同感；另一方面，诸多吸收借鉴仍有着“中学为体、西学为用”的痕迹，过于

① 宋英辉著：《刑事诉讼目的论》，中国人民公安大学出版社 1995 年版，第 201 页。

保守。比如，此次《刑事诉讼法》修改，将辩护人参加刑事诉讼的时间由审判阶段提前到审查起诉阶段，并规定在侦查阶段，律师可以为犯罪嫌疑人提供法律帮助，可以会见在押的犯罪嫌疑人，这与以往相比无疑是一个不小的进步，但对比联合国1990年《关于律师作用的基本原则》第7条规定："各国政府还应确保，被逮捕或拘留的所有的人，不论是否受到刑事指控，均应迅速得到机会与一名律师联系，不管在何种情况下至迟不得超过自逮捕或拘留之时起的48小时。"第8条规定："遭逮捕、拘留或监禁的所有的人应有充分机会、时间和便利条件，毫不迟延地、在不被窃听、不经检查和完全保密的情况下接受律师来访和与律师联系协商。这种协商可在执法人员能看得见但听不见的范围内进行。"上述修改显然还有相当大的差距。再比如，《刑事诉讼法》修改时保留了"犯罪嫌疑人对侦查人员的提问，应当如实回答"的规定，这与联合国《公民权利和政治权利国际公约》《联合国少年司法最低限度标准规则》等确立的"反对强迫自证其罪原则"显然不一致。

因此，在对待诉讼活动的国际标准问题上，要克服两种观念的影响：一是姓"资"或姓"社"的争论；二是唯国情论。目前，前一种论调已逐渐退出历史舞台，对法学界影响不大，但后一种观点还颇有市场，并以各种形式深刻地影响着诉讼立法及司法实践。我们认为，必须重视"国情"在理论研究及制度建设中的重要作用，但也不能绝对化、片面化。"人类在长期的社会生活中有着共同的需要和欲望，也会产生一些相同或类似的价值观念和价值标准。"① 联合国一系列有关诉讼活动的国际标准从总体上看是世界各国诉讼活动实践经验的总结，是人类共同智慧的结晶。尽管各国因政治体制、经济条件、社会制度等的不同在具体适用时可能有所区别，但并不能因此否认这些标准的普适性。况且，这些标准往往冠之以"基本原则"或者"最低限度标准规则"，这本身就说明标准的制定已经综合考虑了各国国情，并不是高不可及的。因此，从诉讼文化建构的角度考虑，我们认为，至少有三个方面的工作亟待加强：一是加强对这些国际标准的理论研究，从中总结反映诉讼活动客观规律的基本原理和基本规则，以丰富与完善我国的诉讼法学；二是在制度建设时应注意与国际接轨，大量吸收诉讼活动国际标准的有关内容，以完善与改进我国的诉讼制度；三是加强宣传力度，通过诉讼

① 陈瑞华著：《刑事审判原理论》，北京大学出版社1997年版，第59页。

活动国际标准的宣传普及提高普通民众的法律意识，实现诉讼文化的现代化。

四、对“认识论”的认识

目前，随着证据法学的勃兴，“认识论”在诉讼活动中的地位和价值问题受到学者们的广泛重视。应当说，这一问题不仅是证据法学的重大理论问题，对整个社会诉讼观念的塑造及诉讼制度的完善都具有十分重要的意义，也是建构我国诉讼文化时必须面对的重要课题之一。

持认识论的学者认为，诉讼活动是人类的一种认识活动，虽然也承认诉讼证明及诉讼活动具有有限性、相对性，但根据唯物主义的反映论、可知论，认为“应当承认案件的客观真实从总体上来说是可以被办案人员所认识的”，因此，主张在刑事诉讼、行政诉讼中应当追求可能实现客观真实，在一定条件下辅之以法律真实，同时在民事诉讼中也不能放弃对客观真实的追求。[①] 与“认识论”所主张的客观真实不同，有学者认为，刑事案件的认识、调查受各种条件的限制，无法再现和重演，因此，“客观真实”只能成为诉讼活动的一个客观要求，“它告诫办案人员要奋力接近它，它绝不能成为个案的一个具体的证明标准”[②]。

据此，客观真实应代之以“法律真实”。类似观点的论著近来较多。[③] 更有学者认为应当对证据法理论基础进行深刻的反思，主张“走出认识论的误区”，实现从认识论向价值论的转变。[④]

我们认为，一方面，作为马克思主义哲学的一部分，辩证唯物主义的反应论、可知论无疑是科学的、正确的，但任何科学的理论都有一定的适用条件与范围，超过这个条件与范围，真理就变成了谬误。哲学上可知论所主张的人的思维是至上的，是能够认识客观世界的，这里的前提是人的思维，“不是个人的思维”，而是“作为无数过去、现在和未来的人的个人思维而存在的”，其条件是“只要人类足够长久地延续下去，只要在认识器官和认识对象中没有给这种认识

---

① 陈光中：《诉讼中的客观真实与法律真实》，载《检察日报》2000 年 7 月 13 日。

② 樊崇义：《客观真实管见》，载《中国法学》2001 年第 1 期。

③ 可参见何家弘主编：《新编证据法学》，法律出版社 2000 年版；卞建林主编：《证据法学》，中国政法大学出版社 2000 年版；陈卫东、刘计划：《关于完善我国刑事证明标准体系的若干思考》，载《法律科学》2001 年第 3 期等。

④ 陈瑞华：《从认识论走向价值论——证据法理论基础的反思与重构》，载《法学》2001 年第 1 期。

规定出界限”①，而这些前提与条件在受时空范围严格制约的诉讼活动中并不具备，从这个角度看，诉讼活动的认识及证明只具有相对真实，不能追求无条件的绝对的“客观真实”。另一方面，诉讼毕竟是人类认识活动的一种，应当受到辩证唯物主义认识论规律的制约与支配。“马克思主义者承认，在绝对的总的宇宙发展过程中，各个具体过程的认识只具有相对的真理，因而在绝对真理的长河中，人们对于在各个一定发展阶段上的具体过程的认识只具有相对的真理性，无数相对的真理之总和，就是绝对的真理。”② 这意味着，在一定的历史条件下，人们对包括案件事实在内的客观世界的认识能够达到“相对的真理性”，诉讼活动中完全否认“认识论”的理论基础地位也不可取。将主观与客观、绝对与相对统一于诉讼活动中，无论是对于司法实践中的人权保障与秩序控制，还是对于避免理论研究中价值取向上的偏误都具有相当重要的意义。

事实上，传统诉讼理念在“认识论”上的绝对化与片面化正是为学者们所广泛诟病之处，这一点，无论是坚持客观真实还是法律真实的学者都是予以认同的。事实上，“认识论”的绝对化在诉讼理论及司法实践中的普适化具有相当大的弊端。从理论上讲，“客观真实”的绝对化容易导致诉讼活动的理想结果得到片面强化，为忽视程序正义的程序工具主义、程序虚无主义提供“哲学”支撑，导致现代诉讼中一系列制度如沉默权制度、非法证据排除制度、上诉不加刑制度、疑罪从无制度、调解制度等在理论上无法自圆其说。从实践来看，“认识论”的绝对化又导致为法治国家及联合国广泛认可的诸多反映诉讼活动客观规律的制度、规则、原则在我国立法中难以确立，即便规定了，在司法实践中也难以执行。一个典型的例子便是“无罪推定原则”。1996 年，《刑事诉讼法》修改时尽管吸收了无罪推定原则的一些因素，但却始终没有在立法中明确规定这一早为大多数国家公认的基本原则。原因何在？因为“我们坚决反对有罪推定，但也不是西方国家那种无罪推定，而是以客观事实为根据”③。这显然是对“客观真实”的误解，将“客观真实”与诉讼活动中必要的价值权衡完全对立起来了，这种“认识论”问题上的绝对化理念应当得到纠正。

---

① 恩格斯：《反杜林论》，见《马列著作选读·哲学》编辑组编：《马列著作选读·哲学》，人民出版社 1988 年版，第 96 页。

② 中共中央毛泽东选集出版委员会编辑：《毛泽东选集》（第 1 卷），人民出版社 1972 年版，第 272 页。

③ 顾昂然编著：《新中国的诉讼、仲裁和国家赔偿制度》，法律出版社 1996 年版，第 8 页。

因此，在诉讼文化的建构工程中，我们应当对“认识论”及与之相关的一系列问题进行重新梳理与认识，避免从一个极端走向另一个极端。

五、其他诉讼观念的转变

长期以来，在国家主义的政治哲学、高度集权的政治体制的影响下，“国家本位”“权力本位”“义务本位”的观念盛行在社会中，渗透进制度里，外化于实践中。随着政治民主化、经济市场化及法治理念的宪法化的推行，诉讼中的上述观念应相应发生改变，代之以“个人本位”“权利本位”。樊崇义教授在一篇文章中论及刑事诉讼法律观的转变时提出，“要从国家本位一元化的法律观转变为国家本位、社会本位和个人本位并重的多元化的法律观”①。

从“国家本位”向“个人本位”的转变，意味着个人不再是国家通过诉讼活动实现其社会政策的工具；意味着诉讼应当成为个人解决纠纷、寻求正义的神圣路径；意味着为了国家、社会利益，可以不惜牺牲个人利益的泛道德哲学应当退出诉讼的历史舞台。从“权力本位”“义务本位”向“权利本位”的转变，意味着诉讼应当高扬民主的旗帜，实现从司法机关主导向诉讼当事人主导的转变；意味着诉讼中权利对权力、权力之间的有效监督和制约；意味着诉讼中当事人主体地位的彰显与自我归责、自我服从程序运作机制的形成；意味着“为达目的不择手段”的唯结果论、程序工具论的彻底解体和消亡；意味着兼备独立性、理性化、公正性、刚性、和平性、人道性和民主性特征②的诉讼程序在中国的真正建立；意味着诉讼中要树立一种人文关怀，这种“人文关怀来自于人文精神，表达了这样一种观念，即对真实的个人的价值与尊严、人格与精神、生存与生活、现实与理想、命运与前途的真情关切”③。因此，诉讼观念上实现从“国家本位”“权力本位”“义务本位”向“个人本位”“权利本位”的转变内容丰富，意蕴深长。当然，必须明确，我们说“个人本位”“权利本位”，并非不要国家、不要权力、不要义务，只是说诉讼活动的特殊性决定了“个人”“权利”应当在其中居于优势地位。

---

① 樊崇义：《论刑事诉讼法律观的转变》，载《政法论坛》2001年第2期。

② 关于程序这些特征的详细阐述可参见左卫民、周长军著：《变迁与改革：法院制度现代化研究》，法律出版社2000年版，第73～87页。

③ 孙万胜：《司法理性、经济与司法良知》，载《法制日报》2001年5月27日。

从“国家本位”“权力本位”“义务本位”向“个人本位”“权利本位”的转变对于诉讼文化的建构及诉讼制度的修改、完善意义重大。相当长时间内，我国诉讼活动中国家权力极其强大，诉讼参与人的诉讼权利得不到切实保障，司法机关滥用权力现象严重等，无一不与“国家本位”“权力本位”“义务本位”的影响休戚相关。因此，观念的转变势在必行。这既是诉讼民主化、科学化的必然要求，也是诉讼文化现代化的应有之义。要转变观念，一方面，必须加强理论研究，用新的理论取代产生于计划经济时代的旧理论，在广泛宣传教育的基础上使普通民众、立法人员、司法工作者树立新的诉讼理念；另一方面，要用“个人本位”“权利本位”的观念检视现行各种诉讼制度，修改完善或废止某些明显不恰当的规定。比如，关于人民法院的再审决定权就是一例。现行三大诉讼法在审判监督程序中都规定了人民法院对再审案件的主动提起权，这显然既违背了“不告不理”“控审分离”的基本诉讼理念，也与“个人本位”“权利本位”的要求相去甚远。道理很简单，正常的诉讼程序已经结束，当事人也已服判息讼，即便不服，当事人已没有权利再启动诉讼程序，审判权再行介入的价值何在呢？恐怕除了前述“实事求是”的认识论外，再也找不出有说服力的理由吧。因此，在“个人本位”“权利本位”的视野中，取消法院的再审决定权应当是顺理成章的选择。

上述几点只是我们对我国诉讼文化重构的几点宏观认识，远不可能面面俱到。贝卡利亚曾将培根的下列格言作为其《论犯罪与刑罚》的卷首引语：“对于一切事物，尤其是最艰难的事物，人们不应期待播种与收获同时进行，为了使它们逐渐成熟，必须有一个培育的过程。”我们想，这对于我国诉讼文化的建构工程来说也大体适用吧。

第二章　诉讼仪式与诉讼本质

第一节　诉讼本质问题的探讨路径

事物的本性是说我们把一个事物描述为该事物而非他事物的内在抽象。亚里士多德说，每个受教育的人，只能在事物本性所允许的范围内，去寻求每一种类事物的确定性。[①] 所以，我们探讨诉讼的本质，就是要从形形色色的社会现象中找到“诉讼”的内在确定性，在这一前提下，我们才可以正确地给“诉讼”下定义。一个被普遍接受的诉讼定义，就意味着它同诉讼的属性相一致。属加种差是最基本的定义方式。但是，这一定义方法必须以存在确定的属概念为前提，在属概念之下找到此种与彼种之间的“差别”。如果没有属概念，或属概念并不清晰，那么，我们就无从使用这一方法。马克斯·韦伯甚至认为，“只是在利用三段论的教条主义学科的范围内才有这样的确定的语词意义的形式”[②]。诉讼可以纳入法律调整的对象，但是它本身不是法律，而是法律强制力实现的形式，所以，不能从法律这个大前提出发来把握诉讼的本质。试图用三段论方式来认识诉讼本质，可能是徒劳的。

尽管没有清晰地或反思性地思考过“诉讼”概念，我们仍然在使用诉讼这个词，并通过自己的理解来指称实际存在的诉讼，其结果是通过对这种现象的描述，或通过综合许多个别的诉讼程序所共有的特征，模糊地得到了“诉讼”与

---

① ［古希腊］亚里士多德著，苗力田译：《尼各马科伦理学》，中国社会科学出版社 1999 年版，第 4 页。

② ［德］马克斯·韦伯著，韩水法、莫茜译：《社会科学方法论》，中央编译出版社 1999 年版，第 42 页。

其他概念的边界。比如，刑事诉讼学者认为，刑事诉讼的性质是行使国家刑罚权的活动，[①] 或认为刑事诉讼的本质是刑事法律运行的特有形式，是法的实施和法功能的现实体现。[②] 其论述的方式是通过考察诉讼程序的功能来归纳诉讼的本质。民事诉讼学者则认为，诉讼是司法权介入民事纠纷的活动，从而认为，由国家权力而非冲突主体来解决社会冲突，这是诉讼的本质特征所在。[③]

但是，从各自专业出发的这种综合，可能会出现某些偏颇。我们承认，任何表述方式，可能都不会完美地表现出诉讼的本质。如果以不同的视角来探求其答案，将会得出不同的结果，这是很正常的。将诉讼的本质看成是行使国家刑罚权的活动，或认为由国家权力而非冲突主体来解决社会冲突是诉讼的本质，把国家权力解决冲突与私力救济区别开来，强调国家权力单方面的作用，但是不能解释在国家出现之前的人类社会根据习惯法通过代代相传的仪式惩治违反族规或教规的社会现象，这使我们对诉讼的意义和功能的认识局限在国家行为的正当性方面，这显然过分地缩限了诉讼这个概念所指的实在。诉讼不一定只是来自国家的权力，而是有可能同时来自社会的公共权力。自力救济、社会救济和公力救济都是社会冲突的解决机制。[④] 而公力救济的历史，就我们的历史学家所发现的奴隶制文明算起，也已经有几千年的时间。人类社会发展的历程如此的缓慢和艰难，我们似乎忘记了今天的人类文明与猿人或类人猿有什么关系。我们都承认，法律是阶级社会的产物，假如我们只说诉讼，而不说诉讼法，那么，我们论述的问题就应当是与诉讼法有所不同的东西。

即使以法的观点来看诉讼，我们仍然可以对以往的观点进行补充和完善。首先，可以肯定，国内法学界长期以来普遍认同“法与阶级社会、国家紧密相连，是统治阶级意志的体现，是由国家制定或认可并由国家强制力保证实施的行为规范体系，其目的是维护有利于统治阶级的社会关系和社会秩序”的观点，对于认识阶级社会的法具有重要意义。但是，另一方面，马克思主义认为，“在社会发

---

① 陈光中主编：《外国刑事诉讼程序比较研究》，法律出版社 1988 年版，第 1 页。

② 参见陈光中主编：《外国刑事诉讼程序比较研究》，法律出版社 1988 年版，第 1 页；宋世杰：《刑事诉讼理论研究》，湖南人民出版社 2000 年版，第 25 页。

③ 顾培东：《社会冲突的诉讼解决机制》，载柴发邦主编：《体制改革与完善诉讼制度》，中国人民公安大学出版社 1991 年版。

④ 参见江伟主编：《民事诉讼法》，中国人民大学出版社 2000 年版，第 4 ~5 页。

展某个很早的阶段，产生了这样一种需要：把每天重复着的生产、分配和交换产品的行为用一个共同规则概括起来，设法使个人服从生产和交换的一般条件。这个规则首先表现为习惯，后来便成了法律。随着法律的产生，就必然产生出以维持法律为职责的机关——公共权力，即国家。在社会进一步发展的进程中，法律便发展成或多或少广泛的立法”①。按照这一论断，法律出现在国家之前，而不是出现在国家之后。从中西方社会的实际情况来看，法作为一种社会现象，不是在奴隶制成立的某一天突然出现，而是有着漫长的发展过程。所以，不能排除原始社会也有“法”的存在。法不仅表现为国家制定法，而且也表现为各种类型的习惯法，这种习惯法的效力并不亚于国家制定法。虽然在形式上“此法”不同于“彼法”，但是，从功能的意义上说，它们发挥的功用是很相近的。中国学者高其才就主张对法应作广义的理解，凡是为了维护社会秩序，进行社会管理，而依据某种社会权威和社会组织，具有一定的强制性的行为规范就是法。国家制定法和各种习惯法均属于法的范畴。② 考虑习惯法主要是通过特定的仪式解决纠纷的过程中逐渐扩大和稳定下来的，就可以看出程序或过程对于法律的发展有着何等重要的意义。

其次，我们承认，无论怎样定义诉讼这一概念，我们可能要强化存在于我们头脑中所显现的关于诉讼的某些成分，突出在某些诉讼形式中出现而其他地方可能不存在的个别特点，并把这些特点联合在与观察者自身一致的思想图像之中。在诉讼这一社会现象产生发展的漫长历史中，有无限的意义等着我们去认识，这些意义按照其重要程度排列，其排列的次序对我们每个人来说将有所不同，也将随着法系的不同或文化的差异而发生变化，但是，这绝对不表明，对于诉讼本质的认识是对这些意义主观认识的结果，它适合一部分人而对其他人没有意义。恰恰相反，由于我们同受思想规范的约束，我们共同地追求法律科学的真理，我们得出的结论将与以往的说法有所不同：它应当让许多人感兴趣的程度和说服力增强，而不是降低。

再次，对于诉讼本质的认识不是对诉讼现实的认识，而只是对于我们的思想

---

① 恩格斯：《论住宅问题》，载中共中央马克思恩格斯列宁斯大林著作编译局编：《马克思恩格斯选集》（第2卷），人民出版社1972年版，第538～539页。

② 高其才著：《中国习惯法论》，湖南出版社1995年版，第3页。

为了达到对诉讼现实认识的目的而使用的辅助手段。我们将诉讼中那些对于我们今天的法律生活特别欠缺的，然而却对实现法治有意义的方面视为诉讼最根本的方面，从而达到从另样的角度认知诉讼意义的目的。这是社会科学研究获得创新和突破的必要手段。就哲学问题上谈论“本质”的方法来说，诉讼本质不是诉讼的实在，但是又指向实在，要认识诉讼的实在就是要用这一概念来说明。它要阐明关于诉讼的经验内容中某些有意义的成分，实际的诉讼过程要用这一界限去衡量，去判定。因此，诉讼概念本身应当包含我们的生存观和价值观，这里的讨论就不能与价值无涉。

最后，区分实在的诉讼形式与诉讼的本质是十分重要的。借用古希腊亚里士多德和中世纪阿奎那的术语，应当属于物质的“实性”与“偶性”之间的关系。阿奎那认为，“accidens on est ens sedentis”（偶性不是存在的东西，而是属于存在的东西）。[①] 这也就是说，偶性是存在的表现形式，在这个意义上，实在的诉讼形态指诉讼本身的客观实在是什么样的，是诉讼本质的表现形式；诉讼实在形态不能独立于本质而存在，但是仍然不同于诉讼的本质——诉讼的本质是回答诉讼“应当”是什么的问题，是从具体的诉讼形态中抽象出的理想模式，即诉讼的本质是我们思考以后建立的理想模型，它是通过发生学的定义方法在把握了具体的诉讼形式与它们个别成分的尝试后所作的抽象。我们在谈论诉讼时应当区分开它到底是指其中的哪一个方面。诉讼的存在或其存在的历史，也是其实际的样态或变化的历史。通过对诉讼存在的考察，我们的目的是把握诉讼的本质，也可以检验我们对诉讼本质认识的恰当与否。

那么，诉讼的本质到底是什么？以文化进化论的视角，笔者认为，诉讼本质上是在冲突的个体之间或个体与社会之间发生冲突时，通过社会权威主持的公开程序或文化仪式实现惩戒或妥协的规则与途径，是以大众通约的（法律）语言通过直观性对话进行沟通的方式。这些不同的程序或文化仪式是社会群体沟通的必要手段，也是社会必须存在的确立权威或权威话语的方式。通过程序或仪式，社会既可解释权威话语，又可重新确立权威话语；既检验权威的意识，也确立权威的新意志；既可以维护现存的社会秩序，又可以反叛旧的秩序，以实现社会权

---

① 《神学大全》第1部分，第45题，第4条。转引自［英］安东尼·肯尼著，黄勇译：《阿奎那》，中国社会科学出版社1987年版，第62页以下。

威所预期的社会治理方案。它既有即时的可变性，又具有传统的经验性。

虽然诉讼程序是从文化仪式中独立出来的，但是仍然表达着与仪式同样的本质：通过裁判程序实现社会成员之间的沟通和妥协，确立正式权力组织的社会权威，维护社会秩序和国家政权。它的本质是确定的，而外在表现为各种诉讼程序或仪式，这些外在形式可能各不相同，然而就是凭借着这些表现形式，我们将从中找到一些共性的特点。

因为无法用演绎的方式去界说什么是诉讼，所以从其发展演变及其发挥的社会功能的角度来分析什么是诉讼，似乎就是较为恰当的方式。从人类文化与诉讼发展史的角度来认识诉讼本质是很有意义的。由于诉讼是社会权力运作的方式，所以，对诉讼本质的认识也就涉及了权力问题。

这里举两个例子进行对比，以表明局限在诉讼法的领域之内进行诉讼本质问题的研究，是不恰当的。

（一）美国人类学者格尔兹发现印度尼西亚所属的一个岛屿——巴厘岛上原生居民社会也发生着非正式组织排斥正式社会权威的现象。那儿的妇女离开丈夫私奔或被诱拐的现象是很常见的，某个本地人要求村议会进行干预，把自己的妻子找回来。对这一建议，村议会的每个议员深表同情，但是村议会除了劝说和安慰之外，没有干预这事，习惯上也不能干预这种事。但是，当事人却对此耿耿于怀。七八个月后，村里选举他担任村议会的 5 个领导人之一，但是他却拒绝了，他拒绝为大家服务。村议会开了多次会议，说服他回心转意，但是无济于事。后来，村议会一致决议驱逐他。因为这个原因，当事人就不能在村里生存，要失去房地产（因为它归村里所有）而成为一个流浪汉。也失去了进入村里寺庙的权利（不能与神灵接触），失去了政治权利（如参加议会会议、公共活动、诉诸公共帮助、使用公共财产等对巴厘人都具有极其重要意义的权利），失去了由继承而获致的社会地位。再者，他失去了整个世界，因为没人再敢同他说话，否则就会受到惩罚。所以，虽然按照现代法律，这一惯例对当事人的处罚，不是肉体的囚禁或对人格权的侵犯，但对巴厘人而言，这意味着他要从村中消失，要从人类中消失。它距极刑只有一步之遥。巴厘人有句谚语，“脱离了协议共同体，就意味着等待死亡”。地方政府的长官来到村里，要村议会改变决议，要求他们把当事人找回来，但是，遭到拒绝。村议会认为，他们对当事人的处理是以村里的规章为依据的，地方长官无权干预。当事人最后得了精神病，没人理睬，没人同情。[①]

（二）武汉市武昌区某村48位村民被其所在的村委会开除村籍。被开除的原因虽然各不相同，但是，主要是因为村委会认为需要利用集体经济组织的力量发展经济，劳动力需要合理使用，为此出台了这样的规定："3个月之内不回村里参加劳动，就要开除村籍。"这一规定于1994年1月在村二届三次代表大会上正式通过并执行。根据这一规定，从1993年7月至1996年的2月，先后有53位村民办理了退职手续。但是，有48名村民并不同意办理。这48名村民中，有的因公致残，不能上班，就被集体一次性发放补贴后而"离职"；有的是外出打工，没有及时回家而被退职；有的是因为超生而被开除村籍；有的则是因为被判刑或劳教而被开除。被开除村籍或离职、退职后，就不再是该村成员，外出时村里再也不给开证明。1999年，这48位村民就"我们该不该被开除村籍"事件集体状告村委会。他们要求恢复村籍，确认享有参与集体劳动生产获取劳动报酬及其他福利待遇的权利；而村委会则坚持村民离职是村民自愿申请，履行了法律手续，符合村委会办事程序，没有错误。这是我国第一起村民被开除村籍事件，引起社会各界的广泛关注。[②]

第一个例子表明国家意志无法在社区得到贯彻和认同。当事人的遭遇令人同情，但是却不能得到政府权力的救济。如果采用国家审判的方式，通过诉讼程序可以在一定程度上把国家行使权力的意志贯穿到社会的基层，让司法程序作出有强制力的裁判，宣布这一地方惯例为非法，可以有效地化解这一冲突。第二个例子是我国某个靠近城市的农村社区发生的开除村民村籍的案件，采用了法律程序处理的方式。在我国农村，许多地方治理还受到家族势力等不正当因素的影响，在农村不能真正实行民主选举和自治的情况下，确实需要基层法院通过强制力的裁判把国家意志送到民众之中，以维护乡里的秩序，促进民主自治。诉讼程序通过自始至终的公开性，可以及时地发现和排解公民私人的社区生活与国家权力之间的矛盾，通过诉讼程序监控和处理社会冲突。因此，通过比较才能发现，诉讼

① ［美］克利福德·格尔兹著，纳日碧力戈等译：《文化的解释》，上海人民出版社1999年版，第84～89页。

② 罗新华：《53位村民该不该被开除村籍》，载《中国青年报》1999年1月27日。

程序发挥了什么功能，在没有诉讼程序的社会中类似事件如何得到解决，才可能得出结论说诉讼到底是什么。所以，我们讨论问题的视野要突破从概念到概念研究的框架。权力的运作，历史、社会的考察对于法律问题的探究是必要的。

第二节　文化仪式的社会功能

“法”之为法，需要一定的社会权威来实施和表达。而这种表达方式，不外乎两种：以神的名义和以人的名义，前者是逐渐被后者取代的。这就是所谓的神统谱系与世间秩序的差异。从神统谱系到世间秩序，人类文明就发展到新的高度；法的表达形式当然不同：从宗教或文化仪式到世俗国家的诉讼制度，成为诉讼程序的发展路径。

虽然诉讼程序的样式与人类社会实践一样，总是处在不断创新和变迁之中，但是仍然可以从人类行为中找到一些比较固定化的东西，文化“仪式”就是最古老、最有生命力的程序。“仪式”（Ceremony），英文法律词典将其解释为“在重大的社交或宗教场合使用的一种特别正式的、庄重的并长期有效的行为程式或一整套动作”；中文词典一般解释为“按照程序进行的礼节”。神统谱系中，“按照程序进行的礼节”是人对神的；而世间秩序中，“按照程序进行的礼节”是人与人相互之间的。所以，礼节可以是人对神的，也可以是人对人的，也可以二者兼而有之。从本质上看，诉讼就是实现和表现为解决争执或社会冲突从而实现社会正义与秩序的“仪式”化演绎，通过这一演绎过程，实现和表达冲突裁决者作为正式的社会权威的正当化和恒久性。如果说早期人类是不自觉利用仪式的社会功用的话，阶级社会中，仪式的操作则完全注入了如上所言的主观动机和意图。

一、放纵与克制之间的文化仪式

在人类早期社会，神话成为社会生活支配性的力量，集中反映了生活于其中的人类的宗教、政治、文化生活。人类对于自然的崇拜，是从神话开始的。神话反映了也影响了人类的生活。远古的文化仪式与近现代的诉讼程序都同时负载了当时人类对理想秩序的理念和实践。在神话中，人类的世间生活、社会制度与政治法律制度，人与神以及人与人的关系都可以得到阐释。“神话象征具有这样的功能，即促使人的个人行为和社会行为同宇宙观（在价值论上为意向明确的世界模式）相互依存于统一体中。神话依据当时文化固有的认识，对业已存在的社会秩序和宇宙秩序加以阐释，并予以肯定。神话向人们说明人本身及周围世界，以期维系现有秩序……神话时期的事态，图腾祖先的奇遇、文化英雄的功德等，成为一种特殊的隐喻代码；借助这种代码，对世界（自然的和社会的）结构加以模拟。”① 所以说，神话不只是对过去事件的简单叙述，它不仅为理解世界提供可能的图式，而且是一种现实的社会力量，它以最高的权威即神的认同使相应的人类关系制度得以神圣化，成为人们当下和未来必须遵守的具有约束力的规范。神话表达信仰，赋予传统以权威，指导实践，是现存秩序及其法律道德价值存在和发生作用的永恒根据。诚如马林诺夫斯基所言，神话“不是理智的解说或艺术的想象，而是原始信仰与道德智慧上实用的特许证书”②。

与此同时，早期社会十分普遍存在的拜神与拜神仪式，就成为很自然的事情。从氏族成员和部落首领到早期的国王，都有较为共同的精神层面，即都是某一神力的崇拜者，氏族首领或国王成为神的代表或代理人。通过拜神仪式，不断地强化对“神”这一抽象物或外在的图腾符号的敬畏与信仰。除了精神层面上存在祭祀等拜神或参与集体狂欢等仪式之外，社会群体面对的生活，实在是可怕的自然环境、疾病和战争。对神崇拜起初就表现为对奇怪的、不可理解的自然现象的崇拜，由于人类文明和智慧的发展，对神崇拜就逐渐演化为自然动植物图腾符号崇拜，最后是对抽象偶像的崇拜并进而发展为对宗教神话的痴迷。在世俗权力逐渐强大之后，宗教权力与世俗权力分庭抗礼，最后世俗权力以国家的方式彻底地取得了政治和经济上的胜利，而仪式化的宗教生活则处于精神生活的层次，不能主动地确定规则限制人们生活的自由。一般精神世界文明发展的路径，如果不被特别的情形打断的话，大抵如此。可以说，西方较为连贯地保持着这一神学谱系的特征，并将其保留到现代社会生活中，使宗教和世俗生活相互影响。

早期的人类社会组织与结构，必须依赖仪式来形成一个经济和文化共同体，

① ［苏］叶·莫·梅列金斯基著，魏庆征译：《神话的诗学》，商务印书馆1990年版，第186~189页。

② ［英］马林诺夫斯基著，李安宅译：《巫术、科学、宗教与神话》，中国民间文艺出版社1986年版，第86页。

文化仪式是人类启蒙的必要条件，并且是早期人类生活的文明表征。由此，他们可以确立共同的权威和一致的习惯，保证了一个族群或部落的凝聚力。不仅如此，拜神仪式特别是在对敌作战前的祭祀仪式，对于鼓舞士气、取得胜利更是起到了任何物质手段都不可替代的作用。一些外国学者（社会学领域或法学领域）深入研究了仪式与社会的关系，[①] 但我国学者对于宗教仪式与社会的关系，却少有论及；对于宗教仪式与诉讼程序的关系，我国学者更是少有问津。舒国滢教授在《从“司法的广场化”到“司法的剧场化”》[②] 一文中，将司法活动与仪式的内在关联进行了符号学的探讨，这是我国学者第一次进行这类研究，本书观点在很大程度上是受到了该文的启发。法国博士程春明以其独特的思辨方法对仪式所包含的法律意义给予了充分肯定，肖建国博士在《民事诉讼程序价值论》（中国人民大学出版社 2000 年版）中明确提出了诉讼程序与宗教仪式的内在关联，这都使笔者坚信有必要把这一前沿性课题进行下去。所以，将诉讼与仪式勾连起来，并不归功于笔者。在此，笔者强调，这里并不仅仅想做一些拾遗补阙的工作，以期为诉讼问题的研究提供新的视角；笔者试图申明：没有文化仪式，就没有现代诉讼程序，文化仪式是诉讼程序之母。

二、仪式化生活何以有必要

人类学家认为，人类生活是一种社会生活，因而必然是一种伦理生活，任何社会如果要保持一种稳定和连续，都必须有一些最起码的社会行为要求。不过，人类与蜜蜂和蚂蚁不同，人类的生物遗传本能不会自动维护这类社会行为要求。因此，必须要有一些公认的行为标准。而这些价值如果被赋予神圣的权威，并在礼仪中不断用象征表示出来，那就更具有强制性。[③]

原始社会由于生产力十分低下，人们过着群居的生活共同对抗自然界的恶劣环境，生产关系方面人与人之间分配地位平等和参与社会活动机会平等。没有等

---

① 见爱弥尔·涂尔干关于宗教的社会意义的论著——《宗教生活的基本形式》；伯尔曼关于法律与宗教的关系的论著——《法律与革命——西方法律传统的形成》和《法律与宗教》；米歇尔·福柯的《规训与惩罚》。

② 舒国滢：《从“司法的广场化”到“司法的剧场化”》，载《政法论坛》1999 年第 3 期。

③ ［美］克莱德·克拉克洪：《20 世纪西方宗教人类学文选》的“序言”，载史宗主编，金泽、宋立道、徐大建等译：《20 世纪西方宗教人类学文选》，上海三联书店 1985 年版，第 1 页。转引自吴晓群著：《古代希腊仪式文化研究》，上海社会科学出版社 2000 年版，第 178 页。

级的划分，氏族族长或部落酋长的选任以及工作方式都是民主的。换句话说，原始社会的活动是有序的。但是，这种有序的社会状态却掩盖了以各种文化经验来控制着的无序和狂乱。现代人类学学者埃德加·莫兰认为，人或人类高度复杂性的发展和再生依赖于技术和语言（文化）。其中，语言交流促进了劳动技能的创造活动，并激发了人类的想象，出现了从事精神活动的巫师或艺术家。巫术、艺术、宗教或神话活动，使现实与想象世界之间的联系模糊起来，幻觉也因此而大量滋生，感情不稳定（愤怒、仇恨和疯狂），甚至通过舞蹈、仪式、世俗的事物或神圣的仪式，人们追求放纵（大屠杀、欢笑、陶醉、性欲、痴迷）的状态，把处于极端的痉挛无序和处于与他人、集体、宇宙的圆满融合中的最高有序结合起来。把暴烈的情绪转变为游戏和快乐的心情，达到极度的欢畅和幸福。人类的这些特征，显示了人类并不是更有理智，相反，更多地存在情感的爆发和感情的放纵。这种放纵也会在狂暴、屠杀和摧毁方面发作。智人比他的前辈倾向于走极端，他的世界相当于一个梦幻、情欲、暴力泛滥的世界。梦幻在灵长类动物那里还被局限在睡眠中；在人类那里，它以幻觉、想象的事物和想象力的形式大量滋生。暴力，在动物那里被限于自卫和猎取食物，而在人类那里它在超出需要的范围外被滥用。因此，智人的世界是把无序大量引入的世界，人类生活比自然界更加无序。无序并不是像某些学者认为的那样属于现代社会的病态，因此远古人和现代人各有他的明智和狂乱。①

埃德加·莫兰甚至把智人称作“狂徒”，有着变幻的面孔：不时微笑、欢笑、哭泣，感情强烈和不稳定，焦虑和惶惶不安，享乐、陶醉、痴迷、暴烈、多情，知道死亡但不愿被它降服，充满想象，制造神话和巫术，自身与客观世界的联系总是含混不清，注定产生无序的放纵者。如果疯狂以幻觉、放纵、易变性、现实和想象之间关系的不确定性、主观和客观的混淆、错误、无序等因素的混合为标准，那么，智人都是狂徒。②

智人在两个方面有某种不可分割的联系：制造工具的人和制造神话的人；客观、技术、逻辑、经验思想和主观、幻觉、神话、巫术思想集于一身。一方面，

① ［法］埃德加·莫兰著，陈一壮译：《迷失的范式：人性研究》，北京大学出版社 1999 年版，第 64、96～98、114 页。

② ［法］埃德加·莫兰著，陈一壮译：《迷失的范式：人性研究》，北京大学出版社 1999 年版，第 95 页。

是理性的，能够控制自己的，善于询问和怀疑、检验、建设、组织、完成任务的人；另一方面，是非理性的，对自我无意识的，不能控制的，不能完成任务的，破坏的，用离奇事物来启发的，冒失的人。一方面，是智人的征服性的扩张，社会变得愈益复杂；另一方面，大量滋生着无序和狂乱。同时，他还认为，也不能认为社会秩序的逐渐文明会减少这种淳朴和无能。迄今为止，实际发生的过程正好相反，再也不能把理智和疯狂根本地、抽象地对立起来，人类的真理包含着谬误，人类的秩序包含着无序。但是，狂乱和谵妄却是人类社会化的必要条件，他们不能措置那些观念的物质化的本质，却具有社会化的本质。①

智人“疯狂性”的主要源泉在于把想象的东西视为现实、把主观视为客观这种混淆中。它可以导致谵妄的理性化，在这种现象中，过分的逻辑运用和过分的感情放任联系在一起：前者对无意识的冲动和主观意欲进行辩解、掩饰和理性地组织。在冲动的游戏中，需要四种因素——环境、遗传、大脑皮层和文化——的同时控制，人才不至于过分放纵。否则，人的疯狂性就会汹涌泛滥。其中，社会文化控制对抑制智人的放纵和狂乱起主要作用；程序化的和抑制性的遗传控制对于冲动力量的控制力很微弱；环境的控制较为缓慢，也不确定；大脑皮层的调节控制易受制于冲动的力量。所以，社会文化控制就必须担当起控制人的狂乱的重任。但社会文化的控制本身也会在集体歇斯底里，大规模镇压、处死，以人类做牺牲、寻找替罪羊的群体性场面中失去方向，在战争中甚至要受制于狂暴的力量。疯狂性因此表现了两个方面的结合：一方面，是不可控制的冲动力量的扩张；另一方面，是社会组织机构控制疯狂性的理性化和可操作化。② 这种理性化和可操作化的过程主要表现为文化仪式或宗教仪式以及法律惩罚的规则对社会群体施加潜移默化影响的过程。由于仪式对环境、遗传、大脑皮层和文化都可产生影响，因此，它一方面使群体借以发泄谵妄和狂乱，使谵妄和狂乱限定在仪式所给定的时空内；另一方面，该群体的各个成员借以经验过的社会生活所赋予的人的尊严，文明得以产生和延续。

① ［法］埃德加·莫兰著，陈一壮译：《迷失的范式：人性研究》，北京大学出版社 1999 年版，第 97 页。

② ［法］埃德加·莫兰著，陈一壮译：《迷失的范式：人性研究》，北京大学出版社 1999 年版，第 112 页。

三、文化仪式与社会控制

狂乱或谵妄的智人，其仪式也同样具有狂乱或谵妄的特征。著名社会学家涂尔干认为，正是仪式的狂乱或谵妄使人类出入凡俗世界和神圣事物之间，所以文化仪式有特别的社会意义。他通过考察澳洲社会原始部落的生活状态后认为，尽管人们平时分成彼此独立的一个个小组，分散到各个领地，每个家庭自食其力，或打鱼或捕猎，尽可能争取必不可少的事物，社会生活显得单调、委靡而沉闷；但是，有时候人们则要集中在特定地点举行集会，时间长达几天甚至几个月之久，集会上要举行宗教仪式，进行“集体欢腾”。仪式一般在夜幕降临以后才举行。只要“集体欢腾”一开始，一切就都改变了。一旦他们来到一起，由于集合形成的一股如电的激流就迅速使之达到极度亢奋状态。所有人的内心都向外部的印象充分敞开，想表达的任何情感都可以不受阻拦。每个人都对他人作出回应，同时也被他人所回应。最初的冲动就这样推进、加剧，犹如下落的雪崩一样不断地增强。因为这种跃动的激情冲破了所有限制，不可避免地爆发出来，所以到处只见狂暴的举动、哭喊。又因为集体情感要想通过集体表达出来，就必须要有一定的秩序，以便在协调中合作进行，所以那些举动和叫喊变得有节奏、有规律，于是，舞蹈和歌唱就此产生了。尽管他们采取了较为规则的形式，却仍不失其自然的狂暴，并愈演愈烈，直至产生骇人听闻的行动。他们大大地偏离了通常的生活状态，出离并超越通常的道德。于是两性的结合违背了性关系的规定原则。男人相互交换妻子，有时候人们甚至乱伦，这种平常要受到憎恶和严厉惩罚的行为，此时却可以公开进行并且不受处罚。当一个人达到亢奋状态时，他不能自持，就不可能意识到自己了，他似乎已经变成了一个新的存在。其同伴们的自身也都发生了同样的转化。夜幕掩盖下的露天广场发生的这一切，透明无隐，“集体狂欢的表演者与观众融为一体，有时甚至分不清（也没有必要分清）人们的角色和身份的差别，所有参与集会的人形成一个具有独立人格的公共的主体——一个‘公共的大我’”①。结果是这一群体的每一个个体的体验，存在着与平时截然不同的世界：在一个世界中，他过着乏味的生活；在荒诞的另一个世界

① 舒国滢：《从“司法的广场化”到“司法的剧场化”》，载《政法论坛》1999年第3期。

中，就和那种使他兴奋地发狂的异常力量发生关系。这里形成鲜明对比的，一个是凡俗的世界，另一个是神圣事物的世界。① 正是这种集体的狂欢，形成了集体的意识和集体的权威，社会得以复杂化和层级化。

如果认为这种集体狂欢只具有宗教意义，那就错了。尽管这种仪式诱使人投入到"迷狂"的状态，② 但是人类的信仰也只有通过表达它的仪式才能清楚地显露出来。这种集体仪式首要目标是确立一个观念的体系，而不是把物理世界的表现提供给世俗的人。在这一观念的体系中，个体作为社会的成员，要通过它向自己表现这个社会，表现自己与这个社会密切的关系。因此，原始的仪式，对于人本身而言，都有一种特别的社会意义。作为一个事实，这种"仪式强化了信徒与神之间的归附关系；但是另一方面，强化了作为社会成员的个体对其社会的归附关系"③。正是集体狂欢的仪式把人和人之间的距离拉近了，并形成了社会的共同意识。社会意识只有通过集体意识才能存在，每个个体的信念融合到一起，神秘性的仪式成为共同信念并在个体的内部组织其自身。④

无疑，这种集体狂欢仪式所表达的神秘性是有其特定的条件和环境的。但仪式对人类文明发展确实有重要作用。氏族社会中，因为它的人口到处流转，氏族首领的权威是不确定和不稳固的，氏族所占据的地域也是不确定的。所以，图腾崇拜仪式作为宗教仪式的最早形态，成为维系澳洲氏族社会的重要标志。以图腾崇拜为核心，氏族成员之间建立了共同意识。⑤ 其实，每一个民族在发展过程中都有形形色色的宗教仪式。在等级分化的社会，也同样如此。美国人类学者格尔兹通过对印度尼西亚所属的一个岛屿——保持着稳固的传统形式的巴厘岛上居民生活状态的考察，也得出了同样的结论。这个岛上的社会的不平等被神圣化，巴厘国王、王公和贵族的社会地位不是靠行政或军事强制来实现的，而是极端强调

① ［法］爱弥尔·涂尔干著，渠东、汲哲译：《宗教生活的基本形式》，上海人民出版社1999年版，第285～289页。

② ［法］爱弥尔·涂尔干著，渠东、汲哲译：《宗教生活的基本形式》，上海人民出版社1999年版，第275页。

③ ［法］爱弥尔·涂尔干著，渠东、汲哲译：《宗教生活的基本形式》，上海人民出版社1999年版，第296页。

④ ［法］爱弥尔·涂尔干著，渠东、汲哲译：《宗教生活的基本形式》，上海人民出版社1999年版，第280页。

⑤ ［法］爱弥尔·涂尔干著，渠东、汲哲译：《宗教生活的基本形式》，上海人民出版社1999年版，第304页。

用宗教仪式来表达社会地位的细微等级差别。正式的政府权威并不能影响巴厘岛上的社会阶层关系与结构。政府的实际政治控制根本不能与传统文化仪式所产生的实际控制效果相比。[①] 而亚洲古代美索不达米亚人要举行各种各样的宗教仪式，如祭祀仪式、替身（代国王受过的人或小雕像）仪式、洁身仪式、净秽仪式和神庙的建造仪式等，乞求神灵消灾赐福。战前还有施巫术仪式和保护军队和武器的净化仪式。从生活起居、生老病死到国家的大小事务，都离不开仪式活动。在氏族社会中，所有的人都可以分享这些仪式，也必须参与这些仪式。在国家和阶级社会中，参与这些仪式就成为一种特权。古代美索不达米亚的国王在政治、宗教和司法活动中都起着主导作用。[②] 在所有仪式中，他们最重视祭祀仪式。他们把祭祀仪式与国家的功能联系在一起，甚至认为国家的主要作用是要向众神提供他们所需要的东西。如果没有祭礼活动，这将是最大的不忠，它将危害国家的稳定、人民生活的安定。为此，他们要按期举行祭礼仪式。祭礼活动通常由统治者主持，主要在神庙举行。祭礼仪式包括给神灵供奉奢侈的早餐、晚餐，伴以奏乐和焚香。[③] 祭祀仪式中，“只有国王、高官和祭祀才可以进入摆放神像的内屋。参加仪式的人参与到国王的圣餐活动之中，而其他的人则以一种不同的、非直接的方式接受圣餐……祭品是统治者献给神灵的，来确信他对神灵的敬意，从而得到神灵对其履行职责的确认，以及得到神灵来年的祝福”。并且，神的意志需要统治者领会，并履行由此而来的义务。“如果神灵对统治者的义务履行得不满意，死亡和饥饿将接踵而来。人们就不得不再举行专门的仪式，安抚极易发怒的神灵。”[④] 所以，仪式活动的主持者和参与者，都代表了特别的社会地位。古埃及文明和小亚半岛上发现的赫梯文明，只有法老、国王或祭祀有资格接近神灵，与神灵对话。法老、国王或祭祀是人与神之间的代言人。[⑤] 仪式通过不断且几乎固定不变的程序实现其社会控制的功能。[⑥] 在古希腊，对神的崇拜和信仰渗透于希腊社会生活的方方面面，它既是人们行动的动机，也是行动的目的。

---

① ［美］克利福德·格尔兹著，纳日碧力戈等译：《文化的解释》，上海人民出版社 1999 年版，第 204 页。

② 李政著：《神秘的古代东方》，中国青年出版社 1999 年版，第 31 页。

③ 李政著：《神秘的古代东方》，中国青年出版社 1999 年版，第 52 ~ 54 页。

④ 李政著：《神秘的古代东方》，中国青年出版社 1999 年版，第 52 ~ 53 页。

⑤ 李政著：《神秘的古代东方》，中国青年出版社 1999 年版，第 148、302 页。

⑥ 吴晓群著：《古代希腊仪式文化研究》，上海社会科学出版社 2000 年版，第 69 ~ 79 页。

无论是城邦生活还是个人生活中的主要活动都从那些以神的名义所举行的种种仪式中获得了神圣的尊严，从而不至于陷于反常和贪婪之中。除了祭祀仪式、游行仪式、舞蹈仪式外，仪式还在战争中使用。在希腊，每逢战事人们必须举行战争仪式。此外，古希腊还有隆重的节日庆典仪式，柏拉图说："感谢神灵，在节日庆典中，我们获得了新生。"柏拉图对神灵的敬畏和尊崇表现了古希腊时代普遍的宗教观。他认为，正义是由众神复仇来执行的，神灵是不能亵渎的，应当将用言行亵渎神的行为送进监狱。如果一个法官听到报案（如有人用言行渎神）后却无所作为，也将受到控告。①

第三节　仪式化的诉讼

一、仪式与诉讼的共通性

美国伯尔曼（Horald J. Berman）教授在《法律与革命——西方法律传统的形成》一书中阐述了法律与宗教的互动关系，在另一本名为《宗教与法律》的书中，他还探讨了宗教与法律二者的相通性。他认为，法律与宗教共享四种共同的要素：仪式、传统、权威和普遍性。法律不仅包含有人的理性和意志，而且还包含他的情感、直觉、信仰和献身。不能为人信仰的法律是死的法律。伯尔曼实际上论证了法律与宗教的相通性，"法律不只是一整套规则，它是在进行立法、判决、执法和立约的活生生的人。它是为分配权利与义务，并据以解决纷争，创造合作关系的活生生的程序。宗教也不只是一套信条和仪式；它是对人生的终极意义和目标表现出共同关切的活生生的人。它是对各种超验价值之共有的直觉与献身"②。伯尔曼通过考察基督教对西方法律发展的影响，指出"过去两千年间历尽艰辛建设起来的西方法学的伟大原则"，如"不合作主义"原则、旨在使人性升华的法律改革原则、不同法律制度并存的原则、法律与道德体系保持一致的原则、财产神圣和基于个人意志的契约权利原则、良心自由原则、统治者权力受法

① ［古希腊］柏拉图著，张智仁、何勤华译：《法律篇》，上海人民出版社 2001 年版，第 306、352 页。

② ［美］伯尔曼著，梁治平译：《法律与宗教》，生活·读书·新知三联书店 1991 年版，第 38 页。

律限制的原则、立法机构对公共舆论负责的原则等，无不建立在基督教的心理基础与价值观念之上，浸渍着基督教的精神，有的甚至直接从基督教的历史经验和教义中引申出来。[①] 任何一种法律制度都与宗教共享的要素——仪式，为象征法律客观性的形式程序；传统，系过去沿袭下来的语言和习俗，它们标志着法律的延续性；权威，就是被人们视为至善至真的法律渊源，必得服从，正是它们赋予法律以约束力；普遍性，是指法律所包含的那些概念或洞见都必须是普遍有效的，这体现了法律与绝对真理之间的联系。这四种要素存在于所有法律体系，一如它们存在于所有宗教里面。法律据此得以与某种超验价值相通，人们的法律情感赖此得以培养和外化。伯尔曼将宗教仪式列为这四种要素之首，并将其与法律程序相映照，表明法律程序与宗教仪式之间具有内在联系。在法律与宗教分离之前，法律程序与宗教仪式是合二为一的；法律与神话或宗教分离之后，法律很容易退化为僵死的教条，拜神或宗教易于走向谵妄和狂信，而避免法律僵化和宗教狂信的最直观的形式便是仪式或程序。涂尔干（迪尔凯姆）指出："宗教现象非常自然地把它们自身区分为两个基本范畴：即信仰和仪式。信仰是意识的状态，并包含了许多表象；仪式是活动的规定性形式。"信仰和仪式并列组成宗教的两个轮子：思想和行动。信仰是仪式的本质内容，仪式是信仰的行为化，内在的信仰由于表现为仪式而被外在化和具体化了。两者相辅相成，缺少任何一方，宗教都不能成立。从外表上看，宗教几乎就是由遵守礼仪、举行祭祀等行动组成，在这个意义上，可以认为宗教仪式的历史也就是宗教的历史。[②]

同时，法律和宗教的生命与传承也有相似之处：群体信仰的维系要通过宗教职业者来进行，而法律之解释和运用则依靠职业法律家的实践，这二者都离不开仪式和权威，否则无法克服的癫狂和无序，将危及人类自身的生存。各种各样的审判法仪仅是集体拜神的生活仪式的特殊表达形式，因为东方民族（中华法系除外）或欧洲古代城邦，尽管世俗的裁判可以通过人的智慧表现出来，但是都把审判权看作源于神的授予。

仪式化的神灵崇拜掺杂其间，法律程序都带有神秘性，并因此产生神圣性。

---

① ［美］伯尔曼著，梁治平译：《法律与宗教》，生活·读书·新知三联书店1991年版，第89页。

② ［美］伯尔曼著，梁治平译：《法律与宗教》，生活·读书·新知三联书店1991年版，第47页。另参见梁治平著：《书斋与社会之间》，法律出版社1998年版，第25页；肖建国著：《民事诉讼程序价值论》，中国人民大学出版社2000年版，第39页。

一切宗教都是对神圣物的信仰，一切宗教仪式都是对神圣物的信仰的外在形态。不管对神圣之物作何解释，有一点是肯定的，那就是：神圣物与现实世界的联系必须以宗教仪式为中介，经由宗教仪式，宗教能够创造一种全新的意义构架与知觉样式，人们借此进入到一种神圣的意义领域。宗教学说史上，神圣物曾被解释为灵魂（泰勒）、自然（麦克斯·缪勒）、图腾（迪尔凯姆）、上帝等。比如，基督教的宗教仪式上，当牧师在教堂以圣水洒于受洗者之身，从口中说出“以基督的名义，你已被受洗为基督徒”时，在受洗者那里，随着仪式的开展，在心理上产生了这样的变化：从由受洗这一刻起挣脱了尘世的统治，从而跨入了神圣的领域。再如祈祷这一宗教仪式，它预设了一个将自己全然交托上帝的祈祷者，以及一个深不可测的上帝，在祈祷中，由于祈祷者对上帝的全然依附，他的行为便不再服务于已有我的一切目的，在自我消遁之后自成一个超越的新世界。这时，被祈祷的神圣物绝不是偶像，而是将人们导向将要存在境界的一种力量，它的功能在于总是能够神圣地如临目前并与祈祷者对话，强化对被崇拜对象实在性的感受，增强人的精神情感，引导人们进入或显现一个新世界，人们借此看见前所未有的东西。

就程序法而言，它除了与宗教仪式都具有传统性、权威性和普遍性外，还有以下共同之处：

一是象征性。人可以借象征物（如简单的形象、动作、符号）表达难以表达的观念，体验一些不属于或不可补足其本身内涵的东西，来表示、显现或想象属于它以外的事物。宗教仪式就是一种象征，表达的是只可意会不可言传的神秘感受。在宗教仪式中，宗教信仰者除了通过各种宗教礼仪活动来表达自己的宗教意识之外，也通过宗教的服装和饰物来表达。宗教服饰就其广义而言，是指信教者公众、家庭和个人进行宗教活动时穿着的服装和佩戴的饰物，既包括装饰高贵华丽的宗教服装，也包括原始宗教的文身、刺身和人体彩绘。法律程序中，仍然可以找到典型的象征物，如在一些西方国家，法官头戴假发，身着黑袍。这类特殊标记，不仅使法官本人，而且也使得所有其他参与审判过程的人，使全社会的旁观者都在灵魂上认同肩负审判重任者可以（应当）摒除任何个人癖好、个人偏见。同样，陪审员、律师、当事人、证人和所有参与审判的其他人，也因为开庭仪式（随全体起立而喊出“肃静！肃静！”）严格的出场顺序、誓言、致辞的形式以及表明场景的其他许多仪式而被赋予各自的使命、职责。[①] 程序或仪式参加者的服饰标记是表示接受法律或宗教约束的一种神圣性象征。正如美国法律实证主义者阿诺德坚信自己黑袍加身时，也会坚守法律的信仰一样。对于崇拜对象的尊敬、祈求或纪念，也往往通过服装和饰物来表现。宗教服饰的穿戴，表明教士们愿意接受上帝对他们所规定的种种束缚，而且对这种束缚的奴役表示光彩和高兴，故在穿戴和脱去宗教圣服时，都要亲吻这一奴役的标志。

二是互动性。仪式中，参与者可以与裁判者对话。信徒可以与神对话。信徒对于创造和主宰宇宙之神灵的心悦诚服与敬畏的体验，是人的心灵怀着无限的冥想和希望，体验上帝的仁爱，把自己的心灵无限扩大，冥冥的和超越的无限实体——上帝相融会，进入不可言说的神妙境界的感受。这种心悦诚服、敬畏和神妙感受是通过借助与神对话的仪式予以表露的。这种现象几乎在所有的神学宗教中都具有普遍的宗教意义。程序或仪式的象征意义可以引起虚幻的然而却又是真实的感受，使人严肃，使人敬畏，使人心旷神怡，引人进入神圣生活的境界。法律的各项仪式，如立法程序、审判程序、调解程序、缔约程序等，也像宗教的各种仪式一样，不仅借助于一定的语言符号来表达法律信仰，而且甚至假设有神灵参与审判，主持正义。

三是表演性。宗教仪式的表演性自不必说，法律也具有表演性。梅特兰说："只要法律是不成文的，它就必定被戏剧化和表演化。正义必须呈现出生动形象的外表，否则人们就看不见它。"其实，不论是成文法还是不成文法时代，人类的诉讼都具有表演性。按照学者的论证，司法可以是广场化的司法，也可以是剧场化的司法。司法的广场化更多地体现出司法的大众化特点，离不开"对感性的张扬"，"趋向于生动形象的、可以自由参与的法律表演，把裁判的结果和实施惩罚的轻重诉诸人们直观、感性的正义观念或道德感情"；而剧场化的司法是在法庭内进行的司法活动，"阻隔了庭审活动与庭外活动，明确划定了'表演'（庭审）与'观看'（旁听）的角色和活动界限"。"像舞台表演一样，庭审活动的角色有特定分工，这种表演遵守一定的程序（程式）。""不过，表演的内容不是编剧们虚构的情节，而是（或者说应当是）案件事实发生的过程。"[②] 所以，

① ［美］伯尔曼著，梁治平译：《法律与宗教》，生活·读书·新知三联书店1991年版，第47页。
② 舒国滢：《从"司法的广场化"到"司法的剧场化"》，载《政法论坛》1999年第3期。

剧场化的诉讼更具有表演性。

一般而言，宗教仪式都具有这样的功能：它造成一种断裂，从一个意义空间进入另一个意义空间。法律程序亦是如此。庄严的法律程序总是能给人以精神上的震撼，净化人的灵魂，所以它带有神圣性和权威性。正如伯尔曼所言："司法正义的诸多理想凭借它们在司法、立法和其他仪式中的种种象征标记而得以实现，在此过程中，它们根本不是被当做实现某种功利目标的工具，而是被奉为神圣之物，根本不是充当抽象的理念而是人所共享的情感。"① 法律程序有助于唤起人们的法律情感，把法律看做是生活终极意义的一个必不可少的部分，对法律报以虔诚敬畏之情，并在此基础上构筑法律神圣的信仰和对于法律献身的激情。②

在宗教产生之前，虽然不存在比较体系化的宗教仪式，但是古代社会仍然存在着以神灵崇拜为中心的祭祀或狂欢仪式。所以，笔者将宗教产生之前的仪式以及后来的宗教仪式统称为文化仪式。近现代国家出现以前，人们进行的诉讼活动，可以说是在利用文化仪式或宗教仪式组织着社会，仪式的神圣性作用把同一个社会中的人的精神统一起来，并对每一个个体形成节制和约束。雅典、罗马甚至东方国家都经过了这一阶段，下面就选取了不同文明仪式中的诉讼予以分析和比较。

二、雅典的民主制与诉讼

诉讼程序更多地带有现代民主制度的源头是古代希腊或雅典城邦的民主政体。雅典公民都有公民权，所以其民主制度的权力机构是由全体公民组成的公民大会，城邦一切重大事务都由公民大会来决定。此外，还专设有议事会和陪审法庭两个机构协助国家公民大会处理城邦事务和司法事务。议事会由500名雅典公民组成，而陪审法庭的陪审员人数多达6000人。通过公民投票表决的方式（记名公民投票）被人们认为是城邦的根本制度。

亚里士多德说，"（雅典）民主政治使自己成为一切的主人，它通过它在其中掌握着最高权力的公民大会和法院中的选举执掌一切"。雅典的陪审法庭构成了雅典公民政治生活的重要组成部分，它以全体人民的名义行事，既是雅典公民

① ［美］伯尔曼著，梁治平译：《法律与宗教》，生活·读书·新知三联书店1991年版，第48页。

② 肖建国著：《民事诉讼程序价值论》，中国人民大学出版社2000年版，第40页。

聚集在一起行使审判权的机构，也是雅典人为了达到“行使控制权这一目的而设想出来的一种手段”，“是整个民主制度的拱顶石”。所以，陪审法庭并不只就具体的民、刑案件作出司法上的判决，它实际是控制政府的主要机构，其职能比今天西方国家的法院要广泛和复杂得多。它可以利用各种方式，审查当时政治生活中几乎所有的问题，甚至包括审查“议事会”和“公民大会”通过的法令。其判决是最终的，不能上诉。有几千人之多的庞大法庭，除非遇有节日或者战争，总是长开不闭。阿里斯托芬的喜剧——《云》里有这样一幕：一个云的访问者在有人指给他看地图上的雅典城时回答说：“我不相信那是雅典，因为我没有看到陪审团在开庭问案。”可以想见，陪审制度对雅典公民生活的影响之大。

根据雅典法律，凡是年满 30 周岁的雅典公民，都有资格充任陪审员。他们每年经各市区提名，由选举产生，然后经抽签分派到刑事和民事各个法庭。审理特别重大的刑事案件须召集 6001 人的大陪审法庭，一般刑事案件视情况由 501 人、1001 人或 1501 人的陪审法庭审判，民事案件则由 201 人的陪审法庭处理。陪审法庭投票的原则是一人一票，根据票数多少作出判决，少数服从多数。陪审法庭不仅是雅典公民行使审判权和接受民主训练的场所，而且这一制度也保卫了雅典民主，造就了伯里克利时代雅典的繁荣。生活在这个制度下的人民，享有在当时可能是最充分的自由。在这种民主的氛围中，他们不但树立了令后人仰慕不已的民主楷模，而且向人类贡献出了第一流的雕塑、建筑、悲剧，还有第一流的演说家、思想家。在雅典城邦，每个成年公民都有机会在公民大会上发言，参加议事会里的论争和法庭上的抗辩，在公开仪式上发表演说。这些活动激发了他们的参政热忱，增强了他们对于事物的敏感和智慧，并涌现出人类历史上最早以正义为话语的希腊哲学。早在两千年以前，这种哲学就对罗马法的演进发生了深刻的影响，并且通过罗马法影响了人类今天的政治、法律生活。虽然陪审员是以人民的名义作出的裁判，但是，裁判权却来源于神灵而不是“人民”。这不仅可以从权威的历史学或法社会学者那里找到根据，也可以从文化的载体（如传说甚至文学作品）中找到原本。荷马史诗无疑是最好的研究材料之一。学者认为，荷马教化了希腊。《伊利亚特》和《奥德赛》成书于公元前 8 世纪，描述了公元前 11 世纪的事，但哺育了世世代代希腊语乃至非希腊语民族。①

① 崔延强著：《正义与逻各斯》，泰山出版社 1998 年版，第 2 页。

在荷马关于政治与法律的教诲中，有一个核心价值规范，即 dike。根据西方学者麦金泰尔的分析，《伊利亚特》中 dike 的全部用法都是或指一种由判官对一场争论作出的判断，或指由一参与者在争论中提出的主张。对于以什么为准则来判断这些“判断”或“主张”的正义性，荷马对 dike 的使用预先假定了一个前提，即宇宙有一种单一的基本秩序，这一秩序使自然，同时也使社会有了一定的结构。统辖支配这一秩序的正是宙斯，诸谙神之父和人类之父，而管理控制这一秩序内各个特殊共同体的是“王者”（Basileus），是所谓“既善又美的人”，他们分配着宙斯已分配给他们的正义。正义女神忒弥斯（Themis）标示着这一秩序，即由宙斯颁定、支配、统辖的万事万人的秩序。如果一种特殊的 dike 合乎女神的要求，则它是正直可靠的；如果一位“王者”的裁决符合正义女神的意旨（themistes），那么，他的裁决就是公正无私的。神圣支配、宇宙秩序和王位是不可分离的几个概念。宙斯和那些服从正义神旨的王们都通过惩罚那些违背神旨的人来强化、维护正义。实际上，忒弥斯是一种靠传统和惯例维系的神圣秩序。themis 在希腊文中的意思是“习俗”“法律”“正义”等。女神忒弥斯在希腊神话中专司法律、正常秩序和预言，用布蒙住双目、手持天平，象征不偏不袒，公正裁判。因此，我们可以说，忒弥斯标志着“荷马社会”时代的习惯法，因为此时人们还不可能知道国家主权立法意义上的法（nomos），而正义（dike）则是作为一种永恒普遍原则存在的，它展示宙斯的意志，这种绝对意志具体体现为世界秩序，即惯例意义上的法。因此，正义（dike）是既成惯例或习惯法（themis）的绝对原则和基础；而习惯法则是永恒正义的一种实体化，是永恒正义在人们相互关系中，甚至在诸神相互关系中的存在、表现和实施。根据正义原则和惯例，每一个神、英雄或凡人都被安排在世界秩序中的确定位置上扮演各自的角色，做自己应做的事情，这是被普遍法则所赋予的一种特殊“荣誉”（time），是一种职责或权利。“荣誉”意味着管理一定领域内的事务和关系的权利。对于英雄来说，“荣誉”显得格外重要，是其价值观的中心内容。英雄把个人的“荣誉”和尊严视为比生命更可贵的东西，损害或剥夺了英雄的“荣誉”等于剥夺了他应有的权利，篡夺了他的角色。这不仅侵犯了“荣誉”，而且是对正义和神圣秩序的挑衅。因此，维护自己的“荣誉”，即捍卫自己的人格尊严，维护家族声望，保卫正义事业。这除了可以解释为什么西方有法律传统之外，还可以说明为什么欧洲有一个堂吉诃德式的骑士时代，解释欧洲为什么有决斗这一贵族式的争执自决方式。通过仪式，世人可以找到自己的荣誉和空间的位置。对仪式的痴迷来源于对神的崇拜，而对神的崇拜仪式则强化了法律的神圣性。雅典人认为，宙斯是法律的制定者；而斯巴达人认为，阿波罗是法律的制定者。他们都是神。①

梅因认为，荷马史诗对于古代英雄的描写尽管有些夸张之处，但是，他相信，荷马的想象力还没有受到道德或形而上学概念的影响，因为这些概念当时还没有作为有意识观察的对象。因此，荷马文学实际上远比后期的受到哲学或神学影响之下的人的记录文件更为真实可靠。② 在荷马史诗提到的“地美士”和“地美士第”，就表达了与法律生活有着密切关系的观念。“地美士”在后期希腊万神庙中是“司法女神”（Goddess of Justice），但这是一个现代的概念，同《伊利亚特》中把“地美士”描写为宙斯的陪审官的原意完全不同。在人类的初生时代，人们对于持续不变的或定期循环发生的一些活动只能假用一个有人格的代理人来加以说明。物理世界中，风、太阳、生长庄稼的土地都被看做是一个神圣的人。道德世界中许多事物也被神化。当国王用判决解决纠纷时，他的判决被认为是直接灵感的结果。而国王或上帝的神圣代理人这一司法审判权的来源，是万王之中最伟大的国王，即地美士。地美士这个词的复数用法是地美士第（Thimestes），“地美士第”并不指法律，而是指判决，它是由天上的神授予法官或国王的。国王好像手中有着丰富的“地美士第”，随时可以应用似的。这样，宙斯或人间的王不是一个立法者而是一个法官，甚至在荷马的诗篇中，在“地美士第”或判决的概念之后还出现了一种概念，就是在一系列的类似案件中，就有可能采用彼此近似的判决，由此就有了一种“习惯”的胚种。③

所以，雅典的民主制一刻也离不开众神的庇护，柏拉图也是这样认为的。柏拉图引用荷马的说法，每隔9年，米诺斯就到他父亲宙斯那里去请教，根据神谕为雅典城邦制定法律。柏拉图在著作中很多地方提到人与神的关系，或人、神并论，如“诚实为百善之首，对人和神都一样”等都出自柏拉图的格言。④ 而这种纯粹民主制度下最典型的诉讼，也当属在雅典城邦陪审法庭进行的诉讼。在现代各国，无论在欧洲还是美洲或亚洲，现代民主制都不存在与经典的、纯粹的民主

---

① ［古希腊］柏拉图著，张智仁、何勤华译：《法律篇》，上海人民出版社2001年版，第102页。
② ［英］梅因著，沈景一译：《古代法》，商务印书馆1997年版，第2页。
③ ［英］梅因著，沈景一译：《古代法》，商务印书馆1997年版，第2~3页。
④ ［古希腊］柏拉图著，张智仁、何勤华译：《法律篇》，上海人民出版社2001年版，第1、139页。

制完全一样的制度。现代国家法律一般规定国家主权属于全体公民，但公民是通过选举代表的方式来间接行使主权的。这个变化起源于文艺复兴时期的西欧各国，与近代民族国家形成过程分不开。在集权国家的兴起，绝对的主权国家时代开始之后，欧洲各国家的疆域都远远大于古希腊城邦，让全体公民聚在一起召开大会显然是不可能的，因此，孟德斯鸠和卢梭都认为，民主只能在小的国家内实行。这就在客观上使人人直接参与的民主变得不可能。所以，雅典民主审判的实践就格外具有“模式”化的意义。

柏拉图借雅典一个来客之口说出了他认为，死刑案件的审判程序应当如何，虽然可能与当时实际操作的程序有点出入，但是也可以大概看出当时刑事诉讼程序的轮廓。他认为，审判结果应当有神灵和所有的裁判者共同的“同意”。具体的审判程序是这样的：在死刑案件中，法官都应该是法律维护者，法庭则由前行政官员组成，他们由于工作出色而被当选。我们的立法者应对投票工作进行立法，对移送这类（死刑）案件到法庭的方法、传唤工作以及类似的诉讼细节予以关注。投票应该公开进行，但在这之前，我们的法官应该根据资历来排辈，紧挨着坐在一起，面向着公诉人和被告人。所有有空闲时间的公民都应该参加并认真听取这种审讯。首先，公诉人应该作一个简单的发言，接着是被告人发言；资历最深的法官在两人发言之后作交叉询问，一直继续到非常详细地弄清了辩论各点。其余的法官一个接一个随资历最深的法官之后彻底弄清双方当事人留下的由于某种错误或遗漏而不令人满意的各点。对某些问题不满意的法官应该转问他的同事。所有法官都得在一致同意的论点上签字，而后把文件放在赫斯提神坛上。第二天，他们都得在老地方集合，在类似的询问和检查之后，再在文件上签字。这样的程序连续进行三次，在对证据和证人作了所有的考虑之后，每个法官投下神圣的一票，以赫斯提神的名义起誓，他所作出的判决是公正的和正确的。[①]

不过，实际的审判不可能这么理性，这种想法大概是在柏拉图的老师——苏格拉底被判死刑后，柏拉图试图纠正审判中不合理性的因素。当时根据雅典法律，每个公民有权也有责任对他人的刑事犯罪行为提出控告。柏拉图本人也赞同每一个公民揭露政治、颠覆政治犯罪，为祖国复仇，并向当局指控犯罪人。[②] 这

① ［古希腊］柏拉图著，张智仁、何勤华译：《法律篇》，上海人民出版社2001年版，第283页。
② ［古希腊］柏拉图著，张智仁、何勤华译：《法律篇》，上海人民出版社2001年版，第284页。

不仅表明雅典城邦政体的民主特质，也体现了雅典城邦所残留的原始公共生活的集体意识。公元前399年，苏格拉底70岁时被三个普通的雅典公民以怠慢神和引进新神、蛊惑和败坏青年两项罪名提起控诉。陪审法庭由501名雅典公民组成。按照雅典法律，陪审团可以自由决定对苏格拉底的刑罚。雄辩的苏格拉底要洗清自己，可以设法打动这些易动感情的法官。但他不仅不屑于使用雄辩手段来保护自己，不向众人作丝毫的让步，而且还不无嘲讽地说：或者你们之中有人会恼羞成怒，回忆自己以往为了一场小官司，涕泪满脸哀求审判官，还带了儿女和许多亲友来乞情；而我不做这种事，虽然明知自己到了极大危险的地步。也许有人怀此恼羞成怒之感，向我发泄，带怒气对我投一票。① 这种敢犯众怒的结果是以281票对220票宣告他有罪。直到这时，苏格拉底还有足够的机会免受死刑宣判，他可以提出一种大家都能接受的处罚。但是，苏格拉底只是认罚30命那。在当时，如此轻微的认罚，不但是对原告主张死刑的蔑视，而且是对法庭的嘲弄。他的态度激怒了陪审员，结果决定被告接受何种刑罚的再次投票，更多的人赞成判他死刑。判决宣布后，苏格拉底说："我所缺的不是辞令，缺的是厚颜无耻和不肯说你们最爱听的话。你们或许喜欢我哭哭啼啼，说许多可怜话，做许多可怜状，我所认为不值得我说我做，而在他人却是你们所惯闻、习见的。"②

雅典民主制度虽然培养了大多数陪审员的政治热情和正义感，但他们完全不懂法律；他们虽然崇尚正义，但是只是凭个人好恶，有些陪审员投票的动机甚至到了荒唐的程度。普鲁塔克曾记述了亚里斯泰迪兹被他所忠诚的陶片或贝壳放逐法放逐的事情。亚里斯泰迪兹与泰米斯托克利斯在某一政策问题上意见分歧，双方争执不下。于是，他主持了贝壳放逐法的仪式，雅典全体成年公民根据惯例进行投票决定究竟应当把流放10年的惩罚加到发生争执的哪一个人身上。投票进行之际，亚里斯泰迪兹在遇到不识字的近郊农民招呼他，请他在陶片上写下亚里斯泰迪兹的名字。亚里斯泰迪兹问："为什么？亚里斯泰迪兹是否伤害过你？"他竟然回答道："我从来没有见过这家伙。只是他的名字每天都在耳边回响，人人都在夸奖'公正的亚里斯泰迪兹'，我实在厌烦透了。"亚里斯泰迪兹的"公正"也成为被民众遗弃的原因。

---

① ［古希腊］柏拉图著，严群译：《苏格拉底的申辩》，商务印书馆1983年版，第72页。
② ［古希腊］柏拉图著，严群译：《苏格拉底的申辩》，商务印书馆1983年版，第77页。

由民众情绪来控制的希腊民主陪审制，还有更让人难以相信的结果。同苏格拉底案件相反，雄辩家通过富于鼓动性的演说甚至震撼人心的表演，来获得无罪判决结果的也不乏其例。大约在公元前 340 年有过这样一场审判：被告弗莱恩（Phryne），一个有名的放荡女子，以怠慢神之罪被控诉。著名雄辩家海泼莱德（Hyperides）为她辩护。审判越来越有利于控诉方，陪审团就要作出有罪裁决，海泼莱德突然把美丽的被告拖至庭前，众目睽睽之下，撕去她的束腰外衣，把她的上半身暴露出来，并以激越的言辞去激发陪审员们的怜悯心。弗莱恩终于获释。①

比苏格拉底较早期的希腊思想家高尔吉亚就认识到民主审判形式与公正目标的背离。他说，雄辩的“语言是一种强大的力量，它以微小到不可见的方式达到最神奇的效果。它能驱散恐惧，消除悲伤，创造快乐，增进怜悯”。“受语言的诱惑犹如受暴力的劫持……法庭中的辩论，借助于言辞的技巧，一席话就可以说服和左右一大群人，而不管所说的是否真实。”② 雅典民主制度和陪审方式导致了雄辩术、修辞学的发达。雄辩家在法庭上发言，跟在公民大会、议事会里的演说、论辩并无不同。他们没有受过法学职业教育，他们要迎合听众，要依靠动人的言辞，追求眼泪和感人的效果，以打动和征服众多的陪审员。雅典的公民——陪审员（不同于现代司法中的陪审员）虽然敏锐而智慧，经常出席公民大会，踊跃参与论辩，热心于公共生活，讨论种种政治问题，但是他们不是在司法权威指导下仅仅就事实问题作出裁决，而是按多数原则独立地决定被告命运，更何况许多陪审员不能读书认字。出席法庭之际尽管他们也曾庄严宣誓要严守法律，但许多案件都无明确的规范或前例以资援引。在群情激昂的场合，多数陪审员的正义观都倒向情绪的一端。苏格拉底生前以“牛虻”自居，最后时刻以后人猜测不解的类似求死之举彻底完成了对希腊陪审制以至希腊整个民主制的反思和批判。

现代学者指出，陪审审判的随意性削弱了社会对法律的尊重，不可避免地阻碍了法律制度真正和持久的发展，并认为三种因素导致希腊法无以传世：（1）

---

① 梁治平著：《法辨——中国法的过去、现在与未来》，贵州人民出版社 1992 年版，第 160 页。

② ［古希腊］高尔吉亚：《海伦颂》，转引自汪子嵩等著：《希腊哲学史》（第 2 卷），人民出版社 1993 年版，第 124 ~ 127 页。

缺乏专业的法官团体；（2）陪审团规模大体与立法团体一样；（3）缺少独立团体，维护既定法律，对陪审团或立法者予以钳制。[①] 但是，我们认为最根本的，应当是纯粹民主政制的缺陷。希腊的民主制度可以产生政治家、思想家和艺术家，但却没有产生职业的法官或法学家。他们创造了民众陪审法庭的形式，但是却易流于任性。绝对的民主制意味着社会治理对知识、德性和才能的排斥，使智慧边际化（Democracy marginalizes the wise），结果是不能形成具备必要知识技能和优良政治德行的领导阶层。依苏格拉底的见解，大概可以说，知识与美德的缺席导致了政治操作过程中无知和愚昧的“入场”。公民团体由于缺乏应有的专门知识和政治素质，加上缺少政治道德感的“平民领袖”的蛊惑煽动，公民大会上公民们任意发表极度片面化、个性化的演说，使得公民裁决充满着随意性、主观性和情绪性，因而往往难以形成理智的、客观的、公正的裁断。在用津贴吸引公民参加的公民大会上，公民倾听着平民领袖们那些极具鼓动性的慷慨陈词，然后再用投豆子、抓阄或举手呐喊的方式进行表决，会产生怎样的结果是难以想象出来的。事实上，在许多涉及决策城邦社稷的重大问题以及人命关天的事情上，雅典人经常在表决后感到“后悔”，又随即进行弥补，有的则来得及，有的则永远无法补偿，留下了永久的遗憾。

古希腊的民主制是人类智慧的伟大尝试，给后世的政治学说和政治实践以深远的影响。不过，与古希腊纯粹的民主制有所不同，西方以三权分立为基础，普遍实行议会制，而后有行政权、司法权，媒体监督权则被称为第四种权力。总的来说，不是所有的民众都能够直接参政，这就是所谓的代议制民主。这种通过间接选举的方式组成的官僚政治就是精英政治，法律诉讼程序更是由专业化并享有崇高社会地位的人来掌握，诉讼的理性化色彩也越来越浓。

三、古罗马审判的程式化

古代罗马法律形成的传统与政治和宗教祭祀仪式有着密切的关联。古代罗马的祭祀也是公共政治生活的一部分。

因此，古代罗马自成立之时起，就把对神的祭祀放在十分重要的位置上。罗

① 转引自梁治平著：《法辨——中国法的过去、现在与未来》，贵州人民出版社 1992 年版，第 162 页。

马的奠基者罗慕卢斯在与萨比尼人联姻，同意他们加入自己的城邦，与他们的国王共同执政时，也同意与他们共同祭祀。罗慕卢斯创立了两个重要的国家机构——占卜委员会和元老院。前者关系着祭祀制度和法律的发展，后者表现为罗马的贵族政体。罗慕卢斯死后，由于没有选出国王，元老院设立了“空位摄政王”，虚位以待“有智慧和美德的人”统治国家。最后他们请了一位“品质方面优于其他人”的外族人努马·蓬皮利乌斯来罗马继承王位。人民根据决议要求他出任国王，而蓬皮利乌斯仍然让人民就自己的权力作出决议。在蓬皮利乌斯任期上，他把原来的占卜委员会扩大为大占卜委员会，把祭祀活动交由来自显要的5名大祭司主持，还增设了一些应当得到祭祀的神以及祭司团。他增加举行宗教祭祀礼仪的难度，创设集市、比赛竞技，举行人数众多的集会，使人民因渴望战争而变得残暴、疯狂的心灵趋向于人道和缓和。蓬皮利乌斯统治39年，确立了能使罗马“国家长治久安的两件事情：宗教和和平”[①]。不仅如此，罗马早期王政的自我约束还为罗马的王政混合贵族制、民主制的倾向奠定了基础。比如，蓬皮利乌斯死后，他的继任者仍然要人民就自己的权力问题通过立法。共和时期虽然王政的职权该由执政官行使，执政官（Consul），源自 consulere（商议和协议），而不是 rex（国王）或 dominus（主人）。[②] 但开始企图建立王政者，都被判处死刑。[③] 当然，罗马共和制转向帝制以后，皇帝独揽了国家大权。

罗马的宗教仪式与诉讼有密切联系的证据，首先表现在罗马政治生活中大祭司职位的特殊性。祭司的职责是，要认真答复法的问题，创设应承受的祭奠。担任过罗马执政官，也担任过占卜官的西塞罗说，人民需要贵族的智慧和威望，祭司的工作是国家存在的基础。他认为，罗马“国家最重要、最根本的法是同占卜官的威望相联系的法”。根据法律，国家有重要事情时，应当有占卜官在场；主事官员应当遵从占卜，服从占卜官。占卜官有权取消由最高权力机关或最高政权决定举行的会议和集会，或者解散业已开始的这样的会议和集会，有权说一声“改到另一天”便可终止已开始的事情，有权决定执政官放弃权力，有权允准或不允准对人民或对平民发表演说，有权取消未按法通过的法律……行政长官无论

① ［古罗马］西塞罗著，王焕生译：《论共和国 论法律》，中国政法大学出版社1997年版，第70～75页。

② ［古罗马］西塞罗著，王焕生译：《论共和国 论法律》，中国政法大学出版社1997年版，第89页。

③ ［古罗马］西塞罗著，王焕生译：《论共和国 论法律》，中国政法大学出版社1997年版，第86页。

是在城里或在军队中通过的任何决议，若没有占卜官们的赞同，便不可能得到任何人的赞同。[①]

与此同时，市民法被归入祭祀法的一部分，一个好的大祭司必须是精通市民法者，大祭司实际上通过某种方式用市民法理论取代着祭祀法。根据大祭司的决议，曾经清楚地规定，为了使祭奠不会因家长的亡故而被遗忘，应把它们传给家长亡故后的遗产继承者。这样，财产法的占有者又成为祭祀传统的承接者。[②]

祭祀的严格程式也影响了罗马诉讼法的程式化色彩。罗马法律解释和诉讼程式问题掌握在祭司手里。在恺库斯担任执政官（公元前312年）后，才允许许多出身低微的人进入元老院，平民才有可能担任祭司职务解释法律。虽然公元前4世纪罗马将其著名的《十二铜表法》公之于众，但是直到公元前304年，诉讼规则和诉讼日期才由弗拉维乌斯公之于众，诉讼权柄如何操作的面纱才得以揭开。[③] 罗马的诉讼形式也随着罗马版图的扩大和奴隶制的强盛有所变迁。在基督教产生以后，法律程序逐渐脱离祭祀仪式影响而世俗化：首先是法定诉讼（公元1世纪前），后来演化为程式诉讼、非常诉讼程序等，表现了它的世俗化轨迹。

法定诉讼程序的特点是：（1）原告必须有法律规定的诉权作为诉讼的依据。原告请求的内容是通过法律分别规定的、有限的几类诉权确定的，各有特定的名称，各有适用的条件和程序，除此之外，权利人不能请求司法救济。（2）诉讼的主动权在当事人而不在法官。有关传唤和执行等诉讼事务，仍然由当事人办理。在刑事盗窃等问题发生争执时，也由所有人将原告抓获实施拘禁，留有自力救济的痕迹。（3）实行严格的形式主义。[④]（4）保留了神判的某些色彩。这就是所谓宣誓决讼的形式。双方向神宣誓，如一方不敢宣誓，则应当将原物归还失主；如双方都敢于宣誓，则双方只有诉诸武力，凭神为证，以决斗代审判。其具体形式有对人的宣誓决讼和对物的宣誓决讼，由于可以适用于权利不受诉权保护的所有救济，成为普通诉讼。对人的宣誓决讼和对物的宣誓决讼就是如此。解决所有权等物权争执的，采纳对物的宣誓决讼这一诉讼程序。这类诉讼中诉讼的标

---

① ［古罗马］西塞罗著，王焕生译：《论共和国 论法律》，中国政法大学出版社1997年版，第231、259、278页。

② ［古罗马］西塞罗著，王焕生译：《论共和国 论法律》，中国政法大学出版社1997年版，第242页。

③ 梁治平著：《书斋与社会之间》，法律出版社1998年版，第95页。

④ 周枏著：《罗马法原论》，商务印书馆1994年版，第871页。

的物必须带到法官面前。如为不动产，最初要求把物搬到该处，后允许用该物的标记代之，如讼争物为土地，则以泥块代之，房屋则以砖瓦代之，如为树木等笨重不便携带的物件，则以树枝等代之。诉讼中当事人不分原告、被告，在法官面前双方都主张讼争物为自己所有。假定甲向乙争执称自己为奴隶 A 的主人，则由甲传唤乙至法官前，并要乙带着 A 一同去。在法官面前甲、乙各用法定的言辞宣称自己是 A 的主人，甲先讲："我声明依罗马法的规定，这个奴隶 A 为我所有"，讲完就以木棒触 A 的身体；乙也作同样的言辞和动作，双方模拟古人搏斗的状况，木棒即代表武器。法官命令当事人停止殴斗，"双方都放开这个奴隶"，表示纠纷归国家处理，随即进入宣誓程序。甲即问乙"你有什么理由主张 A 为你所有?"乙则答"依罗马的法律，我发誓主张我的权利"；甲又说"你敢用 50 阿司来决胜负吗?"乙又答"我当然敢"，于是双方即提供誓金或交保，接着法官开始任命双方选定的承审员。如果是重大案件，在共和时期末叶，则送交 10 人法院或大审院审理。至于讼争物保管问题，先由双方协商，协商不成，则由法官裁定，在诉讼期间暂归一方保管，并令其交保或交第三人保管，到期由承审员审理。依双方提出的证据，宣判何方誓言的真伪及应丧失誓金，其职务即行终了，但不得调和双方的主张而为折中地解决。如双方都没有能证实其权利，则宣告两造的誓言是虚假的。而没收双方的誓金，讼争物仍由占有者继续保管，如果占有讼争物者证实其所有权时，则由其收回誓金，保留物件。后来这项誓金逐渐演变成赌注而归胜诉者所得。解决债权则采用对人的宣誓诉讼程序。古代仅对特定的债权和私犯可以直接实施拘押，对其他一般的债权则须经审查核实后才可进行拘押。其程序较对物的宣誓诉讼为简单，因这是原告对被告的请求，没有携带讼争物、以木棒触物和裁定占有等手续。其程序先由原告宣称债务人负债的数额、原因和性质，次由债务人提出抗辩，再由债权人宣誓其确有债权，债务人也宣誓其并不负债，于是双方缴纳誓金或提供保人，由法官任命承审员进行审理。如果被告在法官面前不对原告的主张提出抗辩，即等于承认原告主张的正当，此项承认与判决具有同一的效力，因此，即不需再行选任承审员，就可直接进入执行阶段。在对物的诉讼中也是这样的。[①]（5）只适用于罗马市民。（6）审判人员一般由元老院的人担任。（7）每年分为诉讼日、非诉讼日和混合日，议会开会日、

① 周枏著：《罗马法原论》，商务印书馆 1994 年版，第 872 ~ 873 页。

祭日和节日都不进行诉讼，为非诉讼日；混合日则在议会不开会时，于早祷以前也可以进行诉讼。这些日期的分配，全由祭司团决定，并严守秘密。当事人进行诉讼，须就教于祭司。按当时习惯法，原告应于诉讼日在公共场所用规定的语言通知被告出庭。

由于法定诉讼的烦琐，在公元前 17 年，罗马基本上废止了法定诉讼程序，而代之以程式诉讼程序。程式诉讼放弃了严格的形式主义，当事人可以自由陈述意见，不必遵守法定语言和动作；大法官在诉讼中的权限扩大，已经由证人的诉讼地位变为主动领导诉讼进程的地位；可以委托当事人代理诉讼；裁判者由皇帝、执政官、大法官、军政长官、京都保安司令、元老员等担任。[①]

帝政时期国家权力逐渐强大，立法权、行政权和司法权逐渐合为一体，皇帝的敕令成为法律的渊源。同时，自奥古斯都时代起，皇帝授予若干法学家“公开解释法律的特权”，这对罗马法的发展有了很大的影响。案件则由皇帝和高级官吏（罗马城是京都保安司令，行省是皇帝直接任命的总督）审理案件，地方保民官也可以代理司法。虽然没有独立的司法机构审理案件，罗马法学家的工作却为后来的查士丁尼进行法典编纂工作准备了基础。这一时期，在诉讼程序上完全摆脱私力救济而进入公力救济。诉讼程序以国家权力为基础，烦琐的“程式”的因素更少，法官可以强制当事人出庭和执行判决，这就是非常诉讼程序。[②]

尽管这一阶段的诉讼有公力救济的特点，但是在共和制晚期西塞罗提出的有关法律论述仍然适用于这一时期。西塞罗指出，只有在阐明了人的自然结社（naturalis societas）的性质以后，才能找到法律的性质和法的根源。他认为，天神和凡人共同拥有理性，因而在他们之间存在着法的共同性：世界是天神和凡人共同的社会（civitas communis）。因而古代罗马把法律视为“神谕”，认为有“一种永恒的、不变的法律将适用于所有的民族，适用于各个时代；将会有一个对所有的人共同的，如同教师和统帅的神：他是这一法律的创造者、倡导者。谁不服从他，谁便是自我逃避，蔑视人的本性，从而将会受到严厉的惩罚”[③]。如

① 周枏著：《罗马法原论》，商务印书馆 1994 年版，第 880 页。

② 周枏著：《罗马法原论》，商务印书馆 1994 年版，第 919 页。

③ ［古罗马］西塞罗著，王焕生译：《论共和国 论法律》，中国政法大学出版社 1997 年版，第 120、170 页。

果说这种看法仍然停留在对自然神性崇拜的基础上的话，没有比下面一段话更深刻地揭示了法律的神圣性带来的深远意义了："对于日常生活来说，合法的婚姻、婚生子女、家神和灶神的神圣性等构成一定的秩序，使得人们可以享受公共的好处，使得若没有良好的国家便不可能良好地生活，使得任何其他一切都不及很好地构建的国家更幸福。"① 国家的强大和稳定需要有可以信赖的东西去支撑，就是法律和法治带来的社会安全与信用。从贵族政治的角度讲，市民社会与国家之间是相互支撑的。而这二者之间冲突的消弭，没有可以信赖的法治保障（法治保障无论来自国王还是来自民主政体，都需要法律的神圣性和法学家阶层的崛起、司法人员的专业化），社会要长治久安是不可企及的。查士丁尼说："皇帝的威严、光荣不但依靠武器，而且必须用法律来巩固，这样无论在战争还是在平时，都可以把国家治理得很好。"②

四、神判

无论是原始部落还是阶级社会，都存在着作为正式的社会组织解决内部和外部的冲突解决机制。由于早期的仪式作为每个部落成员都参与的集体生活，而解决纠纷的仪式是原始社会生活的一部分，所以，解决纠纷的方式也是延续习惯法规则的有效手段。解决冲突的正当方式，应当包括这样一些要素：裁判者、被裁判者、控告者以及强制力。这些要素都在"法庭"这一空间上展开，这就是"广场化的司法"③。神判有一定的裁判形式，但是其正式的法庭或者审判组织是比较原始的。巫师、鬼师在原始部落或国家出现以后是民间社会被认可的权威，而所罗门王、婆罗门法官解决纠纷是阶级社会的产物。任何一个纠纷，都可能在创造一个新的规则，而创造新的规则的形式仍然是"诉讼"。不过，"丛林法庭甚至不是个法庭，因为它不是每天办公，很少使用强制手段，也没有在门上刻着作为持久机构的房子"④。我们识别法庭的方式不是着眼于它的外观，而是侧重于它发挥的实际功能。这与识别法律存在的社会学方法是一致的。传统观点认为，法律以强制性、正式性和规律性为特征，同时应当被国家授予有强制力的法

① ［古罗马］西塞罗著，王焕生译：《论共和国 论法律》，中国政法大学出版社 1997 年版，第 147 页。

② ［罗马］查士丁尼著，张企泰译：《法学总论——法学阶梯》，商务印书馆 1989 年版，第 1 页。

③ 舒国滢：《从"司法的广场化"到"司法的剧场化"》，载《政法论坛》1999 年第 3 期。

④ ［美］E·霍贝尔著，严存生等译：《原始人的法》，贵州人民出版社 1992 年版，第 21 页。

院实施，否则就不是法律。这一观点已经遭到了西方学者和我国现代学者的反对和质疑。[①] 即使这一观点正确，解决纠纷的权威和社会组织对于人类却是任何社会都不可或缺的。“争罪”之“诉”、“争财”之“讼”，是任何一个原始部落生活都会发生的，人们必须解决这些问题，并且形成独特的解决方法或形成自发性的纠纷解决机制，其中延续至今的有意义形式化要素，仍然蕴涵于今天的法律制度特别是形式化较为明显的诉讼法律制度中。今天的法律不可能脱离过去的人类经验，尽管随着人类的发展（特别是因为国家的出现），诉讼还可以呈现出其他状态和禀性。

（一）神判的表现形式

在真正意义上的法律体系出现以前，依靠“习惯法”规范来调整社会生活是任何统治手段不可替代的，神判是通过仪式解决纠纷的特别社会形式。因为一般的偏离社会要求的行为可以采用集体商议和道义的手段来教育和纠正，但是仍然存在运用这一方法无法解决的争执或社会冲突，必须要有强制性的权威手段处理。古代神判就是这样的一种强制手段。它企图以超自然力量来鉴别和判定人间是非真伪，它是一种最高的和最后的判决手段，当事者必须无条件接受。人类当时无法以本身的智慧和力量解决的某些疑难纠纷，需要超自然的“神”的意志来解决，通常是以极端残酷、危险乃至致命的方式加在当事人身上，比如，“捞油汤”、对天发誓，凡能经受住这种严厉考验者，以为是有神庇护，表明其清白无辜，反之则被认为是遭到神的惩罚，从而被判定为有罪过。这种方式是通过集体仪式进行的，男女老幼都成为旁观者和证明人，同时，神明辨是非的权威又通过集体仪式得到强化，从而使神判仪式在社会群体中代代相传。最终人们认为，只有通过这种严酷的方式才能体现神的意志，也才最能鉴别真伪。当人类认识世界的能力特别是科学技术水平还相当落后的情况下，在解决疑难纷争时，利用从自我精神层面中的抽象——超自然的神来鉴别是非，这是人类文明和进步的表现。这反映了当时人们探求真理的迫切愿望，也是古代人类试图伸张正义、反对邪恶，采用的一种原始的、朴素的判定是非的手段。

---

① ［美］马克斯·雷丁：《霍菲尔得的重新评价》，转引自［美］E·霍贝尔著，严存生等译：《原始人的法》，贵州人民出版社1992年版，第21页；高其才著：《中国习惯法论》，湖南出版社1995年版，第3页。

神意的体现方式或是某种臆断规则，或是一有形之兽、无形之神。对天发誓或对神发誓的方式，就是发生纠纷的当事人双方用最恶毒的诅咒（如暴死）来发誓，誓词根据纠纷的内容和发誓的地点而定。比如，发生了盗窃事件，失主和嫌疑人争执不清，双方可请一位证人（一般是当地长老），一同到容易被雷击的树下（或土地庙），众人都前来观看。被告一方说："如是我偷的，3 日内，就吐血屙痢而死。"原告一方说："如不是他偷的，我吐血屙痢而死。"他们确信，在如此庄严的场合，对天发誓，绝非儿戏，撒谎者定遭报应。如果嫌疑人真的死了，则表明确有被指控的事实，除由家人偿还外，另罚一定数量的猪肉，供全寨人共同聚食；如果原告 3 日内死亡，则表明其确系诬告，死了活该；如果 3 日内二人仍健康如常，则表明双方都没有过错，事情到此了结。一般情况下，都以第三种结果告终。①

有形之兽可以判断曲直，是将某一特定的兽予以神化。我国汉代许慎《说文解字》解释"法"字的原意，就是用独角兽来"触不直者"。王充《论衡·是应》记载，"罪疑者，令一角之羊触之。有罪则触，无罪则不触。斯盖天生一圣兽，助狱为验"。当人们的争执是非难明时，求助于这种神兽，就能够将"有罪者"识别清理出来。

欧洲古代日耳曼社会神明裁判或仪式宣誓裁判则是以对上帝的宣誓来判断是非的。如果原告指控对方偷了自己的牛，就应当向对方发誓："我向上帝起誓，他前面的这一圣物是神圣的，因此，我以完全的民俗权利并且毫不欺骗、毫不欺诈、毫无阴谋诡计地指控，我所主张并连同'被告'一道扣留的牛（手指它们）是从我这里偷走的。"然后相对的一方要发誓，否认这种主张："我向上帝起誓，对于在什么地方非法牵走原告的牛这件事，我没有教唆，也没有行动，我既不是教唆者，也不是行为者。"或者说，"作为我拥有的牛，它是我自己的财产，而且基于民俗权利，它现在归我所有和饲养。"诉讼由这些宣誓开始。于是公众集会决定应该允许哪一方作证明宣誓。在约定的某一天，双方当事人到场，被允许作证明宣誓的一方按照固定的套话发誓。然而，为了完成他的宣誓，他必须使若干共誓人或宣誓帮助人发誓支持他的誓言。所需的宣誓帮助人的数量，取决于赎杀金的数额和受审罪行的情况。他们可能这样发誓，如"向上帝起誓，'原告或

① 夏之乾著：《神判》，上海三联书店 1990 年版，第 22～29 页。

被告’所发的誓是清白的，没有弄虚作假”①。

这些裁判规则都有一个共同特点：人们将“神”的意志参与其中，使荒诞的行为具有了合理性。以我国南方一些少数民族地区过去盛行“捞油汤”的神判方式为例，其做法就是将一锅油或水烧至沸点，并向其中投以钢针、鸡蛋、石头等物件，然后令当事人赤手伸入汤中将物件捞出，以其手上皮肉是否烫伤作为判定是非的依据。其中，“捞开水”就是证据学上的“热水审”。在这样的仪式中，有理者被认为是有神护佑的，不会被烫伤。“捞油汤”和“捞开水”这种神判法不仅在我国许多少数民族地区有过，而且欧洲的日耳曼人、非洲的尤语人、菲律宾吕宋岛的伊夫高人以及日本民族都有过。②

“捞油汤”“捞开水”的当事人参与方式有三种：一是当事人双方都接受捞油汤或捞开水。原告和被告共同接受神的裁判。双方都要将手伸入沸汤或开水中捞取物件，烫伤者无理，反之为有理。如果双方的手都没有烫伤，就表明都清白无事，此案也就此了结。二是在双方发生纠纷无法解决时，无论原告还是被告，只要其中任何一方提出自己愿意支付财物实行“捞油汤”时，另一方不得以任何借口加以拒绝，他必须前去“捞油汤”。否则，就被认为理输，并按照习惯规定受罚。三是当有人失窃，怀疑某人行窃，但是没有凭证，并且嫌疑人又竭力否定时，只要原告提出以“捞油汤”之法加以解决，嫌疑人必须前去捞油汤，否则，按照习惯被认定为偷盗而受惩处。

还有一些类似于打赌的残酷方式，对当事人双方或他人造成更为巨大的人身伤害。如古代某些地方盛行将争讼的双方徒手置于鳄鱼或猛兽出没之处，以其在限定的时间内是否被饥饿凶残的猛兽吃掉来判定其是否有罪的风俗，当事人往往成为饿兽的腹中美餐。③ 古代某些地方流传着这样的风俗，即纠纷的双方谁能先取得他人的人头，谁胜。这可能是古代最有破坏性的解决纠纷的方式，它不仅使未砍回头颅的当事人蒙受冤屈，而且使无辜的第三者惨遭杀害。④

最舒服的神判，当属中印边境我国境内“阿卡人”的一种吃食物打赌，即

① ［美］哈罗德·J. 伯尔曼著，贺卫方等译：《法律与革命——西方法律传统的形成》，中国大百科全书出版社 1993 年版，第 68 页。

② 夏之乾著：《神判》，上海三联书店 1990 年版，第 21 页。

③ 夏之乾著：《神判》，上海三联书店 1990 年版，第 51 页。

④ 夏之乾著：《神判》，上海三联书店 1990 年版，第 64 页。

让嫌疑人吞食一块专门为举行这种仪式而用作过祭献品的鸡肉。当地人认为，如嫌疑人干了坏事，那么，他吃下鸡肉后不久即会得重病而死。① 在欧洲日耳曼人的基督教高级神职人员中，有时被告为了证明自己清白无罪，可当众领食“圣餐”，如果食后平安无事，即表明他确属无罪。在大不列颠，早先判定被告是否有罪，所用的方式之一是将一片面包和奶酪祝福后，令其咽下。凡能顺利吞食下去者被判无罪；倘若面包片或奶酪卡在喉咙里吞不下去，则判定有罪。信奉原始宗教者和虔诚的基督教徒确信，凡是干了亏心事的人吞食了这种食物，一定会给他带来十分严重的后果。因此，理亏者大多不敢随意吞食。②

（二）神判的要素

西方学者认为，特殊的强力，共同职务执行者的权力和规律性是构成法律的要素。原始人的法无疑具备了这些要素。③ 更为重要的是，原始人的法更多地表现在解决纠纷的仪式或强制方法方面。人类在解决纠纷时求之于神判，也同样具备现代法的三个组成要素：强制性、正式性和规律性。

首先，神判具有现代诉讼不可想象的强制性。神判是必须执行的。维系一个社会或团体不可能没有强力，尽管这种强力不一定来自正式的权力组织。神判仪式中，不是法律的力量而是超自然力量在原始人的心理上起着强大的作用。当世俗的说辞不能解决某些纠纷时，形形色色超自然的力量就被用来解决纠纷，承担起法官的职责来裁决案件，并且被认为是最公正的，从而使神判这一解决纠纷的方式本身也成为习惯法的组成部分。这些神判手段处于原始水平，但仍然是借助于某种可以称为“法庭”的场所来进行的。不过，不是现代意义上的法庭，而是在露天广场上进行的，虽然不完全等同于集体狂欢式的集会，但也带有所有“广场集会”的某些共同特点，如人的直接照面、表演者与观看者界限的模糊、激动人心的节日感觉等。④ 这种审判作出的决定往往具有不可置疑的强制力。

其次，公众舆论在这一审判形式中有着重要的作用。当公众舆论有力地承认了原告控诉的正当性并呼吁给加害者以惩罚时，加害人感到他必须屈服，必须服

① ［印度］雷格胡维尔·辛哈著，伍昆明、李坚尚译：《喜马拉雅山南麓的宗教和文化》，中国社会科学院民族研究所民族学研究室、民族史研究室1984年编印。

② 严华：《基督教与日耳曼民族的神裁》，载《世界宗教研究》1986年第2期。

③ ［美］E·霍贝尔著，严存生等译：《原始人的法》，贵州人民出版社1992年版，第25页。

④ 舒国滢：《从“司法的广场化”到“司法的剧场化”》，载《政法论坛》1999年第3期。

从解决办法。这样原告与支持他的公众舆论就组成了一个最初的有强制力的“场”——这就起到了与法庭一样的作用。比如，爱斯基摩人中，杀人者将成为公众的危险敌人。这就为一些公共人物提供了一个机会，使他们去执行公共事务。他们可以一个一个地同公社的全体男成员进行协商。只要公社的男成员同意，杀人者将被处决。假如一致同意，而且有机会，那么，他们将亲自处决，如果不能，则处分与谋杀者有关的亲属。①

学者认为，不论是原始社会还是文明社会都存在法律，都具备法律存在的条件，即社会授权当权者合法地使用物质强制。法律有牙齿，必要时会咬人。耶林说过，“没有任何强力的法律徒有虚名……没有强制的法律规则是不燃烧的火，不发亮的光”。当然，强力不能被滥用。强制性的决定通常是为了保证安心的服从，一般情况下其强力几乎处于潜伏状态。② 一些人类学家也认为，法律是“在一个区域组织内，由强制性权力操纵的通过使用或可能使用的物质力量，用以维持或建立社会的秩序”③。法律强制的基本特征是物质力量适用上的一般社会承认，它或者以威胁的方式，或者事实上由特权部分为合法的理由，以合法的方式和在合法的时间内适用。这就使法律的惩罚与其他社会规则区别开来。

执行物质强制的因素，是社会权力的构成部分。有组织的强力，是使习惯发展为法律的推动力量。强力的适用者，就是诉讼活动的裁判者。法律的物质强制的实施者是祭祀或公共职务的承担者（在阶级社会则是官吏），他们的审判权最初则来源于神。执法者无论是佩戴着法官的徽章还是警察的徽章，那是无关紧要的。不过在任何原始社会里，私人损害的解决者（相当于“私人检察官”），不过是一个不明确的和暂时的公共职务执行者。他不可独自行动，而是得到他的家族或群体的赞同，或得到社会中有威望的成员的暗中支持。假如部落的其他成员在舆论上支持他，就意味着被告的行为是错的或反社会规范的。

神判仪式同样具有规律性。每一次神判都可能针对一个新的情况，也可能是以往类似情况的重演——后者就形成了习惯（或称为习惯法）的东西，就有可能形成先例，新的决定依赖于旧的规则或习惯，而新的决定可以有效地矫正和指

① ［美］E·霍贝尔著，严存生等译：《原始人的法》，贵州人民出版社 1992 年版，第 23 页。

② ［美］E·霍贝尔著，严存生等译：《原始人的法》，贵州人民出版社 1992 年版，第 23 页。

③ A. R. 拉德克利夫·布朗：《非洲的政治制度》的“前言”，转引自［美］E·霍贝尔著，严存生等译：《原始人的法》，贵州人民出版社 1992 年版，第 24 页。

示未来行为的方向。比如，晒延印第安军事公社中，有一个沃尔夫·莱斯·唐案例。他的马被一个朋友偷偷“借用”了，他向公社首领诉说此事，并希望知道现在自己该做什么。这个公社的首领派人从遥远的营地带回了骑马人。这个骑马人对自己的行为作了令人满意的解释，并给予原告大方的赔偿。事后，军事首领宣布：“现在我们将创造一个新的规则，即未经允许不得借马。如果不经同意拿走了别人的东西，我们将仔细检查并物归原主；如果企图据为己有，我们将给他惩罚。”对这一事实，学者认为该部落在实际上已建立了一个审判法庭：部落首领如法官一样有责任感，其决定与判决一样有权威性；同时，解决问题的方式也具有判例法的特点。他们根据“需要”判决，不为已有的判例体系所牵制。只要他们认识到这个案例的规则是新的，就宣布它为法律。在这个意义上的法律概念，甚至蕴涵了我们今天称为判例法的东西。

（三）智者之判

在走向人判法的过程中，存在一个贵族政治的时代。欧洲和印度都有这样的过程。梅因还认为，英雄时代的王权，部分地依靠着神赋予的特权，部分地依靠出类拔萃的体力、勇敢和智慧。逐渐地，当君主神圣不可侵犯的印象开始淡漠，当一系列的世袭国王中产生了柔弱无能的人，王权就开始削弱，并让位于贵族统治。欧洲各地，已经从一个国王统治时代转变为一个寡头政治时代；即使在名义上君主职能没有消失，然而王权已大大缩小。例如，在雅典，王权表现为执政王这样的官吏；在罗马，王权表现为形式上如献身王这样的祭祀。在国王和僧侣阶级之间，军事和民事的贵族政治消失了，或者微不足道；最后一般是一个君主享有大权，但是受到了祭司阶级的特权的拘束。在东方的印度和伊斯兰国家，宗教在政治上所起的作用也十分明显。在东方，贵族政治成为宗教的；而在西方，贵族政治成为民事的或政治的。虽然有着这些区别，但是，梅因相信，在一个英雄王国历史时代的后面跟着来了一个贵族政治的历史时代，这样一个命题是可以被认为正确的，对于印度、欧洲各国是一概可以适用的。[①] 这些贵族都是法律的受托人和执行人，似乎已得到了国王的特别授权，但是与国王唯一的重要区别在于，他们无法把每一个判决都说成是出于直接的神示。虽然他们主张全部或是部分法律来自神授，但是由于时代已经进步，已不可能总是把个别争议的解决，解

① ［英］梅因著，沈景一译：《古代法》，商务印书馆1997年版，第7页。

释为一种超人的仲裁。这一时代，出现了许多“习惯法”，而习惯法的形成则源于寡头政治的强制性，他们要垄断法律知识，要对决定争论所依据的各项原则有独占的权力。仪式和判决使一个有司法特权的贵族政治获得了社会权威和统治的正当性。同时，在主要依靠口传和人脑记忆的时代，特权阶层的法律垄断权，可以把民族或部族的习惯相当准确地保存着。

在这一时代，贵族阶层仍然借助于涂上了神灵色彩的神职人员来掌握裁判权。西方的世俗裁判普遍地渗入神的因素；而中国古代则只有在世俗矛盾不能由长老或族长解决时，才求助于世俗生活的边缘人——巫师、鬼师。巫师、鬼师的裁判仪式与巫术甚至有相通之处。巫师、鬼师主持的神判仪式仍然邀请世俗长老参与，不过，世俗长老们只是这种裁判的证人。解决纠纷的第三方力量仍然是有地方性特色的“神”。因为受认识案件事实的能力的限制，神职人员被“神”化的智慧和权威也必不可少。

在审判实践中，十分灵活的裁判形式，明显地表现了“神”化了的人的智慧。所罗门审判就是其中的典型。例如，一个古老的故事说两个妇女争夺一个孩子，都声称这孩子是自己的。因为争执不下，她们就找到所罗门王评判。所罗门王下了一道命令，把孩子劈成两半，一人一半。听了这话，其中一个“母亲”说，“太公平了！”而另一位说，“别把他劈了，我不要孩子了！”所罗门王立即就判断出谁是真正的母亲。在没有证据的情况下，所罗门王作为争执的裁判者，凭着无比的智慧弄清了案件的真相，让善良和邪恶昭然若揭。①

印度传统上是个“诸神下凡”的社会，在印度南部有两个传说涉及婆罗门法官 Mariyatai-raman，其案情与所罗门审判很相似。第一个传说是这样的：古代有一个男人，以力大无比著称，由于一时生气而抛弃了他的妻子。一个天神化装成他的样子，插足进来。几个月后，真的丈夫气消了，回到家中，问题就产生了。于是，一个叫做 Mariyatai-raman 的婆罗门法官就被请了来，判别谁是真的丈夫，谁是假的丈夫。他知道真的丈夫力大无比，于是他就命令他们逐一举一块巨石；真的丈夫使尽了全身力气才搬起几英寸高，而那个假的丈夫却像举一根羽毛似的，把巨石举过头顶。于是人们大喊：“毫无疑问，把巨石举过头顶的是真丈夫。”然而，Mariyatai-raman 法官却宣布第一个人是真丈夫，因为他所做的是人

① 肖建华：《法律难以承受之重》，载《法制日报》2001 年 11 月 18 日。

类力所能及的，甚至那些力大无穷的人，也只能做到这一步；而第二个人做的，只有神才能做得到。

第二个故事是关于一个富人和他的两个妻子的故事。他的大太太很丑，给他生了一个儿子；二太太膝下无嗣，但她却因美貌而受到宠爱，大太太却受到冷落，大太太非常嫉妒，便设法报复。她到处用她的言行进行表演，使人们相信她有多么爱她的儿子，而儿子对她是多么重要。而那个不生养孩子的小太太尽管漂亮，是多么嫉妒她。然后，她掐死了自己的儿子，把尸体放到熟睡着的二太太的床边。次日清早，她装着寻找儿子，跑进二太太的屋里，发现了儿子的尸体后，边跑边号啕大哭，对着众人喊叫："这个狠心的女人，你们看她干了什么？"人们被激怒了，都指摘二太太的恶行。人们叫来了 Mariyatai-raman 法官，他听着，没有问话，然后，对这两个女人命令道："无辜者将按我的要求环绕这座议会大厅走一圈。"根据当时的惯例，这个要求对女人来说是极不合适的。大太太同意了，她说："如果必要，我愿走上一百次。"而无辜的女人却拒绝了："我绝不（做那种事），我宁愿死，也不做那种……女人不该做的事。"Mariyatai-raman 法官宣布，大太太有罪，二太太无罪。理由是：一个对自己的行为"有这样清醒的意识，以至愿意以死来捍卫道德品格的女人，绝不会去谋杀一个孩子；与此相反，一个不在乎自己道德品行的女人才会犯下罪行，即使是杀死自己亲生的儿子"①。

在人类发展的初期，没有读写能力的部落可以用这一方式处理暴力、欺骗和巫术问题，这种方式既与超自然的信仰相一致，又与共同体的实际需要相切合。自然地，早期人类任何一种诉讼形式，都与崇拜神灵的仪式化社会生活有密切的联系。仪式化生活促进了人类的神崇拜，而神崇拜依赖于仪式化的生活予以流传和强化。这也直接导致其诉讼具有仪式化色彩，其裁判者具有神授的权威。尽管东西方文明的现状表现出更多的差异，但是，在其发展进程中都存在着这一相同的现象：在西方法律体系形成以前，它也像在许多非西方文化中一样，由于不存在近现代意义上的民族国家，6—10 世纪欧洲各民族的基本法律并不是由民族共同体的上层所设置的一种规则体系，而是民族共同体的共同意识、"共同良心"

---

① ［美］克利福德·格尔兹：《地方性知识：事实与法律的比较透视》，邓正来译，载梁治平编：《法律的文化解释》，生活·读书·新知三联书店 1998 年版，第 107、116、117 页。

的一个组成部分。人们在公共集会上自己立法和审判。当国王主张他们高于法律的权威时，这种权威主要是引导而不是重建人们的习惯和法律意识。法律就是亲属关系、领主单位关系和地域共同体关系。如果这些关系遭到侵犯，那么，最初的反应将是寻求报复。在法律专门化和系统化以前，人们的态度、信仰、不自觉的观念或神话式思维的进程，就获得了更大的活动余地。这导致了倚重于仪式和象征手段并在这种意义上产生了具有高度技术性的法律程序。①

第四节　权力的“合法化”与酷刑——欧洲

在人类认识世界能力低下的条件下，仪式化的诉讼使神职人员与裁判者合二为一，可以起到组织社会、克服狂暴和复仇的随意性等作用。但是，“神判是通过一种神圣而又富有戏剧性的仪式去确定神的判断；它具有‘仁慈的缓慢性’，‘为玩弄花招和某种形势的发展留出了余地’，其结果通常要服从由共同体舆论所作的解释”②。通过仪式过分强化社会群体的神灵崇敬心理，诉讼形式就很可能被利用来成为社会欺骗的工具，以致奴役人类的灵魂，窒息社会的进步。中世纪的宗教裁判就是一个明证。

基督教兴起之后，势力迅速扩张，罗马帝国从迫害转向扶持基督教。公元313 年，基督教被罗马皇帝宣布为与其他宗教信仰平等。公元 392 年，罗马皇帝正式立基督教为罗马国教。在这一过程中，基督教教会依靠帝国政府和罗马贵族的捐赠，依靠掠夺被取缔的异教财物等手段，疯狂追逐世俗财富和权力，其财产极度膨胀，教堂剧增，许多庄园成为教会的领地，主教们日益成为罗马统治集团的显要人物。在罗马帝国的奴隶制灭亡以后，天主教会成为欧洲封建制度的精神支柱，并在这一过程中得到发展。天主教会无孔不入地渗透进中世纪欧洲社会、经济、政治、思想文化的每一个毛孔中，钳制着人们的一切活动。由于古代国家以及日耳曼—法兰克国家是宗教国家，教会依附于法兰克帝国，二者又相互利用，而世俗国家仍然有着某些宗教权力，其最高统治者还拥有着维护宗教教义和

① ［美］哈罗德·J·伯尔曼著，贺卫方等译：《法律与革命——西方法律传统的形成》，中国大百科全书出版社 1993 年版，第 93 页。

② ［美］哈罗德·J·伯尔曼著，贺卫方等译：《法律与革命——西方法律传统的形成》，中国大百科全书出版社 1993 年版，第 68 页。

宗教仪式的权力，并经常自以为是一个神圣或半神圣的人物，罗马教皇就通过“教皇革命”剔除政治权威的宗教职能和宗教特性，使它们不再具有任何精神权能，但是教会却可以保留各种重要的世俗权力。教会从而具有了独立的、分等级的、公共的权威，行使着作为一个近代国家的立法权、行政权和司法权，具有近代国家的绝大部分特征。[①] 教会权力的疯狂膨胀和掠夺社会财富引起了人民的反抗，许多宗教组织重新阐释基督教教义、反抗教会统治，这就是所谓的异端运动。“一般针对封建制度发出的一切攻击必然首先是对教会的攻击，而一切革命的社会政治理论大体上必然是神学异端”。中世纪真正的异端，即城市异端的主要目标是反对教士，攻击他们富有的财产和政治地位，“市民异教要求恢复原始基督教的简单教会制度，取消独霸的僧侣阶级”[②]。就像资产阶级要求廉价的政府，中世纪市民要求有廉价的教会。教会为了巩固自己的精神统治和世俗利益，竟然不惜从肉体上消灭千千万万的异端或捉拿并烧死无数无辜的“巫女”。

教会借用了罗马以来的法律传统，使用合法的名义、合理性的方式——诉讼来迫害“异端”。其机构是臭名远扬的宗教裁判所，其最高首脑是教皇。由教皇任命并只服从教皇的宗教裁判员，遍布各个天主教国家中。为了表明宗教裁判程序的正当性和合理性，教会“神圣法庭”不仅采纳世俗审判的方式，而且大大丰富了世俗裁判的程序。例如，从 14 世纪起，开始任命法律鉴定家（鉴定人）协助宗教裁判员工作。他们大多是教士，有权确定被指控者是不是异端，程度如何——较轻、较重，还是罪行严重，其结论在某种程度上决定着被告的命运。但是裁判所向他们提供的不过是被告和证人的供词梗概，往往无名无姓。表面上这似乎是让“鉴定人”能够更客观地发表意见，实际上是为了隐瞒告密者的姓名及宗教裁判所刑讯逼供等罪行。裁判所还设置了公证人和见证人。参加审讯的公证人、见证人复述被告和证人的口供。公证人一般由教职人员充任，由教皇任命，但由宗教裁判员发薪，见证人大多由主持宗教裁判所的多明我会修士充任。他们同宗教裁判所的全体工作人员一样，必须严守秘密，否则要受严厉惩罚。他们完全受宗教裁判员的指挥，不管愿意不愿意，都要复述宗教裁判所捏造的任何

---

① ［美］哈罗德·J·伯尔曼著，贺卫方等译：《法律与革命——西方法律传统的形成》，中国大百科全书出版社 1993 年版，第 136～138 页。

② 中共中央马克思恩格斯列宁斯大林著作编译局编：《马克思恩格斯全集》（第 7 卷），人民出版社 1959 年版，第 401～402 页。

文件。

此外，宗教裁判所的重要吏员中，还有检察员、医生和刽子手。检察员是为宗教裁判所效劳的修士，充任公诉人角色。医生则监视被告不致过早死于非刑拷打（但是实际上拷打致死的不计其数），审判的最终结果则需要刽子手的“艺术”杰作来完成。除了这些骨干分子外，宗教裁判所还有告密者、狱卒、仆人及其他人员组成“神圣”法庭的辅助机构，也是宗教裁判所的“亲人”。“受人尊敬”的贵族以及参加火刑宣判仪式的市民也是宗教裁判所不可缺少的一部分。他们的任务是劝说犯人认错、忏悔、顺从教会，押送受难者上火堆，帮助点燃火焰，添柴加草。只有高贵的、有功的市民才能享有这种荣誉。宗教裁判所的志愿工作人员往往有数百人。①

宗教裁判所的诉讼程序包括告发、逮捕、秘密侦讯和逼供、判决几个秘密阶段，只有最后的处决仪式（如火刑）是公开的。上帝的“公正”秘密审判不是没有任何规则可用的，裁判者除了断章取义地引用圣经以及其阐释者的话之外，实际迫害异端或巫女的经验使他们还形成了一套《宗教裁判员手册》或交流经验的文章可供参考。比如，耶稣会士弗里德里希·什佩仔细询问过从维尔茨堡宗教裁判所拷问室出来的几百名巫女后，在1631年写的一篇文章中说：“如果被告过着不道德的生活，那么这当然证明她同魔鬼有来往；而如果她虔诚而举止端庄，那么她显然是伪装，以便用自己的虔诚来转移人们对她同魔鬼来往和晚上参加狂欢晚会的怀疑。如果她在审问时显得害怕，那么她显然是有罪的，良心使她露出马脚。如果她相信自己无罪，保持镇静，那么她无疑是有罪的，因为法官认为，巫女惯于恬不知耻地撒谎。如果她对向她提出的控告辩白，这证明她有罪；如果她由于对她提出的诬告极端可怕而恐惧绝望，垂头丧气，这已经是她有罪的证据……如果一个不幸的妇女在行刑时因痛苦不堪而骨碌碌地转动眼睛，对于法官来说，这意味着她正用眼睛来寻找魔鬼；而如果她眼神呆滞，木然不动，这意味着她看见了自己的魔鬼，并正在看着他。如果她发现有力量挺得住酷刑，这意味着魔鬼使她支撑得住；如果她忍受不住，在刑罚下断了气，这意味着魔鬼让她死去，以使她不招认，不泄露秘密。”②　如果宗教裁判员错把无辜者判了火刑、

① 董进泉著：《黑暗与愚昧的守护神——宗教裁判所》，浙江人民出版社1991年版，第88～89页。
② 董进泉著：《黑暗与愚昧的守护神——宗教裁判所》，浙江人民出版社1991年版，第150～151页。

丢进了火堆，宗教裁判员也有自己的道理。宗教裁判员埃梅里克说："如果无辜者受到不公正的审判，那么他不应当抱怨教会的决定，因为教会虽然是根据充分的证据作出判决的，但它无法看到内心。如果伪证促成了对无辜者的判决，那么他有责任服服帖帖地接受判决，为他能够为真理而死感到高兴。""彼岸世界将为此而给他准备好蒙难者的不朽桂冠"。他们还推论说"神圣"法庭是在上帝允许下活动的，对它的行为负责任的是上帝。只要"上帝"愿意，就能够把宗教裁判所的牺牲品提高到圣徒的地位，享有天堂的永恒幸福。① 这种为迫害异端和巫女找到了"充分的证据"和合理性、合法性的无耻表白，恰恰证实了宗教裁判所滥施刑罚而无所顾忌的状况。

宗教裁判残酷迫害异端和巫女的本质目的还是"拯救异端的灵魂并教育观众"。为达此目的，宗教裁判所制定了一套普遍遵循的处决仪式。处决通常安排在节日举行，并召集居民参加。拒绝邀请或同情怜悯被处决的异端者，会招致异端嫌疑。在执行火刑前，要举行火刑宣誓仪式。火刑宣判仪式放在收拾一新的城市中心广场进行，先举行教会和世俗统治者及居民参加的祈祷，然后宣布对有罪的背教者的判决。火刑宣判仪式 1 年要安排好几次，每一次往往要处决几十名有罪的背教者。据文献记载，宗教裁判所曾在 1 天之内把一百多人送上火刑柱。在火刑宣判仪式前 1 个月，牧区神父要把即将来临的事件通知信徒，邀请他们参加，并许愿为此而赐给为期 40 天的免罪符。火刑宣判仪式前夜，城市里要悬旗挂彩，阳台上要用毛毯装饰起来，中心广场上竖起了木板台，台上筑有罩着红色华盖的祭坛和供国王、教会及各界名流使用的包厢。火刑的前夜，还要进行火判仪式的总彩排。教会成员要率领市民在城市主要街道上游行，跟在他们后面的是"基督的警察"——本地宗教裁判所全体人员及其情报员——告密者，他们戴着白色风帽，穿着肥大的长袍，遮掉除眼睛以外的脸孔。游行队伍中有两个人擎着宗教裁判所的绿旗，其中一面升在木台上，一面升在"火盆"边。黎明来临时，宗教裁判所的监狱也忙碌起来。看守让囚犯去准备庆祝典礼。囚犯们并不知道自己即将来临的命运，这要到火刑宣誓仪式上才会向他们宣布。还要给囚犯理发，剃胡子，穿上清洁的衬衣，让他们吃上一顿丰盛的早餐，有勇气的往往还可得到

① 尼古拉斯·埃梅里克：《西班牙和葡萄牙宗教裁判所使用的宗教裁判员手册》，转引自董进泉著：《黑暗与愚昧的守护神——宗教裁判所》，浙江人民出版社 1991 年版，第 122 页。

一杯酒。然后把打成活结的绳子套上他们的脖子，给缚住的双手灌上绿色的蜡烛油，把他们押上街头，那里有看守和宗教裁判所的“亲属”在等着。特别危险的异端者将要倒骑着缚在驴背上。他们被领进游行队伍集合出发的教堂。参加游行的人，也就是前一夜参加彩排的那些人。现在他们举着教区的旗帜，上面蒙着黑布制作的丧符。告密者拿着黑色的地狱服和偶像——绘成被判火刑的、逃跑而未捉住的异端者的人体模型。游行队伍缓慢地向举行火刑宣判仪式的广场行进，参加者唱着教会的丧歌。修士和“亲属”押着犯人，叫喊着要他们悔过并顺从教会。市民站在家里的窗口或马路上观看游行，许多人遵照教士的指示辱骂犯人，但禁止向异端者掷任何东西。

与此同时，世俗当局、教会当局、在观礼台上占有一席之地的来宾，以及广场上人山人海的市民，在举行火刑宣判仪式前集合了起来。爱看热闹的人向来是不会少的。游行队伍就把犯人押到观礼席下面一点的耻辱席上，接着是送葬的弥撒，是宗教裁判员可怕的布道，布道以宣读判决书结束。判决词冗长而又枯燥，成段成段引用《圣经》和教父们的著作。尽管读得很慢，犯人也很难听懂意思。要是犯人很多，念判决词就要花上好几个小时。宣判仪式的高潮是根据不同情况执行判决。一些犯人被穿上悔罪服，戴上尖顶的小丑帽；另一些犯人遭到鞭笞；而第三批犯人则被押到了“火盆”跟前。“火盆”设在邻近的广场。世俗名流以及普通市民跟在死囚后面来到这里。前一夜，这里设立了断头台，中央有缚犯人用的柱子。木柴和枯枝堆满了断头台。在这最后时刻，押送的修士和“亲属”仍然在规劝囚犯，企图使他抛弃异端信仰。囚犯只能用手势表示愿意悔改，因为害怕他向人民宣传异端，处决时犯人的嘴被塞起来。当火堆点燃，开始熊熊燃烧时，德高望重的教民享有给火堆添柴加草的权力……①

自13世纪宗教裁判所正式建立，宗教裁判所在欧洲横行600年，千千万万无辜者被烧死，成为“献给上帝的美味佳肴”，宗教裁判所犯下了累累的血腥罪行，把人间变成了地狱。② 但有如此众多的民众成为宗教裁判所的帮凶——自告奋勇的告密者、沾沾自喜的添柴者和裹挟而来的无数看客……这不能不令人深思。笔者认为，仪式有一种潜移默化的自我正当化作用，它不仅可以用来正面引

① 董进泉著：《黑暗与愚昧的守护神——宗教裁判所》，浙江人民出版社1991年版，第159~162页。
② 董进泉著：《黑暗与愚昧的守护神——宗教裁判所》，浙江人民出版社1991年版，第117页。

导，也可以麻醉自愿或被强迫参加仪式者。参与者的人数越多，其引导作用或破坏功能越强。正如福柯所说，在心理学的意义上，每一种临终的痛苦都表达了某种真理。借助于司法仪式，惩罚发生在人的审判与上帝的审判的结合点上，这种表达也更引人注目，更为严峻……按照基督教的教义，人们应该拯救的只是灵魂。永恒的受难提前开始，处决的酷刑使基督教中彼岸的惩罚提早到来。它显示了彼岸惩罚的情景。它是地狱的模拟表演。犯人的哀号、挣扎和污言秽语已经表明了其不可挽回的命运……这种受难具有模棱两可的含义，它既表明犯罪的真相又意味着法官的错误，既显示罪犯的善又揭示罪犯的恶，既表示人的审判与上帝的审判的一致，又表示这二者的背离。正因为如此，围观者才怀着永不满足的好奇心到刑场观看真实的受难场面。在那里他们能够发现有罪和无罪、过去和未来、人间和永恒的秘密。观众所感兴趣的是揭示真相的时刻：每一个词语、每一声哀号、受难的持续时间、挣扎的肉体、不肯离开肉体的生命，所有这一切构成了一种符号。① 宗教裁判惩罚的仪式化，在一定的历史条件下达到了教化公众的目的，从而确立了长期存在的“正当性”。

直到法国大革命，天主教会才失去了自己的大批地产，失去了大批信徒，势力大大削弱。法国大革命还揭开了宗教裁判所档案室的秘密档案，使宗教裁判所的罪行得以彻底暴露。到拿破仑一世统治时期，法国天主教会成了皇帝驯服的奴仆，卑躬屈膝地匍匐在这位世俗的皇帝面前，教皇的威力已不复存在。即使在拿破仑退位后，“旧制度”在欧洲复辟，在 1835 年教廷不得不取消设在欧洲各地的宗教裁判所。世俗力量的强大足以对抗神权并揭开神权控制下的黑幕和罪恶的时候，利用神灵来骗取民众的做法已不可能奏效。庄严的诉讼程序被利用为惩治异端服务，这是人类文明史上肮脏的一页。

教会权力扩张的同时，近代封建王权不断世俗化，民族国家也逐渐形成。其世俗审判也与宗教裁判一样，施行残酷的、公开的肉体惩罚规则，直到 18 世纪中后期仍然如此。1757 年达米安（Damiens）因谋刺国王而被判处“在巴黎教堂大门前公开认罪”，具体的做法是“乘坐囚车，身穿囚衣，手持两磅重的蜡烛，被送到格列夫广场。那里搭起行刑台，用烧红的铁钳撕开他的胸膛和四肢上的

---

① ［法］米歇尔·福柯著，刘北成、杨远婴译：《规训与惩罚》，生活·读书·新知三联书店 1999 年版，第 50 页。

肉，用硫磺烧焦他持着弑君凶器的右手，再将熔化的铅汁、沸滚的松香、蜡和硫磺浇入撕裂的伤口，然后四马分肢，最后焚尸扬灰”。酷刑仪式本身就是一种景观，它吸引了社会各色人等。在行刑的过程中，忏悔神父们对被行刑者进行安慰，并教诲在场的所有观众。比较而言，处决达米安的这种方式还是比较缓和的。1584 年，惩治奥伦治亲王威廉的刺客的方式更为残忍。“刺客被带到广场，那里设置着一个大沸水锅，他的那只犯罪的手被浸入锅中。第二天这只手被砍掉，因为这只手就落在他脚边。他就在行刑台前后不停地踢它。第三天，用烧红的铁钳烫烙他的胸部和手臂的前端。第四天，同样用铁钳烫烙他的手臂上部和臂部。这个人就这样连续受了八天酷刑。最后一天，他被施以轮刑和锤刑（用一根木棒锤击）。六小时后，他还在要水喝，但没有给他。最后，治安长官在他的哀求下下令绞死他，以使他的灵魂不致绝望和迷失。”①

总之，诉讼仪式包括对肉体的惩罚仪式，都帮助统治者建立了权威，使其专制权力或宗教特权得以巩固和延续。根据西方学者的分析，权力的形式就是权威，权威有这样的几种类型：强制性权威、诱导性权威、合法权威、知识权威和个人权威。强制性权威就是政治上的武力，诱导性权威则源自经济上的奖励或报酬驱动。知识或专家权威关系中，对象服从权威的指令是出于信任权威有卓越的才能或专门知识去决定何种行动能最好地服务于对象的利益与目标。至少早在苏格拉底那里，已把医生与病人的关系以及舵手或领航员对船只航行的责任作为合法权威最普通的实例。个人权威需要以追随者的遵从和服从为前提。专家权威尽管有自己的特殊性，但是，当他担任职业角色时却容易转变为合法权威。合法权威以共同规范为先决条件，构成合法权威的共同规范并非专门为关系双方（掌权者和被统治者）所共有，而是为双方所属的更大群体或社区所共有。由于合法权威预先假定了受它支配的那些人的共同价值观，其广延性比起强制性权威或诱导性权威来就更为有限。但是，合法权威可以建立起比其他权威形式可靠得多的预期，在保证得到遵守方面也有更大的可靠性。比强制性权威或诱导性权威更有效率，因为它使强制手段经常处于就绪状态，对权力对象的持续监视以及固定供应经济与非经济奖励降到最低限度。正因为如此，赤裸裸的（即强制性的）权威

① ［法］米歇尔·福柯著，刘北成、杨远婴译：《规训与惩罚》，生活·读书·新知三联书店 1999 年版，第 3、59 页。

总是寻求合法性外衣。“把强权转化为公理，强制性权威转化为合法权威，对掌权者来说在理性上是合适的。权力对象的依赖性和孤立无援促使他半路与掌权者相遇以便实现这一转变，甚至当权力对象已被残酷地压迫和剥削，几乎完全受掌权者摆布时。但是，掌权者也使其权力合法，把它视为由事情的本性决定的，以便减轻使用暴力反对其他人造成的罪过……我们可以作这样的结论：存在着来自权力关系双方的心理压力，要求把强制性权力转变为合法权威”①。

第五节　仪式、诉讼与政治权威

一、诉讼仪式的神圣性

仪式在社会生活中的作用来自它本身所具有的神圣性。这种神圣性不仅仅是在仪式空间和时间内具有效力，同时也为日常生活中的行为提供根据和证明。如果没有这一点，就不可能有仪式所发挥的一切功能。就此而言，仪式又是为世界提供意义的传统工具。没有仪式的神圣性，也就没有仪式意义的产生。比如，古希腊的节日庆典，加强了公民之间的团结，加强了城邦的整体凝聚性。特别是在雅典，节日数目多、规模大、场面热烈在全希腊都是首屈一指的。于是，对雅典人来说，他们便成为全希腊最幸运、最敬神也最蒙神宠爱的人。他们为此感到自豪和优越，心中洋溢着爱国的热情。他们觉得个人与城邦在整体上密不可分，油然而生一种对城邦的依附感，从而激发了他们随时为城邦而战斗的决心和勇气。这是节日所能发挥的效果之一，也是雅典民主政治所需要的民众情绪。② 意味深长的是，18 世纪末法国大革命以理性崇拜摧毁了宗教崇拜，摧毁了天主教会的基础，所采用的方法也是“革命的宗教仪式化”。比如，法国大革命的领导者确立了各种各样的节日庆典仪式或纪念活动，通过广大人民群众的参与，把“革命的宗教仪式化”破旧立新，以此教化新人。在进行非基督教化废神运动的同时，天主教国家传统的大众狂欢文化节日（圣诞节、忏悔节）被“颠覆性”的革命

① ［美］丹尼斯·朗著，陆震纶、郑明哲译：《权力论》，中国社会科学出版社 2001 年版，第 42 ~ 71、129 页。

② 吴晓群著：《古代希腊仪式文化研究》，上海社会科学出版社 2000 年版，第 79 页。

庆祝活动所取代，而代之以“革命崇拜”为内容的“造神运动”①。这一切，使法国大革命具有最大的人民性、公开性和彻底性，“革命的宗教仪式”是在精神上摧毁宗教控制的有力武器。

所以，各种文化仪式几乎通过固定不变的程式达成了一个团体、部落或城邦自治和再生的社会功能。近现代社会里，虽然许多仪式中的神性早已不再存在，但这并不意味着仪式神圣性的缺失，更不意味着社会不再需要仪式作为一种符号以表达当今社会（文化）的“意义”②。只不过，仪式已经从神统谱系回到世间秩序之中，摆脱了神意支配的色彩而代之以“群众”性的节日或英雄的偶像。仪式在短期内吸引民众、唤起民心所起到的社会作用是不可估量的。“社会固有的那种自我神化或创造神明的倾向”一旦有合适的环境，就会空前地表现出来。中国的“文化大革命”的狂暴和热情如此，法国大革命也是如此。在集体仪式上，“言词所煽动起来的情感经放大和加深以后，又反归他自身，他自己的情感又在这种程度上被听众们强化了。他所唤起的充满激情的能量在他体内澎湃跌宕，令他意气风发，言语铿锵，这已经不再是一个简单的个体在讲话，而是一个具体化、人格化的群体在言说了”。“在历史上有一些时期，在某种强大的震荡之下，社会互动变得非常频繁与活跃。人们相互探访，比以往更多地会集起来。由此普遍产生的欢呼雀跃的场面，是革命时代或创造时代的特征。而这种更大规模的行动又导致对个体力量的普遍刺激。此时此刻，人们要比寻常时期见多识广，而且会有另一种眼光。变化不是点滴细微的，人们已经判然不同。由于激情的鼓动过于强烈，人们除了暴力和放纵的行为，除了超英雄主义或血腥野蛮的行动以外就没法满足。这是诸如十字军东征，以及法国大革命之所以会出现许多崇高场面或野蛮场面的原因。在这种普遍亢奋的影响下，最平庸、最老实的市民也会变成英雄或屠夫”③。

仪式不仅被当作表达社会（文化）的“意义”的符号和象征，而且被有意识地用来改造世界。我们已经知道，深受时人信仰的神和以神的名义进行诉讼裁

---

① 高毅著：《法兰西风格：大革命的政治文化》，浙江人民出版社1991年版，第183、190、197、208页。

② 吴晓群著：《古代希腊仪式文化研究》，上海社会科学出版社2000年版，第69～79页。

③［法］爱弥尔·涂尔干著，渠东、汲喆译：《宗教生活的基本形式》，上海人民出版社1999年版，第281页。

判仪式，是雅典、罗马或中世纪宗教裁判以及部落社会的民众控制社会的一个有力手段。人类创造了神，神反过来成为组织人类群体的无所不在的力量。这是在世俗权力的控制能力还不强的条件下，人类文明发展所做的一个自然选择。我们可以反思这一过程，却无法再去改变这一过程。即使在中世纪的欧洲，仪式与酷刑联结在一起，笔者仍然坚信，诉讼的本质还是通过仪式来组织当时社会，确立当时的权威和信仰。“公开的酷刑和处决是一种生产制度的后果。在这种生产制度中，劳动力乃至人的肉体没有在工业经济中所赋予的那种效用和商业价值。此外，这种对肉体的轻视与对死亡的普遍态度有关……人们对死亡司空见惯，而且产生了包容死亡的仪式”①。随着人类文明的进步，仪式被用来表达更具人性和人道的内容，但是它本身所具有的独特社会价值是不能否认的。雅典神和早期罗马的神可以得到全体公民虔诚供奉，而现代任何一个社会，都不可能以一个神话来长久地征服人心，控制社会。不过，古代文化仪式所产生的民主或法律精神仍然是今人的宝贵财富。比如，现代社会政治生活中的大典、宣誓效忠或升旗、典礼仪式，仍然存在难以用物质方法解释的神圣性。我们与生俱来的对自己民族、国家、社会的情感以及忠诚、勇敢、正直和信用等观念，在相当程度上依赖于这些文明仪式的传承和熏染，这都是文化仪式的积极功用。

二、诉讼仪式与君主独断的权威

除教会的宗教裁判所利用诉讼仪式特别是处决仪式获得令人敬畏的权威之外，近现代民族国家崛起，国家合理利用世俗权力对社会进行理性的控制和引导，也同样在利用着法庭和诉讼仪式。同时，与宗教裁判的意义一样，封建世俗政治权力运作的合理性和正当化显示，运用解决社会冲突的诉讼审判仪式，是一种政治运作。虽然君权行使惩治犯罪的职能，是主持司法正义的基本组成部分；但是，君主的物质或政治力量是通过法律体现的。一项在王国内生效的法律，就是由君主直接发布的或由他的权威所批准的，法律的效力体现了君主的力量，体现了君主的意志，犯罪除了对直接受害者的侵犯之外，还冒犯了君主。因此，君主的干预并不是在两个敌对者之间进行的仲裁，也不是强制人们尊重个人权利，

---

① ［法］米歇尔·福柯著，刘北成、杨远婴译：《规训与惩罚》，生活·读书·新知三联书店 1999 年版，第 60 页。

而是对冒犯君权的一个直接回答。惩罚就不仅仅被认为是对伤害的补偿，而且也是国王对他个人所受到的冒犯进行报复。关于惩罚权，“罗马法称之为绝对权力的生杀予夺大权，君主凭借这种权力，通过惩治犯罪来监督人们尊重法律”。“在最普通的刑罚中，在最微不足道的法律形式的细节中，占据支配地位的是活跃的报复力量。因此，公开处决就具有一种司法——政治功能。它是重建一时受到伤害的君权的仪式，用展现君权最壮观时的情景来恢复君权”。“惩罚必须以极其严峻的方式将罪行暴露在众目睽睽之下，它必须通过忏悔、声明和铭文揭示残暴；它必须通过仪式来复制它，以羞辱和痛苦的方式将其施加在犯罪者的肉体上”。“司法几乎在展示其壮观的场面，礼赞其对尸体的暴力”。“承担公开处决虽然是一种匆促而普通的形式，但也属于重大仪式之列（其他仪式有加冕仪式、国王入城仪式、叛民投降仪式）。它有使君权受辱的犯罪施展无坚不摧的力量。其宗旨与其说是重建某种平衡，不如说是将胆敢蹂躏法律的臣民与展示其威力的全权君主之间的悬殊对比发展到极致。惩罚的仪式是一种‘恐怖’活动，是为了杀一儆百。公开处决并不是重建正义，而是重振权力”。尽管有时候君主授权法庭行使他主持正义的权力，但是他并没有转让这种权力，他可以随意撤销或加重裁判。比如，在罪犯已经被带到行刑台下即将行刑时，还可以被赦免。[①]

除公开处决仪式外，还存在着产生真相的仪式。这一仪式就是司法拷问。无罪推定是资产阶级革命以后的事情。被怀疑有罪就暗含着嫌疑犯有某种程度的罪责。刑事诉讼不是遵循非真即假的二元体系，而是按照逐渐升级的原则，某人成为被怀疑的对象不可能是完全无辜的。嫌疑犯总是要受到一定的惩罚。被拷问的肉体既是施加刑罚的对象，又是强行获取事实真相的地方。[②]

三、西方资产阶级的法治与诉讼

与其说神判是解决纠纷的方式，更毋宁说是形成社会权威或巩固社会权威的仪式。从一定意义上说，人类秩序的维护和纠纷的解决的仪式演化为法律诉讼，就不过是社会政治组织权威的角色从神灵、上帝或封建君主向市民社会分

① ［法］米歇尔·福柯著，刘北成、杨远婴译：《规训与惩罚》，生活·读书·新知三联书店 1999 年版，第 53、55、58 页。

② ［法］米歇尔·福柯著，刘北成、杨远婴译：《规训与惩罚》，生活·读书·新知三联书店 1999 年版，第 47 页。

配的结果。在市场经济社会中，审判者的权力不是神的授予，而是来自理性国家权力的忍让。人类的心灵已经不受神的钳制，而是愿意受法律的权威的约束，这是现代社会的一般趋势。正如马克斯·韦伯的法律社会学所发现的，现代资本主义企业主要依靠计算，并以法律和行政体系为前提，至少在原则上，可以依靠固定的一般规范对这些体系的机能进行理性的判断。如封建时代的市民需要不耗钱财的宗教一样，资本主义需要给自己带来最低成本的法律。但是结果不同：封建时代的市民利益从来无法实现，而资产阶级则依靠经济和军事强力实现了自己的需要。

在诉讼上，神判所注重的神的启示、法定证据追求的最佳证据等形式，都属于裁判者个人以外的外在判别标准，表现了对裁判者个人能力潜在的不信任。资产阶级革命胜利后，摧毁了教会的超国家统治，欧洲国家逐渐确立了无罪推定、自由心证等制度，司法裁判才逐渐彻底获得人性化的特征。1764 年贝卡利亚在《犯罪与刑罚》中提出无罪推定原则之后，1789 年法国大革命将其写进了《人权宣言》，1791 年载入了法国的第一部宪法。自由心证原则自 1791 年法国宪法会议发布训令正式宣布“法官有把自己的内心确信作为判决的唯一根据的义务”，以及 1808 年法国颁布的世界上第一部刑事诉讼法典确立了自由心证原则以来，自由心证为大陆法系诉讼程序改革的理想目标。当然，欧洲的自由心证制度仍然保留着法定证据制度中的一些有益成分。例如，现代大陆法系民法制度中“推定事实不容许辩驳”的规定，就是由法定证据制度中机械的规定而来的；法国、意大利、西班牙等国家至今仍然采用诉讼当事人陈述和证人作证时发誓的制度。自由心证，即“自由判断证据”，法律不预先规定证据的证明力及其取舍标准，而由法官根据自己内心确信判断证据。所谓内心确信，指法官通过证据判断所形成的内心信念达到深信不疑的程度——或者说是真诚确信的程度。[①] 用这些制度保障司法官有权独立审判和对事实作出更加符合案件真相的认定，保障无罪的人不受法律追究。

自由心证和无罪推定等制度是在西方路德新教与科学一起昌明，“消除了大自然的神灵化，从大自然中清除所有人类心灵投射在其中的偶像”，“把宗教意

① 徐进主编：《诉讼法学词典》，中国检察出版社 1992 年版，第 202 页。

识提高到个人的诚挚、内省以及奋发的灵性这样一个更高的层次”之后，[①] 裁判权彻底地从神职者和专制者手中交还给司法者的内在要求。这一观念带来的司法进步是决定性的，它以三权分立的政体为基础，在法律史上第一次完整地赋予法官独立的司法审判权，保障被告人合法利益。准确地理解自由心证和无罪推定等诉讼制度，必须以这一历史背景为基础，来认识它的革命性意义。[②]

不仅如此，资产阶级国家的诉讼越来越强调人权保障，许多国家甚至基本废除了死刑。死刑行刑的过程再也不像以往那样成为公开的“恐怖”，而是悄无声息地进行；根据罪刑法定原则，自由刑大量使用，监狱已经成为规训犯人的场所，“权力最耀眼的形象已经与规训（改造）罪犯的仪式结合起来”[③]。可以说，刑讯逼供的禁止和公开处决仪式的消失都使得仪式化的诉讼发生了一定的变化。

但是，资本主义比以往任何时候都借重程序仪式来实现社会治理。美国的诉讼除了审前准备程序以及开庭前为说服陪审团的“彩排”如此，在法庭上采用假发、法袍、法槌等具有仪式性的象征意义的符号也是如此。正是在政治制度中确立了司法的权威性，在重大的案件中美国联邦最高法院确立了一系列的政治原则，如首先提出消除群众生活中的种族隔离、保证政教分离、确定刑事犯罪中被告的权利和执法官员的权力、保障选民平等投票权、明确言论自由和出版自由的限度、宣布人工流产的基本权利等，[④] 美国的一些司法程序甚至吸引了世界各国民众的视线。美国近年发生的辛普森杀妻案、克林顿绯闻案和微软垄断案对美国社会和世界的影响，已经超出了司法程序本身的意义。

欧洲大陆法系国家的诉讼制度中保留着的宣誓制度就是过去诉讼传统的遗留，而更为重要的是，西方国家的诉讼都以司法精英化为基础。所谓精英，有两层含义：一是在社会上有卓越才能或身居上层地位并有影响的杰出人物；二是具

---

① ［美］威廉·巴雷特著，杨照明、艾平译：《非理性的人——存在主义哲学研究》，商务印书馆1995年版，第27页。

② 肖建华：《诉讼证明过程分析》，载《人大法律评论》编辑委员会编：《人大法律评论》（第2卷），中国人民大学出版社2000年版。

③ ［法］米歇尔·福柯著，刘北成、杨远婴译：《规训与惩罚》，生活·读书·新知三联书店1999年版，第214页。

④ ［美］托马斯·R·戴伊、L·哈蒙·奇格勒著，张绍伦、金筑等译：《美国民主的讽刺》（中译本），河北人民出版社1997年版，第373页。

有较强的正义感，受过专门的法律训练并具有深厚的法庭经验、经过精心挑选的少数出类拔萃的人，[①] 以避免“司法权落入那些能力低的不合格的人手中，他们不会靠法律与尊严进行执法”[②]。苏格拉底曾经批评雅典的民主制，他认为没有社会管理知识的下层民众进入社会管理层的选任带有抓阄的方式，从而带来了许多的弊端；如果说他的看法是中肯的话，那么，现代西方司法选任制度恰恰可以避免这一现象的产生。比如，美国的法学专业是学生在完成本科教育后才能考入的，其法学院都是研究生院，法学院学生毕业后通过司法考试才有资格从事律师职业，而法官则是从最优秀的律师中选出的。日本的法官、检察官以及律师在开始其职业之前，必须通过困难的司法考试，司法考试分为笔试和口试，笔试包括论文笔试，要求考生以法学期刊综合论文的形式对某些问题进行讨论和论证。在通过司法考试之后，考生还要通过专门由法务大臣任命的司法考试审查委员组成的委员会主持的考试，这只有极少数人通过，他们才能被任命为司法实习生，进入最高法院的司法研修所这一机构（现在每年只招收 700 人），在经过两年封闭的学习和实务研修后，还要参加最高法院安排的严格的结业考试，合格者才能成为法官、检察官和律师。

以此为基础，西方的司法以追求“正义”为目的演绎出在精神上内化为“剧场化的司法”。剧场，标志着建筑物自身功用的特性。剧场是为表演歌舞戏剧而特设的，是一个间隔的、不透明的空间。剧场建筑的“墙体”分割出“剧场之内”和“剧场之外”，阻隔了剧场内外的活动的直接交流。在此，建筑空间的界限本身即含有秩序的意义，它要求人们在“剧场之内”活动时必须遵守已经预设的制度、规范和程序，也规划出“舞台”与“看台”（观众席）之间的距离界限和区域界限。“演员”与“观众”的角色与活动也完全地分离。两者的角色与活动不能互换。[③] 具体表现为：其一，司法程序和语言以及按照程式所进行的活动等在以“剧场”为象征的建筑空间内进行，法律原则和规则的刚健质朴和简洁对称风格凝固成建筑的雕塑形态，增强了法律庄严肃穆的美，唤醒人们对

① 张建伟：《司法民主论》，载樊崇义主编：《诉讼法学研究》（第 1 卷），中国检察出版社 2001 年版，第 69 页。

② 转引自张建伟：《司法民主论》，载樊崇义主编：《诉讼法学研究》（第 1 卷），中国检察出版社 2001 年版，第 71 页。

③ 舒国滢：《从“司法的广场化”到“司法的剧场化”》，载《政法论坛》1999 年第 3 期。

法律的信仰和尊敬。[①] 其二，庭审活动是由法官、检察官、律师和当事人等参与角色表演的活动，按照一定的程序（程式）进行的。它阻隔了庭审活动与庭外活动，也限定“诉讼参与人”与一般的“旁听人”之间的角色及活动的界限，形成一个“隔音空间”，法官与法庭上诉讼参与人以外的人保持适度的空间距离，保障法庭尽量不受法律以外各种因素的干扰。其三，法官以“法律表演者”（演员）的身份出场，他们的服饰（法衣）、姿态和言行代表着法律符号的象征意义。这样的阻隔也强化了法官职业和法律本身的神圣性和权威性，使一般的民众普遍形成对法律的敬仰和尊重。

“合格权威的领域的高度专业化特性，限于专家或专业技术人员的特定知识和技能，使之成为显然最宽容、最受欢迎的权威形式；这就使得作为综合性较大的权力关系的合法仪式发挥重大的作用，尽管掌权者对享有知识的要求和权利对象明确的需要或利益是并不容易判明的。”[②] 司法的剧场化对于现代法治国家的形成具有潜移默化的影响：（1）它内化了社会理性。剧场化的司法要求法官甚至旁听者都要对情绪等感性的因素有节制，孕育和培养客观、冷静的理性精神和品质。（2）确立了程序和秩序观念。程序的参与者应当遵守法庭规则，否则将会受到警告或谴责甚至受到刑罚的制裁。庭审活动的参与者接受了程序和秩序的陶冶，又把程序和秩序的理念传播给那些尚未经受同样训练的人。（3）促成了法律活动的技术化和专门化，增强法律的神圣性和权威性。就其本质而言，司法的剧场化仅仅是人类“文明的法律制度”下的产物，是这一制度不可分割的组成部分。[③]

---

① 舒国滢：《从“司法的广场化”到“司法的剧场化”》，载《政法论坛》1999 年第 3 期。

② ［美］丹尼斯·朗著，陆震纶、郑明哲译：《权力论》，中国社会科学出版社 2001 年版，第 131 页。

③ 舒国滢：《从“司法的广场化”到“司法的剧场化”》，载《政法论坛》1999 年第 3 期。

第六节 回归诉讼的本质：我国诉讼现代化的障碍与出路

一、专制传统和人治意识：中国法治现代化的障碍

在古代中国，仪式文明过早地从公共拜神仪式演进为祖先崇拜的家庭宗教，国家权力急剧地膨胀和内化为宗族礼教，使专制制度得以生长和稳固。

周朝时期，礼仪就十分完备和严格，周王和诸侯之间地位相互区别的重要标志就是在礼制上不同，相互之间有严格的界限。虽然“国之大事，惟（祭）祀与戎”（《左传·成公十三年》）。祭的对象包括天地四时、山川河流、先祖社稷，极尽多样；“戎”是战争。而实际上，每次战争之前，也都会有祭祀的仪式。但是，中国古代礼仪的含义经过西周以后的演变，与西欧大不相同，我国自古称为“礼仪之邦”，其“礼仪”是指世俗各阶层之间的往来，与古代欧洲的文化礼仪并不相同。孔夫子一生上下求索，其主要动机就是恢复各诸侯国已经废弛的西周礼仪，祭祀是其中最主要的方面。“礼有五经，莫重于祭”（《礼记·祭统》）。祭的上半部分是以手抓肉，所以事神者也；下为示意，所以示人者也。但是，夫子以德教化的治国理想并没有在后世演化为可以支撑民本意识的制度，也不存在虔诚的道德自律和他律。由于中国大一统的政治格局在秦朝以后基本确定，所有的礼仪和拜神仪式逐渐转向对丧葬仪式（祭奠祖先和死者）的重视，实质上也就开始了中国传统文化的“家庭宗教观”。但是，程序化的祭祀仪式或厚葬久丧并不表明时人（西周后期信仰人）死后能够复生，恰恰相反，他们十分强调在处理丧葬过程中活人的表现与礼节。丧葬与其他礼仪一样，主要是给活人看的。旁观者满意就意味着主丧者为丧者之亲尽到了诚意。正是因为对于死亡是否意味着生命的开始和结束是一个悬而未决的态度，士大夫阶层对民俗性的原始公共宗教普遍缺乏热情。[①] 古代祭祀活动都有见人不见神的特点，事神之事本乎渺茫，而示人行教却是实实在在的。在这个意义上说，“祭者，人之本也”（《礼记·祭统》）。不可否认，任何时代的宗教活动都包含有不同程度的人道意义，但周代

① 金尚理：《礼宜乐和的文化理想》，2000 年复旦大学博士论文。

以后的事神致福之礼却把人道与政治目的格外凸显出来，表现出与其他民族文化的不同特点。比如，封建时代沿用不衰的行祭之礼——封禅于泰山，主要源于政治教化意义；从其源起看，本来就不是出于宗教目的。古时泰山为天下之中心，威德盖世之部落首领要明其称霸之意，需要燔柴于泰山之上，其他弱小部落首领观烟火则知当往朝拜。

随着社会的发展，礼的外延迅速扩大，延伸到治平、齐家的一切领域。那些与祭祀本来无关的活动也被称为礼。礼成为一切社会关系与行为规范的总称。[①]正是所谓“道之以德，齐之以礼”[②]，上下尊卑长幼亲疏之序既是政治秩序也是家族内部的伦理秩序。在没有超人的神与皇权分享祭祀利益的情况下，皇权极度膨胀而肆无忌惮。法律崇尚模糊性和文字的简约，正好为皇帝超越法律之上留下空间。皇帝可用“特旨”“制敕”量情处分，各级官吏亦可拥有一定的“临时处断”的权力来弥补法律的模糊和过分简约，人治可以大行其道。纵观中国历史三千余年，自分封制到郡县制，中国社会政治总的趋向是中央政府的权力不断加强，文化习俗不断趋向统一，但是“礼”却作为传统文化的精神一以贯之；统治者以武力为后盾，以文化为尚；以刑罚作为补充，以先教为德的治平方式，也基本一以贯之。西方学者甚至认为，封建帝国时代的“中国人是以明显的敌意来看待法律的，似乎法律不仅是对人类道德的背叛，而且也是对宇宙秩序的破坏”。中华帝国的法律具体化为儒家的伦理规范……中国普通人对这类伦理规范的认识及接受主要不是通过正式制定的法律制度，而是通过习惯、礼仪的普遍作用来完成的，这种情形比在大多数其他文明古国更突出一些。宗族、行会以及由年长绅士掌握非正式管理的乡村共同体等——这些和其他法律之外的团体通过对其成员灌输道德信条、调解纠纷，或在必要时施行强制性惩罚，来化解中国社会中不可避免的各种矛盾。[③]

正因为传统社会解决争议的权威就不是依靠神判或公共祭祀，而是依靠世俗的权威来进行，家庭宗教兴盛起来，中国传统“社会”结构也因而十分稳定：有家庭、家族而无现代社会学意义上的与公共组织或公共事物相联系的“社

① 金尚理：《礼宜乐和的文化理想》，2000 年复旦大学博士论文。

② 《论语·为政》。

③ ［美］D. 布迪、C. 莫里斯著，朱勇译：《中华帝国的法律》，江苏人民出版社 1993 年版，第 9 页。

会”，家庭和家族承担了公共“社会”的大部分职能。皇帝或专司地方财政权和裁判权的地方官并不处理所有的世俗纠纷。统治者首先重视“礼”，因为“礼法”的中心仍然以宗族纽带对民间社会进行控制。君臣之礼已分，世俗的最高权威（皇帝）就不害怕把一些纠纷的处理权交给各个臣民所在的宗族。宗族内部对许多纠纷有自决权被承认甚至逐步加强。各姓有各姓的宗祠，各社有各社的董事。不安分之人，由祠逐出，知照社绅，即可以处以活埋之刑罚，故乡里无敢为非者。[①] 宗族往往聚落为村，村落组织被赋予了裁判权。对于违反习惯法引起的民事纠纷及轻微刑事行为，村落组织有完全的调解处理权。以明洪武三十一年颁布的《教民榜文》第2条规定为例，村落组织的管辖权限如下：户婚、田土、斗殴、争占、失火、窃盗、骂詈、钱债、赌博、擅食田园瓜果等；私宰耕牛、弃毁器物稼稻等；畜禽咬伤本人、卑幼私擅用财、子孙违反教令、师巫邪术、六畜践食禾稼等；均分水利、亵渎神明（祖宗）等。这些行为的处理，国家制定法通常也规定必须由村落组织调解处理，禁止径行诉到官府，赋予村落组织执法权。重大的刑事案件，除了十恶、强盗、杀人外，一般也由村落组织处理；即使是十恶、强盗、杀人等重案，村落组织也有依习惯法处理的。正如外国学者所言：“中华帝国的法律具体化为儒家的伦理规范……普通人对这类伦理规范的认识及接受主要不是通过正式制定的法律制度，而是通过习惯、礼仪的普遍作用来完成的，这种情形比在大多数其他文明国家更突出一些。宗族、行会以及由年长绅士掌握非正式管理的乡村共同体等——这些和其他法律之外的团体通过对其成员灌输道德信条、调解纠纷，或在必要时施行强制性惩罚，来化解中国社会中不可避免的各种矛盾”[②]。“乡老等常常越出民事关系事务之范围，而擅行刑事裁判官之职能，因而刑事案件大率在村落民的同意与承认之下，由乡老予以制裁，绝不到官僚所组织之法院。时而有人不服乡老的判决而声诉于官司；在此情形，裁判官鉴以他的职务，对于此非合法的处分，亦表明一些嫌恶与警异。惟原应由其负责之很多事务，正在由非官吏之所谓‘同职者’予以处理；对帝国的官僚而言，系公认的事实，他甚至对这事反而心满意足。仅被迫在表面上，否认非官吏之同

① 胡朴安编著：《中华全国风俗志》（下编），河北人民出版社1986年版。

② ［美］D. 布迪、C. 莫里斯著，朱勇译：《中华帝国的法律》，江苏人民出版社1993年版，第3页。

僚的处置，且佯做非难他们而已”①。村落习惯法执行的实际情况也大抵如此。

村落机构具体负责习惯法执行的人员虽名称历代不一，但主要有两类：村长、里长、甲长与村老。村里甲长由村落成员推举，而有些还由国家官吏充任；村老则依其阅历、德行、声望而主要由村民推选或自然形成，间或也由官吏加以充任。村里甲长一般每一甲里一名，乡老则二三名、四五名不等，村长、里长、甲长的任期不定。除了征收赋税外，他们主要的任务为劝民教化，维持秩序，处理纠纷，以保一方的富足与平安。发生纠纷或“违法”情事时，由村落里长、甲长、村老邀集双方当事人及其他有关人士聚会进行，一般不独任处理。须召集全体村落成员或特定组织全体成员开会处理的主要是一些重大案件如杀人或涉及全体成员利益。一般情况下，不许直诉官府而应先由村落处理，处理的方式是教育和劝化；对当事人的纠纷，则侧重于调解，以息事宁人，教化民众，引人从善。②

虽然没有正式的公共宗教仪式，但是，中国民间社会传统上却不乏巫师、鬼师之判。能够容忍鬼神的存在，中国传统文化对于世俗以外存在神鬼世界的半信半疑态度可以由此折射出来。世俗长老在古代中国乡村拥有的权威，并不一定能够解决所有的争执。所以，他们往往借助于巫师或鬼师。他们主持鬼神裁判仪式时，当事人还可邀请本村寨一些年长正直者做公证人，除非怕诅咒的誓词遭到误伤，全村的人都会前来观看。③ 比如“捞油汤”仪式，在当事人“捞油”之前，巫师要举行念鬼仪式，请鬼施展法力，帮助查明事实真相。“捞油”的过程本身就具有表演性，可以想象这与原始集会一样给单调的人类生活带来的刺激；至于对神祷告之后，让嫌疑人在饿兽口边待上几天，更是一种类似原始特殊形式的献祭。胜负分出之后，败者要拿出几十斤猪肉供全村人食用，既是对所有参与者的酬劳，又是一次难得的集会。当然，这一类裁判方式在中国少数民族比较常用，在正统的中国传统文化中并不特别突出，甚至在民间解决纠纷的方式上也不占主导地位。

利用“祖先崇拜的家庭宗教”来稳定和维护皇权，与中国传统“出礼而入

---

① Dougalas, Sociaty in China, 1984.

② 高其才著：《中国习惯法论》，湖南出版社 1995 年版，第 80 页。

③ 夏之乾著：《神判》，上海三联书店 1990 年版，第 8 页。

刑”的政治思路保持了一致。“出礼而入刑”，一旦涉刑，很可能要进入令人恐惧的人间地狱。封建刑事裁判的行政化、等级化、残酷性和刑讯逼供等特点，早已为人所知。专制统治的司法权并没有从立法和行政权中分离。皇帝既是立法者，也是最高行政当局，又是最高审判官。一切案件，皇帝有权判决，生杀予夺，决于一人。一些重大案件或疑案必须报请皇帝裁决、批准或复核，违反者受罚。自秦汉至明清，中央虽然设有廷尉、大理寺、刑部和御史台等机构，分掌审判、司法、行政和纠察，但分工并不十分明确，而且案件往往要报宰相机构审查。明清以后，审判归于刑部，重大案件交由“三司会审”或“九卿会审”，大理寺仅限于审阅案卷，掌握“慎刑”尺度。特务机关厂卫直接参加审判，比一般司法机关享有更大的权力。地方上，虽然设有官吏专门处理案件，但是他们不过是地方行政长官的助手，地方行政长官兼掌司法。刑罚的残酷，触目惊心：肉刑有“腐”“斩趾”“黥”等；死刑有“弃市”“斩首”“车裂”等，五代以后，出现了“凌迟”这一更为残忍的死刑方式。中国传统刑罚的严酷性，还表现在株连亲族上。一人犯罪，甚至株连九族。这些极端严酷的刑罚，目的都是为了警告世人，不得作出任何不利于皇权的行为。清代的文字狱自不必说；自汉律开始，历代统治者以“谋反”罪为十恶之首，不得因任何理由予以宽恕。同时，对于“罪人”，刑讯逼供具有公开性和正当性；裁判的方式各种各样，可以是公开的、广场化的，也可以是秘密的；但是，在“罪人”进行处决时，一定要公开给公众，有些就是只有通过公开才能实施，如“弃市”等。在对人犯实施十分残酷的刑罚时，往往要把行刑作为重大的仪式，通过告示公众，尽可能地吸引公众前来观看，以达到杀一儆百之效。

同欧洲的封建制度相比较，残酷的刑罚和刑讯逼供的程序完全是同一的：产生事实真相的仪式和实施惩罚的仪式同步进行，人的肉体既成为施加惩罚的对象，又是强行获取事实真相的地方。而且，正如推理既是调查的一个因素，又是罪责认定的一个片断，司法拷问所造成的有节制的痛苦既是惩罚手段，又是调查手段。值得玩味的是，这两种仪式通过人的肉体而形成的结合，在刑罚的实施过程中，即使证据得到确认，又使判决得以通过；而犯罪人的肉体在公开惩罚的仪式中再度成为一个基本要素。犯罪者的任务是公开承认对他的谴责和所犯罪行的真相。被展示和受刑的犯人肉体被用来公开支持在此之前被遮掩的程序。判决必须通过犯人的肉体向所有的人昭示。① 其本质当然也是为了维护封建帝王至尊的权威。但是，由于中国君权没有像西方那样受到宗教权力的制约，没有寻求世俗权力正当性和合法性的内在动力，而是通过对“礼制”不断翻新解释甚至利用巫术、谶语来寻求皇权的“正统性”。所以，两种封建制度呈现出截然不同的发展道路。

可以说，矫情的礼制和残酷的刑罚，一方面，被传统执政者利用来维护统治者个人的利益；另一方面，反复利用的手段成为祖宗之法，后世统治者遵从旧制，难以改革。这是造成法律不发达最重要的因素。没有超出世间的权力（自然法、神法）对世俗权力的制约与竞争，专制土壤只服从高超的或残酷的争夺权力的政治手腕，没有真正可以支撑民本意识的制度，不能总是存在着虔诚的道德自律和他律，结果是在相当大的程度上，解决社会纠纷的诉讼制度也只是统治者治理的工具，成为裁判者任性和专断的权柄。虽然不能认为以礼制或道德的社会化、政治化方式来治理国家，就会产生制度上的问题，但是，礼制脱离了超越世间的符号意义，就会造成道德的空洞化，道德自律就难以普遍形成并在个体身上长久地有效。许多在国外生活多年的华侨甚至一些归国留学生，对于中国传统文化的崇敬感情可以说是十分真挚的。但是，个人道德自律与国家治理的制度化属于两个不同层面的东西，不能混为一谈。中国历史上一直为统治者所头疼的、没有监督又根深蒂固的官僚政治，带来的根本制度性的官僚腐败，可以看出“存天理、灭人欲”的伦理仍然是幻想通过自我约束来达到不可能达到的制度化治理。

在一定时期、某些朝代，确实有类似于“哲学王”的智慧统治者带来了国家繁荣和社会进步，但是，大部分功劳并不能归功于礼教之治（比如，“文景之治”和“贞观之治”的文化背景是无为或民本思想）。我们可以肯定传统政治制度存在的“合理性”和独特的人文意义，但是，毋庸讳言，礼制繁复和“法度严明”的文明古国没有法治传统。法治可能不是最好的统治方式，但是如果没有法治，一定导致不好的社会治理。中国历史反复无常的治乱循环说明了这一点。早熟而不成熟的中国政治文化传统，仍然在影响着今日国人的思维或行为方式，并渗透到人民民主制度下的法律生活之中，给现代司法与诉讼制度的正常运作带

① ［法］米歇尔·福柯著，刘北成、杨远婴译：《规训与惩罚》，生活·读书·新知三联书店 1999 年版，第 46～47 页。

来了许多负面的影响。

二、庄严法律程序，确立法律权威：中国法治的出路

我国经济正在走向市场化、国际化，WTO 规则对司法独立并通过司法审查控制行政行为提出了明确的要求和较高的水准，[①] 所以，我国的法治也必然要走向现代化，这是不可逆转的历史潮流。目前而言，大量出台法律似乎成为实现法治最便利的方式。但是，正如拉德布鲁赫（1878—1949 年）所说："法不只是评价性的规范，它也将是有实效的力量……一个超国家的法要想变得有实效，就不应高悬于我们之上的价值的天空，它必须获得尘世的、社会学的形态。而从理念王国进入现实王国的门径，则是谙熟世俗生活关系的法官。正是在法官那里，法才道成肉身。"[②] 没有良好的司法队伍，没有实施法律的制度环境，仍然不能实现法治。法律与成文法的大量制定和颁布，必然伴随着执法机构和人员膨胀或增加，但是在我国却是低水平的膨胀或增加，司法者枉法裁判、随意裁减法律、地方政府的权力干扰、执行难等现象，造成成文法在不能预期的情况下起作用，结果难以真正进入社会，成为受人信仰和尊重的规则，结果刺激了投机行为，破坏了社会信用。产生这些问题的原因是多方面的，主要原因之一是没有法治的传统，我们还不能使诉讼程序（仪式）成为展示权利或暴露罪行的最好场所，权利或利益的适当性主要还不能通过司法程序来证明，司法不能"成为仪式化的符码，灌输给社会，成为一本永远打开的书"，对民众产生教益；民众也不可能"随时能够查阅这本关于犯罪与惩罚的永久字典"[③]。我们没有法治传统，但是，现代所做的一切却可以是未来的传统，实现现代化的过程也将是现时的中国人为未来建立法治传统的过程。

（一）抛弃一元化法律观，国家、社会、个人利益并重

由于受到"左"的思想和苏联法律观的影响，几十年来，对于诉讼本质的认识，我国都以国家本位观念为主宰，"诉讼"或司法机关只是维护国家政权的

---

① 江伟、王景琦：《WTO 协议与中国民事司法制度的完善》，载《中国法学》2001 年第 1 期；孔祥俊：《建立与 WTO 相适应的司法审查制度》，载《中国法学》2001 年第 6 期。

② 转引自舒国滢：《从"司法的广场化"到"司法的剧场化"》，载《政法论坛》1999 年第 3 期。

③ ［法］米歇尔·福柯著，刘北成、杨远婴译：《规训与惩罚》，生活·读书·新知三联书店 1999 年版，第 125 页。

工具。随着我国民主与法制建设的发展，党的十五大把“依法治国”确定为治国方略，并明确提出了政治生活中的人权保障问题。这些重大的改革和变化，反映了正统的法律观已经从国家主义转变到强调和肯定了法的社会属性方面，并确立了人权保障原则。但由于传统法律文化中，缺少对个人的自主地位和独立价值的重视，国家本位的价值观根深蒂固。在诉讼领域里，特别是在执法的环节中，重国家轻个人，重打击轻保护，重控告轻辩护，重实体轻程序等，明显的价值取向就是国家本位，而忽视了市民社会和个人权利的存在。①

西方政治学者乃至马克思主义者都关注市民社会的作用。雅典政治家西塞罗认为，市民社会不仅指“单一国家，而且也指业已发达到出现城市的文明政治共同体的生活状况。这些共同体有自己的法典，有一定程度的礼仪和都市特性（野蛮人和前城市文化不属于市民社会）、市民合作及依据民法生活并受其调整以及‘城市生活’和‘商业艺术’的优雅情致”②。资产阶级启蒙思想家洛克认为，市民社会决定国家，市民社会对国家有最高裁判权，因为国家权力源于人民。黑格尔第一个将市民社会作为与政治社会相对的概念，进而将国家与社会作出区分，他认为，“市民社会”是处于家庭与国家之间的地带，不再是只与野蛮或不安全的自然状态相对的概念。更准确地说，是同时与自然社会（家庭）和政治社会（国家）相对的概念。在黑格尔那里，市民社会作为一个“外在国家”，由三个部分组成：需求的体系（以市场经济为基础）、多元的体系（自愿组织如同业公会）、司法的体系（警察和司法机构）。③

黑格尔的学说对马克思的社会理论产生了一定的影响。“马克思在早期仍然借助于黑格尔的学说作为分析工具，即使其后来的经济基础与上层建筑的关系也是在充分肯定黑格尔学说的基础上发展起来的。”④ 然而，长期以来，我国对市民社会的利益和个人的权利缺少应有的重视，只强调国家权力决定社会和个人，

---

① 参见樊崇义：《关于刑事诉讼法律观的转变问题》，载樊崇义主编：《刑事诉讼法实施问题与对策研究》，中国人民大学出版社 2001 年版，第 34 页。

② 邓正来主编：《布莱克维尔政治学百科全书》“市民社会”条目，中国政法大学出版社 1992 年版，第 125 ~ 126 页。

③ 邓正来：《市民社会与国家》，载邓正来、［英］J. C. 亚历山大编：《国家与市民社会：一种社会理论的研究路径》，中央编译出版社 1999 年版，第 88 页。

④ 樊崇义：《关于刑事诉讼法律观的转变问题》，樊崇义主编：《刑事诉讼法实施问题与对策研究》，中国人民大学出版社 2001 年版，第 34 页。

导致了权利意识的淡漠和法治精神的缺失。诉讼中的独立、平等和权利被忽视，以致陈独秀早就指出，义务本位和权力本位的价值观损坏了个人独立自尊的人格，窒碍了个人意见的自由，剥夺了个人法律上平等的权利。[①]

特别值得注意的是，在黑格尔那里，司法体系成为市民社会不可缺少的组成部分。显然黑格尔是受到洛克的影响，为限制行政权力，主张通过司法体系来约束它，并以之实现市民社会的独立。正是由于存在市民社会的发展环境，西方国家获得了向市场经济过渡的启动力量：市民社会内部的商人和市民阶层。西方社会的法律很大程度上是商人和市民等级的利益要求。商人和市民等级作为独立的利益主体进入市场，在市场交易过程中不断扩展市场的规模，并且力图用法律手段保护自身利益，解决随市场扩张而日益增多的纠纷，产生并扩大了市场经济的法律要求，推动了法律的发展。在西欧市场经济发育过程中，商人们不仅形成了商业习惯法，而且制定了保护自己利益的法律，建立了商人法庭来解决他们之间的纠纷。[②] 现代法治国家更是重视市民社会的作用，并提出了善治的社会目标。按照这一目标，政府将更多地与公民对公共生活进行合作管理，确立政治国家与公民社会的一种新颖关系，使公共利益最大化；在一定的意义上说，就是进一步法制化的过程。它包含这样的几个要素：（1）合法性（legitimacy），即社会秩序和权威被自觉认可和服从状态。（2）透明性（transparency），即政治信息的公开。立法活动、政策制定、法律条款、政策实施、行政预算、公共开支以及其他有关的政治信息，公民都有权获得，并且对公共管理过程实施有效的监督。（3）责任性（accountability），即管理人员及管理机构由于其承担的职务而必须履行一定的职能和义务。（4）法治（rule of law），即法律是公共政治管理的最高准则，任何政府官员和公民都必须依法行事，在法律面前人人平等。法治的直接目标是规范公民的行为，管理社会事务，维持正常的社会生活秩序；但其最终目标在于保护公民的自由、平等及其他基本政治权利。从这个意义说，法治与人治相对立，它既规范公民的行为，但更制约政府的行为。没有健全的法制，没有对法律的充分尊重，没有建立在法律之上的社会程序，就没有善治。（5）回应（re-

① 参见公丕祥主编：《法律文化的冲突与融合——中国近现代法制与西方法律文化的关联考察》，中国广播电视出版社1993年版，第56页。转引自樊崇义主编：《刑事诉讼法实施问题与对策研究》，中国人民大学出版社2001年版，第34页。

② 参见石泰峰：《市场经济与法律发展——一种法社会学思考》，载《中外法学》1993年第5期。

sponsiveness），即公共管理人员和管理机构必须对公民的要求作出及时的和负责的反应，不得无故拖延或没有下文。在必要时还应当定期地、主动地向公民征询意见、解释政策和回答问题。①

善治的过程就是国家的权力向社会的回归，以还政于民的过程，并且是以政府行为的法制化为基础的。它有赖于公民自愿的合作和对权威的自觉认同。从这个意义上说，市民社会是依法行政的现实基础，更是司法现代化的前提，没有健全和发达的市民社会，就不可能有真正的法治。公民必须具有足够的政治权力参与选举、决策、管理和监督，才能促使政府并与政府一道共同形成公共权威和公共秩序。显而易见，保证公民享有充分自由和平等的政治权力的现实机制只能是民主政治和法制，这样，善治与民主法制便有机地结合了起来。善治只有在民主政治的条件下才能真正实现，没有民主，善治便不可能存在。而这一切，都是以法制为基础限制政府权力的产物。在现代社会，善治的思想甚至直接用来决策。世界银行、国际货币基金组织在 20 世纪 90 年代把善治作为其评估受援国现状的主要标准之一。对那些没有良好治理状况的国家，它们就要求这些国家进行必要的改革，使之符合其善治的标准。毫无疑问，这样做的主要目的是提高其援助的效益，确保受援国偿还贷款的能力。在这些国际机构看来，要实现这一目标必须引入自由主义的市场经济体制，必须使国内市场自由化，并消除自由贸易的壁垒。而市场体制需要与之相适应的社会政治结构和社会政治状态，其中包括政治合法性、社会秩序和行政效率。而在现代社会中，善治的理论甚至用于政府行为所不能干预的领域，小到公司、社区、俱乐部、职业社团等民间组织，大到国际社会。而善治则不受政府范围的限制，公司需要善治，社区需要善治，地区需要善治，国家需要善治，国际社会也需要善治。② 我国社会主义建设的实践证明，计划经济不符合经济的内在规律要求。政府要成为一个善治的政府，除了奉行法治以外，还找不出更为有效的治理办法。尊重公民的民主权利，通过法治确立政治国家与市民社会的分野以及国家对市民社会的保护是有限政府的义务，打破国家与社会同一的状态是建立社会主义市场经济的客观必然。

我国多年来一直在搞计划经济，市场经济仅仅是刚刚开始。由于不能实现自

① 俞可平主编：《治理与善治》，社会科学文献出版社 2000 年版，第 23 页。
② 参见俞可平主编：《治理与善治》，社会科学文献出版社 2000 年版，第 10 页以下。

律以及管理体制上的原因，自愿组织的多元体系不能形成，司法仍然处于行政化水平，加上官本位传统的根深蒂固，中国现时除了自然社会（家庭）和政治社会（国家）之外，还没有真正形成市民社会。所以，中国从计划经济向市场经济转换的启动力量，并不来自于市民社会而是来自于国家，发展市场经济需要国家通过培育市场经济的主体和市民社会的共同体意识。[①] “法治不可能仅仅依靠国家创造出来，也不应当依靠国家来创造。无论立法者有何等的智慧或者法律专家有何等渊博的知识，也无论他们可能是如何没有私利，他们都不可能对中国这个特定社会中秩序的形成、秩序构成条件和复杂的因果关系有完全的、透彻的并且预先的了解……法治的唯一源泉和真正的基础只能是社会生活本身，而不是国家。”[②] 在中国培育市民社会的意义由此可见一斑。

实现法治的过程中，国家必须将强制性的权力内化为合法的权威。为此，应当从根本上提高司法的地位。将政治的问题转化为法律问题，通过法律程序来解决，是比较适当的选择。公平的司法可以让国家权力与个人利益在冲突面前保持一定的平衡，国家不再成为社会冲突的焦点，政府的权力依法运作，得到司法的认可与保障，裁判以程序化的手段处理“法律问题”，可以保证秩序、正义和现存制度的稳定性。当然，这里必须解决裁判者的权威和素质问题。虽然我们可以效仿英美法系的法官，在剧场化的司法程序中采用法袍、法槌等符号来标志司法的庄严，但是，我们真正需要的却是不偏离实质正义的程序正义。

（二）坚决打破地方保护主义和行政垄断

我国进行市场经济建设，需要法治的保障。目前，在政府与社会和个人之间，法律没有成为政府权力行使的界限，“治人”的“法”本身还带有方便行政管制——人治的特点，在社会的权利意识尚未觉醒的社会背景下，“制约权力”的法权在行政权力面前显得十分苍白，以致权力可以逍遥法外，法律在与权力的冲突中败北。政府即使有违法行为，由于相关的司法监督制度和法规的残缺，“民告官”的道路也十分艰难。[③] 另一方面，国家的权力分散到地方，造成了无

① 李曙光、肖建华：《中国市场经济：进展与评价》，载《政法论坛》2000 年第 5 期。

② 朱苏力：《现代化进程中的中国法治》，载赵汀阳等编：《学问中国》，江西教育出版社 1998 年版，第 207 页。

③ 夏勇主编：《走向权利的时代——中国公民权利发展研究》，中国政法大学出版社 2000 年版，第 208 页。

处不在的地方保护主义和行政垄断，成为法治最大的障碍。

地方保护主义表现为不同行政区域的“地区垄断”，或称“地区封锁”。基于中央和地方财政包干，地方政府和下一级政府的财政包干，各地为了本地的利益，不惜牺牲整体利益，明目张胆破坏法律的实施，严重地破坏了市场经济的法治基础。政府执法过程中地方保护主义十分猖獗，甚至一些地方领导以权压法、以言代法，给执法单位施加压力，造成有法不依、违法难究现象。[①] 地方保护还经常破坏统一市场，甚至对抗中央的权威。例如，国家有关部门连续接到“周口第一兽药厂生产假药”的举报后，曾立案调查十余次，并要求严肃处理，但是假药案主犯王某不但未受到处理，反而在此期间得到县先进工作者、县五一劳动奖章等奖励，还被提升为县农业局副局长。而当中央调查组再一次赴周口调查此案时，居然有人事先通告了王某，在调查组来到之前，王某已销毁了所有账目和有关资料。中央的权威在地方保护主义面前都鞭长莫及，国家法律的权威以及司法状况可想而知。民事经济司法过程中，法院受地方政府的指令，对某些案件事前定调子、打招呼，由于法院的人、财、物受地方政府控制，不得不维护地方利益；许多地方政府甚至划出一个企业名单，外地企业起诉这些受到行政特别保护的企业，人民法院不能受理；由于地方保护的原因，经济案件判决了也难以执行。尽管我国《民事诉讼法》规定，异地执行可以委托当地法院执行，但这一规定执行起来却依然困难。[②]

行政垄断是纵向进行的。政府通过行政权攫取高额垄断利润，这种垄断有时表现为适用于整个特定行业的“行业垄断”。政府随意以行政权垄断在资源方面的优势已经屡见不鲜。例如，福建某市为解决市辖区内晋江两岸交通的落后状况，决定以政府出资入股的方式在江上共建晋江二桥。政府采取招标形式寻找合作人，最后某股份制民营企业集团一举中标，负责出资兴建该桥，政府则答应在10年内该企业集团有权收取过往车辆的合理费用，以收回建桥成本，进而获得收益。不料，在该桥按期落成后不久，政府向企业要求增加对该桥的持有股份，遭企业集团董事会拒绝后，市长威胁由公安局来接管。由于几千个股东的坚决反对，政府以退为进，放弃原来的要求，很快开始修建晋江三桥。晋江三桥竣工

① 冀文海：《环境保护难敌“地方保护”》，载《中国经济时报》2000年8月1日。

② 参见毛寿龙、李梅著：《有限政府的经济分析》，上海三联书店2000年版，第112页以下。

后，以低于晋江二桥30%的数额收费，晋江二桥的车流量大大减少。政府违反了与民营企业集团签订的合同，当晋江二桥的承建人向法院提起诉讼时，当地法院却不敢立案受理。政府可以参与只有市场经济主体才能实施的经济行为，故意违反合同，赌气修建晋江三桥，不仅造成资源的浪费，而且使政府在民众中的形象不可信赖。除此以外，行政力量介入经济活动，通过地方保护、行业保护达到维护地方或行业特殊利益的目的，不仅破坏了法治，而且人为地制造市场壁垒，破坏了市场经济秩序。

形形色色的行政垄断不仅限制了竞争，保护了落后，使社会资源无法依“效率”原则合理和优化配置，而且由于是“官商”行为，往往随意制定垄断高价，倒卖市场紧缺物资，对暴利行为和投机行为推波助澜。

由于政府执法力度不够和法治的权威没有确立，人们就会转而依靠非法的“强力保护”，甚至出现了私人警察。1989年河南的流浪汉非法自办公安机构，借帮助他人讨债收取报酬，生意越做越大，最后才由刑法治罪。“私人警察的出现，是因为社会上存在着相当大的需求，是由于这种需求如此之大以至于有人敢为这种需求所带来的巨大好处铤而走险。更进一步讲，私人警察的出现，真切地表明了政府没有尽到它的职责。”① 政府不正当地使用权力谋取团体利益，疏于履行职责，同时也破坏了法治本身。

显然，中国在现代化过程中的新旧体制交差转轨，出现了制度的空隙，这一空隙不是被法律规则重新建构，而是被无所不在的权力所分割，甚至由类似于黑社会的势力填补了法律救济的不足，使原本明确稳定的社会秩序受到了极大的冲击，法律调整社会秩序应有的预期被破坏了，产生了社会控制系统中的断层。“徒法不足以自行”，政府不仅要受法律的约束，而且要发挥有效的管理职能，受法律义务和责任的约束。这样，司法和舆论监督是十分必要的。但是，司法权不能独立于行政权，纸上的法律不能阻止权力市场化，也无力使失衡的市场秩序恢复平衡。在权力与法律的冲突之中，法律是尴尬的。

可是，在特定的历史条件下中国进行市场经济建设，短期内法治和人治之间、法权和权力之间还存在一个无法克服的悖论。尽管行政权力需要用法律来约束，我们还是需要借助权威特别是中央的权威，加强市场经济体制所需要的法律

① 愈燕：《私人警察和政府职能》，载《读书》1993年第7期。

供给，推进法治进程。如1998年年底，根据党中央、国务院决定，军队、武警、政府系统彻底与自己经营的企业脱钩，不再从事营利性活动，国家党政机关也从营利活动中撤出来，实行政企分开，不再进行营利性的活动。让政府完全从经济活动中撤出来，成为市场经济的裁判者，履行保护产权的公共责任，却触动了各级地方政府的利益。中央政府如果不通过自己的权威作出这一强制性决定推动政府行为的规范化，就无法革除这一早就应当革除的官商合办企业捞取特权利益的陋习。地方保护主义和行政垄断仍然借用了国家的强制手段（如司法制度），发挥着国家暴力同样的力量。所以，为促进法律的实施，必须强化国家权力，打破地方保护主义和行政垄断。马克斯·韦伯指出：对一种现代形式的经济制度来说，没有特别特征的法的制度，无疑是行不通的，而这种法的制度实际上只能作为“国家的”制度才是可能的……现代社会流通的速度要求有一种迅速而可靠地发挥其功能的法。这也就是说，一种由最强大的强制权力所保障的法……一方面，市场社会化的普遍占统治地位，具有一种根据合理的规则可预计的功能；另一方面，市场的传播作为市场社会化的典型倾向，由于其固有的内在一贯性，通过一种普遍主义的强制机关，摧毁一切分立的、往往是建立在经济垄断之上的等级的和其他的强制机构，有利于一切“合法的”强制权力的垄断化和统辖。①

① ［德］马克斯·韦伯著，林荣远译：《经济与社会》（上卷），商务印书馆1998年版，第374页。

第三章　诉讼价值

诉讼价值是一个古老而又常新的课题。自近代社会诉讼法从实体法中分离出来以后，程序的意义或价值问题就成为许多学者关注的对象。尤其是第二次世界大战结束后迄今，西方国家出现了自然法学的复兴，不少学者开始以价值研究为中心构筑自己的法律学说，其中较有影响的是拉德布鲁赫的相对主义价值论、富勒的程序自然法价值论、罗尔斯的正义论和德沃金的权利论价值哲学。20 世纪 70 年代经济分析法学的兴起又为西方法哲学的发展增添了新的活力。对于法律程序的重视，在西方法律思想中是一个普遍的现象。19 世纪自然法的衰落和实证主义对价值问题的排斥所造成的空白正是由程序法来填补的，现代社会中程序成为法律的中心，成为西方各种法学理论寻求共识的最大公约数。[①] 西方学者从法哲学的角度分别探讨了程序公正、程序自由、程序效益等程序内在价值以及实体公正和秩序等程序外在价值，分析了程序诸价值类型的相互关系。他们希望以此揭示法律程序的内在精神，探究法律程序的实体意义和社会功能，由此形成了诉讼程序价值的不同理论学说。

归纳起来，西方自 19 世纪以来就诉讼程序价值形成了两类理论学说，即程序工具主义理论和程序本位主义理论，前者将诉讼程序视为追求外在目标的手段，后者则把诉讼程序看作自身价值的运行过程。其中，程序工具主义理论又可分为绝对工具主义理论和相对工具主义理论，相对工具主义在坚持程序外在价值居优的前提下，也相对地承认程序的公正性。在上述两类理论学说之外，还有重视程序效益价值的经济效益主义程序理论。

随着西方程序价值理论的引入和介绍，以及哲学价值论对法律科学的影响，

① 季卫东：《程序比较论》，载《比较法研究》1993 年第 1 期。

国内法学界开始关注法律程序价值理论的研究。在我国，最早探讨法律程序价值的当推季卫东先生。他于 1993 年在《中国社会科学》上发表了《法律程序的意义——对中国法制建设的另一种思考》一文，这篇论文的全文以《程序比较论》为题同时发表在《比较法研究》1993 年第 1 期上。这两篇文章开启了程序价值研究的先河。文章发表后，在我国法学界引起了强烈的反响，并且随着人们对程序价值认识的加深，它们的意义和影响也与日俱增。以后研究法律程序价值者，莫不引用这两篇文章。

诉讼价值的研究，则以刑事诉讼法学者居先。陈瑞华博士在其博士论文《刑事审判原理论》（1995 年）中以整整一章近 8 万字的篇幅研究刑事审判程序价值，他大量介绍了英美学者的程序价值理论，并对刑事审判程序价值作了较为系统的研究，他关于程序价值的许多表述都带有经典性，为诉讼法学者今后的研究打下了坚实的基础。

此后，由中国的司法改革所推动，整个诉讼法学界开始重视对诉讼程序价值的研究，学者们着重从诉讼法与实体法关系的角度探讨诉讼法的独立地位和价值。近几年来，以民事、经济审判方式改革为契机，民事诉讼法学者也相继展开了民事诉讼程序价值论的研究。江伟教授在《现代法学》1996 年第 3 期发表的《市场经济与民事诉讼法学的使命》一文提出了民事诉讼程序的独立价值问题；张卫平教授在该杂志 1996 年第 6 期发表的《民事诉讼基本模式：转换与选择之根据》中指出了民事诉讼模式的转换与选择必须考虑民事诉讼程序价值的目标和要求；汤维建博士在《政法论坛》1997 年第 1、2 期发表的《市场经济与民事诉讼法学的展望》一文提出了应当把民事诉讼程序价值作为民事诉讼法学的研究对象问题。在这段期间进行的民事诉讼目的论研究和既判力理论研究，又为系统探讨民事诉讼程序价值提供了广阔的理论视角。民事诉讼程序价值研究就是在这种背景下展开的，并在民事诉讼法学界形成了一股价值研究的热潮。

这种状况的出现不是偶然的。在我国，传统法律之中形式主义的要素十分稀薄，现代意义上的诉讼法是西方舶来之物。清末时中国在内外压力之下就起草了刑事民事诉讼律草案，到民国时期，程序制度已经森罗万象，非常先进了，然而在理论和观念上，程序的意义仍未获得人们的足够重视，诉讼程序往往被不适当地看作一堆烦琐的没有生命力的规则，实务中诉讼程序更被简单地当作法院的办案规程。因此，软化程序的制约机制，不按程序办事已成为实践中的恶习。及至现今，“重实体轻程序”问题仍然困扰着理论界和实务界。突出表现是，对于法官严重违反诉讼程序但不影响案件正确审理的行为不能成为废止法官裁判结论的根据。这些问题归结于一点，就是缺乏对诉讼内在价值的认识。程序绝不是可有可无的形式和手段，程序本身还承载和映现着独立于实体目标的价值内涵。因此，继续深化诉讼价值理论的研究，具有重大理论和现实意义。

本章首先阐明诉讼及其基本结构，对诉讼价值主体、价值关系及价值结构、价值类型等若干范畴进行理论预设，然后分别就程序公正（文中的程序公正与程序正义系同一意义的用语，下同）、实体公正、诉讼效益等价值形态进行论证，并且界分三者之间的关系，最后探讨诉讼价值在中国的实现问题。

第一节　关于诉讼价值范畴的若干理论预设

诉讼价值问题是个历久弥新的话题。不同时代、不同国家的诉讼制度出于解决不同社会问题的需要，形成了内容和形式各异的诉讼机制，其诉讼价值理论也表现了不同的主题。正如博登海默就正义观念所作的形象譬喻一样，博登海默指出：“正义具有着一张普洛透斯似的脸，变幻无常，随时可呈不同形状，并具有极不相同的面貌。”① 诉讼价值理论同样有“一张普洛透斯似的脸”。人们从各种角度观察它、描述它，会感到它也具有不同的形状，呈现出不同的面貌。其中的原因，既有诉讼价值论本身的特殊性，又有研究者定位的不同。后一原因恐怕是研究者应解决的首要问题。基于此，本章有必要交代行文立论的前提。

一、诉讼及其基本结构

“诉讼”一语，意指司法机关和案件当事人在其他诉讼参与人的配合下为解决案件依法定诉讼程序所进行的全部活动。广义上包括起诉、审判和执行三阶段，狭义上仅指法院和双方当事人（刑事诉讼中，公诉人立于原告人地位）的诉讼活动的有机结合。除诉讼行为这一层面外，“诉讼”还可从制度方面理解，意指诉讼活动的内容或形式中较为稳定的部分，具有持久作用力的部分。行为意

① ［美］E. 博登海默著，邓正来、姬敬武译：《法理学——法哲学及其方法》，华夏出版社 1987 年版。

义上的诉讼，是具体的、活生生的、动态的、可视的活动，具有个别性、特殊性；制度意义上的诉讼，是相对抽象的、内在的、静态的、稳定的规则、规定或惯习，具有一般性、普遍性。因此之故，本章中的“诉讼”取狭义上的诉讼制度之意，以达到论述的集中性和概括性之目的。

诉讼在本质上是建立在双方平等对抗基础上，由中立第三方运用国家赋予的审判权就争议予以裁判的规则、制度。典型的诉讼包含有两层不同的诉讼主体结构：一是审判权与诉权的关系结构，强调平衡、制约；二是诉权相互之间的关系结构，强调平等、对等。在这两层结构的作用下，诉讼呈现出生动、立体的效果。其中，冲突主体的诉权与裁判主体的审判权构成了诉讼过程的基本矛盾，二者的关系历来是诉讼法律关系理论所解决的主要课题。诉讼法律关系理论的着眼点正是想合理解释诉权与审判权、诉权相互之间的关系，把诉讼程序理解为诉讼主体之间的诉讼权利义务关系。由于对诉讼权利义务关系的性质存在不同看法，由此产生了三种学说：一面关系说；二面关系说；三面关系说。其中，一面关系说认为，民事诉讼法律关系是原告与被告之间的关系，法官只起仲裁者的作用；二面关系说认为，诉讼法律关系为公法关系，原告与被告之间没有直接的诉讼关系存在，诉讼法律关系只能是法院与原告或被告之间的两面关系；三面关系说主张法院与当事人之间以及当事人彼此之间形成诉讼法律关系。[①] 欲明确诉讼法律关系的性质，首先须从理念上弄清诉的含义、要素及诉的构造。民事诉讼从本质上是当事人利用“公权”保护“私权”的活动。只有当事人提起诉讼，要求法院开始审判程序时，当事人向法院提出的请求才可称为“诉”。诉主要属于诉讼法上的概念，只应发生在当事人与法院之间。从这个意义上说，可以认为民事诉讼法律关系是两面关系。不过，我们不能据此混淆应然与实然的区别。诉作为一种请求，固然应体现当事人与法院之间的关系，但事实上，诉的概念本身也暗示了一方当事人向对方的请求。大陆法中所谓的“诉讼契约”概念实际上就是当事人之间存在某种诉讼法上关系的反映。当事人之间的协议管辖、合意停止诉讼程序、诉讼和解等诉讼行为，能够直接产生一定的诉讼法律后果，这说明除了当事人与法院有直接关系外，当事人之间也存在诉讼法关系。刑事诉讼法律关系一

---

① 参见王锡三：《资产阶级国家民事诉讼法要论》，西南政法学院 1986 年印行，第 149 页；田平安：《民事诉讼法律关系论》，载《现代法学》1994 年第 6 期。

般理解为“控辩审之间的法律关系”，但由于刑事审判前阶段，并不存在中立的司法裁判者，警察和检察官是这一阶段的实际控制者和主导者，因此，审判前阶段被学者视为行政化的刑事程序，而非真正意义上的诉讼。[①] 如果这对矛盾解决得不好，则将引起诉讼结构的整体性失衡甚至坍塌，从而势必影响诉权之间相互关系结构。可以说，在这两层结构中，赋予当事人（诉权主体）平等的诉讼权利和诉讼义务，给予双方平等的攻击防御手段，在理论上和现实中都是可能的，唯其效果的发挥端赖于能否正确、妥善处理诉权与审判权之关系、地位这一前提。

诉权理论在民事诉讼法学中源远流长，先后出现过私权诉权说、抽象诉权说、具体诉权说、本案判决请求权说、诉讼内（外）动态诉权说、诉权否定说等理论学说。[②] 在公法学不发达的 19 世纪以前，私法的诉权说（即私权诉权说）占据统治地位。该学说认为，诉权是每一项实体权利受到侵犯后产生的一种特殊权利，是实体权利的组成部分，是在诉讼中实现的实体权利。私权诉权说的缺陷在于，要求法院在受理案件之前即须查明原告有无实体权利，否则不予受理，这就使实体权利成为诉权行使的前提，从而根本上颠倒了诉权行使与实体权利查明之间的时序关系。马克思对此提出了尖锐的批评，他说：“应该认为，不承认私人对自己私人案件的起诉权的立法，是违背市民社会最起码的基本原则的。这样，起诉权就从理所当然的独立的私人权利变成为国家通过法官所恩赐的特权了。”[③] 19 世纪后半期，随着公权观念的兴起，诉权也就由原来的私权演变为对于国家的公法上的权利，抽象诉权说（与之相对出现了诉权否定说）、具体诉权说（即权利保护请求权说）、本案判决请求权说、诉讼内（外）动态诉权说，以及司法行为请求权说相继出现。上述学说都认为诉权是纯粹诉讼上的权利，纯粹公法上的权利，诉权不是对于被告的权利，而是对于国家司法机关的权利；诉权不依附于民事权利，而是独立于民事权利之外。使诉权概念得以进一步发展的是苏联的二元诉权说。该学说认为，诉权是表示多种不同概念的术语：一是指程序

---

① 参见陈瑞华、蒋炳仁：《以世界的眼光研究中国问题——刑事诉讼法学研究范式的转换问题》，中国诉讼法学会 2001 年年会论文。

② 参见刘荣军著：《程序保障的理论视角》，法律出版社 1999 年版，第 248 页以下。

③ 转引自［苏］M. A. 顾尔维奇著，康宝田、沈其昌译：《诉权》，中国人民大学出版社 1958 年版，第 3 页。

意义上的诉权，即起诉权和应诉权，是当事人请求法院给予司法保护的权利；二是实体意义上的诉权，它是指处于能够对义务人强制实现状态中的主体民事权利。二元诉权说第一次明确了诉权概念的双重意义，避免了把不同的诉权概念混为一谈的可能性。但是，二元诉权说也有缺陷，即诉权这一术语的多义性有害于法律的正确适用，因此，有必要将诉权的概念重新理解。我国通说认为：诉权是指法律赋予实体法律关系主体在其权益受侵犯或发生争执时进行诉讼的基本权利。诉权始终贯穿于诉讼程序的全过程，成为诉讼程序的基础；而且，诉权在不同的诉讼程序阶段表现为不同的诉讼权利。诉权不仅为原告所享有，也为被告所享有。

诉权不仅是作为各种诉讼形态之源的民事诉讼法学的概念，也是民事诉讼之“变种”的刑事诉讼、行政诉讼、宪政诉讼的概念。① 刑事诉权理论是指刑事追诉者和被追诉者要求法院对于被追诉者有罪、无罪以及是否给予刑罚进行公正裁判的权利（力）。具体包括起诉权、获得裁判权和公正裁判权。刑事起诉权最初全部由私人行使，实行私人追诉主义；迨至国家出现后，为惩罚危害国家利益和统治秩序的犯罪行为，开始由一定的国家机关担负控诉职能，而不以私人的意志为转移，逐步形成公诉制度。为保证追诉活动的公正有序进行，刑事诉讼法同时赋予了被追诉方以诉权，来捍卫自己的自由和权利。

行政诉权是行政活动的主体依照法定程序，请求法院对有关行政纠纷作出公正裁判的权利。它也包括三方面的内容：发动行政诉讼程序的权利、获得行政裁判的权利和公正裁判的权利。对于公民而言，行政诉权是保护基本人权、反抗行政侵害的救济手段；对于政府而言，行政诉权可以为其治理社会的合法行为提供司法支持。因此，行政诉权的主体包括作为行政相对人的公民和作为管理者的政府。

与诉权相对应的是审判权主体的审判权。审判权是审理权和裁判权的合称，为法院所专有，是一种排他性权力，即除法院之外不允许其他机关行使这种职权。审判权是解决冲突的最后手段，所有类型的社会冲突，最终皆以刑事、民

① 关于刑事诉权、行政诉权的论述，可参见徐静村、谢佑平：《刑事诉讼中的诉权初探》，载《现代法学》1992年第1期；赵正群：《行政之诉与诉权》，载《法学研究》1995年第6期；高家伟：《论行政诉权》，载《政法论坛》1998年第1期；薛刚凌著：《行政诉权研究》，华文出版社1999年版。

事、行政诉讼的形式提交法院裁决，法院通过开庭审理，以裁判方式解决纠纷，化解冲突，维护国家法律的实施。审判权具有和平性和非自助性、启动方面的被动性或应答性、多方参与性、集中性、裁判的最终性和权威性。[①] 笔者认为，审判权的最大特点是被动性。审判权的被动性在诉讼法上表述为不告不理原则，按此，诉讼程序的启动、运行和终结应决定于当事人，当事人未主张的事实，法院不得认定，法院必须在当事人主张的范围内进行裁断。可见，审判权的被动性含有审判权受诉权制约之意，而这是同诉权与审判权的关系结构相契合的。

任何诉讼形态，无论民事诉讼、刑事诉讼，还是行政诉讼、宪政诉讼，都将诉权与审判权的关系作为基本出发点，因此，诉讼关系在本质上系诉权与审判权的相克相生关系。换言之，诉讼关系为权利—权力关系或诉权—审判权关系。诉讼关系可以准确地界定为：诉讼法律规范所调整的作为权利载体的诉讼主体与作为权力载体的诉讼客体之间的事实关系和价值关系。在这里，诉讼法律关系参加者不仅包括诉讼关系主体，也包括诉讼关系客体。就后者而言，它是由诉讼规范所规定的、诉讼关系主体行使权利的实际行为所指向的、能够在一定程度上满足主体的物质和精神需要的司法机构及其权力行为。诉讼关系主体与客体相互依赖、相互作用，共同统一于诉讼程序之中。

诉讼主体结构还涉及当事人诉权之间的关系。任何诉讼构造中双方当事人都应设计为平等的诉讼地位，亦即一方诉权主体能否与另一诉权主体形成“对峙”。“对峙”是黑格尔在《历史哲学》一书中用来描述历史的辩证过程使用的一个概念。他认为，历史的真实意义存在于对峙之中，即“普遍的绝对的东西”与“有限的存在”的对峙，“主观的东西”与“客观的东西”的对峙。[②] 从行政诉讼的构造来看（参见图一），作为一方诉权主体的个人，其特殊利益得到承认并上升为法权，个人基于自由的、独立的意志而取得独立人格，并与政府这一法律人格相对峙。“个人——政府的对峙实质上是一种价值的冲突”，即公共利益与个人利益、社会秩序与个人自由、行政效率与个案公正的冲突。在权力与自由对峙的背后，我们可以看到自由价值在社会心态中的回升，自由的观念在中国公法中的萌发，这就意味着从国家本位转向对社会的尊让，对个人意志自由和独立

① 陈瑞华著：《刑事审判原理论》，北京大学出版社 1997 年版，第 8 页以下。

② 陈端洪：《对峙——从行政诉讼看中国的宪政出路》，载《中外法学》1995 年第 4 期。

人格的承认。因此，我们不难理解为什么黑格尔说中华帝国没有宪法。[①] 实际上，宪法不是任意选择的，而是同民族精神相适应的。由于中国几千年来，国家权力泯灭了个人意志的自由而获得实体性，主观性即个人意志的自我反省将自己的存在统一于这个实体，而没有把权力看成一种对峙的存在，因此，各个人、各团体便没有独立的权利。

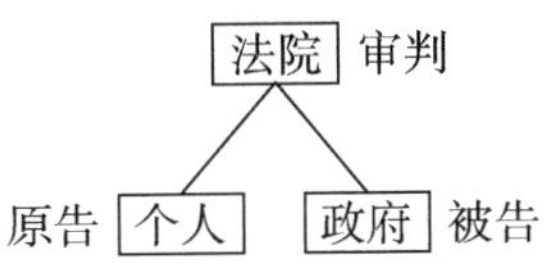

图一

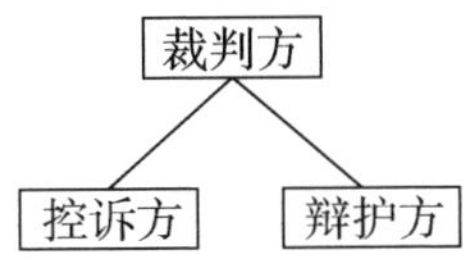

图二

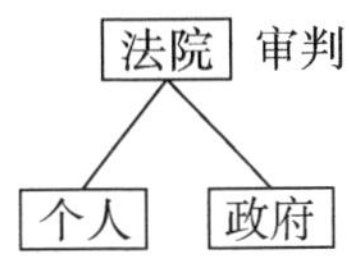

图三

权力与自由的对峙，同样体现在刑事诉讼构造中（参见图二）。按照我国学者的理解，我国刑事诉讼的基本目的是惩罚犯罪与保障人权的统一。[②] 从保护被害人、保障社会稳定与安全等方面来看，惩罚犯罪固然是与人权保护相一致的，然而惩罚犯罪势必涉及刑事被告人的生命、健康、人格、自由和财产等宪法上的基本权，因而两者之间存在着二律背反的悖论。古代专制社会重惩罚而不重人权，资产阶级提出了“无罪推定”原则，按此，一切未被宣判的人均应视为无罪。基于这一理念，必须运用各种程序规则与法律规范以防止国家滥用刑罚权，由此增加了被告人获得有利判决的机会。从弘扬人的法主体性，尊重个人的人格而言，确立无罪推定原则有其合理性，因为要在整个社会利益与被告人的个人利益之间保持平衡，就应当建立具有可操作性的程序法原则，而“真正的公平审判程序，不仅要求罪犯被宣布为有罪，而且还要求在发现其犯罪后，以一种明确无误的方式宣布其有罪。”[③]

在民事诉讼构造中（参见图三），当事人双方处于平等的诉讼地位，已成为现代社会不争的事实。基于程序保障的要求，程序制度的制定者（立法者）及运作者（如法官），不仅应致力于保障当事人的实体利益，也应防止对其造成程序上的不利益，以便使其有自主地追求实体利益及程序利益的机会。[④] 作为诉权

---

① ［德］黑格尔著，王造时译：《历史哲学》，生活·读书·新知三联书店 1956 年版，第 168 页。

② 李心鉴著：《刑事诉讼构造论》，中国政法大学出版社 1992 年版，第 137 页。

③ ［英］彼得·斯坦、约翰·香德著，王献平译：《西方社会的法律价值》，中国人民公安大学出版社 1995 年版，第 103 页。

④ 邱联恭：《程序选择权之法理——着重于阐述其理论基础，并准以展望新世纪之民事程序法学》，载“民事诉讼法”研究会编：《民事诉讼法之研讨》（四），台湾三民书局 1993 年版，第 579 页。

主体的当事人，不仅应有实体法上的处分权，同时也享有程序法上的处分权。这样，程序当事人一方面可以基于其实体法上处分权，决定如何处分系争的实体利益或实体权利；另一方面则基于其程序处分权，在一定范围内决定如何取舍程序利益，以避免因使用该程序而导致减损、消耗、限制系争实体利益或系争外的财产权、自由权的结果。因此，民事诉讼法承认当事人处分原则的目的，并非仅为了保障当事人对系争实体权的支配地位，也是为了使当事人有机会藉此追求程序利益，以同时维护其受宪法所保障的系争外的财产权、自由权等。从这个意义上说，当事人处分原则并非仅仅基于传统民法上的私法自治原则，更重要的是源于宪法上关于财产权及自由权的保障规定。①

二、诉讼价值主体、价值关系及其结构

“价值”这个概念是指在主体与客体的相互关系中，客体的存在、作用以及它们的变化对于一定主体需要及其发展的某种适合、接近或一致。这就是哲学上的“价值”的基本含义。

哲学上的价值是一个关系范畴，它反映了主体（人）与客体（自然、社会）的关系；揭示了人的实践活动的动机和目的。主体和客体之间的需要与满足的对应关系，就是价值关系。在价值关系中，人是价值主体，外界事物是价值客体。正如马克思所说：“‘价值’这个普遍的概念是从人们对待满足他们需要的外界物的关系中产生的。”② 因此，对于价值的理解，离不开主客体之间的相互关系或作用。价值反映了主客体关系的一个方面，即客体的主体化。价值的本质植根于主体与客体的关系。价值作为主客体相互作用的过程和结果对于主体的意义而表现出来，其最终的存在形态是这种作用所形成的主体性事实。简言之，价值是在主体的实践——认识过程中，客体按照主体的尺度满足主体的需要，肯定主体的存在和发展这样一种关系。

诉讼价值是哲学上价值关系的现实的、具体的、特殊的形式。诉讼价值观念的形成也是以主体与客体的分化为前提的。具体地说，诉讼价值关系就是：在诉

---

① 邱联恭：《程序选择权之法理——着重于阐述其理论基础，并准以展望新世纪之民事程序法学》，载“民事诉讼法”研究会编：《民事诉讼法之研讨》（四），台湾三民书局1993年版，第580页。

② 中共中央马克思恩格斯列宁斯大林著作编译局编：《马克思恩格斯全集》（第19卷），人民出版社1972年版，第406页。

讼价值主体的诉讼活动中，诉讼价值客体本身的存在、特性，具有与诉讼价值主体的需要和诉讼目的相一致、相符合的性质。诉讼价值关系离不开诉讼关系，是诉讼关系的价值表达。前已述及，诉权主体与审判权主体之间的关系，既是价值关系，也是事实关系，即权利—权力关系。其中，作为诉讼价值主体的是诉权主体及其行为，作为价值客体的就是审判权主体（纠纷解决者）及其行为。诉权主体对审判权主体的作用关系，即审判权主体为诉权主体服务，向诉权主体靠近，满足诉权主体的需求，这种关系属于价值关系，而审判权主体对诉权主体的制约关系，即诉权主体接受审判权主体的指挥、裁断，则属于事实关系。在上述两层主客体关系中，诉权主体分别成为价值主体和事实主体，审判权主体及其行为分别成为价值客体和事实客体。

之所以将审判行为作为诉讼价值客体，无非基于下述原因，即在近代国家中，权力主体与权利主体之间存在着无法消弭的紧张关系，权力主体具有滥用权力的不可遏制的内在冲动，孟德斯鸠指出："一切有权力的人都容易滥用权力，这是万古不易的一条经验。有权力的人们使用权力一直到遇有界限的地方才休止。"[①] 只有限制权力的行使，权利主体才能免受伤害。由于近代以前的政治社会是权力的一统天下，权力决定着权利，因此，权力缺乏必要的制约，权力主体极易滥用权力，相对方则处于受支配、受强制和服从的地位。近代以来，随着社会政治哲学中人的主体性地位的确立，权力与权利的关系发生了逆转，不是权力决定权利，而是权利决定权力，权力被置于客体的地位，权力的行使受到权利的控制。从这个意义上说，近现代西方的诉讼制度是以权利主体制约权力主体、以权利制约权力的程序安排。在西方国家，权力与权利关系的重新定位，在相当程度上是通过诉讼程序完成的，权利对权力的控制实际上是通过程序对权力主体及其权力行为的约束。所以，西方的诉讼制度到近代已发生了质的变化，它由权力主体颐指气使的工具演变为防范权力滥用、引导权力主体理性行为的保障。

把审判行为作为诉讼价值的客体，可以彰显诉讼的主体性原则。在任何诉讼形态中，诉权主体的诉权都可以当然地成为人权的组成部分，是不可剥夺的自然权利，诉权不仅肯定了主体的权利，尊重了主体人格的独立，还可以促进政府依法行政，塑造公民与政府之间新型平等关系。更重要的是，它使审判权的行使真

---

① ［法］孟德斯鸠著，张雁深译：《论法的精神》（上册），商务印书馆1961年版，第154页。

正成为满足诉权主体需要的手段。

诉讼价值关系具有复杂的结构，它包括两个层次：一是诉讼价值主体与诉讼价值客体之间的价值关系，姑且称之为主体Ⅰ与客体Ⅰ的关系；二是评价关系，即评价者与被评价的价值关系之间的价值关系。这里的“评价者”可以是主体Ⅰ，也可以是另外的人——主体Ⅱ，而客体则是诉讼价值主体与诉讼价值客体之间关系的结果，姑且称之为客体Ⅱ。价值关系与评价关系中的主客体结构可以图示如下：①

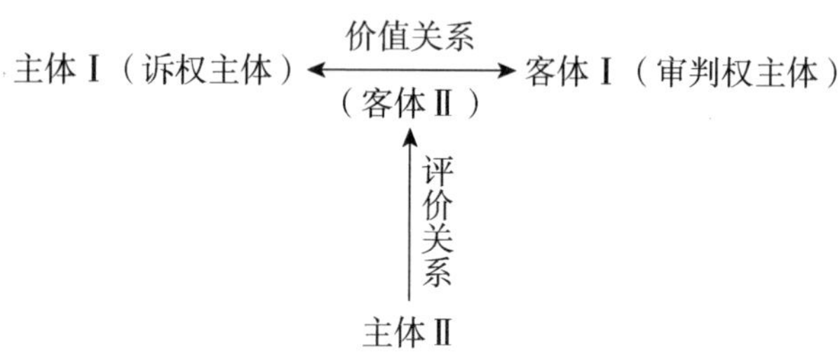

在诉讼价值关系中，诉权主体按照两个尺度——主体的尺度和客体的尺度来进行诉讼行为。其中，由诉权主体的需要和特性所规定的尺度，为诉讼价值主体的内在尺度；由审判行为的特性所规定的尺度，为价值客体的内在尺度。

在上述两个尺度中，只有诉讼价值主体的内在尺度才是诉讼价值尺度，它体现着诉讼价值主客体关系中的主体性内容。首先，进入诉讼过程的诉权主体有其自身的规定性和特殊的结构，这种规定性和结构，构成了诉讼价值主体内在尺度的客观基础。其次，诉权主体自身的规定性不仅内在地制约着其价值观念，而且也制约着其诉讼行为。它通过诉权主体的诉讼需要、诉讼目的和对于诉讼结果的追求，展现诉权主体的主体性地位。最后，诉权主体规定性的作用，它的客观方向和结果，是审判权行使的主体化，满足行使诉权的需要，服务于诉权主体的诉讼目的。

诉权主体及其行为与审判行为之间的相互作用，表现为两个方向相反、内容各异的过程。诉权主体对审判权的作用是指诉权主体根据自身需要，实施权利性诉讼行为，启动、推进、参与诉讼程序，在诉讼价值客体身上显现和直观自己的本质力量，从而实现自己的诉讼目的。需要的满足，是诉权主体实现权利并体现

① 该图示可以参见李德顺著：《价值论——一种主体性的研究》，中国人民大学出版社1987年版，第253页。

其主体性地位的过程。在此过程中，诉权主体把审判行为作为满足需要所不可或缺的条件，审判权的存在对于诉权主体的价值也得到充分体现，审判权愈来愈带上诉权主体所赋予的特征。

诉权主体运用诉讼程序，是为了满足自己的诉讼利益和需要。在不同的诉讼形态中，主体的诉讼利益既可以表现为解决权利争执，确定被追诉者是否犯罪以及是否受惩罚，也可以表现为对行政行为合法性审查的需要。由于诉权主体具有相互对立性、竞争性，其诉讼利益也往往是相互冲突的。在诉讼需要满足的过程中，诉讼目的也就包含其中了。诉讼目的是需要的具体化和现实化，是诉权主体诉讼活动的定向机制。审判行为必须服从和服务于诉权主体需要的满足过程。

诉讼价值主客体相互作用的结果是决定（裁判）。决定包含着两个方面：满足价值主体需要和符合诉讼目的的结果，背离价值主体需要和诉讼目的的结果。前者是审判行为对诉权主体的需要和目的起肯定作用的结果，后者则是审判行为背离诉权主体目的的否定性结果。肯定性结果的出现意味着审判的运作和变化更加接近于诉权主体的需要，使得诉权主体的需要、目的成为现实的存在。由于诉讼利益的对立性，裁判结果不可能同时满足诉权主体双方的需要，因而对审判行为所作的评价也就因人而异了。

在诉讼活动中出现的那些与诉权主体的需要和目的相悖的东西（如权力异化、审判权滥用、司法腐败），是诉讼价值客体“主体化”超过其限度的产物。这是由审判权的本质及属性所决定的。将诉讼关系定位为权利—权力关系，有利于使审判权成为诉权主体的“对象物”，有利于使一切审判行为最终都处在诉权主体的制约之下，并将审判行为的“主体化”限制在合法的范围内。[①]

审判权对诉权也会产生一些作用。在诉讼价值关系中，审判权的性质、功能，一方面，能够满足诉权主体的利益、需要、目的；另一方面，也以其自身的规定性制约着诉权主体。作为价值客体的审判行为大致可分为管理性权力行为和给付性权力行为两类。给付性权力行为是诉权主体满足其需要和实现其目的的纯粹条件，管理性权力行为则规范、引导诉权主体的诉讼活动。

总之，诉讼价值关系包括诉权和审判权相互作用的双向过程和内容。诉权的行使和实现需要审判权及审判行为的支持和保障，没有保障诉权就无实现的可

① 戚渊：《论宪法关系》，载《中国社会科学》1996 年第 2 期。

能，而审判权的存在需要诉权的认可，审判权的运作需要诉权的启动、接受乃至配合。在诉权与审判权的相互作用中，诉权的价值主体地位促使法院权力及其行为活动趋向主体、接近主体，为主体的需要及其发展服务，形成一定的价值关系。“诉讼价值”概念就是对这种关系的概括。换言之，在诉权和审判权相互关系中，法院权力及其行为是否按照诉权主体的尺度满足当事人的需要，是否给诉权主体充分的行使诉讼权利的机会，这种作用或关系的表现就成为诉讼价值。因此，诉讼价值是对诉权和审判权相互关系的一种主体性描述，它宣示了诉权中心主义或者当事人中心主义的法理念。

三、诉讼价值的客观性与主体性

诉讼价值的主要特性表现为它的客观社会性和具体的主体性。虽然客观性也是非价值（即诉讼现象）的特性，但它在诉讼价值关系中又具有自己的特点；而具体的主体性，则是诉讼价值的最显著特性和核心标志。

（一）诉讼价值的客观性

价值究竟属于主观范畴还是客观范畴，在哲学史和经济思想史上都曾形成两种对立的学说，即主观价值论和客观价值论。主观论者把价值归结于纯粹个人的意志或偏好，客观论者把价值实体化，并归结于客体本身。前已述及，诉讼价值不是一个实体范畴，它不表示在诉权与审判权之外的第三种实体，不能把它理解为一种独立的存在物；诉讼价值也不是一个属性范畴，在孤立的诉权或审判权之上都不存在着“诉讼价值”这种属性，不能把诉讼价值理解为任何司法审判行为内在的、固有的、天然的属性。诉讼价值是一个关系范畴，它表明诉权与审判权之间“一个特定关系方面的质、方向和作用”①。尽管主体与客体的属性以及其他社会性事实构成了价值的基础，但作为一个关系范畴的诉讼价值，其客观性不能等同于诉权或审判权的属性。

1. 诉讼价值的客观性与审判权的属性

近代的司法（或审判）最初是一个政治学或法学概念，当1787年它被载入美国宪法后，分权学说即由学术层面进入现实实践，司法审判的概念逐步呈现技

---

① 李德顺著：《价值论——一种主体性的研究》，中国人民大学出版社1987年版，第125页。

术性、程序性特征。从形式上看，司法审判与行政都是执行法律的个别化的或具体化的行为，统一于广义的执法活动。但是，行政是实现国家目的的直接活动，而审判是实现国家目的的间接活动。司法权（审判权）的下述特点使之区别于行政权。

司法审判的独立性。司法审判的任务主要是解决公民之间以及公民与国家之间的法律争执，消除社会冲突和社会紧张关系；而公民权利的保障，也有赖于法院的维持。因此，在组织技术上，司法审判机关只服从法律，不受上级机关、行政机关的干涉。在历史上，司法审判和审判权曾是反对专制、对抗王权的一道屏障，负责监督政府、保护人民，同时也有效地保护法官。龚祥瑞教授认为，“司法独立至少有两层意思：司法机关在审判活动中独立于行政机关（即政府），在美国并且独立于立法机关（即国会）；司法机关在审判活动中所发表的言论、所做的一切行为不被追究法律责任，以便于有效地独立审判，即‘司法人员不受民事起诉的豁免权’（Judicial Immunity from Civil Actions）。”[①] 司法审判的独立性是法治的真谛。司法审判的独立性有别于行政的从属性。在行政系列中，上级对下级有发布指令、决定之权，下级对上级则有服从的义务，其权限受上级机关的制约。

司法审判的被动性。司法审判的惯常机制是“不告不理”，司法程序的启动离不开权利人或特定机构的提请或诉求，但司法者从来都不能主动发动一个诉讼，因为这与司法权（审判权）的性质相悖。这样做，只能使审判机关混同于主动实施管理、调查或处罚等职务行为的行政机关。司法者所应做的事情是：站在中立者立场，受理公诉人、自诉人或原告就争议所提出的控告、请求，并根据相对方的申辩，依照法律或判例，对案件作出终局性的判断。审判权在某种意义上就是判断权，是对有关一方提交事项作出的回应，法官就是决断人。没有公诉人、自诉人或原告的起诉，法院就不能主动地发动诉讼或主动审理案件。否则，司法者离开中立立场，僭越司法权限，就会丧失司法所固有的要求。正如托克维尔所言：“从性质上来说，司法权自身不是主动的。要使它行动，就得推动它。向它告发一个犯罪案件，它就惩罚犯罪的人；请它纠正一个非法行为，它就加以纠正；让它审查一项法案，它就予以解释。但是，它不能自己去追捕罪犯、调查

---

① 龚祥瑞著：《西方国家司法制度》，北京大学出版社1993年版，第95页。

非法行为和纠察事实。”①

司法审判的普遍性。司法是法律与社会生活的纽带和中介环节，它连接着法律与社会生活中的个别性事件。司法的过程是运用法律解决个案纠纷，将法律适用于个案的过程。案件的司法解决意味着个别性事件获得普遍性，普遍性在个别性事件中得以实现。因此，“司法本质上要求对同样的个案同样对待，排除案件当事人在宗教、种族、肤色、社会地位和财富等方面的一切外在差别的影响。即便是公共权力机关乃至国家本身涉讼，在诉讼中也要降低为个别性。”② 司法审判不仅具有形式上的普遍性，在实质意义上，司法审判可以解决其他机关所不能解决的一切纠纷（此即司法最终解决原则），并且司法解决极具公信力，具有终局性特点，这赋予司法以超越于其他解纷方式的普遍性效果。

司法审判的多方参与性。司法审判尽管是国家权力的运作行为，但是审判权毕竟是一种消极的、被动的权力，司法过程离不开多方当事人的诉讼参与：在民事诉讼中需要原被告双方的协商、交涉、辩论，在刑事诉讼中需要控辩双方的辩驳、质证、对抗，在行政诉讼中则需要政府与行政相对人之间平等地论战。司法者所作的裁判，必须是在受判决直接影响的有关各方参与下，通过提出证据并进行理性说服和辩论，以此为基础促进裁判的制作；而不像行政管理者那样，通过单方面调查取证而形成决定。

既然说诉讼价值是一个关系范畴，那么，对诉讼价值的客观性就不能从法院权力行为的属性或诉权的属性那里得到说明。无可否认，法院权力行为及其程序的一定属性是形成诉讼价值的客观前提、必要条件和要素，法院权力行为及其属性的客观性，是诉讼价值客观性的基础和承担者之一。审判权作为当事人意志和本质力量的对象化，它本身就是一个价值体系，诉讼程序规范具有评价主体行为效力的功能。然而能否由此认为诉讼价值是司法审判本身所固有的属性呢？例如，司法审判是否具有“公正”的属性，或者司法审判能否产生“公正”的属性呢？回答是否定的。作为人类自觉创造物的法律，不仅反映人类就社会行为获得的存在论知识，而且也反映对这种行为状况的揭示所产生的价值判断。无论立法者还是司法者，都必定受某种诉讼理念的制约。“作为立法基础的法律价值评

① ［法］托克维尔著，董果良译：《论美国的民主》（上卷），商务印书馆1991年版，第110页。
② 宋振武：《论普遍的司法概念》，全国诉讼法学会1999年年会论文。

价，并非对个别的社会关系，而是在使法律具有社会普适性前提下对各种社会关系的抽象化，因此立法的前提是对社会关系的正确分析。”“在司法层面，由于司法是适用法律、评价和实现法律价值的过程，而且作为形成和维持社会秩序的手段，司法必须在普遍价值评价的基础上进行。”① 价值评价能够使诉讼制度始终保持着一种自我反思和批评的功能，防止被扭曲和发生畸变，必要时可以公平、正义的观念来校正恶法。如果一种法律规则对正义的侵犯已达到不能容忍的程度时，这种法律就成为“非法的法律”，人们必须服从正义这一价值准则。典型实例如第二次世界大战中，在法西斯主义的法律下，许多恶行合法地肆虐。第二次世界大战后，对法西斯战犯、间谍、告密者的惩罚问题就变得相当棘手，因为他们的恶行在当时的法律下都是合法的。在纽伦堡审判中，德国法院对战犯这种申辩的回答是：这些人“所根据的法律是违反基本道德原则的，因而是无效的”②。纽伦堡审判充分运用了诉讼价值对恶法和恶法下恶行的批判意义，并把平等、正义、人权等作为诉讼的基本价值准则来校正恶法、矫正恶法下的恶行，对恶法予以否认，对恶法下的恶行予以制裁。可见，价值评价不但没有动摇人们的法律信仰，反而保持了法律信仰的理性化。同理，诉讼价值（如公正）不是司法审判行为的属性，而是人们把本来不属于法院权力行为或司法程序的东西看成了司法行为本身所固有的东西，把人们自己的活动及其意义转加在审判行为之上。

2. 诉讼价值的客观性与诉权及其主体的特性

诉权意指当事人请求人民法院行使审判权以保护其权益的权利。诉权的性质和特征可归纳如下：

第一，诉权既是程序性权利，又是实体性权利。诉权同时具有程序和实体两方面的规定性，内含着程序和实体两方面的构成要件。从实体性权利来看，诉权就是请求权，即当事人请求法院通过审判强制实现其合法权益的权利，这是诉权的内容。从程序性权利来看，诉权是起诉权，即当事人的合法权益受到侵犯或发生争执时请求法院给予司法保护的权利。诉权的实体性质体现了诉权实现的可能性，而诉权的程序性质则反映了诉权实现的现实性。我们承认诉权性质的双重

---

① 刘荣军著：《程序保障的理论视角》，法律出版社 1999 年版，第 159 ~ 160 页。
② 沈宗灵著：《现代西方法理学》，北京大学出版社 1992 年版，第 50 页。

性，体现了我们对诉权的保护态度，即不管原告的实体权利是否存在，法院都应受理其诉讼，由此实现诉权的现实性和可能性的统一。

第二，诉权既是抽象的权利，又是当事人享有的具体权利。说其抽象，是因为诉权本身是对其所涵盖的各种不同的法律现象的理论概括；说其具体，是因为诉权有其自身的存在要件。当事人是否有诉权，不看其他，就看其是否具备诉权的存在要件。诉权的抽象性与具体性统一的意义在于：诉权的抽象性使其区别于诉讼权利，诉权的具体性使其区别于诉讼权利能力，否定诉权的上述特征，无异于否定诉权概念本身。

第三，诉权既是客观性权利，又是主观性权利。诉权的客观性体现在诉权是宪法、人民法院组织法以及民法、刑法、行政法、诉讼法等法律赋予的。当主体的权利受到侵犯或者发生争议时起诉权便产生和存在，任何单位和个人（包括法院）都不能随意剥夺权利人的诉权。诉权的主观性体现在诉权都是由当事人主张的，法院不可能也没有必要保护未主张的实体权利。诉权的主观性极大丰富了诉讼的样态。为了规范各种形式的诉讼，诉讼要件理论就应运而生了。区分诉权的客观性与主观性的意义在于：法院的重要任务就是保护真正享有诉权的权利人（当然也同时保护当事人的程序利益），防止诉权的滥用。

第四，诉权是自诉讼外部加以利用的权能。以往的许多诉权学说，如抽象诉权说、具体诉权说、本案判决请求说等都将诉权的概念与现实的诉讼程序相分离，认为诉权系存在于诉讼外的权利，是争议出现后的一种状态，是诉讼制度机能发挥的原动力。但是，这并不意味着诉权不能进入现实的诉讼过程，也不意味着否定诉权贯彻诉讼始终的效力——诉权仍然是构成诉讼程序基础的权利。

诉讼价值的客观性是由诉权的特性来承载的，并体现在诉权主体的诉讼需要、诉讼活动和诉讼体验中。诉权主体的需要产生于主体自身的结构、规定性和同周围世界的密切联系。以当事人的需要为例，它有两种典型形态：一是物质需要，通常表现为对财产权利的主张，如返还财产、赔偿损失；二是精神需要，通常表现为对精神损害的请求，如赔礼道歉、恢复名誉。无论是物质需要还是精神需要，都代表着诉权主体与审判权之间一种客观的、必然的联系。需要在本质上是客观的，是不依当事人意志或其他任何意识为转移的。需要的满足，总是一个客观的过程，这个过程以当事人使法院行为同化的客观结果表现出来。诉权主体的诉讼活动是其诉讼需要、诉讼目的的外化，它必须以准确无误的方式表示出来，以便接受法院权力行为的审查和效力认定。诉讼活动还是现实的、具体的、前后相继的过程，一种诉讼活动必然引起另一种诉讼活动的发生。诉讼活动的明示性、现实性和衔接性决定了它的客观性。诉权主体在诉讼活动过程中的实际体验和感受，本身是一种主体性的客观事实。从这个意义上说，诉权主体的特性不仅是诉讼价值的客观性之前提，而且是承载和体现诉讼价值客观性的最终形式。因此，诉讼价值的客观性，最终要通过诉权主体的确定和发展变化表现出来。

（二）诉讼价值的主体性

如果说客观性是诉讼价值的宏观特性的话，那么，主体性就是诉讼价值的微观特性。主体性在哲学上包含双重含义：一是指人类的存在方式、活动方式和对世界以及自身的把握方式，简言之，人是主体存在物。这是主体性最重要、最本质的方面。二是指对象性活动中主体的特性。① 前者强调的是“人的一般本性”，即人性，② 后者强调的是人作为主体时的特殊本质，即独特的属性；前者始终居于主导地位，后者则处于从属地位。诉讼价值作为一种具体价值，它的主体性主要是从第二种含义上使用的。它是指诉讼价值本身的特点直接同诉讼价值主体的特点相联系，诉讼价值的特性表现或反映着诉权主体性的内容。由于诉讼价值主体尺度在实践—认识活动中的作用，使得诉讼价值具有个体性和多维性的特点。

诉讼价值是一种以诉权主体尺度为尺度的关系内容，诉讼价值的个体性，根源于诉权主体内在结构和条件的特殊规定性。不同形态的诉讼中，诉权主体具有不同的结构和条件，但对于审判权和审判行为有着某些共通的要求，如要求司法公正、诉讼效率等基本价值。然而，由诉权主体的不同诉讼利益和需要所决定，我们常常见到这种情况：对于同一诉讼制度和诉讼过程，不仅利益对立的当事人之间会作出不同的评价，而且地位中立的法官也会作出不同于当事人各方的价值评价。事实上，无论是当事人，还是法官，任何一个程序参加者都有自己的一套价值坐标体系，不同主体之间在诉讼价值关系上不可能完全重合，甚至常常互相对立。正由于诉讼价值具有主体的个体性特点，所以在诉讼程序中，诉讼价值的标准、评定和表现是极其复杂的，是多层、异向、异质的。

以诉讼所追求的公正为例。公正固然需要立法者设计公正的诉讼程序，也需

① 陈志良：《主体性原则是马克思主义哲学的基本原则》，载《光明日报》1993年6月12日。
② 李德顺著：《价值论——一种主体性的研究》，中国人民大学出版社1987年版，第68页。

要司法者公正执法，但这远远不够。在程序制度之外，还存在一个观念问题，那就是：对诉讼活动公正与否，谁最有资格作出评价？是立法者、法官、当事人，还是社会大众？

不可否认，立法者制定法律、法官适用法律时，自然禀持着公正观念和内心良知，并且考虑了社会大众的公正需求。但是，司法活动毕竟是具体的、现实的、活生生的，脱离司法的封闭空间由立法者、社会大众去评价司法个案，尽管可能，然而从程序自身的完结性而言，难免有隔靴搔痒之感，唯有司法活动的参与者、亲历者才会有司法公与不公的切身感受。在诉讼程序中，法院与当事人分别构成程序参与者的两极，他们都经历了诉讼过程，那么，他们是否具有同等的评价司法公正的能力呢？

回答是：否！在法院与当事人之间，唯当事人的感受、评价最具诉讼法上的意义。以主体要素为参照，诉讼无非也是法院与当事人的实践、活动过程，体现着法院与当事人的行为关系。当事人依据自身的目的和需要启动司法程序，通过与法院之间的行为互动，推动着司法进程不断更新。诉权与审判权构成了诉讼活动的基本矛盾，诉讼的出发点是诉权而非审判权。诉权制约甚至决定审判权，当事人决定诉讼标的或审理对象，这些构成了任何诉讼形态的根本基础。作为诉权载体的当事人应当成为诉讼活动的中心，诉讼程序的设置应当向当事人倾斜。

更重要的是，诉讼机制的根本出发点在诉权主体而非法院，诉讼制度是为诉权主体设计、服务的，当事人是诉讼制度的利用者，法院的使命正在于为当事人提供一个解决社会冲突的正当渠道，而没有任何理由通过诉讼活动为自身谋取利益。比如，在当事人要求使用普通诉讼程序解决纠纷时，法院不能以国家司法资源有限为由，剥夺当事人的程序选择权，单方决定适用简易诉讼程序；在当事人调查证据手段受限而寻求法院支持时，法院不能以落实当事人的举证责任为由，将包袱甩给当事人，而又不为当事人提供相应的举证手段。尽管法院握有很大的权力，享有至尊的权威，但在价值关系中，法院只能是受动者，法院的行为是评价的对象，诉讼价值的评价指向法院及其司法行为。法院和法官有努力实现司法公正的职责，却没有决定其行为公正与否的权力。在任何诉讼形式中，这一权利无可置疑地归属于诉权主体，诉权主体的价值主体地位凸显了诉讼价值的主体性。所以，诉讼价值本质上是一个关于人的问题，诉讼价值论的建立就是要把程序法学身上的尘埃掸掉，听从人的呼唤，发扬人的主体精神。

承认当事人的诉讼主体地位，确立“程序主体性原则”[①]，必然要求立法者尊重当事人的意志和人格。主体的一个重要特性就是意志自由和行为自由的统一，缺乏意志自由和行为自由的主体是不能称为“主体”的。立法者应当通过程序使当事人的精神净化，而不应在他们的尊严之上再施暴行。[②] 立法者对当事人意志和人格的尊重，反映到诉讼规范上，就是全面、充分地保障当事人的程序基本权利：其一，立法者要尊重当事人的合法意愿，并使之具有诉讼法上的效果。诉讼过程是当事人之间、当事人与法院之间进行信息交流和沟通的过程，立法者既要维护当事人之间自主的横向交流活动，又要赋予当事人在与法院之间进行非自主的纵向交流时所提供的信息以束缚法院的效力。在诉讼程序的进行上，奉行“不告不理”的诉讼发动机制，并应当承认当事人在推进程序和终结程序上有一定的决定权。其二，立法者要尊重当事人的合法处分行为，并使之直接产生诉讼法效力。

四、诉讼价值的类型

法律的目的性价值与工具性价值，是以法律价值的功能为标准所作的分类。人类自觉的法律活动中有两个相互联系的因素：目的和手段。目的是活动主体在观念上事先建立的活动的未来结果，它必须通过人运用手段改造法律的实践活动来实现。手段是实现目的的方法、工具、途径，是有目的的法律实践活动中人与法之间的中介。人的目的反映人的法律需要，法律需要是目的的客观基础。人根据需要能力和具体条件设定目的，选择和创造一定的手段，通过法律实践活动来满足其法律需要。有些目的与主体的存在、发展直接同一，如人格尊严、幸福等，法律满足这种目的和需要所形成的价值，就叫做“目的性价值”；有的价值目标在局部看来它是目的，然而对更高的目标来说，它又具有工具性，这种为其他价值的实现和完善服务的价值，就叫做“工具性价值”。法律的目的性价值与工具性价值是相对的，正如目的和手段区分的相对性和可转化性一样。相对于人的一定法律价值目标来说，该目标的实现对人的意义属于目的性价值，而为实现该目标所用的工具、方式等则具有工具性价值；相对于人的更高、更远的价值目

① 江伟：《市场经济与民事诉讼法学的使命》，载《现代法学》1996 年第 3 期。

② ［美］伯尔曼著，梁治平译：《法律与宗教》，生活・读书・新知三联书店 1991 年版，第 59 页。

标来说，该目标又是实现长远目标的条件和手段，其价值又是一种工具性价值。在哲学上，对于价值类型的划分，存在多种方法。其中有一种方法，是从一个具体的角度出发，抓住价值关系本身独有的特点进行划分。这种方法就是撇开价值关系的一切外在形式，而仅仅根据“目的”和“手段”这两类价值关系中最基本的功能特性来分类。这种分类方法对于诉讼价值最具意义。据此，诉讼价值可以分为两个基本类型：一是目的性价值；二是工具性价值。

（一）诉讼程序的目的性价值（内在价值）

如前所述，诉讼价值是诉讼价值主客体之间需要与满足的关系。在诉讼程序中，某些需要的满足，是诉讼价值主体活动的内在目的本身，因此，诉讼程序满足这种需要所形成的价值，就叫做“目的性价值”。在我国法学界，目的性价值又被称为“内在价值”，它包括自由、公正和效益等具体形态。程序公正和效益价值将在以后专章论述，这里仅论及程序自由价值。

程序自由价值反映了诉讼价值的主体性尤其个体性。程序自由是个体的自由，是个体存在的基本结构。个体自由的根本标志在于诉讼价值主体合乎目的地支配诉讼程序，选择、判断和接受诉讼程序。程序自由不是诉讼价值主体的片面需求得到满足的安逸状态，而是人的全面需求得到充分发展的状态；不是摆脱诉讼程序限制和影响的主观随意性，而是不断地将诉讼程序内化为诉讼价值主体的自身力量，并将意志自由外化为行动自由的现实过程。在诉讼程序中，程序自由价值主要体现在如下两个方面：

第一，保障当事人的诉权不受审判权的贬损和压制。自由的规定性之一就是“不受他人的干预和限制，保障法官的审判权不受外在压力的干预，即所谓‘免予……的自由’”或“消极的自由”。诉讼程序对价值主体自由的保障和促进作用最突出地体现为它能够为自由意志的实现排除诉讼程序内外某些不适当、不公正的障碍或束缚，具体方法就是把自由转化为诉讼权利（自由权），并以国家意志的形式表现出来。诉讼程序在确认自由权的同时，也划定了各种自由权利的边界或范围，因此，诉讼程序又是对主体恣意（主观任意）的限制。对法官来说，自由价值的保障是通过审判独立机制来实现的；对当事人来说，自由价值则是通过确立诉权对审判权的制约机制而得以保障的。

第二，保证诉讼价值主体进行理性选择。程序自由的另一个规定性为“自愿选择”，也就是“能为我自己的选择负责，并能根据我自己的观念和目的解释我的选择”，也即“从事……的自由”或“积极自由”。[1] 从表面上看，诉讼程序似乎是对主体意志自由和行动自由的限制，然而，诉讼程序在本质上是强制主体成为自由人的武器。诉讼程序对价值主体恣意的限制是以保证主体的自由选择为前提的，诉讼程序以其明示、肯定和客观的规范为诉讼价值主体预设了行为模式及其客观后果，这就增加了主体行为的可预测性，即增加了行为选择的自由度。因此，诉讼程序排斥恣意却并不排斥选择，程序始终是与选择联系在一起的。卢曼曾论及程序与选择的关系，他指出：“所谓程序，就是为了法律性决定的选择而预备的相互行为系统。”[2] 程序自由就是程序主体的选择自由。

（二）诉讼程序的工具性价值（外在价值）

与诉讼程序的目的性价值相对应的，是诉讼程序的工具性价值。所谓工具性价值，就是诉讼程序满足主体某些需要所形成的内在价值，在局部看来它是主体诉讼活动的内在目的本身，然而从更大范围内看，它又是用以实现某一外在目的之手段。这种“外在目的”就是诉讼程序的实体目的，即实体性目标。在我国，工具性价值又被称为“外在价值”，它包括实体公正、秩序等具体形态。实体公正将在以后详论，这里简单论及秩序价值。

秩序价值反映了诉讼程序的强制性和排他性，它包括和平与安全（或安定）两个方面。“秩序总意味着某种程度的关系的稳定性、结构的一致性、行为的规则性、进程的连续性、事件的可预测性”以及实际结果的确定性和自缚性。用英国社会学家科恩（P. S. Cohen）的话说，秩序的主要意义和规定性是：（1）“秩序”与社会生活中存在一定的限制、禁止、控制有关；（2）它表明在社会生活中存在着一种相互性——每个人的行为不是偶然的和杂乱的，而是相互回答或补充他人的行为的；（3）它在社会生活中捕捉预言的因素和重复的因素——人们只有在他们知道彼此期待的情况下，才能在社会上进行活动；（4）它能够表示社会生活各组成部分的某种一致性和不矛盾性；（5）它表示社会生活的某种稳定性，即在某种程度上长期保持它的形式。[3] 在文明社会中，法律秩序是预防和制止无序（无秩序）状态的首要的、经常起作用的手段。

---

① 张文显著：《法学基本范畴研究》，中国政法大学出版社1993年版，第263页。

② 转引自季卫东：《程序比较论》，载《比较法研究》1993年第1期。

③ 参见张文显著：《法学基本范畴研究》，中国政法大学出版社1993年版，第258页。

法律秩序依赖于三个支柱：一个自治的法律制度、普遍规则和适用法律的推理过程，[①] 而最为重要的是关于法院应该如何行为的规范。在西方法治国家中，法律秩序的核心正是普通法院。庞德认为，法律秩序是一个过程，一种秩序化的过程，它构成社会控制程序的一个方面。[②] 伯尔曼则更为明确地指出："法律是一种特殊的创造秩序的程序，一种恢复、维护或创造社会秩序的介于道德和武力之间的特殊程序……它是被发明出来应付潜在的或实际的对社会行为规范或模式的干扰的。它的特点——精巧、明确、公开性、客观性、普遍性——使它成为解决这些干扰、维护社会秩序正常的有机程序。"[③] 可见，法律秩序的形成需要程序，法律秩序的维护离不开程序。程序在建立和维护社会生活、生产和交换秩序，甚至阶级统治和权力运行秩序的过程中发挥了巨大作用。

第二节　程序公正

在法律制度中，实质正义（或实体正义）是指立法在确定人们实体权利义务时所要遵循的价值标准，如平等、公平、合理等。实体权利义务的确定，本质上是对政治自由和平等、资源、社会合作的利益和负担进行权威性地、公正地分配。形式正义是指法律适用方面的正义，只要严格依法办事，或者说严格地执行和遵守体现实质正义的法律和制度，就符合形式正义。关于形式正义的经典表述是："同样情况同样对待"（Treat like cases alike）或"类似情况类似处理。"形式正义以实质正义为前提，并为实质正义服务。程序正义是立法者在程序设计、司法者在程序操作过程中所要实现的价值目标。就程序利益的分配、程序权利义务的安排而言，程序正义与实质正义有内在联系；就程序规范的普遍效力和遵循的强制性要求而言，程序正义与形式正义又密不可分。然而，与程序正义相比，实质正义和形式正义主要是一种"结果价值"，是评价程序结果的价值准则。而

① ［美］安·塞德曼、罗伯特、B. 塞德曼，时宜人译：《法律秩序与社会改革》，中国政法大学出版社 1992 年版，第 162 页。

② ［美］罗斯科·庞德著，曹玉堂、杨知译：《法律史解释》，华夏出版社 1989 年版，第 153 页。

③ 转引自吕世伦主编：《当代西方理论法学研究》，中国人民大学出版社 1997 年版，第 271 页。

"程序的本质特点既不是形式性也不是实质性，而是过程性和交涉性"[①]，因此程序正义本质上是一种"过程价值"，它主要体现于程序的运作过程中，是评价程序本身正义与否的价值标准。然而迄今为止的法律解释学都是从形式的角度来理解程序的，凯尔森试图把一切法律现象都还原为程序法，达到严格的法律形式主义的极致。但程序未必可以完全归入形式的范畴，程序正义也不能简单地归结为形式正义。有些西方学者将程序正义与形式正义等同起来，认为"法律适用方面的正义是程序正义或形式正义。"这种观点是不正确的。[②] 程序正义价值可以广泛地适用于审判、调解、立法、行政等法律程序中，构成诉讼制度的内在价值之一，在某种意义上是诉讼的最高价值，因而成为西方学者研究诉讼价值的中心。在我国，由于学者和实务界普遍用"程序公正"一词来指称程序正义，故本章在谈及程序正义时除另有注明外，一律使用"程序公正"一词。

一、程序公正的历史观念

程序公正观念肇端于英国，并为美国所继承和发展。在英美法中，程序公正观念经历了从自然公正观到正当程序观的演变过程。自然公正（natural justice）的概念起源于自然法，在18世纪以前，这个概念常与自然法、衡平、最高法等通用。近代以后，自然公正通常表示处理纷争的一般原则和最低限度的公正标准，又叫做"诉讼程序中的公正"[③]，其中具体内容包括：（1）"任何人不能自己审理自己或与自己有利害关系的案件（nemo judex in partesua）"；（2）"任何一方的诉词都要被听取（oudi alteram partem）"[④]。自很早以来，这两个原则就一直被牢固地确立于英国司法制度中。根据第一项原则，一个法律制度必须为保护权利和补偿损失提供公正的法庭，而且任何人都不应当在自己的案件中充当法官。如果法官与判决结果有任何法律上或金钱上的利害关系，或者法官有偏袒一方当事人的可能性或迹象，那么法官应放弃审理该案。根据第二项原则，在当事人双

---

① 季卫东：《法律程序的意义——对中国法制建设的另一种思考》，载《中国社会科学》1993年第1期。

② 参见张文显著：《当代西方法哲学》，吉林大学出版社1987年版，第203页。

③ 龚祥瑞、罗豪才、吴撷英著：《西方国家的司法制度》，北京大学出版社1993年版，第126页。

④ ［英］戴维·M. 沃克：《牛津法律大辞典》，"自然正义"词条，光明日报出版社1988年版，第628页。

方进行法律争讼时，法官应给予双方平等陈述已见的机会，并同等地看待他们的意见。这些原则制约着人们在法庭内外行使司法职权时应当遵循的行为方式，如违反这些原则，有关的司法审判活动则被宣布无效。在司法程序中，最早使用“自然公正”一词的是英国的普拉特法官。他负责起草了1723年“国王诉剑桥大学案”的判决书。在该案中，王座庭的裁决恢复了著名的本特利博士的神学博士学位。这个学位曾在剑桥大学副校长主持的一次会议上被取消，对此，本特利没有获得任何申辩的机会。担任该案首席法官的普拉特评论道：“此次会议在对他进行与之不利的指控、降低其资格的时候拒绝所取他的申辩，这与自然公平是不相容的”①。

自然公正的内容不是一成不变的，上述两项原则仅构成自然公正的基本要求。美国法学家博登海默认为，自然公正“作为自然理性的命令而对人类精神施加影响”的三个原则分别是：“未违反法律者不应被判有罪”“双方当事人都应当获得机会陈述已见”“任何人在自己的案件中都不能是法官”。② 可见，博氏的自然公正观包含了比传统的含义更多的内容。1932年，英国大臣权力委员会提出了两项新的自然公正原则。第一个原则是，无论处理争议的程序是司法性质的还是非司法性质的，争议各方当事人都有权了解作出裁决的理由。第二个原则是，如果对负责调查的官员所作出的报告草案提出公众质询，那么，争议各方当事人都有权得到该报告的副本，③ 但是，对于这两项新原则能否普遍适用于一切带有司法性质的纠纷处理程序，许多人尚存疑义。就自然公正所产生的争议，主要与各种非司法审判机构（non judicial adjudicatory bodies）有关，这些机构包括行政裁判所、宗教裁判所、行业组织、工会以及其他有权管理其成员事务的各种民间组织等。英国大法官丹宁勋爵在扩大自然公正的适用范围方面起了主要作用。在他的推动下，自然公正不仅适用于司法程序，而且适用于非司法程序，尤其是行政程序。对于非司法机构而言，自然公正的具体要求是：非司法裁判机构

---

① 参见［英］彼得·斯坦、约翰·香德，王献平译：《西方社会的法律价值》，中国人民公安大学出版社1990年版，第97~98页。

② ［美］E.博登海默，邓正来、姬敬武译：《法理学——法哲学及其方法》，华夏出版社1987年版，第267页。

③ ［英］彼得·斯坦、约翰·香德，王献平译：《西方社会的法律价值》，中国人民公安大学出版社1990年版，第98页。

必须遵守最低限度的公正要求，即裁判者公平无私和保证当事人的听审权；在非司法审判组织违背上述最低标准和程序保障而作出决定时，受决定不利影响的当事人有权要求法院对该决定进行司法审查。[①]

在美国、英国和加拿大等国家，对非司法审判机构的决定尤其是行政决定进行司法审查，已成为一个普遍的趋势。这一趋势是对植根于英美司法程序中的自然公正观的反映和体现。当然，任何人不得做自己案件的法官这一原则，在非司法程序中并未得到完全的遵守。例如，当个人和行政机构之间发生争议，并且由行政机关对争议作出行政裁决时就是如此。自然公正观现在是英国法院采行的一条最基本的宪法原则，并仍然是英国司法程序与非司法程序中所要遵循的准则，它适合于审理所有一切案件。这一准则在欧洲和美国也得到了发展，并已深入到欧美人的公正意识之中。1977 年欧洲议会部长委员会在调查了程序权利与救济之后，为行政法领域的自然公正提出了五项准则：（1）受审判的权利（辩论、证据）；（2）在行政行为之前，获得有关的信息；（3）在行政程序中的协助与代理；（4）在行政程序中或在合理时间内应请求书面陈述理由；（5）指明救济及所给的时间限制。[②]

在美国法中，自然公正观已被正当程序观所取代。正当程序（due process）一词首先由詹姆斯·麦迪逊在起草《权利法案》时提出的，并被美国联邦宪法确立为一项基本原则。它具有一种技术上的精确含义，只适用于法院的诉讼过程和程序。[③] 正当程序有以下三个特征：（1）有权向不偏听不偏信的裁判所和正式法院陈述案情；（2）有权知道被指控的事由（事实和理由）；（3）有权对控告进行辩解。[④] 在美国内战前期，正当程序的概念扩大到对政府权力的限制，实质性正当程序代替了自然法的基本规范，宪法的核心从自然法的理论迅速转向对正当程序条款进行扩大解释，由此在美国形成了一种新的观念：不论是从实体法还是从程序法的观点看，个人的权利都是由正当程序保护的。正是由于正当程序包括

---

① Mauro Cappelletti and Bryaut G. Garth, International Encyclopedia of Comparative Law. Civil Procedure. Introduction pp. 61 – 62, 1986 by Martinus Nijhoff Publishers.

② ［英］威廉·韦德著，徐炳等译：《行政法》，中国大百科全书出版社 1997 年版，第 101 ~ 102 页。

③ ［美］伯纳德·施瓦茨著，王军等译：《美国法律史》，中国政法大学出版社 1989 年版，第 49 ~ 51 页。

④ 龚祥瑞、罗豪才、吴撷英著：《西方国家的司法制度》，北京大学出版社 1980 年版，第 128 页。

了实体法方面的含义，才使它具有了限制政府权力的重要意义。美国宪法第5条修正案规定："非经正当法律程序，不得剥夺任何人的生命、自由或财产。"该法第14条修正案对各州也提出了相同的要求。可见，美国宪法中的正当程序条款包含了实质性正当程序与程序性正当程序两方面的内容。前者是正当程序概念扩大化的产物，它直截了当地把最重要的实质性限制加到了政府权力之上，后者则是"正当程序"一词的始初含义，它要求解决争端的程序必须公正合理。据美国权威的《布莱克法律辞典》的解释，"程序性正当程序的中心含义是指：任何权益受判决结果影响的当事人都享有被告知和陈述自己意见并获得听审的权利……合理的告知、获得庭审的机会以及提出主张和抗辩等都包含在'程序性正当程序'一语中"①。美国学者认为，程序性正当程序体现了正义对法律程序的基本要求，换言之，满足正当程序要件的程序才是合乎程序公正要求的，反之，合乎程序公正要求的程序就是正当程序。因此，"程序性正当程序实际所表达的价值就是程序公正"②。程序公正的观念在英美法中的出现和发展绝不是偶然的现象。日本学者谷口安平将英美程序公正观念的演变归结为三个原因：陪审裁判以及作为其前提的当事人主义诉讼结构；先例拘束原则；衡平法的发展。首先，当事人双方在由一般市民组成的陪审团面前相互提出证据、进行辩论，陪审团对案件作出胜败的判决，陪审团的判决不提供理由，这样就无从检验判决结果是否符合客观真实，只能由程序的正当来间接地支持结果的正当性。其次，先例拘束原则（doctrine of precedent）要求法院在审理与先前的案件相同或相似的案件时，应按照以往判决所确立的先例，对于相似的法律问题作出同样的判决。其前提也在于当事人及其律师尽量找出有利于己方的先例，并通过辩论说服法院予以适用。最后，衡平法是在缺乏普通法的救济方法时，由衡平法官根据当事人的申请并运用其自由裁量权，对案件作出适当的决定。在这里，保证衡平法法官判决结果正确的仍然是程序。③ 在上述几个因素的影响下，英美法形成了重程序的传统，即不是以某种外在的客观标准来衡量判决结果正当与否，而是通过充实和重视程序过程本身以保证判决结果能够获得当事人的接受，这就是

① HC Black, Black's Law Dictionary, West Publishing Co. 1979p. 1083.

② 陈瑞华著：《刑事审判原理论》，北京大学出版社1997年版，第57页。

③ ［日］谷口安平著，王亚新、刘荣军译：《程序的正义与诉讼》，中国政法大学出版社1996年版，第4～5页。

程序公正的精神实质。

二、程序公正的基本标准

在西方学者看来，程序公正的判断依据或具体形态是同动态的诉讼过程联系在一起的，离开程序一般公正实现的过程和途径，就无法全面说明程序公正标准的设置。美国学者泰勒认为评价某一法律程序是否公正的价值标准有：[①]（1）程序和决定的参与性；（2）结果与过程的一致性；（3）执法者的中立性；（4）决定和努力的质量；（5）纠错性；（6）伦理性。另一位美国学者戈尔丁（Golding）则认为程序公正包含以下九项内容：[②]（1）任何人不能作为有关自己案件的法官；（2）结果中不应包含纠纷解决者个人的利益；（3）纠纷解决者不应有支持或反对某一方的偏见；（4）对各方当事人的意见均给予公平的关注；（5）纠纷解决者应听取双方的辩论和证据；（6）纠纷解决者只应在另一方当事人在场的情况下听取对方的意见；（7）各方当事人应得到公平机会来对另一方提出的辩论和证据作出反应；（8）解决的诸项内容需应以理性推演为依据；（9）分析推理应建立于当事人作出的辩论和提出的证据之上。戈尔丁提出的程序公正标准贯穿了直观的诉讼过程，他认为，只要坚持上述公正标准，就能够促进争端从心理上得到真正解决，并且还能确保各方当事人对整个司法审判制度产生信任，这种信任构成了法律制度存在的基础。

我国学者对程序公正的标准存在不同的理解。归纳起来，主要有以下五种观点：

"两要素说"。有学者认为，程序公正的判断标准是：诉讼程序能否准确、及时和恰当地实现实体权利，彻底地解决冲突。[③]

"三要素说"。有学者主张，"程序公正的实现决定于这样三个要素：冲突事实的真实回复；执法者中立的立场；对冲突主体合法愿望的尊重。"[④]

"四要素说"。有学者提出，程序公正与否的评断标准有四：（1）当事人的

---

① Tom R. Tyler, What is procedural Justice, in Law And Society Review 22（1988）.

② ［美］戈尔丁著，齐海滨译：《法律哲学》，生活·读书·新知三联书店 1987 年版，第 240 ~ 241 页；张文显著：《当代西方法哲学》，吉林大学出版社 1987 年版，第 204 页。

③ 郭伟林：《论民事诉讼程序的公正性》，载《南京大学法律评论》创刊号。

④ 顾培东著：《社会冲突与诉讼机制》，四川人民出版社 1991 年版，第 90 页。

地位平等……（2）权利义务相当……（3）排除恣意专断……（4）程序合理。①

“五要素说”。有学者认为，程序规则的科学性、法官的中立性、当事人双方的平等性、诉讼程序的透明性、制约与监督性共同构成了程序公正的标准和要素。②

“六要素说”。有学者主张，“程序的民主性、程序的控权性（从人权角度看）、程序的平等性、程序的公开性、程序的科学性和程序的文明性是现代法治社会对程序公正的要求，离开了这六方面，那么程序公正将是不完整的。”③

上述五种学说代表了我国学界对程序公正标准的认识，各种学说之间虽然不乏某些共同点，但总的说来差异很大。“两要素说”把实现实体权利、解决纠纷为程序公正的标准，其不妥之处在于它实际上把诉讼的外在价值、外在目的误认为是程序公正的要素。在“三要素说”中，“冲突事实的真实回复”和“对冲突主体合法愿望的尊重”则分别是实体公正（结果公正）的标准和程序一般公正实现的前提，而非程序公正的价值标准。“四要素说”、“五要素说”和“六要素说”则从不同侧面展示了程序公正的价值标准，不足点是要么过于抽象（如程序合理性、程序的科学性），要么把程序的性质和功能当成程序公正的标准（如限制恣意、制约权力）。

那么如何确定程序公正的标准呢？应当承认，泰勒、戈尔丁和我国学者所列举的上述规则大致可以反映程序公正的一般标准和实现手段。然而，即使规则列举得再详尽，也无法综合而全面地反映程序公正的实现途径。这是因为，程序公正的观念和标准总是不断发展变化的，它们要与特定时代和特定社会的政治、经济、文化等方面的状况相适应，并受制于一个社会的法律传统，人们很难提出一种普遍适用于所有时代和社会的公正理想。④ 但是，我们也不能否认，任何时代、任何社会的诉讼活动中程序主体对程序本身的需求具有某种共同性的因素，这些共同性的因素才是程序的生命力之所在，有了它们，程序才会愈来愈发达，

---

① 张令杰：《程序法的几个基本问题》，载《法学研究》1994 年第 5 期。

② 陈桂明著：《诉讼公正与程序保障——民事诉讼程序之优化》，中国法制出版社 1996 年版，第 12～15 页。

③ 孙笑侠：《两种程序法类型的纵向比较——兼论程序公正的要义》，载《法学》1992 年第 8 期。

④ 陈瑞华著：《刑事审判原理论》，北京大学出版社 1997 年版，第 59 页。

程序技术才愈来愈科学。因此，美国著名法学家坎贝莱特（M. Cappelletti）指出：任何活生生的原则、制度或价值都不能脱离历史和社会中变幻着的具体情形。尽管如此，诉讼法史上仍然存在着构成"审判制度的永恒的、不可更改的组成部分"的基本规则（原则），包括"由无偏见的法官审判""平等防御""程序公开"等，这些原则是对诉讼程序"最基本的最低限度的要求"，[①] 亦即程序公正的最低标准。

随着自然法概念的衰落，最低限度的程序公正标准逐步由观念形态转变为规范形态，通常在诉讼法典中就能找到它们的位置。但是第二次世界大战以来的实践已悲惨地昭示了程序公正及其保障极易受到侵犯和变动，尤其是那些从德国、意大利和日本法西斯独裁和打击的梦魇里挣扎出来的国家，出于对滥用权力侵犯权利、践踏正义的憎恶，呈现出一种保护程序权利的普遍化趋势。这种不断增长的现象是所谓"现代宪政主义"的一个主要方面，其意思就是这些基本原则（规则）和程序保障是宪法性的，是比普通的诉讼法典具有更高效力的宪法规范。任何法律、法规都不得违反最低限度的程序公正标准，否则就有可能导致对立法者立法行为的合宪性进行司法审查。在这方面，美国和德国走在了前面。在美国，对于最低限度程序公正标准的程序保障具有宪法性特点，违反宪法的法律将被法院宣告无效。法院没有一种特别的诉讼程序来攻击不合宪的法律，只能把不合宪的法律作为具体案件判决中的一个事件而宣告无效，之后，先例原则便发挥作用，不合宪的法律虽然仍在"纸上"（on the books），但实际上已成"死法"（a dead law）。德国在对程序公正的宪法保护上更进了一步。除了规定最低限度程序公正标准以外，还规定了对立法行为的集中审查制度。自 1951 年以来，德国设立了一套称为"宪法申诉"的特殊程序，对于任何类型的行政行为、立法行为、司法行为，宪法权利受到侵犯的个人都可以直接向联邦宪法法院提出申诉（challenge）。[②] 美国和德国的做法引起了很大反响，许多国家纷纷采纳了这种制度，如日本、比利时、西班牙、瑞典、意大利等。

与最低限度程序公正标准的宪法化相类似的发展是程序公正标准及其保障的

---

① Mauro Cappelletti and Bryaut G. Garth, International Encyclopedia of Comparative Law. Civil Procedure. Introduction p. 43, 1986 by Martinus Nijhoff Publishers.

② Mauro Cappelletti and Bryaut G. Garth, International Encyclopedia of Comparative Law. Civil Procedure. Introduction pp. 49 – 50, 1986 by Martinus Nijhoff Publishers.

国际化。越来越多的国际文件承认和接受了最低限度程序公正标准。例如，《世界人权宣言》第9条至第11条、《公民权利及政治权利国际公约》第14条第3项、《欧洲人权宣言》第6条第3项及《美洲人权宣言》第8条都分别规定了“最低限度程序保障”或最低限度程序权利，它们体现了最低限度程序公正观念和标准。不过，从严格的实证法的观点看，由于多数国际文件无强制实施的有效手段，这些规定几乎无法律意义。唯有1950年的《欧洲人权公约》是一个例外，该公约于1953年9月3日生效，有21个加入国。该公约第21条第1款允许公民直接向公约的审判机构（1975年成立了欧洲法院）申诉，这一条款使公约具有司法强制力而不仅是理论意义。公约为其成员国设定了程序公正的最低标准，如该公约第6条第1款规定，“在决定某人的公民权利与义务时，任何人有权在合理的时间内受到依法设立的独立公正的法庭之公平与公开的审判，判决应当公开”；第13条规定，“任何人在他享有的本公约规定的权利与自由受到侵犯时，有权向国家当局要求有效的补救，即使上述侵犯行为是担任公职身份的人员所犯的”。《欧洲人权公约》具有国内法上的强制力，它能弥补国内法在最低限度程序公正标准规定上的不足，同时能使成员国的公民获得超国家的救济。

当然，最低限度程序公正标准的宪法化和国际化趋势并不能完全代替诉讼立法。宪法和国际文件上的程序公正标准只是粗线条的规定，它的具体化还需要诉讼制度的支持。诉讼制度的设计必须体现这些价值标准，不遵守这些标准必然给人们带来不公正感。具体而言，确定程序公正的最低标准应当从两个方面入手：一是实现程序公正的主体构造，这方面的标准有法官中立原则和当事人平等原则；二是实现程序公正的动态过程，这方面的标准主要有程序参与原则、程序公开原则。

（一）法官中立原则

程序公正首先要求法官处于中立地位。中立性原则是现代程序的基本原则，是“程序的基础”①。法官的中立是相对于当事人和案件而言的，它表明在诉讼构造中，法官与双方当事人保持同等的司法距离，对案件保持超然和客观的态度。中立是对法官最基本的要求。不中立便是偏私，便是法官与当事人的角色混淆，其结果的不公正乃是必然的。人们常常把法官形象地描绘为足球场上的裁判

① 季卫东：《程序比较论》，载《比较法研究》1993年第1期。

员，本身并不踢球，而是让参赛双方按照既定的游戏规则竞赛，并最终宣布居优势地位一方获胜。这就是法官中立（尤其是在英美法中）的生动写照。

法官中立原则包括以下两项具体要求：（1）法官同争议的事实和利益没有关联性。按此，法官既不能裁判有关自己的争讼，也不得与案件结果或争议各方有任何利益上或其他方面的关系。强调法官与案件事实和利益上的非关联性，对于保持法官的中立性无疑是必要的。正如英国法谚所说："一个人不能在自己的案件中当法官，因为它不能既做法官又做当事人，既做裁判员又做运动员。"法官是正义的守护神，但法官同时也是人，也有情感需要和利益需求，如果法官或与之有利害关系的人成为当事人，那么法官在诉讼中的双重角色难以保证纠纷解决过程和裁判结果的公正性。在这种情况下，回避制度的设置就非常必要了。（2）法官不得对任何一方当事人存有歧视或偏爱。法官中立不仅要求他同争议事实和利益没有牵连，而且要求他个人的价值取向、情感等因素不产生"偏异倾向"①。法官对某一方当事人的偏见，既可能源于纠纷解决过程中所形成的义愤、同情等情感上的好恶，也可能源于法官对案件事实和法律上的价值判断。法官的偏见和预断会妨碍他公平地对待当事人各方，公平地处理纠纷。为此，有必要通过法官的资格认定、分权制衡等制度来保证法官中立的实现。

法官中立原则在对抗制和纠问制诉讼模式下分别有不同的表现。在对抗制下，法官以相当消极的方式行使其司法权，诉讼程序进行的控制权操于双方当事人及其律师之手。波洛克爵士指出，在英美法中，"法官是中立的；它们对当事人加以裁断，甚至在刑事案件中或涉及国家公务时也不能实施一种官方性质的调查。"② 如果法官积极、主动地参与对证据的调查和对证人的询问，就会打乱对抗制的竞技规则，妨碍律师开示证据，并损害法官的中立性和公正性。但在大陆法的纠问制下，法官中立并不意味着法官的消极角色，相反，大陆法的法官对于诉讼的进行起着主导和支配作用。法官的中立不是表现为法官对于当事人的诉讼行为袖手旁观，而是在尊重当事人意志和人格的前提下，通过揭露事实真相来指导诉讼。"大陆法的法官认为自有足够的把握和理由听取、收集和评断所有的证

① 顾培东：《诉讼制度的哲学思考》，载柴发邦主编：《体制改革与完善诉讼制度》，中国人民公安大学出版社1991年版，第68页。

② 转引自［美］格伦顿、戈登、奥萨魁著，米健、贺卫方、高鸿钧译：《比较法律传统》，中国政法大学出版社1993年版，第144页。

据及其有效性。他不排斥传闻证据，而是确定对其赋予何种证明价值。如果必要，他将毫不犹豫地使用有说服力的言辞来使陪审员了解在他看来是可能歪曲的事实。”①

（二）当事人平等原则

当事人平等是一项基本诉讼原则，一般包括两层含义：一是当事人享有平等的诉讼权利；二是法院平等地保护当事人诉讼权利的行使。前者是“静态的平等”，指的是当事人双方诉讼权利和诉讼义务在立法上的分配；后者是“动态的平等”，指的是法院或法官在诉讼过程中给予各方当事人以平等参与的机会，对各方的主张、意见和证据给予同等的尊重和关注。

法学上的“平等”，只能是同样情况同样对待，不同情况不同对待。当事人平等是“法律面前人人平等”这一宪法原则的必然派生。“法律面前人人平等”是有时空限制的，“表现在司法制度中，就是人人都有起诉权”。在这里，“法律面前”平等是指在“正式的法庭面前”即“法官面前”，并且是在审判过程之中的平等。因此，龚祥瑞先生说，“‘法律面前人人平等’是指程序性的权利平等，实质性的权利是无法平等的。”② 英国学者戴雪也认为，当事人平等包含着享有同样法律程序，适用同样法定手续的权利。诉讼权利平等的意义在于保证当事人各方处于平等地位，以便形成立场上的对立性和竞争性，这就是所谓的“对峙”。在刑事诉讼和行政诉讼中是权力与权利的对峙，即握有控诉权或行政权的一方与弱势者的个人之间的对立，在民事诉讼中则是居于平等地位的民事主体之间的对立，通过对立面的设置及其竞争性的活动，可以强化程序参加者的动机，使法官获得全面的信息。就此而论，诉讼权利平等是公正审判的先决条件。

当事人平等的第二层含义是平等保护和平等对待。当事人平等的实现还仰赖于法官的平等保护。法官的神圣职责之一是维护当事人平等的诉讼地位，并为他们平等地行使诉讼权利提供便利条件，同时要求他们平等地履行诉讼义务。法国哲学家皮埃尔·勒鲁关于“平等创造了司法和构成了司法”③ 的论断就是从这个

① ［美］埃尔曼著，贺卫方、高鸿钧译：《比较法律文化》，生活·读书·新知三联书店1990年版，第174页。

② 龚祥瑞、罗豪才、吴撷英著：《西方国家的司法制度》，吉林大学出版社1987年版，第117～136页。

③ ［法］皮埃尔·勒鲁著，王允道译：《论平等》，商务印书馆1988年版，第66页。

意义上提出来的。法官在诉讼程序进行中应给予双方当事人平等的机会、便利和手段，对各方的意见和证据予以平等的关注，并在制作裁判时将各方的观点均考虑在内。①

但是，平等保护并不完全否定基于合理立法目的的“差别对待”。对于当事人中的弱者，立法上应给予他们一定程度的特殊保护，保证他们拥有与强者实质上平等的参与诉讼的能力和机会，其典型例子是法律援助制度。由于程序参与各方事实上的不平等，“差别对待”在刑事诉讼和行政诉讼中意义更大。具体做法有：证明责任由控方承担（在行政诉讼中由行政机关负举证责任）；不得强迫被告人自证其罪；无罪推定；非法获得的证据受到严格限制乃至必须予以排除等。

（三）程序参与原则

美国学者朗·富勒曾精辟地指出，“使审判区别于其他秩序形成原理的内在特征在于承认审判所作决定将对之产生直接影响的人能够通过一种特殊的形式参与审判，即承认他们为了得到对自己的有利的决定而提出证据并进行理性的说服和辩论”②。富勒关于审判的定义与程序参与原则是一致的。在英美法中，程序参与原则又称为“获得法庭审判机会”的原则。其含义是，那些利益或权利可能会受到裁判或诉讼结局直接影响的人应当有充分的机会富有意义地参与诉讼过程，并对裁判结果的形成发挥其有效的影响和作用。③ 具体说来，在涉及当事人利益、地位、责任或权利义务的审判程序中，应从实际上保障其具有参与该程序以影响裁判形成的程序权利；而且在裁判作成之前，应保障当事人能够及时、正确地提出诉讼资料，陈述意见，或进行辩论的机会，在未被赋予这种机会的情况下所收集的事实及证据资料，不能直接作为法院裁判的基础。

程序参与原则在宪法上的依据是政治参与。在民主社会中，政治参与是指普通公民通过对政治活动尤其是政治决策活动的参与来影响或试图影响某种结果的一种行为，它要求“所有的公民都应有平等的权利来参与制定公民将要服从的法律的立宪过程和决定其结果”。在罗尔斯看来，正义的宪法首先应是一种满足平等自由要求的正义程序，并且在所有可行的正义安排中，它比任何其他安排更可

---

① 陈瑞华著：《刑事审判原理论》，北京大学出版社1997年版，第66页。
② Lon Fuller, The Forms and Limits of Adjudication, in Harvard Law Review 92 (1978), p. 364.
③ 陈瑞华著：《刑事审判原理论》，北京大学出版社1997年版，第61页。

能产生出一种正义的和有效的立法制度。而参与原则是实现宪法正义（即政治正义）的主要手段。为此，“宪法必须采取一些措施来提高社会所有成员参与政治的平等权力价值。宪法必须确保一种参与、影响政治过程的公平机会”①。参与原则的意义在于它能迫使当权者关心选民的现实利益，使每个人都有同样的途径进入宪法所建立的政治秩序中。

“参与原则适用于各种制度”②，诉讼制度当然也不例外。对于程序公正来说，最重要的就是作为争议主体的当事人能够有充分的机会参与诉讼程序，提出自己的主张和有利于自己的证据，并反驳对方的证据、进行交叉询问和辩论，以此来促使法院作出尽可能有利于自身的裁判。只有从制度上充分地保障当事人享有和行使程序参与权，诉讼程序的展开本身才能为审判的结果带来正当性。除了具有这种工具性意义外，程序参与原则还有独立的内在价值，“因为各方一旦能够参与到程序过程中来，就更易于接受裁判结果；尽管他们有可能不赞成判决的内容，但他们却更有可能服从它们”③。

程序参与原则有两项基本的要求：（1）当事人对诉讼程序的参与必须是自主、自愿的，而非受强制的、被迫的行为。自愿参与的要求是基于如下理论预设，即“人在其生活目的、满足方面是一个理性最大化者（rational maximizer)。”④ 一个有理性的人会运用逻辑推理和所有相关的可以获得的信息，去实现愿望和价值，决定如何行动。自愿参与原则要求立法者和法官尊重当事人的意志和人格，不能把当事人当作实现某种目的的工具，比如当事人仅仅被动地出席或陈述自己的意见等在许多情况下并不能成为真正意义上的程序参与。（2）当事人必须具有影响诉讼过程和裁判结果的充分的参与机会，这是程序参与原则的核心内容。美国哲学家贝勒斯从诉讼过程的角度把程序参与机会分解为以下6个要素，即在合理的时间内公开审理、充分的通知、获得律师帮助的权利、提出和反驳证据的机会、裁判以当事人在诉讼中提供的信息记录为基础、当事人对裁判上

---

① ［美］约翰·罗尔斯著，何怀宏、何包钢、廖申白译：《正义论》，中国社会科学出版社1988年版，第211～214页。

② ［美］约翰·罗尔斯著，何怀宏、何包钢、廖申白译：《正义论》，中国社会科学出版社1988年版，第217页。

③ Michael D. Bayles, Principles of law, 1987 by Reidel Publising Company, p. 32.

④ ［美］理查德·A. 波斯纳著，蒋兆康译：《法律的经济分析》（上册），中国大百科全书出版社1997年版，第3页。

诉的机会。[①] 这些要素触及了诉讼的全部过程，并且在《公民权利及政治权利国际公约》、《欧洲人权公约》和《美洲人权公约》中都有所反映。因此，当事人程序参与机会的实质含义是：在法院作出有关严重影响他们权益的裁判前，当事人应有充分的机会表达自己的意见、观点和主张，并对他方当事人的证据和主张进行质证、反驳和抗辩，以便将裁判建立在这些主张、证据、辩论等所进行的理性推论的基础上。为此，法院要在当事人之间适时沟通诉讼信息，把一方的主张和证据及时告知对方，确保每一方都有充分的时间进行攻击或防御准备，确保参与能力不足的当事人获得必要的法律帮助。

（四）程序公开原则

程序公开又称审判公开，它是指诉讼的每一阶段和步骤都应当以当事人和社会公众看得见的方式进行。其主要内容包括：第一，法院在开庭前公告当事人姓名、案由和开庭的时间、地点，以便公众旁听。第二，除法律规定不公开审理的案件外，应当允许公众旁听和新闻记者采访报道，公众可以旁听审判的全过程，包括法庭调查、法庭辩论、宣判等。在英美法系国家和瑞士，甚至允许公开合议庭成员的不同意见，当事人和旁听者能够目睹法官们的争论及其结果；而在大陆法系国家，传统观念是把法院作为一个权威机构面对外界，它的判决是一致的判决，法官的文官心理也保证其不泄露合议庭的少数意见。但是近年来，大陆法系国家的态度有了缓慢的变化，至少日本法院和德国宪法法院是允许公布不同意见的。[②] 第三，不论案件是否公开审理，判决都必须公开宣告。

程序公开原则长期以来被视为程序公正的基本标准和要求。英国有句古老的法律格言："正义不但要伸张，而且必须眼见着被伸张（Justice must not only be done, but must be seen to be done）。"这并不是说，眼不见则不能接受；而是说，"没有公开则无所谓正义"。[③] 程序公开原则的主旨就在于让民众亲眼见到正义的实现过程。这一过程对当事人和社会公众具有提示、感染和教育作用，同时程序公开提供了对诉讼过程实施社会监督的可能，"如果公正的规则没有得到公正的

---

① Michael D. Bayles, Procedural Justice, 1990 by Kluwer Publishing Company, pp. 39 – 60.

② ［美］埃尔曼著，贺卫方、高鸿钧译：《比较法律文化》，生活 · 读书 · 新知三联书店 1990 年版，第 228 ~ 229 页。

③ ［美］伯尔曼著，梁治平译：《法律与宗教》，生活 · 读书 · 新知三联书店 1991 年版，第 48 页。

适用，那么公众的压力常能够纠正这种非正义。”①

程序公开是司法民主程度的标尺。由古至今，受程序的技术性所影响，各个时代各个国家诉讼程序的公开程度不相一致，总的规律是：司法审判的民主化程度越高，程序的公开性也越高；反之，司法审判越是具有专制特征，程序的秘密性越强。在罗马早期的法定诉讼和程式诉讼中，诉讼程序从审理到宣判完全公开。随着帝政时期司法专制主义的加强，秘密审判程序普遍适用于司法实践。在中世纪，无论是教会诉讼还是世俗诉讼，都主要采用秘密方式进行，诉讼的整个过程基本是封闭的，不仅对社会而且对当事人也保持着一种隔绝状态。② 中世纪欧洲宗教裁判所在程序的秘密性上达到了登峰造极的地步。为了惩治异端者，号称“神圣”法庭的宗教裁判所使用一套秘密的告发、侦讯、审问制度，《宽容》的作者房龙对这种秘密法庭所带来的灾难进行了鞭挞，他指出：在整整五个多世纪里，世界各地成千上万与世无争的平民仅仅由于多嘴的邻居道听途说而半夜三更被人从床上拖起来，在污秽的地牢里关上几个月或几年，眼巴巴地等待既不知姓名又不知身份的法官的审判。没有人告诉他们罪名和指控的内容，也不准许他们知道证人是谁，不许与亲属联系，更不许请律师。如果他们一味坚持自己无罪，就会饱受折磨直至四肢都被打断。别的异教徒可以揭发控告他们，但要替他们说好话却是没有人听的。最后他们被处死时连遭到如此厄运的原因都不知道。③

中世纪以前采用秘密诉讼程序的目的并不在于排除社会势力对诉讼的干扰，保障审判的独立性，而是以它为手段维护统治阶级的暴力和私利。马克思指出：“有人把怕见天日的私人利益运进我们的法里，就必须赋予这种内容以相应的形式，即秘密的诉讼程序的形式。”④ “秘密”总是与专制为伍的，作为一种统治艺术，它对庶民百姓有特殊的威慑作用。在近代资产阶级革命中，黑暗的中世纪司法制度受到猛烈抨击，司法民主化成为一种潮流，程序公开取代了秘密审判，并和审判独立一样受到资产阶级的推崇。被誉为“刑法学之父”的贝卡利亚 18 世

---

① Michael D. Bayles, Procedural Justice, 1990 by Kluwer Publishing Company, p. 42.

② 顾培东：《诉讼制度的哲学思考》，载柴发邦主编：《体制改革与完善诉讼制度》，中国人民公安大学出版社 1991 年版，第 194 页。

③ [美] 房龙著，连卫、靳翠微译：《宽容》，生活·读书·新知三联书店 1985 年版，第 136 页。

④ 中共中央马克思恩格斯列宁斯大林著作编译局编：《马克思恩格斯全集》（第 1 卷），人民出版社 1972 年版，第 178 页。

纪就提出“审判应当公开”[①] 的主张。近代以来，程序公开作为一项诉讼原则先后被各国法律和多数国际性法律文件所确认。我国现行民事诉讼法（第10条和第120条）、刑事诉讼法（第11条和第152条）和行政诉讼法（第6条）也规定了这一原则。程序公开原则之所以获得广泛接受，其原因在于它是衡量程序公正与否的一个重要指标。

第三节　实体公正

一、实体公正与结果主义价值论

实体公正可以从两种意义上理解：一是指立法者对人们实体权利和义务的公正分配，这是实体一般公正；二是指司法者根据实体一般公正的要求，通过在诉讼中行使自由裁量权而达到公正的裁判结果，这是实体个别公正。前一种意义的实体公正属于实体法研究的范围，诉讼法上的实体公正通常指实体个别公正，即裁判结果对于实体一般公正的追求和趋近。实体个别公正必须是法官经由诉讼作出裁判而达成，因而表现为裁判结果的公正或“结果公正”。

实体公正在性质上属于结果主义价值论。在哲学价值论中，有结果主义价值论和非结果主义价值论之分。结果主义价值论是西方价值理论中一种以行为结果为价值的唯一基础或只关心结果的价值观，认为进行价值判断或区分价值的等级、程度等都只能根据人的行为的结果。实用主义价值论、功利主义价值论及实在主义价值论等都是把价值的基础与人的利益、需要的主观感受和心理反应联系在一起，因而都关心行为导致的结果。其中，实用主义价值论是从能否使人们在行动中达到满意的实际效果来确定价值，功利主义价值论则以行为是否有助于带来合乎需要的或良好的结果、能否满足人的功利要求为价值标准。[②] 价值结果主义的各种主张都有一个共同的特点，即重视结果而忽视原因、条件、手段和过程。而非结果主义价值论则不考虑价值效果、结果或不以结果为主要价值标志的价值观，认为判断或确定行为是否实现了价值以及价值的等级、程度等，都不能

① ［意］贝卡利亚著，黄风译：《论犯罪与刑罚》，中国大百科全书出版社1993年版，第20页。
② 李德顺主编：《价值学大词典》，中国人民大学出版社1995年版，第321页。

以行为的结果是否满足了人的需要、实现了利益为根据。

二、实体公正的判断标准

公正的裁判结果是法院或法官通过整个诉讼过程所要达到的一种理想结果，它主要体现在事实认定真实和法律适用正确两方面，二者构成了裁判结果公正的标准，任何一项裁判必须同时符合这两项公正标准，否则就违背了结果公正的要求。

（一）真实地再现争执的事实

争执事实的真实再现，是实体公正的首要标准。诉讼制度除了具有保护当事人诉讼权利的意义外，还要承担起查明案件事实，正确适用实体法的任务，后者是整个诉讼活动的核心内容和目的指向，并且事实认定是法律适用的基础。如果脱离开对争执事实状况的客观揭示，实体公正就失去了事实前提。在唯物主义者看来，要求诉讼活动真实地回复争议事实的过程与经历，是基于如下认识论前提，即案件的“事实过程在特定环境中所留下的痕迹，包括通过经历者感官所形成的印象，依然可以为再现这一过程的主要内容提供凭藉。科技发展所形成的视听和其他手段，更增加了人们再现既往事实过程的能力。”诉讼过程中对争执事实的再现，正是建立在人类这一认识能力之上的。①

对争执事实的再现必须通过当事人和法官的证据活动来完成。因为诉讼中需要查明的是业已逝去的事实，要使它们“重现”于法庭，除了通过证明活动外，别无他途。

首先，当事人的举证、质证活动有利于发现案件的事实真相。当事人是争议的亲历者，他们不仅最了解纠纷产生的前因后果，而且也往往掌握各种证据或者证据线索；同时，当事人双方利益的对立性和获得胜诉判决的强烈动机，促使他们提出有利于自己和不利于对方的所有证据材料。从审判实践来看，当事人对其主张的事实提供的证据越充分，获得胜诉的概率也就越大。反之，如果他根本没有提供证据或者提供的证据很不充分，那么就存在着承担不利诉讼结果的可能性。对负有举证责任的当事人来说，在所主张的事实被证明之前，始终存在着承

① 顾培东：《诉讼制度的哲学思考》，载柴发邦主编：《体制改革与完善诉讼制度》，中国人民公安大学出版社 1991 年版，第 65 页。

担不利诉讼后果的可能性，为防止可能性转化为现实性，他就必须积极地提出证据来证明所主张的事实。不负举证责任的当事人，在对方已提出证据，初步证明所主张的事实后，同样也面临着承担不利诉讼结果的可能性，为免于此，也必须积极地提出反证。[①] 正是这种利益的不相容性和避免不利诉讼结果的动机，推动着当事人在诉讼中积极地举证。对于当事人提供的证据材料，还应当在法官主持下，由案件的当事人对在法庭上出示的证据进行对质核实，以确认其证明力。质证既是当事人支持自己的主张、维护其合法权益的有力手段，又是人民法院审查、判断证据的必经程序，因而它成为法院认定和真实再现案件事实的前提。

其次，法官对证据的审查、判断是发现客观真实的又一保障。经过质证程序后，哪些证据材料符合证据的条件，可以用作认定案件事实的根据；哪些证据材料不符合证据的条件，不能用作认定案件事实的根据；各种证据证明力的大小强弱；哪些案件事实证据充分已得到证明；哪些案件事实证据不足尚不能认定等都要由法院或法官来确定。法官审查判断证据的一项基本任务就是鉴别证据的真伪，去伪存真，以便运用这些证据查明案情真相，作为定案的根据。证据的审查判断对法官的素质提出了更高的要求，即作为事实认定者的法官应当公正廉明、精通法律、经验丰富、洞察入微。为此，现代诉讼主要是按照职业主义的原理形成的，法官在担任职务之前，必须经过严格的专业培训和考试，具有相当的司法经验并且熟悉律师的职业生活。只有如此，法官对于案件事实的分析，证据的判断取舍，以及双方律师言词的鉴别才能得心应手，不至于发生被律师牵着鼻子走而歪曲客观真相的情况。

简言之，法官对争执事实的真实再现，是建立在证据基础之上的对案件事实的认识。通过诉讼程序所再现的事实，并非是“那种作为物自体而存在的事实真相，法官只能根据他听证或获得关于事实的‘印象’而判断认定”。[②] 由于人类认识能力的局限性和时间的不可逆性，任何案件事实都无法完全恢复其本来状态。况且恢复案件的本来状态并非实体法和诉讼法的一贯追求，在诉讼上也缺乏实用意义和可操作性。正如顾培东先生所说：“在诉讼中所再现的只是法律意义上的事实，而非原始状况的实际事实。后者如果不通过一定的法律形式，就不能

① 李浩著：《民事举证责任研究》，中国政法大学出版社 1993 年版，第 71 页。
② 苏力著：《法治及其本土资源》，中国政法大学出版社 1996 年版，第 162 页。

产生法律上的后果；而前者则是事实因素与法律机理共同结合的产物。因此，依照程序公正要求，诉讼中所再现的冲突事实必须合于法律的形式规定，并且受制于法律的评价。在此基础上所认定的法律上'真实'的事实，才是程序公正所仰赖的冲突事实"①，才能成为评价实体公正与否的标准之一。

（二）正确地适用法律

法官是法律的守护神。法官对于法律的正确适用，通常意义上是指根据某一争执案件的事实情境而宣告法律上对这一事实情境的处理结果。换言之，法律适用就是将待决案件事实与法律规范规定的构成要件相联系，进行推理并获得特定结论的一种司法过程。法律适用的正确与否取决于两方面的因素：一为适用的法律依据；二为法官的态度、价值观等，前者为客观因素，后者为主观因素。庞德所说的"可以有法司法，也可以无法司法"指的就是这个道理。"有法司法"是"根据权威性律令、规范（模式）或指示而进行的司法"，"无法司法"则是根据法官个人的意志和直觉，通过行使司法裁量权而进行的法律适用活动。② 对于法律的适用问题，马克思曾作过精辟的论述。马克思认为，法律必须通过具体的人才能够得以正确实施，因此他非常重视法官的作用。他指出："要运用法律就需要法官。如果法律可以自动运用，那么法官也就是多余的了。"要正确适用法律，法官一方面必须服从法律，既不能为自己的任意所左右，擅断专横，更不应屈从任何私益，徇私舞弊。"法官除了法律就没有别的上司"。另一方面，马克思又坚决反对把法官视为适用法律的机器，排斥法官的主观能动性。这是因为"法律是普遍的。应当根据法律来确定的案件是单一的。要把单一的现象归结为普遍的现象就需要判决……法官的责任是当法律运用到个别场合时，根据他对法律的诚挚的理解来解释法律。"③ 可见，要把抽象、普遍的法律规范运用到具体、特殊的案件中，既要求法官忠实遵守现行法律的规定，明确地表明裁判的法律依据，又要求法官恰当地运用其知识、经验、价值判断，对法律规范进行选择、分析、

① 顾培东：《诉讼制度的哲学思考》，载柴发邦主编：《体制改革与完善诉讼制度》，中国人民公安大学出版社 1991 年版，第 67 页。

② ［美］E. 博登海默著，邓正来、姬敬武译：《法理学——法哲学及其方法》，华夏出版社 1987 年版，第 142 页。

③ 中共中央马克思恩格斯列宁斯大林著作编译局编：《马克思恩格斯全集》（第 1 卷），人民出版社 1972 年版，第 76 页。

解释甚至创造。其核心的一点是实现个别案件的公正处理。为此，法院或法官在解决争讼时，应当享有依公平正义进行裁决的一定权力，这就是所谓的“衡平”权。英国法学家克里斯多夫·圣·杰曼说：“在某些情形中，有必要摈弃法律中的词语，有必要遵循理性与正义所要求的东西及为此目的而确定的衡平原则；亦即是说，有必要软化和缓解法律的严格性。”[①] “衡平”原则表明，当法律条文的一般性规定有时过严或不适合时，当某些具体问题过于复杂以致立法者不能对可能发生的各种事实的结果作出详细规定时，法院运用公平正义原则加以处理是必要的。正义之考虑会在一定的狭小范围内要求背离某条业已确定的规范或对该规范作扩大解释，以达到公正满意地裁判该案件的目的。将衡平原则运用到具体的诉讼过程中，要求法官在严守法律规则的前提下，应当享有一定的司法能动性和创造性。法官的能动性主要表现在法官自由裁量权和法律解释权的行使上。

1. 法律适用与司法自由裁量

司法自由裁量是法官适用法条于个别案件的过程。在司法程序中，法官对法律规范的普遍遵守，应当同在个别情况下根据公正原则解决争议结合起来，亦即在遵循法律规范一般要求的同时，允许为了个别利益的需要而背离某一特定法律规则。从语源学角度看，司法自由裁量概念是从美国法学家德沃金 1963 年发表《司法自由裁量》一文后才流行起来的。德沃金认为，自由裁量包括两层含义：一是指法官在适用法律时运用判断力对具体案件作出终局裁判；二是指法官不受法律规则、原则或政策等的限制，而是根据自己的偏好或自认为合适的标准对具体案件作出裁判。前者是弱意义上的自由裁量或“弱式自由裁量”，后者是强意义上的自由裁量或“强式自由裁量”[②]。

在司法裁量时，如何在法律规范的范围内，最大限度地实现公正，既是一个重大的理论问题，也是一个棘手的实践问题。实际上，自亚里士多德以来，人们都在思考并试图解决一个问题：“应该力求一个（完备的）最好的法律，还是让那最好的一个人来统治？”[③] 换言之，法律正义究竟是凭借严格的规则，还是凭借具有理性判断力的司法者的活动来实现？围绕着法（严格规则）与人（自由

① ［美］E. 博登海默著，邓正来、姬敬武译：《法理学——法哲学及其方法》，华夏出版社 1987 年版，第 442 页。

② 张文显著：《二十世纪西方法哲学思潮研究》，法律出版社 1996 年版，第 625 ~ 626 页。

③ ［古希腊］亚里士多德著，吴寿彭译：《政治学》，商务印书馆 1965 年版，第 171 页。

裁量）两个因素的关系问题，历史上出现过种种不同的解决方案：一是绝对的自由裁量主义；二是绝对的严格规则主义；三是这两种因素的结合。

绝对自由裁量主义类似于德沃金所说的强式自由裁量，它是表征的近代社会之前的裁判模式，指法官在审理案件时完全按其意志自由决断。绝对自由裁量是专制社会的产物，它主要存在于奴隶社会和封建社会的司法活动中。绝对自由裁量消亡的标志，不在于有无成文法或成文法之密与疏，而在于专制制度死亡和国家政治权力的分立。绝对的严格规则主义是力图从司法过程中完全排除法官自由裁量因素的立法方式。19 世纪的欧洲大陆基本上处于绝对严格规则主义的时代，此一时期的法典法，首先是作为排除司法裁量可能性的手段出现的。基于对封建司法专断的憎恨，近代的立法者希望运用详密的严格规则在司法中绝对地排除法官的主观判断。庞德正确地指出："19 世纪的法学家曾试图从司法中排除人的因素，他们努力排除法律适用中所有的个体性因素。他们相信按严谨的逻辑机械地建立和实施的封闭的法规体系。在他们看来，在这一封闭的法规体系的起源和适用中承认人的创造性因素，在组构和确立这一封闭的法规体系的制度中承认人的创造因素，是极不恰当的。"①

绝对的自由裁量主义使人民失去安全和稳定性，并破坏法制的统一；而绝对的严格规则主义则又使法律陷入僵化而不能满足社会生活的需要，并牺牲了个别公正，因此，人们只得摆脱这两种极端主张而寻求严格规则与自由裁量相结合之路。德沃金将司法自由裁量分为弱式和强式两种类型，其用意即在于此。他承认法官的弱式自由裁量，而反对强式自由裁量。他认为法律不仅指规则，除了规则还有原则、政策和其他标准。当法官处理无明确规则的疑难案件时，他们必须遵守原则、政策或其他标准，而强式自由裁量的存在，必然严重损害民主政治和法治。英国法官霍尔斯伯里勋爵也认为，自由裁量权应当指法官按照合理和公正的规则行事，而不是法官个人的恣意；法官按法律行事，而不是随心所欲。它应该是法定的和固定的，而不是独断的、模糊的、幻想的。② 事实上，"法律的历史始终是在推崇广泛的自由裁量权和坚持严格细致的规则之间来回摆动"，"一个法律制度之所以成功，是由于它成功地达到并且维持了极端任意的权力与极端受

① ［美］罗斯科·庞德著，曹玉堂、杨知译：《法律史解释》，华夏出版社 1989 年版，第 123 页。

② ［英］威廉·韦德著，徐炳等译：《行政法》，中国大百科全书出版社 1997 年版，第 63 页。

限制的权力之间的平衡。"① 今天人们已经认识到，法治（对法律规则的严格遵守）并不排斥自由裁量，自由裁量与法治原则也不相悖。法治所要求的并不是消除广泛的自由裁量权，而是法律应当控制它的行使——这才是严格规则与自由裁量相结合的本旨所在。应当看到，严格规则与自由裁量相结合模式尽管已获得普遍的认同，但在不同法系，该模式的组合结构各不相同。大陆法系国家采取的是以制定法为主的严格规则与自由裁量相结合的组合，英美法系国家则是以判例法为主的严格规则与自由裁量相结合的组合。由于判例法在确定性上不及制定法，因此英美法系法官的自由裁量权较大，而大陆法系法官的自由裁量权较小。大陆法系法官必须按照立法者划定的框框处理案件，如果案件事实不合于法律所设定的框框时，就只能强制阉割事实的某些成分以使之相适合，而这种框框的划定者在理论上是立法者。相反，在英美法系国家，法官就某一案件适用法律时，有根据案件事实来调整所适用法律的一定权力。如果立法者制定的法律不适用，法官可以略作改动，使之与案件事实相符合。当处理案件所适用的法律是一个或几个前任法官所作的判例时，这种权力就更大。② 基于司法裁量权上的差异性，有学者把英美法系法官称为"裁量权较大的消极法官"，把大陆法系法官称为"裁量权较小的积极法官"，③ 这种看法是不无道理的。

司法裁量的意义在于，它是缓和或消弭法律规范的僵硬性与现实生活的流动性之间矛盾的有效手段，是实现裁判公正的重要途径。美国学者戴维斯说过："在世界史上没有任何一个法律制度无自由裁量权。为了实现个别公正（individualized justice）；为了实现创设性正义（creative justice）……自由裁量都是不可缺少的，取消自由裁量会危害政治程序，会抑制个别公正。"④ 在诉讼过程中，不仅事实认定的每一环节如证据真伪之鉴别、证据充分性之认定、证据相关性之认可、证明力之判断等都可能需要发挥司法能动性，而且在判例的识别和选择以及存在法规冲突、法律漏洞等法律适用的场合，法官也有必要行使司法自由裁量

---

① ［美］E.博登海默著，邓正来、姬敬武译：《法理学——法哲学及其方法》，华夏出版社1987年版，第142～143页。

② ［美］约翰·亨利·梅利曼著，顾培东、禄正平译：《大陆法系》，知识出版社1984年版，第57～58页。

③ 徐友军著：《比较刑事程序结构》，现代出版社1992年版，第98页。

④ Mortimer Kadish, Discretion to Disobey: Study of lawful Departure from legal Rules, Stanford University Press, 1973, pp. 41-42.

权。只有通过司法裁量，才能实现裁判结果的公正。

2. 法律适用与司法解释

将抽象、概括的法律规范（包括程序规范）适用于具体案件时，离不开法院或法官的司法解释。所谓司法解释，是指法院或法官在法律适用中，对法律规范的含义及其所使用的概念、术语、定义等所作的说明。在我国，司法解释有两种表现形式：一是规范性司法解释，也称最高司法解释，它是指最高人民法院在适用法律过程中，对具体应用法律问题所作的解释，这种解释对于各级人民法院审理案件具有指导作用。一般的法理教科书均从这个意义上来理解司法解释的含义。二是个案解释，即法官在将一般法律规范适用于个别具体案件时所作的解释，有的学者将其称为“适用解释”①。采用“适用解释”这种提法的不当之处在于无法把它与规范性司法解释作性质上的区分。然而，理论和实践中通常认为司法解释权归属于最高人民法院，由最高人民法院就审判实践中遇到的法律适用问题作出指导性的解释。并且，这种解释通常产生于对基层法院或中级、高级法院的个别请示的批复。司法解释权的高度集中，无疑增加了法律解释的严肃性。② 但是，由于最高法院远离审判实践以及人手不够、力量有限等原因，对下级法院请示的解答可能不切实际，不符合具体案件的事实情境。实践中，最高法院对规范解释权的垄断并未排除下级法院的法官依据自身的环境而解释并适用法律的现象。只是当下级法官不规范的解释引起争议时，才进一步通过上诉、再审或法院内部的请示程序逐级请示至上级法院。因此，不管人们承认与否，任何审级的法院在适用法律时，法官都要进行司法解释。

司法解释的目的在于确定法律规范的具体构成，并适用于一定的案件事实，因此，司法解释是联系抽象法律规范与具体案件事实的桥梁与纽带，向后它受到法律规范的制约，向前它受到案件事实的引导。司法解释作为规范与事实之间的纽带，其意义在于能够平衡、克服法律概括性与案件具体性、法律稳定性与社会发展性，立法者认识能力的有限性与社会的无限多样性之间的矛盾。③ 申言之，

① 郭华成著：《法律解释比较研究》，中国人民大学出版社 1993 年版，第 190～191 页。

② 顾培东：《诉讼制度的哲学思考》，载柴发邦主编：《体制改革与完善诉讼制度》，中国人民公安大学出版社 1991 年版，第 116 页。

③ 陈兴良主编：《刑事司法研究——情节 · 判例 · 解释 · 裁量》，中国方正出版社 1996 年版，第 309、361 页。

立法与司法之间时序上或逻辑顺序上的差异，可以通过司法解释这一环节来协调和弥合；立法确立的一般公正，通过司法解释的作用，可以转化为司法适用中的个别公正。事实上，司法解释始终是以实现个别公正为其价值取向的。

第四节　诉讼效益

一、诉讼效益的内涵

效益是表征成本（投入）与收益（产出）之间关系的范畴，诉讼效益也是如此。诉讼效益包括两个基本要素：经济成本与经济收益。经济成本，是指程序主体在实施诉讼行为的过程中所耗费的人力、物力、财力和时间等司法资源的总和，它基本上类似于波斯纳所说的“直接成本”。诉讼中，经济成本主要包括以下四个方面的内容：(1) 人力资源。进行诉讼活动既需要相当数量的专职法官、书记官、翻译人员、法警、陪审员等，还需要诉讼当事人、律师和证人、鉴定人等的诉讼参与。(2) 物力资源。例如，法院为进行正当的诉讼活动所必备的法庭设施、通信及交通设备，以及当事人被查封、扣押的诉讼标的物等。(3) 财力资源。例如，法官、陪审员、书记官等的薪金，案件受理费，勘验费，鉴定费，公告费，翻译费，以及证人、鉴定人和翻译人员的交通费、住宿费、生活费和误工补贴费，保全申请费与实际支出费用，执行费用等。(4) 时间资源。诉讼中时间的浪费或诉讼周期的拖延，往往意味着程序主体在单位时间内诉讼活动效率的降低，并同时造成人力、物力或财力资源耗费的增加，因此，在诉讼程序中，时间已成为一种与经济耗费有关的司法资源。上述司法资源构成一项诉讼过程必须投入的经济成本。

诉讼效益的另一个要素是经济收益。对法院而言，经济收益，是指其收取的诉讼费用的数额；对当事人而言，则是指预期利益的实现或预期不利益的避免。尤其对败诉人来说，只要不利判决所带来的结果优于其他解纷手段所产生的结果，那么当事人就获得正效益。不同类型的判决能带来不同的经济收益：确认判决或变更判决通过对当事人的确认要求或变更要求予以肯定或否定，从而直接给当事人带来正收益或负收益；给付判决却不一定能直接满足当事人的权利请求，在某些情况下，还需要国家动用强制手段来实现判决所体现的司法要求，当事人同时须再行支付一定的经济成本（如申请执行费）以获得经济收益。从理论上说，审判权是为解决社会冲突而设的，审判权的载体——法院（或法官）不能将诉讼程序作为牟取自身经济利益的手段。因此，除了代表国家收取诉讼费用（包括执行费用）外，法院并无其他特殊的经济收益。

诉讼效益这一概念反映的正是经济成本与经济收益之间的函数比值关系。一般来说，以较少的经济成本投入获得既定水平的经济收益，或者既定的经济成本投入达到较大的经济收益，都意味着诉讼效益的提高。诉讼效益价值既适用于对单个诉讼程序的评价，也适用于对国家整个诉讼制度的评价。对前者而言，诉讼效益价值要求当事人对于是否诉诸诉讼解决纠纷作出合乎经济理性的选择，要求人民法院在审理案件时，应注意节约司法资源的耗费；在作出裁判时，应注意判决对人们未来行为选择的效益刺激。就后者而言，诉讼效益价值要求立法机关在程序安排和程序设计时，应当在程序公正的基础上，合理地选择程序规则，分配程序权利和义务，以利于社会资源配置效益的最大化。

应当注意的是，诉讼效益是诉讼程序的内在要求，它和程序公正共同构成了诉讼程序的内在价值。从这个意义上说，诉讼效益与波斯纳的经济效益概念有质的区别。波斯纳特别强调程序在实现客观真实目标上的作用，因而他始终将经济效益同判决结果的正确与错误联系起来。在成本分析中，波斯纳提出了判决结果错误的成本（EC）概念，并把它与直接成本一起作为判决的成本，这就使波斯纳的经济效益观具有突出的工具性价值色彩。笔者认为，任何诉讼程序的运作都必然耗费一定的经济成本，作为程序内在规定性的诉讼效益价值，只应当关注直接成本。

此外，诉讼效益也不同于诉讼效率概念。有学者认为，“‘效率’与‘效益’两个概念所表示或传递的价值内涵或价值目标是相同的……二者是在同一意义上使用”①。笔者不同意这种观点。事实上，诉讼效率通常是指程序主体以最快的速度终结案件，强调以最少的时间耗费来解决纠纷，因而不少学者用“诉讼及时”这一概念指代诉讼效率，② 还应当指出的是，效益在英文中的对应词是“Ef-

---

① 李文健：《转型时期的刑诉法学及其价值论》，载《法学研究》1997年第4期。

② 徐静村主编：《刑事诉讼法学》（上册），法律出版社1997年版，第127页。

ficiency”，国内有关文献将“Efficiency”译为“效率”是不妥当的。这是不无道理的。可见，诉讼效率只反映了诉讼效益内涵的一方面，即时间方面，是诉讼效益概念的一个有机部分，不能在二者之间画等号。

二、诉讼效益的实现模式

既然审判权是为诉权而设，那么，无论在任何诉讼程序中，国家的审判权都应当最大限度地实现诉权主体的利益。而且，由于国家握有公共成本与私人成本之间关系的主动权，可以采取多种灵活措施，通过调整私人成本与公共成本的负担分配来影响诉讼效益的实现。从某种意义上说，当事人与国家之间诉讼效益的高低，主要取决于国家的政策考虑与成本偏向。当诉讼案件激增，司法资源供给不足时，国家可以增加诉讼费用，提高私人成本以抑制滥诉；当诉讼涉及公共利益，或者诉讼程序成为民众不可企及的“奢侈品”时，国家可以减免诉讼费用，简化诉讼程序，增加公共成本投入，以换取民众对司法的信赖。在现代社会，成本政策已经成为国家对诉讼效益进行调节的有力杠杆。

通过调节经济成本来影响当事人利用诉讼程序的行动，以达到社会总资源的优化配置，这是成本政策的出发点。国家调整私人成本与公共成本的负担分配，有两个基本方法：一是当经济成本总量不变时，在私人成本与公共成本之间进行成本转移；二是降低经济成本总量，从而使私人成本与公共成本之一降低或使二者同步降低。

成本的转移是指基于一定的政策目的，把本来由当事人负担的一部分私人成本转移给法院，变成公共成本；或者相反，把本来由法院负担的一部分公共成本转移给当事人，变为私人成本或诉讼费用。前者称为“私人成本公共化”，后者称为“公共成本私人化”。“私人成本公共化”与“公共成本私人化”之说均出自笔者对于成本第一次转移的概括。这是两个方向相反、内容和性质各异的转移过程。程序的经济成本在当事人与法院之间转移变动的现象，属于成本的“第一次转移”。经过第一次转移后，再把当事人负担的私人成本在一定条件下向第三者或者对方当事人转移，或者把法院负担的公共成本在上下级之间再次转移，这种现象属于成本的“第二次转移”。日本学者棚濑孝雄从法社会学的角度对成本转移的机制进行了深入的探讨，然而棚濑孝雄没有注意到公共成本的第二次转移现象，因此他的分析还不够完整。①

成本政策的另一方面是降低经济成本总量。从理论上说，降低经济成本总量包括两种形式：一是当事人双方以及国家任何一方的经济成本降低，而其他各方的成本不发生增加，且经济收益保持在先前的水平；二是当事人的私人成本及国家的公共成本同步降低，其收益并不因此而降低，甚至有所增加。这两种降低经济总成本的形式都能导致诉讼效益的提高。

在诉讼程序中，与降低成本的第一种形式相关的制度安排主要是降低诉讼费用和律师费，削减法院在人力、物力、财力等方面的司法供给；与第二种形式相关的制度安排主要是缩短诉讼周期，简化诉讼程序。由于审判权的存在，国家对于社会冲突的解决承担起义不容辞的责任。在私人成本不变的情况下，国家不能置大量积压的案件于不顾，单方面降低公共成本投入。一般而言，司法供给的减少与诉讼程序的简化有密切联系，并且往往表现为程序简化的结果。

诉讼效益固然可以通过成本政策加以实现，然而，在经济成本不变甚至有所减少的情况下，诉讼效益还可以通过经济收益的提高而得以实现。程序经济收益的提高意味着一项诉讼程序能够解决多个当事人的纠纷或者一个当事人的多个不同请求，意味着诉讼制度功能的扩大。

（一）成本转移模式

1. 私人成本公共化和公共成本私人化

将部分私人成本转移给国家，即私人成本公共化，这是第一次转移中的一个普通趋向。作为一种政策手段，私人成本公共化一般表现为国家司法权对诉讼程序管理职能的加强，而不是直接的金钱投入的增加。程序的进展带有公共性质，并以有序、迅捷的司法管理为前提。法官司法权力的加强，为国家解决社会冲突设定了更大的责任，国家随着司法权的增长而不断加大对诉讼的公共投入。比如，由法官对证人进行司法询问、主动收集证据、对审前程序进行司法控制等就比由当事人或其律师来实施这些行为要耗费更多的公共成本。换言之，加强法官对诉讼程序的司法控制，必然伴随着部分私人成本转变为公共成本的过程。从历

① 参见［日］棚濑孝雄著，王亚新译：《纠纷的解决与审判制度》，中国政法大学出版社 1994 年版，第 282 ~283 页。

史看，私人成本公共化是与诉讼制度公法化的过程一脉相承的。[①] 与私人成本公共化这一普通趋势不同，公共成本私人化是特定历史时期各国根据本国国情而采取的一种成本政策，这一成本政策的出发点在于平衡司法的供给与司法的需求之间的矛盾。其具体表现形式有：（1）根据诉讼标的额大小缴纳案件受理费；（2）由当事人分担司法机构诉讼行为的部分费用；（3）加大当事人的举证责任；（4）尽可能依靠当事人自身力量执行法院的裁判等。上述形式各自在不同时期、不同国家分别被突出和强调。

根据诉讼标的价额或金额收取案件受理费，这是德、日等大陆法系国家的做法。这一做法的“合理根据及正当性在于利用者负担的原理或逻辑”[②]。原因在于，当事人在诉讼程序中获得的个人利益通常随诉讼标的额的增大而增加。案件标的额越大，审理的周期就越长，司法资源投入也越多，由此可以推定当事人享受的司法服务越多，所以相应增加利用者的负担是有合理性的。相反，案件标的额越小，当事人获得的个人利益就越小，当事人的负担也相应减少。因此，对当事人来说，“越是小额案件就越向受益方倾斜，越是大型案件就越向负担的一方靠拢”[③]。通过在这种不同类的案件之间有意识地造成受益和负担的不平衡，也能达致公共成本私人化的政策目的。

由程序的受益者支付部分司法机构诉讼行为的费用，这是现代社会对讼事日增，甚或诉讼爆炸现实的一种反映，也是各国立法和诉讼实践的一种通例。毋庸置疑，司法者在程序中实施的诉讼行为并没有商业性质，在多数程序中的多数诉讼行为，是其审判职责的必然派生，因而不仅司法行为不能获得报偿，司法者耗费的开支也不应由当事人承受或分担。但是，这并不排斥司法机构对其实施的某些特别诉讼行为收取必要的费用，如鉴定费、有关诉讼文书和资料的复制费用等。[④]

---

① Mauro Cappelletti and Bryaut G. Garth, International Encyclopedia of Comparative Law. Civil Procedure. Introduction p. 65, 1986 by Martinus Nijhoff Pub lishers.

② ［日］棚濑孝雄著，王亚新译：《纠纷的解决与审判制度》，中国政法大学出版社 1994 年版，第 286～287 页。

③ ［日］棚濑孝雄著，王亚新译：《纠纷的解决与审判制度》，中国政法大学出版社 1994 年版，第 287 页。

④ 顾培东：《诉讼制度的哲学思考》，载柴发邦主编：《体制改革与完善诉讼制度》，中国人民公安大学出版社 1991 年版，第 85 页。

加强当事人的举证责任是中国当前司法改革的必然结果。改革的目标是由职权主义诉讼模式过渡到当事人主义诉讼模式。在职权主义诉讼中，国家承担了收集、调查以及确认证据的职责，由此而产生的经济成本也主要由国家承担。强调当事人的举证责任正是在法院花费了大量的时间、人力和费用调查取证而给诉讼效益带来严重影响的情况下，针对证据的调查、收集这一环节采取的改革措施。举证责任改革使证据的收集和审查发生了分离，法院审查的和当事人质证的证据不再是法院收集的，而是当事人收集的。因此，先前由司法机关负担的收集证据费用就转给了当事人。当事人主义诉讼程序减少了司法资源的耗费，减轻了法院的负担，节省了法院的经费。然而整个诉讼程序的经济成本并没有减少，举证责任的加强只是将部分公共成本转移给了当事人而已。朱苏力就司法改革中经济成本的转移问题作了深刻的分析。他认为，对抗制改革使法院负担的部分公共成本转移到当事人头上，作为这种转移的结果，诉讼的经济总成本不仅没有减少，甚至可能增加到职权主义诉讼的两倍以上。他还就司法成本与立法成本的关系进行了探讨。①

2. 成本的第二次转移

法院之间的成本转移。经济成本在法院之间的转移主要是通过控制案件量在上下级法院之间的流向实现的。诉讼案件的流向直接受制于管辖制度与上诉制度。科学的管辖制度必须既能便利当事人诉讼，又能合理地引导一审案件的流向，促进下级法院与上级法院的分工合作；同样，科学的上诉制度必须既要保证当事人上诉权的充分行使，又要对上诉的方式与范围作出规定，以避免上诉法院的负担过重。

在上、下级法院之间的成本负担上，目前各国的一个普遍趋势是加大下级法院的司法投入，尽量将纠纷消弭在下级法院。事实上，在任何西方法律体系中，处于司法等级基层的下级法院，承办案件的数量日益增加，而上级法院审理和判决的案件，只占总数的很少一部分。② 将经济成本转移给下级法院的具体措施

① 参阅朱苏力：《关于抗辩制改革》，载《法学研究》1995 年第 4 期；朱苏力、张志铭、贺卫方：《关于司法改革的对话》，载《市场经济与公共秩序》，生活 · 读书 · 新知三联书店 1996 年版，第 177 ~ 180 页。

② ［英］罗杰 · 科特威尔著，潘大松、刘丽君、林燕萍、刘海善译：《法律社会学导论》，华夏出版社，第 244 页。

有：提高上级法院一审管辖的标准。比如，英国为了增加郡法院审理案件的数量，使高等法院得以集中力量审理重大、复杂和专业性案件，1990 年的《法院与律师服务法》（Courts and Legal Services Act 1990）扩大了郡法院的民事管辖权。按此，郡法院依小额诉讼程序审理的案件标的额由 2000 英镑增加到 3000 英镑。依普通诉讼程序审理的案件，标的额在 25,000 英镑以下的由郡法院管辖，超过 50,000 英镑的由高等法院管辖，标的额介于 25,000 英镑和 50,000 英镑之间的案件，依其复杂程度和重要程度来确定适当的管辖法院。

在案件移送和管辖权的转移上，赋予上级法院决定权。增加地方法院司法从业人员的数量；限制上诉，实行上诉许可制度。各国立法主要从上诉的理由、争议金额、裁判性质等方面对上诉加以限制。一般的规定是：对于法律审不得提出非法律问题的上诉，对于中间裁决通常不得单独上诉，对于争议标的未达到一定数额的案件不得上诉。另外，不少国家还规定对某些案件上诉须经上级法院许可的制度。

法院与诉讼外纠纷处理机构之间的成本转移。在当代西方国家，传统的诉讼程序负荷过重，已无力独自承担起解决纠纷的功能。在诉讼程序之外，出现了大量的替代诉讼解决纠纷的程序（Alternative Dispute Resolution）简称 ADR。这样，传统上属于民事性质的纠纷就从法院转移到各种各样的非司法性组织诸如行政裁判机构，特别审裁处、强制仲裁处或国家仲裁处等。[①] 为避免语义上的混乱，这里应当指出的是，美国的行政裁判机构是与英国和加拿大的特别审裁处或行政审裁处相对应的概念。但是，这些审裁处不是法院，而是被赋予了司法功能的行政组织。

随着诉讼外纠纷处理机构的建立，大量民事纠纷被阻隔于法院体系之外，公共成本就由法院转移到其他机关。在大多数国家里，这种转移发生的程序及其采取的形式，取决于该国宪法允许的范围。

替代程序的出现由两方面的因素促成。其一是诉讼程序本身过于正式和缺乏弹性，对于丰富多样的纠纷类型，很难通过诉讼一种方式来加以解决，于是出现了仲裁、调解以及和解等民间性非正式替代程序。这些非正式替代程序，通过法

① Mauro Cappelletti and Bryaut G. Garth, International Encyclopedia of Comparative Law. Civil Procedure Introduction p. 56, 1986 by Martinus Nijhoff Publishers.

院对案件作出审前处理，或者通过法庭外团体替代法院处理纠纷的方式而得以制度化。在能够有效、合法地解决冲突的自治领域，诉诸正式诉讼程序越来越成为例外现象。[①] 然而，替代程序所以能够产生一定的效力，很大程度上根源于正式诉讼程序的存在。只要诉诸正式程序的可能性存在着，非正式程序就在正式程序和正式法律的阴影下发挥作用。并且，法院的诉讼程序变得越正式、花费越高，就越有可能发展出更多的非正式机构和法院外的程序。

导致替代程序出现的第二个因素是行政管辖权的扩张。20 世纪以来，随着国家职能的增加，行政权的膨胀，政府加强了对经济、社会生活的干预。行政裁判机构以其简便灵活的程序、较低的经济成本和具有专业知识的行政法官以及迅速及时的裁决而与普通法院的诉讼程序形成鲜明的对照。这就使以前由于缺乏资力或由于纠纷本身的性质而未能得到司法救济的人也有了实现其权利的机会。即使对以前能够利用诉讼程序的人而言，通过行政裁判处理纠纷也可以降低费用，从而增大实现权利的可能。[②] 乔治·布朗基也认为，积案、高费用、程序的复杂、科学知识的缺乏等司法机关的缺点，在不损害司法公正等价值的前提下，很难得到改善，因而审判外的纠纷处理机关的出现是必然的。[③] 在现代社会，行政管辖权的扩张是法院成本向非司法组织转移这一普遍趋势中“最早的且可能是最明确的表征。[④]

当事人之间的成本转移。当事人在诉讼中支付的私人成本主要表现为诉讼费用和律师费用。诉讼费用包括案件受理费和其他诉讼费用。案件受理费上缴国库，充作国家税收，其他诉讼费用则用于补偿司法者及其他主体实施某些诉讼行为的耗费，如鉴定费、勘验费和证人的工资、补贴等。寰请律师的费用在当事人的私人成本构成中居于越来越重要的地位。大陆法和英国法将律师费用视为诉讼费用的一部分，而美国法和我国法则将律师费用排除在诉讼费用之外，这种差异

---

① Blankenburg and Y Taniguchi, Informal Alternatives to and within Formal Procedures, in Justiceand Efficiency-General Reports and Discussion, pp 335 – 336, 1989 by kluwer Law and Taxation Publisher.

② ［日］棚濑孝雄著，王亚新译：《纠纷的解决与审判制度》，中国政法大学出版社 1994 年版，第 75 页。

③ 参见 Geoge Brand, the Avoidance of the Traditional Machinery of Adjudication: A world – wide Trend, in-Social Research 38 (1971) 268 – 297.

④ Mauro Cappelletti and Bryaut G. Garth, International Encyclopedia of Comparative Law. Civil Procedure. Introduction p. 56, 1986 by Martinus Nijhoff Publishers.

对于私人成本在当事人之间的分配产生了不同的影响。在德、法、日等大陆法国家，诉讼费用原则上由败诉方负担，败诉方应偿还胜诉方的费用不仅包括法院费用，也包括胜诉方支出的律师费和其他费用。当事人各方一部分胜诉、一部分败诉时，其费用互相抵消，或按一定的比例负担；当事人达成诉讼上和解时，除非和解协议另有约定，其费用由双方分担。对于败诉方负担原则，大陆法国家规定了一些例外和限制英国和大陆法中“赢家取得一切”的成本政策，其合理性在于真正拥有权利的人可以在成本为零的前提下实现权利。这一方面，能产生促进权利人积极主张自己权利的效果；另一方面，对侵害了他人权利还以应诉形式来抵制救济要求的人则给以负担双重诉讼成本的制裁。① 然而“权利人的成本为零”至多不过是个虚拟的理想状态。“成本为零”的政策会产生两方面的负效应：一是诱发当事人对轻微的权利侵害诉诸法院，而对真正复杂的权利争议回避法院。轻微的权利侵害因案情简单，权利明确，可以加大权利人藉诉讼手段克服权利侵害的动机。但对于复杂的纠纷而言，双方当事人都坚信自己主张的正确性，同时又对诉讼的结果没有把握时，往往因害怕万一败诉承受双重成本负担而不敢提出权利主张或正当的抗辩理由。在这种情况下，就可能因权利本身的不确定性及审判结果的难以预测性而出现回避诉讼的倾向。二是对诉讼观念产生负面影响。正如日本学者棚濑孝雄指出的，败诉人负担的制度合理性只限于影响当事人的行为动机，而没有对当事人进行争议的意思和行动从道义上或法律上加以谴责的内容。

从诉讼观念上说，由败诉者负担一切的诉讼法上的责任，往往容易与道义上的责任混为一谈，弄得不好就会把争议本身看成违法，从而加剧社会对进行争议本身的不宽容态度。② 正是由于上述原因，德国学者格隆斯基（Gunsky）主张，法院费用以外的所有开支包括律师费、鉴定费等都由双方当事人平等分担，不问谁胜诉谁败诉。③ 出于同样原因，德国等大陆法国家对败诉人负担原则规定了越来越多的限制和例外。美国和中国都将律师费用排除在诉讼费用之外，规定每一

① ［日］棚濑孝雄著，王亚新译：《纠纷的解决与审判制度》，中国政法大学出版社 1994 年版，第 289 页。

② ［日］棚濑孝雄著，王亚新译：《纠纷的解决与审判制度》，中国政法大学出版社 1994 年版，第 290 ~ 291 页。

③ 转引自沈达明编著：《比较民事诉讼法初论》（下册），中信出版社 1991 年版，第 208 页。

方当事人承担自己的律师费用，而法院费用及其他费用则仍由败诉方负担。这种规定对当事人能够转移的私人成本加以一定范围的限制，使双方的负担分配达致公平。

当事人与第三者之间的成本转移。当事人与第三者之间的成本转移，是指将本来应由当事人负担的一部分或全部经济成本转移给诉讼外的第三者，从而促进了当事人积极地利用审判。第三者负担经济成本的情形主要有诉讼费用保险和诉讼费用援助制度。诉讼费用保险在一定范围内使个别成员因进行诉讼而发生的成本负担从事先缴纳的基金中得以全部或部分补偿。在发达国家里，诉讼费用保险可以作为私人保险公司的业务之一，追求利润的动机能促使保险公司设法防止滥诉和不必要的成本增加，以避免过度支付保险金，维持收支平衡。诉讼费用保险制度在发挥分散风险负担的功能基础上，保证所有保险加入者都有得到补助的平等机会。这一制度在大陆法国家早已得到推行。

诉讼费用援助是随着欧美市场经济中福利国家的出现而产生的。早在 1921 年，德意志魏玛共和国就开始了一项政府资助的诉讼费用援助计划，此后英国、荷兰、新西兰、挪威等国分别通过了诉讼费用援助法。在福利国家中，既然个人有获得法院审判以及获得律师帮助的社会福利权利，那么对于那些没有资力支付诉讼费的人或群体，国家或社会就应给予其经济上的帮助，使诉讼的进行成为可能。由于消费者、环保主义者、穷人和受歧视者是传统上鲜有可能通过起诉来维护自身权利的群体，因此，20 世纪 60 年代以来的诉讼援助制度，主要系针对这类人群而设。对于穷人的诉讼援助，始终是该制度的核心内容。这是因为各国都以受助人的财力即经济状况作为确定诉讼费用援助的依据，差别仅在于对“贫穷”的界定标准不同。① 在德国，诉讼援助按当事人的收入额和财产额决定：收入额在标准线以下的，一概给予全部诉讼援助；收入额在标准线以上而又未超过一定限度的，给予部分诉讼援助，即准许分期交纳诉讼费用，但以 48 个月为限。② 当事人收入的计算，依照《联邦社会救助法》的规定，即把诉讼援助与社会救助联系起来考虑，这一点突出体现了德国福利国家的特点。在法国，申请诉

---

① Mauro Cappelletti and Bryaut G. Garth, International Encyclopedia of Comparative Law. Civil Procedure. Introduction p. 68, 1986 by Martinus Publishers.

② 谢怀拭译：《德意志联邦共和国民事诉讼法》，法律出版社 1984 年版，第 39 页。

讼援助须提交证明财力不足的文件，若每月收入低于 1600 法郎，当事人就可以申请全部诉讼援助。英、美等国也各自确定了本国的诉讼援助标准。

在西方现行制度下，提供诉讼费用援助的主体即成本的负担者主要是国家，因而最终还是一般纳税者承受了成本的转移。在某些情况下，私人慈善团体、律师协会等组织也在一定程度上承担了转移过来的成本。我国的情况则不同，由于我国律师法将诉讼援助制度限于律师的“法律援助”，因此我国诉讼援助的主体是律师。在实践中，律师承担法律援助义务和方式主要有以下几种：每年义务完成一定的法律援助工作量；每年按人头或业务收费的一定比例交纳法律援助基金；在法律援助中心建立专职律师队伍；律师事务所对经济困难的当事人自行决定减、免费用，并对承办该案件的律师给予适当补偿；律师在法律援助中心轮流义务值班，等等。[①]

将诉讼援助定格为律师对当事人的法律援助，由此将当事人的私人成本转移给律师，这种规定是根据我国目前的经济发展状况作出的。与消灭贫困、解决生存权问题的经济目标相比，个人诉讼境遇的改善只能居于次要位置，至少不会成为国家优先考虑的问题。但是，当经济发展到一定水平时，国家就有能力将诉讼援助策略内化为促进贫穷当事人进行诉讼的成本政策，并自觉地承担起无资力者的诉讼费用的责任。尤其是将来制定诉讼费用援助法时，一方面，要根据当事人的经济状况确定减、免或缓交诉讼费用的具体标准；另一方面，对进行诉讼援助的律师提供一定的补助，费用由诉讼援助基金支付。另外，诉讼援助的范围也不应当局限于目前的赡养、工伤、抚恤金等案件，国家可以随着国力的增强逐步扩大诉讼援助的对象范围。

（二）成本降低模式

1. 降低诉讼费用和律师费用

一般而言，降低诉讼费用的成本政策主要适用于案件受理费，而其他费用的高低主要取决于程序的繁简程度。案件受理费在性质上类似于国家税收。它具有增加国家财政收入和调节当事人诉讼行为的功能。案件受理费的确定并不是盲目无据的，立法者在降低案件受理费时必须考虑以下几个因素：（1）国家的财政状况。案件受理费“应同国家的财政水平相适应，并且应反映财政行为的总体功

---

① 江伟主编：《律师、公证与仲裁制度》，高等教育出版社 1997 年版，第 137 ~ 138 页。

效”。(2) 案件的性质和难易程度。对于财产案件与人身案件，立法者在收取受理费时，适用不同标准，在降低受理费时也应有别；而程序的繁简程度、案件的复杂程度，同样制约着受理费的水平。(3) 争议标的额的大小。争议金额大小，决定了当事人对争议的关切程度以及诉讼中自我利益的维护程度，同时还反映出该争议的社会影响程度。不少国家（如德、日）将争议金额作为界定案件受理费的依据。(4) 当事人的一般支付能力。案件受理费不能超出民众的一般支付能力，以免把相当一部分民众阻却在法院大门之外。否则，国家或社会只好筹集大量资金来支付诉讼援助费用。上述几个因素并不是孤立的，它们相互之间存在密切联系。事实上，现代国家中的案件受理费，差不多是综合了前述诸种性质的因素，并参照了社会生活的一般水准，且受制于人道主义原则的考虑而具体确定的。① 同样，立法者在降低案件受理费时，也应当综合考虑上述因素。除案件受理费外，律师费用构成了当事人私人成本的重要部分。由于律师拥有专门的法律知识和有效地处理纠纷方面的特殊信息与技术，当事人欲利用律师的法律服务以维护自己的权利，必然要支付一定的代价。而且，律师所拥有的这些知识、技术对于实现权利愈是重要，愈是不可替代，律师法律服务的价值就愈高。

2. 缩短诉讼周期

诉讼周期是指诉讼程序发生至终结的时间延续过程，它包括立法一般周期与个案周期两种。一般周期是通过立法尤其是成文法典规定的，个案周期是指具体的个案所实际经过的诉讼周期。既然具体案件千差万别，繁简程度不一，个案周期就很难强求统一于一般周期；并且在法院调解、缺席判决以及当事人撤诉、认诺、和解和死亡等情形下，个案周期还要短于一般周期。

在现代诉讼中，诉讼周期同诉讼费用高昂一样为各国所诟病。美国前副总统奎尔在 1991 年美国律师协会年会上批评道，“惊人的诉讼费用和漫长的诉讼期限”使美国诉讼制度在全球竞争中成了强加于自身的不利因素。②

诉讼周期过长会带来两方面的负面影响：一是造成当事人私人成本的增加；二是造成法律秩序的不稳定。这是因为，诉讼周期越长，当事人投入诉讼的时

① 顾培东：《诉讼制度的哲学思考》，载柴发邦主编：《体制改革与完善诉讼制度》，中国人民公安大学出版社 1991 年版，第 85 页。

② Ernst C. Stiefel and James R. Maxeiner, Civil Justice Reform in the United States, in American Journal of Comparative Law 42 (1994), p. 148.

间、人力、物力和财力越多，纠纷在社会上存续的期限也越长。过长的诉讼周期对当事人说是一种难以忍受的精神和经济上的负担，并造成取证困难和证据的可信度降低，由此削弱了当事人求诸诉讼的动机，损害了法律秩序的威望以及社会对司法程序的信心。鉴于此，第二次世界大战以来，世界各国纷纷将缩短诉讼周期作为程序改革的一项重要内容，有的国家如日本、美国甚至把“迅速裁判”规定为当事人的宪法权利。

诉讼周期的缩短可以采取如下途径：（1）在立法上通过对各个诉讼程序和不同诉讼阶段或环节的审理期限加以限定，并且严格规定期限变通的条件，就能有效地防止诉讼周期过长现象的出现。（2）立法规定某些诉讼行为实施期间的最大值或最小值。任何诉讼程序和诉讼阶段都是由当事人与法院之间前后相继的诉讼行为链组成的。诉讼行为只有在法律规定的诉讼期间内实施才能发生诉讼法上的效力，当事人迟误期间的，还可能产生失权效果，但有不可抗力或其他正当理由的除外。诉讼期间既为程序主体实施诉讼行为设定了限制（期间最大值），又为其充分行使诉讼权利提供了最基本的程序保障（期间最小值）。（3）个别周期的缩短可以通过法官和当事人积极地实施诉讼行为而实现。受利益的驱动，当事人一般会积极诉讼，然而利用诉讼折磨对方或从经济上拖垮对方而耽延诉讼的情况也不少见。为此，法官应当积极行使审判权，尽快立案和选用合适的诉讼程序，及时将起诉状、答辩状等诉讼文书送达给对方当事人，充分行使诉讼指挥权以促进诉讼的进行，及时采取强制措施，排除外界因素对程序进程的干扰，维护法庭秩序。

3. 简化诉讼程序

诉讼程序的繁简程度与诉讼费用的高低和诉讼周期的长短存在着内在联系。一般来说，诉讼程序越是烦琐，诉讼费用就越高，诉讼周期也越长；反之，诉讼程序的简化则必然带来诉讼费用的降低和诉讼周期的缩短。不过，程序的繁简性只是一个相对的概念，我们不能说大陆法系的诉讼程序比英美法系烦琐，也不能说今天的诉讼程序比历史上的要简易一些，因为任何国家、任何时代的诉讼程序都内含着一些相对繁复或相对简化的内容。自近代以来，各国对诉讼程序都进行了改革。程序的总体变化趋势是“由仪式化、教条化、武断性向实用、有效、民主方向发展”[①]。具体说来，欧洲诉讼程序经历了一个公开—秘密—公开、口头—书面—口头、简单—繁复—简易化的过程；并且在每一历史时期内，程序的繁简并存，由繁到简的趋势明显。在我国，随着诉讼案件剧幅增长，以及法院积案的增加，简易程序的运用愈来愈频繁，繁简分流、普通程序的简易化成为司法改革中的一项重要内容。

（三）收益提高模式

在程序的经济成本不变的情况下，通过一个诉讼程序解决多数当事人纠纷的诉讼形式，如共同诉讼、诉讼参加和群体诉讼等，就属于诉的主观合并，即多数人诉讼。其意义在于能扩大诉讼解决纠纷的功能，避免矛盾裁判的发生，实现诉讼效益价值。

诉的客观合并，即多数请求的合并，就是同一原告对同一被告在同一诉讼程序，以一个诉提出几项不同请求。刑事附带民事诉讼，以及行政附带民事诉讼也具有这种客观合并的性质。在同一个诉讼程序中审判几个请求，有利于减轻当事人进行诉讼的负担，特别是避免相互关联的请求重复审理和防止矛盾裁判的发生，但是，如果无条件地承认请求的合并，反而会使审理复杂化，导致诉讼的拖延。

诉的合并——无论是诉的主观合并还是客观合并——是利用有限的诉讼空间来容纳更多的当事人或请求的一种程序技术手段。这种技术手段的运用，不仅相对降低了程序主体的经济成本，而且带来了程序经济收益的提高。当然，对诉的合并不能没有限制，如果诉的合并要件和范围过宽，就会造成程序的烦琐和诉讼的拖延。因此，诉讼收益的提高，一方面有赖于当事人对诉讼行为作出合乎效益的理性选择，另一方面要求司法者审时度势，适当地行使诉讼指挥权，根据诉的合并的具体情况采取分开辩论和部分判决等措施来进行调节。

---

① 顾培东：《诉讼制度的哲学思考》，载柴发邦主编：《体制改革与完善诉讼制度》，中国人民公安大学出版社 1991 年版，第 32 页。

第五节　程序公正与诉讼效益、程序公正与实体公正的关系

一、程序公正与诉讼效益的关系

程序公正与诉讼效益都属于诉讼的内在价值，具有一致性。首先，二者是相互包含、相互制约的。诉讼效益作为满足程序主体需求的一种价值，其中内含着公正的精神。从某种意义上说，诉讼效益所追求的是以最经济的方式来实现公正的目标。反过来，程序公正对诉讼效益也具有一定的涵摄力，这一点即便在推崇经济效益至上论的波斯纳那里也得到了承认。波斯纳在回答其他学者关于经济分析方法忽略了正义（公正）的批评时说，效益与公正概念经常是一致的，只有在效益提高的前提下才能实现更高层次的公正。因而，“正义的第二种含义——也许是最普通的含义——是效率”，但是，“正义并不仅仅具有效率的含义”①。波斯纳的回答正好契合了那句英国古老的谚语：“迟来的正义为非正义”，程序公正应当在合理的期限内实现，否则就是非正义的。基于此，一些学者将程序及时原则作为程序公正的一个要素，② 这是有一定道理的。原因在于，程序的不适当延长会使当事人的程序利益不能得到应有的关注，他们往往会产生受忽视的感觉，难以从心理上接受裁判结果的正当性。

其次，程序公正与诉讼效益也是相互依存、相互支持的。程序公正作为程序的单一价值目标具有多方面的局限性，需要与效益价值目标形成互补。对于二者的互补性，培根曾作过一个睿智的比喻：“不公平的判断使审判之事变苦，而迟延不决则使之变酸也。”③ 从整体上看，程序公正往往更适合于作为程序法律制度确定与实施的定性根据，而定量依据则有赖于诉讼效益目标。事实上，当代社会经济生活中的许多现象，仅仅用正义或公正无法对其作出定性评价。许多经济

① ［美］理查德·A. 波斯纳著，蒋兆康译：《法律的经济分析》（上册），中国大百科全书出版社1997年版，第31～32页。

② ［美］迈克尔·D. 贝勒斯著，张文显、宋金娜、朱卫国等译：《法律的原则——一个规范的分析》，中国大百科全书出版社1996年版，第36页。陈瑞华著：《刑事审判原理论》，北京大学出版社1997年版，第71页。

③ ［英］F. 培根著，水天同译：《培根论说文集》，商务印书馆1983年版，第193页。

行为或活动并不具有政治或伦理色彩，却关系到资源利用和配置的优化，因而需要在立法上加以规范；而许多权利的安排或手段、方式的选择，必须以公正与效益双重目标为依据。[①]

程序公正与诉讼效益都是诉讼应当促成实现的价值，这两种价值可以和谐共存，但又经常处于紧张关系之中。具体而言：其一，对诉讼效益的注重在一定程度上限制了程序公正的实现。程序公正固然是诉讼的崇高理想，但程序公正并不是不计一切代价购买来的，对程序公正的追求必然要受到诉讼效益的制约。其二，一般情况下，程序公正的增强会直接导致诉讼效益的降低。这是因为，程序公正性的增强要求诉讼制度充分地保障当事人的程序参与权和提出证据进行辩论的权利，要做到这一点，就要提高程序的烦琐性和复杂程度，由此，当事人和法院在诉讼过程投入的经济成本也会相应地增大，但诉讼收益并未同时得到提高，因而诉讼效益随着程序公正的增强而降低了。

在这对矛盾面前，法学家持有不同的价值取向和政策选择。有些法学家认为，程序公正是较高层次的价值，是诉讼的首要价值目标，不能舍弃公正价值而追求效益。例如，罗尔斯认为，一个社会，无论效益多高、多大，如果它缺乏公正，则我们不会认为它比效益差但较公平的社会更理想。程序公正要求尊重当事人的意志和人格，把人看作目的而不是实现某一外在目标之手段，程序公正承认人人都有接受正当法律程序保护的权利，这些权利不应受政治交易和经济效益的考虑所左右。

主张效益至上的法学家则认为，在发展财富的要求面前，效益是评价和选择政策、宪法和法律的首要标准，而程序公正应该退居第二位。诉讼权利和义务的分配应是扩大社会财富的一种手段。把权利授予有能力和高效率工作的人，使其最大限度地发挥自己的能力，社会财富就会极大发展；社会财富发展了，能力低下者也会得到好处。

笔者认为，从逻辑上讲，程序公正和诉讼效益不存在哪个在先哪个在后的问题，但是具体到历史和现实生活中，程序公正和诉讼效益总是具有时间差和空间差。就经济学而言，西方历史上从重商主义到自由放任政策再到凯恩斯主义一直

---

① 顾培东：《效益：当代法律的一个基本价值目标——兼评西方法律经济学》，载《中国法学》1992年第3期。

到现在的新自由主义，总是出现追求公正与追求效益交替更迭的局面。与此相适应，法理学也从博丹的主权论和马斯雅里主义发展到古典自然法，再发展到功利主义法学和实证主义法学，再到社会学法学乃至新自由主义权利法哲学和经济分析法学并存的局面。正是公正与效益这两种不同的价值追求使社会总保持一种必要的平衡，从而在促进社会经济发展的同时进一步实现人作为人的各种权利。而西方程序法学的发展则经历了一个完全不同的路径：传统的程序理论和立法一直将程序公正作为诉讼的最高的内在价值目标，忽略甚至无视诉讼效益价值，而现代的经济分析法学又把经济效益抬到至高无上的地位。其实，程序公正与诉讼效益都不是绝对的：绝对的程序公正缺乏时代感，绝对的诉讼效益则不能长久。二者之间发生冲突时哪一个优先，不是一个理论问题，而是一个实践问题。要把握好二者之间的关系，必须坚持以下两点，即公正为基础、效益为关键。

1. 程序公正为基础

程序公正和诉讼效益都是设计和评价诉讼制度的内在标准和尺度，不过，诉讼制度或程序真正永恒的生命基础则在于它的公正性。顾培东说："诉讼制度的哲学基础"①，程序公正的基础地位表现在两个方面：其一，自然公正、正当法律程序等程序公正观念历时久远而犹存的原因就在于它们构成了最基本的公正程序规则，它不仅适用于司法程序，也适用于非司法程序。因此，程序公正是整个程序法领域最基本也是最具普遍性的一种价值目标。其二，当事人对诉讼程序产生的不公正感和人们对程序过程不公的否定评价可能会动摇程序制度的根基。虽然人们不能列出程序公正的全部要素，也难以获知那种绝对公正的程序是怎么样的，但人们能够对程序不公正的情况产生感性和直观的判断，其中，诉权主体的当事人对具体程序公正与否的评价动机最为充分，感受也最为深刻。当事人对程序不公正的不满、激愤和对抗情绪具有极大感染力，能带来巨大的负面效应：降低人们对司法程序的信任程度、削弱人们求诸诉讼的动机、造成私法秩序的不稳定等，这些可能会危及诉讼制度的存在本身。

程序公正的基础地位是就诉讼制度而言的，公正在诉讼领域始终带有根本性，任何一项诉讼制度必须遵循最低限度的程序公正标准，这是程序设计的最低

---

① 顾培东：《诉讼制度的哲学思考》，载柴发邦主编：《体制改革与完善诉讼制度》，中国人民公安大学出版社1991年版，第39页。

要求。在此基础上考虑提高诉讼效益，尽可能以较少的司法资源审理较多的纠纷。然而，程序公正的基础地位并不意味着它具有优先于效益而获得实现的必然性。在现实的具体的诉讼程序中，程序公正与诉讼效益总是同时发挥作用，即或者是以效益为代价的稍多一点的公正，或者是以公正为代价的稍多一点的效益。① 具体说来，普通程序对程序公正的要求较高，而对效益的要求较低；简易程序对诉讼效益的要求较高，而对程序公正的要求相对较低。

2. 诉讼效益为关键

法律无论是作为制度要素还是文化现象，其萌芽和生长都必须植根于社会经济关系的土壤之中。社会生活的变化决定法律的变化，因此，法律必须贴近社会生活，回应时代的要求才有生命力。法律的发展必须契合时代发展的主题，立法者也只能从每一时代主题中领悟并确定法律制度的使命。对我国而言，当代社会经济发展的主题是最大限度地优化利用和配置资源。党的十四大提出建设社会主义市场经济的宏伟决策，明确要求在分配制度上实行“效率优先、兼顾公平”的原则。要反映时代主题，把党的十四大确立的分配原则用法学语言和法律规范表现出来，就有必要在程序法学中充分运用经济学的效益原理和方法，把效益作为分配权利和义务等法律资源的基本标准之一，换言之，就是要重视诉讼效益价值。

人类的一切行为活动都有其内在的经济逻辑。作为人类特定实践的诉讼，无论在客观上，还是在程序主体以及立法者的主观认识中，都是一项能够产生一定效果，同时又需要支付一定代价的行为。② 如果说视程序公正为最高价值的传统法学理论对诉讼程序作伦理、政治、情感上的评价有其内在合理性的话，那么，在注重实效的现代社会里，对程序的经济成本与经济收益进行实证分析，则是诉讼程序所无法回避的机制。第二次世界大战以来，西方国家通过加强法官对审前程序的司法控制，充实一审事实审功能，实现审理的口头化、集中性和直接性以及简易程序的再简化等途径降低或转移程序的经济成本，并通过放宽诉的合并条件，扩张既判力的范围等扩大诉讼解决纠纷功能的方式提高程序的经济收益，以

① ［美］阿瑟·奥肯著，王奔洲译：《平等与效率》“原序”，华夏出版社 1987 年版，第 1 页。

② 顾培东：《诉讼制度的哲学思考》，载柴发邦主编：《体制改革与完善诉讼制度》，中国人民公安大学出版社 1991 年版，第 72 页。

此实现诉讼效益目标。在我国，诉讼效益的实现自然也成为诉讼制度的一个关键问题。

在诉讼制度中，尽管也存在着司法资源的合理配置问题，但这种配置始终是以尊重当事人意志和人格为前提的。当事人诉讼义务的设定和法院审判权力的定位，都是为当事人行使诉权的需要而启动、配置和运行的。一项诉讼程序，只有当其满足了最低限度程序公正要求时，才能为当事人诉讼权利的行使提供可靠的程序保障。在此基础上，诉讼效益价值方有实现的可能。因此，将诉讼效益绝对化的观点或者认为程序公正必须以效益为转移的观点都是不可取的。

二、程序公正与实体公正的关系

程序公正一般能够保证裁判结果的权威性。裁判是法院代表国家发出的命令，裁判对法院和当事人的既定力和自缚性是由国家的强制力来加以保障的。19世纪英国法学家威廉·马克白爵士就持这种观点，他认为，“法官绝对要求的一切就是解决所有摆在他面前的纠纷的权威性”，而权威的纠纷解决就是作出有约束力的决定。① 然而，裁判的效力和其是否被当事人遵守并不仅仅取决于国家的物理性制裁，只有当裁判结果在一定程度上反映当事人的意志、愿望和利益，得到主体各方的认同时，方有充分的实效和权威性可言。权威性问题涉及服从与正统性，真正的权威并不单纯仰赖外在的强制，而是来源于主体的内心确信与承认。对于有理性的现代人而言，确信是由证明过程决定的，承认是由说服效力决定的，裁判的权威性则取决于法院对于诉讼信息的沟通能力和判决理由的说服力。具体来说，“在服从某一决定之前，人们必须考虑做出该项决定的正当化（justification）前提。这种前提主要就是程序要件的满足。因为在公正的程序之中，当事人的主张或异议可以得到充分表达，互相竞争的各种层次上的价值或利益得到综合考虑和权衡，其结果，不满被过程吸收了，相比较而言一种最完善的解释和判断被最终采纳。这样做出来的决定极大地缩小了事后怀疑和抗议的余地”②。因此，裁判的权威性必须转换为公正、合理的程序安排，经过正当化过程的裁判显然更容易权威化，更容易得到当事人各方的自觉遵行。

---

① ［美］戈尔丁著，齐海滨译：《法律哲学》，生活·读书·新知三联书店1987年版，第215~216页。
② 季卫东：《程序比较论》，载《比较法研究》1993年第1期。

裁判权威性的另一个要素是正统性或正当性。在历史上，裁判正当性的根据随时代发展而变化：在古代是神意，在中世纪是王权，在今天则是公正的程序。当代西方自然法的衰落破坏了社会意识形态的统一，价值一元的状态不复存在，法律程序一跃而成为价值的原点。事实上，程序公正及其观念即使不是赋予裁判结果正当性唯一根据，也应当被认为是其重要根据之一。因为公正的程序能够确保裁判各方参与裁判制作过程以及对裁判结果施加影响，并保障当事人的人格尊严和意志自由得到尊重，使当事人从心理上接受和承认判决结果的正当性。应该说，当事人是程序公正的直接感受者和评价者，只要法官公正无私，并给予当事人充分的机会表达其观点、提出证据，那么蒙受不利结果的当事人对判决的不满也就失去了客观的依据。因此，美国学者贝勒斯说，程序公正能使诉讼各方从心理上对裁判结果表示服从和确认，即使这种结果对他不利。① 这种效果并不是来自于裁判内容的正确无误，而是从程序过程本身的公正性、合理性产生出来的。此外，程序公正还具有巨大的示范效应，通过公众值得信赖的正当程序，能够使裁判结果在社会大众中获得正当性。

程序公正是裁判结果公正的前提，但公正的程序并不必然产生公正的结果。从理论上讲，程序公正与结果公正都有其独立的判断标准，遵循最低限度的程序公正标准能够保证裁判结果的权威性，却不能保证裁判结果能真实地再现争执的事实和正确地适用法律。美国学者罗尔斯将这种情况称为“不完善的程序公正”，并将“不完善的程序公正”之发生归结为程序以外的因素阻碍了公正结果的形成。譬如，案件情况过于复杂，人类重现既往事实的技术水平不高及当事人举证能力有限，等等。事实上，公正的程序之所以会产生不公正的结果，除了程序外在因素的作用外，程序本身的科学性程度也是影响结果公正的因素。程序的科学性是就程序的技术性因素而言的，在解决社会冲突这一特定的领域内，程序的公正性与程序的科学性是同一实指的不同概念。② 程序的公正性无疑需要相当多的技术性因素来支持，然而，人们从来没有找到一种绝对科学、绝对公正的程序模式，只能从各国的程序立法中归纳出一些最低限度的程序公正标准。这些标

① M. D. Bayles, Principles for Legal Process—A Plea for “Process Values”, in Connell Law Review Vol. 60, November 1974, No. 1.

② 顾培东著：《社会冲突与诉讼机制》，四川人民出版社 1991 年版，第 73 页。

准仅仅反映了一项诉讼程序能够称之为“程序”的最基本要求，而不单纯是为了实现结果公正目标。为此，理论和立法上通常采用法律拟制手段将不完善的程序公正转化为完善的或纯粹的程序公正。

为协调二者之间的冲突，西方学者提出了两种极端对立的解决方案：一种所谓的“绝对工具论”，以实体公正吞并程序公正；另一种所谓的“程序至上论”，以程序公正吞并实体公正。

（一）绝对工具论

该理论的核心思想是：诉讼程序只是用以实现某种特定外在目的的工具和手段，一项诉讼程序只有在其对查明事实和准确适用法律有用或有效时，才能够确保正义、安全、秩序等实体法目标的实现，也才真正富有意义和价值。绝对工具论的始作俑者为英国19世纪功利主义哲学的典型代表杰里米·边沁。边沁把法律从总体上区分为两大基本部分：实体法和程序法。边沁认为，“实体法的唯一正当目的，是最大限度地增加最大多数社会成员的幸福”，程序法的唯一正当目的，则为最大限度地实现实体法；程序法的最终有用性要取决于实体法的有用性……除非实体法能够实现社会的最大幸福，否则程序法就无法实现同一目的。① 因此，司法程序不是作为自治的和独立的实体而存在的，它没有任何可以从其自身的品质上找到合理性和正当性的因素，它本身不是目的，而是用以实现某种外在目的的手段或工具，而且它也只有在对于实现外在目的有用或有效时才有存在的意义和价值，这种外在目的就是实体法的目标。司法程序只有在具备产生符合实体公正、秩序等标准的实体结果时才富有意义。② 自边沁之后的许多英美学者接受了司法程序的绝对工具论。如美国学者诺齐克即认为，程序不是为了它本身的目的、确保它本身的内在价值而存在的，正当法律程序充其量只是保护实体权利的手段。③ 弗里德曼也指出：“正当过程当然是一个崇高的理想；要求公正审判的权利是值得为之奋斗甚至为之牺牲的。但是检验法律系统的最终标准是它做些什么，而不是如何去做和由谁去做，换言之，是实体而不是程序或形

---

① Gerald J. Postema, The Principle of Unility and Law of Procedure: Bentham's Theory of Adjudication, in Georgia Law Review 11 (1977), p. 1393. 转引自陈瑞华：《程序价值理论的四个模式》，载《中外法学》1996年第2期。

② 参见陈瑞华：《程序价值理论的四个模式》，载《中外法学》1996年第2期。

③ 参见陈瑞华著：《刑事审判原理论》，北京大学出版社1997年版，第29页。

式……因此，程序仅仅是相对于一定目的的手段而已，实体法告诉我们程序的什么部分是重要的。”①

我国法学界通常用内容和形式、目的和手段来概括实体法与诉讼法的关系。这种理论把诉讼当作实现实体的工具，仅仅强调了诉讼对于实体的有用性和诉讼程序的技术性。近年来，又有学者提出了相对工具论，这一理论认为，“保障实体法的正确实施，即诉讼法工具作用价值，这是诉讼法的首要价值。如果诉讼法没有保障实施的作用，在一定意义上说就失去了存在的依托，似有‘皮之不存，毛将焉附’之感”。不过，“保障实体法的正确实施，尽管是诉讼法的首要价值，但不具唯一的价值，诉讼法还具有独立于实体法的本身价值，即诉讼法自身所体现出来的不取决于实体法实施的价值”。同时还认为，“程序本位主义理论强调程序自身的价值，为我们认识程序的价值开拓了新视野，为评价诉讼法提供了新标准。但是，这一学说将程序独立价值这一面强调到了极致，从一个极端走向另一个极端”②。相对工具论目前在我国很有市场和影响，不少学者将它作为绝对工具论与程序至上论的中间道路来加以提倡，认为它一方面坚持了程序相对于实体根本上为工具的观点，从而符合对于程序的传统工具性认识，另一方面又避免了绝对工具论的极端性，一定程度上反映了诉讼的主体性价值，似乎为合理的折中之道。实际上，这是对相对工具论的误解，相对工具论本质上乃为工具价值论，仍然坚持程序是实现实体目标的工具这一旧观点，仍未摆正程序与实体的关系。

（二）程序至上论

该理论在英美学者中较为盛行。英美学者和法官注重法律救济和司法程序，他们习惯于从程序保障的有无来看待实体权利。许多学者认为，正义的法律首先应当表现为公正的诉讼程序，程序是法律的核心，没有程序，法律也就不会存在。因此，正当的诉讼程序和法官的公正观念远比任何严格的实体权利和义务的规范都更为重要。这种将诉讼程序的独立意义强调到极致的理论就是程序至上论。在当代英美学者的著述中，主张程序至上论者为数甚多，他们的观点在内容

---

① 转引自季卫东：《程序比较论》，载《比较法研究》1993 年第 1 期。

② 陈光中、王万华：《论诉讼法与实体法的关系——兼论诉讼法的价值》，载《诉讼法论丛》（第 1 卷），法律出版社 1998 年版。

上各有侧重，但他们都坚持一个共同的基本立场，这就是：法院的审判只要按照公正的程序进行，就能够保证裁判结果的公正性。这是一个类似于罗尔斯所说“完善的程序公正”模式的观点。

关于程序至上的论说，可以从英国学者达夫那里窥见一斑。达夫认为，当事人参与诉讼程序及获得法院的公正听审，既不是用以实施实体法的有效手段，也不是对程序工具价值目标的限制，而是人们用以评价和建构诉讼制度的内在价值标准。因此，评价法律程序的价值标准在于它本身是否具有一些内在的优秀品质，而不是它在确保好结果得以实现方面的有用性。①

我国也有学者主张这一见解。有学者在对“重实体轻程序”现象及其弊端进行分析和批判的基础上提出“程序第一，实体第二”的主张，即在诉讼中，程序比实体更为重要，实体公正的实现，必须从程序着手，首先实现程序公正。其理由主要有：其一，从诉讼逻辑上讲，先有程序后有实体结果。人们首先接触和感觉到的是程序是否公正，然后才是实体是否公正。其二，程序在一定意义上决定着实体：一般来说，经过公正的程序，就具实体公正的实体结果，而纯粹的实体公正是难以确定的，甚至是无法实现的，只能以程序是否公正作为衡量司法公正与否的标准。因此，程序公正是实体公正的保障。其三，实体不公正影响的是个案，程序不公正破坏的是整个机制。诉讼机制出了“毛病”，会导致无数个案件的实体不公正。当程序公正和个案的实体公正发生冲突时，应当牺牲个案的实体公正，维护程序公正。其四，实体不公正可以救济和纠正，而程序不公正在许多情况下是不能救济和纠正的，如超审限、法官不中立、当事人行使权利的机会不均等，等等。其五，现在司法实践中最突出的问题是程序不公正，而不是实体不公正。1998 年 1—10 月，全国共复查各类案件 441 万余件，实体错误的 12045 件，占复查案件总数的 0.27%。属于超审限、管辖不当等程序性问题的 73143 件，占错案总数的 85.86%。② 程序至上论为我国部分学者所倡导，虽其在学界影响甚微，但其实践意义愈来愈突出。

（三）程序：内在价值与外在价值的统一

诉讼制度是实现外在实体目标的工具，同时它又具有自身独立的内在价值。

---

① 陈瑞华：《程序价值理论的四个模式》，载《中外法学》1996 年第 2 期。

② 景汉朝：《论程序第一，实体第二》，1999 年全国第二届民事诉讼法年会论文。

割裂内在价值与外在价值的关系，只能导致绝对的一元价值观，绝对工具论与程序至上论就是这种一元价值观的极端形式。绝对工具论过分强调程序的外在价值标准，以外在价值来裁剪程序；程序至上论把程序与程序的结果混为一谈，认为公正的判决是公正程序的逻辑必然。价值取向的单一性，是同诉权主体需要和目的指向的多样性不相符合的。因此，要将内在价值与外在价值重新统一于程序之中，首先必须克服渗入一切分析形式中的一元论思维模式。这种克服不是简单地向以往的历史复归而是在更高的层次上达到辩证的综合。在程序机制（即制度化程序）中实现这种综合不仅是可能的，而且是必然的趋势。伯尔曼指出，新的时代将是一个“综合的时代，无论在哪里，综合……都是开启新型思维的钥匙，这种新的思维乃是我们正在进入的新时代的特色。‘非此即彼’让位于‘亦此亦彼’。不再是主体反对客体，而是主体与客体交互作用；不再是意识反对存在，而是意识与存在同在；不再是理智反对情感，或者理性反对激情，而是整体的人在思考和感受”①。

放弃一元价值观，建立统一价值观也是与诉讼目的多元论相契合的。依照统一价值观，不仅在实现诉讼目的的理想状态下，应当坚持实现程序保障与保护权利、解决纠纷和维护法律秩序的有机统一，而且在目的指向发生冲突时，仍应当在最大限度上追求实现两方面的有机统一所获得的利益。换言之，在发生冲突时所进行的选择，应当符合实现最迫近的目的的要求。为此，统一价值观不为程序的内在价值与外在价值确定一种不变的价值等级，也不承认程序保障与保护权利、解决社会冲突与维护法律秩序哪一个方面绝对优越。诉讼价值的相互依赖关系，决定了对某一价值方面优越的强调，不仅会贬抑其他方面的价值，而且也会抑制所强调的价值的实现。当然，笔者所主张的统一价值观并不是将两方面相互作用的程序价值置于绝对的水平面上，不是指各价值方面的绝对对等或将不同的价值视为等值的份额，而是注重于具体条件和个案情况的不同，从符合实现最迫近需要的角度来确定两方面价值的实现程度。这一点，对于我国诉讼理论、立法和司法实践具有重大现实意义。

① ［美］伯尔曼著，梁治平译：《法律与宗教》，生活·读书·新知三联书店1991年版，第134页。

第六节 诉讼价值在中国的实现

中国自20世纪80年代末以来的司法改革，肇端于法院系统内部自上而下的民事、经济、刑事审判方式改革。改革通过落实当事人的举证责任，强化公开审判，强调当庭质证、认证，充分发挥合议庭的职能以及重新设置法院机构等实践或论争，深化了对中国诉讼制度的再认识，同时引发了对中国诉讼基本原理、原则的再思考。改革中引入了不少新的尝试和做法，并出现了各种理论、观点的交锋。随着改革的深入，矛盾和问题越来越尖锐、突出，司法改革在进退两难的困境中挣扎、突围。

归纳起来，中国的诉讼改革面临着如下困境，即程序公正与实体公正的悖论、程序公正与诉讼效益的悖论、诉讼权与审判权的悖论。司法改革要在实现司法公正上有所作为，就必须在诉讼中确立程序公正对实体公正的优越地位、程序公正对诉讼效益的优越地位、诉讼权对审判权的优越地位。具体而言，诉讼应当确立以当事人为中心的当事人主义诉讼构造，摒除司法改革中以法院为主体的审判中心论；强化诉讼程序对法官的硬性约束机制，将法庭由法官发现真理的手段变为当事人自由竞胜的场所；设置多元化的、便利当事人选择的诉讼程序，凸显程序的自治性和当事人的程序主体地位；建立小额诉讼程序，实现简易程序的再简化，以促进诉讼。

一、确立程序公正对实体公正的优越地位

司法作为连接法律与社会生活的中介，连接一般与个别的纽带，其正当性只能来源于诉讼程序，这就是所谓的正当程序原理。诉讼程序的公正性能够保证裁判结果的权威性、正当性，是裁判结果公正的前提。虽然公正的程序并不必然产生公正的结果，但“在一般情况下，公正的程序比不公正的程序能够产生更加公正的结果”①。程序公正及其观念即使不是赋予裁判结果正当性的唯一根据，也应当被认为是其重要根据之一。因为公正的程序能够确保诉讼各方参与裁判制作

① G. M. Pops and T. J. Pavlak, The Case for Justice, p. 85, 1991 by Jossery - Bass Publishers, p. 85.

过程以及对裁判结果施加影响，并保障当事人的人格尊严和意志自由得到尊重，使当事人从心理上接受和承认判决结果的正当性。只有当裁判结果在一定程度上反映当事人的意志、愿望和利益，得到主体各方的认同时，方有充分的实效和权威性可言。权威性问题涉及服从与正统性，真正的权威并不单纯仰赖外在的强制，而是来源于主体的内心确信与承认。当事人作为程序公正的直接感受者和评价者，只要法官公正无私，并给予其充分的机会表达其观点、提出证据，那么蒙受不利结果的当事人对判决的不满也就失去了客观的依据。因此，裁判的权威性必须转换为公正、合理的程序安排，经过正当化过程的裁判显然更容易权威化，更容易得到当事人各方的自觉遵行。

20 世纪 60 年代，美国法进行了一场以程序为焦点的空前改革——“正当过程革命”，它引起了法律制度和法律原理的深刻变化。在德国，也存在着法律程序化的现象和主张，其中，著名社会学家卢曼（N. Luhmann）提出了“通过程序获得正当性”这一命题。他指出，在“正当程序”得以实施的前提下，诉讼过程本身确实能够发挥给裁判结果以正当性的作用，这种作用不仅体现在审判程序中，而且在选举程序、立法程序和行政程序中都可以看到。①

程序是现代法治的醒目标志。没有法治，依然有实体问题；但没有程序，却没有法治可言。法治，在一定意义上说，就是“程序治”。人们常爱说中国的行政和司法重实体、轻程序，这与其说是对法治状况的描述不如说是对非法治状况的描述。如果在“正确实体”遇到错误程序时总是让实体获胜，那么在中国走向法治的道路上，就仍然只留下一个一个的“实体”，却留不下作为现代法治醒目标志的程序尊严。②

我国理论和实践中关注诉讼程序在实现实体公正上的工具价值，而对程序内在价值重视不够，用一句时下流行的话说就是“重实体轻程序”。有人将程序（法）简单地等同于实体（法）的形式和手段，认为程序（法）离开了实体（法）“就失去了存在的价值”。有的则更为明确地指出：“程序没有独立存在的价值，不能以纯粹的程序而论程序。”③ 诉讼程序的意义仅在于实现实体法的价

---

① ［日］谷口安平著，王亚新、刘荣军译：《程序的正义与诉讼》，中国政法大学出版社 1996 年版，第 10 ~ 11 页。

② FM365，2001 年 3 月 1 日。

③ 关保英著：《行政法的价值定位》，中国政法大学出版社 1997 年版，第 275 页。

值目标，达到客观、真实。以民事诉讼立法为例，民事诉讼法开宗明义地规定了诉讼的目的为程序保障与保护私权、解决纠纷和维护私法秩序的统一（第2条），但在诉讼价值取向上，更关注诉讼的外在价值。在我国《民事诉讼法》和最高人民法院《关于适用〈中华人民共和国民事诉讼法〉若干问题的意见》中，充斥着大量否定诉讼内在价值的法律规范。最突出的表现是：对于法官严重违反诉讼程序但不会影响案件正确处理的行为不能成为废止法官裁判结论的根据。例如，审理本案的审判人员、书记员应当回避而未回避，未经开庭审理而作出判决，适用普通程序审理的案件当事人未经传票传唤而缺席判决等违反法定程序的情形，只有当其可能影响案件正确判决时，才由二审法院裁定撤销一审判决并发回重审（《民事诉讼法》第153条、最高人民法院《关于适用〈中华人民共和国民事诉讼法〉若干问题的意见》第181条）；审理案件的法官违反法定程序，可能影响案件正确裁判时，才能由当事人申请再审或由检察院提起抗诉（《民事诉讼法》第179条、第185条）。据此，虽然诉讼程序违法，只要不影响实体处理的正确性，即无须废止原裁判。像这种忽视甚至否定诉讼程序内在价值的法律规范在《民事诉讼法》《刑事诉讼法》中大量存在。在司法实践中，许多现象也反映出法官观念中的实体至上的价值取向。譬如，普通诉讼程序中采用打电话、捎口信、口头传唤当事人和通知其他诉讼参与人的方式；对当事人及其诉讼代理人的主张、意见不予采纳或不予重视，当事人只是法官查明真实的工具；法院“先定后审”、合议庭“审而不判”、审判委员会“不审而判”，开庭审理成为走过场；法官办案效率低下，诉讼拖延问题严重等。这些现象，从实质上讲均为“重实体轻程序”乃至程序虚无主义的典型表现。凡此种种，表明在理论和观念上，诉讼本身的意义仍未获得人们的足够重视，往往被不适当地看作一堆烦琐的没有生命力的规则，或者更被简单地当作法院的办案规程。因此，软化诉讼程序的制约机制，不按程序办事已成为实践中的恶习。及至现今，“重实体轻程序”问题仍然困扰着理论界和实务界。

诉讼程序理论、立法和司法实践中这种“程序附属于实体”观念的发生，从根本上讲反映了法学家、立法者和法官们对法律程序的共同价值判断，这就是：只要诉讼的结果没有错误，诉讼活动就没有任何瑕疵，程序作为保证结果正确性的工具，它本身并没有独立于裁判结果的价值和意义。[①] 这是一种类似于绝对工具论的理论观点。然而，这种实体至上的一元诉讼价值观，是同诉讼的规律不相符合的，它客观上加剧了“轻程序”现象的发生，导致实践中将实体法适用正确与否作为评判裁判情况的唯一标准，使诉讼程序的严肃性和权威性受到极大的损害。

那么“绝对工具论”的诉讼价值观和“重实体轻程序”观念为何在中国具有这么大的影响力呢？根据季卫东先生的解释，中国“轻程序”现象既是一个文化传统问题，也是一个制度设置问题，中国传统法律程序结构上的缺陷制约了中国的程序建设。这是因为，传统审判程序是按行政原理设计的，审判的程序性限制是以官僚机构内部纪律的形式出现的，程序的遵守不是由于当事人能够对违法的过程提出效力瑕疵的异议，而是通过上司对违法官僚的惩戒处分来保障，人民仅仅止于接受其反射性的利益。同时，中国的反程序化倾向十分有力，立法上忽视程序要件的规定，实务中试图松弛程序的现象屡见不鲜。这就造成中国有“程式”而无“程序”，有名不副实的法律形式化而没有正名求实的法律形式主义。[②] 陈瑞华先生则是从诉讼活动本身性质的角度来解释我国“轻程序”的原因。他认为，诉讼活动不仅仅是一种以恢复过去发生的事实真相为目标的认识活动，而且也包含着程序道德价值目标的选择和实现过程。而传统理论和实务一直将诉讼活动视为一种认识活动，这是程序绝对工具论产生的思想基础。[③] 其实，这两种解释都是成立的，不过季先生重传统，陈先生重现代；季先生重制度，陈先生重观念而已。

要摆正程序与实体、程序内在价值与外在价值之间的关系，就必须克服“轻程序”的观念和做法，树立程序与实体并重思想，目前尤为迫切地是弘扬程序公正、诉讼效益、程序自由等内在价值，树立诉讼程序的权威。“只有对程序达到具有独立人格的理解，对程序问题的讨论才能有堂堂男儿的自信”，那种将程序看作实体附庸的观点，没有看到程序是以实效性的权威决定着实体的现实状态；程序不是实体的影子，而是可以使实体美化或丑化的独立的力量。[④] 相对于实体

① 陈瑞华著：《刑事审判原理论》，北京大学出版社 1997 年版，第 48 页。

② 季卫东：《程序比较论》，载《比较法研究》1993 年第 1 期。

③ 陈瑞华著：《刑事审判原理论》，北京大学出版社 1997 年版，第 50 ~ 52 页。

④ 袁红冰：《刑事程序的魅力》，载《中外法学》1990 年第 6 期。

规范，程序的确具有其工具性的一面。但是不能忘记，适当的实体规范是经由程序铺设的轨道通过公正、有效的程序形成的，“只要我们就实体法的主要学说溯及遥远的过去，我们都可能在其源头发现一些忘却了的程序环境”[①]。在整个诉讼过程中，实体法完全是根据诉讼程序的要求而起作用的，审判方式大大地影响了实体法规则起作用的方式，举证规则可能使实体法规则完全不起作用。诉讼程序对实体法中不适合社会发展需要的部分，还能起到修改、补充的作用。因此，程序公正不仅仅是实体公正的形式和手段，它还具有自己的独立价值。

二、确立程序公正对诉讼效益的优越地位

程序公正与诉讼效益都属于诉讼程序的内在价值，二者相互包含、相互制约。诉讼效益作为满足程序主体需求的一种价值，其中内含着公正的精神。从某种意义上说，诉讼效益所追求的是以最经济的方式来实现公正的目标。反过来，程序公正对诉讼效益也具有一定的涵摄力，这一点即便在推崇经济效益至上论的波斯纳那里也得到了承认。但程序公正主要指向纯精神性的道德领域，而诉讼效益则更加切近于物质性的经济功利领域，这两种价值可以和谐共存，但又经常处于深沉的张力之中。一般情况下，诉讼程序公正性的增强会直接导致诉讼效益的降低，而对诉讼效益的注重在一定程度上限制了程序公正的实现。

程序公正与诉讼效益既然存在着矛盾，那么对公正和效益的评价和选择，就成为一个重大的法律实践问题。尽管程序公正和诉讼效益都是设计和评价诉讼程序的内在标准和尺度，不过，诉讼制度或程序真正永恒的生命基础则在于它的公正性。程序公正是整个程序法领域最基本也是最具普遍性的一种价值目标。“从程序本身着眼，公正是它的最低要求或标准”[②]。任何一项诉讼程序必须遵循最低限度的程序公正标准，这是程序设计的最低要求。在此基础上，考虑提高诉讼效益，尽可能以较少的司法资源审理较多的案件。

在中国司法改革中，程序公正构成其与诉讼效益的矛盾的主要方面。实践中为解决案多人少、积案严重的窘况，各地法院纷纷试行繁简分流，扩大简易程序

---

① ［美］埃尔曼著，贺卫方、高鸿钧译：《比较法律文化》，生活·读书·新知三联书店1990年版，第165页。

② 孙笑侠：《两种程序法类型的纵向比较——兼论程序公正的要义》，载《法学》1992年第8期。

的适用范围，甚至将大量的非诉讼案件纳入简易程序的调整之中，为此任意放松简易程序的程序约束的现象普遍发生。理论界也倾向认为诉讼程序应当摈弃其雍容华贵的传统色彩，而赋予实用性、简易的特征，并且夸大了西方国家为促进诉讼而实施的改革措施在诉讼法中的地位。在多种力量的影响下，《人民法院五年改革纲要》明确提出“多适用简易程序”的主张。在司法腐败猖獗之下，诉讼制度的建设应优先处理好程序不公这一根本性问题，在保证程序公正的前提下兼顾诉讼效益。企图超越程序公正的要求，片面追求诉讼效益的做法是舍本逐末的。

三、确立诉讼权对审判权的优越地位

司法程序的存在与发展，永远是与程序主体的存在、程序主体权益的存在、程序主体社会关系的存在相联系的，是为程序主体的生存、发展所必需的，是实现程序主体权益的形式。在诉讼程序中，人民法院是公共服务的提供者，司法行为派生于当事人的权利行为，因而司法行为具有利他倾向。对当事人这一诉权主体而言，他按照“为我”的价值取向认识、选择、利用和控制司法过程，诉讼程序究竟向何方向发展，在很大程度上取决于当事人的现实需要。这个过程充满了种种选择的可能，理性主体总是趋向于选择一种最公正、最有效的司法程序。

在司法改革中，应当大力弘扬当事人的程序主体性，由当事人决定法院的审理对象，按照自己的意愿实施诉讼行为，而法院的行为受程序规范和当事人行为的制约。程序制度的设计、改革措施的出台都应以当事人需要的满足为依归，把当事人由消极的受动者提升为积极的主动者、诉讼的中心，摈弃审判中心论，使诉讼机制转化成当事人为主宰的结构，摆正人民法院在诉讼中的地位。

总而言之，当代中国的司法改革面临着诉讼制度的形式合理性和程序公正两大任务，同时又面临着如何回应西方国家法治现代化之后的司法改革潮流和趋势，即在诉讼中淡化形式合理性和程序公正，而强调实质合理性和诉讼效益。“接轨论”者较为注重后现代法学的理论和改革实践，一再指明当代西方司法改革潮流对中国的启示；“本土化论”者呼吁应当从中国人的社会生活中创造中国的法制。“接轨论”和“本土化论”都主张，中国传统文化中的某些现象，如注重法院调解、强调社会和谐等，在未来的中国社会中仍然具有强大的生命力，在

这个问题上他们可谓殊途同归。但是，中国的诉讼制度真的能够从传统一跃而进入所谓的后现代吗？中国传统文化真的能够为转型时期的中国诉讼制度建设提供正当化根据吗？恐怕未必如此。中国的市场经济正在发展之中，与市场经济息息相关的诉讼制度也处在由传统向现代的转型之中，如果说“中国人的社会生活创造中国的法制”这个命题成立的话，那么对诉讼而言，“中国人的社会生活”只能理解为中国人的市场经济生活，而绝对不是中国人的计划经济生活，也不是古代“中国人的社会生活”。中国诉讼制度不可能逾越现代化阶段而进入后现代，或者是退回到古代。中国应当借鉴的是西方诉讼制度赖以存在的一些根本性东西，这就是反映市场经济基本要求的程序公正理念和制度，它们虽历经一个多世纪而依然根深蒂固，永不褪色。

四、中国的司法改革与程序意识的觉醒

20 世纪后半期，中国经历了两次大规模的司法改革：一次是 70 年代末中国改革开放之初开始，当时我国正着手起草诉讼法典。另一次改革一般认为始于 80 年代末，肇端于法院系统内部自上而下的民事、经济审判方式的改革。改革深化了对我国诉讼法律制度的再认识，同时引发了对我国诉讼基本原理、原则的再思考。

当代中国的司法改革，有其复杂的背景和动因。“改革不只是法院内部在工作上的一种技术性调整，它是一个具有深刻社会背景的、能够给我国法制建设以及法与社会经济政治生活的关系带来重大影响的变革过程。”① 总的说来，改革的背景和动因不外乎两个方面：一方面，当代中国的司法改革是在第二次世界大战后西方国家司法改革的潮流下展开的，西方的司法改革模式、目标、方式或途径难免对我国产生影响；另一方面，随着我国经济的快速发展，民事、经济纠纷案件的大量增加，人民法院原有的审判方式已不适应国内解决纠纷的实际需要，加之司法腐败作祟，司法威信一路低落，社会不满情绪日涨。通过改革寻找出路，这是改革的直接动因。

第二次世界大战后，西方社会经济的发展和诉讼数量的飙升对诉讼、审判制

---

① 王亚新：《论民事、经济审判方式的改革》，载《中国社会科学》1994 年第 1 期。

度提出了更高的要求，西方社会对审判制度的批评主要集中在诉讼迟延、诉讼成本高昂所致的司法资源利用上的不平等、不公正上。西方国家司法改革的重点则是加强法官的诉讼指挥权（同时规定法官的释明义务）、简化诉讼程序、降低诉讼费用、提高诉讼效率以及方便当事人诉讼等。西方于近代形成的程序公正观逐步让位于现实主义的法理念，程序效益成为司法改革的主要价值目标，如德国于战后多次修改民事诉讼法，美国对迟滞拖延的审前程序进行了一系列改革，法国于 1975 年通过了《新民事诉讼法典》，日本也于 1996 年通过了新民事诉讼法（参见本书第四章）。改革大大加强了司法权力，法官的自由裁量权和法官造法的功能得到承认，审判权的行使更具有灵活性和创造性，司法的权威和司法在社会生活中的地位得以不断提高。

西方为减轻诉讼、审判的压力，提高程序效益，还采取了诉讼成本向司法外领域转移的替代性纠纷解决机制，简称 ADR（详见第四章）。在英美国家，ADR 广泛适用于劳动纠纷、消费者争议、交通、医疗事故处理甚至一般商事纠纷中。以美国为例，通过 ADR 解决的纠纷，以及和解结案的诉讼已占民事纠纷的绝大多数。①

中国的司法改革是在世界各国司法改革的大背景下展开的，改革的最初动因是为了解决当时案件逐渐增多，办案力量不足的矛盾，以减轻法院调查取证的负担。在我国，有不少从事司法审判工作的人持这种观点。② 也有学者对这种低调的解释提出了质疑，认为司法改革尽管有某些偶然的、实用功利的原因，但不限于这些原因，司法改革还有一些内在的、深刻的动因。此即：第一，是为了积极回应社会各方面的不满情绪。近年来，社会各方面对司法审判现状的批评和抱怨日趋突出，典型的例证是《最高人民法院工作报告》获得人大通过的票数逐年减少，几近“勉强通过”的水平。司法改革正是审判机构回应社会各方面不满情绪的一个积极举措。第二，是司法审判机构为推动我国司法体制整体改革所作出的重要努力。司法改革表面上是一种技术层面的改革，但其内在机理绝不仅限于此。司法改革从技术层面提出的要求，是审判技术（尤其庭审技术）本身所

① 范愉：《世界司法改革的潮流、趋势与中国的民事审判方式改革》，载《诉讼法学 · 司法制度》1998 年第 10 期。

② 参见景汉朝、卢子娟：《经济审判方式改革若干问题研究》，载《法学研究》1997 年第 5 期。另参见张柏峰主编：《审判方式改革通论》，人民法院出版社 1999 版，第 1 页。

不能解决的，它需要整个审判制度乃至司法制度的改革与之相配套。通过司法改革，审判机构不经意地把社会对司法审判机构的诉求又交回了社会。[①]

笔者基本同意后一种观点。笔者认为，我国民事司法改革原始的、直接的动因可能在于解决案多人少、社会需求与司法供给不足之间的矛盾，从这一点来看，似乎国内外司法改革的出发点是一致的。但是这只是表面现象，中国的司法改革有其特殊的历史条件和背景，解决案多人少的矛盾决不仅仅是改革的唯一原因。要理解中国为什么进行改革，必须考虑到我国社会正处在由“礼治社会”到“法治社会”的转型时期这一特定社会秩序结构特点。

传统中国社会是以内在的良心和习惯服膺于外在传统规则的“礼治社会”，现代社会则是一个法理的社会，是一个依靠法律来调整人与人之间关系的社会，即“法治社会”。今日中国社会从制度层面上讲已步入现代社会，但从实际社会的层面来分析，20世纪后期的中国社会仍然处在或经历着由传统社会向现代社会的转型过程之中。同转型和过渡时期的中国社会相伴随，当代中国社会秩序形态呈现出一种极为复杂的情况。我国学者刘作翔将其概括为“法治秩序”与“礼治秩序”、“德治秩序”、“人治秩序”、“宗法秩序”等组合而成的“多元混合秩序”[②]。这是对当代中国实际社会秩序的一种概括和描述。梁治平先生也指出，中国最近50年里，国家的正式制度与民间的非正式制度发生着一种互动关系，一方面是国家权力向社会基层的渗透，另一方面是家族制度的复苏，宗教仪式的再现，民间非正式制度的复兴。梁治平先生将此种现象称为“秩序的多元化”，它表明了当代中国社会的复杂性：发展的不平衡和内在的不同一性。[③] 在这种多元秩序中，国家的司法审判制度能否给人们提供公正、迅速、有权威的纠纷解决办法，能否满足人们的期望，就成为判断民间非正式制度存在的必要程度的指标。民间非正式制度具有根植于社会生活中的合理性，因为它们为社区成员所能带来的好处更多于它们的害处，而国家的司法审判制度如果缺乏足够的有效

① 参见顾培东、张建魁：《我国民事经济审判制度的价值取向》，载《中国社会科学》1998年第6期。

② 刘作翔：《转型时期的中国社会秩序结构及其模式选择——兼对当代中国社会秩序结构论点的学术介评》，载《新华文摘》1999年第2期。

③ 梁治平：《乡土社会中的法律与秩序》，转引自刘作翔：《转型时期的中国社会秩序结构及其模式选择——兼对当代中国社会秩序结构论点的学术介评》，载《新华文摘》1999年第2期。

性和权威性的话，或者司法体制过于僵化和腐败的话，那么国家的正式制度要么彻底退出乡村社会，要么随社会发展对自身作出相应的变革。因此，司法改革的背后潜伏着错综复杂的社会矛盾和冲突，既有司法体制本身所固有的，也有诉讼程序结构和具体制度上的，司法改革成为消解各种社会矛盾的突破口。

在改革过程中，法院的角色发生变化，由维持治安的专政工具转变为社会正义的维护者。随着改革的进行，法院和法官角色与功能的变化也成为中国法制史上颇耐人寻味的一章。对于这一变化，王亚新先生曾作过深入的分析。他指出，在民事、经济审判方式改革的背后，“潜藏着更为深刻、意义更为重大的变化，这就是在整个社会体系或社会生活中法院的功能和地位出现了不知不觉的转移”。“在功能上，法院的作用已经从主要是维持社会治安转移到至少是维持社会治安与促成和维护经济秩序并重的局面”，法院不再是社会的对立面、异己力量，而是社会的一分子。他还认为，改革开放前，不仅法院的一般形象主要限于刑事审判，就是在当时规模很小的民事领域，法院工作的意义很大程度上也是从防止矛盾激化以维护社会治安的角度被认识的。而改革开放十多年后，“民事、经济审判领域中法院的主要功能与其说仍在于社会治安的维持”，“还不如说已移向了直接参与形成经济秩序、维护并促进经济活动的正常进行”上。[①] 王亚新先生对法院功能的变化所做的分析是非常中肯的，它反映了20世纪后半期中国法院的实际状况。然而，6年过去了，情况又有所不同了，诉讼理论和实践又发生了新的变化：以前我们讲法院是执法机关，现在认识到法院司法职能的特殊性；以前强调法院要为经济建设保驾护航，而现在则强调司法的消极性和法院的程序中立性，强调司法公正、裁判公正。这势必使法院的角色由原来与社会的亲和性转变为在国家与社会之间以及社会各种力量之间处于中立立场的纠纷化解者。这些变化表明：诉讼程序技术的要求在我国审判实践中愈来愈受到重视，改革的价值取向由以实体法为中心逐步转变为程序法地位的上升，程序内在价值的高扬。在现代社会中，法律任务的核心内容便是社会正义，法院的功能则是实现社会正义。这也就是说，法院要“维护个人权利与国家权力（乃至一切公权力）之间的平衡，并在这种平衡的动态性的维护中既对公权力的恣意予以扼制，又对来自个人

① 王亚新：《论民事、经济审判方式的改革》，载《中国社会科学》1994年第1期。

权利的滥用倾向加以限制”[1]。

但是，程序内在价值意识的觉醒并不是一蹴而就的，诉讼程序和诉讼法获得重视，并真正在实践中贯彻实行，还需要长期的努力。尽管最高法院领导屡次指明程序和程序法的重要意义，但从他们的具体表述来看，程序和程序法最根本的价值仍在于实现裁判实体公正，这就大大抵消了他们关于程序公正的强调，并且使法院的诸多改革措施自相矛盾而陷于进退两难的境地。比如，错案追究制的实施，在很大程度上消解了强化合议庭职责这一改革措施。对此，梁治平先生指出：建立错案责任追究制度的初衷是好的，也存在严重弊端。一是错案这一概念没有明晰的客观认定标准，即使两个法官都严格根据法律的规定来思考和判断，对同一个案件得出不同看法也是可能的；二是由于法院惧怕出现所谓错案而不敢承担责任，稍有疑问就向上级单位请示，待上面有确定的意见或指示后才定案，这不但使上诉制度失去意义，而且还可能造成案件久拖不决；三是上级法院可能利用错案追究制度干涉下级司法机关独立的正常的司法活动。[2]

可见，梁治平先生也看到了错案追究制与法院或合议庭独立审判之间的相悖性。应当说，法治社会中，法院与法官对于法律问题有最终发言权，在法官之外，不再有评价法官行为合法性的力量。法官行为的正当性来源于法律程序的正当性、法官地位的中立性与法官身份的独立性，法官只对自己的违法行为或不当行为承担相应的法律或道义责任，而不是对判决的实体内容承担个人责任。而错案追究制度实际上是以实体公正为价值取向而设计的，并以实体裁决正确与否作为其终极关怀，仍然体现了“重实体轻程序”的传统倾向。这一点可以从各地法院对“错案”的界定体现出来。例如，山西省高级人民法院认为错案乃“审判人员在审理过程中，违反实体法或程序法，致使案件出现明显错误或造成不良影响，应由审判人员承担责任的案件”。内蒙古自治区高级人民法院采用列举方法将裁判认定的基本事实错误，是非责任颠倒造成裁判严重不公，适用法律明显错误导致错误裁判，严重违反诉讼程序影响案件实体公正等七种情况列为错案。[3]

在我国，从20世纪80年代早期人治与法治的讨论到近年来关于权利与人权

---

① 参见贺卫方：《通过司法实现社会正义——对中国法官现状的一个透视》，载贺卫方著：《司法的理念与制度》，中国政法大学出版社1998年版，第3页。

② 梁治平：《司法：走向自治之路》，载《中国律师》1998年第8期。

③ 参见廖永安：《关于错案责任追究制度的反思》，载《江苏社会科学》1999年第3期。

问题的研究都反映了一种倾向，即“在考虑法制建设的时候，中国的法律更侧重于强调令行禁止，正名定分的实体合法性方面，而对在现代政治和法律系统中理应占枢纽位置的程序则总是语焉不详。偶有论者，也并未把程序看作一个具有独立价值的要素”①。中国法院系统自20世纪80年代后半期开始的民事、经济审判方式改革中有关调解中心存废一议，本来当会诱发对于审判程序以及调解的法制化问题的深入探讨，但是，实际上占主流的论述多偏重于对调解中心的表层问题的分析上。新民事诉讼法关于调解原则的表述由“着重调解”改为“自愿、合法调解”，尽管立法更趋于科学化，但仍倾向于注重调解制度与实体法的一致，而不是将重点放在程序的合理化上，结果降低了调解在弹性选择方面的价值，实践一再表明，“缺乏完备的程序要件（Proceduralrequisite）的法制是难以协调运作的，硬是推行之，则极易与古代法家的严刑峻法同构化，其结果往往是‘治法存’、法治亡。因此，程序应当成为中国法制建设乃至社会发展的一个真正的焦点”②。同时，在立法、行政、审判等几种主要程序类型中，最重要、最典型的是审判程序。因此，如何构筑现代的审判程序，就成为中国法制现代化进程中至关重要的一个环节。

探究中国“轻程序”现象的原因不能不追溯中国诉讼法史。中国传统诉讼法律文化的重要特征是在法律结构形式上诉讼法与实体法不分，在诉讼组织及操作方式上司法与行政合一。当事人在诉讼中的活动主要是形成供状（陈述情节）和招状（表示认罪）。但招供的过程实际上并不是事实认定的过程，而是通过结论必须由被告自己承认这一制度来防止专断。司法官不必受复杂的证据法则的限制，当事人对法律的援引和解释也没有发言权。案件处理的结果，不仅要“合法”，更重要的是要“合情”“合理”。追求“合情合理”，成为我国历史上对程序法制发展危害最大的一个因素。③ 这是因为程序的实质是管理和决定的非人情化，其一切设计是为了限制恣意、专断的裁量。

在观念层次上，中国“轻程序”现象还源于对诉讼程序意义的认识不足，以及程序公正观或程序正义观的欠缺。实际上，程序一方面可以限制法官的裁量

---

① 季卫东：《法律程序的意义——对中国法制建设的另一种思考》，载《中国社会科学》1993年第1期。

② 季卫东：《法律程序的意义——对中国法制建设的另一种思考》，载《中国社会科学》1993年第1期。

③ 范忠信、郑定、詹学农著：《情理法与中国人——中国传统法律文化探微》，中国人民大学出版社1992年版，第28页。

权，维护法的稳定性和自我完结性；另一方面也允许选择的自由，使法律系统具有更大的可塑性和适应能力。换言之，程序具有开放的结构和紧缩的过程，包含着决定裁判成立的前提，存在着左右当事人在程序完成之后的行为态度的契机，并且保留着客观评价裁判过程的可能性。① 研究法制史我们会发现，重视诉讼（程序）法并非近代人的“专利”，尽管法典意义上的程序法诞生在近代革命之后，但作为一般意义上的程序法或程序规则早已存在，甚至有学者认为程序法早于实体法诞生。在以诉讼法为中心的英国，法官和法学家们一直致力于程序法，即奉行“程序优先于权利”的法律原则。英国法学家的传统观念在于，“如果在实践中没有一个实施的办法，肯定一项权利或原则便无任何实质意义”②。这种见解生动而确切地描绘出实体法对程序法的依赖程度。

在法学理论上，我们过去总是回避程序公正问题，认为程序公正的形式性决定了它没有实际意义和内容。这种观点应当予以否定。“从程序本身着眼，公正是它的最低要求或标准。”③ 不公正的程序一般来说是难以实现实体公正的，因此，无论对于执法者还是对于当事人来说，首先要关心的是程序本身是否公正。约翰·罗尔斯认为，公正的法治秩序是正义的基本要求，而法治则取决于一定形式的正当过程，正当过程又主要通过程序来体现。④ 更重要的是，罗尔斯在程序正义与程序结果的正当性之间找到了联结点，并在他的程序正义结构模型中对如何减免不当结果的发生提出了有价值的解决思路。这对于确立我们的程序公正（或正义）观，摆正程序公正与实体公正的关系很有教益。

总之，“轻程序”问题应当提到法制现代化的高度来解决。中国法制现代化的要点是“法制程序化”，而“法制程序化”的关键是诉讼程序。只有当诉讼法的独立地位和内在价值得到承认和尊重，诉讼法与实体法一样具有不可违反的法律尊严时，“法制程序化”才不会沦为空话。

---

① 季卫东：《法律程序的意义——对中国法制建设的另一种思考》，载《中国社会科学》1998 年第 1 期。

② 杨联华：《简论英国注重程序法的缘由》，载《程序法论——民事诉讼法论文精选》，中国政法大学教务处 1993 年印，第 205 页。

③ 孙笑侠：《两种程序法类型的纵向比较——兼论程序公正的要义》，载《法学》1992 年第 8 期。

④ ［美］约翰·罗尔斯著，何怀宏、何包钢、廖申白译：《正义论》，中国社会科学出版社 1988 年版，第 225 页。

第四章　程序正义

程序远不是一个局限于诉讼领域的概念。在最广泛的意义上，有人群的地方，就有程序正义的问题。因为程序的存在本身就意味着一种秩序，而秩序是人们社会生活的基本需要之一。人们买东西要按照先来后到的顺序排队，看病要挂号，办理各种手续，一个集体作出某种决定要有表决的程序，对犯罪人进行制裁需要经过审判，凡此种种，只要人们能够对其程序的合理与不合理作出评价的事件，都可以说与程序正义的问题有关。但是，并非所有的程序问题都值得我们深入研究，在普遍的社会生活中，影响人们权利义务分配的程序问题大体上有两种情况：[①]（1）集体决策中的程序正义问题，在法律领域的典型表现是立法程序。（2）决定对个人赋予利益和施加负担时的程序正义问题。这里的"个人"既包括自然人也包括法人。这种"利益—负担"决定通常是通过两种程序完成的：一种是对个人是否具备某种标准进行独立评估，如一个人是否具备接受残疾人社会保障金的条件、被告人的行为是否构成犯罪；另一种是根据某种标准在具有竞争关系的个人之间进行比较选择，如招标程序。这两种程序的区别在于前者属于非竞争性程序，而后者属于竞争性程序。无论是竞争性程序还是非竞争性程序，"利益—负担"决定经常以第三种程序问题的面目出现，即冲突解决程序。在这种程序中，冲突的解决要么诉诸强力，要么诉诸协商、调解、仲裁或者诉讼。竞争性的冲突解决程序如争夺监护权的诉讼，非竞争性的冲突解决程序如刑事审判程序。本书的研究重点在于冲突解决程序，尤其是诉讼中的程序正义问题。

---

① Michael D. Bayles, Procedural Justice, Boston, Kluwer Academic Publishers, 1990, at 2.

第一节　导　　论

程序正义是与实体正义相对而言的。但是在日常生活中，人们对实体和程序的理解往往带有浓重的经验意味。实际上，程序与实体在概念上有明确的区别：程序关注于一项决定作出的过程和步骤，而实体指向的是该项决定的具体内容。在诉讼中，实体正义往往表现为结果意义上的正义，即通过具体的诉讼形成的判决具备客观的事实基础。程序正义与实体正义的关系一直是政治哲学和法哲学领域谈论最多的话题之一。程序正义和实体正义同时得到实现当然是一种非常理想的状态，但是制度的设计往往不能以这种理想状态为基础。

根据程序正义与实体正义的关系，美国哲学家约翰·罗尔斯将程序正义区分为三种情况：纯粹的程序正义、完善的程序正义和不完善的程序正义。纯粹的程序正义，是指无论程序产生什么样的结果，它都是公正的，不存在衡量程序结果的独立标准，程序本身就决定了程序结果的正义性。罗尔斯认为纯粹的程序正义的典型例子是轮盘赌，只要程序被人们恰当地遵守，那么其结果也总会是正确的或公平的，无论它们可能会是一些什么样的结果。完善的程序正义和不完善的程序正义都存在独立的公正标准，不同的是前者存在一种总是能够保证达到这种结果的程序，其典型例子是著名的切蛋糕程序；后者的基本标志是：当有一种判断正确结果的独立标准时，却没有可以保证达到它的程序。罗尔斯认为，在刑事审判中，即便法律被仔细地遵循，过程被公正地恰当引导，还是有可能达到错误的结果，这就是一种不完善的程序正义。①

罗尔斯关于三种程序正义的论述以及他针对三种情形所举的例子一直被人们奉为经典。但是，我们不难发现，这三种情形的程序结果之间可能存在很大的差别，那么，是什么使罗尔斯认为能够造成这种结果上的巨大差异的程序仍然是“正义”的呢？综合考察三种程序正义情形，我们就会发现它们背后贯穿着这样一个基础性思想：利益主体参与程序并自主行使权利足以确立程序结果在道德上的可接受性。可以说，一旦这个前提被否定，罗尔斯的程序正义理论就失去了支

① ［美］约翰·罗尔斯著，何怀宏、何包钢、廖申白译：《正义论》，中国社会科学出版社 1988 年版，第 79～82 页。

撑。对这个前提的否定并非不可能。在现代工业社会，貌似公正的程序往往可以产生实质上非常不公正的结果，利益主体的选择余地往往也是不对等的。但是，“可接受”是否等同于正义是存在问题的，从这个角度来看，三种程序正义的理论至少是说服力不够。对罗尔斯理论的批判是哲学家们的工作，而对于诉讼法学者来说，这一发现却具有重要的意义。利益主体参与程序并自主行使权利正是程序正义的灵魂所在。具有这一因素与不具有这一因素可以发生不同的结果。例如，在面试中，由应试者随机抽题就比考官分配题目在程序上显得更公正一些。实际上随机抽取的题目在难度上可能差别很大，但是应试者一般会把抽到较难的题目归咎于自己运气不佳，而不会对面试的结果提出质疑。相反，如果难题是考官分给自己的，那么应试者不免会产生受到刁难的疑惑。在后一种情形下，该程序是否公正的评价就要取决于面试的结果，如果该面试者被最终录取，他的疑惑就会消除，若结果是相反的情况，这种疑惑将得到保持甚至强化。这是两种截然不同的情况。在第一种情形下，程序本身已经为结果提供了正当性，即无论结果如何，只要是严格地遵循了程序，任何结果都是可以接受的；在第二种情形下，程序是否公正，取决于它是否已经取得了看起来公正的结果。这两种情形的差别在于，前者中程序已经取得了相对于结果的独立性，这意味着程序的某些构成要素的存在不仅已经成为衡量程序自身公正与否的独立指标，甚至反过来可以促进人们对结果的公正感；后者中对程序公正性的评价则取决于人们对结果的公正感，在这里，程序成了结果的奴仆。

按照罗尔斯的标准，诉讼程序应当属于不完善的程序正义。因为首先评价诉讼结果的标准是独立的——存不存在纠纷事实的问题是有着既定答案的；其次，诉讼程序不可能被设计得总是能够产生符合客观的理想结果。如果诉讼程序只有在产生正确的或者公正的结果的情况下才被认为是正义的，那么这里的诉讼程序只具有工具性的价值。在这里，我们应当清醒地意识到，由于人类认识能力的有限性和法律规范的种种限制，要求诉讼总能达到符合客观事实状态的正确结果几乎是不可能的。如果诉讼程序只能够具备提供正确判决的工具性价值，在无法达到符合客观事实的认识的情况下判决（如证明责任判决）的正当性就站不住脚，那么诉讼制度也就失去了它的存在意义。因此，诉讼程序必须要摆脱它对诉讼结果的依附地位，而要摆脱这种地位，就必须增加那些有助于促进程序自身的正义性但未必是结果的正确性的程序特征。如上所述，程序正义的灵魂在于：利益主体参与程序并自主行使权利。因此，程序自身正义性的促进也必须围绕这一主题展开。

第二节　程序正义观的历史

一、程序正义观的起源

程序正义观念是以发生、发达于英国法并为美国法所继承的“正当程序”(dueprocess) 思想为背景而形成和展开的。其思想谱系可溯及 1215 年制定的英国《大宪章》。原来这一词语只是指刑事诉讼必须采取正式的起诉方式并保障被告人接受陪审裁判的权利，后来扩大了适用范围，意味着在广义上剥夺某种个人利益时，必须保障他享有被告知（notice）和陈述自己意见并得到倾听（hearing）的权利。[①] 如同任何一个法律原则一样，程序正义观的历史发展经历了一个从自发到自觉的演变过程。

1066 年诺曼底人征服英国将封建制度带入英国。中世纪的英国法院作出裁决主要运用两种方法：依据他人证词宣誓审判和神明裁判。依据他人证词宣誓审判是依赖于誓言宣誓的一项复杂和高度法定的审判形式。宣誓像一场双方都努力提供充分的誓言以证明案件的竞赛。这种审判形式的竞争性对后世抗辩式程序的形成产生了一定的影响。神明裁判主要适用于依据他人证词宣誓不能圆满解决的疑难案件。在依据他人证词宣誓审判和神明裁判中，法官的角色都受到了相对限制，法官的主要任务是宣布法律，这要求确信在具体的情况下遵循了正当的程序和运用了正当的审判方式。[②]

作为打破古老的诉讼方式的变革，从 12 世纪末开始，英国法院在涉及土地和财产的纠纷中开始运用陪审团解决事实纠纷，由陪审员根据自己对案情的了解解决纠纷。陪审制较之原始的神明裁判法和决斗法更为公正、可信，因而迅速流

---

① ［日］谷口安平著，王亚新、刘荣军译：《程序的正义与诉讼》，中国政法大学出版社 1996 年版，第 4 页。

② 上述有关依据他人证词宣誓审判和神明裁判法审判的资料来源于：［美］爱伦·豪切斯泰勒·斯黛丽、南希·弗兰克著，陈卫东、徐美君译：《美国刑事法院诉讼程序》，中国人民大学出版社 2002 年版，第 94～98 页。

行。1215年拉特兰宗教会议后，因教士被禁止参加与神判有关的宗教仪式，神明裁判法遂被废弃。[①] 对神明裁判法的禁止使当时的司法制度面临暂时的危机。在旧的举证方式下，原告以正式的术语提出其主张，被告则要作同样的正式的否认，简要重述并逐点否认原告的诉讼请求，在这一过程中，原告和被告都要向审理本案的法官起誓，誓词经检验后要充当证据。[②] 在这种情况下，当事人双方之间的纠纷是作为一个概括性的问题统一交由上帝来解决的。但是，如果解决当事人之间关于权利的一般问题不是通过对宣誓的检验而进行的神明裁判，而是要求那些虽然通情达理，但可能犯错误的人们作出决定的话，他们作出的决定就可能产生问题。因为人犯错误总是在所难免，所以在很多情况下，把对一般性问题的决定权交给他们似乎不太安全。对于法院来说，法院不再仅仅是主持那种无需凡人指导的、只将问题置于神明裁判之下的程式化的仪式，而要以某种方式负责任地作出决定。他们明白，陪审员可能犯错误，古老的提出诉讼请求与否认诉讼请求的方式已经不可靠，因此他们宁可允许被告不再作那种古老的概括式否认，在某些情况下，必须允许被告以新的形式进行答辩，详细陈述他那一方面的事实。对于陪审团来说，如果只能利用神明裁判或类似的方法，被告人笼统地否认其责任当然是没有问题的，但是作为理性的陪审团，对于案情介绍的自然反映，就是让被告讲出所有对自己有利的事实来进行抗辩。

在陪审团审判刚刚产生的早期，一般情况下，陪审员被期望知道他们需要知道的所有事实以决定被告人是否有罪。但是，允许一些来自罪行发生地以外的管辖区的人成为陪审员的做法产生了新的陪审团运作问题，并进而导致审判程序上的相应变革。居住在其他管辖区的陪审员并不了解案件的有关情况和案件所涉及人员的个性情况，这就使得陪审团在法院听取证人证言以了解案件事实成为必要。最初这种对证言的听取采取一种非常不正式的程序，陪审员在社区内到处询问一些可能了解案件情况的人，但是到了15世纪末，陪审团就主要靠当事人双方提供证据进行审判了。到此为止，英国的审判程序已经初步具备完整的形态。正如本杰明·卡多佐大法官所言，“历史在照亮昔日的同时也照亮了今天，而在

---

① 程汉大著：《英国政治制度史》，中国社会科学出版社1995年版，第68页。

② ［英］S. F. C. 密尔松著，李显冬译：《普通法的历史基础》，中国大百科全书出版社1999年版，第34页。

照亮了今天之际又照亮了未来”[①]。英国的审判程序在几百年自发的历史发展过程中，逐渐从黑暗中摸索到了光明，培育出朴素的关于程序公正的基本观念，即为了查明案件事实，应当允许被告详细陈述本方的事实，应当允许被告出示证据。

但是，尽管审判程序逐渐与现代的形式接近，被告人仍然不享有一些现在看来是必需的权利。这种局面从英国历史上一件对后世产生革命性影响的大事开始改变。13 世纪初，由于国王约翰（1199—1216 年）任意践踏贵族的封建权利而导致男爵叛乱，并迅速演化为一场全国范围内的联合反抗专制暴君的武装起义。1215 年 6 月 15 日，众叛亲离的约翰被迫与男爵们相会于泰晤士河畔的兰尼米德草地。男爵们将预先拟好的一份羊皮纸文件交给他，在刀光剑影中，约翰无奈地在文件上署印。这就是英国史上著名的《大宪章》（Magna Carta）。就具体内容而言，《大宪章》中只有少数条文涉及普通市民，绝大多数条文只是重申了贵族的封建权利。但是《大宪章》第 39 条的规定对后世产生了重要的影响。“任何自由民，非经其同阶层人民之合法裁判，并经依当地法律的判决，不得予以逮捕、监禁、没收其财产、放逐、伤害，或不予以法律保护”——这些规定成为英国公民基本权利的起源并奠定了未来公民权的法律基础。限制统治者的权利和统治者必须遵循合法程序的观念对普通法的发展产生了重要的影响。所谓普通法，是指历史上沿袭和积累起来的关于英国臣民基本权利的一系列习惯性的规定，这些规定的一部分在 1215 年《大宪章》中得到承认，另一部分则来源于后来的诏令、议会法令及法院的判决等。普通法要求国王尊重地方习俗和贵族特权，但最重要的内容是：任何英国人都有要求公正法律程序的权利，不经正当法律程序任何人不得受到法庭的拘捕（即人身保护令的权利），法庭审判必须在有陪审团出席的情况下进行，被告人有权要求律师为其辩护，法庭不得使用体罚和酷刑对被告人逼供。[②] 这些普通法习俗自 13 世纪起就在英国使用，并逐渐成为英国社会公认的英国人的基本权利。这种传统后来自然也成为北美殖民地的法律传统，为所有的殖民地居民所认同和尊重。

---

① ［美］本杰明·卡多佐著，苏力译：《司法过程的性质》，商务印书馆 1998 年版，第 31 页。

② 王希著：《原则与妥协：美国宪法的精神与实践》，北京大学出版社 2000 年版，第 38 ~ 39 页。

二、程序正义观的演进

（一）理论前提

英国传统的保障民权观念由早期的殖民者带到了北美大陆并逐渐演变成为较为完备的正当程序理论和实践。在这一过程中，洛克的“自然权利”和“社会契约”理论积极促成了这种发展。

英国的光荣革命对北美殖民地的政治生活和社会生活产生了深刻的影响。英国著名的哲学家约翰·洛克（John Locke）为传播这种影响起了关键作用。在1690年发表的《政府论》中，洛克结合英国刚刚发生的光荣革命，借用自然法和自然权利理论，阐述了君主立宪制的哲学基础。洛克指出，人在自然状态中是独立的，享有一种“自然权利”（natural rights）；但为了保证各自和相互之间的利益不因社会的无序而受到损害，人们必须建立起一种相互之间的承诺，或一种社会契约；按照这种承诺或契约，人们自愿地放弃自己的一部分自然权利，将这部分权利交给一个共同认可的、至高无上的权力源（即政府）来行使，从而使自己的更重要的权利得到（政府的）保护；当人们自愿交出一部分权利，结成公民社会时，他们也就从自然状态转入具有实际政治意义的社会（commonwealth）状态；所以，政府的权力来源于受政府管理的社会成员，而不是“君权神授”理论中所讲的上帝的意志。洛克认为，即便组成了政府，人的自然权利中的一部分也是不能交出去的，这部分权利包括生命、自由和财产。洛克强调，人们组成社会、建立政府的目的是保护他们自身拥有的财产，而财产则包括“生命、自由和拥有财产”。洛克理论中的“财产”概念不仅仅指具体的物质，更倾向于指人本身拥有或习得的创造物质和财富的权利。

根据洛克的理论，建立社会契约的过程，实际上也就是人所拥有的自然的自由和权利转换成为现实的实证的“公民自由”或“公民权利”的过程。公民自由意味着公民有在一个有政府和法律秩序的社会中生活的权利，但法治社会的目的只能是保护公民的生命、自由和财产不受到他人武断地剥夺和侵犯，而并不意味着政府可以不受限制地、不经正当法律程序剥夺公民的基本权利。政府虽然可以管理公民权利，但只能管理这些权利的运用方式，而不能破坏这些权利。既然这些权利是公民的最基本的权利，非经“正当法律程序”不得被取消，对于这些权利的干预和修改，必须通过合法的和适当的规定来进行。[①]

北美殖民者显然毫不费力地领悟和接受了洛克的理论，并在不久的将来将社会契约的理论转化为一种政治现实，成为美国宪政的理论基础之一。

(二) 程序正义标准的演进

1. 自然正义的诸标准

普通法上存在着一些在司法程序中广泛采用的公平原则。人们已经把其中的一些原则看作是“自然正义”。这些原则制约着任何人在法庭内外行使司法职权时应当遵循的行为方式。自然正义的第一个原则是：任何人都不得在与自己有关的案件中担任法官。如果负有司法职责的人与审判程序的结果有利害关系，那么他必然会被认为有偏袒一方的嫌疑。该原则一般被理解为裁判者应当：(1) 对诉讼结果不存在特定的利益；(2) 在听审过程中没有带有偏见的举动；(3) 不能成为自己以前作出的判决的上诉审法官；(4) 不能同时成为检察官和法官；(5) 不能表现出偏袒。[②] 英国最高法院曾经推翻了首席大法官本人作出的一项命令，因为他在有关案件中与作为诉讼当事人一方的公司有经济关系（1852 年“迪姆斯诉大金克森运河所有人案”）。

自然正义的第二个原则是：必须给予诉讼当事人各方充分的机会来陈述本方的理由。这意味着必须将诉讼程序告知他们，并及时通知其任何可能受到的指控，以使当事人能够准备答辩。此外，还应允许当事人以适当的方式将答辩提交给法官。在司法程序问题上，最早使用“自然正义”一词的是负责起草 1723 年“国王诉剑桥大学案”的判决书的普拉特法官。该案起因于本特利博士的神学博士学位在剑桥大学副校长主持的一次会议上被取消，而本特利没有获得任何申辩的机会。王座法庭的裁决恢复了他的学位。时任该案首席法官的普拉特评论道：“此次会议在对他进行于之不利的指控、降低其资格的时候拒绝听取他的申辩，这与自然正义是不相容的。”[③]

后世学者对“自然正义”进行了进一步的阐发。美国学者戈尔丁（Golding）将程序正义的诸标准列为三个标题：中立性、劝导性争端和解决。

---

① 王希著：《原则与妥协：美国宪法的精神与实践》，北京大学出版社 2000 年版，第 33 ~ 35 页。

② Macdonald 1987, 237, n 37.

③ 上述关于“自然正义”的资料来源于彼得·斯坦、约翰·香德著，王献平译：《西方社会的法律价值》，中国人民公安大学出版社 1990 年版，第 97 ~ 98 页。

与“中立性”有关的标准有三个：(1)“与自身有关的人不应该是法官”。(2) 结果中不应含纠纷解决者个人利益。(3) 纠纷解决者不应有支持或反对某一方的偏见。

与“劝导性争端”有关的标准有四个：(1) 对各方当事人的诉讼都应给予公平的注意。(2) 纠纷解决者应听取双方的论据和证据。(3) 纠纷解决者应只在另一方在场的情况下听取一方意见。(4) 各方当事人都应得到公平机会来对另一方提出的论据和证据作出反应。

与纠纷的“解决”有关的标准有两个：(1) 解决的诸项条件应以理性推演为依据。(2) 推理应论及所提出的论据和证据。①

这些标准在英国被认为是如此根本，以至于一项国会法案若违反以上标准就归于无效，即使英国一向奉行国会至上论。

2. 正当程序标准

“正当法律程序”是美国联邦宪法确立的一项保护公民权利的基本原则。正当法律程序的概念最早出现于1355年英王爱德华三世公布的伦敦自由律的第3条：“任何人，无分身份（State）或地位（Condition），非经正当法律程序，不得予以流放、处死、没收其财产，或剥夺其继承权。”美国联邦宪法最初并没有专门规定人民基本权利的条款，只是在第1条第9款中笼统地对国会的权利进行限制，如不得在和平时期中止人身保护令的特权（the Privilege of the Writ of Habeas Corpus），不得通过任何剥夺公民法庭审判权的法律（bill of attainder）。美国联邦宪法的这一缺陷导致制定权利法案成为第一届国会的首要议题。1791年12月15日，获得国会和多数州批准的10条修正案正式加入美国宪法，统称为“权利法案”。权利法案是对北美权利传统的继承，它所列举的基本权利实际上来源于英国普通法和殖民地时期权利的积累。其中涉及诉讼程序的条款有：“人民的人身、住宅、文件和财产安全不受无理的搜查和扣押。在没有可能性根据和没有详细说明搜查和扣押的地点和人物时，不得发出搜查和扣押状”（第4条）；“任何人不能被迫自证有罪”（第5条）；“在刑事诉讼中，被告有权得到当地公正陪审团的迅速和公开审判，并有权被告知控告的性质和理由、与原告对质、取得有利于己的证人依据得到律师的辩护”（第6条），等等。其中，最为引人注目的

① ［美］戈尔丁著，齐海滨译：《法律哲学》，生活·读书·新知三联书店1987年版，第240~241页。

是，第5修正案正式引入了正当法律程序的概念："非经正当法律程序，不得剥夺任何人的生命、自由或财产。"至此，程序正义的诸标准进一步发生演化，美国联邦宪法第1条至第10条修正案所包含的正当程序保障被直接视为坚持程序正义的具体标准，只要坚持了这些具体的程序要求，如确保被告人获得律师的有效协助，获得公正陪审团的审判，获得提出本方证据和向对方证人提出质证的机会等，就认为已经做到了程序正义。① 由美国联邦宪法前10条修正案组成的权利法案证明了立法者对司法抗辩制度中公平程序的重视。但是，权利法案在处理政府与人民的关系时，只是注重联邦政府对人民基本权利的侵犯，忽视了州政府侵犯公民权利的可能性。因此，联邦政府对公民基本权利进行保护的机制直到1868年第14条修正案加入以后才得以产生。

为了使联邦对公民权利的保护长期化和永久化，经过讨论，美国国会于1866年6月通过了新的宪法修正案，即第14条修正案，确立了三个原则：（1）州不得制定或实施任何限制联邦公民的"特权或豁免权"的法律；（2）州不经"正当法律程序"，不得剥夺任何人的生命、自由或财产；（3）州在其管辖的范围内，不得拒绝给予任何人以"平等的法律保护"。这三项原则开创了一套新的宪政机制和内容，表现了与前10条修正案性质相同但方向相反的立法意图。原来的权利法案是为了防止联邦政府侵犯人民的基本权利而设的，第14条修正案则是为了钳制州政府对公民权利的侵犯。② 但是，第14条修正案特权和豁免权条款未能成为将联邦的宪法制约扩大到州的一种媒介。相反，第14条修正案正当程序条款却成了把权利法案的各种基本保证"加以并入"和使之适用于州的手段。从此正当程序的意义逐渐发展，导致权利法案的许多部分被合并在第14修正案"正当法律程序"的解释之中，为各州确定了必须遵循的最低标准。

从内容上来看，正当程序条款不仅包括权利法案的程序保证，而且还包括权利法案的实质性限制，③ 形成所谓的实质性正当程序理论。实质性正当程序理论在美国工业化时期和20世纪初被最高法院有效地用来保护自由放任式资本主义的发展。实质性正当程序的概念包含了这样一种理论，即尽管立法程序可能是正

① 陈瑞华著：《刑事审判原理论》，北京大学出版社1997年版，第57页。

② 王希著：《原则与妥协：美国宪法的精神与实践》，北京大学出版社2000年版，第289页。

③ ［美］杰罗姆·巴伦、托马斯·迪恩斯著，刘瑞祥、潘嘉玢、颜福祥等译：《美国宪法概论》，中国社会科学出版社1995年版，第102页。

当的和合理的，但仍可能会产生不正当和不合理的法律，尤其是那种武断地剥夺公民权利（生命、自由和财产权等）的法律，在这种情况下，法院有必要对立法的内容进行审查。如果某项法律的实质性内容破坏了或损害了政府（保护公民基本权利的）目的，最高法院就有权对该法律的合理性进行审查，而审查的依据是大法官们自己对该法律的意见，而不是立法者的意见。这样做的目的是保证公民自由和基本权利不受一切武断和强制性法律的剥夺。[①]

实质性正当程序用于决定政府所能采取的具体措施。程序性正当程序则要过问政府行使的方式以及它所采用的执行机制。当政府剥夺一个人的已经获得的生命、自由或财产利益时，第5条和第14条修正案的正当程序条款要求程序上的公正性。《布莱克法律辞典》将这种程序上的公正性解释为："任何权益受判决结果影响的当事人都有权获得法庭审判的机会，并且应被告知控诉的性质和理由……合理的告知、获得庭审的机会以及提出主张和辩护等都体现在'程序性正当程序'之中。"而具体的检验方式则是看为第14条修正案所合并的各种权利是否有效地得到了保障。这些作为检验标准的权利包括：获得律师的权利、反对自我归罪的权利、正当程序的权利、享有迅速和公开审判的权利、享有陪审团的权利、享有被告知指控性质和原因的权利、对质的权利、强制程序的权利等。其中，正当程序的权利具体包括哪些内容并不是很明确。一般来说，正当程序是所有个人享有的公平的最低限度标准，是一个不断发展演变的理想要求。而最高法院享有指示联邦和州程序必须遵守的公平最低限度标准的最高权力。为此，最高法院必须考虑本国司法实践的历史、普通法传统和各州现行的实践，以及哪些程序对于维护抗辩制司法制度是必需的。最后，在 Mathews v. Eldridge（1976）一案中，最高法院概括了法院在衡量是否达到正当程序的要求时应当考虑的因素：（1）将受政府诉讼影响的个人利益的性质和重要性；（2）运用现行的程序这些利益被错误剥夺的风险，以及补充或替代的程序保障可能产生的价值；（3）补充或替代的程序要求将会产生的政府利益，包括涉及的职能，以及财政和行政负担。[②]

---

① 王希著：《原则与妥协：美国宪法的精神与实践》，北京大学出版社2000年版，第325页。

② ［美］爱伦·豪切斯泰勒·斯黛丽、南希·弗兰克著，陈卫东、徐美君译：《美国刑事法院诉讼程序》，中国人民大学出版社2002年版，第70~71页。

(三) 程序正义的实质与价值

从程序正义问题的发展演变中我们不难看出，程序正义问题的产生和归宿与实体利益的分配直接相关。在诉讼中，这一问题表现为两个方面：第一，在什么情况下产生程序正义的问题，或者说，在哪些情况下要求适用程序正义的一般原则；第二，程序正义的一般要求是什么，或者说，在涉及对公民基本权益的限制或者剥夺时，如何做到程序上的公正。就第一个方面来说，如果不存在实体利益的分配或剥夺，也就无所谓程序正义与否的问题。因此，对这一问题的回答不可能脱离对实体利益的讨论。但是就第二个方面来说，程序正义问题虽然产生于实体权益的分配，但是诉讼程序如果要为诉讼结果提供正当根据的话，那么程序正义的标准必须独立于实体利益的考量。

第三节　程序正义问题的产生

关于适用程序正义要求的情形，美国宪法和普通法上的自然正义原则都有所涉及。美国宪法第5和第14条修正案规定，“未经正当法律程序，联邦或者州政府不得剥夺任何人的生命、自由或者财产”。如果按照字面理解，适用正当法律程序的情形未免过于狭窄，而根据多数美国学者的看法，这一规定应当作广义的理解。普通法上的自然正义原则适用于类似的但是更为广泛的情形：一般来说，它们适用于权利或者正当期待受到影响的情形。[①] 权利包括自由和财产，而正当期待则包括尚未完全划定界限的其他事物这一较为宽泛的范围。事实上，美国联邦最高法院正是在这一更为宽泛的范围内，不断开拓着正当程序的新的适用领域。美国宪法和自然正义原则的有关要求为我们的分析提供了有益的帮助。程序正义的问题产生于两个条件：

一、权利面临被剥夺的危险

在很大程度上，何时需要程序正义的问题可以转化为这样一个问题：何时需要进行一场审判？无论是美国宪法还是普通法上的自然正义，习惯上都会区分立

---

① Flick 1984, p. 26; Galligan 1986, pp. 362 ~ 363.

法和裁判两种情形。立法是对政策的表述，而裁判主要涉及将一定的标准、原则、先例和规则适用于特定的个人或个案。对立法和裁判进行区分，其基本用意在于辨别上的方便，一般来说，如果属于裁判的情形，则需要进行审判，那么就会产生程序正义的问题。具体言之，在可能涉及公民普通权利剥夺的情况下，必须施加程序正义的要求。这一条件包含两个不可缺少的要素："权利"和"剥夺"。"权利"是相对于特权或者特惠而言的，而"剥夺"则是相对于权益赋予行为而言的。所谓特惠，是指人们对之不享有既有权利的事物。既然一个人对某个事物不享有权利，那么他们也没有权利主张该事物可能会遭到剥夺，因此这里不会产生程序正义与否的问题。因此，对于特惠的赋予或者拒绝不要求程序正义。美国宪法也将特惠排除出了正当程序要求之外。但是对于普通权利，程序正义的要求则势不可免。而对于相对于"剥夺"的权益赋予行为而言，如果一个人得到的是单纯的恩惠，也就是说，一项不是必须赋予的利益，那么就如同普通公民实施慈善行为一样，赋予人对此也应当享有相当的酌量权，对之施加程序正义的要求似乎就没有多少道理。

特惠与普通权利之间的区别很多时候并不像人们想象的那样一目了然。许多曾经被视作特惠的东西也会随着经济的发展和城市化进程的加速逐渐成为人们生活的必需，如律师执业证、驾驶证照的颁发，以及社会福利救济的发放等。在这种情况下，将某物归为特惠，无疑等于得出结论说不必适用程序保障，那么特惠与普通权利之间的区别就不能再作为是否赋予程序保障的先决条件，而只能作为这一问题的结论。这里的核心问题仍然是，是否应当适用程序性保障，而且对于特惠与权利的区分需要引入更为明确的标准。

正当程序条款适用于一个人被剥夺生命、自由或者财产的情况。何谓生命、自由和财产，古往今来的法官学者对这一问题的阐述已经十分透彻，但是却很少有人论及"剥夺"的含义。简单说来，"剥夺"是一种利益上的后退，由于这种后退使一个人的处境比以前显得相对恶化，因此它本身构成了一种伤害。是否构成"剥夺"，关键在于与目前处境的比较，而之所以将目前的处境作为参照，是由于人们在社会生活中往往以对目前处境的意识作为行动安排的基础，从而获得可预测性。而对于未来的利益增长或损失，是很难将其作为稳固的行为前提的。无论是在民事诉讼、行政诉讼中还是在刑事诉讼中，被判决承担责任的一方与判决以前相比都意味着一种利益上的倒退。不仅如此，如果按照上述标准，利益终止决定也是一种利益上的后退，一直在享受某种利益的当事人的处境在该利益终止以后显然会相对恶化。例如，营业执照被吊销对经营者来说意味着丧失了正常经营的必备条件，因此不构成了“剥夺”。与此不同的是利益赋予决定和责任减轻决定。利益赋予决定是对当事人利益的促进，那么，即使最后的决定是拒绝赋予当事人某种利益，它并没有使当事人的处境较以前更为恶化，因此不构成“剥夺”。责任减轻决定（如减刑和减免罚金）也是对某种利益的促进，即使这种促进最后未获成功，它也没有导致当事人处境的恶化，因此对于利益赋予决定和责任减轻决定，不需要适用程序正义的基本要求。

二、权利具有重要性

程序正义原则需要在多大程度上被遵守取决于系争利益的重要性。法律不应当纠缠于琐碎和微不足道的事务，其原因在于，法律判决的执行通常要比自觉守法产生高得多的直接成本，程序正义原则的严格适用过程中自身也会产生高昂的成本，因此，只有那些较为重要的事务才能为这些成本的付出提供正当的根据。如果系争事项本身意义不大，那么该案件的错误成本就难以抵消在程序正义原则适用过程中所产生的直接成本。

事项的重要性取决于程序利益和错误成本。程序利益，是指不考虑对于结果准确性的影响而具有的价值，如对于公正性和参与性价值的关注并非正确或者不正确的判决所必然具有的特征，程序具有这些价值，而且大多数这样的价值会促进结果的准确性，但是这并非它们存在的唯一根据，而且经常不是它们的主要根据。程序利益或价值必须从利害关系人的角度来衡量，有些案件的程序利益就不如其他案件明显。在某些情况下，适用程序正义原则甚至纯属多余，这经常发生于个人之间存在特殊关系（如亲属关系）的情况。程序正义原则适用上的有限性同时也是法律在调整某些社会关系方面功能上的有限性的反映。

总之，由于程序正义原则的适用所带来的高昂成本，只有在它所避免的错误成本和具有的程序利益足以抵消所增加的直接成本时，程序正义作为法律适用的一般原则才是合理的。程序利益也是因时因地而制宜的，在某些非正式的纠纷解决方式（如调解、自行和解等）下，程序正义的法律要求通常只会损害源自程序利益和程序正义的对程序的尊重。

第四节 程序正义的一般要求

如前所述，程序正义的核心与实质在于程序主体的平等参与和自主选择，正是这一点，确立了程序运行结果的道德上的可接受性。但是，仅凭这一点又难以确保正义得以实现的充分的制度环境，因此，以这一要求为核心，程序正义的一般原则包括以下四个方面：裁判者的公正性、获得听审的机会、判决理由以及形式正义。本书对程序正义一般原则的探讨主要采用美国学者迈克尔・D. 贝勒斯的分析框架。但是需要注意的是，贝勒斯主要是以普通法中的程序正义传统为蓝本进行叙述的，在非对抗式的诉讼形式中，一些程序原则（如遵循先例）会有不同程度的缓和。

一、裁判者的公正性

程序正义要求裁判者必须公正无偏，这一点已经得到广泛承认。但是，这并不意味着在所有的情况下都能够做到完全的公正，有些时候，是否做到了这一点甚至也是不甚明确的。无论在刑事诉讼中还是在民事诉讼中，一个人将案件提交给公正法庭进行审判的权利都已经获得了正式的承认。《公民权利和政治权利国际公约》和《美洲人权公约》都承认了在刑事和大多数民事案件中由“合格的、独立的和公正的法庭”进行审判的权利。《欧洲人权公约》也要求裁判者的独立性和公正性，不同的是没有提及合格性的要求。“合格性”，是指裁判者经过合法授权，通晓判决据以作出的标准和规则，以及具有根据标准评价证据的智力能力。法官的合格性（相对于管辖权）问题很少产生法律争议，因为法官通常都符合法定的任命标准，而且为了避免引起敌意，当事人一般不会对司法资格问题提出异议。而在诉讼程序之外，各种裁判者的合格性问题就可能成为一个较为重要的考虑因素。例如，多数学者会反对由非学者作出的关于职称和待遇的决定。任何一个理性的人都愿意生活在一个公平的社会中，因此，独立与公正的审判者就成为程序正义的一个基本的要求。但是，在现实生活中，有三种因素在影响着审判者的独立性和公正性。首先，由于利益冲突或偏见的存在而缺乏公正。其次，缺乏独立或者具有与独立和公正相冲突的职能。最后，单方面从利害关系人处获得信息。

（一）防止利益与偏见

如果裁判者对诉讼结果存在个人利益或者怀有偏见，就很难做到公正审判。个人利益，是指一种结果比另一种结果通常在经济上对这个人更为有利。这种利益必须大于普通公民能够从一个适当的判决中期待的利益。

由于个人利益而影响判决的典型形式是贿赂。各国刑法典一般都将提供、索取或者收受任何经济利益或者其他利益的行为规定为犯罪。但是，由于执法机构真正能够定罪的只是其中很小的一部分违法者，因此很难对犯罪率产生实质的影响。当然，不公正也可能是出于纯粹的个人利益。在收受贿赂的情况下，裁判者对特定结果的个人利益是被有意地引入的，而在纯粹的个人利益的情况下，这种关系是预先就存在的。例如，法官是他所受理案件的一方当事人的实际持股人，即使上级法院并不认为法官的判决受到了个人利益的影响，该案件还是要被撤销，裁判者必须避免出于个人利益的（即使是表面的）影响。

避免不公正形象的要求在西方国家的法律中是广泛存在的，《美国法官行为守则》特别指出，法官应避免各种活动中的不当形象。[①] 假如法官对案件存在个人利益，但仍然作出了实质上公正的判决，如果以工具主义的程序正义观来衡量的话，那么单纯表面上的不适当性就不必然成为问题。只有在实际的运作中产生了不公正结果时，个人利益才是应当避免的。

如果从外观上，裁判者对案件存在个人利益，那么有四种可能性：该利益没有影响诉讼结果的情况下，结果可能是（1）公正或者（2）不公正的；在该利益影响了诉讼结果的情况下，结果可能是（3）公正或者（4）不公正的。实际上，（1）和（2）可以放在一起来讨论，因为在这两种情况下个人利益并没有影响到判决，因此对目前问题的讨论没有意义。

如果人们单纯地着眼于结果的正义性，也就是说，工具性地衡量程序的价值，那么只有第（4）种情形需要被避免，只有在这种情况下个人利益才发生了作用并导致了不公正的判决。而在第（1）、（2）、（3）种情形下即使不存在个人利益，结果的正义性也不会有任何改善。可见，不完善的程序正义并没有为避免不适当的形象提供直接的根据。

① ABA 1972, Canon 2.

如果不存在结果的公正标准或者不能单独地将它用来确定何种结果是公正的，那么对第（3）和（4）种情形就可以不加区分了。实际上，我们在诉讼中应对的是纯粹的程序正义的情形。明确了这一点，那么这两种情形都应该避免，因为人们并不确切地知道这里的个人利益是否在不公正结果的产生过程中发挥了作用。

对这种表面上的不当形象的禁止可以有两方面的解释。

首先，确定个人利益是否影响到一个人的判决经常是很困难的。这一点与上面提到的情况是不同的。它通常会影响法官对事实的感知和各种因素对判决形成的分量，通过这种方式微妙地发挥作用。因此，为了防止个人利益不适当地影响判决，必须避免裁判者对结果可能存在个人利益的所有情形，只要这种个人利益可能对判决发挥作用。

其次，为了防止守法危机，应当保持对裁判者的信任。这种考虑超越了特定判决的正义性而关注于不公正形象的后果。法律规范并不主要以制裁为实施条件，也就是说，大多数规则的有效性是以自愿的服从为条件的。一旦判决被人们认为不合法，也就不会自愿遵守它。而规则如果没有被正常适用，那么人们就会经常指望从不遵守规则中获益，规则的期待利益也就更不可能发生。结果，遵守规则反而意味着无谓的牺牲；由于没有从对规则的遵守中获得预期利益作为补偿，直接的个人利益也被牺牲掉。实际上，规则所产生的公共利益依赖于人们的遵守，没有这种遵守作为保证，或者对不遵守缺乏适当的救济，就没有理由要求人们遵守规则。其后果就是可能导致守法危机。守法危机的形成过程有三个阶段：第一，单纯地对判决的适当性和对裁判者的公正性丧失信任。第二，信任的丧失可能会导致遵守规则时的受愚弄感、无意义感以及牺牲感，因为别人都没有遵守规则。第三，认为遵守规则没有意义的想法会导致拒绝服从规则。因此，为了防止守法危机，必须避免法官的不公正形象。①

个人偏见与裁判者的个人利益没有关系，但是与同案件事实没有直接关系的个人固有偏好有关。偏见包括三种情况：对法律规定的偏见、对案件事实的偏见和对当事人的偏见。但是，对于法律规定持有某种看法并不构成程序上的不正义，实际上，这在很多时候反而是法官具有相当法学素养的标志。伦奎斯特大法

① Michael D. Bayles, Procedural Justice, Boston, Kluwer Academic Publishers 1990, at 29.

官曾经说过："一个法官在进入法院时对宪法裁判的完全无知表明他缺乏资格，而不是没有偏见。"① 对事实的偏见主要是指这样一种情况：裁判者在聆讯或者接受证据之前已经对案件事实形成了某种结论。对此，应当排除他参与本案的审判。对审判中的争议事实具有个人知识的法官和陪审员通常也应当回避，因为他们已经对争议事实形成结论的可能性是相当大的。针对受判决影响的当事人的偏见也是不公平的。遗憾的是，在很多时候，是否存在这种偏见并不容易确认。

（二）独立

裁判者独立是裁判者公正的必要条件而非充分条件。裁判者独立包含两个方面的要求：不受裁判者以外的人或者组织的控制以及不在审判过程中兼行不相容的职能。

独立的第一个障碍来自对裁判者的控制。当然，并非所有的对裁判者的控制都会妨碍规则的公正适用。许多来自上级的控制并不会必然产生不利的后果。误解或者误用规则同样可能产生不公正或者不正确的判决，而适当的监督有时候可以降低这些错误。但是，上级也可能带有偏见，或者出于正常执法以外的目的而利用这种控制权。而受判决影响的人们经常不会知道这种控制权是否被正当地行使，而一旦受到不利判决，他们往往会认为是不当影响的结果。如果具有了这种印象，程序就无法为结果提供一种可以接受的正当性，尤其是当程序难以产生正确的结果时。

独立的第二个障碍来自裁判职能与其他职能的交叉。法官兼行侦查职能和起诉职能有可能会引起对事实的预断。因为起诉方已经接触到了一定的资料，而且通常已经从中得出了某种结论，这种结论是在没有考虑另一方的证据的情况下得出的。但是侦查职能与审判职能的交叉并不必然导致不公正的产生。在大陆法系的审问式诉讼模式下，法官的主要职责是调查事实，即传唤、询问证人并调查各种证据。这种调查任务是全面的，不仅包括支持起诉人的事实，而且包括支持被起诉人的事实。根据我们的日常生活经验，我们通常在作出全面调查之后再作出决定，人们通常不把这种做法当作是不公正的，因为我们已经对事实进行了调查。实际上，在审问式诉讼模式之下，法官负有所谓的"审理义务"。

关于法官的审理义务，我国台湾学者陈朴生先生指出："法院对于受诉事实，

① Laird v. Tatum, 409 U. S. 824, 835 (1972).

本负有发现真实，公正适用法律之义务。故法院在诉讼上应尽其审理义务，不特在程序上为其主持者，有指挥与管理之义务；且为程序之形成者，应尽其职权为必要证据之调查。如违背此项义务，即属审理未尽。因审理未尽，足致误认事实，故认其判决为违背法令，得为上诉之理由。”①

没有进行这种调查，只说明法官作为审判者的不合格。因此，在这种调查观念之下，侦查职能和审判职能之间并不必然存在冲突。

对公正的最主要威胁是那种结构性地将人们置于某种倾向性观点之下的职能，起诉就是其中之一。负有此项职能的人的最主要任务是收集所有的可能显现追诉立场的证据，这一任务功能性地将一个人预先置于某种观点之下，这一点是与公正裁判者必备的中立立场相矛盾的。因此，起诉与审判是两种永远不应合并的职能。即使二者的合并在逻辑上和心理上是可能的，也就是说，发现的所有证据都不利于某一方，裁判者仍然可能丝毫不受影响地作出裁判，但是由于预断的可能性太大，出于程序正义的制度考虑，这种合并是不能允许的。

（三）禁止单方联络（Ex Parte Communications）

单方联络，是指在正式审判之前，一方当事人在另一方当事人不在场的情况下与法官单独联络。单方联络与法官公正原则的关系比较复杂，如果这种联络来自非当事人，那么裁判者的独立性就成为问题；如果当事人与法官的单方联络已经涉及案情，那么就会产生两个问题：一是这种联络可能会引起个人偏见或者对案件事实的偏见，妨碍公正结果的产生；二是这种联络可能导致对方当事人失去反驳该项证据的机会。即使上述可能都不会发生，当事人与法官之间的单方联络也会产生不公正的形象：法官要么与该当事人有特殊的关系，要么已经产生了偏见。后一种解释是非工具主义的。禁止单方联络的理念在具有对抗结构的审判程序中最能够得到深刻的理解，如果审判程序不具有这样的结构，这种观念就相对弱化。

二、关于获得审判的机会

任何人都不会接受一场对其利益攸关但却没有陈述自己理由的机会的审判。

① 陈朴生著：《刑事证据法》，台湾三民书局1983年版，第591页。

程序正义的基本功能在于促进判决的可接受性，因此，在与自己利害攸关的诉讼中获得被听审的机会是一个几乎被广泛承认的程序正义原则。获得听审机会的基本原则是指，一个“在一项政府决定中具有充分的利害关系或者权利攸关的人，应当被赋予在反驳证据的武装下，了解和面对交叉询问、理由和不利证据的机会……”①

庭审的具体程序在不同的诉讼中可以有所不同，但是这一要求在刑事诉讼中表现得最为迫切，因为刑事诉讼的后果最为严重。国际人权文件和各国宪法一般都将它作为公正的刑事审判的基本要求。这些要求包括：在合理的时间内举行公开的审判、告知、充分的准备时间、律师帮助、传唤证人和质证对方证据的机会、无罪推定、反对自我归罪特权、禁止双重危险，以及上诉权。这些都是《公民权利和政治权利国际公约》《美洲人权公约》《欧洲人权公约》《美国宪法》《加拿大权利和自由宪章》普遍承认的权利。而且，其中有些权利比它们表面看起来更为有力。例如，美国宪法并没有明确规定无罪推定，但是无罪推定却一向被视为一项宪法要求。② 虽然这些权利都是为刑事案件设置的，但是其中的一些也可以适用于民事案件。例如，除了一些特定的情况，《公民权利和政治权利国际公约》和《欧洲人权公约》也要求民事审判公开进行。美国正当程序条款的许多要求都适用于民事和行政审判，如第 5 修正案和第 14 修正案第 1 款。③ 加拿大宪法对于那些体现基本正义要求的条款也是如此。

上述许多权利在普通法和行政法中也有所体现。除了法官公正原则以外，听审权，尤其是告知权和被庭审的机会，是自然正义的第二项要求。法国行政法中也有类似的规定。但是，这种机会应当包括哪些方面是有争议的，这里所勾画的，只是传统的对抗式审判模式所承认的听审机会的构成要素，主要包括以下权利：获得充分告知的权利、审前开示权、出示证据权、反驳证据、获得判决理由的权利。除此之外，还有两个没有被明确承认为宪法权利的重要原则：一个是判决必须根据法庭上提供的信息作出；另一个是根据庭上信息作出判决原则的衍生物，即制作法庭记录的原则。对于获得判决理由的问题，我们留待后文作专门论

① Michael D. Bayles, Procedural Justice, Kluwer Academic Publishers1990, at 59.

② Whitebread 1980, 3; In re Winship, 397 U. S. 358 (1970).

③ See Goldberg v. Kelly, 397 U. S. 254 (1970).

述，这里仅选择告知权、审前开示权、证据的出示与反驳权以及制作法庭笔录的问题进行探讨。

（一）告知权

对告知权的探讨必须结合及时性以及充分的时间准备辩护的要求来考虑，因为这三者之间是紧密联系的。如果审判举行得过于迅速，准备的时间就可能不充分。反过来，准备的时间越多，审判就越不迅速。而且在没有得到关于争议问题的充分告知之前，一个人是不可能进行充分的准备的。

审判的迅速性不仅仅是指审判开始之前的时间，而且包括审判的长度和作出判决的时间。如果从一种工具主义的角度来分析的话，及时举行的审判有利于保全证据——随着时间的流逝，记忆会消退，证据可能会灭失。但是，在举行审判和制作判决方面时间的延长有时也会有助于作出正确的判决，尤其是告知之后、审判之前的这段时间的延长可以使证据的收集和辩护的准备进行得更为充分，而审判与判决之间时间的延长可以使审判者更好地评价证据，得出更为合理的结论。当然，只有在这些时间被用于上述活动而不是出于其他目的而引起迟延时才可能具有这些优点。

如果抛开工具主义立场，及时性要求背后更为接近实质的原因大概可以理解为，迅速的审判可以使个人的法律地位尽快获得确定性，以便及时对他们的生活以及活动作出安排。正常社会生活的最大障碍就是不确定性，而判决可以起到消除不确定性的作用。因此，迅速审判的要求不完全是出于，甚至不主要是出于它对正确判决所起到的作用。

迅速审判和判决的要求经常与充分的准备证据的时间的要求发生矛盾，这两种要求背后的政策考虑也不尽相同。前者的主要根据是迅速确定社会关系，使个人能够安排自己的生活和行动，而后者主要是出于准确性的考虑。但是，这一矛盾是无法彻底消除的。如果法律确定了最长的时间限度，一些可以避免的迟延就可能经常发生；如果允许的时间过短，判决就会更为草率和不准确。

一旦确定应当对某一问题举行审判，就应当发出通知。当然，审判日期的确定必须使通知来得及发出，但日期通常在决定举行审判时确定。确定审理法官通常会花费一点时间，但是如果花费的时间过长，应当就大致的时间进行通知，随后再通知确切的日期和时间。

告知的意义在于使当事人能够出庭并提供相关证据，因此一项通知应当提供保证当事人能够准备于己有利的所有相关证据的信息。这些信息大体上包括：时间和地点、管辖法院、事实问题以及所适用的法律。所提供的事实不必是审判中需要的所有证据事实，只需提供判决据以作出的所谓的“最终的”事实。而且，通知应当表明不利判决的后果。指明可能发生的后果会对一个人准备审判要花费的时间、努力和金钱产生重大影响。实际上，如果后果十分微不足道，人们甚至会懒得参加审判。①

（二）审前开示

审前开示是一种普遍适用于民事诉讼，帮助当事人准备审判的程序。一方当事人可以要求另一方当事人提供所掌握的相关信息。如果一方没有在审前向另一方开示某些关键证据，就剥夺了该方当事人准备辩护的充分条件和机会。开示的最初目标只有一个——减少突袭，保证当事人双方有充分的时间准备诉讼。但是随着时代的发展，审前开示逐渐承担起新的功能，这一点在刑事诉讼中尤为突出。在对抗制诉讼形式下，审判得以贯彻的一个前提性假设便是抗辩双方的平等对抗，双方都不负有帮助对方的义务。但是侦查机关和辩护方在收集证据方面的权限和能力不可能实际对等，这种形式上的平等对抗导致的结果只能是事实上的不平等。而且由于对抗制诉讼形式较职权主义具有更为明显的技术性特征，对抗制审判更容易蜕变为辩护律师与检察官之间辩论技巧和口才的竞赛，那么就不是案件事实本身而是其他的技术性因素在决定着实体判决。对抗制在实现刑事诉讼的形式正义方面无可挑剔，而在实现实质正义方面却有着先天的缺陷。这种先天的不足靠传统的对抗制自身是难以克服的，因为对抗性的前提假设阻断了自愿性的审前信息交流。在这种情况下，专门性、强制性的证据开示制度便担当了弥补对抗制诉讼形式制度性缺陷的功能。只有借助于证据开示制度，实现抗辩双方对侦查设施的资源共享，形式上的平等对抗才能转化为实质上的平等对抗，才能向实质正义再走近一步。

（三）证据的出示和反驳

利害关系人在审判中应当享有出示证据和反驳不利证据的机会。证据的出示有两种方式：口头方式和书面方式。

法官是否能够根据证人提供证据时的表现准确确定证言的可信性是有疑问

① Michael D. Bayles, Procedural Justice, Boston, Kluwer Academic Publishers 1990, at 45.

的，但是，这样的提证方式赋予了当事人交叉询问的机会，这是口头证据原则的主要根据。通过适当的询问，人们经常可以揭示那些不一致或者指向其他可能性的事实。对交叉询问机会的要求并不必然意味着必须在审判法官面前当场提供证言，它只是要求在当时有机会提问的另一方当事人或者其代表在场的情况下提供证据。但是，值得注意的是，普通法上的自然正义原则并没有包括交叉询问的一般权利，但却要求提供反驳有关证据的机会，因此，交叉询问只是赋予对方当事人反驳证据的手段之一，如果存在其他的具有同样效果的手段，它就不是必需的手段。

如果采纳了口头证言的原则，那么就应当允许任何一方当事人提供证人。允许一方而拒绝另一方提供证人即构成对平等参与的拒绝。而且根据单方面的信息作出的判决，还可能导致错误的结果。即使不影响特定案件中的判决结果，拒绝平等参与的行为还可能造成不公正的形象，导致信任危机。

为当事人提供反驳不利证据的机会是程序正义要求的一个重要方面。对此，仍然有工具主义和非工具主义两方面的解释。从工具主义的角度来看，一个人如果失去了反驳不利证据的机会，那么判决据以作出的证据就可能是很不充分的。没有充分的证据，事实认定和判决都可能不正确。从非工具主义的角度来看，即使判决正确，没有获得反驳所有不利证据的机会的当事人也不会相信正义已经获得实现。

（四）法庭笔录

对法庭笔录的兴趣并不是纠缠笔录的细枝末节。相反，法庭笔录与反驳证据的机会以及证据裁判原则直接相关。如果判决所依据的并非笔录中所记载的材料，那么当事人就不可能知道这一材料，也不可能对之作出反应。如果一个法律制度存在一种确定判决是否专横或者任意的审查机制或者上诉机制，那么审查人或者上诉法院就必须了解判决的基础是什么。法庭笔录就构成了这样的基础。当然，所有的判决都会涉及一些没有记入笔录的事项，那些显而易见、任何人都不会认为值得证明或者说明的事项就不必记入笔录。许多对判决产生影响的其他因素，如审判当时的政策倾向，也不会记入笔录。

在正式的审判中，哪些事项应记入笔录是相当明确的。这些事项一般包括：告知、审前命令、诉求、动议、裁定等；采纳的证据、正式告知的事项、证明请求、异议等；事实主张及其异议、审判过程中使用的记录以及在判决过程中用过的任何手稿、命令、提交给审判者的所有人员记录，以及单方联络的事项。①

如果记录的目的是保证反驳的机会并对判决作出评价，那么标准应当是，在制作判决过程中考虑的所有因素都应该记入笔录（除了前面提到的属于一般常识的事项），如果无论是个人还是审查者都不知道作为判决根据的重要事项，那么就无法对判决作出评价。

三、判决理由

如前所述，在对一个人进行审判之前，必须告知对他提出的指控。此项告知要求包括向人们告知诉讼提起的根据，即他必须被告知判决据以作出的实体标准，使他可以据此判断自己的行为是否符合这些标准。但是这些原则并不要求告知事实认定结果和判决涉及的推理过程。比如，你被告知以伤害罪被起诉而且法庭判决你的确在某日伤害了某人是一回事，但是告诉你法庭为什么这么判决就是另外一回事了。后者是由提供判决理由的原则解决的问题。如果裁判者不必有根据，或者不必提供根据，或者这些根据不必合理，那么法庭公正以及获得受审机会的原则也都不会有什么价值。

但是，与法官公正和获得受审机会的原则不同，《公民权利和政治权利国际公约》和各国宪法并没有普遍承认要求提供判决理由的原则。自然正义的普通法原则也从未明确要求披露标准或者理由。但这并不意味着判决理由的要求不存在法律根据。例如，美国的行政诉讼法规定，在所有的正式审判中，对于所有事实问题、法律问题，或者出现于笔录的实质性争点的认定及其结论、理由和根据，必须进行陈述。提供判决理由的要求产生于立法赋予法官的裁量权。裁量权同时又是程序正义的核心问题。因此，对提供判决理由原则的分析应始于对裁量权问题的分析。

（一）裁量权问题和标准问题

首先需要对裁量权的概念进行分析，许多学者都曾经对不同意义上的“裁量权”进行区分。根据以往学者的论述，在四种不同的意义上可以说裁判者享有裁量权：（1）行使判断；（2）具有最终的权威；（3）可以在不同的方案之间进行

---

① MSA §4-221 (b); see RSA §9 (e).

选择；（4）不受标准的限制。

如果一个人在判决时必须作出判断，那么这个人就享有第一种意义上的裁量权（裁量权1）。比如说，一个人被要求摘下树上最熟的苹果，在决定哪一个苹果最熟时就需要这个人进行判断。但是这种裁量权其实不是我们所要分析的作出判决时的裁量权，因为任何裁判者几乎总是在行使这种意义上的裁量权。

第二种意义上的裁量权（裁量权2）意味着判决是终局的，没有人可以对之进行审查或者推翻此项判决。这种意义上的裁量权包括两方面的要求：第一，从规范层面上看，没有人享有审查或者推翻此项判决的权力；第二，从实际层面上看，没有人可以推翻该判决。我们在将这种意义上的裁量权用于分析判决时，经常会发现它往往与另外的某种意义相结合。例如，法官享有判处罪犯4年有期徒刑的裁量权。如果这一量刑处于对该犯罪设置的成文法刑罚限制以内，上诉法院就不会推翻此项判决。在这里，法官在享有第二种意义上的裁量权的同时，也享有了另外一种意义上的裁量权。这就是第三种意义上的裁量权（裁量权3），即在各种可行方案之间进行选择的裁量权。

而第四种意义上的裁量权（裁量权4）是指那种不受标准束缚的“强裁量权”。[①] 我们可以分析这样的一款规定：“任何书面形式的证据都可以接受，只要这样做便于审判的进行而且不会对任何一方当事人的利益产生实质性的不利。”[②] 这一规定赋予了审判法官接受或者不接受书面证据的裁量权，并将在各种可能的行为之间进行选择的自由留给了法官。这种裁量权是法官主持审判的权力内容之一。裁量权的其他含义并没有对这种情况进行充分的说明。上述规定并没有表明法官的决定是否可以被审查，因此它不包含裁量权2。显然，法官对于书面证据是否便于审判的进行或者是否给当事人带来实质的不利必须进行判断，因此会要求裁量权1，但这并非问题的核心。法官也不会直接享有第四种意义上的裁量权（裁量权4）——不受标准束缚的“强裁量权”，因为如果书面证据将给当事人带来实质性的不利，是不允许法官采纳的。这里确实有标准在适用于判决，但问题是标准并不能完全决定判决。即使书面证据确实便于审判的进行且不会带来实质性的不利，法官也不是必须采纳它。法官可以在两种方案之间进行选择。

---

① Dworkin Ronald, Taking Rights Seriously, Cambridge, Harvard University Press, 1977, at 32.

② MSA §4-212 (d).

我们可以将标准看作是将可能的选择方案限制于特定的范围。我们可以设定两个大小不一的同心圆。假如一个点代表一个判决，大圆的区域代表就某一问题可能作出的所有逻辑上可能的判决；而圆周本身代表主题的限制。较小的内圆代表在标准适用后留给法官的选择——符合标准的可能判决。标准越严格或者越多，内圆越小，留给裁量的区域越小。如果标准最为严格，而且只有一个正确的或者可能的判决——某一点，就是圆心。裁量的程度或者裁量权的范围与内圆对大圆的相对大小相对应。如果内圆已经不存在或者与外圆一样大，裁判者就享有裁量权 4。裁判者一般享有裁量权 3，除非内圆已经缩成了一点。

有的学者认为，甚至在裁量的区域范围内，判决也只能根据正当理由作出。① 然而，这是一个过于严格的标准。这种观点主张，判决的确定要存在充分的理由，但是正如同心圆的例子所表明的，有时现存的标准并没有为选择这一种而不是那一种符合标准的判决提供理由。然而，在各种可能方案之间进行选择的理由可能会因为不正当而被排除。例如，因为被告人是少数民族而对他科以过重的刑罚。总之，也许在裁量的范围内选择某一种判决的恰如其分的理由并不存在，但是却可以存在不正当的或者不可接受的理由。

这些关于裁量权的见解可以通过带有不同标准的规则来说明。假如您的女儿每天都要给您拿一个橘子作为点心，对她来说，如果规则是在冰箱里拿一个最大的橘子给你，那么只存在一个正确的选择，虽然在作出这种选择时她必须行使裁量权 1。如果规则是拿一个大橘子，那么她经常就会有好几种选择，她要行使裁量权 1 和裁量权 3。如果规则仅仅是给你拿一个橘子，那么实际上就没有标准，她享有裁量权 4。当然，甚至在这时，也有一个主题范围的标准——拿桃子是不可以的。

这个例子还表明了这一点：裁量权 2 经常包含有裁量权 3。如果命令是拿一个大橘子，那么只要您的女儿拿了一个差不多大的橘子，说她拿错了就是没有道理的。她对拿这个橘子而不拿那个不需要正当理由，虽然她不会拿一个已经腐烂的大橘子（一个不正当的理由）。但是，如果她拿了一个核桃大的橘子，那么她的决定就是不正确的，是可以被推翻的，除非冰箱里只剩下这个。总之，只要她

---

① Galligan D. J., Discretionary Powers: A Legal Study of Official Discretion, Oxford, Clarendon Press, 1986, at 7.

的选择合理地处于可选择的范围内，就应当被维持。如果她的决定没有任何证据作为支撑，如在没有查看的情况下随便伸手拿了一个橘子，那么，她就滥用了裁量权。但是只要有证据表明做了善意的努力，就足以表明她遵守了该规则。各种标准的结合经常会限定一个亚分类但不会指明一个特定的选择。标准越多，可选择的范围越狭窄，因为每个标准都需要被满足。但仍然会存在一些选择能够满足所有的标准。而且，这些标准之间经常需要对比权衡。由于判决过程中经常会涉及这些标准的组合，因此经常会涉及裁量权 3。

可见，裁量权 3 的存在并不能阻止对理由的要求。裁判者至少可以引用已经发现的理由。实际上，即使是裁量权 4 也不能被排除作为提供判决理由的例外。判决对于达到某种目的来说通常是工具性的，因此可以通过它所达到的效果以及合理性、公正性来对之加以评价。因此，不仅理由可以提供，而且对理由和判决都可以进行理性的批判，即使在裁判者享有裁量权 2 和裁量权 4 的情况下。但是，只要法官不是依据一个不正当的理由作出了判决，就不能说该判决是错误的或者是不正确的，只能说这个判决更好一些或者更差一些。

（二）对事实认定、法律结论的理由的陈述

判决理由的陈述包括两个方面：对事实认定的陈述和对法律结论的陈述。事实认定指的是裁判者在诉讼中最终所认定的案件事实情况，它们构成了论证的前提；法律结论是一种规范性的逻辑结论，关于一个人是否承担责任的规范陈述被称作判决。要求陈述判决理由的最通常的根据是便于司法审查，但是，这一根据并不适用于不可上诉或不可审查的判决。一般来说，要求裁判者陈述事实认定和法律结论的理由（支持性的主张和推理）存在以下几个方面的原因：

第一，可以防止专断。为了陈述理由，必须先有理由，如果存在理由，那么判决就不可能是专断的。理由必须为作出此种判决而非彼种判决提供说明。“我愿意这样判”或者“我也说不明白为什么这样判”这样的理由并没有根据案件的个别特征为某种判决结果提供说明，不能成为理由。因此，建立在这种基础上的判决必然是专断的或者是恣意的。

第二，有助于保证判决实际上是基于笔录中记载的证据而不是其他的证据材料。在诉讼中，我们需要区分证据、推论事实和最终事实。证据是指在审判过程中出示的或者包含于正式认知的材料。证据经常是相互冲突的，而且必须根据它们作出推论。这种认定是一种推论事实。法律规范中陈述的要素事实的认定，是

最终事实的认定。为了保证这一点，单纯地陈述基础事实认定是不够的，还需要表明笔录中的什么证据支持了该事实认定以及它是如何支持的。

第三，便于进行有效的司法审查，这一理由通常适用于对法律结论的理由陈述。对法律结论的审查通常比事实认定要严格得多，换句话说，在法律结论问题上不存在裁量权3，出于司法审查的目的，必须了解所使用的确切的法律结论。

第四，对判决理由的陈述可以防止错误或者不正确的判决。当然，这需要存在一个独立的关于判决正确或者不正确的观念。如果一个人必须说出自己的事实认定结论，那么他就必须明确列出他所相信为真实的情况，而不是根据模棱两可的情况作出认定。事实认定的正确提高了判决的准确性。即使判决正确或者不正确的标准不易为人们所掌握，较为谨慎和准确地对基础事实的陈述更可能会产生正确的判决。而且在陈述（通常是书面形式）法律结论时，人们更易于发现逻辑推理上的漏洞并可以进行及时的纠正，也许就此导致不同的（而且是正确的）判决。

第五，人们会了解为什么会作出这样的判决，使当事人更好地作出安排。多数人都想了解影响他们的判决是怎么作出的。如果被科以负担，他们的好奇心会更重。了解了事实认定结论，当事人可以更好地安排重审、上诉或者未来的行为。

第六，陈述判决理由的要求会使判决更趋于一致。同一审判者在他所判决其他案件中将会更倾向于遵循同样的思路。而同一机构中的几个裁判者如果相互了解彼此的推理思路并接受这种推理的话，可能还会导致更趋于一致的判决。

第七，当判决对一个人不利时，理由陈述可以增加判决的可接受性。如果一项判决是附带理由的，那么人们就更倾向于接受这项判决。即使他不同意这些理由，他至少会觉得他所关心的问题并没有被粗暴地拒绝考虑，他的意见已经被充分地注意到了。即使受判决影响的人不接受该判决，判决理由的存在可以增加其他人对程序的信任并防止守法危机。

因此，在所有的判决中都要求提供事实认定结论和法律结论的理由陈述，促使裁判者更为谨慎思考、更为准确地认定事实，产生更好的推理、更正确的判决、更少的专断和判决的一致性。这还有助于当事人和其他人了解判决是怎么作出的，更好地安排以后的行为，接受不利的判决。当然，陈述事实认定结论和推理过程的详细程度可以根据判决的复杂程度和重要性而进行合理的调整。

四、形式正义

标准的存在缩小了裁量权 3 的范围但是经常不能完全消除它。运用裁量权 3 作出的判决和运用裁量权 4 作出的判决可能会受到批评。批评的角度之一是基于判决的一致性。而且，即使判决最初是裁量性的，但是一旦作出，以后的裁量权 3 就要受到限制，因为前一个判决已经成了要在未来的案件中遵循的先例。而且，规则的存在可能会限制裁量权 3，甚至通过表明只有一种判决是正确的，经常会取消这种裁量权。

作为程序正义要素的一致性、遵循先例、遵守规则的要求，构成了对裁量权的限制。每一个要求都对平等对待个人原则产生影响并因此促进正义，即使它们的存在也会促进那些通常不认为属于正义范畴的那些价值，如效率。由于一致性、遵循先例和遵守规则的直接要求并没有涉及判决的主题内容，因此它们经常被称作形式正义的要素。然而，我们必须把不提及主题内容的原则与它根据其实体背景所获得的正义性区别开来。

判决的一致性、遵循先例和遵守规则是紧密联系但有区别的概念。一致性经常被表述为同样情况同样处理、不同情况不同处理。这种表述加剧了与遵循先例和遵守规则原则的混淆，后二者有时也作类似的表述。我们可以初步把适用先例方法判决的特点归纳为用以前的判例来限制现有的类似案件。因此，先例的适用提供了一致性，但对一致性来说，这并不是必要条件。对先例的遵循提供了时间上的一致性，而逻辑上的一致性只关注同时的判断。遵守规则意味着根据一个既定的规则或者一套既定的规则判决案件。使用哪些规则与一个人制作判决时的选择有关。限制裁量权的判决规则一般具有“如果 F，那么 D”的形式，这里的 F 代表因规则的存在而使之具有相关性的事实特征，D 代表判决或者判断。但是，即使在规则提供了明确标准的情况下，也并不必然取消了裁量权 3。例如，一个要求对犯谋杀罪的人判处无期徒刑或者死刑的规则是明确的，但是它仍然允许裁量权 3 的存在，只是此时裁量权 3 已经受到了很大的限制，排除了适用轻刑的可能性。在不遵守规则和一致性之间不存在不可逾越的逻辑障碍。又如，虽然学校规定禁止在期末考试之前的最后一个讲课周进行考试，但是一名教师仍然可以非常一贯地总是在这一周考试。无论这名教师在最后一周考试的理由是什么，它已经构成了一个一贯遵守的规则。只不过这种意义上的遵守规则与遵守公布的规则是完全不同的两回事。

一致性、遵循先例和遵守规则的原则要求将裁判者作为一个更大的组织整体的成员来看待。它们的适用既是个人层次上的要求，通常也是一个组织整体内部不同个人在对类似案件作出判决时的要求。

（一）一致性

适用一致性要求的主要困难是确定何时两个案件相似得足以使判决上的不同触及不一致的问题。判决的作出依赖于案件的事实根据和规范根据。不一致的问题产生于这样的情况：在两个案件中，判决的事实根据和规范根据一样而判决却不同。有时人们说没有哪两个案件是一样的，由于事实问题总是有差别的，所以永远也不会产生不一致的问题。但是，并不是所有事实上的差异都与这个问题相关。事实结构为相似性的确定设置了界限。确定事实特征相关性的主要指标是其规范基础和目的。例如，当事人的头发和眼睛的颜色很少具有相关性，因为判决的标准很少取决于此。判决一致性的要求存在以下根据：

1. 逻辑根据

一致性或者逻辑上的一贯性的问题可以表述如下：假如两种情况都具有特征F1，F2……Fn。如果在一种情况下的判决是D，而另一种情况下不是D，那么必然存在以下两种可能的解释：第一，必然有一种情况下的推理缺乏逻辑上的一贯性（前提和结论不能同时为真）；第二，适用了两种不同的判决规则。使用任何标准都会产生判决规则：如果符合标准，作出一种判决；如果不符合，作出另外一种判决。判决规则经常与受判决人的行为特征相对应。例如，一个要求人们在甲情形下纳税的规则要求裁判者在甲情形下对一个人课以纳税负担。在这种情况下，一个人可能会同时使用了“如果F，那么D”和“如果F，那么非D”的规则。但是这两个规则在逻辑上是不相容的。总之，如果在两个案件中出现了相同的关键特征，那么就要使用同样的规则，不相同的判决就会产生不一致的问题。

一致性没有提出任何特定的内容要求。在裁量权4存在的情况下，如果只提出一致性的要求，裁判者可以选择使用任何规则，因此可以赋予任何特征以相关性。而且，由于不同的案件总是具有某些不同的特征，裁判者总是可以通过赋予不同特征以相关性的规则来避免不一致的问题。但是，这样做易于使裁判者违反其他的程序正义要求。例如，在一项使裁判者的利益关系成为关键特征的规则中就会发生这样的情况。

2. 道德根据

除了逻辑上的连贯性，不一致的判决还可能导致对人们的不平等和不公平对待。我们可以以侵权责任为例，假如存在这样一项规则："实施了侵权行为的人要承担赔偿责任"。假定甲案件和乙案件在关键问题上都具有相似的特征。还假设如果正确适用规则的话就要承担赔偿责任，我们来看以下两种情况：（1）如果甲被判决承担赔偿责任，而乙没有，那么赔偿责任就没有被公平地科处。相对于乙，甲受到了不公平的对待。（2）如果甲被判决承担赔偿责任，而乙被判决重得多的赔偿责任，那么也会产生不平等或者不公平。在这种情况下，乙相对于甲受到了不公平的对待。无论赔偿责任的判处本身是不是公平的，这种结果都要发生，因为不正义或者不公平是甲和乙之间比较性的评价。

在第（1）类情形中经常有人主张没有产生不正义。如果赔偿责任的判处是公平的，而且甲也确实负有此项责任，那么甲就应当承担赔偿责任，并没有产生任何不正义。也有人认为，甲不会遭受即使是比较上的不正义，如果他没有受害，而且他没有因为乙的未被判处承担责任而受害。如果是这样的话，那么一致性就永远不会成为正义的要求之一，也不会具有自身的内在价值而只具有工具性价值。为什么甲必须遭受了不利后果才能被认为是受到了不公正的对待呢？平等作为比较正义的基础，不是一种结果主义的考虑。

有人举出了一个比较极端的相反的例子，对这一结论提出异议。假如在秦始皇时代存在这么一条严酷的法律：偷窃的人必须被剁去双手。甲和乙都迫于饥饿偷窃了一文钱，最后两人都被抓获，但是出于某种原因，甲被剁去了双手，而乙被释放了。这种情况当然不能算作不公正。因此，即使此时作出了不一致的判决，也没有产生不正义的问题。而且，甲没有受到释放乙的决定的不利影响，该决定也没有使甲的处境更为恶化。

对于这种异议应当指出以下几点：第一，它混淆了全局意义上的正义和在某一方面的正义性的概念。在很多复杂的情况中，通常的正义特征在不同情况下会导致相反的结论。不一致性会导致判决在某一个视角上的不正义，而规则在总体上（或者说实质内容上）的不道德性导致人们在某一方面上的背离行为具有了正义性。第二，它还混淆了比较性和非比较性正义。从非比较的意义上来说，乙得到了公正的对待，这本身并没有为甲提供主张不正义的理由，甲当然具有独立的非比较性的申诉理由，但是甲还有一个比较性的申诉理由，即由于决策者没有挑选乙，因此也不应当挑选甲。挑选甲而不挑选乙是没有根据的。无论决策者出于什么样的理由没有把甲也释放，但甲希望得到一种解释是完全可以理解的，甲抱怨得到了不公正对待也完全是有根据的。而且，上述意见是建立在这样一种假设的前提之上的，即如果甲没有因对乙的判决受到伤害，就没有受到不公正的待遇。如前所述，比较性的不正义并不需要伤害的结果。但是，判决上的不一致在现实生活中经常会对人们产生不利的结果。即使在某些案件中这种不利结果并没有发生，比较意义上的不公正待遇也是不正义的。有人可能会反驳说一致性并不是一种道德要求，因为它只鼓励了嫉妒和虚荣。但是，如果人们对他人得到的显然超出合理范围的更多利益感到不快，嫉妒也是正当的。因此，我们完全可以得出结论：不具一致性的判决也是道德上不可接受的判决。

（二）遵循先例

遵循先例，是指英美判例原则的一个最为普遍的术语，是拉丁语 stare dicisis et non quieta movere（即遵守判例，不扰乱确立的要点）的简略形式。如果用一般的方式来表述，遵循先例意味着某个法律要点一经司法判决确立，便构成了一个日后不应背离的先例。[①] 如上所述，遵循先例提供了判决上的一致性，这种一致性不仅是某个特定时间点上的一致性，而且还是一种在时间跨度上的一致性。对先例的运用过程有两种解释模式——事实推理模式和规范推理模式。根据事实推理模式，如果在现有的案件中出现了与以前的案件相同或者类似的事实特征，那么法官就应当按照以前的案件判决。在这种模式下，事实特征左右着当前的判决。根据规范推理模式，不是以前判决的事实特征，而是两个案件中所包含的共同的道理在决定先例的适用，但是，先例的判决规则运用于目前类似的案件中也可能会导致不同的判决，因为裁判者完全可以挑出当前案件中所具有的而先例中不具备的事实特征来作为根据，作出一个不同于先例的判决。实际上，任何一个判决都既需要事实根据也需要规范根据，任何一种解释模式都必须具备这两种根据。但是，一旦法官必须在两个冲突的先例中进行选择，这两种模式的差异就变得十分明显。按照事实推理模式的理解，应适用的先例是在事实特征上最具相似

---

① ［美］E. 博登海默著，邓正来、姬敬武译：《法理学——法哲学及其方法》，华夏出版社 1987 年版，第 521 页。

性的先例，而按照规范推理模式的理解，法官应当从先例中归纳出一套判决规则，然后将它们适用于当前的案件。在具体的适用过程中，必须对先例进行归纳，也就是说，并非一个案件的所有特征都具有相关性，如果先例必须适用于与它完全相同的案件，那么就失去了指导意义。但是即使是最好的先例，也会出现判决并非最佳的情况：总是会有别的判决结果更为理想。一般来说，描述先例的概括程度越高，可能产生的差强人意的判决越多。

遵循先例是出于一致性的要求，不过虽然提供了一致性，但它却并非一致性的必要条件。而且对任何先例的固守在有些时候都可能导致一些差强人意甚至是不好的判决。但是，仍然存在至少四个方面的理由来支持对先例的遵守，其中有些并不诉诸狭义上的正义理由。

第一个方面的理由是对先例的遵循提供了少量的确定性和可预测性。[①] 人们都有预测关乎自身的判决的合理愿望，如果他们能够预测出判决情况，他们就能够对未来生活作出趋利避害的安排。而如果裁判者遵循先例，这种预测就变得更加简单。但是，即使是可预测性也不能要求裁判者总是固守先例。

第二个方面的理由是人们可以依赖以前的判决。这种依赖性能够使人们在进行贸易和安排他们个人的事务时具有某种把握，给予了他们预测社会其他成员可能会如何对待他们的某种根据。[②] 虽然依赖性与可预测性密切联系，但是二者并非一回事。可预测性与形成中的利益有关，而依赖性关注于所期待的利益不被破坏。当然，并非所有的依赖都能够为遵循先例原则提供根据，只有那些合理的依赖才能够做到这一点。而且，只有认识到裁判者不会轻易改变看法时，依赖本身才是合理的。

第三个方面的理由是出于效率的考虑。遵循先例可以节约时间并保存法官的精力，与此同时还可以减少当事人的诉讼费用。它使法院在一个法律问题每次重新提出时就重新考察该问题的做法成为不必要。[③] 卡多佐大法官说过，“如果过去的每个判例在每个案件中都可以被重新讨论，而且一个人不能在其他走在前面的人所砌的可靠的砖基上砌他自己的砖，那么法官的劳动就会大大增加，以至无

① Golding, Martin p. , Legal Reasoning, New York, Borzoi Books, Alfred A Knopf, 1984, at 99.

② Ibid, at 522.

③ ［美］E. 博登海默著，邓正来、姬敬武译：《法理学——法哲学及其方法》，华夏出版社 1987 年版，第 523 页。

法承受"[1]。而且，遵循先例原则的存在，还大大减少了当事人的上诉。当然，效率的理由也是相对的，如果上诉法院也遵循某一个明确的先例的话，上诉就没有意义了。而且裁判者在某一个案件中甚至都要考虑适用先例是否适当，花在这上面的时间几乎不亚于重新考虑案件的时间。

与效率直接相关的第四个方面的理由是出于协调性的考虑。效率理由主要适用于对一个争论已久的问题的审判，而协调性则与判决相关问题（但却是不同的问题）时的逻辑自洽性有关。判决经常是达到某一政策目的的系统的一个组成部分。遵循先例的判决使得这一政策目的的某一方面获得贯彻，而其他的判决就可以建立在这一判决的基础之上。[2]

上述先例原则理由的存在并不意味着在所有的情况下都要适用先例，每一个理由也不是适用于所有的情况。问题是诉讼应当在多大程度上适用先例？这一问题应从两个层面上来回答。首先，对于某一问题，遵循先例是否可以被接受为一个原则？我们下面将会谈到，有很多因素可能会导致这一原则的约束力发生变化，而且这一原则还可能与其他原则进行协调。其次，既定先例约束力的强弱取决于它与当前案件相似性的程度。在这一层面上，先例所发挥的作用就如同非裁量性的判决规则，但是它们既可以被遵守，也可以不被遵守，因为任何不遵循它的行为都可以在先例与当前案件的差异中找到根据，从而提供了不适用先例的理由。在对各种先例的选择适用上也存在这一问题。比如，有两个先例 P1 和 P2 都与当前的案件类似，但是却得出了不同的结论。裁判者必须决定适用哪一个先例，在这一过程中裁判者享有裁量权 3，因为标准本身是多元的（或者看重事实上的相似性，或者看重道理上的相似性）。因此，除非遵循先例被看作一个绝对的原则，裁判者完全可以拒绝遵循先例，仅仅根据当前案件的是非曲直作出判决。

除了支持先例原则的理由，还存在着一些反对在诉讼中适用先例原则的相反的理由。第一个理由非常简单，在某些情形下遵循先例是不适当的。当某一个问题再一次发生又需要审判的时候，先例中所体现的判决规则可能会被认为是过时了。在前一次审判与后一次审判的时间内，占支配地位的正义观念有可能已经发

① ［美］本杰明·卡多佐著，苏力译：《司法过程的性质》，商务印书馆 1998 年版，第 94 页。

② Michael D. Bayles, Procedural Justice, Kluwer Academic Publishers, 1990, at 101.

生了显著的变化。假如遵循先例与正义之间存在着一种紧密联系，那么我们就必须认识到，遵循先例所期望的公平是一个过去的判决和现在的判决之间的公平，而在这一过程中，社会生活的变化可能会要求修改公平的标准。尽管遵循先例促进了时间跨度上的公平，但是正义所关注的，较为严格地说，乃是空间上的公平，即按照现代价值标准进行权衡来公平对待两个人或者两起案件。[①] 第二，虽然存在着多方面的遵循先例的理由，但是它们也可能被相反的政策考虑所抵消，从而导致相反的结论。在英美法背景下，一个比较典型的例子是陪审团制度的存在。虽然陪审团判决时也要受标准的指导，但是在它们所行使的裁量权 3 的范围内，判决可以不受先例的束缚。第三，早期的判决有可能是一个水平差的无能的法官作出的，因此，人们也会基于正义和合理方面的考虑而废除先例。可见，在诉讼中，遵循先例只是一个效力较弱的规则。

（三）遵守规则

遵守规则意指按照一个或者一套既定规则的规定进行判决。确切地说，这里的规则是指事先公布的规则。遵守规则与遵循先例之间的不同在于：首先，先例中所包含的“规则”在第一个判决作出之前并没有事先宣布，而正式的规则必须事先宣布；其次，规则有正规的表述，但先例没有。即使法官在先例中给出了判决理由，按照该先例判决的法官仍然可以给出一个不同的表述。

支持先例原则的理由同样可以用来说明遵守规则，而且遵守规则为这些方面提供了更好的说明。由于表述上的权威，规则的内涵通常比先例更容易确定。为了取得一致性和协调性，规则通常作为一套整体来通过，而在个案基础上发展起来的先例，经常缺乏规则所具备的这种系统上的协调性。另外一个理由是先例原则所不具备的。一项规则已经公布，法庭就要尽量按照规则的规定进行判决，如果司法机关不愿意遵守它，受判决影响的人们也不指望法庭遵守规则，那么公布规则就没有任何意义了。在先例判决中，这种努力几乎完全不存在的，至少也是相当弱化的。对某个案件作出特定判决并不意味着一定要在以后的案件中作出同样的判决。当然，如果裁判者表示要遵循先例，那么会有遵循特定判决的有意识的努力，但是这种努力源自之前对先例原则的采纳，而非固有于先例本身。对规则的遵守不需要额外的努力，其公布本身就提供了这种意向。因此，遵守规则的

① ［美］本杰明·卡多佐著，苏力译：《司法过程的性质》，商务印书馆 1998 年版，第 524 页。

努力是内在于规则的公布本身的，而将先前的判决作为先例的努力是外在于该判决的。这一特征还使得依赖性的理由在规则这里比在先例原则那里更为强化。如前所述，只有在采纳先例原则的情况下，对先例判决的依赖才是合理的，而规则一经公布就意味着要遵守它们，因此，对它们的依赖都是合理的。

综上所述，一致性、遵循先例和遵守规则这三个相互联系但又有明确区别的原则构成了对裁量权的直接限制。由于促进了对受判决人的平等对待，它们也一向被视作正义的要求，又因为这些原则并不指向判决的内容，所以经常被称作形式正义的要求。

第五章　诉讼人权

第一节　诉讼人权的概念和性质

一、诉讼人权的概念

（一）诉讼的概念

研究诉讼人权保障首先要明确诉讼的概念。诉讼，从字义上说，诉是告诉、控告的意思，讼是争论、争辩的意思。在现代，根据诉讼任务和诉讼形式特点的不同，诉讼分为刑事诉讼、民事诉讼和行政诉讼三种。各种诉讼所共同具有的特征是有原告、被告，通过法院根据一定的程序进行审理。人们通常认为，如果不符合这些特征，就不属于诉讼案件。但是，有些“听审”不是由法院进行的，或者在听审中并没有明确的原告或被告，而就某一件事或某一个人的权利义务进行处理。例如，在刑事方面有对减刑、假释的听审和决定；在民事或行政方面有由养老金机构对某人是否具有领取养老金资格的认定。诉讼案件一般由法院审理，但有些国家中可以由行政或半官方机构对一件争议予以处理。这些情况是否属于诉讼的范畴，还存在不同意见。另外，世界是多种多样的，审判机构的名称或结构也可能有所不同，其存在时间和表现形式都可能存在极大的差异。有些国家的法院非常正规，具有高大的房屋和审判庭，有些国家或地区的审判机构可能只在一个很小的地方办公，甚至可能在田边、地头或临时某个地方对某个案件进行处理，这些具有审判意义的处理是否也是“诉讼”，很值得探讨。

人们还常常把“诉讼”、“程序”和“司法”等词交替使用，有时不加区分。

笔者认为，其实这些词都是有特定含义的。“诉讼”指双方对某一件事发生争执，并在具有审判功能的机构处理的行为，从传统意义上讲，“诉讼”仅指审判阶段的一系列活动；“程序”指规范诉讼行为的一系列操作规程；“司法”指国家司法机关运用法律对案件进行处理的行为，包括调查或侦查、刑事诉讼中的起诉（其他诉讼的起诉行为不属于司法行为）、审判机构对案件的受理和审判。在国外，司法（judicial）通常仅指审判活动。

《公民权利和政治权利国际公约》第 14 条规定，“在判定对任何人提出的任何刑事指控或确定他在一件诉讼案中的权利和义务时，人人有资格由一个依法设立的合格的、独立的和无偏倚的法庭进行公正的和公开的审讯”。因为公正审判的前提是必须在“诉讼案中”，所以，什么情况构成“诉讼案”必须先得到明确。在该公约英文本中，“诉讼案中”这一词组对应的英文是“in a suit at law”。由于世界各国的情况不同，对“in a suit at law”的理解可能不同。许多国家只注意刑事诉讼中被告人权利保障，而在给联合国的报告中忽略了其他诉讼中的权利保障。联合国人权事务委员会第 13 号一般性意见提出：通常，成员国的报告没有认识到《公民权利和政治权利国际公约》第 14 条不仅用于决定对个人进行刑事指控的程序，而且还用于决定他们权利和义务的诉讼。在处理事务方面的法律规则和实际情况方面各国有很大的差异。这种多样性使得更有必要让成员国提供有关资料详细解释“刑事指控”“在诉讼案中的权利和义务”在不同的法律制度下的概念。

联合国人权事务委员会①曾经处理过一个案件②，研究这个案件有助于我们对“诉讼”的理解。

在本案中，委员会首先面临这样的问题，即一名加拿大的退役军人要求加拿大养老金委员会审理其要求军人残疾养老金的过程是否“诉讼”？本案的申诉人 Y. L. 因为健康原因被加拿大军队除名。Y. L. 向加拿大养老金委员会要求残疾养老金的申请被该委员会拒绝。申诉人向养老金委员会进行了两次上诉，都被驳回。申诉人向该委员会中的维权委员会申请复议也被驳回，再向复审委员会上诉

---

① 联合国人权事务委员会（Human Rights Committee）是《公民权利和政治权利国际公约》的监测机构。

② Y. L. v. Canada (112/81).

也被裁定维持原来的决定。申诉人向联合国人权事务委员会申诉，提出他申请养老金一事构成了“诉讼”，加拿大养老金委员会对他的申请的处理是不公正的，违反了《公民权利和政治权利国际公约》第 14 条第 1 款关于“诉讼公正”的规定。

《公民权利和政治权利国际公约》的成员国（加拿大）辩称，因为加拿大养老金委员会处理关于养老金的程序没有构成《公民权利和政治权利国际公约》第 14 条第 1 款所规定的“诉讼案”，在复审委员会上诉之前的程序都是在该公约适用的范围之外，因此，要求（联合国人权事务委员会）宣布该申诉为不可受理的。

联合国人权事务委员会经过研究，认定申诉人的申诉不能受理，因为对养老金委员会的决定存在着进行司法审查的途径，这意味着申诉人不能根据《公民权利和政治权利国际公约任择议定书》提出申诉,① 本案中的申诉，并没有用尽国内的一切司法救济手段。联合国人权事务委员会还就与“诉讼”有关的问题作了下列评论：关于申诉中所提及的违反《公民权利和政治权利国际公约》第 14 条第 1 款规定的“由一个依法设立的合格的、独立的和无偏倚的法庭进行公正的和公开的审讯”保障，这些保障只适用于刑事诉讼和任何“诉讼案中”。后一个表达在《公民权利和政治权利国际公约》的不同语言的文本中有不同的表达，根据《公民权利和政治权利国际公约》第 53 条的规定，该公约的各种文本都是同等有效的。

各种文本中对它的表达是有明显差异的，联合国人权事务委员会认为，在“诉讼案中”以及在其他文本中的相应表达是根据争议中的权利的性质判定的，而不是根据争议中某一方的身份确定的，也不是由某个司法制度下的某个专门机构来处理这种争议，特别是普通法律国家，公法和私法没有固定的区别，法院可以根据成文法和司法审查权对其他程序进行审查。因此，对于每一起申诉案件都必须根据其具体情况决定其性质。

---

① 《公民权利和政治权利国际公约任择议定书》第 2 条规定：“以不违反第一条的规定为限，凡声称其在公约规定下的任何权利遭受侵害的个人，如对可以运用的国内补救办法，悉已援用无遗，得向委员会书面提出申请，由委员会审查。”第 1 条规定：“成为本议定书缔约国的公约缔约国承认委员会有权接受并审查该国管辖下的个人声称为该缔约国侵害公约所载任何权利的受害者的来文。来文所涉公约缔约国如非本议定书的缔约国，委员会不得予以接受。”

对于这起申诉案，申诉人提出的与养老金有关的公正审理的权利应当在世界范围内来考察，而不管当事人采取何种不同的步骤使养老金问题得到最终的审理。

对案件中加拿大养老金委员会的处理是否诉讼问题，联合国人权事务委员会的委员们也有不同意见。少数委员对《公民权利和政治权利国际公约》第 14 条第 1 款作了狭义理解，认为应当注意加拿大国内法对申诉事项的划分；与之相对，大部分委员暗示（hinted）加拿大养老金委员会的程序构成“诉讼案”，其着重点在权利的性质以及这种争议是否可以通过司法审查。

联合国人权事务委员会对这个案件的处理还是比较巧妙的，首先以“没有穷尽国内的司法救济手段”为由不受理此案，然后再对什么是“诉讼”进行讨论，而这种讨论因为不涉及对具体案件的处理，就可以研究得更深一些。但是没过多久，委员会就面临着另一件案件，也牵涉需要判明是否构成“诉讼案”。这就是 Casanovas 诉法国案（441/90）。

在该案中，申诉人对经过行政审理机构审理后将他从法国公务员中除名进行申诉。联合国人权事务委员会重提《公民权利和政治权利国际公约》第 14 条第 1 款的“诉讼案”的概念是根据权利的性质而不是根据争议方的身份而确定的。联合国人权事务委员会认为有关将一个人解雇的程序构成了诉讼案中决定权利和义务的特征，是包含在《公民权利和政治权利国际公约》第 14 条第 1 款的意思中的。因此，联合国人权事务委员会在 1993 年 7 月宣布受理该案。

从以上联合国人权事务委员会对诉讼案的理解，可以看出诉讼的概念是一个非常复杂的问题，不同的历史阶段，不同的国家乃至国际组织都可能对诉讼有不同的理解，诉讼的表现形式可能是不一样的。笔者认为，诉讼是在当事人（或有专门机关）的参加下，在国家具有裁定功能的机关的主持下，对主张的事实进行争论，并由该机构对争论进行审查和裁判的行为的总和。笔者在考虑这个定义时尽量照顾到各个历史时期、各个不同的国家中各种不同的诉讼的形态以及各种诉讼中不同阶段的形态，感觉到给诉讼下定义是一件很难的事。随着历史的发展，新的事物不断出现，这个定义也可能不能包容所有的诉讼形态，而需要不断加以调整和完善。

（二）诉讼人权的概念

在当代世界上，保障人权越来越受到各国人民、政府和国际组织的重视。尊重人权和保障人权是当今世界各国所公认的准则。诉讼人权是人权领域中一个重要的组成部分，它通过规定一系列的诉讼原则保护人权，在法律领域反映了人类在保护人权方面的进步和文明程度。研究诉讼人权保障有助于更好地理解和保障我国人民所享受的人权，也有助于与国际人权领域进行交流。

诉讼人权既具有人权的普遍性质，又有其特殊性。

人权是有生命的个人所享有的各种权利的总和，通常分为两大类：第一类为经济、社会和文化权利；第二类为公民权利和政治权利。诉讼权利属于公民权利的范畴，它牵涉人权中的许多基本权利。说基本，是因为诉讼人权与人权中的许多最重要的权利，如生命权、自由权、财产权有非常紧密的联系。而这些权利是人的其他权利的基础，从这些权利中可以推导出人所应当具有的其他一切权利。

人权，顾名思义，是人的权利，不能为动物、植物所享有，其主体只能是人，因为它是人的重要的属性。人权的表现形式是社会关系，它是生活在一定的社会环境中的人对于这个社会环境、对于他人的一种排他性的权利，但同时，它又必须受到社会的承认和他人的承认。这种承认是以法律、条约、习惯、道德等形式确认的。所以生活在不同时代的人以及不同社会中的人有不同的人权。

诉讼人权是人权的特殊表现形式。它是人们参与诉讼和在诉讼过程中所享有的权利。它主要体现为参与诉讼的自然人与其他诉讼参与人之间的权利和义务关系。根据诉讼参与人在诉讼中的角色不同，诉讼人权所包含的权利义务的内容也有所不同，它通常是由国家以宪法、诉讼法等方式所规定的。在现代，诉讼人权也包含在一些国际条约和宣言之中。诉讼人权在人权中处于特殊重要的地位，因为它直接关系到基本人权，如生命权、自由权和财产权。相比之下，人权的一些其他概念，如结婚的权利、受教育的权利、表达的权利等，虽然也很重要，但还不是最基本的人权或与最基本人权联系最紧密的人权。这种现象也可以很直观地理解，诉讼人权是关系到人的生命、财产和自由的权利，而人只有在有生命和自由的情况下才能享受其他权利。

诉讼保障是人权保障的一项重要内容，它通过立法（包括成文法和判例法）确认，通过国家机关、社会组织和个人利用提起诉讼或不提起诉讼的方式和参与诉讼的方式实现。它可以分为三个方式：

（1）社会用诉讼的方式保障人权，即通过诉讼的方式，而不是通过诉诸武力或其他方式保障人权，以及国家通过限制国家机关和工作人员的某些与诉讼有关的行为，如逮捕、拘留和扣押等措施，避免非法干涉个人的生活；

（2）当事人以提起诉讼的方式保障自身的权利，包括人身权利、财产权利和其他权利；

（3）当事人在诉讼中的权利保障，包括提起诉讼的权利，进行辩护的权利等。

以上三个方式的诉讼人权保障在目前存在的三大诉讼，即刑事诉讼、民事诉讼和行政诉讼中均有体现。由于刑事诉讼直接体现为国家对个人的各种权利的介入，而且诉讼程序本身就有可能牵涉剥夺人的自由和其他隐私权利或牵涉扣押人的财产，因此，刑事诉讼中的人权保障尤其应当受到重视。

诉讼人权保障在刑事诉讼、民事诉讼和行政诉讼中有不同的内容，诉讼人权保障在同一诉讼的不同阶段又有不同的侧重点，因此，在诉讼中可以根据时间将诉讼人权保障分为审判前的诉讼人权保障、审判中的诉讼人权保障和审判后的诉讼人权保障。

诉讼人权保障可以按照其保障对象的不同分为对普通人（即所谓人人①或每个人或任何人，英文中用“all persons，everyone or anyone”的概念）进行的保障和对特殊人群（如青少年、妇女、残疾人和少数民族）进行的保障。

诉讼人权保障按权利的主体可以分为起诉人的诉讼人权保障、被告人的诉讼人权保障、被害人的诉讼人权保障和诉讼参与人的诉讼人权保障。

有些诉讼人权保障的原则既包含了实体权利的保障也包含了程序性权利保障的性质。例如，法律面前人人平等的原则既可以从实体的角度理解，也可以从程序的角度进行解释，因其本身也是诉讼程序保障的重要方面。这两种权利也是互相依存的，实体权利是诉讼权利的基础，诉讼权利是实体权利的保障。

诉讼人权保障必须有相应的法律加以规范，通常是由一个国家的宪法和程序法规定。宪法规定的是诉讼人权的最基本原则，如生命、自由、财产不受非法侵犯的权利。值得注意的是，在西方传统的宪法理论中，对这些人权的保护主要目的是这些权利不受来自政府的不正当的干涉，而不是这些权利不受其他犯罪的侵犯。因为个人犯罪对生命、自由和财产的侵犯是由刑法所调整的对象，而不是由宪法所调整的对象。但是，宪法作为国家的基本法，不可能对诉讼程序和诉讼行

① 见《公民权利和政治权利国际公约》第9条。

为规定得太细，只能作出原则的规定，通常在诉讼人权保障领域只规定到禁止非法逮捕和搜查扣押的层次，具体的规定还必须由诉讼法（或称“程序法”）进行调整。诉讼法通常从正面角度规定在何种情况下政府可能通过诉讼行为介入个人的生活，如规定了各种对人身、财产进行强制措施的条件，如果满足这些条件，政府就可以合法地介入个人的生活。所谓程序法，是相对实体法而言的，它是为保证实体法所确立的权利义务的实现而设立诉讼程序的法律。它又称为“审判法”“诉讼法”。程序法是关于国家所保障的法律关系或人们的权利受到侵害时如何进行处理，如判决是否犯罪（刑事诉讼）、确定权利义务（民事诉讼）或进行司法救济（行政诉讼）的法律。程序法存在的重要意义在于确定实体法权利义务关系，或使实体法得以实现；同时这种确定的过程体现了对各方的公正。所以，当实体法所确立的社会法律关系遭到破坏或权利义务在具体的法律关系中产生争议或遭遇障碍而形成法律指控或纠纷，而这种纠纷又不能或未能通过当事人的自我救济或社会救济、行政救济的方法得到解决，需要司法机关予以裁决时，则必须根据程序法进行处理。在具备了实体法和诉讼法之后，司法机关在诉讼人权保障方面的作用就特别重要。

虽然刑事诉讼在诉讼人权保障方面最集中和重要，但本书的论述并不限于刑事诉讼人权保障，而是试图论述三大诉讼的人权保障，由于三大诉讼的形式有所不同，保障的重点也有所不同，要合在一起论述是一件非常困难的事情。本书拟在阐述诉讼人权的性质以后，将诉讼的类型作为分类方式，分别论述刑事诉讼、民事诉讼和行政诉讼中有关诉讼人权保障的问题。

二、诉讼人权的性质

在上文中笔者已经说明诉讼人权是人权的重要组成部分，并叙述了它们的关系。笔者这样说不是随意的，因为关于人权的概念有很多论述和表达，并没有固定的概念。许多书和文章对其有不同的表达或不同的认识。笔者既然对人权和诉讼权利有自己的表达和理解，则必须对它进行论证，即进一步说明诉讼人权的性质，它是从哪里来的，然后才能理解诉讼人权保障的重要意义。要回答这些问题，就要考察人的权利，包括诉讼权利是从哪里来的，是与生俱来的，还是国家授予的，抑或是某个人赐予的。对这些问题有许多不同的认识，已经争论了几千年之久。这个问题还牵涉到君主的权力、国家的权力是从哪里来的以及这些权力和权利之间的关系等基本理论。在具体论述诉讼权利之前，笔者觉得有必要先探讨诉讼人权的一些基本问题。

根据《国际人权宪章》，《国际人权宪章》的主要组成部分是《世界人权宣言》、《公民权利和政治权利国际公约》和《经济、社会和文化权利国际公约》。人权主要的成分是公民权利，政治权利，经济、社会和文化权利。这些权利常常是交织在一起，不可截然分开的。例如，公民权利（civilrights）就包含了公民所享有的一切权利。另外，在现代，公民权利的概念已经不限于只有公民才能享有，非公民也能够享有部分公民权利。《公民权利和政治权利国际公约》中绝大多数权利就都适用于公民和非本国公民。这说明了公民权利的发展。

公民权利的概念可以追溯到古罗马。但在古代罗马，公民权利只有罗马公民才能享有，外国人和非罗马公民是无权享有的。在罗马帝国时代，权力为全体公民所有。但是在很多问题上不可能由许多人同时使用权力，否则无法管理社会。为了使得有人能够代表全体人民行使权力，罗马人民通过“王权法”（lex regia）将主权委托给皇帝。皇帝逐渐拥有了“治权”（imperium）和“保障权”（postestas）。在公民交出了自己的权力之后，皇帝就有了无上的权力，皇帝的决定就有了法律的效力。在古代社会这种“交权”并非人民自发进行的，而是社会中的强者以其力量实现的。Quod principi placuit legis habet vigorem。[①] 虽然如此，在古罗马，公民还是有自己的一些基本权利的保障的，如生命权、自由权和财产权是不能随意剥夺的。罗马《十二表法》（又称《十二铜表法》）第九表第1条就规定了不得为了任何个人的利益，制定特别的法律。第2条规定，对剥夺一人的生命、自由的判决，专属军伍会议的权力。《十二表法》中内容最多的还是诉讼权利和财产权利。这些都说明了个人还是有一些权利的，当然仅是公民才能享有，奴隶被当成物是没有任何权利的。到欧洲中世纪，历史学上通常指欧洲封建时代，从公元476年西罗马帝国灭亡至1640年英国资产阶级革命为中世纪的时限。国王成为世袭制，天下成为家天下，国王是至高无上的，对整个王国享有总体控制的权力，因而公民包括一些领主或贵族都失去了自己原来曾经有过的权利。

这些状况在13世纪受到了挑战。1215年英国国王约翰在贵族和领主们的逼

① 参见［罗马］查士丁尼著，张企泰译：《法学总论——法学阶梯》，商务印书馆1989年版，第8页。

迫下颁布了《自由大宪章》，其中第 39 条规定：“凡自由民除经其贵族依法判决或遵照法律之外，不得加以扣留、监禁、没收财产、剥夺其法律保障权，或加以放逐、伤害、搜索或逮捕。”第 40 条规定了对国王权力的限制：“朕不得对任何人滥用、拒绝或延搁权利或赏罚。”这些规定表现了对君权的约束思想，在人类历史上成为一个闪光点。然而《自由大宪章》的规定并没有得到世界的认同。在《自由大宪章》之后，欧洲还处于中世纪漫长和黑暗的时期。直到 17 世纪，欧洲和美洲的民主先驱们才使得《自由大宪章》的思想得以继承和发扬光大。

17 世纪英国的哲学家洛克在其《政府论》一书中首次提出了“天赋权利”（natural rights）的概念。根据他的观点，人们有“在自然法的范围内，按照他们认为合适的方法，决定他们的行动和处理他们的人身和财产”的权利。18 世纪伟大的启蒙思想家孟德斯鸠在其著作《论法的精神》中进一步阐述了关于诉讼人权保障的思想。他说：“在政治宽和的国家里，一个人，即使是最卑微的公民的生命也应当受到尊重。他的荣誉和财产，如果没有经过长期的审查，是不得剥夺的；他的生命，除了受国家的控诉之外，是不得剥夺的。——国家控诉他的时候，也必定要给他一切可能的手段为自己辩护。”① 这些思想家们的学说为一些国家所承认并写进了法律。最早写入诉讼人权保障内容的法律是 1776 年制定的《美国独立宣言》，马克思称之为“第一个人权宣言”②。该宣言写道：人人生而平等，他们都从他们的“造物主”那边被赋予了某些不可转让的权利，其中包括生命权、自由权和追求幸福的权利。为了保障这些权利，所以才在人们中间成立政府。而政府的正当权力，则系得自被统治者的同意。如果遇有任何一种形式的政府变成损害这些目的的（政府），那么，人民就有权利来改变它或废除它，以建立新政府。在《美国独立宣言》中，美国的建国者们声讨英国殖民政府“在许多案件中剥夺了我们在司法上享有的权利”，从而与英国脱离关系。美国建国之后的十多年制定了宪法前 10 条修正案，又称《权利法案》，即《美国宪法》前 10 条修正案，1791 年制定，其中第 4 条、第 5 条和第 6 条关于人民有权反对非法逮捕、搜查和扣押以及正当程序的规定成为了确立美国许多刑事司法人

---

① ［法］孟德斯鸠著，张雁深译：《论法的精神》，商务印书馆 1963 年版，第 75 ~ 76 页。

② 中共中央马克思恩格斯列宁斯大林著作编译局编：《马克思恩格斯全集》（第 16 卷），人民出版社 1972 年版，第 20 页。

权的宪法性根据。

1789 年《法国人权和公民权宣言》写道："认为不知人权、忽视人权或轻蔑人权是公众不幸和政府腐败的唯一原因，所以决定把自然的、不可剥夺的和神圣的人权阐明于庄严的宣言之中，以便本宣言可以经常呈现在社会各个成员之前，使他们不断地想到他们的权利和义务；以便立法权的决议和行政权的决定能随时和整个政治机构的目标两相比较……"该宣言规定："除非在法律所规定的情况下并按照法律所指示的手续，不得控告、逮捕或拘留任何人。凡动议、发布、执行或令人执行专断命令者应受处罚……" 1948 年《世界人权宣言》也在第 1 条写道："人人生而自由，在尊严和权利上一律平等……"《公民权利和政治权利国际公约》第 6 条写道："人人有固有的生命权。"可见生命权、自由权和平等权是与生俱来的。从此在世界范围内确定了人的尊严、生命、自由的权利是固有的，而不是统治者所恩赐的。

由于人本身具有这些权利，所以不能任意地剥夺人的尊严、生命、自由。在现实生活中，人们之间、个人和国家之间以及组织之间时常发生冲突。在这些冲突中，人的尊严、生命、自由以及财产可能受到非法的侵犯或合法的介入，国家为了防止和打击犯罪，防止对他人的权利和社会的非法侵犯，保障人们的合法权利，设置了刑事诉讼、民事诉讼和行政诉讼等形式，规范冲突的解决方式，同时，国家在诉讼过程中又有必要介入个人的权利，但这种介入必须是适度的、合理的和有法律根据的。因此，国家自己也受诉讼法的限制，只能在诉讼法规定的权力范围内活动，以防止国家不合法地侵犯个人的权利，从而产生了一系列个人的诉讼权利的规定。

由此说来，诉讼权利归根结底是由人们生来所固有的权利所产生的，所以诉讼权利是人们本来就应当享有的。但为什么这些权利各国不一样，甚至有多有少呢？这是根据各国的国情而定的。所谓权利和义务都是对社会和对他人的关系而言的，离开了一定的社会关系，无所谓权利和义务。诉讼权利必须通过各国的法律加以规定和确认。但各国所表述的诉讼权利不一致，也就是说不同国家或不同时期的人享有的诉讼权利可能不一样。例如，美英等国被告人享有由陪审团审理的权利，另外一些国家可能就没有这种权利。这是否侵犯了人权或诉讼人权？对这个问题也不宜简单回答。

人们为了有秩序地生活在一个国家、一个社会之中，必须交出一部分权利给国家或社会，以国家或社会的名义来约束大家，使得个人能最大限度享有自己的权利，同时不侵犯他人和整个社会的权利。

在奴隶社会和封建社会，人民对这种交权的过程只是被动的。权力的归属是由抢夺而形成的。所谓“抢得天下的就为王，抢不到天下的就是贼”。一种形式是竞争者们互相抢夺，如中国的“楚汉相争”，刘邦终“以马上得天下”；另一种形式是从老百姓手中抢夺，这体现在历代统治者草菅人命，人民没有权利可言，也没有对权利的发言权。但是统治者也不能过分忽视人民的权利，否则老百姓可能忍无可忍导致揭竿而起。这种被迫行使权利的方式是以社会的动荡和生灵涂炭为代价的。所以《世界人权宣言》写道：“鉴于使人类不致迫不得已而铤而走险对暴政和压迫进行反叛，有必要使人权受法治的保障……”笔者认为，此句中文与英文意思有些差异。其英文是：Whereas it is essential, if man is not to be compelled to have recourse, as a last resort, to rebellion against tyranny and oppression, that human rights should be protected by the rule of law，其中，“it is essential”是“非常重要”，而不仅仅是“有必要”；man 不宜译成“人类”，其实泛指“人”；“rule of law”应当是“法制”，而不是“法治”。但是，因为联合国文件的中文本也是正式文本，笔者不宜根据自己的理解做改动，所以，这里引用的是正式文本。

在现代法制社会，人们通过选举人民代表或选举政府的方法把自己的一部分权利交出来，由政府统一行使。人民交出的权利是管理国家权，包括立法、司法、行政等一系列权利。这些权利只能由国家代表人民行使，而不能由某个人单独行使。所以，法律的规定，就权利而言，应当普遍适用该国全体人民；就诉讼权利而言，国家要根据当时的国情和世界趋势制定本国人民所享有的诉讼权利。由于各国的国情不一样，采用的法律制度不一样，相应地诉讼权利也有所不同。在当今世界并没有一个标准的诉讼模式，因此也没有标准的诉讼人权的内容。所以，诉讼人权一方面来自人民自身的权利，另一方面必须由国家根据国情以法律的形式加以确认，二者缺一不可。

诉讼人权保障可以分为不同的层次。按照其保障的权利性质不同而有所不同。诉讼人权保障的第一个层次是：生命权、自由权和财产权。从这个意义上说，这三种权利可以说也是诉讼权利。当然生命权、自由权和财产权还是实体权利，但把它们列为诉讼权利并不排斥其具有实体权利的性质。为了表明其重要性，本书中有时将这些权利称为基本权利。由于人人平等，尤其诉讼双方的平等是现代诉讼的最基本要求，所以，平等权在诉讼中也处于特殊重要的地位。《世界人权宣言》第1条写道：“人人生而自由，在尊严和权利上一律平等……”《公民权利和政治权利国际公约》第6条写道：“人人有固有的生命权”，可见生命权、自由权和平等权是与生俱来的。从这三种最基本的权利可以推导出其他诉讼权利。例如，从生命权推导出：不得任意剥夺任何人的生命，而在剥夺他人生命时，必须按照法律的程序审判、定罪和执行；同理，从自由权推导出：不得任意剥夺他人的自由。再进一步推导出如果要剥夺人的生命或自由，必须经过法律的正当程序。为了保证程序的正当，程序本身应当建立在“人人平等”的基础上。人人平等指不分民族、种族、出生、性别等差别，人人在法律面前平等。这种平等还隐含着一个重要的推论，即人的自然状态都是一样的，都是无罪的，都是无过错的。因此，如果要确定一个人有罪或有过错，必须以法律的程序加以证明。

诉讼权利的层次性还可以表现为从基本权利可以进一步推导出次一级或更次一级的权利。这些次一级的权利在各国的表述和实施情况可能有所不同。例如，无罪推定是从人有生命权、自由权和平等权这些基本权利推导出来的一些原则，也可以称为任何被刑事指控的人在依法判决之前都有被推定为无罪的权利，从无罪推定又可以推导出不得强迫嫌疑人、被告人自证其罪的原则，或可称为被告人的一项权利。对这一条，各国表述就不一致。有些国家，如美国，直接把“不得强迫自证其罪”当做宪法性权利，直接代替了无罪推定的表述；有些国家，如中国，就没有这样的表述。由“不被强迫自证其罪”的权利又可以推导出嫌疑人、被告人在面临警察讯问和法庭审讯时有沉默权。而沉默权的表述和实施情况在各国也不一致，有的国家规定得很严格，如在美国，犯罪嫌疑人有权决定是否接受警察对其的讯问，如果他不同意讯问，警察就不可以进行讯问。有的国家规定得不甚严格，如英国，嫌疑人、被告人虽然有沉默权，但在某些情况下，法官和陪审团可以从他行使沉默权中得出对他不利的推论。而在中国，则没有沉默权的规定和相关做法。这些不同是由各国的国情不同、形势不同而决定的。

虽然世界上没有一个标准的诉讼模式，但是还是有一些为大多数国家所公认的基本诉讼权利。这些权利通过联合国《国际人权宪章》和联合国有关人权公约的形式为世界各国所采纳。承认、参加或批准《国际人权宪章》的国家则应当遵照宪章的规定，根据本国的国情规定相应的诉讼权利，可以比联合国规定的诉讼权利更多，也可以不采纳其中的部分权利。但是作为权利体系核心的基本权利，如生命权、自由权和财产权以及在诉讼中的平等权和得到公正审理的权利是必须具有的。

诉讼人权在中国历史上曾经长期受到忽略。奴隶社会和封建社会中历代统治者和一些学者们有意或无意地歪曲了人权的本源和诉讼人权的本源。

中国是世界文明发展最早的国家之一，远在公元前两千多年，就已经进入了奴隶社会。在这之前，人们经历了漫长的原始社会阶段，一直过着没有阶级压迫、没有剥削、共同劳动、共同消费的原始社会生活。原始社会晚期，在生产和战争之中，各个部落产生了自己的首领，但首领的权力是有限的。在原始社会行将结束、国家产生的初期，老百姓还是有自己的权利的。中国最古老的一首歌谣——《击壤歌》描述了上古时代一个老农民对君权的蔑视和对自由权的赞美："日出而作，日入而息，凿井而饮，耕田而食。帝力与我何有哉?"但是在社会生产力发展后，人们的生产水平超过了消耗而有了财产的结余和积累，为了明确财产的归属，为了确保财产的积余不致散落到他人手中，为了保障自己和部落的安全，人们打破了自由自在的生活，权力逐渐向强者手中集中，出现了权力和权利的重新分配。

约在公元前21世纪，禹的儿子启首先打破了古代的选举领导人及其后来演变成的"禅让"制度，而实行"传子"的世袭制，建立了夏王朝。人民的权利逐步集中到一个人手里，到这个人可以选定继承人进行禅让，再到完全视为个人权力传给自己的儿子，完成了从权利到权力的转变，同时，也造成了人民权利的丧失。这样，我国的原始社会崩溃，出现了奴隶主贵族统治的国家。这种权力的集中和私有化是原始社会向奴隶社会转化过程中历史的必然，在当时是有进步意义的。在当时生产力低下的情况下，将权力和权利传给儿子这种方式对发展和保护生产力有一定的好处。但是，在现代如果有人仍然把国家权力私下或公开传给自己的儿子则是不符合现代社会法制和民主精神的，而只是奴隶社会的思想残余的表现。即使在奴隶社会，奴隶主们或君主为了使自己的统治和权力合理化也要寻找一些理论根据，说明这样做的理由，其方式只能是掩盖权力的本源，如夏朝的统治者诡称其权力受命于天，“有夏服（受）天命”[①]。这之后在中国漫长的奴隶社会和封建社会，君主们主张“君权神授”，“四海之内莫非王土，普天之下莫非王臣”。那时，人民根本无权利可言，所谓“君要臣死，臣不得不死”，这意味着个人的生命权都操纵在国王的手中。人民能够活着，能够休养生息，那是国王的恩赐，应当感恩戴德。系统地提出和论证这些观点的是汉代的董仲舒。他试图解释人的本源和权力的本源，他说天创造了万物和人类，人类是被创造物中最尊贵的。“天地之精所以生物者，莫贵于人。”[②] 他认为，天不但是自然和人类社会的创造者，而且天给人类社会设立了一个最高权力的君主，王（皇帝）有代天实行赏罚的至上权威。“王者承天意以从事。”[③] 为了说明帝王的权力是上天给的，从而建立他的君权神授的学说，他说：“受命之君，天意之所予，故号为天子者，宜视天如父，事天以孝道也。”[④] 根据他的理论，董仲舒认为“三纲五常”的封建统治秩序是绝对不可改变的。

董仲舒的学说深得统治者赞赏。不仅成为汉王朝的封建统治的理论基础，而且成为我国整个封建社会统治的理论基础。自汉代“罢黜百家，独尊儒术”，一直延续到清朝灭亡，两千多年来，它一直起到统治者压迫老百姓的理论根据作用，并且严重束缚了中国学术和思想的发展。按照董仲舒的说法，上天生一个皇帝就是为了统治百姓的，反过来说，老百姓生来就是为了被统治的。这种牵强附会的说法，是没有道理的。正如恩格斯批评18世纪时的目的论时所说：“照这种说法，猫被创造出来是为了吃老鼠，老鼠创造出来是为了给猫吃，而整个自然界被创造出来是为了证明造物者的智慧。”[⑤]

在中国历史上也有不同的声音。比董仲舒早得多的孟子就曾说过：“民为贵，社稷次之，君为轻。”[⑥] 这在两千多年前确实是很闪光的思想。但孟子不是从人权的角度得出这样的结论的，而是从“人心的角度”加以分析的。他接着说：

---

① 见《尚书·召诰》。

② 见董仲舒：《春秋繁露·人副天数》。

③ 见董仲舒：《尧舜汤武》。

④ 董仲舒：《深察名号》。

⑤ 中共中央马克思恩格斯列宁斯大林著作编译局译：《恩格斯自然辩证法》，人民出版社1955年版，第8页。

⑥ 见《孟子集注》卷十四·尽心章句下。

"是故得乎丘民而为天子；得乎天子为诸侯；利乎诸侯为大夫。"① 即得到老百姓的拥戴的，才可以成为天子；得到天子喜欢的，可以做诸侯；得到诸侯赏识的，可以做大夫。虽然孟子讲的是为君和为官之道，但从其中也可以合乎逻辑地推导出一切权力来自人民这样的道理。按孟子的说法，得乎丘民而为天子。丘民是山野之民的意思，就是最基层的老百姓。这是一个集合概念，指全体百姓，而不是某一个人。这也就是说，得到最广大的老百姓拥戴的人才能成为天子而掌握了政权，则显然政权的终极来源是广大人民。为什么孟子没有进一步直接得出政权来自老百姓的结论呢？一是孟子所处的时代尚没有人权的概念；二是孟子从得到天子或上级的喜欢就可以当相应的官这个现象总结出诸侯和官吏的产生是来自于上级的欢心。坐上某个官位是与草民无关的，但可以治理草民。这种权力来自上司的现象模糊了权力的本源。

战国时期的荀子在论述君主和老百姓的关系时也说过："君者舟也，庶人者水也，水则载舟，水则覆舟。"② 他也没有从权力的本源以及人权的角度来论述，而是用形象化的比喻论述了统治者和被统治者的关系。他已经认识到百姓对于君主有举足轻重的影响，这还是很难能可贵的。这种关系学说为唐代的李世民用以实践，而开创了中国历史上的大唐盛世。

但是李世民和其他一些开明的君主也不能完全脱离社会和历史的限制，只是在治理国家方面与其他君主有不同之处。

中国古代没有人权的观念，更没有诉讼人权保障的观念。中国古代诉讼不发达，有经济基础的原因。中国是个农业国，商业不发达，农耕经济相对稳定，与人交往较少，因此纠纷案少，诉讼相应较少，诉讼机构也不发达，在地方各级没有设立专门的审判机关，即法院，诉讼是作为各级政府的一种职能和权力。中国古代还有两种现象很不利于诉讼权利的保障，第一是诉讼方式与实体的处理不分，常常表现在以诉讼的手段代替了对人的实体处分；第二是各种类型的诉讼也没有清楚的区分，体现在逮捕、监禁等措施既可以用在刑事诉讼中，也可以用在民事诉讼中或行政诉讼之中。个人的诉讼权利在中国古代得不到保障，这也是中国几千年来，频繁发生社会动荡和朝代更替的原因之一。

① 见《孟子集注》卷十四·尽心章句下。

② 见《荀子·王制》。

中国直到20世纪初才由一些先进的知识分子们喊出了“科学和民主”的口号。也许是为了使中国人接受，他们给科学和民主起了两个“中国化”的名字，科学被称为“赛先生”，民主被称为“德先生”。科学和民主在英文中分别为“science”和“democracy”，读音与赛和德相近。直到中华人民共和国成立以后，人民成为国家的主人，中国人民才真正享受到人权。对于人权从哪里来的，毛泽东同志指出“自由是人民争来的，不是什么人恩赐的”[①]。

自改革开放以来，中国的人权状况得到了进一步的改善。正如江泽民指出：“中国政府对人权问题是非常重视的。我们为促进和保障中国各族人民的人权与基本自由作出了不懈的努力，取得了举世瞩目的巨大成就。”[②] 其中比较显著的例证是中国对诉讼法和诉讼人权保障日益重视，有关诉讼学的研究也呈现出繁荣景象。我国的刑事诉讼、民事诉讼和行政诉讼的立法、司法和理论研究方面都日趋完善。

我国在改革开放初期的1979年就制定了《刑事诉讼法》。在我国，刑事诉讼是指公安机关、人民检察院、人民法院在当事人及其他诉讼参与人的参加下，依照法律规定的程序和要求，查证、核实被告人是否实施了犯罪，是否应当受到刑罚的处罚以及应当受到何种刑事处罚的活动。[③] 随着我国法制状况和人权保障的发展，刑事诉讼法不仅起到了查明犯罪的作用，还越来越起到了保障人权的作用。《刑事诉讼法》规定了司法机关在何种情况下可以介入公民的人身、财产、隐私等权利，从而起到了限制国家机关的权力，保障公民权利的作用。1996年我国对《刑事诉讼法》作了较大的修改，吸收了无罪推定和对抗制的合理因素，使中国的刑事诉讼法更能起到保障人权的作用，更符合国际社会的刑事司法准则。

1982年中国又制定了《民事诉讼法（试行）》，并经修改补充，于1991年通过了《民事诉讼法》。这表明我国法制建设又有了重大进展，它不仅保障了民事、经济、海商等实体法的贯彻实施，保障了公民、法人和其他组织的合法权益，而且在我国的民事诉讼人权保障方面起到了极为重要的作用。

---

① 中共中央毛泽东选集出版委员会编辑：《毛泽东选集》（第3卷），人民出版社1966年版，第1019页。

② 1999年10月26日江泽民、希拉克共同会见记者时的讲话。

③ 樊崇义主编：《刑事诉讼法学》，中国政法大学出版社1996年版，第5页。

行政诉讼是法院在各方当事人的参加下解决行政活动的法律制度，与刑事诉讼、民事诉讼同为国家的基本诉讼制度。我国的行政诉讼起步较晚，1989年4月制定了《行政诉讼法》，它是我国行政诉讼的基本法。行政诉讼与其他诉讼不同，设置行政诉讼法本身就是为了保障公民的合法权益，包括诉讼权利保障。《行政诉讼法》第2条规定："公民、法人或者其他组织认为行政机关和行政机关工作人员的具体行政行为侵犯其合法权益，有权依照本法向人民法院提起诉讼。"因此，行政诉讼权利的保障不仅作用于行政诉讼本身，而且可能与其他诉讼权利的保障交织在一起，对促进其他诉讼类型的诉讼人权保障也能起到重要作用。例如，通过行政诉讼实现的《国家赔偿法》所规定的赔偿内容就包含了对在刑事诉讼中侵犯当事人权利的补救。

需要指出的是，我国有关诉讼及诉讼权利的规定不仅体现在这些诉讼法律之中，也包含在其他法律，特别是宪法之中。因此，研究诉讼人权保障，不仅要研究各种诉讼法，还必须研究宪法和其他有关法律。

第二节　诉讼人权保障的意义

一、以诉讼的方式保障人权是人类文明的标志

诉讼是人类社会特有的现象。在地球上诸多生物之中只有人类才有以诉讼解决争端、维护权利的方式。诉讼人权保障是社会发展到一定阶段的产物，在人类的发展史上曾经出现过许多解决争端和维护自身权利的方式。自从人类出现在地球上，几百万年间使用时间最长、历史最悠久的方式是弱肉强食的方式，是战争的方式。在原始社会，由于生产力低下，人的自身力量有限，相应的，人们之间的相互关系也很简单和有限，武力争斗不致毁灭整个社会、不致毁灭人类本身。随着人类文明的发展，人们逐渐认识到以弱肉强食和战争的方式维护权利有许多弊端，它是以毁灭人的生命和人们创造的财富为代价的，它蔑视人类区别于其他动物而赖以生存的其他社会准则，如平等、公正、尊敬老人、帮助弱者等。当人类社会发展到一定阶段，生产力提高了，社会矛盾复杂了，再以弱肉强食的方式解决争端、维护权利与整个社会生存准则不相容。为了解决这个矛盾，人们创造

了以诉讼解决争端的方式。它伴随着国家的产生而产生。正如恩格斯所指出："国家乃是这种社会已经陷于自身不可解决的矛盾中并分裂为不可调和的对立而又无力挣脱这种对立之承认。为了使这些对立、这些经济利益相互矛盾的各阶级，不要在无益的斗争中互相消灭而使社会同归于尽，于是一种似乎立于社会之上的力量，似乎可以缓和冲突而把它纳于'秩序'之中的力量，便成为必要的了。"

然而，以战争或诉诸武力的方法解决纷争和权利问题并没有因为国家的出现而完全停止，这在历史上和当代都给世界造成很大灾难。这种诉诸武力的方式在当代仍然存在的原因，一方面，由于历史的惯性，毕竟人类文明史与人类在地球上出现的历史相比还是很短，几百万年来的弱肉强食的习惯并不能在很短的时间内完全消除；另一方面，由于目前人类所制定的法律还不健全，不是所有的纷争都能以诉讼的方式解决。近现代的第一次世界大战和第二次世界大战，以及近来发生的恐怖主义袭击美国事件，造成了人的生命和财产的巨大损失，这些都充分证明以诉讼解决纠纷的重要性。其实在这方面人类已经有了深刻的认识。在第二次世界大战结束后，联合国的成立即是人类在这方面所作的努力。

1945 年制定的《联合国宪章》[①] 即开宗明义地阐述了尊重人权和避免战祸的信念："我联合国人民同兹决心欲免后世再遭今代人类两度身历惨不堪言之战祸，重申基本人权，人格尊严与价值，以及男女与大小各国平等权利之信念……" 1948 年制定的《世界人权宣言》已经对尊重和保障这些基本人权有比较详细的规定。1966 年联合国又制定了《经济社会和文化权利国际公约》和《公民权利和政治权利国际公约》。这些文件中涉及了人权的各个方面，但主要内容是关于政府与个人关系中所应当遵循的保障个人权利的基本准则。其中有许多重要内容是关于诉讼人权的，特别是刑事诉讼中保障人权的内容。这些规定标志着人类对解决自身矛盾，包括国与国之间的争端，国家与个人的争端走向了理性化的层次，是人类文明史和法制史上的重大进步。

① 本书中所引《联合国宪章》《国际人权宪章》等联合国文件的中文如无特别说明均引自程味秋、杨诚、杨宇冠编：《联合国人权公约和刑事司法文献汇编》，中国法制出版社 2000 年版。

二、广义诉讼人权保障的意义

在现代文明社会，用诉讼的方式解决争端应当是最后的手段。《世界人权宣言》共有30条，可以说每一条都与诉讼人权有关。例如，《世界人权宣言》第1条规定：“人人生而自由，在尊严和权利上一律平等。”这一条在诉讼上反映为“法律面前人人平等”的原则。既可以用诉讼的方式保障人人所具有的平等和自由的权利，又具体体现为诉讼双方的地位平等，诉讼的结果对双方平等。又如，第3条规定：“人人有权享有生命、自由和人身安全。”体现在诉讼人权保障中就是国家出于侦查的需要介入个人的有关权利时应当有正当的理由和合理的根据，否则就是非法的行为。

非经法律的正当程序不得剥夺人的生命、自由和人身安全，这已经成为当今世界的共识。由此而产生了诉讼参与人的一系列权利。诉讼人权的保障不仅是国家对个人的保障，同时也是对国家本身的保障。这个功能主要是通过广义诉讼人权保障实现的。

诉讼人权保障可以分为广义的诉讼人权保障和狭义的诉讼人权保障。广义的诉讼人权保障是通过制定诉讼法律和国家的诉讼行为（包括不行为）保障社会上所有的人不受非法侵犯，包括不受国家机关及其工作人员在诉讼过程中对个人进行的非法侵犯。它保障人权的范围很广泛，可以囊括所有的人权。它在诉讼中也有三种体现：

第一，诉讼人权保障使人的生命权、自由权、人身安全和财产不受他人的侵犯。如果个人遭受到侵犯，在民事方面，个人可以通过诉讼的方式得到补救。在刑事司法方面，国家可以对犯罪提起公诉，以实现对犯罪的追究和对人民的保护。如果没有以诉讼保障人权的方式，尤其是通过国家的司法活动打击犯罪，保障人民的权利，社会安定将得不到保证。中国政府的人权白皮书对此给予很重要的地位。据统计，1998年，全国各级法院共审理各类一审案件540万件，其中刑事案件48万件。公安、司法机关依法打击杀人、爆炸、投毒、抢劫、重大盗窃、强奸、绑架和黑社会性质组织犯罪、涉枪犯罪等严重刑事犯罪活动，有力地保障了人民群众的生命和财产安全。① 用诉讼保障人权是对社会全体的保障，尤其是对犯罪被害人的保障，这是诉讼人权的一个重要的功能。被害人也是诉讼参与人。近年来，各国对于被害人的地位有所重视，被害人的诉讼权利有所扩大。这是很可喜的现象，是完全应该的。除了被害人之外，社会上所有的不特定的人，虽然没有参加诉讼，但也处在国家诉讼制度的保护之下，使其能够在安定的环境中生活和工作，不受非法行为的干扰。从这个意义上看，广义的诉讼人权保障是对社会中任何人都起作用的。

第二，诉讼人权保障要求国家在作为诉讼一方时与诉讼的另一方（可能是个人或者某个单位）平等，而不是超越法律和诉讼规则的强权。现代法制社会的诉讼的一个基本要求是诉讼双方平等。在诉讼人权的实现过程中，国家与个人之间必然发生诉讼关系。国家可能成为诉讼的一方。在公诉案件的刑事诉讼中国家充当了原告人的角色，在民事诉讼中国家机关可以是原告，也可以是被告，在行政诉讼中，国家机关只能是被告。国家由于自身力量的强大，任何个人是无法与之相比的，很容易形成诉讼两方的不平等。在历史上，这种不平等是合法的，而现代，诉讼双方不平等是不合法的。因为法律面前人人平等，这里的“人人”既包括自然人也包括作为诉讼一方的法人和国家机关。平等已经成为人们所普遍承认的原则。为了符合诉讼人权保障的要求，现代国家表现出自律精神，不以自己的强大而为所欲为，而是严格按照诉讼规定参与诉讼，自觉地将自己置于法律的规制之下。当然，也有些国家机关和工作人员违反规定，侵犯了当事人的权利，于是，国家和国际社会都设定了一些补救措施以使个人的诉讼权利得到保证。《公民权利和政治权利国际公约》第 2 条规定：“一、本公约每一缔约国承担尊重和保证在其领土内和受其管辖的一切个人享有本公约所承认的权利，不分种族、肤色、性别、语言、宗教、政治或其他见解、国籍或社会出身、财产、出生或其他身份等任何区别。二、凡未经现行立法或其他措施予以规定者，本公约每一缔约国承担按照其宪法程序和本公约的规定采取必要的步骤，以采纳为实施本公约所承认的权利所需的立法或其他措施。三、本公约每一缔约国承担：（甲）保证任何一个被侵犯了本公约所承认的权利或自由的人，能得到有效的补救，尽管此种侵犯是以官方资格行事的人所为；（乙）保证任何要求此种补救的人能由

① 参见《中国人权发展五十年》，国务院新闻办公室 2000 年 2 月。

合格的司法、行政或立法当局或由国家法律制度规定的任何其他合格当局断定其在这方面的权利；并发展司法补救的可能性；（丙）保证合格当局在准予此等补救时，确能付诸实施。”

第三，广义的诉讼人权保障要求国家在诉讼之中限制自己的行为，避免非法侵犯个人的权利。在国家不是作为诉讼的一方，而是作为诉讼的处理机构，如审判机关和侦查机关时，国家必须遵守一系列诉讼规则，如审判机关必须遵守不告不理的原则，侦查机关在采取逮捕、搜查和扣押等侦查措施时必须遵守一定的标准，在不符合标准的情况下，侦查机关不能采取侵犯个人的行动。为了保障诉讼人权，各国都以法律的形式规定了诉讼权利。宪法是国家的基本法，是一国其他法律的依据。我国与世界上许多国家一样以宪法的形式规定了诉讼权利。各部门法，如刑事诉讼法、民事诉讼法和行政诉讼法以及其他法规和立法、司法解释中也包含了诉讼人权的内容。许多个人的诉讼权利是通过对国家行为的限制而实现的。

强调保障个人的诉讼权利会不会损害国家利益，会不会干扰正常的司法活动？笔者的回答是否定的。而且笔者认为，强调保障诉讼人权从根本上说是为了维护国家利益，是为了维护正常的司法活动，相反的，没有诉讼人权或否定诉讼人权，不仅是社会中作为个体的人的悲哀，也是社会和国家的不幸，并很可能造成严重的后果。中国历史上许多大动荡与诉讼人权也有直接或间接的关系，秦朝的灭亡就是一个例证。

中国统一后的第一个朝代——秦朝只存在了十几年就被推翻了。引起秦朝灭亡的事件是中国历史上第一次农民大起义。起义的领导人陈胜和吴广是秦朝的贫苦农民。他们与其他九百多人一起被征集到渔阳驻守。在赴劳役路途上因下雨而误了期限，按照秦法，他们都要被处死。陈胜当时说：“今亡亦死，举大计亦死。等死，死国可乎？”① 在没有任何诉讼或辩解的机会的情况下，陈胜等人只有起义了。一些深受秦朝压制之苦的人纷纷响应，据《史记·陈涉世家》载，“当此时，诸郡县苦秦吏者，皆刑其长吏，杀之以应陈涉”②。曾经统一六国、不可一世的秦朝很快就灭亡了。

---

① 见《史记·陈涉世家》。

② 见《史记·陈涉世家》。

如果秦朝的法律不是那么严苛，如果陈胜他们有一线生机，有一点刑事诉讼权利，假若给他们一点辩解的机会，而不是一律都死，陈胜他们也可能不会起义，历史也可能改写。陈胜在起义前说得很清楚："等死，死国可乎？"既然都是死路一条，那就造反而死。这充分印证了人民在毫无诉讼权利，有理无处诉的情况下，就很可能迫不得已铤而走险对暴政和压迫进行反叛了。

有感于秦朝灭亡的教训，汉高祖在攻入秦首都咸阳后即着手制定新的法律规则。据《史记·高祖本纪》记载，刘邦入关中后召集诸县父老豪杰说："父老苦秦苛法久矣，诽谤者族，偶语者弃市。吾与诸侯约，先入关者王之，吾当王关中。与父老约，法三章耳：杀人者死，伤人及盗抵罪。余悉除去秦法。"秦人大喜，争持牛羊酒食献飨军士。

刘邦本人曾担任过泗水亭长，他深知秦律的繁苛。秦朝实行株连的政策，一人犯法，株连九族。许多被刑事处罚者与案件本身毫无关系，但因受株连而死。这种国家具有无限制的刑事处罚权，而人民没有刑事诉讼权利的现象实际上也破坏了国家处罚权的合理性，最终导致国家遭到破坏。而滥用刑事处罚权的后果，也使处罚失去了其应有的预防和打击犯罪的作用。刘邦也是在押送囚犯的路上逃亡到芒砀山上去的。他眼见了秦朝的暴政给老百姓带来的深重灾难。作为一个新的统治者，他在抚慰老百姓时说："父老苦秦苛法久矣！"以安抚人心，同时宣称只用三条法律约束老百姓，一律废除秦朝的其他法律，这是符合他当时的心态和老百姓的愿望的。

然而，刘邦的允诺再好，在当时的社会条件下也是不能实现的，他成为新统治者必然受社会发展的制约。

约法三章的内容虽然很短，意义却很多。它反映了新旧朝代更替时新法代替旧法的过程和规律。另外，它还反映了朴素的"罪责自负"、"罪刑相适应"和"罪刑法定"的刑事司法中保障人权的思想萌芽。秦朝的法律广泛使用株连的政策。一人犯法，全家甚至四邻都遭殃，没有犯法的人跟着一起受刑。刘邦尽除秦法，喊出"杀人者死"的口号，即杀人的人该死，罪责由杀人者负担。因为尽除秦法，那么其他的人就不受株连。这里的"杀人"是罪行，"死"是刑罚。这也就是说，罪责由犯罪人自己承担。紧接着"伤人及盗抵罪"。这里的"抵"指价值相当，即所犯的法和所用的刑是一致的。刘邦所说的抵罪就是根据行为人伤人和偷盗的程度大小给予其相应的处罚，就是说所犯的罪和所处的刑罚要一致，其他的苛法一律废除。两千多年前有这种思想，即使只是朴素的美好的想法也是难能可贵的。

作为上层建筑的法律是建立在经济基础之上的，不可能仅凭个人的愿望制定法律，法律必须与当时的经济基础、社会状况相适应。汉朝政权建立起来以后，约法三章显然不能适应当时的情况了。于是，刘邦让相国萧何“从秦律中取其宜于时者，作律九章”。到汉武帝时，汉朝的律令已经达到359章，文书盈于几阁，典者不能尽睹的程度。这与秦朝时比也无多少差别了。秦民们是高兴得太早了，善良的中国老百姓在约法三章之后又在封建法律的压迫和禁锢下活了两千多年。

这也说明了保障诉讼权利是与一个国家的社会状况和历史条件相关联的，脱离了当时的国情的价值观很难实现，但无视人民的权利，特别是刑事诉讼权利保障，则会产生严重的后果。秦朝的法律过于严苛，严重破坏了当时的生产力，严重侵犯了人民的权利，违背了当时的社会发展的要求和人民的需求，从而不能长久；约法三章又太简略，无法满足当时社会对法律规范的需求，从而也是难以实现的。

在当代社会，人们越来越认识到诉讼人权保障的作用。这正确地反映了以人为本的原则，诉讼机制设置的权力根源是人民，最根本的目的是为人民服务。《宪法》第2条规定：“中华人民共和国的一切权力属于人民……人民依照法律规定，通过各种途径和形式，管理国家事务，管理经济和文化事业，管理社会事务。”第5条规定：“中华人民共和国实行依法治国，建设社会主义法治国家……一切国家机关和武装力量、各政党和各社会团体、各企业事业组织都必须遵守宪法和法律。一切违反宪法和法律的行为，必须予以追究。任何组织或者个人都不得有超越宪法和法律的特权。”宪法说得很清楚，中华人民共和国是人民的国家，国家的权力是来自人民和属于人民的，因此国家有义务保障公民的人权。因为公民是国家的主人，所以保障了公民的权利就是保障了国家的权力。至于宪法为什么作这样的规定？这是中国人民经过长期的艰难困苦后作出的选择，是1840年鸦片战争以来长期斗争的结果，特别是中国共产党领导中国人民推翻压迫人民的“三座大山”而建立的新中国的美好制度。《宪法》规定的“依法治国”的原则是中国人民长期经验的总结，也是维护国家长治久安的需要。中国人民在这方面有极其深刻的经验教训。在“文革”的十年中，国家没有法治，没有公正的诉讼程序，公民也没有诉讼权利可言。当时任何人都随时可能被揪、被斗、被关，甚至被杀，全国许多人，包括国家主席都惨遭迫害，国家也陷入了极其危险的状况。这从反面说明，保障公民的权利就是保障国家的利益；侵害公民的权利也是侵害国家的行为。所以，在“文革”结束之后，改革开放之初，国家就着手制定了一系列的诉讼法律，包括《刑事诉讼法》、《民事诉讼法》、《行政诉讼法》和其他法律，又根据宪法制定了诉讼权利保障的具体规定。如果违反了这些规定，侵犯了公民的诉讼权利，就是违反法律，就是违反了《宪法》，就是破坏了国家的根本。

三、狭义诉讼人权保障的意义

狭义的诉讼人权保障，即保障诉讼参与人的诉讼权利，使个人能够顺利提起诉讼或参加诉讼。在民事诉讼和行政诉讼中个人可以通过诉讼保障自己的其他权利；在刑事诉讼中，犯罪嫌疑人、被告人有进行辩护的权利，以及与辩护有关的其他诉讼权利，如被告知指控的权利，接受公开审理的权利，与证人对质的权利；刑事案件中的被害人在公诉案件中有作证的权利，在自诉案件中的自诉的权利等。其他诉讼参与人也有相应的权利。

考察《国际人权宪章》和各国的法律，诉讼人权保障主要强调的是刑事诉讼中犯罪嫌疑人和被告人的诉讼权利保障。这有几方面的原因：第一，刑事诉讼中犯罪嫌疑人和被告人的诉讼权利保障直接涉及人的生命、自由、个人隐私等重要权利，相比之下，民事诉讼和行政诉讼对人的这些重要权利没有影响或影响比较小。第二，犯罪嫌疑人和被告人面临的是国家的侦查机关、起诉机关和审判机关，力量悬殊，容易发生侵犯他们的诉讼权利的现象，而民事诉讼和行政诉讼，与个人相对的诉讼另一方通常不是国家的司法机构，大部分情况下是另一个人，或者国家行政机关或法人，诉讼双方不能侵犯对方的诉讼权利，或者这种事情发生的概率比较小。第三，保护犯罪嫌疑人和被告人的诉讼权利其实不仅是保护具体人的权利，而且是对不特定的社会大众的保护。因为如果没有这种保护，社会中每一个人都可能成为刑事司法中被追究的对象。相比之下，其他诉讼中的各方，以及刑事诉讼中除被告人以外的其他各参与人都是比较特定的人，如民事诉讼中的双方或行政诉讼中的原告都是与某种权利义务的争议有牵连的人；刑事诉讼中的被害人是受到犯罪侵害的人，证人是了解案情的人，犯罪嫌疑人和被告人则完全可能是不特定的人或与案件没有关系的人。在中国古代曾有以“莫须有”的罪名对岳飞等人的刑事审判，这种利用刑事诉讼对个人的有意的陷害当然是个案，但即使在当代，也可能因种种原因发生对人的错捕、错查、错审等现象。为了保护社会中所有无辜的人尽量不受到刑事追究，就必须重视对刑事案件中犯罪嫌疑人和被告人的诉讼权利保障。所以，在此只论述犯罪嫌疑人和被告人的诉讼权利保障问题。

保障犯罪嫌疑人、被告人的诉讼人权并不等于保障犯罪嫌疑人和被告人，更不是庇护犯罪，而是保障人权的一项重要内容。它与打击犯罪和保障广大人民的人权并不是矛盾的。长期以来，我国比较重视打击犯罪，相比之下，对犯罪嫌疑人、被告人的诉讼权利重视不够。虽然犯罪分子与广大群众相比是少数，我们应当重视和保障多数人的权利，但是并不能由此轻视犯罪嫌疑人、被告人的诉讼权利。这是因为：第一，犯罪嫌疑人和被告人并不等于是犯罪人。据《中国人权发展五十年》的统计，自 1983 年以来，人民法院对证据不足不构成犯罪的，依法宣告无罪 4 万余人。如果打击错了，那么就侵犯了无辜人民的人权。第二，打击应当体现在依法判决有罪以后的量刑上，而不是在诉讼过程之中，在未作出有罪判决之前是不能打击的。第三，保障犯罪嫌疑人、被告人的诉讼权利的根本目的是为了司法公正，以诉讼本身对诉讼的一方进行打击无疑是有悖于公正的，更不利于使无罪的人免予刑事追究。

个人参与诉讼是现代社会很常见的现象。无论是主动提起诉讼或被动的应诉，诉讼参与人都应有各自的诉讼权利，使诉讼参与人能够顺利地进行诉讼，得到公正的审理。在奴隶社会和封建社会，诉讼制度不健全，人们的诉讼权利得不到保障，从而产生了惧怕诉讼的心理，由此而导致其他权利得不到相应的保障。在旧中国，这种现象很严重。老百姓怕见官府，从而压抑了人们的法律意识，形成了人民有苦无处诉、有冤无处申的局面。

在刑事诉讼中，这个问题首先涉及的是犯罪嫌疑人和被告人地位问题。长期以来，人们曾经把犯罪嫌疑人、被告人等同于有罪的人，尤其是在某个引起民愤的案件发生之后，只要抓到某个犯罪嫌疑人，经过媒介的宣传，很多人就已经把犯罪嫌疑人与有罪的人等同起来了。如果这时有人提出要把犯罪嫌疑人当做无罪的人来看待，许多人会很不理解。实际上，判决之前的犯罪嫌疑人、被告人并没有被确定有罪，应当把他当做无罪的人看待。而长期以来，无论是从舆论方面，还是在诉讼程序之中，许多犯罪嫌疑人、被告人已经被当做有罪的人对待。这种做法侵犯了犯罪嫌疑人、被告人的诉讼权利。使其不能有效地进行辩护，司法人员也可能受到影响，产生先入为主的印象。无罪推定的原则主张犯罪嫌疑人、被告人在最终被法院确定有罪之前被当做无罪的人看待。这个原则是国际上比较通行的原则，已经被联合国采纳并写进人权公约。

正如水在未受外力影响下的自然状态或原始状态是圆形的道理一样，人在未被有权审判的机关宣布有罪之前的状态是无罪的。由此可知，无罪状态是每个人出生到这个世界时的原始状态。在历史的长河中，曾长期存在对这种原始状态的否定。在有些社会制度下，有人生下来就是奴隶。有些理论认为，人生下来就有原罪。直到无罪推定提出后，采取该原则的国家才以法律的形式确认了个人原来在法律上是无罪的，所以又可以称无罪状态是法律拟制的每个公民的原始状态。

从无罪到有罪必须经过法律的程序进行认定。在认定之前，公民的无罪状态并没有改变。无罪推定不是无罪的决定。决定只能由法院作出，同样的道理，有罪决定也只能由法院来作出。按照现代诉讼法的原理，除法院之外，任何个人、组织都无权对一个人作出有罪的结论。从理论上讲，法院对刑事诉讼中的犯罪嫌疑人或被告人的最终判决有两种可能性：一是有罪；二是无罪。为什么在判决之前要作无罪推定？第一，犯罪嫌疑人、被告人可能就是无罪的，如果作有罪推定，把他当做罪人看待，就会冤枉好人；第二，犯罪嫌疑人、被告人是否有罪应当由法院通过法律程序来决定，而诉讼的过程正是这种决定的过程，在最终决定之前，被告人并没有被确定有罪，从而其无罪的身份还没有改变；第三，即使法院判决被告人有罪的可能性极大，但是有罪应当通过判决和处以相应的刑罚进行处罚，而不应当以诉讼过程本身作为处罚的方法。所以，在法院判决生效之前，犯罪嫌疑人或被告人是不能被称为罪犯的，也不应该当做罪犯对待。只要尚未对他定罪，社会就不能取消对他的公共保障，他应当享受到公民的人权，特别是诉讼人权的保障。所以，被指控的人不仅不应当受到酷刑拷问，还应当有权进行辩护和享有其他诉讼权利。

四、诉讼人权保障与国家专门机关及诉讼各方的关系

诉讼人权保障与国家及诉讼各方的关系体现在两方面：一方面体现在诉讼之

外；另一方面体现在诉讼之中。

所谓体现在诉讼之外，即国家和社会将个体的人纳入诉讼之中必须有一定的程序保障。愿意提起诉讼和参与诉讼的人应当有相应的机制保证其诉讼权利得以实现；不愿意参与到诉讼中的人，如果国家要强制其参与诉讼，必须有严格的法律根据，不能以不符合法律的诉讼行为打扰人民的正常生活。所以，诉讼人权保障的这种体现在诉讼之外的关系是国家与人民的关系。

诉讼人权保障在诉讼中体现为诉讼一方与其他方的关系以及诉讼方和审判机构的关系。诉讼通常是由双方和法院所组成。诉讼最重要的要求是有一套公正的诉讼程序。诉讼的各方应当在自己的权利或权力的范围内活动，否则就侵犯了另一方的权利。诉讼双方的关系应当是平等的，这在刑事诉讼、民事诉讼和行政诉讼中都应当是如此。

诉讼的双方应当是平等的。在民事诉讼中，这种平等比较容易维持，而在刑事诉讼和行政诉讼中，国家是一方当事人，与另一方当事人即个人的平等尤其重要。由于国家力量的强大和个人力量的相对弱小，这种平等不容易维持，因此更应当着重对个人诉讼权利的保障。这就要求法院不能作为诉讼的一方，与国家当事人结为联盟合力对付作为个人的当事人，还要求给予个人以特殊的保障，以维持力量的平衡，还要求作为国家的诉讼当事人应严格按照诉讼的规则办事，不能以自己拥有的权力破坏诉讼的平衡性。在这些方面，国家制定了一系列法律保障参与诉讼的个人，特别是刑事诉讼中的犯罪嫌疑人、被告人。因此，保障公民的诉讼权利，包括保障犯罪嫌疑人、被告人的诉讼权利是保证司法公正的需要。其他的诉讼参与人，如辩护人、被害人、证人、鉴定人等，其主要功能是为一方的诉讼提供帮助，也应当享有相当的诉讼权利保障，以完成与其诉讼义务相应的责任。

平等对抗的原则有两个方面的内容：一是控（原告）、辩（被告）平等，即控诉方与辩护方在诉讼中法律地位平等，权利义务相等，彼此不凌驾于对方之上；二是控辩双方在平等基础上对抗，即控辩双方在审判主要是法庭审判中，以平等的地位运用法律所确认的诉讼权利展开诉讼活动，论证本方的主张，反驳他方的主张，以求得有利的诉讼结果。在刑事诉讼中，历史上长期以来采取的纠问式的诉讼方式没有诉讼双方的平等，审判机关与侦查、起诉机关共同完成对犯罪的追诉活动。在中国古代则完全没有这三机关的区分，各级政府集侦查、起诉和审判职能于一身，被追诉的人不能与官府平等。与大陆法系国家所采用的纠问式诉讼方式不同，英美法系的对抗制诉讼方式更注重双方的平等，由控辩双方以平等对抗的方式解决争端，审判机关邀请公民作为陪审团判断事实，法官只起到主持听审和在陪审团裁决的基础上进行量刑。我国1996年对《刑事诉讼法》的修改采纳了对抗制的一些合理因素，在诉讼双方平等这种理念上进了一大步，为诉讼人权保障建立了良好的基础。然而历史的影响并没有完全消除，中国法院与侦查部门和起诉部门仍然同属一个政法部门领导，司法独立还没有完全得到实现。

诉讼中法院或法官[①]应当是中立的裁判者，偏向任何一方就构成了对另一方的侵犯。这就要求法官独立地进行审判，不受任何机关、团体、公众媒体和个人的干扰，要做到这一点又进而要求司法独立，只有独立才能不受干扰。另外，法院还担负着保障双方当事人的诉讼权利得以实现的责任，同时，法院在诉讼中具有被动性，诉讼必须由诉讼的一方提起，法院不能主动提起诉讼，否则就破坏了诉讼的结构，从而侵犯了一方当事人的权利；法院也不能对应当受理的案件置之不理，这样同样破坏了诉讼结构，也侵犯了一方的利益。法院在整个诉讼过程中应当是公正的，它担负着查明诉讼所指向的事实的任务，并根据所查明的事实和法律作出公正的裁判。诉讼人权的保障必须在司法过程中落实，同样，对诉讼人权的侵犯也经常发生在司法的过程之中。司法人权保障方面最重要的是司法独立问题，其次才是在三大诉讼中存在的问题。在刑事诉讼中，参与诉讼的被告人和犯罪嫌疑人与国家权力在形式上是冲突的，它体现在国家通过其国家权力对个人进行追诉，而个人则对国家的追诉进行辩护和反驳。出于保证诉讼进行的需要，在诉讼过程中可能需要对被告人和犯罪嫌疑人采取强制措施。这在形式上是干预了个人的权利，同时它又体现为国家权力与个人权利之间的不平衡。

司法独立是一项为现代法治国家普遍承认和确立的基本原则。联合国《关于司法机关独立的基本原则》于1985年11月29日通过，规定："各国应保证司法机关的独立，并将此项原则正式载入其本国的宪法或法律之中。尊重并遵守司法机关的独立，是各国政府机构及其他机构的职责。司法机关应不偏不倚、以事实为根据并依法律规定来裁决其所受理的案件，而不应有任何约束，也不应为任何直接或间接不当影响、怂恿、压力、威胁或干涉所左右，不论其来自何方或出于

① 在本书中，法院、法庭、法官的意义可能有交叉，指担负着案件审判职能的组织或个人。

何种理由。”我国《宪法》第126条也规定：“人民法院依照法律规定独立行使审判权，不受行政机关、社会团体和个人的干涉。”但在实际工作中，对司法独立的干涉是多方面的。“有的地方党委负责人违背中央指示，过问具体案件，甚至对案件处理直接下批示，命令法院照办；有的地方党委政法委在协调政法机关关系的名义下，组织公安、检察、法院、司法机关讨论具体案件，对案件定罪量刑作出决定”①。这些干涉也严重影响了诉讼权利的保障。另外，新闻媒介不适当的报道也可能影响司法独立和侵犯当事人的诉讼权利。如不少媒体为追求新闻的轰动效应或不了解法律规定，因而往往把侦查或检察机关的指控当做实际发生的情况，无所顾忌地使用各种带有倾向性的词句对案件加以报道，或对犯罪嫌疑人涉嫌犯罪的情况大加渲染，引起公众对犯罪嫌疑人、被告人的义愤，从而对司法人员“独立地、无偏倚地”办案形成影响或压力。

第三节　诉讼人权保障的内容

现代诉讼可以分为审前阶段、审判阶段和审判后阶段三个部分。在审前阶段诉讼人权的保障主要体现在两个方面：第一，体现在诉讼之外，即作为人，在一定的条件下有不参与诉讼的权利，如在刑事诉讼中，不能无故地对人进行逮捕、拘留、起诉和审判，国家只有在一定条件下才能介入个人的权利并强制个人参与诉讼；在民事和行政诉讼中，提起诉讼的当事人有选择是否以诉讼的方式解决争端的权利，而不能强制个人提起诉讼，对于民事诉讼的被告人，虽然其参加诉讼是被动的，但这种被动也是有条件的，起诉方必须满足提起诉讼的条件才能将一个人纳入诉讼程序，使其成为诉讼中的被告人。第二，体现在审前、审判中和审判后阶段，诉讼参与人享有各种诉讼权利，以防止其权利受到非法的侵犯。

一、提起和参与诉讼的权利

诉讼人权保障的一个重要条件是个人有提起和参与诉讼的权利，即当事人要有提起或参与诉讼的身份，简称为诉权。

---

① 程荣斌教授列举了五种干涉，本书所引为其中之一。参见程荣斌：《我国人民法院独立审判的回顾和展望》，载樊崇义主编：《诉讼法学新探》，中国法制出版社2000年版，第21页。

在奴隶社会，奴隶不能作为人提起和参与诉讼，只能作为物。奴隶所受到的侵害，由奴隶主得到某些赔偿，与奴隶没有关系。在古罗马，权利主体或者说具有权利能力的主体只能是人，但是，不是所有的人均能成为罗马社会的权利主体。除了是人之外，还有两个基本条件：是自由的（status libertatis），而且，就市民法关系而言，还应当是市民（status civitatis）。奴隶不是权利的主体，而只是权利的标的。奴隶没有实体法方面的权利，如进行交易，甚至缔结婚姻，从而也没有诉讼法方面的权利。在罗马法中，除了奴隶之外，还有许多人的诉讼权利受到限制，如外国人，在《十二表法》中被称为“外人”（hostos），在以后的法中被称为“异邦人”（pereguinus）。他们对自己的行为是自由的，但不受法制保障。随着贸易和文明的发展，人们才开始承认外国人具有一种有限的权利能力。在古罗马时代，妇女的权利在很多方面比男人低，她们不能提起公共诉讼，不能为他人提出诉求，不能为他人应诉。在古罗马，即使是自由的罗马市民，也可能因为“不名誉”而被剥夺某些诉讼权利，如丧失提出请求或出席审判（除非为本人或者某些亲近的人）以及担任诉讼代理人的权利；甚至导致无权提起“民众诉讼”（actio popularis）。

在中国古代，提起诉讼的权利也因人而异，如秦朝的刑事司法中，根据犯罪的性质和诉讼当事人的身份区分为“公室告”和“非公室告”。“贼杀伤、盗他人为公室告。”“主擅杀、刑、髡其子、臣妾，是谓非公室告。”对于公室告应予受理，对非公室告则“勿听”，即不予受理。由此可见奴仆，甚至家庭中的妻儿对于家主的杀伤都没有诉讼的权利。中国封建社会鼎盛时期的唐朝对个人提起诉讼的权利也加以诸多限制，如除谋反、谋大逆、谋判等罪外；卑幼不能控告尊长、奴婢不得控告主人，例如，强行控告则处以重刑。例如，贞观二年诏中宣布：“自今奴告主者，斩之。”《唐律·斗讼律》规定：“诸部曲、奴婢告主，非谋反、逆、叛者，皆绞。”到近代的清朝还禁止在押的囚犯告举它事。卑幼和妇女也不得控告尊长，否则即构成“干名犯义”的犯罪。

直到现代，人人享有以诉讼方式维护其合法权利才得到普遍认同。《公民权利和政治权利国际公约》第16条规定：“人人在任何地方有权被承认在法律面前的人格。”此条的中文本含义不很明确。该条英文本为：“Everyone shall have the right to recognition everywhere as a person before the law.”意思为：“任何人都有权在任何地方被依法承认为人。”这一条说明“任何人在任何地方都有权被法律承认为人”，其重要意义在于它表明人是法律的主体，而不是法律的客体。人与物的区分就在于人能够以诉讼主体的身份提起诉讼并享有一系列权利，而不是物，只能成为法律处理的对象。

需要指出的是，人人有权提起诉讼维护权利与人的行为能力是两回事。在法律上，因为年幼或者精神病而被限制行为能力不构成对人的诉讼权利的侵犯。这是因为这些人无法正常地行使自己的诉讼权利而采取的措施，而不是法律剥夺了他们的诉讼权利。

我国宪法、刑事诉讼法、民事诉讼法、行政诉讼法等法律中都有关于个人提起诉讼和参与诉讼的规定。

我国《宪法》第33条规定，“中华人民共和国公民在法律面前一律平等”。这就从宪法的高度确保了公民在提起诉讼方面有同等的权利。有所欠缺的是，此条在字面上只提到公民，如果严格理解，这就无法容纳非中华人民共和国公民，特别是在华的外国人、无国籍人的诉权问题。应当指出的是，实际上，以上权利虽然以中国公民为权利的主体，但同样适用于在中国的外国人和无国籍人。不能因为某个在中国的非公民不是中国人就不能进行诉讼以维护其权利。所以，笔者建议在今后的法律修改中，只适用于公民的权利，如选举权等政治权利，才能注明由公民享有。既适用于公民也适用于非公民的权利应当用“人人”或者“任何人”这样的词语作为权利的主体。

个人在诉讼中的人权保障不等于个人在诉讼中的权利，但与个人的诉讼权利有密切关系。有些诉讼人权保障是通过对政府行为的限制而实现的，有些则是通过个人在诉讼中享有的诉讼权利而实现。在不同的诉讼类型中个人有不同的权利；在同一诉讼的各个阶段，个人也有不同的权利。诉讼权利是与诉讼义务相对的，它体现了参与诉讼各方的关系。在诉讼中，诉讼权利和义务是司法机关、当事人和其他诉讼参与人进行诉讼活动的行动指南，构成了诉讼法的主要内容。它是诉讼得以进行的保障机制，诉讼各方只能在自己的权利范围内进行诉讼活动，超过了本方的权利范围，则侵犯了另一方的权利。但是，某些诉讼权利可以放弃。例如，在美国的刑事诉讼中，被告人可以放弃由陪审团审判的权利，甚至放弃经过法庭审理的权利，直接接受判决。这种放弃是自愿的放弃，实际上也是行使权利的一种方式。诉讼权利还是衡量法制民主发展状况的一种尺度。不同的社会形态的诉讼中，个人有不同的诉讼权利；不同的国家，个人诉讼权利也不相同。个人诉讼权利应当与社会的发展程度和文明程度相称。并不是说在诉讼中个人的权利越多，社会就越民主，但是如果个人在诉讼中权利太少，与当代社会发展程度不相称，达不到各国一致公认的权利程度，则说明了当事人的诉讼权利有待改善。

刑事诉讼中负责侦查的机构及其工作人员的违法取证行为直接侵害了所涉及的对象的合法权利。这些权利包括生命权、自由权、财产权、隐私权等由宪法规定的公民权。我国宪法用公民权利这个词表达个人所享有的权利，但这些权利中除了选举权和被选举权等涉及一国公民身份的权利之外，应当是人人所享有，包括在我国境内的外国人和无国籍人。我国刑事诉讼中当事人的权利基本上适用于在我国进行诉讼的非公民。在处理这些关系上体现了国家与个人在诉讼人权方面的价值取向。历史上，不同的制度在处理人权与政府权力冲突方面有不同的价值取向。在我国，诉讼人权保障在刑事诉讼中最大的问题是刑讯逼供屡禁不止和因为证人不出庭作证，被告人与证人对质的权利不能实现的问题。在民事诉讼方面，突出的问题是民事执行难，这种诉讼权利的不彻底性致使当事人的实体权利不能实现。在行政诉讼人权保障方面主要体现在行政起诉难，这使当事人的其他诉讼权利根本无从谈起。

三大诉讼在审前阶段对人权保障有不同的体现，为了兼顾三大诉讼，本书以诉讼类型阐述审前的诉讼人权保障在诉讼过程中的表现。

二、刑事诉讼人权保障

刑事诉讼中人权保障是一个非常重大和复杂的问题，牵涉各种诉讼参与人，如被告人、被害人、证人在审前的保障。

刑事诉讼中当事人主要指被告人和被害人。当代的刑事诉讼的形式是以公诉为主，因而刑事诉讼常常表现为被告人个人与政府之间的对抗关系。由于政府力量的强大和个人力量的相对弱小，刑事诉讼中被告人的权利容易受到侵犯，被告人诉讼人权保障问题成为人权保障的一个重点。国际社会和许多国家以宪法的形式规定了刑事诉讼中被告人的人权保障。被告人的诉权体现在被告人有得到公正审理的权利。《公民权利和政治权利国际公约》第 14 条规定：“在判定对任何人提出的任何刑事指控或确定他在一件诉讼案中的权利和义务时，人人有资格由一个依法设立的合格的、独立的和无偏倚的法庭进行公正的和公开的审讯。”美国宪法修正案，即《权利法案》以大部分条款规定了个人在刑事司法方面的权利。加拿大宪法第一部分《权利与自由宪章》也以较大篇幅规定了个人在刑事司法中的权利。

（一）国际社会有关刑事司法人权保障的内容

第二次世界大战以后，人类有感于个人权利受到侵犯的惨痛，联合国制定了一系列在刑事司法中保障个人权利的规则，成为各国刑事司法参照的尺度。根据《国际人权宪章》，刑事诉讼中人权保障的规定主要包括：

（1）任何人不得加以酷刑，或施以残忍的、不人道的或侮辱性的待遇或刑罚（1948 年《世界人权宣言》第 5 条；《公民权利和政治权利国际公约》第 7 条）。

（2）人人在任何地方有权被承认在法律前的人格（《世界人权宣言》第 6 条）。

（3）法律之前人人平等，并有权享受法律的平等保护，不受任何歧视。人人有权享受平等保护，以免受违反本宣言的任何歧视行为以及煽动这种歧视的任何行为之害（《世界人权宣言》第 7 条；《公民权利和政治权利国际公约》第 2 条、第 26 条）。

（4）任何人当宪法或法律所赋予他的基本权利遭受侵害时，有权由合格的国家法庭对这种侵害行为作有效的补救（《世界人权宣言》第 8 条）。缔约国承担：保证任何一个被侵犯了本公约所承认的权利或自由的人，能得到有效的补救，尽管此种侵犯是以官方资格行事的人所为；保证任何要求此种补救的人能由合格的司法、行政或立法当局或由国家法律制度规定的任何其他合格当局断定其在这方面的权利；并发展司法补救的可能性；保证合格当局在准予此等补救时，确能付诸实施（《公民权利和政治权利国际公约》第 2 条）。

（5）任何人不得加以任意逮捕、拘禁或放逐（《世界人权宣言》第 9 条；《公民权利和政治权利国际公约》第 9 条）。

（6）人人完全平等地有权由一个独立而无偏倚的法庭进行公正的和公开的审讯，以确定他的权利和义务并判定对他提出的任何刑事指控（《世界人权宣言》第 10 条；《公民权利和政治权利国际公约》第 14 条）。

（7）凡受刑事控告者，在未经获得辩护上所需的一切保证的公开审判而依法证实有罪以前，有权被视为无罪。任何人的任何行为或不行为，在其发生时依国家法或国际法均不构成刑事罪者，不得被判为犯有刑事罪。刑罚不得重于犯罪时适用的法律规定（《世界人权宣言》第 11 条；《公民权利和政治权利国际公约》第 14 条）。

（8）任何因刑事指控被逮捕或拘禁的人，应被迅速带见审判官或其他经法律授权行使司法权力的官员，并有权在合理的时间内受审判或被释放（《公民权利和政治权利国际公约》第 9 条）。

（9）不被强迫作不利于他自己的证言或强迫承认犯罪（《公民权利和政治权利国际公约》第 14 条）。

（10）出席受审并亲自替自己辩护或经由他自己所选择的法律援助进行辩护（《公民权利和政治权利国际公约》第 14 条）。

（11）凡被判定有罪者，应有权由一个较高级法庭对其定罪及刑罚依法进行复审（《公民权利和政治权利国际公约》第 14 条）。

以上关于诉讼人权保障的内容主要是关于刑事诉讼中被告人的诉讼人权保障，这也可见刑事诉讼与人权保障的紧密程度。对于每一项权利保障都有许多专题或专著论述，本书不愿意重复。

（二）我国刑事诉讼人权保障的内容

刑事诉讼中人权保障牵涉到人的生命、自由、财产等重要权利，这些权利通常是由各国的宪法所保障的内容，因此，刑事诉讼中人权保障具有执行宪法人权保障规定的性质。

我国宪法中也规定了个人在刑事司法中的人权保障，如《宪法》第 37 条规定，“中华人民共和国公民的人身自由不受侵犯。任何公民，非经人民检察院批准或者决定或者人民法院决定，并由公安机关执行，不受逮捕。禁止非法拘禁和以其他方法非法剥夺或者限制公民的人身自由，禁止非法搜查公民的身体”。第 38 条规定，“中华人民共和国公民的人格尊严不受侵犯。禁止用任何方法对公民进行侮辱、诽谤和诬告陷害”。第 39 条规定，“中华人民共和国公民的住宅不受侵犯。禁止非法搜查或者非法侵入公民的住宅”。第 40 条规定，“中华人民共和国公民的通信自由和通信秘密受法律保护。除因国家安全或者追查刑事犯罪的需要，由公安机关或者检察机关依照法律规定的程序对通信进行检查外，任何组织或者个人不得以任何理由侵犯公民的通信自由和通信秘密”。

从以上我国宪法的规定可以看出，宪法对保障公民人身权利的重视和与之紧密联系的刑事诉讼的重视程度。

还应当指出的是，权利和义务是对等的。公民的权利不受侵犯，但也不能侵犯他人的权利。我国宪法规定的权利条文，每一条都采用了被动式，即某种权利不受侵犯。但是对于谁实施侵犯并没有说明。从理论上讲，潜在的侵犯可能来自三个方面：第一是政府；第二是其他社会组织；第三是个人。这也就是说，这些权利既是对政府行为的限制，也是对其他社会组织和公民个人行为的限制。这种限制是合法的，是符合绝大多数人的利益的。人人都有义务遵守，不侵犯他人的权利。任何侵犯他人宪法性权利的行为，应当受到相应的处罚。相比之下，美国、加拿大等西方国家宪法和联合国人权公约中关于保障个人权利的内容只是针对限制政府对个人权利的侵犯，政府及政府工作人员以外的个人或组织侵犯他人权利的现象不在宪法性法律的调整范围。

我国宪法所规定的诉讼人权保障是历史经验的总结。在我国历史上，各个朝代的统治者无视人权。在“文革”期间，人权受到严重侵害，鉴于这些惨痛的教训，我国以宪法形式规定了公民的人权。这是一个巨大的历史进步。1999 年 3 月，我国《宪法》中明确规定了“依法治国，建设社会主义法制国家”的条文，这就是要确保政府依法执政、执法部门依法办事、公民依法行使权利和履行义务，就是从法律和制度上保障人权。这对于诉讼权利的保障有极其重要的意义。

我国刑事诉讼中的人权保障还体现在《刑事诉讼法》、《监狱法》、《法官法》、《检察官法》、《未成年人保护法》和《国家赔偿法》等法律中。

根据我国《刑事诉讼法》第 151 条的规定，人民法院决定开庭审判后，应当……将人民检察院的起诉书副本至迟在开庭 10 日以前送达被告人。对于被告人未委托辩护人的，告知被告人可以委托辩护人，或者在必要的时候指定承担法律援助义务的律师为其提供辩护。该法第 9 条还规定，各民族公民都有用本民族语言文字进行诉讼的权利。人民法院、人民检察院和公安机关对于不通晓当地通用语言文字的诉讼参与人，应当为他们翻译。以上这些规定保证了被告人的应诉权的实现。在被告人参加诉讼的情况下，他才能进一步享受其他诉讼权利，如辩护权等。

刑事司法中被告人很重要的权利是反对非法取证的权利和进行辩护的权利。这两项权利对于诉讼人权保障有很重要的意义。被告人参加诉讼在一般情况下具有被动性，即由于被国家或个人控告而进入刑事诉讼。但是，这种被动性并不与被告人的诉权相冲突。相反，被告人只有参加了诉讼，才能享有诉讼中的一系列权利，如知悉指控权、辩护权等。有些国家的法庭曾经实行过缺席审判，这无疑剥夺了被告人参与诉讼的权利。

在我国的刑事诉讼中，受刑事追诉者在检察机关正式向法院提起公诉之前，称为“犯罪嫌疑人”，在正式起诉之后称为“被告人”。从诉权的角度考察，任何人要具有“被告人”身份，就必须同时具备两个条件：（1）受到正式的控告和起诉；（2）控告和起诉是向人民法院提出的。而在检察机关正式提起控诉之前，受刑事追诉者参与诉讼活动，是因为他涉嫌犯罪并受到了追诉，而不是因为他受了正式的控告和起诉，他只是“犯罪嫌疑人”，而不具备“被告人”身份，从而不具有被告人所具有的应诉权。

《刑事诉讼法》第43条规定，“审判人员、检察人员、侦查人员必须依照法定程序，收集能够证实犯罪嫌疑人、被告人有罪或者无罪、犯罪情节轻重的各种证据。严禁刑讯逼供和以威胁、引诱、欺骗以及其他非法的方法收集证据”。

以上这些规定非常明确和细致，如逮捕犯罪嫌疑人、被告人，必须经过人民检察院批准或者人民法院决定，由公安机关执行（第59条）；公安机关拘留人的时候，必须出示拘留证（第64条）；传唤、拘传持续时间最长不得超过12小时；不得以连续传唤、拘传的形式变相拘禁犯罪嫌疑人（第92条）；进行搜查，必须向被搜查人出示搜查证（第111条）。

1998年《最高人民法院关于执行〈中华人民共和国刑事诉讼法〉若干问题的解释》第61条明确规定：“严禁以非法的方法收集证据。凡经查证确实属于采用刑讯逼供或者威胁、引诱、欺骗等非法的方法取得的证人证言、被害人陈述、被告人供述，不能作为定案的根据。”

最高人民检察院在1999年修订的《人民检察院刑事诉讼规则》第140条也明确规定，“严禁刑讯逼供和以威胁、引诱、欺骗以及其他非法的方法获取供述”。第160条规定，“不得采用羁押、刑讯、威胁、引诱、欺骗以及其他非法方法获取证言”。第265条第1款规定：“严禁以非法的方法收集证据。以刑讯逼供或者威胁、引诱、欺骗等非法的方法收集的犯罪嫌疑人供述、被害人陈述、证人证言，不能作为指控犯罪的根据。”

鉴于刑讯逼供的严重性，最高人民检察院在2001年1月2日向全国各省、市、自治区的检察院发出通知要求：“各级人民检察院要严格贯彻执行有关法律关于严禁刑讯逼供的规定，明确非法证据的排除规则……发现犯罪嫌疑人供述、被害人陈述、证人证言是侦查人员以非法方法收集的，应当坚决予以排除，不能给刑讯逼供等非法取证行为留下任何余地”①。

反对非法取证的权利主要适用于侦查阶段。在国外，非法取得的证据不能在刑事诉讼中被采纳为有罪证据，在我国这个制度尚没有确立。我国刑事司法中被告人对于国家侦查人员违法行为可能利用的防范或补救措施主要体现在：诉讼参与人对于审判人员、检察人员和侦查人员侵犯公民诉讼权利和人身侮辱的行为，有权提出控告；对于司法机关采取强制措施超过法定期限的，有权要求解除或变更强制措施；在受到逮捕、搜查时有权要求司法人员出示有关证件。

“被告人有权获得辩护”是我国刑事司法的一项基本原则。我国《刑事诉讼法》第 11 条规定了被告人有权获得辩护。辩护权是被告人针对控诉进行辩解的权利，其内容包括在事实方面对控诉进行反驳和在程序或法律方面提出要求，如要求得到律师帮助或要求免除或减轻处罚。在我国，行使辩护权的方式主要有两种：第一种是自行辩护；第二种是由他人，主要是律师进行辩护。在辩护权范畴内包括了被告人的一系列权利，如请辩护人的权利；得到法律帮助的权利；参加法庭辩论、进行法庭陈述的权利；在法庭上与证人进行对质的权利；进行上诉的权利，等等。

《刑事诉讼法》第 12 条规定：“未经人民法院依法判决，对任何人都不得确定有罪。”从诉讼权利保障的角度来理解，该条赋予了被告人在诉讼过程中被视为无罪的权利。在过去，刑事被告人往往等同于罪犯，在诉讼过程中就受到了罪犯的待遇，受到刑讯逼供，使其无法行使各种权利。这不仅是对个人权利的侵犯，实际上是对整个刑事诉讼过程的否定。因为刑事司法的过程就是确定被告人有罪或无罪的过程，如果在过程之中已经将被告人等同于罪犯，刑事司法，尤其是审判活动就失去了意义。在无罪推定权利范畴内，被告人也享有一系列权利，如被告了解所受指控的权利，不被强迫供述的权利等。

《刑事诉讼法》第 28 条规定了当事人有申请审判人员、检察人员、侦查人员回避的权利。这是为了保证被告人能得到公正的审理，防止受到其他人事关系的

---

① 《最高人民检察院关于严禁将刑讯逼供获取的犯罪嫌疑人供述作为定案依据的通知》(2001 年 1 月 2 日　高检发诉字〔2001〕2 号)。

干扰的一项重要措施。在回避权利范畴内，被告人的权利包括：对申请回避的决定要求复议；对司法人员的违法行为有权控告；再审必须由不同的审判人员进行，等等。

（三）我国刑事诉讼中的被害人诉讼权利保障

在我国的刑事诉讼中，被害人是指其人身、财产及其他权益遭受犯罪行为侵害的人。在古代的弹劾式诉讼制度中，被害人有独立的起诉权。没有被害人的起诉，司法当局通常不会自行主动进行审判。随着国家追诉制度的产生，这种建立在私人追诉原则基础上的诉讼制度逐渐为纠问式诉讼制度所取代。追诉成为国家的职能，被害人不再担当原告人的角色。在美国、日本等西方国家，已经完全取消了被害人的自诉。在当代的刑事诉讼中，是以公诉为主，以国家的名义对犯罪提起公诉。这并不是侵犯了犯罪行为所侵害的人的诉权，而是为了更好地维护受害人的利益。因为以个人的力量追诉犯罪存在着侦查方面的许多困难，尤其是个人无法采取强制措施；另外，犯罪不仅是对个人的侵犯，也是对国家所保障的社会关系的侵犯，即对国家的侵犯。所以，公诉代替个人提起刑事诉讼是历史的必然，是诉讼文明的表现。但是，过犹不及，过分地强调公诉，也产生了忽视被害人权利的现象，起诉权的丧失也致使被害人失去了其他一些诉讼权利，如知情权、上诉权、申诉权等。近年来，随着国际性人权保障运动的广泛开展，各国又开始加强被害人在刑事司法中的权利保障。

为了更好地维护个人的诉权，我国刑事诉讼中还保留了个人自诉制度，作为公诉的补充。根据《刑事诉讼法》第 170 条的规定，在告诉才处理的案件中，被害人有证据证明的轻微的刑事案件，以及被害人有证据证明对被告人侵犯自己人身、财产权利的行为应当依法追究被告人刑事责任，而公安机关或人民检察院不予追究被告人刑事责任的案件中，被害人可以向人民法院提起自诉，从而具有自诉人的身份和地位。同时，被害人诉称由于被告人的行为而遭受物质损失的，在刑事诉讼过程中有权提起附带民事诉讼，从而成为附带民事诉讼的原告人。

刑事司法对被告人的追诉实际上也是一种通过诉讼对被害人人权的保障。除此之外，我国刑事司法中被害人也享有诉讼权利以保障其人权，除了诉权之外，被害人的诉讼权利有：对司法人员侵犯其诉讼权利和人身侮辱的行为，有权提出控告；有权要求司法人员回避；有权参加法庭调查和法庭辩论；有权对判决和裁定提出申诉；有权提起附带民事诉讼等。

我国刑事诉讼法关于人权保障的规定比较全面地反映了我国的人权保障思想。1996 年我国对《刑事诉讼法》进行了修改。修改后的《刑事诉讼法》增加了不少诉讼人权保障的内容，扩大了自诉的范围，特别是该法第 145 条规定，“对于有被害人的案件，决定不起诉的，人民检察院应当将不起诉决定书送达被害人。被害人如果不服，可以自收到决定书后七日以内向上一级人民检察院申诉，请求提起公诉。人民检察院应当将复查决定告知被害人。对人民检察院维持不起诉决定的，被害人可以向人民法院起诉。被害人也可以不经申诉，直接向人民法院起诉。”这一条实际上给予了被害人完整的起诉资格。这对于保障被害人利益、追究违法犯罪是有益的，反映了我国对被害人权利的重视。但是，检察院已经决定不起诉，被害人再提起自诉的现象在世界上都很罕见，这是否形成了对犯罪嫌疑人的双重追诉，值得探讨。另外，在公诉的情况下，被害人的地位应当只是公诉方的证人，而不宜作为独立一方参与对被告人的追诉，如在法庭上向被告人提问，这种做法不利于诉讼的平衡，实际上形成了非诉讼双方的诉讼行为，而是多方对一方的行为，这是有悖于诉讼的基本原理的。

三、民事诉讼人权保障

民事诉讼是人民法院在双方当事人和其他诉讼参与人参加下，审理和解决民事案件的活动，以及在这些活动中所形成的诉讼关系。中国古代民事诉讼和刑事诉讼不分，直到清朝末年和民国初年才形成了独立的民事诉讼。民事诉讼人权保障比刑事诉讼容易实现，因为民事诉讼当事人的平等比较明显。这是由民事诉讼的特点所决定的，民事诉讼不是由国家追究犯罪，而是由双方解决民事纠纷。民事法律关系主体之间的平等性要求并决定着在解决纠纷的民事诉讼中，当事人也必然处于平等地位，享有平等的诉讼权利。在民事诉讼中，法院有责任保障和便利当事人行使诉讼权利，并为他们提供同样的机会和条件。如果只是法律上规定当事人诉讼权利平等，而在具体的诉讼中没有法院的切实保障，当事人的诉讼权利就不能得到实现。因此，法院在审理民事案件过程中，应当主动告知当事人享有的诉讼权利，并且平等地为他们提供行使诉讼权利的机会。这就要求法院在审理民事案件中保持独立和中立，不能偏向任何一方。

民事诉讼中的诉权由“当事人”享有。在民事诉讼中，所谓当事人是指因民事上的权利义务关系发生纠纷，以自己的名义进行诉讼，并受人民法院裁判约束的利害关系人。成为当事人必须有三个条件：（1）以自己的名义进行诉讼。凡是不以自己的名义进行诉讼而以他人名义进行诉讼的人（如诉讼代理人），都不是民事诉讼的当事人。（2）与案件有直接的利害关系。只有当自己的利益受到侵犯或发生争议，为了维护自己的利益而请求司法保障，并且案件的处理结果同自己有直接利害关系的时候，才能成为当事人。（3）受人民法院裁决的约束。

（一）民事诉讼中原告的诉权

我国民事诉讼中当事人的诉权由原告和被告共同分享。原告享有起诉权，也就是提起诉讼的权利。它是个人实现司法保障权的重要的法定的方式或途径。我国《民事诉讼法》第 108 条规定，原告行使起诉权必须具备如下条件：（1）原告是与本案有直接利害关系的人；（2）有明确的被告；（3）有具体的诉讼请求和事实、理由；（4）属于人民法院受理民事诉讼的范围和受诉人民法院管辖。这意味着并非任何人随时都可以行使起诉权。起诉通常要向人民法院提出起诉状，如果书写确有困难的原告或简单民事案件的原告有权口诉。

按照我国《民事诉讼法》的规定，人民法院接到原告的起诉后，应当认真进行审查，凡符合法定受理条件的，应当在 7 日内立案；不符合条件的，应当在 7 日内通知原告不予受理，并说明理由。原告有权要求人民法院在 7 日内作出决定。对于人民法院作出的驳回起诉的裁定不服的，可以根据第 112 条依法提起上诉。

原告对具体案件的诉权可以放弃，也可以在诉讼过程中撤诉，还可以与被告人和解。但放弃与和解都必须是当事人自愿作出的，因此放弃与和解也是行使诉权的方式。如果被强迫放弃诉权或在强迫之下和解，则侵犯了当事人的诉讼权利。

（二）民事诉讼中被告的诉权

民事诉讼中被告是被提起诉讼，经人民法院传唤应诉的人。被告对于参加民事诉讼，一方面是被动的，但另一面也是他的权利。在没有合法通知他应诉的情况下，诉讼不能进行。我国《民事诉讼法》第 113 条规定：“人民法院应当在立案之日起五日内将起诉状副本发送被告，被告在收到之日起十五日内提出答辩状。”这项权利使被告得以对原告的起诉理由和根据进行回答和辩解，以维护自己的民事权益。

与刑事诉讼不同，在民事诉讼中，被告还有反诉权。《民事诉讼法》第 52 条规定，被告“有权提起反诉”，即针对原告提出的诉讼请求，向人民法院提出的和本诉之标的和理由有牵连的诉讼请求。它一旦成立就可以抵消原告请求的权利或使原告反而承担一定的义务，使原告部分或全部丧失诉讼权利，或者反而受到一定的损失。

民事诉讼过程中对诉讼参与人的人身自由限制很小，不能采取刑事诉讼中的对犯罪嫌疑人、被告人逮捕、拘留等强制方法。这一点在《公民权利和政治权利国际公约》中也有体现，该公约第 11 条规定，任何人不得仅仅由于无力履行约定义务而被监禁。这个规定既是一种实体权利的保护，又是诉讼过程中的保护。在我国古代，官府为了追逼钱粮常常把百姓逮捕关押；债主为了追逼债务也可以诉求官府逮捕和关押债务人。这种民事诉讼中对当事人的关押的实质是对人的自由和尊严的忽视。与财产权相比，人的自由权应当更为重要，无力履行约定，如果不构成刑事犯罪，就不应当在诉讼过程中剥夺或限制当事人自由。但是，在民事诉讼判决之后，当事人拒不执行法律关于履行某种民事义务的裁判，则该人可能会受到拘禁等措施的强制，但这些措施不是因为不能履行民事约定本身而引起的，是因为拒不执行法院的裁决而导致的，所以并不违反当事人的诉讼权利。

（三）民事诉讼过程中的人权保障

民事诉讼与刑事诉讼不同，民事诉讼中当事人双方力量基本是平等的，当事人的权利也是比较一致的。民事诉讼在人权保障方面主要体现在国家以民事诉讼的形式确定当事人的实体权利和义务，使个人能用法律的方式维护自己的权利。所以，民事诉讼应当体现出法治的原则、公平的原则和便民的原则。

历史上我国受儒家思想影响很大，长期以来，个人在权利受到侵害时，经常表现出忍让，提倡以“和为贵”。虽然忍让是一种美德，但是，过于强调忍让无疑损害了被侵害一方的合法权利，并且阻碍了社会各行业的竞争，从而对经济发展很不利。所以，在必要的时候，还是应当用法律的方法，公平地解决问题。所谓法律是最后的手段，不仅因为法律提供了解决纠纷的机制，保障了当事人的合法权利，还在于民事诉讼的方式防止了矛盾的进一步激化，从而在最大程度上避免了危害个人的生命、财产和社会的安定。

我国民事诉讼中的公平原则就是指诉讼中双方的权利和义务是平等的。除了诉讼双方有平等的诉权之外，整个诉讼过程中双方也是平等的。双方有权对争议的问题进行辩论；双方都有权提供证据和驳斥对方的证据。

便民是让个人能够运用法律维护自己的权利，这就要求司法机关给个人进行诉讼提供必要的便利条件，包括经济方面、交通方面、时间方面的条件，使老百姓打得起官司。司法机关还有义务使诉讼裁决及时得到执行，使当事人的实体利益得到保障。

四、行政诉讼人权保障

行政诉讼又称为司法审查。我国《行政诉讼法》规定，公民、法人或其他组织认为行政机关和行政机关工作人员的具体行政行为侵犯了其合法权益，有权依照本法向人民法院提起诉讼，人民法院有权对具体行政行为是否合法，依据法律、行政法规和地方性法规进行审查。在行政诉讼中，法院是审查机关、原告是公民或其他组织，而被告只能是国家行政机关，这是行政诉讼的特殊性。行政诉讼的确立和发展本身就标志着人权保障的进步和发展。在奴隶社会和封建社会，个人有可能对某些官吏的行为进行控告，但是不可能确立一个完整的行政诉讼制度。我国自改革开放之后，行政诉讼才逐渐起步，到 1989 年全国人大通过《行政诉讼法》才确立了我国比较系统、完整的行政诉讼制度。这个制度被人们形象地表达为“民告官”，它标志着我国的诉讼人权保障有了长足的进步，走向了法制的轨道。

行政诉讼人权保障不仅对行政诉讼本身有意义，还对刑事诉讼、民事诉讼的人权保障都有意义。因为行政诉讼可以对其他类型诉讼中国家行政机关及其工作人员的行政行为是否合法进行审查，这对其他诉讼中的人权保障有极其重要的意义。但是，目前，我国的行政诉讼，或称司法审查尚停留在事后的审查，尤其是对刑事诉讼而言，还没有达到对逮捕、搜查、扣押等属于行政行为的侦查活动进行事先或过程中的审查，所以行政诉讼目前在诉讼人权保障方面所起的作用还很有限，但其潜力却是十分巨大的。

（一）行政诉讼中审前阶段的诉讼人权保障

在诉权体系中，行政诉权占有重要的地位，它赋予了个人与政府直接对话的权利，体现了现代政府的开明程度。在我国，行政诉权出现在 20 世纪初。1912 年《中华民国临时约法》第 10 条规定：“人民对于官吏违法损害权利之行为，有陈述于平政院之权。”1914 年颁布了《行政诉讼法》。该法后来在 1935 年、1937 年和 1942 年经过了多次修改。但是，在中华人民共和国成立前，人民连基本的生存权也无法保障，行政诉讼的诉权自然也很有限。

中华人民共和国成立后，1982 年宪法规定了公民有控告的权利，有取得赔偿的权利。1982 年《民事诉讼法（试行)》第 3 条第 2 款规定：“法律规定由人民法院审理的行政案件，适用本法规定。”这标志着行政诉权在我国正式确立。自 20 世纪 90 年代以来，行政诉权越来越受到人们的重视。1989 年《行政诉讼法》第 2 条明确规定：“公民、法人或者其他组织认为行政机关和行政机关工作人员的具体行政行为侵犯其合法权益，有权依照本法向人民法院提起诉讼。”该法第 11 条具体规定了行政诉讼的范围。

行政诉讼，俗称“民告官”，可见诉权是由民（包括法人组织）和官（政府）共同享有。与其他诉讼类型不同的是，行政诉讼的起诉权总是属于民，而应诉权属于政府。《行政诉讼法》第 24 条第 1 款规定：“依照本法提起诉讼的公民、法人或者其他组织是原告。”该法第 41 条对行使诉权的条件做了规定：原告是认为具体行政行为侵犯其合法权益的公民、法人或者其他组织；有明确的被告；有具体的诉讼请求和事实根据；属于人民法院受案范围和受诉人民法院管辖。

（二）行政诉讼过程中的人权保障

行政诉讼与刑事诉讼和民事诉讼不一样，行政诉讼的被告方固定的是政府机构。双方力量是不平等的。但是这种力量的不平等，不应影响到诉讼权利的不平等，否则，行政诉讼的存在就没有意义。

行政诉讼本身就是个人权利受到侵害时的一种补救措施。所以，行政诉讼中个人的每一项权利不仅具有诉讼层面上的意义，还具有实体保障的意义。行政诉讼权利保障除了诉权之外，个人还有申请停止具体行政行为执行的权利。《行政诉讼法》第 44 条第 2 项规定：“原告申请停止执行，人民法院认为该具体行政行为的执行会造成难以弥补的损失，并且停止执行不损害社会公共利益，裁定停止执行。”这一条款赋予了原告申请停止执行的权利。在行政诉讼中，原告还有权利要求人民法院将有关违纪、违法的行政机关主管人员或直接责任人员的材料移送该行政机关或者其上一级行政机关或者监察、人事机关以至移交公安、检察机关。由于行政诉讼的被告是行政机关，而不是行政机关的工作人员，法院无权在行政诉讼中处分行政机关工作人员。但是，法院又不能对违法乱纪行为置之不理，因此，它有责任根据违法乱纪行为的情节将有关材料移送有关部门处理。如果法院忽略了这一职责，原告有权提出要求。

行政诉讼是一种补救措施，个人有权及时得到这种补救。根据《行政诉讼法》第57条规定：“人民法院应当在立案之日起三个月内作出第一审判决。有特殊情况需要延长的，由高级人民法院批准，高级人民法院审理第一审案件需要延长的，由最高人民法院批准。”对于已经作出的裁决，原告如果不服，可以上诉，并要求第二审法院在2个月内作出终审判决。对于已经生效的判决和裁定，原告还有申诉的权利和要求法院执行的权利。

第四节　完善我国诉讼人权保障若干问题研究

诉讼人权保障的问题一般都有专门的著作和文章进行研究，在这篇关于诉讼人权保障原则研究的文章中不可能将一切关系到三大诉讼人权保障的问题都进行论述。为了兼顾三大诉讼，本书不能只局限于论述某一类型诉讼中存在的问题，而是要从各种诉讼中找出具有共性的问题进行研究。

一、诉讼人权保障与法制的关系

诉讼人权保障只有在法制的状态下才能得到比较好的实现，可以说法制是诉讼人权保障的保障，诉讼人权保障是法制的重要内容。如果没有法制，即使具有诉讼人权的若干规定，也是难以实现的。

法制一词原指法律制度，在中国古代春秋战国时期就已经有记载，《国语·周》：“今陈国道路不可知，田在草间，功成而不收，民罢于逸乐，是弃先王之法制也。”指统治者规定的法律和制度。这个词从古代汉语到现代汉语意义没有很大的变化，如《现代汉语词典》对“法制”的解释为：“统治阶级按照自己的意志，通过政权建立起来的法律制度，包括法律的制定、执行和遵守，是统治阶级实现专政的方法与工具。”①

在当代，人们常用法制一词对应英文中的“rule of law”，如果法制能够与

① 中国社会科学院语言研究所词典编辑室编：《现代汉语词典》，商务印书馆1981年版，第292页。

“rule of law”相对应，则法制的内容需要进一步明确。本书中只就诉讼人权保障问题谈论有关法制的内涵。

法制（rule of law）不是法治（rule by law）。法制是一种制度、一种状态，在这种制度下，国家、社会、个人都应当按照法律的规定办事，任何人没有超越法律的特权，不能干涉司法；而法治是用法律来治理的意思，法律只是统治者用来治理的手段和工具，不包括统治者本身受法律的约束。法制不等于统治者的法律（the law of ruler），也不等于法律和秩序（law an dorder），而是制度或状态。这三点一定要明确，才能论述到法制与诉讼人权保障的关系。

在法制的状态下，国家在诉讼中的职能只是诉讼的一方和进行审判的机关，而不是以法律“治理”作为个体的当事人，这样才能保持双方的平等地位，才能保证审判机关的公正审理。如果是法治，即用法律治理，则无论是国家作为刑事诉讼的公诉方，或作为民事诉讼的任何一方，或作为行政诉讼的被告方都处在治理者的地位，与对方当事人不能处于平等地位，而且法院作为国家机构，有可能与作为诉讼一方的国家机关同时成为治理者，则很难保持公正的地位。因此，作为个体的诉讼当事人，在处于被治理者的位置上时，可能会受到国家一方当事人和法院的共同“治理”，从而其诉讼权利不能得到完全的保障。

法制有很多方面的内容，在保障当事人的诉讼人权方面，笔者以为法制的原则应当包含以下13项要求：

（一）必须有法律规定的诉讼规则，以防止诉讼的任意性，特别是防止国家机关利用诉讼行为非法侵犯公民的合法权利和进行不公正的审判

这是不证自明的理由，因为只有在存在法律规则的前提下，人们的行为才有一定标准，而只有遵照规则进行，才能就诉讼作出公正的裁判。

（二）政府必须与个体的诉讼参与人同时遵守同一的法律

这是法制的精髓所在，如果政府方包括作为政府组成部分的法院不能与其他诉讼的个人同时遵守同一法律，则诉讼中的法律和规则是没有任何意义的，因为诉讼中不用同一规则，就没有平等可言。政府要求别人遵守法律，则自己必须带头遵守，不能自己免除自己的法律义务，否则诉讼人权保障只能是画饼充饥。

（三）法律本身必须平等、清楚、公开

法律本身平等，才能使诉讼双方平等，这是诉讼公平的前提，如果法律本身不平等，则很难保证诉讼人权保障达到较好的水平。因此，这就要求有关的诉讼

法律必须随着时代的发展而有所改变，要符合国际的标准。法律的清楚和公开是使诉讼参与人了解到自己的诉讼权利的前提条件，只有了解了权利，才能明智地行使自己的权利，才能抵御对自己诉讼权利的侵害。因此，政府在诉讼的各个阶段，尤其是在关键阶段，如讯问阶段、起诉阶段和审判阶段都要告知诉讼当事人其享有的权利。

（四）法律必须稳定和具有可操作性

法律虽然是由统治阶级制定的，而且要随着时代的发展有所修改，但法律在一定的时间内还应当保持稳定，不能朝令夕改，不能根据统治者的一时需要修改法律，更不宜以任意修改法律的方法剥夺当事人合法的诉讼权利。有操作性意味着诉讼参与人的诉讼权利能够据此得以实现。例如，与证人对质是被告人的一项重要权利，法律虽然规定了证人必须出庭作证，但在实践中绝大多数证人不出庭，而是以书面证言代替了出庭作证，从而使被告人与证人对质的权利不能得到保障。根据法制的要求，法律的规定必须能够操作，因而必须采取措施保证诉讼参与人的权利得以实现。

（五）法律必须合理并反映社会大众的利益

在民主和法制的社会，立法者必须经常地保持与社会大众的联系，法律必须是社会大众所需要的法律，而不是某些呼声较高的集团的法律。在诉讼人权保障问题上，立法者应当倾听各个司法机关的意见，也应当倾听诉讼参与人的意见和专家学者的意见，从中找出最适合我国诉讼人权保障的方案，再以立法的形式固定下来，以免法律与现实脱节。只有做到这一点，法律才能得到各方面的认同，才能得以执行。

（六）法制要求必须有机制和程序保证法律尽快地实现

迟来的正义是非正义，诉讼必须在合理的时间内完成，才能体现对诉讼参与人的权利保障，如果保障迟迟不能兑现，权利则不能得到真正的保障。我国的诉讼法虽然对办案期限作了许多细致的规定，但是案件久拖不决的现象，当事人在审前长期被关押的现象还未能避免。其实强制规定办案期限并不妥当，这会导致在小案中形成办案人员拖延时间，在大案中又给办案人员带来不适当的压力，从而使这些期限无法严格执行。世界上很多国家并未规定具体的办案时间，而是对诉讼的各个阶段的行为，尤其是牵涉到当事人的诉讼权利的行为，如面见法官的时间、被扣押的时间等，加以合理的规定。所谓合理，则要根据案件的具体情况判断。对于轻微的案件，一名法官可以在几分钟内处理完毕，一个上午可以处理几十件或上百件；对于重大案件可能几个月、几年也处理不完。时间的长和短是根据案件的具体情况而定的。一个国家应当有一个完备的诉讼程序，用以处理重大案件，并反映这个国家的法制水平和诉讼人权保障的程序，同时应当有若干种快速处理案件的程序，以保证小案件能及时得到处理，这样才能切实保证当事人的诉讼权利，也减轻了司法的负担。

（七）必须有机制和程序保障政府的行为是根据法律作出的

绝对的权力是危险的，权力之间应当存在着制约。政府的诉讼行为也应当加以制约，这不仅有利于当事人的诉讼权利保障，也有利于政府的工作和形象。例如，侦查机关在侦查过程中可能发生非法取证问题，甚至刑讯逼供问题，这不仅严重侵犯了当事人的权利，也容易造成错案，应当对这些有所制约，只是在法律上和口头上说严格禁止是不够的，而应当有制约的机制，如采取非法证据排除规则以阻止这类行为的发生。

（八）司法必须独立

如果政府或任何人都能对司法行为发号施令，则公正审判的意义会受到影响，而且在这种情况下的审判只能是走过场，这不仅侵犯了当事人的权利，同时也是对所有参加诉讼的人，包括法院自身都是一种藐视，人民也将失去对司法的信任，不相信自己的诉讼权利能在审判中得以实现，就有可能以个人的报复行为代替诉讼行为，从而影响社会稳定。

（九）必须有合格的、独立的律师队伍

当事人的诉讼人权保障在很大程度上依靠律师的帮助实现，因为当事人通常不懂法律，而且自身处在诉讼之中时，即使懂一些法律也难以维护自己的权利。在我国的诉讼之中，很多当事人没有律师，这对于诉讼人权保障很不利。水平较高的律师往往愿意承办经济效益较高的案件，穷苦的诉讼当事人对于自己的权利保障无能为力。因此，应当建立多层次、多方式的法律援助体系，使各种诉讼参与人在需要时都能得到律师的帮助。例如，由国家出资建立的法律援助体系，帮助符合条件的穷人维护诉讼权利，建立行业法律援助，即由律师组织自愿提供法律援助，以弥补国家法律援助资金的不足，再在各级法院和侦查、起诉机关中建立值班律师制度或固定联络的律师制度，使在各个诉讼过程中能够随时为当事人的诉讼权利保障提供咨询并保证关键行为的合法性，如讯问或答辩是依法进行的，以切实保障当事人的诉讼权利。

（十）在所有的听审之中必须坚持程序正义的原则

程序正义有两个方面：一是程序本身的规定是正义的，这就要求制定程序法或规则时要听取各方面的意见，采纳国际标准，总的趋势是为当事人提供更多的诉讼权利保障；二是程序的执行是正义的，即在诉讼过程的所有听审中要严格按照程序法的规定办案，使当事人得到公正的处理。我国长期以来存在重实体、轻程序的倾向，这不符合现代法制的原则。当事人的诉讼权利保障只有在严格遵守诉讼程序的过程中才能得到实现。

（十一）法院的门必须好进，不能过分拖延或费用过高

法院的门必须好进包含两层意思：第一层意思是实际上的意义，即任何人都可以随便进入法院进行参观或旁听，这是最好形式的普法教育的场所，法制国家的法院，包括最高法院都可以参观和旁听，对任何人没有限制，唯一的限制是根据情况可能要求个人在进门时通过安全检查。我国的法院通常都有武警或警卫站岗，进门比较难。第二层意思是对诉讼人权保障尤其重要，即应当让当事人能够利用法院实现自己的诉讼权利。中国古代社会中有“八字衙门朝南开，有理无钱莫进来”之说，这种现象与法制社会是绝对冲突的。当事人的诉讼权利保障通过诉讼才能得以实现，法院对于有钱人和穷苦人是公平的，诉讼的费用不能过高，时间不能过长，否则诉讼当事人可能因为承担不起而放弃了诉讼权利保障。法院应当根据案件的情况和当事人的经济能力给予各种诉讼费用的减免，同时根据案件的情况，尽快受理案件，以保障当事人诉讼权利得到实现。

（十二）执行必须是公正的和诚实的

司法裁决的执行是体现司法公正的重要组成部分。我国在民事诉讼中执行难的问题比较突出。如果裁决不能得到执行，整个诉讼将毫无意义，当事人的诉讼权利也没有最终实现。国家应当保证法院的裁定得以执行，方式可以是多种多样的，根据诉讼的性质，可以由法院监督执行，也可以由专门机关执行。但执行机构和执行活动应当仍然保持公正和诚实，不可以偏向一方而侵犯另一方的利益。

（十三）舆论导向必须有利于诉讼人权保障

近年来，随着大众传媒的发达，对诉讼的报道也越来越多。我国对诉讼人权保障和舆论的关系规定很少。舆论的报道有可能侵犯了当事人的诉讼权利，给审判带来负面影响。例如，根据法制的原则，在刑事诉讼中，被告人在法院判决有

罪之前应当被推定无罪，但是在当一件大案发生之后、审判之前，媒体可能对该案进行了详细的报道甚至渲染，可能使所有的人都知道被告人罪大恶极，这样做严重侵犯了当事人的诉讼权利保障，不利于其辩护，也影响了司法部门的公正审判。因此，国家和司法部门应当对诉讼的报道有所限制。在审判之前，司法部门不宜向媒体透露案件情况，审判期间不能允许媒介在司法机关特别是法院拍照和录音录像，以免影响案件的审理。

二、诉讼人权保障与诉讼文化

笔者本章所说的“诉讼文化”指社会、个人对诉讼的态度和是否以诉讼作为解决其争端的价值选择。

在传统上，中国人不太习惯以诉讼的方式解决争端，除非万不得已，一般不愿意进行诉讼。这种心态是可以理解的，受中国古代哲学的影响，中国人以和为贵，不愿意与人打官司，社会也以诉讼为不祥之事，孔子曾任鲁国的大司寇，即主管司法的最高官员，但他对诉讼也是持否定的态度，“听讼，吾犹人也。必也使无讼乎!”[①] 中国古代还称帮助人打官司的人为“讼棍”。《儒林外史》中“沈大年又补了一张呈子，知县大怒，说他是个刁健讼棍，一张批，两个差人，押解他回常州去了”具有强烈的贬义，而且要受到处罚，所以在中国历史上没有出现律师这个行业。中国人怕诉讼还因为中国历史上诉讼制度不发达，没有完备的诉讼法律和制度，官府在诉讼中具有很大的随意性，老百姓常说：“一纸入公门，九牛拉不回。”在提起诉讼之后，就没有任何诉讼权利可言，一切命运都掌握在官府手中。方苞的《狱中杂记》记载了其在康熙五十一年在刑部监狱见到的情景，参与诉讼（包括刑事和民事诉讼）的原告人、被告人、证人以及邻居等都可以被关在监狱中等待诉讼的进行，受到狱方的残酷虐待和敲诈勒索，许多人在诉讼未结前就悲惨的死去。康熙五十一年中国正当清朝盛世的时候，进行诉讼的人尚受到地狱般的待遇，可见在乱世时更无诉讼权利可言。中国人怕诉讼还因为官府太贪婪，诉讼成本太高。各级官吏以及衙门中的各种人员视诉讼为发财的机会，对原告和被告拼命敲诈，一场官司下来，诉讼双方常常都倾家荡产。所以中

① 《论语·颜渊》。

国人将诉讼称为“吃官司”，可见诉讼是一件十分可怕的事。

虽然害怕诉讼，但纠纷还是不可避免的，中国人除了忍让之外，也发明了一些解决纠纷的办法，如调解。民间调解通常由家族的长老或当地有声望的人进行，它对于解决纠纷、缓解社会矛盾起到了一定的积极作用。直到现在，调解仍然发挥着一定的解决纠纷的作用，并且分为人民调解和司法调解两种。但是调解与诉讼相比，无疑有其不足之处，它对于实体权利的解决，常常采取让双方退让的办法，无疑不能保证实体权利的完全保障；它也没有严格的程序，缺乏权威性，更谈不上双方的诉讼权利保障。

自中国由计划经济向市场经济转型以来，人们迫切需要以新的方式保障各种实体权利，产生了许多诉讼的要求，再加上对法律意识的宣传，鼓励人们拿起法律的武器保障自己实体权利，中国的诉讼逐渐增多。近年来，常有媒体报道有一元钱的诉讼，或以诉讼讨个说法。这种完全不计成本的诉讼又走向了另一个极端，即从怕诉到好诉。笔者认为，这两种现象都是不好的，不利于诉讼权利的保障。

以诉讼的方式维护实体的权利与本书中的诉讼人权保障是既有区别又有联系的两个概念。主要区别是，前者是一个实体权利，诉讼是实现实体权利的手段；后者是一个诉讼权利，是在诉讼过程中所产生出的新的权利义务关系。诉讼权利是以一定的实体权利为前提的，如果一个人与诉讼的结果，即实体权利，没有利害关系，则该人没有提起诉讼的权利；但是，诉讼权利又是有相对独立性的，在诉讼提起以后，它不依赖于诉讼的实体权利而独立存在，它也不因为实体权利的大小而变化。

诉讼的实体权利如果过小，则诉讼成本可能大大超出诉讼的产出，这对诉讼当事人和全社会来说是一种浪费，这样的诉讼也占用了司法资源，而司法资源是有限的，这种占用就影响其他诉讼参与人得到司法资源的分配，从而有可能影响其他人的诉讼权利保障。另外，诉讼和司法都是很严肃的行为，不是哗众取宠的手段，以一元钱之类的小额进行诉讼无疑是不在乎诉讼标的本身，而是具有其他目的，这是对诉讼权利的滥用。也许提起诉讼的人对提起此类诉讼有正当的理由，而且有正当的目的。例如，就是要讨个说法，就是要法院判决对方无理，但是由于标的之不合适，反而掩盖了其正当的理由，在实体权利保障和与之相应的诉讼权利保障方面没有达到预期效果。

笔者不赞成过分强调诉讼的作用，不鼓励人们进行诉讼，不认为诉讼意识的膨胀是法治意识的觉醒或增强，是因为这种现象其实是一种误导。因为这种诉讼对个人、社会和国家并没有什么好处。同时，笔者也不赞成怕讼的现象，诉讼权利是公民的基本权利之一，公民可以使用诉讼权利以维护自己的实体权利。在诉讼与非讼解决争议之间应当有一个平衡。笔者以为，诉讼的标准应当是如果不能以其他方式解决争议或矛盾，则应当以诉讼的方式解决；如果诉讼的成本大于产出，则也不宜采用诉讼的方式解决。在法制发展的进程中，对中国诉讼文化中的合理部分也不能一概否定。例如，调解的方式不失为一种经济、有效、快捷和方便的方式，仍然应当加以提倡和引导。社会矛盾是多种多样的，应当有多种多样的解决方式。从这个意义上来说，不选择诉讼的方式也是当事人的诉讼权利之组成部分，从而也是诉讼权利保障的一个内容，而滥用诉讼权利，实际上是降低了诉讼权利的价值，从而对诉讼权利保障是不利的。

三、诉讼人权保障与错案赔偿制度

错案赔偿问题牵涉到行政诉讼和刑事诉讼。这里只讨论因为刑事诉讼形成的错案赔偿制度与诉讼人权保障的有关问题。

我国《行政诉讼法》第 11 条第 1 款第 2 项规定，人民法院受理公民、法人或者其他组织对“限制人身自由或者对财产的查封、扣押、冻结等行政强制措施”不服提起的诉讼。如果这一条能够起到对刑事强制措施，如逮捕、拘留和扣押的司法审查作用，以保证决定和批准这些措施的合理性，则将对刑事诉讼人权保障起到非常大的作用，也是完全符合联合国的刑事司法标准的，但是，《行政诉讼法》的这一条并没有起到强制措施的司法审查的作用，而是成为这些强制措施执行之后，甚至是在刑事诉讼结束，当事人被宣判无罪之后要求赔偿的诉讼根据，从而没有起到在刑事诉讼中保障人权的作用。这一条与我国《国家赔偿法》第三章关于刑事赔偿的内容结合起来成为我国刑事错案赔偿的依据。《国家赔偿法》第 15 条规定：“行使侦查、检察、审判、监狱管理职权的机关及其工作人员在行使职权时有下列侵犯人身权情形之一的，受害人有取得赔偿的权利：（一）对没有犯罪事实或者没有事实证明有犯罪重大嫌疑的人错误拘留的；（二）对没有犯罪事实的人错误逮捕的；（三）依照审判监督程序再审改判无罪，原判刑罚已经执行的……”

这个立法的原意是好的，是想有利于诉讼人权保障，也是与《公民权利和政治权利国际公约》第 9 条第 5 款“任何遭受非法逮捕或拘禁的受害者，有得到赔偿的权利”的规定相吻合的。但是，我国的刑事错案赔偿的规定存在着技术上的问题，在诉讼人权保障方面的副作用也是不容忽视的。

我国错案的判断标准是“没有犯罪事实”，这个标准又是根据法院的最终判决而确定的，法院判有罪就认为有犯罪事实，法院判无罪就认为没有犯罪事实，这是隐患的根源！侦查和起诉行为都发生在法院的审判之前，当侦查人员和起诉人员根据案情认为有犯罪事实时，法院并没有判决，所以这时候并没有确定的“有无犯罪事实”这样的标准，侦查和起诉人员在没有这样的标准情况下，只能根据自己对案情的把握作出决定，这时候采取强制措施就意味着有赔偿的危险，而法院的判决从理论上说应当是有两种可能，即有罪的或无罪的，所以不能把在时间上发生之后的事情作为衡量在时间上发生之前的事情是否合理的标准。

刑事赔偿制度最大的弊病在于侦查、起诉和司法机关为了避免赔偿的发生，就可能为了最大地追求定罪率，而忽视案件质量。只要将被告人定罪，就不需要赔偿。追求定罪率本来是一件好事，但是有可能为了避免赔偿的责任勉强将被告人定罪，这就与立法的初衷背道而驰了。我国的公、检、法机关同属于政法机关，同属政法委领导，错案赔偿制度给法院作判决增加了很大的压力，法院必须考虑如果判无罪将给兄弟单位带来赔偿的后果，从而很难做这样的判决。根据笔者的调查，我国的定罪率是很高的，通常达到 90% 以上。笔者曾在陕西做了一次调查，有一个县 2001 年公诉案件的定罪率达到 100%。如果如此高的定罪率是公安和检察部门办案质量很高，这当然是一件很好的事；但如果如此高的定罪率有怕承担赔偿责任的因素，就不好了，这样做的后果，不仅使被告人的实体权利得不到保障，诉讼权利也无法得到保障。

《行政诉讼法》第 11 条的规定之功能应当是对刑事诉讼中介入个人权利的侦查措施进行司法审查，以决定其是否合法，是否批准。这种审查应当是发生在采取这些措施之前或之中，而不是之后，这样才能保证诉讼人权不受侵犯。这一条在《公民权利和政治权利国际公约》第 9 条中也是有依据的，该条规定，任何因刑事指控被逮捕或拘禁的人，应被迅速带见审判官或其他经法律授权行使司法权力的官员，并有权在合理的时间内受审判或被释放。联合国以及其他国家逮捕的概念与我国逮捕的概念不同，只要是出于侦查的需要限制一个人的自由都称为逮捕，包括了我国逮捕、拘留、扭送等概念中的部分内容。这样做有几个好处：（1）由具有审判权的、中立的法官决定是否逮捕或者关押可以形成对侦查部门逮捕或拘禁个人的行为的制约，以保障当事人的诉讼权利；（2）法官所做的决定被推定为合法的决定，只要侦查人员善意地执行法官关于逮捕、拘留、搜查、扣押的决定，则侦查人员不承担违法的责任；（3）法官的审判行为是国家行为，只要是善意的行使审判权力，即使错判，法官并不承担责任。

《国家赔偿法》中有关刑事赔偿的规定不能以是否存在犯罪事实为是否赔偿的依据，而应当以是否非法侵犯个人的权利为依据。刑事侦查权力是国家权力，作为在国家司法权管辖下的个人有义务受国家管辖。当侦查和起诉部门有合法根据对一个人进行侦查和起诉时，是正常行使国家权力，国家不应当为因此造成的损失担负赔偿责任。即使当事人无罪，国家也不承担因刑事司法行为对该人造成的损失赔偿责任。但是，如果侦查或起诉行为是非法的，即没有根据法律规定的条件进行，则这种行为就可能构成非法逮捕和拘禁，进行非法行为的机关和个人应当负担赔偿责任，即使被告人被判有罪，也应当赔偿，因为被告人有罪的判决并不能将对他的非法侵害合法化，从而不能免除有关单位和个人的责任。

从诉讼人权保障的角度看，诉讼人权是有其独立的价值的，不以案件的实体问题的存在与否而增长或消失。赔偿是就损害而言的，非法的逮捕、拘留、扣押损害了当事人的实体权利，同时侵犯了当事人的诉讼权利，这种损害不因为有罪的结果而消失，不能以有罪这样的结果弥补程序中的国家机关违法行为，相反，国家机关在程序中的违法行为可以导致不能定罪的结果。

我国的刑事错案赔偿制度给侦查、起诉、审判部门带来不适当的压力，干扰了以事实为根据，以法律为准绳的审判原则，对当事人的诉讼权利和实体权利的保障都带来很大的负面影响。这些规定从表面上看是有利于诉讼人权保障的，但是，因为其增加了定罪的危险，因而是不利于当事人的人权保障的。

为了切实保障公民的诉讼人权，也为了尽量避免国家赔偿的负担，笔者建议在侦查和起诉阶段尽量减少对当事人正常生活的干扰，在审前阶段尽量不关押犯罪嫌疑人或被告人，因为关押不仅造成了当事人的损失，也消耗了国家的司法资源，在我国目前司法资源紧张的情况下，更应当减少审前的关押。审前关押不应当成为一般的规则和做法，审前不关押应当成为普遍的做法，这也是符合联合国公约的有关规定和大部分国家的做法。为什么我国审前关押成为普遍现象，这是因为我国没有规定任意自白规则，关押的一个主要原因是为了取得被告人口供。如果规定了任意自白规则，对于没有危险性的犯罪嫌疑人、被告人就都可以不关押。由此可见刑事诉讼诸多问题其实是互相联系、互相影响的。在立法、司法和研究时应当全面地看问题。

四、诉讼人权保障的若干问题

诉讼人权保障具体问题还有很多，限于篇幅，本章不能详尽地论述，只再举若干涉及一般性问题如下，以供进一步思考。

（一）诉讼人权的主体不明确

诉讼人权保障的前提是诉讼人权的主体必须明确。在联合国和国外的宪法及诉讼法中，诉讼主体是很明确的，涉及普遍适用的诉讼人权，即不限于公民所享有的诉讼人权的规定，法律的用词往往是用“人人”或“每个人”；涉及法律禁止性条款时用“任何人都不得”。英文中可以直接对名词加以否定（No one），汉语中没有这种表达方式，只能以短语“任何人都不得”（No one shall）代替。我国有关诉讼人权的法律经常使用“公民”一词，但是许多诉讼人权保障并不限于公民，而是适用于在我国司法管辖下的所有的人。因此，立法应当严谨，对于适用于所有的人的诉讼权利，应当写作“人人”或“每个人”；属于普遍适用的禁止性条款应当写成“任何人都不得”这种表述方式。

（二）法律中存在矛盾

我国的法律之间，甚至是同一部法律中往往存在矛盾。在有关诉讼人权方面，法律的矛盾是很严重的。例如，我国《刑事诉讼法》第47条明确规定，“证人证言必须在法庭上经过公诉人、被害人和被告人、辩护人双方讯问、质证，听取各方证人的证言并且经过查实以后，才能作为定案的根据。”可是在同一部法律的第157条却规定，“对未到庭的证人的证言笔录、鉴定人的鉴定结论、勘验笔录和其他作为证据的文书，应当当庭宣读。”这一条是以宣读证言方式代替证人出庭的法律根据。这一规定表明了证人作证方式的可选择性，可以出庭作证，也可以用书面证言的方式作证。这其实是否定了第47条的规定，因为第47条的用语是“必须”，是没有选择的。最高人民法院在《关于执行〈中华人民共和国刑事诉讼法〉若干问题的解释》第58条明确规定："未出庭证人的证言宣读后经当庭查证属实的，可以作为定案的根据。"这就为传闻证据的采用提供了法律依据。

（三）有些法律条款的含义不明确

我国有些法律条款的含义不是很明确，可能导致不同的理解。在诉讼人权方面，可能产生权利不清楚的后果。例如，我国《刑事诉讼法》第12条规定："未经人民法院依法判决，对任何人都不得确定有罪。"这一条没有主语，当然也可以按被动句式理解。但是，这一条的确切含义是讲人民法院的定罪权，还是讲被告人在刑事司法中的无罪推定的权利不是很明确。虽然这一条很接近无罪推定的含义。但这一条从字面上理解还是讲人民法院的定罪权，而不是讲犯罪嫌疑人、被告人的地位。所以，人们对无罪推定原则是否适用于我国的问题仍然存在争论，从而影响了犯罪嫌疑人、被告人地位的认定。①

（四）法律与司法解释之间的矛盾

有些法律解释不符合法律的原意，如关于被告人得到律师帮助的时间起点。1996年《刑事诉讼法》一个重要修改是律师介入刑事诉讼时间提前。《刑事诉讼法》第96条规定，犯罪嫌疑人在被侦查机关第一次讯问后或者采取强制措施之日起，可以聘请律师为其提供法律咨询、代理申诉、控告。1998年5月公安部发布施行的《公安机关办理刑事案件程序规定》第36条是这样写的："公安机关在对犯罪嫌疑人依法进行第一次讯问后或者采取强制措施之日起，应当告知犯罪嫌疑人有权聘请律师为其提供法律咨询、代理申诉、控告，并记录在案。"初看这两个条文的意思差不多，实际上却差得很多。《刑事诉讼法》条文的主语是犯罪嫌疑人，也就是说，犯罪嫌疑人从第一次被讯问后或被采取强制措施起有权得到律师帮助；公安部规定条文的主语是公安机关，也就是说，公安机关在这个时间点往后告知被告人有这方面的权利。这里已经存在一个时间差，实际上《公安机关办理刑事案件程序规定》把犯罪嫌疑人得到律师帮助的权利延迟了。然而问题不止于这个时间差，而在于在第一次讯问之后或采取强制措施时起是一个延续的概念，这是一个起点，延续到什么时候根据公安部规定是看不出来的，从语言

① 关于无罪推定的不同意见参见赵虹：《对"无罪推定"原则的理解》；周士敏：《论中国无罪推定原则的确立》，载程荣斌等编：《诉讼法学新探》，中国法制出版社2000年版。

角度分析也就是说在这之后什么时候告知都可以。另外，公安部《关于律师在侦查阶段参与刑事诉讼活动的规定》第 5 条规定：“在押犯罪嫌疑人要求聘请律师的，应当提出申请，公安机关应当记录在案，并在接到申请后三日内将有关材料转交律师管理部门或者犯罪嫌疑人的家属、法定代理人或者单位。”根据这条规定，犯罪嫌疑人得到律师的起点时间在一个不确定的延续之后还要再继续 3 天以上。公安部《关于律师在侦查阶段参与刑事诉讼活动的规定》第 11 条规定：“律师会见在押犯罪嫌疑人的日期、地点，由公安机关确定。”这一条更进一步完全把嫌疑人得到律师的时间控制在公安机关手中了。由此看来，《刑事诉讼法》第 96 条的规定是很难做到的。

（五）诉讼人权保障与打击犯罪的不平衡

长期以来，在打击犯罪和保障人权方面，我国的刑事诉讼比较重视打击犯罪。从我国《刑事诉讼法》的有关规定就可以看出这个倾向，如该法第 2 条规定了我国刑事诉讼法的任务是“保证准确、及时地查明犯罪事实，正确应用法律，惩罚犯罪分子，保障无罪的人不受刑事追究，教育公民自觉遵守法律，积极同犯罪行为作斗争，以维护社会主义法制，保护公民的人身权利，财产权利、民主权利和其他权利，保障社会主义建设事业的顺利进行”。任务可谓非常多，从中可以看出比重最大的是打击犯罪和惩罚犯罪分子。笔者分析《刑事诉讼法》规定的任务有几个层次，第一个层次是：“保证准确、及时地查明犯罪事实，正确应用法律”。请看这里用的是查明犯罪事实，而不是“案件事实”。立法者在这么写时似乎隐示着已经认为案件事实就是犯罪事实的意思。其实，刑事案件中可能确实存在犯罪，也可能不存在犯罪，即所谓“不构成犯罪”，所以此处应当使用查明“案件事实”，这样可能使办案人员主观上即先入为主地认为所查案件肯定是“犯罪”，从一开始就侵犯了犯罪嫌疑人或被告人“未经法院判决，不能确定有罪”的权利。第二个层次是：“惩罚犯罪分子，保障无罪的人不受刑事追究”。虽然两者是并列的，但是先后顺序也反映了对这两个问题的重视程度。诚然，惩罚犯罪分子是十分必要的，不惩罚犯罪就不能维护社会安定。但同时，保障诉讼权利也是同样重要的，只有诉讼权利得以保障，才能谈得上司法的公正。第三个层次是：“教育公民自觉遵守法律，积极同犯罪行为作斗争”。这里没有说政府更应当带头遵守法律，而只是教育公民遵守法律。诚然公民应当遵守法律，也应当受到教育，但是也要让公民知道自己的法律权利，尤其是诉讼权利。然而任务中并没有这一条。所以在办案过程中，中国没有告知诉讼参与人享有的权利这样的制度，只有对诉讼人进行教育的做法。

（六）非法证据排除规则不明确

诉讼中侵犯人权的问题不仅是刑讯逼供问题，还有其他非法取证现象，如非法搜查、非法扣押等。这些现象严重破坏了诉讼人权保障的实行。为了解决这些问题，有必要在中国确立非法证据排除规则。

非法证据排除规则（The Exclusionary Rule），是指在诉讼中对于非法取得的证据不得使用，而要加以排除。刑事诉讼中的非法证据排除规则指违反法律规定收集的证据不得在该诉讼中用于对违法行为所侵害的人进行指控，而应加以排除。

我国的法律规定了取证必须合法，但如何处理非法取得的证据不很明确。

《宪法》第二章“公民的基本权利和义务”第 37 条第 3 款规定，禁止非法拘禁和以其他方法非法剥夺或者限制公民的人身自由，禁止非法搜查公民的身体。第 39 条规定，中华人民共和国公民的住宅不受侵犯。禁止非法搜查或者非法侵入公民的住宅。第 40 条规定，中华人民共和国公民的通信自由和通信秘密受法律的保护。除因国家安全或者追查刑事犯罪的需要，由公安机关或者检察机关依照法律规定的程序对通信进行检查外，任何组织或者个人不得以任何理由侵犯公民的通信自由和通信秘密。

《刑事诉讼法》第 43 条规定，审判人员、检察人员、侦查人员必须依照法定程序，收集能够证实犯罪嫌疑人、被告人有罪或者无罪、犯罪情节轻重的各种证据。严禁刑讯逼供和以威胁、引诱、欺骗以及其他非法的方法收集证据。

《刑事诉讼法》第 91 条到第 96 条规定了讯问犯罪嫌疑人的程序；第 97 条到第 100 条规定了询问证人的程序；第 101 条到第 108 条规定了勘验、检查的程序；第 109 条到第 113 条规定了搜查的程序；第 114 条到第 118 条规定了扣押物证、书证的程序。

以上这些规定非常明确和细致，如逮捕犯罪嫌疑人、被告人，必须经过人民检察院批准或者人民法院决定，由公安机关执行（第 59 条）；公安机关拘留人的时候，必须出示拘留证（第 64 条）；传唤、拘传持续的时间最长不得超过 12 小时；不得以连续传唤、拘传的形式变相拘禁犯罪嫌疑人（第 92 条）；进行搜查，必须向被搜查人出示搜查证（第 111 条）。

这些规定为确定证据是否合法采集提供了法律根据。如果没有根据这些法律，或者违反这些规定而采集的证据显然是不合法的。对于如何认定非法证据，对非法证据如何处理，以上法律没有说。但 1998 年《最高人民法院关于执行〈中华人民共和国刑事诉讼法〉若干问题的解释》第 61 条明确规定："严禁以非法的方法收集证据。凡经查证确实属于采用刑讯逼供或者威胁、引诱、欺骗等非法方法取得的证人证言、被害人陈述、被告人供述，不能作为定案的根据。"

但是，在实际工作中，如何认定非法证据，包括非法证据的提出和举证责任以及排除程序都不明确，这样使得非法证据排除缺乏可操作性。而非法证据在刑事诉讼中不能被排除，则不能切实保障嫌疑人、被告人的诉讼权利，也不能有效地扼制警察的违法行为。

（七）被告人与证人对质的权利不明确

证人出庭作证既是司法程序公正的需要，也是协助诉讼双方，特别是公诉方证明犯罪的需要。在刑事诉讼中，公诉方承担证明被告人有罪的责任，因此，大部分证人是公诉方的证人，同时也是法律赋予被告人的一种权利。我国《刑事诉讼法》第 11 条规定，"被告人有权获得辩护，人民法院有义务保证被告人获得辩护。"众所周知，辩护是针对指控而言的，指控是以证据来证明的。如果被告人不出庭，则无法对证人进行询问，从而难以为自己进行辩护。《公民权利和政治权利国际公约》第 14 条第 3 款第（戊）项也规定："（被告人有权）询问或业已询问对他不利的证人，并使对他有利的证人与对他不利的证人在相同的条件下出庭和受询问。"

我国 1996 年修改的《刑事诉讼法》对我国的审判模式进行了较大的修改，吸收了对抗制的因素，但是我国没有确立相应的传闻证据规则。在我国刑事诉讼中一直存在着证人出庭作证难的问题，在我国刑事审判中，在有些法院，几乎没有证人出庭或很少证人出庭。就全国而言，证人的出庭率还不到 5%。应当到庭作证的证人不出庭作证的后果是严重的。

《刑事诉讼法》第 47 条明确规定，"证人证言必须在法庭上经过公诉人、被害人和被告人、辩护人双方讯问、质证，听取各方证人的证言并且经过查实以后，才能作为定案的根据。"根据以上法律，应当得出这样的结论：如果证人证言不是在法庭上经过双方讯问、质证并经查实，则不能作为定案的根据。但是，我国大部分刑事案件没有或很少证人出庭，使刑事诉讼法不能得到正确的实施，严重剥夺了被告人与证人对质的合法权利。与证人对质是法律赋予被告人的一种权利。被告人及其辩护律师则无法对证人进行询问，从而难以进行辩护。

为了解决我国刑事诉讼中证人出庭作证难问题，有必要考虑确立符合我国情况的传闻证据规则。

传闻证据规则（Hearsay Rule）是英美法系证据法的一项重要内容。它与英美在刑事诉讼中实行对抗制的诉讼模式有很大关系。在英美的法庭审理中，传闻证据不能被采纳为定案的根据。

《美国联邦证据法》中传闻证据的定义是：传闻证据是用来作为证据证明待证事项的真实性的陈述，但它不是陈述者在审判中或听证中作证时所作出的陈述。① 据此，在不属于例外情况下，如果一项证人证言不是由证人本人在法庭上作出，而是事先写成书面形式，由他人在法庭上宣读，就是传闻证据。

在我国确立传闻证据规则是有法律根据的。我国《刑事诉讼法》第 47 条明确规定，证人证言必须在法庭上经过公诉人、被害人和被告人、辩护人双方讯问、质证，听取各方证人的证言并且经过查实以后，才能作为定案的根据。根据这条规定，可以符合逻辑地得出推论：如果证人没有在法庭上经过诉讼双方的讯（询）问，则该证言应当排除，不能作为定案的根据，这就奠定了传闻证据规则最基本内容。

传闻证据规则的操作是要保证应当出庭的证人出庭。在我国，这一点是有可行性的。我国《刑事诉讼法》第 43 条规定：“审判人员、检察人员、侦查人员必须依照法定程序，收集能够证实犯罪嫌疑人、被告人有罪或者无罪、犯罪情节轻重的各种证据……必须保证一切与案件有关或者了解案情的公民，有客观地充分地提供证据的条件……”因为提供证据的条件包括了在法庭上提供，而且应当主要是指在法庭上提供，所以根据这条规定，司法机关有责任保证证人出庭。

被告方在进行辩护的过程中，也有向法庭提供证人出庭的义务。根据笔者对美国刑事司法的考察，在美国，控诉方和被告方有责任通知本方的证人出庭。如果证人不出庭，则由法庭加以处罚。我国可以借鉴这个办法，使诉讼各方和法庭各自发挥其应有的作用。在当代刑事诉讼中，被告人不负担证明自己无罪的责

① Federal Rules of Evidence 801（c）：“Hearsay” is a statement, other than one made by the declarant while testify at the trial or hearing, offered in evidence to prove the truth of the matter asserted.

任。有人因此认为，被告人没有责任向法庭提供证人。这种理解是片面的。被告人确实不负担证明自己有罪或无罪的责任，但是，当起诉方已经就对被告人指控指出了证明，被告方可以对这些指控及其证明提出反驳，即所谓辩护。辩护是应当有理有据的，包括向法庭提供证人。如果没有证据支持辩护，被告人不能有效地反驳指控，则可能承担对他不利的后果。从这个意义上来讲，被告人是有权利也有义务向法庭提供证人的。被告方提供的证人在法庭上经过本方和起诉方的询问，法庭才能判明证言是否可信。因此被告方的证人也是适用传闻证据规则的。实际上，在国外，包括被告人自己的陈述都适用传闻证据规则。

之所以在我国出现证人不出庭作证现象，主要是由于司法机关没有切实履行其保证证人出庭作证的职责。首先是法院审判中没有严格要求证人出庭。所以，对司法机关而言，传唤证人出庭的工作“非不能也，是不为也”。笔者认为，只要司法机关严格依法办事，明确应当出庭的证人都必须出庭，否则其证言不能采纳，我国证人出庭难问题会得到很快的改观。

证人出庭作证也是每个公民的义务。绝大多数公民是奉公守法的，是愿意为国家尽义务的。在当前，我国尚未建立证人保障制度、没有强制证人出庭作证制度、没有特殊证人免证制度，也没有规定证人费用补偿的情况下，仍然有公民愿意出庭作证，这已经充分说明我国公民履行出庭作证的义务是很自觉的。如果把这些制度建立起来，证人出庭作证将不再成为一个问题。

（八）辩护制度不完善

辩护制度是法律规定的关于辩护权的内容、行使的程序、原则、方式、保障措施等一整套规则的总称。辩护制度完善与否与诉讼人权保障有极其重要的联系。我国的辩护制度还存在一些问题，突出的有法律援助不完善、法律限制了被告方提证的能力等。

1. 法律援助问题

在当代刑事诉讼中，辩护律师起到不可或缺的作用。在西方的刑事诉讼中，所有的被告人都有辩护律师进行辩护，甚至达到没有律师刑事审判就无法进行的程度。在我国的刑事司法中，还存在由当事人自行辩护、律师辩护和委托其他人辩护的多种形式。在对抗制的刑事审判中，辩护需要专业的法律知识、参与诉讼的经验和辩护技巧，这些都是当事人自己和其他人所难以胜任的。但是，由于我国律师制度恢复时间还不长，律师费用过于昂贵等原因，一些被告人得不到律师帮助。解决这个问题就必须完善我国的法律援助制度。

法律援助是国家给予那些需要依照法律程序实现和保障自己权益，但经济有困难，无力支付法律服务费用的人以经济上的帮助，使诉讼人权保障得以实现。从法律援助的产生、发展来看，法律援助被赋予保障人权的性质。《公民权利和政治权利国际公约》第14条第3款（丁）规定：“（被刑事指控的人有权）出席受审并亲自替自己辩护或经由他自己所选择的法律援助进行辩护；如果他没有法律援助，要通知他享有这种权利；在司法利益有此需要的案件中，为他指定法律援助，而在他没有足够能力偿付法律援助的案件中，不要他自己付费。”在我国，法律援助制度自1994年建立以来，发展艰难，主要是资金得不到保障。相应地，在诉讼中法律援助只能提供给经济上有困难的残疾人、未成年人、可能判死刑的人等特殊对象，不能为所有经济上有困难的人提供，这就使得大部分的被告人不能得到法律援助。这部分人不仅丧失了获得法律援助的诉讼人权保障，还因此而不能有效地行使辩护权和其他诉讼权利。

完善法律援助制度的关键在于经费问题。目前，我国的法律援助经费没有列入国家预算，而是各地自找出路，这严重阻碍了我国法律援助事业的发展，进而影响了我国的辩护制度的实行。

2. 被告方收集证据问题

要有效地进行辩护，当事人就需要收集证据。虽然在我国的刑事诉讼中，诉讼双方都有权利和义务向法庭提供证人，但是，被告方的证人是很少见的。因为我国《刑事诉讼法》第一编第五章中规定收集证据的主体是审判人员、检察人员和侦查人员。[①] 诚然，我国《刑事诉讼法》第37条也规定了一些被告方收集证据的方法，即辩护律师经证人或者其他有关单位和个人同意，可以向他们收集与本案有关的材料，也可以申请人民检察院、人民法院收集、调取证据，或者申请人民法院通知证人出庭作证。但法律同时规定辩护人收集证据要经过证人或有关单位的同意，这意味着证人可以同意提供证据，也可以不同意提供证据，由此可以推导出证人没有作证的义务的结论。这与同一部法律规定了“凡是知道案情的人都有作证的义务”相矛盾。这种矛盾形成了对被告方的歧视和法律的不严谨，使被告方难以提供出庭作证的证人。

① 参见《刑事诉讼法》第43条。

(九) 解决打官司难问题

我国自古以来就有打官司难的说法。直到现在，这个问题在刑事诉讼、民事诉讼和行政诉讼中都仍然普遍存在。刑事诉讼因为对被告人参与诉讼有强制性，被告人自身参与诉讼不难，但是，难以有效地进行辩护。民事诉讼中诉讼双方都可能难以承受经济上和精力上的压力，可以提出诉讼的一方可能放弃；被告一方也可能难以应诉而败诉。在民事诉讼判决后还可能遇到执行难的问题，使当事人的实体权利得不到保障。行政诉讼因为是个人告政府，则可能更难。首先是起诉难。行政诉讼的可诉行为范围很小，主要限于具体行政行为，但其范围很不明确，即使是一般的法律人士也不一定了解，老百姓更难以起诉。其次是诉讼过程难。作为被告的行政部门的抵触不仅可能使原告人难以进行诉讼，还有可能因报复心理而影响到原告人的实体权利。诉讼过程难还体现在行政诉讼的庭审方式、审查内容及证据标准尚不明确。最后是行政诉讼执行难。我国行政机关的权力缺乏制衡，不仅是当事人，甚至法院的人事和财政拨款也受制于行政机关，如果行政机关不主动执行判决，当事人很难实现其权利保障，即使是法院也无可奈何。

中 编

诉讼认识与诉讼行为

第六章　诉讼认识

第一节　诉讼认识的主体与客体

相对于整体、统一和无限的现实生活，任何研究都是以现实生活的特定方面作为研究对象的。因此，在研究之前，应明确研究的范围和界限，不仅可以避免超出本章研究范围的批评和误解，也可以作为遁词，向更有资质的研究者表明，本章的研究仅仅是一次不免带有片面性的尝试，在这一领域还有更多的问题值得投注精力却未能涉及。

为了明确本章研究的范围和界限，以下将从认识的主体与客体两个方面对诉讼认识予以界定。

一、诉讼认识主体

诉讼是一种多主体参与的活动。从不同主体出发，可以形成多个认识系统。然而，诉讼的目的是裁决纠纷。因此，在多个认识系统中，只有裁判者对纠纷事实的认识才具有决定性意义；至于其他主体，尽管他们对纠纷事实的认识构成了诉讼认识活动的某些方面，但是，他们的认识必须最终转化为裁判者的认识，才可能对纠纷的最终裁决产生现实的作用。因此，在法律意义上，所谓诉讼认识，即裁判者在诉讼活动中借助证据而展开的关于案件事实的认识。具体言之，在过程意义上，诉讼认识，是指裁判者在诉讼中的认识活动；在结果意义上，诉讼认识则表现为判决书中确认为真的裁判事实。

在诉讼史上，真正意义上的诉讼认识始于裁判者由神而人的转变。在初民社会里，纠纷事实的认定往往求助于神明的启示。在神明裁判制度下，事实裁判者是无所不知的神，它直接以神意的方式宣示裁判的结果。因此，此时还谈不上真正意义上的诉讼认识。随着人类文明的进步，神明裁判逐渐被人的裁判所取代。裁判者由神而人的转变导致了诉讼认识方式的质变：在人的裁判中，法庭不再是接收神意的装置，而是裁判者对纠纷事实进行认识、裁判的法定空间；在法庭上，凡俗的裁判者作为真正意义的认识主体，必须对纠纷中的事实争议作出认定和裁断。

根据裁判者与纠纷事实的时空关系，由人负责裁判的制度可以分为两类：知情人裁判与非知情人裁判。知情人裁判主要存在于人类社会早期，如英国早期的知情陪审团。在知情人裁判制度下，裁判者对纠纷事实的认识是在诉讼之前以直接经历纠纷事实的方式形成的；裁判时，裁判者根据自己的先前认识对纠纷作出评断。因此，在与纠纷事实的关系上，裁判者与纠纷事实同时存在于社会生活之中，二者之间不存在时空上的断裂。然而，随着社会生活日益复杂，并非每个案件都能够找到知情人来充任裁判者，因此，知情人裁判存在着难以克服的技术性困难。另外，人类公正意识的觉醒也逐渐要求裁判者应当与纠纷事实无涉；而这一价值上的诉求，最终通过人类积极地设置相应的防范制度，强化了不知情人裁判制度的地位。在现代诉讼中，知情人不得担任裁判职责已经成为一项不言自明的制度；而且，在排除预断的制度下，裁判者一般只能在对纠纷事实“一无所知”的认识状态下开始对纠纷事实的认识。

非知情人裁判制度的确立可谓裁判者由神而人之后的又一次重大变革。在认识关系上，知情人裁判与非知情人裁判具有明显的差别。就前者而言，裁判者与作为认知客体的纠纷事实之间不存在明显的时空断裂，裁判者对纠纷事实的认识表现为裁判者个人的直接感知活动。然而，在非知情人裁判者制度下，裁判者（认识主体）与纠纷事实（认识客体）在时空上处于分离状态；与此相应，裁判者与纠纷事实之间关系也发生了下述实质性变化：

第一，对于裁判者而言，纠纷事实由已知事实变成了过去发生的未知事实。在知情人裁判中，裁判者直接面对现实生活中的纠纷事实；而在非知情人裁判中，纠纷事实是一种历史事件，裁判者只能借助间接的手段才能与纠纷事实建立认识关系。

第二，纠纷事实进入裁判者视野的方式改变了。在知情人裁判中，纠纷事实直接以社会生活事实的原本形态进入裁判者视野，具有完整性、直观性。然而，在非知情人裁判中，客观发生的纠纷事实已经随着时空的转变成为过去，它必须转化为一种有关事实的语言陈述才能进入裁判者的视野。语言尽管可以传达关于事实的信息（即卡尔·比勒所称的语言再现功能），但是，也必须看到，语言与所表达的事实之间却非必然的等同关系。因此，语言陈述的介入产生了两方面的问题：(1) 该事实陈述是否真实地描述了纠纷事实；(2) 该事实陈述是否完整地描述了纠纷事实。

更重要的是，在非知情人裁判制度下，裁判者关于纠纷事实的认识关系发生了微妙的转移：裁判者需要认识的客体已不再是社会生活中客观发生的纠纷事实，而是语言陈述所描述的纠纷事实（即案件事实）。在现代诉讼制度下，由于裁判者受制于不告不理原则，即“不得诉外裁判”，这种认识关系的转移就表现得更为明显了。例如，在现代诉讼中，经过法庭调查后，即使有充分的证据证明杀人犯不是被告人某甲而是证人某乙；此时，即使证人某乙已经当庭承认，裁判者仍然只能作出原指控事实不成立的裁判，而不得径行裁判证人某乙有罪。

第三，由于案件事实与纠纷事实并不必然等同，在非知情人裁判制度中，如何保证裁判者的认识能够最大限度地逼近社会生活中发生的纠纷事实（即裁判者认识的客观性问题）成了诉讼认识问题的核心。与语言陈述引发的问题相对应，该问题的解决也包括两个方面：一方面，为了保证陈述的真实性，以语言形式存在的案件事实必须有证据证明。证据成了沟通案件事实与纠纷事实的中介途径。证据问题可以分解为三项内容：何者可以作为证据；如何获得证据；如何揭示证据的证明价值和作用。另一方面，为了保证陈述的完整性，原则上，诉讼认识活动应当在纠纷双方当事人的参与下进行。在此意义上，纠纷双方当事人的参与具有深层的认识论价值，即他们的参与有助于裁判者更全面、更准确地认识案件事实。

在现代诉讼制度中，诉讼认识的主体只能是非知情人充任的裁判者。由于非知情人认识具有明显不同于知情人认识的特点，因此，在诉讼认识研究中，必须首先明确认识的视角问题，即裁判者对案件事实的认识只能是非知情人视角。而且，只有从裁判者这一特殊认识视角出发，我们才可能更深刻地认识到现代诉讼认识的特殊性以及解决诉讼认识问题的复杂性。

二、诉讼认识客体

在诉讼活动中，对纠纷的裁判即法规范的适用过程，也即将法规范适用于纠纷事实以获得特定法律效果的过程。在法学方法论上，这一过程常常被等同于逻辑上的三段论，即将法规范的一般规定视为演绎推理的大前提；将具体的生活事实通过涵摄过程归属于法律构成要件之下而形成推理的小前提，然后，根据三段论推导出该法规范适用于该事实的法律效果。在这一演绎过程中，作为大前提的法规范和作为小前提的事实，都必须在裁判之前予以确定。因此，为了裁判纠纷，裁判者必须确定两个问题：第一，确定纠纷事实；第二，确定法规范。与此相应，在诉讼认识中，裁判者的认识活动可以分为两个相对独立的认识系统：裁判者对纠纷事实的认识；裁判者对法规范的认识。

其中，在指向纠纷事实的认识中，作为认识对象的纠纷事实一般是过去发生的历史事实。由于时间的单向性，该历史事实随着时间的流逝永远无法“客观地”摆在认识主体的面前，而只能借助间接的手段在人的思维中以观念的形态予以重现。因此，在指向事实的认识中，我们首先需要解决的是思维与（历史）存在的同一性问题。与此不同，在指向法律的认识活动中，作为认识对象的法律总是“现实存在”的法律，而且，基于法律应当公开颁布的法治原则，法规范是否存在一般并不存在争议。因此，在诉讼认识活动中，指向法律的认识主要不是思维与存在关系意义上的认识活动，而是在法律文本客观存在的前提下，如何阅读、解释法律文本的诠释活动。在法学理论中，有关法律文本的诠释问题是法解释学研究的对象，其着眼点是文本的“意义”。为此，在本书中，诉讼认识专指以纠纷事实为对象的认识活动。

这种区分亦是传统法学方法论的一般做法。例如，郑玉波曾经指出：“如何始能确定法文之真义，及如何始能确定事实之真相，乃适用法律之前提也。前者属于法律解释之问题……后者即事实确定问题……”[①] 然而，需要明确的是，理论上的泾渭分明并不等于实践中的互不影响。在司法实践中，事实认识与法律诠释常常交织在一起，呈现一种互相依赖的态势。

---

① 郑玉波著：《法学绪论》，台湾三民书局1981年版，第67～68页。

社会生活是多姿多彩的。然而，并非社会生活中的任何纠纷都可以求诸诉讼，而且，也并非社会纠纷的任何方面都具有法律意义。在与社会生活的对应关系上，法律关系的实质是“对一部分现实生活的撷取。生活关系是一个连续统一体，而我们正是从这一连续统一体中取出一部分来，对其进行法律观察”①。对此，梅迪库斯进一步解释说，“……将生活关系限制在现实的某些部分是必要的。否则，法律发现将依赖于法与非法的一种非理性的整体印象，因而会完全丧失其可信赖性。因此，要实现一种人为理性的法律发现，就必须撷取有限数量的，实际上甚至是较小数量的重要的情况。如果有待认定的情况的范围不够小，那么法律发现的过程就会永无休止”②。

社会纠纷必须经过法律化处理后才能纳入诉讼的轨道。社会纠纷的法律化处理是一个复杂的事实与法律的“相互阐明的思考过程”③。“在无限多姿多彩，始终变动不居的事件之流中，为了形成作为陈述的案件事实，总是要先作选择，选择之时，判断者已经考量到个别事实在法律上的重要性。因此，成熟的案件事实并非自始‘既存地’显现给判断者，毋宁必须一方面考量已知的事实，另一方面考虑个别事实在法律上的重要性，以此二者为基础，才能形成案件事实。”④

在诉讼认识中，裁判者的认识并非漫无目的的智识活动，而总是针对法规范所要求的特定要件事实展开的，或者说，法规范（包括法解释）对特定事实是否具有法律意义具有决定性影响。在此基础上，该特定事实是否确实发生则属于本书讨论的事实认识问题。

综上，诉讼认识，是指裁判者通过诉讼活动对案件事实的历史认识。在认识主体与认识客体关系上，诉讼认识的客体并非直接作用于裁判者感官的诸项证据，而是发生于诉讼之前的案件事实。因此，诉讼认识活动实际上可以分解为两个相关的认识过程：裁判者对证据的认识；裁判者根据对证据的认识结果而对过去事实的思维重构。其中，对于前者，辩证唯物主义认识论已有明确的论述；至于后者，却不能简单地套用辩证唯物主义认识论，尽管辩证唯物主义认识论有关

---

① ［德］迪特尔·梅迪库斯著，邵建东译：《德国民法总论》，法律出版社 2000 年版，第 51 页。

② ［德］迪特尔·梅迪库斯著，邵建东译：《德国民法总论》，法律出版社 2000 年版，第 53 页。

③ 王泽鉴著：《法律思维与民法实例：请求权基础理论体系》，中国政法大学出版社 2001 年版，第 237 页。

④ ［德］卡尔·拉伦茨著，陈爱娥译：《法学方法论》，台湾五南图书出版公司 1996 年版，第 181 页。

物质决定意识、可知论等认识原理仍然是探讨这一认识活动的理论基础。在本书中，为区分认识客体直接作用于认识主体感官的认识活动，将以“认知”来指称裁判者对案件事实的间接认识。

第二节 诉讼认识的本质属性

诉讼认识是一种特殊的历史认识。就其认知维度而言，一方面，诉讼认识属于历史认识的一种，具有历史认识的一般特征；另一方面，作为一种法律规范下的认识，诉讼认识又明显不同于纯粹的历史认识。

一、诉讼认识本质上是一种历史认识

诉讼认识的目的是确定案件事实。然而，作为历史性事实，案件事实已经成为过去，对它，裁判者不能通过感知的方式从经验上加以直接把握。因此，在本质上，诉讼认识属于对历史事实的认识。

诉讼认识具有历史认识的一般特点：

第一，裁判者的处境与历史学家非常相似。在历史认识中，“历史事实是过去了的事实，我们只能通过历史证据（文献、钱币、建筑遗迹等）来确立它，而这些证据有真、伪之分。这就显示了确定历史事实的特异之处。一方面，历史学所处理的事实是实际上已经发生了的，我们不能改变它们，也就是说它有某种给定的东西；但另一方面，由于历史学需要区分真证据和伪证据，历史事实的确定更依赖于人们的批判性认识”①。同样，在诉讼认识中，作为认识对象的案件事实是预先给定的，我们只能认识它而不能改变它；对案件事实的认识需要借助证据，而且，对证据真伪的甄别、证据推理是否正确等因素均影响着认识结果的正确。

第二，认识方式的间接性。“过去绝不是一件历史学家通过知觉就可以从经验上加以领会的给定事实……他（历史学家）十分清楚地知道，他对过去唯一可能的知识乃是转手的或推论的或间接的。”②

---

① 袁吉富著：《历史认识的客观性问题研究》，北京大学出版社2000年版，第43页。

② ［英］柯林武德著，何兆武、张文杰译：《历史的观念》，商务印书馆1997年版，第389页。

因此，在论及“表示历史的特殊命题底证实”时，金岳霖先生直率地承认，表示历史的特殊命题底证实，麻烦得多……证实一表示历史的特殊的命题，绝不能直接地证实，像B段所论的那样。

在B段，金岳霖先生就“表示当前的特殊命题底证实”区分了直接或间接的证实。

这里所谓直接或间接不是从有无工具着想，而是从有无推论着想。没有推论的，这里称为直接，有推论的称为间接。假如我判断“上面那箱子里有一块白布”，我只要开箱子找，这命题就证实了，假如找不出白布来，这命题被否证了。无论证实或否证，这里都没有推论。所谓没有推论，就是说命题无论证实或被否证都不是我们的底动作底结果底结论。我们说这证实和否证是直接的，因为这命题本身就表示或不表示这结果。有的时候，我们利用普通的情形或趋势为媒介，来证实或否证一命题。例如，某朋友每天骑马进城到某处上课，我断定他今天在某处上课，只要我看见他的马在某处，我也许就觉得我判断证实了。也许他的确在某处上课，果然如此，这证实只是间接的。[①] 这样的命题底证实总是间接的。它不但是间接的，而且间接的方式也不同。这种方式牵扯到特别的工具如记载及古物，也牵扯到普通的工具如普遍的学理。[②] 换句话说，在诉讼认识中，裁判者对案件事实的认识必须借助一定的证据，并通过推论获得关于案件事实的认识。

第三，认识目的都是为了确证某一表述具体历史事实的单称命题，而非探寻普遍命题或规律。诉讼认识像其他历史认识一样，指向的是过去发生的事实，该事实即使与其他事实有所类同，在时间和空间的定格上却必然区别于其他事实。“司法调查者——陪审员——所必须处理的事情一般来说不具备这些以相同或相似的形式重复或再现的性质或能力。尽管存在着无数产生某一犯罪行为的相同的环境条件，也不能指望犯罪再次发生。即使它能够且确实发生了，也无助于前一问题的解决；它仅仅意味同样的制裁机制将要启动，而且，将构成新一轮制裁机制中调查的主题。”[③]

---

① 金岳霖著：《知识论》，商务印书馆1983年版，第868页。

② 金岳霖著：《知识论》，商务印书馆1983年版，第869页。

③ Alexander M. Burrill, A Treatise on Circumstantial Evidence, (1868. p. 94); quote from John Henry Wigmore, The Principles of Judicial Proof, Little, Brown, and Company (1913), p. 10.

由于案件事实是过去偶然发生的独一无二的事实，诉讼认识不可能像自然科学那样就同一类现象通过反复实验对认识结果予以检验核实。“……要描述的事实乃是过去的事实；而过去的事实是不能再受直接检验的。总之，我们不能简单地看它们是否符合已经独立地为人所知的现实，来检验历史陈述的正确性。”① 对于诉讼认识，我们所获得的只能是运用证据得到的推论性认识，这一认识结果可能因不同认识主体的一致性认识得以强化，却无法像规律性认识那样接受实践的检验。在马克思主义哲学中，实践是检验认识是否正确的根本手段。但对于历史认识，我们却无法像亲自尝一口布丁或者像“以这种认识制造出人造蛋白”一样予以实践验证。对诉讼认识结果的检验只能借助时间之手来完成，只能等待更有效的证据的出现。然而，问题的另一方面是，随着时间的流逝，人们对诉讼认识结果进行检验的兴趣将会趋于消淡，而时间的久远也往往使这种检验在事实上成为不可能。

第四，认识结果上的或然性。诉讼认识像其他历史认识一样，都是由果推因的逆向推理过程。在这一过程中，裁判者所能借助的只能是出现于自己视野之中的证据。然而，“证据”是沉默的，只有在有人认为它有证明价值并加以利用时，“证据”才能成为“实践意义上的证据”。因此，在司法实践中，证据以特定主体认为它对证明案件事实有用为前提，或者说，证据总是按照一定的观点收集而来的；而且，实践中可资利用的“证据”往往是有限的甚至可能仅仅是“证据”的一小部分。因此，借助证据进行的回溯性推论，在结果上必然包含着一定程度的或然性。恰如历史学家柯林武德所言，“没有任何历史的论证曾经以精确科学所特有的那种强制性的力量证明了它的结论。这种说法似乎是指，历史推论从来都不是强制性的，它至多只是许可性的；或者像人们有时相当含糊地说的，它绝不能导致确凿性，而只能导致或然性”②。

二、诉讼认识是一种特殊的历史认识

作为历史认识的一种特殊形式，诉讼认识又明显不同于纯粹的历史认识。在历史学中，由于历史事实已经远去，对特定历史事实的认识主要是作为智识活动

① ［英］沃尔什著，何兆武、张文杰译：《历史哲学导论》，广西师范大学出版社 2001 年版，第 11 页。

② ［英］柯林武德著，何兆武、张文杰译：《历史的观念》，商务印书馆 1997 年版，第 363～364 页。

而存在的，其认识结果对现实社会生活一般不产生直接影响；诉讼认识却是一种直接影响现实生活的认识活动。很明显，我们可以不关心历史上项羽是否真的烧了阿房宫，却不会忽视是谁在你家放了一把火！由于诉讼认识通过为适用法律提供事实根据的方式直接影响着当事人的权利义务关系，诉讼认识必须更为严格并呈现出自身的规律和特征。

与历史学意义上的历史证明相比，诉讼认识具有以下典型特征：

（一）诉讼认识必须在一定期限内得出确定性结论

历史学家柯林武德认为，由于目的的不同，是否必须在一定时限内得出结论构成了历史学家与裁判者的根本不同。“历史学家没有义务在任何规定的时间之内做出他的决定。对他来说，除了他的定案（当他达到这一点时）必须是正确的以外，就再没有别的问题了；这对于他就意味着，它将不可避免地要跟着证据而来。”[①] 历史学家无休止地争论一般不会给我们的生活带来什么不便，而武断地下一个定论反而可能阻塞历史真相的发现，在历史学中，所有的争论和分歧都可以通过“信传信、疑传疑”的方式留待新证据出现之后予以澄清。诉讼认识则不然，诉讼的目的是解决纠纷。“倘若人们求助法律程序来解决争执，那么争执须在某一阶段上最终解决，否则求助法律程序就毫无意义。”[②] 因此，为了适用法律对纠纷作出最终的解决，诉讼认识不可能无休止地持续下去，而必须在一定期限内对具体历史事实的存在与否作出确定的回答。

在现代诉讼制度中，及时裁判是各国普遍承认的诉讼原则。美国宪法第6修正案（1791年）规定，“在一切刑事诉讼中，被告享有下列权利：由犯罪行为发生地的州和地区的公正陪审团予以迅速而公开的审判……”在德国，“快速原则，被视为是在‘基本法’第二十条规定中体现出的法制国家原则的效果”[③]。值得注意的是，尽管各国关于及时裁判原则的规定主要针对刑事诉讼，作为一种诉讼理念，该原则却普遍适用于各种诉讼活动。恰如日本学者所言，“迟延诉讼或积案实际上等于拒绝审判。因此，迅速地审判一直被当作诉讼制度的理想。这

---

① ［英］柯林武德著，何兆武、张文杰译：《历史的观念》，商务印书馆1997年版，第371页。

② ［美］迈克尔·D. 贝勒斯著，张文显、宋金娜、朱卫国等译：《法律的原则——一个规范的分析》，中国大百科全书出版社1996年版，第37页。

③ ［德］约阿希姆·赫尔曼：《〈德国刑事诉讼法典〉中译本引言》，载李昌珂译：《德国刑事诉讼法典》，中国政法大学出版社1995年版，第14页。

里所说的迅速审判首先意味着迅速及时的判决。这一角度尤其为判决中心的观点所强调"[①]。在贝勒斯归纳的19项程序法原则中，第8项是"及时原则：程序应提供及时的判决"，第9项是"止争原则：法院应做出解决争执的最终决定"[②]。

在及时裁判和终结性原则约束下，诉讼认识必须在一定时间内对争议的历史事实得出确定性结论。然而，这项要求却明显超出了人类的实际能力。一方面，在裁判当时，裁判者对证据是否已经穷尽无法知晓，在现在看来已经确证无疑的结论可能会因新证据的出现而变更甚至被彻底推翻；另一方面，基于人类认识能力的局限，即使这种建立在不完全证据基础之上的认识，仍然可能出现半信半疑的认识状态。面对客观存在的认识局限，现代证明制度在"求真"的大前提下，不得不作出了一系列无奈的妥协性选择。例如，默认法庭在不存在合理怀疑状态下作出裁判的正当性，并附以必要的纠错制度；在英美国家，陪审团裁定的事实曾一度被视为"神见的事实"，不允许对其正确性提出怀疑。在诉讼认识只能达到半信半疑状态时，借助证明责任制度强行在当事人之间进行风险分配；借助推定等法律手段进行法律上的拟制，人为地确立特定事实间的因果关系；在民事诉讼中，策略性地放弃对纠纷事实原貌的探寻，"除证据之外，尚得以全辩论意旨作为认定事实之基础"[③]；诸此等等。

（二）诉讼认识只要求查明历史事实的特定内容

在历史学上，何种历史事实被选择为认识对象主要取决于特定研究者的个人兴趣。因此，作为历史学家认识对象的历史事实一般是随机的、多样的；就认识广度而言，由于历史学家的目的是如实地揭示人类曾经历过的社会生活或生活片断，对历史事实的认识又往往是全面的。

在诉讼认识中，作为认识对象的历史事实往往是片面的，并具有以下基本特征：

第一，历史事实是以法定的方式预先确定的。诉讼不是意气用事的争斗，而是为了对发生争议的实体权利义务关系作出裁判。因此，在实践意义上，并非任

① ［日］谷口安平著，王亚新、刘荣军译：《程序的正义与诉讼》，中国政法大学出版社1996年版，第55页。

② ［美］迈克尔·D. 贝勒斯著，张文显、宋金娜、朱卫国等译：《法律的原则——一个规范的分析》，中国大百科全书出版社1996年版，第36～37页。

③ 黄东熊著：《刑事诉讼法论》，台湾三民书局1999年版，第363页。

何纠纷都可以求助诉讼。在特定国家，哪些纠纷可以求助于诉讼取决于该国的现行法律制度。在法律规定的可诉范围的约束下，什么类型的事实可以成为诉讼认识的对象，什么类型的事实不能成为诉讼认识的对象，取决于法律而非个人的兴趣。在刑事法领域，罪刑法定原则在诉讼法上的作用首先表现为对刑事诉讼法适用范围的限定，相应地，在认识对象的抽象范围上，刑事诉讼认识也必须以刑法规定的犯罪为限。在民事法领域，由于公民权利的广泛性，认识对象在范围上并无明确的限定。即便如此，在特定的时期，民事认识对象往往是比较明确的，尽管其确定化程度不如刑事法那么高。

第二，作为诉讼认识对象的历史事实是具有可重复特征的类型化事实。作为社会生活的一部分，纠纷事实是千姿百态的。在此意义上，纠纷事实是不可能重复出现的，像世界上没有相同的两片树叶一样。然而，“法律的基本作用之一是使人类为数众多、种类纷繁、各不相同的行为与关系达致某种合理程度的秩序，并颁布一些适用于某些应予限制的行动或行为的行为规则或行为标准。为能成功地完成这一任务，法律制度就必须形成一些有助于对社会生活中多种多样的现象与事件进行分类的专门观念和概念。这样，它就为统一地和一致地调整或处理相同或基本相似的现象奠定了基础。”[①] 在法律规范作用下，具有法律意义的历史事实总是以类型化的一般面目出现。因此，在诉讼认识中，为了产生特定的法律后果，所需要证明的事实已不再是千姿百态的社会事实，而是被剔除了个性特征的类型化事实。这种类型化事实具有很大的涵盖力，众多的社会事实被分门别类地归属到一定类型之中并被赋予相应的法律效果。在此意义上，在诉讼认识视野中的历史事实已经不再是独一无二的偶然事件，而是包含了可重复特征的事实。

第三，作为诉讼认识对象的历史事实是一种构成要件事实。在法律规范中，特定的类型化事实可以分解为一系列的可重复性特征，即法律构成要件。只要社会事实充分了法律构成要件，即可产生法定的法律效果。因此，在诉讼认识中，对具体历史事实的认识开始被转化为对该类型化事实中的可重复性特征（即法律构成要件）的认识：只要当事人能够证明法律构成要件所要求的事实，在法律上，即足以产生证明该历史事实全部内容同样的法律效果。例如，对一般侵权行

① ［美］E. 博登海默著，邓正来、姬敬武译：《法理学——法哲学及其方法》，华夏出版社 1987 年版，第 485 页。

为的证明，只需要证明以下法律构成要件成立就可以了：（1）须有某项行为；（2）须该行为致人损害；（3）须该行为违法；（4）须该行为系出于过失或者故意；（5）须行为人有责任能力。换句话说，在诉讼认识中，当事人需要证明的已经不再是原始的社会事实，而是经过法律过滤并借助法定构成要件而产生法律效果的构成要件事实。在张俊浩教授主编的《民法学原理》一书中，主张区分法律规范层面的法律构成要件和事实层面的构成要件事实（书中称之为“法律事实”），希望以此强调二者的差别，以及社会事实必须经过法律构成要件这一环节才能产生实际的法律效果。[①] 何秉松教授在《犯罪构成系统论》一书中，亦主张“在讲到犯罪构成概念时，应把刑法上规定的犯罪构成与社会现实生活中的犯罪构成事实严格加以区分”[②]。

（三）诉讼认识是在双方当事人的证明与证伪活动中展开的

作为一种社会活动，诉讼认识是在程序约束下进行的。因此，尽管诉讼认识本质上是一种针对特定命题的认识活动，这一活动却必须遵循诉讼程序的一般价值和要求。在现代诉讼制度下，基于程序公正的要求，诉讼认识普遍采取了当事人参与的方式，更准确地说，裁判者的认识是在双方当事人的证明与证伪活动之中展开的。

程序正义是评价程序自身正当性的标准和尺度。作为一种价值观念，程序正义最早产生于英国的“自然正义”观念，其思想谱系可追溯到1215年的《英国大宪章》；在司法程序问题上，普拉特法官在1723年“国王诉剑桥大学案”中最早使用了“自然正义”概念。[③] “自然正义”包含两个基本原则：第一，任何人都不得在与自己有关的案件中担任法官；第二，必须给予诉讼当事人各方充分的机会来陈述其本方的理由。[④] “自然正义”观念后为美国继承，并以“正当法律程序”的形式规定于宪法之中。根据美国《布莱克法律辞典》的解释，“程序性正当程序的中心含义是指：任何权益受到判决结果影响的当事人都有权获得法

---

① 张俊浩主编：《民法学原理》，中国政法大学出版社1997年版，第56页。

② 何秉松著：《犯罪构成系统论》，中国法制出版社1995年版，第109页。

③ ［英］彼得·斯坦、约翰·香德著，王献平译：《西方社会的法律价值》，中国人民公安大学出版社1990年版，第97页。

④ ［英］彼得·斯坦、约翰·香德著，王献平译：《西方社会的法律价值》，中国人民公安大学出版社1990年版，第97页；王名扬著：《英国行政法》，中国政法大学出版社1987年版，第152页。

庭审判的机会，并且应被告知控诉的性质和理由……合理的告知、获得庭审的机会以及提出主张和辩护等都体现在‘程序性正当程序’之中。”①

程序正义是对程序自身的要求，但这一要求通过程序直接影响了诉讼认识的结构。基于程序正义的要求，在诉讼认识中，不仅裁判者必须符合更严格的条件（如不得与证明结果有利害关系等），论证活动自身也必须符合正义的要求，即诉讼认识必须在利益可能受到影响的当事人共同参与下进行；一方当事人提出的主张和论据必须同时接受对方当事人的检验和反驳。因此，在结构形式上，诉讼认识已经不再是单纯的主客体认识，而是在证明活动中展开的多主体间的认识，它同时混杂了证实和证伪、证实证伪交叉重叠的论证过程。换句话说，一方当事人对证明对象的证明是在另一方当事人对该命题证伪的制约下进行的，该当事人对命题的证明直接受到另一方当事人对其论据、论证的质疑、责难、检验，甚至遭受对方当事人对所证明命题的直接证伪。② 诉讼认识采取这种方式，不仅体现了程序正义的要求，同时也包含了对实体正义的追求。诉讼认识的结果直接关系着当事人的权利义务关系，直接影响着现实的社会生活，因此，尽管在一般性质上，诉讼认识结果必然包含出错的可能性，在人类情感上，我们却希望能够尽可能地降低出错的概率。在诉讼认识中，一方当事人对特定事实的证明同时要面对来自利害相关的对方当事人的反驳或证伪，这种证实与证伪并存的证明活动显然更有助于揭示论证过程中可能存在的错误。而且，在心理上，一个接受对方反驳仍然得以成立的证明结果也更容易为社会公众所接受。尽管该结果可能在后来证明中仍然是错的，但对方当事人曾经尝试过的种种努力已经表明，这种错误在裁判当时是无法发现或避免的。在此意义上，诉讼认识的特殊论证结构赋予了诉讼认识结果一种更坚实的正当性根据，即尽管不是必然正确，却是一项其正确性经过检验且裁判当时已无可置疑的结果。

第三节　诉讼认知模式：证据的自由评价

在思维层面上，诉讼认识表现为根据证据对案件事实的思维重构，或者说，

① 《布莱克法律辞典》（第5版），“正当法律程序”条。

② 吴宏耀、魏晓娜著：《诉讼证明原理》，法律出版社2002年版，第34页。

根据证据推理案件事实的思维过程。因此，诉讼认识的核心是“如何评价证据”。在诉讼史上，关于“如何评价证据”的立法模式有两种：法定证据制度与自由心证制度。在现代社会，以自由心证制度为代表的自由评价模式是主流。

在我国，立法尚未确立自由心证制度，学理对应否确立自由心证制度亦存有争议，然而，如果着眼于“行为中的法”，我们却不得不承认：在证据评价方式上，我国事实上亦属于自由评价模式。因此，探讨自由评价证据模式的认识机理，不仅可以让我们更清醒地认识这种认知模式的合理性，同时也可以提醒我们通过设置、完善相关法律制度将裁判者的自由评价活动纳入法律轨道的迫切必要。

一、证据评价的两种模式

根据案件事实是否需要提出证据加以证明，诉讼认识可以分为两部分：毋庸证据而认定事实；依据证据而认定事实。其中，对于前者，基于共同的社会认知背景或者法律的预先规定，裁判者可以直接对事实予以认定；对于后者，则需要一个由证据到事实的“跳跃”过程，即证据评价过程。

在诉讼制度史上，法定证据制度与自由心证制度代表了两种截然对立的证据评价模式：法定评价模式与自由评价模式。其中，与法定证据制度对应的证据评价模式是法律的创造物，而与自由心证制度对应的自由评价模式却并非法律的产物，而是一种独立于法律制度的认知方式、一种自然而然的认知方式。换句话说，自由心证制度并没有创制新的评价方式，而是对人们日常生活中习以为常的评价方式的认可。从历史上看，大陆法系国家当时面对着积重难返的法定证据传统，如果立法不明确规定自由评价模式，就无法将其引入司法领域。但是，离开了这种历史处境，我们就必须承认，证据的自由评价模式并不依赖于法律的认可。相反，作为一种认识的普遍方式，只要立法没有对其明确否认，它就必然存在于诉讼认识活动之中。

因此，在理论上有必要区分自由心证制度与证据的自由评价。自由心证制度是一种制度化的自由评价模式，其核心在于肯定并规范证据的自由评价。我国台湾地区学者李学灯教授对“自由心证”一词进行了专门的考证，其结论是，所谓自由心证，其实质即对证据的自由评估。“评估是方法，心证是结果，由评估而得心证。自由评估，系对机械评估而言，意在不受法定或机械方法的束缚而为自由正确地评估，借以获得正确的心证，不得违背论理及经验的法则。有时虽有正确评估，亦有不得心证的可能。并非不经正确评估，即可以自由心证。所以就判断证据而言，实系自由评估，意在适当权衡，而非自由心证。”① 因此，针对我国长期以来的误解，有必要说明的是：第一，自由心证制度重在证据评价，强调法律不得预先规定证据的证明力。“这里所谓的‘自由’仅仅是指法律不设具体的规则来指示法官在根据证据认定事实时必须做或不得做出某种判断”②，而“非许以自由心证（本身），而为事实之认定”③。第二，自由心证制度是以证据裁判主义为基础的法律制度。裁判者心证的形成必须遵循以下要求：（1）无证据，即无心证；（2）自由心证，乃选择证据中之证据，并非证据外之证据；（3）自由心证，系判断证明力之心理要素，并非证据裁判主义之例外；（4）由有证据能力之证据，形成心证，并非以自由心证，判断证据能力，亦不许以自由心证，创造证据能力；（5）自由心证，系由调查证据而形成，既不得以自由心证缩小调查证据之范围，亦不许证据未经合法调查，而形成自由心证；（6）无关联性之证据，既无从形成自由心证，亦不许以心证使证据与事实相关联；（7）心证，由直觉或推理而形成；（8）依经验法则，形成心证，并非以经验法则作为证据；（9）依论理法则，形成心证，并不得以论理法则作为证据；（10）依自由心证，判断证据之证明力，并非以心证制造证据，更不得以心证作为证据。④但是，作为一种证据评价方式，自由评价模式的存在却并不必然需要法律制度的明确肯认。在英美法系国家，法律并没有自由心证的明文规定，但其属于自由评价模式是不争的事实。而且，从自由心证制度的产生渊源看，作为制度化存在的自由心证，恰恰是大陆法系国家模仿英国法律制度的产物。历史表明，法国自由心证制度的确立与陪审制度的引入基本同步。法国 1791 年 9 月 26 日至 29 日法令规定，对最为严重的重罪审判实行陪审团制度，同时规定，“法官有把自己的内心确信作为裁判的唯一根据的义务”。我国台湾地区学者陈朴生亦认为，大陆

① 李学灯著：《证据法比较研究》，台湾五南图书出版公司 1992 年版，第 712 页。

② 王亚新：《刑事诉讼中发现案件真相与抑制主观随意性的问题——关于自由心证原则历史和现状的比较法研究》，载《比较法研究》1993 年第 2 期。

③ 陈朴生著：《刑事证据法》，台湾三民书局 1979 年版，第 548 页。

④ 陈朴生著：《刑事证据法》，台湾三民书局 1979 年版，第 554 页。

法系国家历史上采法定证据制度，“迨法兰西革命后，改采陪审裁判，鉴于以法律规定证据之价值，有一定之证据，即得为一定事实之认定，即所谓形式的法定证据主义，于发现实体的真实上较为困难，使裁判流于形式，且适用之证据法则琐细，亦非陪审裁判之所宜，乃排斥法定证据主义取自由心证主义而代之，许由陪审员依其心证自由判断证据之价值”①。我国立法没有规定自由心证制度，学理上对自由心证制度则一直持否定态度，但这并不能否定我国司法实践中裁判者自由评价证据的事实。相反，如果我们不是专注于概念的有无，而以实事求是的态度看待问题，那么，我们将惊讶地发现，在我国司法实践中，裁判者自由评价证据不仅是不容否认的现实，而且，“比起其他国家来，其自由度有过之而无不及”②。

在区分制度与事实的前提下，我们可以得出以下结论：第一，从制度演变看，自由评价模式一直是各国家、各历史时期证据评价的基本方式，而法定评价模式则仅仅是证据评价制度的一种特例。在诉讼史上，典型的法定证据制度仅存在于中世纪欧洲国家。第二，在现代社会，自由评价证据是各国的通例，而不以法律是否确立自由心证制度为前提。因此，即使在没有明确确立自由心证制度的国家，为了防止裁判者滥用评价证据的自由，亦设置有（或需要设置）相应的约束、制约机制。第三，在实行自由评价模式的前提下，仍然存在一定数量的法定证据规则，即使在明确确立自由心证制度的国家也不例外。

二、自由评价模式的构成要素

在现代裁判制度中，自由评价模式是证据评价的最基本方式。尽管自由评价模式自身毋庸法律制度的认可，但作为现代法律制度的一部分，自由评价模式在评价主体、对象、内容、过程等方面仍带有明显的现代法制雕琢的痕迹。

（一）评价主体

在自由评价模式中，评价证据的主体是以个体身份存在的裁判者。根据现代法的一般精神，作为证据评价主体的裁判者应当满足两方面的要求：

第一，一般性条件，即裁判者必须坚持中立、平等的姿态。现代诉讼制度要

① 陈朴生著：《刑事证据法》，台湾三民书局1979年版，第547页。

② 锁正杰：《刑事程序的法哲学要义》，2000年中国政法大学博士论文。

求裁判者必须遵循中立原则与程序对等原则。[①] 其中，中立原则首先是一项适格性要求，即充任裁判者的法官必须中立于有待裁判的案件。根据该原则，具有如下情形之一的法官不得充任裁判者：（1）与案件有牵连的人；（2）与案件结果或争议各方有任何利益关系或其他利害关系的人；（3）对其中一方当事人怀有支持或反对偏见的人。要求裁判者中立，目的是保证裁判者能够平等对待双方当事人提出的证据和辩驳。因此，在评价证据过程中，裁判者必须坚持程序对等原则，即裁判者应当给予各方当事人以平等参与的机会，对各方当事人的主张、证据、辩驳予以同等的尊重和关注。

第二，实质性条件，裁判者必须直接接触证据，没有直接审查证据的法官不得参与证据评价。自由评价证据的内在合理性在于其能够更准确地认定证据。然而，在不直接接触证据的情形下，合理性将受到根本的侵蚀。

针对我国“审者不判、判者不审”的荒诞做法，我们必须正视以下事实：

首先，在很多情况下，证据是无法转述的，人的陈述尤其如此。在谈到卷宗主义时，拉德布鲁赫教授指出，卷宗主义的致命缺陷在于文字记录根本无法反映言词陈述的整体和全部。“被控告一方不正常的举止，紧张和愤怒的表情，证言陈述中不情愿的停顿，提前背熟的流畅和急速表达，所有这些细微区别和难以描述的状况，在单调呆板的官方记录中消失得无影无踪。”[②] 因此，对于那些认为根据法庭笔录同样可以准确评价证据的人，我们不得不提醒一句：仅仅根据静态的笔录就想对千变万化的证据作出准确的评价，即便不是痴心妄想，也极难实现。

其次，在证据转述中，转述人往往（有意或无意地）已经包含了自己的预先判断，而对于被转述人而言，这种预断却是作为默认事实对其产生影响的。因此，即使不考虑转述人从中作弊的可能，这种单纯依靠他人转述作出的证据评价也无可避免地存在偏离事实真相的危险。其实，在我国司法实践中，一些负责审理案件的法官为了获得一个自己期望的结果同时又可以推脱责任，将审判委员会当挡箭牌的例子已经屡见不鲜。

最后，也是最重要的，我们必须打破一个虚假的前提假设：即审判委员会比

---

① 陈瑞华著：《刑事审判原理论》，北京大学出版社1997年版，第65页。

② ［德］拉德布鲁赫著，米健、朱林译：《法学导论》，中国大百科全书出版社1997年版，第125页。

合议庭更有能力对证据作出准确地判断。在此，且不说多数证据的不可转述性，也不说转述中的“噪音”混入，单单就判断力而论，我们似乎没有任何理由说，一个人的判断能力与其职位高低有关。当然，或许有人会反驳说，在我国现行制度下，审判委员会中往往包含了有着丰富实践经验的资深法官，他们的判断能力当然高于那些审判新手。对此，论者往往容易忽视下述事实：资深固然是优势，同时也有着自身的内在危险：即资深法官往往会因为过分强调其过去的经验而忽视了当前案件的特点。波斯纳法官通过职业法官与陪审团之间的比较，揭示了法官思维模式定型化（be case hardened）对于准确事实认定的不利影响。他举例说，根据贝叶斯定理，假设一名法官，根据他曾经审判许多类似案件的丰富经验，在案件一开始就认为该案件中被告有罪的可能性为100：1，那么，即使法庭上提交的证据产生被告无罪的可能性为8：1，对于该法官而言，他认定被告有罪的证后可能性仍将高达12.5：1。[①] 另外，需要指出的是，在我国司法实践中，最棘手的证据判断莫过于对人的陈述的判断（如所谓的“一对一”）。然而，英美法系国家的司法实践表明，对于这种证据的判断，只有身临其境、亲身感知陈述人作证时的综合情态，才有可能作出符合实际的判断；而在亲身感知的条件下，对此类证据的判断，具有日常生活经验的普通人即足以胜任。因此，这里的问题已经与是否具有丰富的司法经验无关。例如，即便你是有着50年丰富经验的法官，如果你仅仅看着笔录材料，你仍然无法对“我说‘我今年27岁’”这一陈述作出正确的判断。总之，我们认为，即使对于解决法律适用中的疑难问题，审判委员会尚有存在的一席之地的话，在事实问题上，法官将案件提交审判委员会本身即说明该法官已经不再是法官，尽管他还穿着法袍坐在法官的位置上。

（二）评价对象

自由评价的对象是证据。在现代诉讼制度中，作为自由评价对象的证据必须同时具备以下条件：

1. 必须有证据存在

证据进入法庭调查的途径有以下两种方式：当事人举证与裁判者依职权调

---

① 详见［美］理查德·A. 波斯纳著，徐昕、徐昀译：《证据法的经济分析》，中国法制出版社2001年版，第67页。

查证据。其中，在当事人主义诉讼模式下，当事人举证是证据进入裁判者视野的最基本途径，裁判者一般不主动依职权调查证据。在职权主义诉讼模式下，尽管当事人举证仍然是证据进入法庭的基本途径，但基于实质真实的理念，裁判者依职权调查证据也受到了法律的强调。一般而言，在职权主义下，如果为查明案件事实真相而确有必要，裁判者即应依职权主动调查证据，否则，将构成审理义务未尽，其裁判将可能被上级法院撤销并发回重审。在这里，是否有依职权调查证据的必要，并非以裁判者单纯的主观判断为准，而应当根据诉讼进行后全部之情况判断。因此，在实践中，裁判者依职权调查证据往往是作为补充当事人举证能力的辅助性手段被使用的，原则上不得在审理开始即认为有必要依职权调查证据。

2. 证据必须具有证据能力

只有具有证据能力的证据才能进入法庭调查程序而出现于裁判者的视野之中。因此，“无证据能力之证据，既不得作为判断之依据，固毋庸加以调查，即经调查后，始发现其无证据能力者，亦不得本其调查所得之心证，而判断其证明力”①。

3. 证据必须经过法庭调查

诉讼认识不仅仅是一种认识活动，同时还是一种权力的运作。因此，为了防止裁判者的恣意和武断，防止纠纷当事人的命运被操纵于具体的裁判者手中，我们不仅需要关注证据是否存在、裁判者是否认识了证据，而且，还必须知道裁判者认识证据的具体过程。如果认识过程是秘密的，那么，在秘密的阴影之中，裁判者便有了更多作弊的可能，而在“天知地知”的掩护下，裁判者的认识是否来自证据也失去了可观测性和接受外界评价的可能。因此，在现代诉讼中，法律不仅强调证据的重要性，而且进一步要求，裁判者只能在当事人共同参与下才能进行证据认识，裁判者对证据的认识必须置于当事人（在公开审理的时候，还包括旁听审理的公众）的监督之下。因此，在现代法律制度下，经法庭调查已经成为一项实质性条件。如果一项证据未于审判期日践行法庭调查程序，未经双方当事人查证，那么，该项证据即使确实存在、即使具有证据能力，亦不得作为裁判者评价的对象，更不得作为裁判的根据。在实体正义的大旗下，我国立法、司法

① 陈朴生著：《刑事证据法》，台湾三民书局1979年版，第551页。

实践和法学理论长期以来偏重于强调诉讼认识的认知侧面，而忽视了诉讼认识中的权力控制问题。因此，在我国，裁判者对证据的认识往往是在法庭之外完成的，法庭审理程序则几乎沦为裁判的一种形式性要件。由此而来的是恶性循环的后果：在司法实践中，形式化的法庭审理程序显得十分烦琐且毫无意义，于是，又有了进一步简化程序的呼声，如所谓的普通程序简易化。但是，我们必须看到，法庭审理程序的形式化，直接危及我们追求实体正义的初衷。形式化的法庭审理程序给予了裁判者更多的舞弊机会，而且，一旦裁判者从中作梗，纠纷当事人将陷入很难讨回公道的不利处境。不要忘了，裁判者是我们法律权利的最后守护人。这恰如守护羊群的牧羊犬，如果牧羊犬侵害羊群，羊又有什么救助途径呢？在这里，我们并没有假设"法官更容易腐败"，而仅仅是基于这样一个铁的事实：再好的人也是人，其人性总是处于可善可恶、时善时恶的变动之中，而且我们无论预知人在什么时候会显示其恶的一面。这与"做好事不难，难在一辈子只做好事不做坏事"是同样的道理。因此，如果我们不是叶公好龙式地追求实体正义，那么，我们就必须将裁判者作弊的因素考虑在内，从而注重法庭审理程序的权力控制功能。

在严格意义上，作为评价对象的证据，是指经过法庭调查而获得的"证据内容"（即"证据资料"），而非承载证明信息的载体。换句话说，证据只有经过法庭调查而转化为证据资料时，裁判者才得根据经验法则和论理法则对其证明力进行判断，即决定证据之取舍、证明力之大小。

（三）评价内容

在现代诉讼制度中，根据法庭调查证据的时间顺序，裁判者对证据的评判存在于三个阶段：第一，接受法庭调查之前，根据该证据与待证事实的相关性以确定其是否具有接受法庭调查的价值或资格，即证明能力判断。一般而言，英美法系国家实行法定主义模式，大陆法系则委诸裁判者的自由判断，即实行自由评价模式。但随着诉讼实践的发展，二者之间的差距也在不断缩小。在英美法系国家，（规范证据能力的）证据规则已经出现了明显的松动，证据的排除开始越来越多地依赖于法官的裁量；而大陆法系国家，在刑事法领域，也已经出现了规范证据证明能力问题的法律规则。因此，在证明能力方面，裁判者亦存在证据评价活动，差别仅仅是范围大小的问题。[①] 第二，法庭调查之后，对证据自身可信性及其证明力大小进行判断，即证据证明力判断。第三，根据查证属实的证据事实推断待证事实，即事实的认定，具体包括对个别事实的认定与事实的整体认定。

在这里，我们所说的证据评价专指经法庭调查后，裁判者对证据证明力的判断以及运用查证属实的证据对事实的认定。因此，根据时序，证据评价的内容可以分为两部分：一是证明力的评定；二是运用证据认定事实。其中，证明力的评定是自由评价证据的核心。

但需要说明的是，就裁判者对证明能力的评价而言，其实质相当于对证据与待证事实之间关联性的初次评价。"关联性问题要求对以下问题做出回答，即一项证据经过法律推理之后，是否具有足够的证明价值，值得作为证据予以接受？这样，评价一项证据的证明价值，如某人曾在命案案发前不久购买过一支手枪，与其被指控之间的关系，就是一种分析和推理的活动了。"[②] 因此，在裁判者对证明能力进行裁量时，其评价过程亦属于根据经验法则的推理活动，在推理方式上与证明力评价没有本质区别。二者的区别主要表现在调查程序上，即证明力评价必须以严格的法庭调查为基础；对于证明能力的评价，在英美法系国家以"初步询问"程序进行。[③] 在大陆法系国家则一般不进行专门的调查，而由裁判者依据经验径行作出判断，或者用大陆法系的术语，证明能力的调查适用自由证明，而非严格证明。[④]

1. 证明力的评定

证明力的评定包括以下两个评定过程：

一是关于证据自身的信用性（Credibility，又译为"可信性"）的评定。该项判断相当于我国传统证据学理论中关于证据真假的判断。但值得注意的是，尽管在我国传统证据法学中，所谓的"真假"指的是"实际为真、实际为假"；但在实践层面上，作为判断结果的"真假"却仅仅是一种主观判断和评价。换句话

---

① 参见宋英辉、吴宏耀：《外国证据规则的立法及发展——外国证据规则系列之一》，载《人民检察》2001 年第 3 期。另外，《关于英国的变化》，可参见约翰 · D. 杰克逊：《证据法则》，载英国文化委员会编：《英国法律周专辑——中英法律介绍》，法律出版社/博慧出版社 1999 年版，第 168 页以下；美国的变化，可参阅 Federal Rules of Evidence，West Publishing Co. （1999），p. 27。

② Federal Rules of Evidence，West Group（1999），p. 25.

③ 参见《美国联邦证据规则》第 104 条"初步询问"。

④ 参见吴宏耀、魏晓娜著：《诉讼证明原理》，法律出版社 2002 年版。

说，尽管符合实际是我们的理想追求，但“判断为真（假）”却并不等于“实际为真（假）”。因此，为了防止理想与现实的混淆，用“信用性”或“可信性”等带有明显主观判断色彩的术语更容易提醒人们，该评价并非必然反映客观实际，尽管我们希望并通过制度尽力促使其符合客观实际。

二是纯粹的证明力评价。其中，证据自身信用评定是基础，只有在该证据具有可信性的前提下，才可能进一步对其内容的证明力大小予以考察；而且，对于人的陈述，证明力的大小很大程度往往依赖于证据自身的信用性评价。

证据的信用性，是指证据自身是否可靠及其可信赖程度。就实物证据而言，可信性问题主要表现在该证据是否真实存在、有未经过人力雕凿、加工等性质；就人证而言，则主要包括人本身的可信赖性（证人的真挚性或诚实度）和可靠性（证人是否具备相应的知觉、记忆、表达等能力及其程度）。[①] 在诉讼活动中，除裁判者亲临现场对实物证据进行直接观察外，实物证据仍需依赖于人的力量才能提出于法庭。因此，关于实物证据信用性的考察往往转化为对提出该实物证据的相关人的信用性评价。所以，在证据信用性评价问题上，我们只需关注人证的信用性评价即可。

自由评价证据所追求的是一种“常人认识模式”。在认识模式上，自由评价证据的实质是要求裁判者按照人类日常生活中习以为常的认识方式去判断面前的证据。此时，我们需要考虑的是认识对象所包含的社会价值、认识手段自身的可靠性、根据常理以及现有的认识程度是否愿意作出将产生特定社会后果的判断。因此，在现代诉讼中，裁判者对证据的认识是全方位的，不仅包括证据所表现出来的内容，而且还包括证据表现内容的方式、相关环境因素。比如，证人在提供证言时，不仅要看其内容是否合乎逻辑，而且还要将其作证时的举止、面部表情、语速、与当事人的关系等诸多因素考虑在内。这也就是说，裁判者对证据的认识是一种以证据内容为核心，同时兼及其存在背景的认识活动。因此，为了保障自由评价证据的准确性，这种认识方式本质上要求裁判者直接接触原始意义上的证据。

我国台湾地区学者陈朴生教授认为，证人之证言是否具有凭信性，应视证人之观察记忆及报告是否正确为准。因之，凭信性，本得分为证人信用性与证言凭

① 王亚新：《刑事诉讼中发现案件真相与抑制主观随意性的问题——关于自由心证原则历史和现状的比较法研究》，载《比较法研究》1993 年第 2 期。

信性两种。证人之观察不正确，如观察事实发生当时，证人精神有障碍，或正在泥醉中，其观察能力并不正确，其证言固难凭信；即证人之观察，原非并不正确，但因证人陈述时，记忆不清或有错误，致其报告内容与观察不相符合，其证言亦缺乏凭信性。其证言之不正确，有由于证人之偏见，有由于受劝诱或被收买者，则为证人缺乏信用性。故证言之所以缺乏凭信性，其原因，有由于能力之缺陷者，有由于证人之缺乏信用性者，不一而足。①

因此，人证的信用性问题可以进一步分为“能力上的信用性”与“品行上的信用性”。其中，前者与证人的感知能力、表达能力密切相关，而后者则受证人自身的诚实品行等道德因素决定。

在大陆法系国家，基于职权调查模式，人证的信用性由裁判者根据陈述人在法庭陈述时的综合表现，依其经验作出是否可信的判断。在此，裁判者对人证的评判是一种整体性判断，且重在判断人证内容是否准确。但是，这不意味着裁判者不考虑人证的能力问题和品行问题，而是说在职权主义模式下，对于诸如是否欠缺能力、是否诚实、是否怀有偏见等因素，一般不需要专门就此进行举证和辩论，而由裁判者根据询问证人时证人的情态表现径直作出评判。当然，法律并不禁止当事人要求对上述因素进行查证，而且裁判者根据经验也往往会主动进行必要的查证。不过，在大陆法系国家，对这类事实的查证是以自由证明方式进行，且只要求达到释明的程度。

在英美法系国家，对人证信用性的评价属于陪审团的职责。但基于当事人主义理念，在交叉询问中，为削弱或消除对方证人证言的效力，证人的能力问题和品格问题往往成为攻击的重点。因此，在法庭调查阶段，交叉询问的一个重要目的就是削弱或恢复证人在陪审团心中的可靠程度或诚实程度。在诉讼中，律师对证人信用性提出质疑的方式有两种：一是通过交叉询问，揭示证人的感觉缺陷、证人品格、证人的精神状态、证人的重罪前科、该证人以前的自相矛盾的陈述、证人与诉讼一方有利益关系或偏见；二是为了澄清交叉询问中的争议，提出与此相关的证人或其他证据。但值得注意的是，为了防止举证活动的“无限后退”，英美司法实践更强调通过交叉询问揭示证人的信用性，并对引入新的证据进行了限制。“每当一方可以恰当地提出质疑某证人的外部证据时，它就可以同样恰当

① 陈朴生著：《刑事证据法》，台湾三民书局 1979 年版，第 410 页。

地交叉盘问该证人——此话总的来说是正确的。然而，这一粗略规则并不是总能反过来运用。在有些情况下，法官允许交叉盘问，但是不允许使用外部证据。当所提出的外部证据仅勉强具有相关性时便属于这种情况。法官们敏锐地认识到质疑性外部证据的提出比交叉盘问更耗费时间，而且它具有分散陪审员对本案中主要问题之注意力的更大危险。"① 而且，在允许使用以前不端行为质疑证人的案件中，法律通过"反对间接质疑规则"，强行对引入新证据进行了法律上的限制。

华尔兹教授引述《著名律师的重大诉讼案件》一书的内容对间接质疑规则进行了解释："……如果一位夫人出庭作证说，该被告人偷了她的钱包，那么你就可以传唤证人来说明她根本没有钱包，或者说她当时正在芝加哥，或者用其他任何东西表明她的钱包没有丢。但是，如果你想证明她并非善良女子，那你就必须用她自己的嘴说出的话来证明。你可能有一打证人来证明她开了一个赌场，或者虐待迷路的小猫，或者从事某些令人不满的活动，但是，如果她拒绝承认（而且你必须问她）那你只能就此罢休。"对此，如果有足够的证据证明证人在撒谎，而证人在追问下执拗地坚持自己的谎言，法律不允许导入新的证据，但可以另案起诉该证人犯有伪证罪。②

与大陆法系国家一样，英美法亦强调，通过证人在法庭调查中的言行举止等情态印象对其证言的可信性作出判断。其实，日常经验表明，通过询问，我们完全有能力对一项陈述的可信性作出近乎实际的判断（尽管并非总是正确）；而且，在实践生活中，我们也确确实实是主要依靠这种并不必然正确的方法对他人言论的可靠性进行判断的。

证据自身的信用性是证明力评价的基础。其中，就言词证据而言，陈述人自身在能力和品行方面的信用性直接决定着其陈述内容的证明力评价。而且，在很大程度上，二者是无法截然分开的。例如，当我们知道证人甲已经被贿买时，我们对他所作证言的评价自然会持一种否定或消极性评价。对于实物证据，其自身的信用性则仅仅是一个担保性条件，在此基础上，我们必须进一步根据经验判断其证明力大小。又如，对于一份书证，通过对相关人的信用性评价，表明该书证

---

① ［美］乔恩·R. 华尔兹著，何家弘等译：《刑事证据大全》，中国人民公安大学出版社 1993 年版，第 157 页。

② ［美］乔恩·R. 华尔兹著，何家弘等译：《刑事证据大全》，中国人民公安大学出版社 1993 年版，第 139、158 页。

为原件，此时，我们所获得的只是一个稳妥的立足点（这可以从反面得以说明，即在信用性评价中，如果已经表明该书证系伪造，那么，我们根本毋庸再考虑其证明力大小）。在此基础上，我们还需要通过阅读该书证的内容，甚至诉诸鉴定，以判断其对特定事项有无证明力以及证明力大小。

通过单个证据的判断，我们所获得的证明力判断仅仅是一种暂时性答案。这一判断还需要根据对其他证据的调查结果予以强化、调整甚至修改。一般而言，“一个证据，殊难形成正确之心证。故一般系基于数个证据而形成其心证。数个证据，各有其证明力，何者为强，何者为弱，即以何者为可信，仍应斟酌一切情形而为判断”。其中，如果多个证据均指向同一结论，或者说，如果某证据证明的方向得到了其他证据的加强，那么，该项证据的证明力将会进一步加强；相反，该项证据的证明力将要被削弱或淹没。在证明力判断中，难就难在当若干证据指向的结论相互矛盾时，应当如何评定证明力的大小。这一问题实际上是说，在此情况下应当如何认定事实。因此，暂留后文述说。

2. 事实之认定

事实认定包括单个事实的个别认定与裁判事实的整体认定。但无论是哪种事实认定，都是以证明力评价为基础的，换句话说，裁判者运用证据认定事实是以他确信该证据具有可信性且具有一定的证明价值为前提条件的。在法律和职业道德要求下，尽管仍有某些裁判者作出不诚实的事实认定，但就像禁止杀人的法律规范不足以消除所有杀人犯罪一样，并不因此而否认我们将这一规范性事实作为讨论前提的适当性。因此，在此问题上，我们暂不考虑必然存在的反例。但需要说明的是，这也绝非一个纯粹的道德问题，相反，现代法律通过刑法制裁、诉讼法律制度设置都在尽力促使裁判者真诚地进行裁判。因此，如果就某一事实，案件中没有值得信赖的证据，那么，裁判者只需就该事实作否定性认定即可；如果就某一事实存在多个相互矛盾的证据，而且，（在当事人主义模式下）当事人双方都不能进一步提出足以澄清矛盾的证据，或者在职权主义模式下，裁判者已经穷尽了可能的调查手段，那么，裁判者应当根据举证责任机制作出裁断，而毋庸再追究事实的真相。

其中，就后一种情况而言，实际上已经涉及了这样一个问题，即裁判者在什么时候才能认定案件事实？简言之，有两个条件：

第一，事实条件：证据已经穷尽。在当事人主义模式下，证据是否穷尽的标准是，当事人已经没有证据可以向法庭出示。在此模式下，尽管裁判并不以追求查明案件事实真相为理想，但是，由于当事人并不知道裁判者是否已经形成了对自己有利的心证，在追求胜诉的利益驱动下，却可能因当事人“举证过量”（即当事人所举证据远远超出获得有利于己的裁判实际所需要的证据数量）而导致查明案件事实真相的客观后果。在职权主义模式下，这一标准以裁判者的心证为尺度，即裁判者已经形成了确信，且进一步调查证据对该心证已不会有实质性影响。在日本，证据法学理论将这一标准称为“解明度”，即允许裁判者作出实体性裁判的证明程度。日本学者认为，一般而论，只要达到“即使继续进行证据调查，能够左右实体判断的事实关系也不可能变得更明确了”那样的状态，才能够说已达到了充分的解明度。如果还没有达到充分的解明度，裁判者就下达了裁判，那么即构成“审理义务未尽”，将受到上诉审的纠正。

第二，法律条件，裁判者相信案件事实为真的确信已经达到了法律要求的程度。

对于运用证据认定事实的方式，美国证据学家威格摩尔教授将其归纳为以下两种模式：①

一是提交该事实本身。在这种方式中，需要证明的事实直接呈现于裁判者感官面前，其存在与否根本毋庸思维推理，而只需感官上的观望。如向法庭提交带血的刀、展示受伤的臂膀、提交文件或者让裁判者亲临现场观看不动产。威格摩尔教授将这类证据称为实在证据（Real Evidence，又称 Immediate Evidence；Direct Evidence）。他认为，这类证据更适合称之为眼见为真（Autoptic Preference）。根据实在证据认定事实避免了过高或过低的错误评估证据的证明价值。由此不产生逻辑问题；也即事实不言自明（Res ipsa Loquitur）。事实通过它自身得到证明或证伪。在这种模式中，不需要逻辑推理；只需要一个感觉领悟活动（only an act of sensible apprehension occurs）——对所主张的事实存在或不存在的感知。

---

① 以下部分，根据威格摩尔教授撰写的《司法证明的原则》一书的导言译写而成。在该书中，作者试图引导英美证据法学者更多地关注“包含存在逻辑、心理学和一般司法经验中的司法证明规则”，而不是“可采性规则”。但遗憾的是，他的呼吁并没有像其他著作一样引起英美证据法学界的关注。威格摩尔教授所谓的司法证明是指涉及在争议中进行证明的理性过程，即思想对思想，律师对法官或陪审员。每一方当事人都竭力打动陪审员的思想。因此，其所指实际上近似于本书所讨论的诉讼认识的思维规则。对此感兴趣的读者可直接阅读 John Henry Wigmore，The Principles of Judicial Proof，Little，Brown，and Company（1913）。

二是提交一个独立的事实，以推理（Inference）的方式说明待证事实的存在。其中，根据提出事实的类型，又分为两类：根据人的陈述即证人证言（Testimonial Evidence）进行推理；以其他任何事实（英美证据法一般称为“情况证据”Circumstantial Evidence）进行推理。瑟马斯·斯塔克（Tomas Starkie）认为：

当知识不能通过个人现实的观察（actual and personal observation）获得时，能够确认过去事实的方式只有两种，即通过直接或间接来自对该事实有亲身感知知识之人的信息认定事实，或者，通过与能够被有效证明的基本事实具有足够联系的其他事实，以推理或得出结论的方式认定事实。在第一种情形下，推理根植于日常经验认可的人类说真话的信赖原则（a principle of faith in human veracity sanctioned by experience）；在第二种情形中，结论是在经验和理性帮助下从已知事实与未知事实之间的联系中获得的。但无论是何种情形，推理都需要借助已知事实与争议事实之间的先前经验知识，尽管两种推理的根据有着实质性不同。[①]

在《印度证据法》一书中，J. F. 斯蒂芬爵士亦认为，司法调查活动使用的推理有两种：一是从一项断言（assertion）中（无论口头或书面）推理其所断言的事实为真；二是从根据断言的肯定程度确信其存在的事实，然后，据此推理其他事实。但斯蒂芬爵士同样承认，上述两种推理依赖的一般理论是完全一样的。“法官亲耳聆听证人的陈述，亲眼阅读法庭上提交的书面材料，他的任务就是从这些他看到或听到的已知事实推理出他既没有看到也没有听到的事实。”[②] 因此，在诉讼实践中，除了所谓的“眼见为真”方式外，运用证据认定事实的方式实质上只有一种，即从已知事实推理未知事实。

根据威格摩尔的上述分析，我们知道，在单个事实的认定中，运用证据认定事实的方式有两种：一种是直接提出该事实本身，如为了证明双方具有合同关系而直接提出合同文本；为证明受到了伤害而展示伤口……在司法实践中，这种方式并不罕见。但需要注意的是，这种方式只能证明有限度的事实，如合同文本，它只能证明自身存在，至于它是否伪造、篡改，则属于一个新的事实，需要以其

① Thomas Starkie, Evidence, (1824. I, 13.); quoted from John Henry Wigmore, The Principles of Judicial Proof, Little, Brown, and Company (1913), p. 7.

② J. F. Stephen, Indian Evidence Act, (1872. p. 38); quoted from John Henry Wigmore, The Principles of Judicial Proof, Little, Brown, and Company (1913), p. 7.

他证据（如鉴定、相关人的证言等）加以证明。另一种是根据一定证据所证实的事实推理其他待证事实。例如，根据已知事实“犯罪现场发现的指纹与被告人具有同一性”，可以得出被告人到过犯罪现场的结论。在这一推理过程中，引导认识从已知事实“跳跃”到未知事实的是我们头脑中已经预先接受的经验常识。这些经验常识或者来自学习等间接经验，或者来自裁判者日积月累的生活实践。在上述例子中，实际上隐含着这样一个为我们这个时代普遍接受的科学命题：“一个人的指纹终生不变，而且两个人的指纹相同的概率非常之低。”其中，由已知推理未知的方式是司法实践中最为常见的事实认定方式。

就事实的整体认定而言，由于时间的一维性，它不可能以“眼见为真”的方式进行，因此，裁判者只能依赖思维推理的方式认定裁判事实。就推理模式而言，事实整体的认定与前述推理过程没有什么不同，都是以社会经验知识为大前提，以证据证明的事实作为已知事实，然后，得出合乎经验常识的结论。因此，本书将只关注以推理方式认定事实。

需要说明的是，以推理方式认定事实是一个在裁判者头脑中完成的思维过程。一方面，这一过程极其复杂，远非下述文字表述的那么简单；另一方面，这一推理过程往往是在不自觉状态下完成的，根本不需要人为地刻意努力。就后者而言，在证明力评价中，根据那些具有可信性的证据，裁判者往往会自觉地在经验和理性的引导下得出相应的事实结论。其中，对于环境证据，它往往只能证明一种相关事实，因此，当裁判者确信一项环境证据具有真实性时，从环境证据到待证事实尚需要进一步的推理过程。如由“指纹同一”到“人的同一”。而对于人证，当裁判者确信其证言具有可信性时，实质上等于接受了该证言所描述事实的真实。在此意义上，就推理未知事实的过程上，人证与环境证据确实有着实质性不同。但这种差别仅仅是相对的。因为，即使是人证，在很多情况下，我们仍然需要从证言所描述的事实进一步推理未知事实。

在推理的出发点，作为推理前提的已知事实或者来自司法认知，或者来自证据。对于后者，往往需要多个证据共同支撑；而且，“如果某一事件的各个证据是相互独立的，即各个嫌疑被单个地证实，那么，援引的证据越多，该事件的或然性就越大。因为，一个证据的错误并不影响其他事实”①。例如，根据现场有

① ［意］贝卡利亚著，黄风译：《论犯罪与刑罚》，中国大百科全书出版社1993年版，第19页。

某甲的脚印，我们可以进行如下推理：如果某甲是盗窃犯，那么，现场必有他的脚印；现场发现了他的脚印，所以，某甲可能是盗窃犯。但是，这一推理很可能是错的，因为，存在着某甲可能仅仅是路过、盗窃发生之前留下的……无以数计的可能。然而，如果还存在以下若干证据，如从某甲身上搜到了被盗的钱包、在撬门的工具上发现有某甲的指纹、有人作证说看到某甲鬼鬼祟祟地拿了一个包从失主家出来、某甲关于自己案发时在异地的陈述已证明纯属谎言……那么，某甲实施盗窃的嫌疑就非常大了。在这里，尽管其中任何一种情况都会存在无数多的其他可能性，但所有事实均巧合地凑在一起的概率却非常之小。在此，我们也可以把上述证据看作是一个个实施犯罪的必要条件。那么，“从一个必要条件（如作案时间）来看，具备的人是很多的；但同时具备几个必要条件的人（如既有作案时间，又有赃物，现场又留有足迹，等等），就会减少。从一个必要条件确定罪犯，难于排除偶然情况，如他同时具备几个必要条件，偶然性就会减少”①。

总之，运用证据认定事实，我们应当明确以下内容：第一，在诉讼中，除司法认知外，证据是确立作为推理起点之已知事实的最基本手段。在此意义上，我们可以把证据看作是整个事实认定的基石，而该基石是否坚实则取决于裁判者对该证据证明力的评价是否准确地反映了客观实际。为此，裁判者必须亲身感知证据，观察证人作证时的情态表现。第二，在运用已知事实推理未知事实时，支配二者之间推理关系的经验知识是否正确，直接关系着事实认定的准确程度。第三，认定事实常常需要多个由已知事实到未知事实的推理。在这些后续推理环节中，除了这里我们正在讨论的经验推理外，还可能会适用由法律预先规定的推理（即推定 presumption）。

在推理形式上，经验推理和推定都是从一定的基础事实（单个事实或一组事实）推论出未知的事实；但是，二者仍有以下实质性区别：第一，指导推论的依据不同：经验推理（inference）依赖的是裁判者的经验和理性，其推理应当合乎人们的日常生活经验；推定（presumption）所依赖的则是法律拟制的关联性，尽管多数推定是对日常生活经验的总结，但亦存在基于特定价值而人为的法律联系，如无罪推定、长者先死的推定等。第二，类型化程度不同。经验推理具有多样性、不可预测性；推定则因法律明确规定而得以类型化并具有了可预测性。第

① 阳作洲：《刑事侦查中怎样运用假言推理》，载《现代法学》1980 年第 2 期。

三，适用的强制性不同。前者是否适用、如何适用完全依赖于裁判者个人，具有较大的主观性；对于后者，裁判者则具有遵循法律规定的义务。[①] 本章讨论仅限于经验推理。

三、自由评价模式的推理方式

在自由评价模式中，由已知到未知的推理过程是裁判者评价证据的最基本方式。它不仅适用于从证据事实到未知事实，从部分事实到整体事实，而且，适用于从证人的情态表现推断其可信性，从若干证据整合出证据事实。当然，在上述不同推理过程中，推理的复杂程度有很大的差别，但就其实质而言，它们的推理过程却都遵循着同样的推理模式，即以预先接受（或应当接受）的一般经验知识作为大前提；以诉讼中证据证明的已知事实（或者是司法认知的事实，或者是前一推理所得的结论）作为小前提，根据一般性经验知识中所蕴涵的已知事实与未知事实之间的联系，获得有关未知事实的认识。因此，在这里，我们只需关注该推理的最基本形式就可以了。

（一）推理方式的性质

在自由评价模式中，裁判者对证据的评价实质上是一种“日常评价方式”，其推理方式属于经验推理。

经验推理是我们现实生活中习以为常的推理方式。在此推理过程中，我们往往不自觉地使用头脑中预先储备的经验知识。在日常生活中，当我们看到一条蛇时，往往会不由自主地产生恐惧。对此，人们一般将这种“刺激（蛇）→反应（恐惧）”看作是一种自然的生理反应。然而，认知心理学告诉我们，在这种看似纯粹的生理反应中，其实已经包含了我们的经验知识的运用。具体而言，“面前有一条蛇”仅仅是一个客观存在的刺激信号，该刺激信号究竟将引起何种反应，我们无法从客观存在的刺激信号中找到答案，而必须考察该主体头脑中预存的经验知识。显然，假设某甲善捕蛇，那么，“面前有一条蛇”所引起的反应将不是恐惧而是兴奋；然而，如果某乙曾被蛇咬伤（或者，更常见的是，他通过间接知识知道蛇可以伤人甚至致命），那么，该刺激信号所引起的反应将必定不同

---

① 参见周叔厚著：《证据法论》，台湾三民书局 1995 年版，第 309 页以下。

于某甲；更进一步，如果某丙是一个天外来客，到地球上遇到的第一个生物就是蛇，那么，“面前有一条蛇”的刺激信号将仅仅是一个视觉信号，由此可能会引起他的很多“反应”，如他可能会对蛇的艳丽外表感兴趣、可能关心蛇的爬行方式等，但有一点是可以肯定的，“面前有一条蛇”这一刺激信号所引起的反应必然不同于我们地球上的任何一个知道蛇的人。

其实，在日常生活中，我们的所有认知活动都离不开我们头脑中预存的经验知识。这一点从反面更容易予以说明。在古代，指纹证据即使存在也不会引起人的重视，而在现代社会，侦查人员往往会主动寻找指纹证据。显然，在这一认知关系中，认知客体方面没有变化，变化的是认知主体头脑之中储备的知识——因为头脑中已经储备了关于指纹与人之间关系的经验知识，现代人才会积极地利用指纹证据。因此，可以说，在客体一定的前提下，我们能认识什么、能认识到什么，重要的不是客体，而是头脑中的储备知识。“生活经验证明，一个没有热力学知识的人是不能解决热力学问题的。在解决热力学问题的口语记录中，也可以看到，在解题的不同环节上，被试是靠提取他过去在长时记忆中储存的有关知识来解决当前问题的。”① 波兰逻辑学家齐姆宾斯基在谈到专家知识的重要作用时，亦指出，“虽然包含在起诉书中的有关事实已确认为必要的证据，但也可能由于法官不具备有关知识，使他不能根据现有的证据推断出某被告的做法是精神不健全，还是装出来的”②。然而，由于这些作用于我们的知识往往已经“内化”而成为一种背景性存在，在具体的认知活动中，我们往往并不觉察头脑中储备知识的作用。因此，在具体的认知活动中，认知往往表现为一种“跳跃”活动，即直接从已知事实得出未知事实的结论。例如，当我们知道证人与被告人是夫妻关系时，我们往往会直接得出“该证人存在说谎危险”的结论。

证据评价实践亦是如此。在证据评价中，裁判者的结论往往表现为一种径直从已知事实“跳跃”到未知事实的推理过程。如从“指纹同一”直接得出“被告人与撬门的犯罪人为同一个人”的结论。在这里，裁判者不自觉地使用着自己头脑中预先储备的经验知识，并以其作为推理的大前提将未知事实与已知事实衔

① ［美］司马贺著，荆其诚、张厚粲译：《人类的认知——思维的信息加工理论》，科学出版社1986年版，第101页。

② ［波兰］齐姆宾斯基著，刘圣恩等译：《法律应用逻辑》，群众出版社1988年版，第289页。

接起来。因此，在证据评价实践中，由已知到未知的推理过程可以还原为演绎推理的形式。仍以指纹证据为例。通过展示其作为推理大前提的储备知识，该推理可以由上述“跳跃型”还原为：

大前提：人的指纹终生不变，且不同人具有相同指纹的概率非常低。

小前提：（现证据证明）犯罪现场发现的指纹与被告人指纹具有同一性。

结论：犯罪现场的指纹（可能）是被告人的指纹。

但是，类似上述的推理，尽管能够还原为演绎推理的形式，在本质上，却并不属于演绎推理。在逻辑学中，判断一项推理性质的关键不在于其外观形式，而在于其前提与结论之间的联系特征，即二者之间是必然联系还是或然联系。其中，前提与结论之间有必然性联系的推理是演绎推理；前提与结论之间有或然性联系的推理是归纳推理。

在逻辑学中，演绎推理的逻辑推理形式是：如果p，那么q；非q；所以，非p。归纳推理的逻辑推理形式是：S1是P；S2是P；S3是P；S1，S2，S3，都是P；所以，所有S都是P。但是，这仅仅是一种形式化的表达，区分演绎推理与归纳推理的实质在于其前提与结论之间的联系特征。“前提与结论之间的联系是必然性的或者是或然性的，这是推理形式在真假值方面的一个极其重要的特征。因为，应用必然性的推理形式，只要前提是真，就能保证结论也是真的。但是，应用或然性的推理形式，虽然前提是真的，却还不能保证结论也是真的；要保证得到真实可靠的结论，我们还必须依赖其他的方式。”根据前提与结论之间的联系特征，逻辑学将推理分成两大类：一类是演绎推理，另一类是归纳推理。[①] 因此，判断一项推理的性质，我们必须具体着眼于其前提与结论之间的实质联系。

一般而言，在演绎推理中，“作为三段论的前提或结论的判断，就量方面说，只能是全称的或特称的（单称的算作全称的）”[②]。然而，在哲学意义上，作为推理大前提的经验知识只是对人类经验进行不完全归纳的结果，并不具有全称判断的性质。在经验性推理中，我们所赖以进行推理的基础是我们在社会实践中积累和接受的经验知识，这种经验知识尽管已足以满足我们应对现实生活的需要，却并非必然正确。“在实际生活中，我们对许多规律性命题毫不怀疑，无时无刻不

---

① 详见金岳霖主编：《形式逻辑》，人民出版社1972年版，第143页以下。

② 详见金岳霖主编：《形式逻辑》，人民出版社1972年版，第178页。

靠他们来指导我们的行动。没有这些规律性知识，我们一天也活不下去。但是，我们确实不能证明这些规律命题绝对无误，而且事实上曾有过不少规律命题被证明是错误的……这样看来，对于归纳结论或全称命题（包括因果规律命题），我们既不能持绝对怀疑态度，也不能担保其无误。我们只能说，一切尚未遇到反例的全称命题都可以暂且视之为真，并据以指导我们的行动。"[①] 在此意义上，可以说，在证据评价中，所有推理都属于以演绎形式进行的归纳性推理，其推理结论只能具有或然性而非必然性。

基于经验主义哲学立场，英美国家的学者多持这种观点。威格摩尔教授认为，"简短的研究表明，在法庭上提交证据、辩论的形式总是归纳推理……在所有这些案件中，我们都只有一个单个的或孤立的事实，并以它为根据，直接推论出争议的主张事实。这是归纳的或经验性的过程"[②]。朱克曼教授亦认为，"从证据根据普通常识做出推理。这就是我们在如何对事实的实际调查中所采用的逻辑推理类型，它常常采取一种归纳的而非演绎的形式"[③]。

经验主义是英美国家盛行的一种哲学观念。作为一种哲学流派，经验主义提出了与理性主义截然对立的知识起源理论，即人的知识并非与生俱来；"一切知识都发源于感官知觉或经验，因此，所谓必然的命题根本不是必然或绝对确实的，只能给人以或然的知识"[④]。经验主义认为，经验是人类知识的源泉，人类通过对以往经验的归纳而获得知识。然而，由于我们以往的经验只能是无限发展的人类经验的一部分，所以，这种归纳只能是不完全归纳，所获得的知识只能是一种或然性知识。例如，洛克在其认识论名著《人类理解论》中，在论证"知识源于经验"之后，进一步论证说，"除了简单的观念而外，我们概无所知——这是我们所不必惊异的。因为我们底少些虚浮的事物观念，只是由感官从外面得来的，或是由人心反省它自身中底经验得来的，而且，我们除了这些虚浮的观念而外，再没有其他观念，因此，超过这个界限，我们便一无所知，至于事物底内

① 杜汝楫：《归纳推理的疑难》，载北京市逻辑学会编：《归纳逻辑》，中国人民大学出版社 1986 年版，第 6 页。

② John Henry Wigmore, The Principles of Judicial Proof, Little, Brown, and Company (1913), pp. 16 – 17.

③ A. A. S. Zuckerman, The Principles of Criminal Evidence, Clarendon Press, Oxford (1989), p. 12.

④ ［美］梯利著，葛力译：《西方哲学史》，商务印书馆 1995 年版，第 284 页。

在组织和真正本质，则我们更是不知道，因为我们根本没有达到这种知识的官能”[①]。显然，洛克认为，人类的认识不可能超出经验；源自经验的人类知识只能是或然的。不可知论的代表人物休谟通过对归纳法的批判进一步论证了人类知识的或然性。在休谟看来，第一，作为归纳法理论基础的客观因果规律不能成立，我们的感觉经验告诉我们的只是事物之间的先后联系，而不是因果联系；因果律没有经验的证据，只是人们的心理现象。第二，归纳不能得出必然结论，因为当我们从个别推导一般时，我们实际上作了两个大的跳跃：从观察到的事例跳到了未观察到的事例，从过去、现在跳到了未来，这两个跳跃都没有逻辑上的保证，因为适用于有限的不一定适用于无限，并且将来可能与过去和现在完全不同。因此，我们不能根据自人类有记忆以来太阳每天都从东方升起，就推断出太阳明天也会从东方升起，或它永远会从东方升起。否则，我们也许难逃罗素所提到的那只火鸡的命运：它根据主人过去一打铃就喂食，得出结论凡遇打铃必喂食，结果有一天主人打铃后却把它捉住，送上餐桌以款待客人。第三，归纳法本身的正确性只能归纳地证明，而这是逻辑循环。[②] 总之，通过归纳获得的认识可能具有很高的可信性，却“不能得出必然真的结论”。

我国著名逻辑学家杜汝楫教授曾仔细讨论了“必然真”的含义。对此，他区分了两种意义上的“必然”：其一是指严格的必然或逻辑的必然，如 $2+2=4$ 或逻辑蕴涵。这种“必然”只存在于逻辑和纯粹的数学之中。其二是指常识的必然或经验科学的必然，如“天下雨则地必湿”。对后者，杜汝楫教授认为，其实质含义并非逻辑学意义上的“真”，而只能是“未被否定”意义上的“真”。“事实上，人们认识的发展和科学的发展，主要是在不断淘汰遇到反例的命题和建立新的命题的过程中实现的。新的全称命题在尚未遇到反例之前，我们可以视之为真，即并非严格的真……如果我们说一个全称命题是真的，实质上指的是它尚未被否定，而不是严格的真（因而不排除被否定的可能）……”只有在此意义上，我们才能说，一切科学规律命题，一切尚未遇到反例的全称命题，都可视为普遍而必然的真命题。[③] 以证伪理论而闻名的哲学家波普以白天鹅的例子浅显

① ［英］洛克著，关文运译：《人类理解论》，商务印书馆 1959 年版，第 286 页。

② 陈波：《论证是哲学活动的本性》，载赵汀阳主编：《论证》，辽海出版社 1999 年版，第 76 页。

③ 杜汝楫：《归纳推理的疑难》，载北京市逻辑学会编：《归纳逻辑》，中国人民大学出版社 1986 年版，第 6 页。

易明地解说了通过归纳所获得的人类知识的或然性："无论多少对白天鹅的观察都不能确立所有天鹅皆为白色的理论：对黑天鹅的第一次观察就可以驳倒它。"[①]因此，在经验主义看来，人类知识来自经验归纳的基本特点决定了，所谓的全称命题，实质上只是一种具有较高"经验含量"且尚未出现反例从而被我们认为是全称命题的知识。

就此，西方的一则寓言或许可以让我们认识其中的道理：昔日有一个户籍官须记录下威尔士某个村庄里全体户主的姓名。他询问的第一个户主叫威廉·威廉斯；第二个户主、第三个户主、第四个户主……也叫这个名字；最后，他自己说："这可腻了！他们显然都叫威廉·威廉斯。我来把他们照这个登上，休个假。"可是他错了，单单有一位名字叫约翰·琼斯的。[②]

应该承认，经验主义哲学的上述理论对于防止人类认识故步自封、走向僵化是十分有益的，而且，也必须承认，通过不完全归纳获得的人类经验知识确实存在着随时被证伪的可能。然而，宣称所有推理都是归纳推理以及其推论只具有或然性，尽管具有积极的哲学价值，却无太大的实践价值。因为在日常生活实践中，我们并不关心经验主义者所谈论的那些风险。其实，就连休谟也承认，他一旦走出书斋也就放弃了怀疑主义的玄想。

在现实生活中，就像初民社会从不考虑神意只不过是一种"集体幻觉"一样，我们也并不担心现在信以为真的规律性知识会在未来社会被斥之为荒诞。人类必须面对现实的生活，而不是百年之后的世界。因此，对于诉讼认识，我们必须持一种现实的、实践的立场：为了及时终结纠纷，裁判者不能等待终极真理的出现，而只能根据当时为社会普遍接受的认识作出判断。因此，在谈论证据评价中的推理时，我们只需立足于现实社会条件：如果一项规律性认识在裁判当时被认为是绝对正确的，那么我们根据它进行的推理，即属于演绎推理。此时，即使它和结论之间事实上并非必然关系，但是，由于二者之间必然性得到了社会的普遍认可，大前提与结论之间仍然具有了一种实实在在的"必然性"；而且，尽管这种"必然"只是一种主观意义上的"必然性"，在实效上，它却与其他演绎推

① ［英］卡尔·波普尔著，范景中、李正本译：《通过知识获得解放》，中国美术学院出版社1996年版，第414页。

② ［英］罗素著，马元德译：《西方哲学史》（下），商务印书馆1976年版，第63页。

理一样具有同样的逻辑强制力和说服力。例如，在发现不同的人也可能具有同样的指纹之前，人们在运用指纹证据认定事实时，由于坚信前提与结论之间的“必然联系”，在推理过程中，人们赋予其前提与结论之间的必然联系丝毫不比其他演绎推理少。因此，从实效性上看，证据评价中的推理亦可能存在演绎推理，尽管这种推理数量一般不多，且存在着主观认识与客观实际不符的危险。

我们已经看到，决定一项推理性质的关键在于作为推理大前提的经验知识。一方面，如果作为大前提的经验知识是一个（为特定社会条件所接受的）全称命题，那么，该推理即属于演绎推理，前提正确将必然推出正确的结论；否则，其推理即属于归纳推理，此时，即使前提正确，结论也并不必然正确。另一方面，对于归纳推理而言，尽管所有归纳推理都具有或然性，但是，归纳推理的或然性大小却有着十分悬殊的差别。作为大前提的经验知识的普遍程度直接影响着归纳推理的或然性。一般而言，作为推理大前提的经验知识的例外情形越少，推理结论的或然性就越大；相反，则越小。因此，在证据评价中，作为推理大前提的经验知识具有十分重要的地位。

（二）经验规则

在推理过程中，作为推理大前提的经验知识或者裁判者头脑中预先存在的储备知识，或者经由其他诉讼参与人提出而为裁判者接受的具有公共属性的一般性知识。在现代社会，随着科学文明的进步，知识专业化的程度也越来越高；受此影响，在证据评价过程中，裁判者也越来越多地需要其他诉讼参与人提出的专门领域的规律性知识。但对此必须明确两点：一方面，由于这些规律性知识往往具有更强的公共属性，裁判者一般都会将其接受为评价证据的根据；另一方面，在诉讼实践中，这些专业知识多表现为专家证言或鉴定意见，在法律上，它们对裁判者并没有预决的证明价值。因此，在具体案件中，这些专业知识是否被裁判者接受、在何种程度上被接受，仍然取决于裁判者根据自身已有的储备知识作出的评价。因此，在以下的讨论中，我们将不关心裁判者获得经验知识的途径而只着眼于作为评价根据的经验知识本身。

在证据法学中，为了强调作为评价证据的经验知识应当是具有公共属性的普遍知识而非裁判者纯粹的个人知识，一般将其称之为经验规则。在日本学界，往往将德国法中的Erfahrungss tze 译为“经验则”。我国台湾地区学者则多译为经验法则，如陈朴生教授认为，“经验法则，系本吾人生活之经验，而为判断证据证明力之基础，且非事理所无，并在客观上应认为确实之定则；既非仅凭裁判官之知识及办案经验，亦非违背事理，或为不合理之判断，尤非单纯为裁判官之主观经验作用”①。一般而言，作为评价根据的经验规则具有以下特点：② 首先，经验规则是根据已知事实推导未知事实时能够作为前提的一般的知识、经验、常识、法则。经验规则来自人类知识的总体。在证据评价时，由于对未知的具体探求有着无穷的变化，裁判者必须根据具体情况来具体决定采取什么经验规则。因此，在实践中，能够作为评价根据的经验规则在数量上具有无限性的特点，无法在立法中一一列明。其次，经验规则应该是人们从个别经验的积累中抽象、归纳出来的一般知识或常识，具有一般性和客观性，应该能够在相当的范围内获得人们的普遍承认。作为评价根据的经验规则不能是裁判者所特有的个别经验，而应当具有为多数接受或认可的一般性知识，如高度专业的专业知识或某一行业的惯性做法等。在证据评价中，裁判者对于其他诉讼参与人提出的专业领域的经验规则，如果不予接受，应当说明其不接受的理由。最后，经验规则往往不能采用全称判断的形式来表述，而只是盖然性的命题。经验规则的范围很广，从具有必然性的数学、接近于全称判断之高度盖然性的自然科学法则，到具有较高盖然性的医学知识，到往往只具有较低盖然性的日常生活中积累的生活常识。

根据经验规则的确定性程度，普维庭教授将其分为四类：生活规律、经验基本原则、简单的经验规则、纯粹的偏见。其中，只有前三项经验法则才有资格作为推理的大前提。

第一，生活规律（亦即自然、思维和经验法则）。这类规则或者已经得到科学上的证明，或者合乎逻辑，或者尚未发现例外情形。它的逻辑结构是：如果A，那么B。这类规则在人类的认识过程中具有十分重要的地位。根据德国判例，“当用自然科学的知识可确定一项事实时，法官的心证即无适用的余地”。因此，即使法官对一项已为专业知识界所共识的事实仍觉得有疑问或无法理解，仍应当将其作为判决的基础，如血型鉴定中的父子认定。但是，对于自然科学无法认定为可靠的因果关系，法官则不得以之为裁判的基础。

① 陈朴生著：《刑事证据法》，台湾三民书局1979年版，第564页。

② 王亚新：《刑事诉讼中发现案件真相与抑制主观随意性的问题——关于自由心证原则历史和现状的比较法研究》，载《比较法研究》1993年第2期。

除自然规律和思维规律外，这类规则还可能包括一些被社会普遍默认的经验规则，如 DNA 与人的联系、一个人不可能同时在两个地方、没有人可以活一千年等。但需要指出的是，在这些经验规则中，绝大多数规则的准确性并非确定无疑，而是有待人类经验的进一步检验。在此意义上，普遍默认的经验规则实质上是尚未遇到经验反驳的全称判断。

第二，经验基本规则。这类规则具有很高的盖然性，尽管它并不能完全排除例外情形。一般而言，这类规则更多地来自于生活经验，而且，尽管存在例外情形却并不影响其适用于多数情形。这类规则的逻辑形式是：如果 A，那么大多数情况下 B。例如，情人之间关系一般比较密切、用刀砍断了别人的腿一般不可能是过失等。这类经验规则在反证的作用下可以被推翻，因此，在诉讼认识中，如果受其不利影响的一方无法提出有力的反证，这类规则往往会被接受作为评价的根据。

第三，简单的经验规则。这种规则具有较低的盖然性，它仅仅是一种认识的辅助性工具，而不能独立帮助人们形成确定性的认识。该规则的逻辑结构是：如果 A，则有时 B。

在证据评价中，经验规则实际上取代了法定证据规则在证据评价中的地位。由于经验规则在数量上是无限的，不同经验规则的或然性程度也有着无穷差别，在证据评价中，以何种经验规则作为评价的根据，完全由裁判者决定；另外，裁判者对经验规则的选择也并非毫无标准。相反，裁判者的选择亦受到来自经验规则自身的制约。这种制约之所以成为可能是由经验规则在内容和形式上的客观性所决定的。从内容上看，经验规则来自人们个别经验的积累，是大量经验的归纳和抽象；从形式上看，经验规则不是个别人所特有的特殊经验，而表现为一般人或一定范围内的人所共有的知识。由于经验规则的这种客观性质，裁判者在经验规则的选择及对其具体内容和盖然性程度的认识和运用上，都必然受到经验规则的内在制约。另外，法律制度对经验规则的强调、上级审的存在，也现实地强化了经验规则的制约力度。因此，由裁判者根据具体情形选择经验规则，并不意味着裁判者可以任意作出选择。①

① 关于依据经验规则之证据评价的客观性与主观性，请参阅王亚新：《刑事诉讼中发现案件真相与抑制主观随意性的问题——关于自由心证原则历史和现状的比较法研究》，载《比较法研究》1993 年第 2 期。

第四节　诉讼认识结果：裁判事实的客观性

诉讼认识结果首先表现为裁判者关于案件事实的思维重构。但是，在具体案件中，我们无法知晓裁判者头脑中的认识结果，我们所面对的只能是表现于外的裁判事实；更重要的是，在法律视野中，这种存在于头脑之中的认识结果只有以语言的形式外化为裁判事实，才能够作为适用法律的现实依据。因此，从裁判的实际效力出发，我们毋庸考虑裁判者头脑中的主观认识，而只需关注作为其外在表现形式的裁判事实。

在裁判者是否如实表述其主观认识问题上，我们只能立足于下述职业道德的约束之上，即裁判者应当真诚地表达自己关于案件事实的主观认识。

裁判事实是裁判者确信为真的认识。像其他认识结果一样，在本质上，裁判事实是一种主观认识，也是一种对认识客体的主观反映。

在我国证据学理论中，常常否认裁判事实的“主观性”。似乎一谈“主观”，就不“客观”了。其实，在哲学中，“主观”一词的基本含义是指不同于客观物质的意识现象，即人的精神世界或观念形态的东西。主观性，是指一切意识现象都具有而物质实体所没有的性质，即它们都是人脑对物质的反映，而不是物质实体本身。因此，任何认识，包括真理，都具有主观性特点。而且，只有承认认识结构是主观的存在，才能谈论它是否因符合于认识客体而具有真理性。①

于是，在这里，我们遇到了一个富有哲学趣味的问题：作为一种主观反映，裁判事实能否正确反映案件的客观实际？

在此问题上，我国传统证据理论与西方证据理论，尤其是英美证据理论，存在着截然的对立。② 西方证据理论对该问题没有系统的表述，但多数学者认为，作为裁判根据的裁判事实只能是一种盖然性认识，而不可能是绝对确定之认识。例如，英国《大不列颠百科全书》称：“由于取得证据的方法有显著不同和区别，证据只能产生程度不同的盖然性，而不会有哲学上的绝对真理的意义。”③

---

① 关于“真理的主观性”，详见田心铭著：《认识的反思》，人民出版社 2000 年版，第 446 页。

② 详见陈一云主编：《证据学》，中国人民大学出版社 1991 年版，第 115～116 页。

③ 转引自上海社科院法研所编译：《诉讼法》，知识出版社 1992 年版，第 208 页。

1885年1月14日德国最高法院判例认为:"由于人之认识能力有限,任何人对于事实之存在殊难得到绝对确定之认识。"[①] 日本学者亦持有类似见解。例如,团藤重光教授认为,"真正绝对的真实,只有在神的世界才可能存在,在人的世界中,真实毕竟不过是相对的。诉讼领域中的真实当然也不例外"[②]。又如,田口守一教授认为,"刑事诉讼法中的真实,第一是'诉讼上的真实'。它完全是法律学上的概念,而不是自然科学所研究的那种'绝对的真实'。对于过去的实践,只有依据证据法,认定为有'诉讼上'的事实,才是'真实'。尽管说是真实,也必须注意其中存在有本源性的界限。第二,刑事诉讼法中的真实,是'实体性的真实'……诚然,虽然说是'实体真实',也不是实体法意义上的正确事实(绝对性真实),因为毕竟是诉讼法上的概念,所以,是'尽可能接近真相的事实'。"[③] 与此相对,我国传统证据法学以辩证唯物主义认识论为理论基础,坚信查明案件的客观真实,是完全可能的……司法人员只要依法正确收集和审查判断证据,完全有可能对案件事实做出符合客观实际的认识。[④] 巫宇甦教授主编的《证据学》教材亦认为:"司法人员完全有可能掌握对查明案情具有意义的一切事实,通过正确的推理和判断,对案件事实做出符合实际的结论。"[⑤]

近年来,在对客观真实理论的反思中,有越来越多的学者开始对"能够查明案件的客观真实"的论断提出了质疑,并转而主张:"查明客观真实"只是诉讼的理想目标,在现实的司法实践中,"裁判者的认识只能'最大限度地接近客观真实'"。

由于对这一问题的认识直接关系着诉讼裁判制度存在的正当性问题,本书以下将围绕我国传统证据学中的客观真实理论对此展开讨论。我们将区分两种意义上的"客观真实"概念,然后,我们将依次考察:裁判者的认识能否达到客观真实的程度(或者说,能否正确反映案件事实真相)、裁判事实与"客观真实"的关系、客观真实能否作为刑事证明标准等问题。

---

① 转引自陈朴生著:《刑事证据法》,台湾三民书局1983年版,第581页。

② [日] 团藤重光:《刑事诉讼中的主体性理论》,载《法学家》1988年4月。

③ [日] 田口守一著,刘迪、张凌、穆津译:《刑事诉讼法》,法律出版社2000年版,第9页。

④ 陈一云主编:《证据学》,中国人民大学出版社1991年版,第115页。

⑤ 巫宇甦主编:《证据学》,群众出版社1983年版,第79页。

一、什么是"客观真实"

"客观真实"是我国传统证据法学理论中的一个重要概念。但是，我国传统证据法学理论对"客观真实"并没有明确的界定，而是作为一个不言自明的概念加以适用的。因此，为了明确"客观真实"的内涵，我们只能借助于我国传统证据法学理论中与"客观真实"相关的论述。

在巫宇甦教授主编的高等学校法学试用教材《证据学》中，其认为：

> 我国人民司法机关在进行诉讼时，历来遵循"以事实为根据，以法律为准绳"的原则。《刑事诉讼法》第31条明确规定，只有经过查证属实的证据，才能作为"证明案件真实情况"的根据。这里所说的"事实""案件真实情况"，指的是案件的客观真实，而不是任何其他形式、其他程度的真实。我国诉讼中证明的任务就是确定案件的客观真实。这也就是说，在刑事诉讼中，应该确定犯罪事实是否发生，是否为被告人所为，以及是否存在某种从重、加重、从轻、减轻或免除其刑事责任的情节等。在民事诉讼中，应该确定对于判明当事人的权利、义务有法律意义的事实。司法机关所确定的这些事实，必须与客观上实际发生的事实完全符合、确实无疑。[①]

国家教育委员会委托编写的高等学校文科教材中，论者亦认为："我国诉讼中的证明任务是查明案件的客观真实或案件的真实情况……查明案件的客观真实，归根结底，就是要求司法人员的主观认识必须符合客观实际。"[②] 通过上述引文，可以清楚地看到，在我国传统证据法学中，"客观真实"这一概念是作为"案件的实际情况"的同义词使用的，指的是独立于司法机关而有待认识的案件事实真相。

但是，值得注意的是，作为一种证据理论，"客观真实"论的核心在于强调司法机关的主观认识（包括裁判事实）与实际发生的事实的符合，强调"认识符合客观实际"。因此，在我国传统证据法学者的论述中，"客观真实"一词实际上还有另外一层含义，即被用以指称"认识结果与实际情况的符合"，或者

---

① 巫宇甦主编：《证据学》，群众出版社1983年版，第78页。

② 陈一云主编：《证据学》，中国人民大学出版社1991年版，第114页。

说，“认识结果对客观实际的正确反映”。例如，陈光中教授在《刑事证据制度与认识论》一文中谈道：“我们认为刑事证明的目的，总体来说是要达到诉讼(案件)客观真实，即指公安司法人员在诉讼中根据证据所认定的案件事实要符合客观存在的案件事实。”① 又如，刘金友教授认为，“所谓客观真实，即人们的认识符合客观实际，如果人们的认识不符合客观实际，那它无论被主观上觉得如何，它在客观上就是不真实的，而是虚假的、错误的。在我国，从根本上说就是将那些被查明的案件客观事实，作为司法机关判决、裁定或决定的合法根据”②。在此意义上，“客观真实”已经不再是有待认识的客观对象，而是指主观认识与客观实际之间的符合关系。

在我国传统证据法学理论中，③“客观真实”一词的上述两层含义是相互联系的：要求查明（第一层含义上的）客观真实，即要求司法人员的认识必须符合客观实际；而认识符合客观实际，也即达到了（第二层含义上的）客观真实。但是，为了防止双重含义可能引起的歧义，本书以下将只在第二层含义上使用“客观真实”一词，至于第一层含义上的“客观真实”则直接称之为案件事实真相。

二、能否达到“客观真实”

在明确“客观真实”双重含义的基础上，我们认为，我国诉讼法学界关于

① 陈光中、陈海光、魏晓娜：《刑事证据制度与认识论》，载《中国法学》2001年第1期。

② 刘金友主编：《证据法学》，中国政法大学出版社2001年版，第316页。

③ “客观真实”一词的双重含义与我国哲学界在双重含义上使用“客观真理”这一概念具有类似原因。在我国哲学界，“真理”(即客观真理)通常用以指称符合客观对象的认识；但有时候，也被用以指称真理性认识所符合的客观对象。对此，田心铭教授认为，其原因来自两个方面：第一，语言表达上的原因。在语言表达中，作为认识结果的真理与作为认识对象的客观实在，内容上是同一的，无法区分。第二，对我国法学界和哲学界也是更为重要的原因是，“在一些哲学著作包括马克思主义经典作家的著作中，对‘真理’一词的用法也有两种情况，除了指正确反映客体的认识外，有时也被用来指称客观世界、客观规律本身。我们在列宁的《唯物主义和经验批判主义》中可以看到，列宁所引用的费尔巴哈、狄慈根等人的论述，以及列宁自己的论述，都有这种情况。列宁自己对‘真理’一词也有过类似的用法，例如：‘人的思维在正确地反映客观真理的时候才是经济的’。这里是用真理指称思维反映的客观对象”。明确“客观真实”一词的双重含义的成因有两方面的用意：第一，在传统证据理论中，所谓的以“事实”为根据并非真的是以“客观发生的纠纷事实”作为裁判根据，而是以“正确反映纠纷事实的裁判者的认识”为裁判根据。在此，我们必须首先承认，作为裁判根据的是裁判者关于案件事实的认识，而非“事实”本身；然后，才能够说，该认识是符合客观实际的认识。第二，明确马克思主义经典著作中客观真理的双重含义，有助于说明，为什么持有截然对立观点的学者都能够从马克思主义经典作家那里找到论据。这也提醒我们，在引述马克思主义经典著作时，一定要细察其中的哲理而不能望文生义。

“裁判者认识能否达到客观真实”的分歧实质上是一种因概念含义不同而产生的理解上的分歧。

主张“裁判者的认识只能无限接近客观真实”的学者显然是在第一层含义上使用“客观真实”这一术语的。在此意义上，该主张当然具有无可置疑的真理性。辩证唯物主义认识论认为，人对客观对象的认识是一个永远不可能终结的过程；具体认识只能是对客观对象的一定程度的认识，是对客观对象的近似的一致。在《反杜林论》一书中，针对杜林关于最后的终极的真理、思维的至上性、认识的绝对可靠性等论述，恩格斯提出了“人的认识的产物究竟能否具有至上的意义和无条件的真理权，如果能，那么是哪些产物能这样?”这一哲学问题。对此，恩格斯认为，“人的思维的至上性”“仅仅作为无数亿过去、现在和未来的人的个人思维而存在”；“至于说到每一个人的思维所达到的认识的至上意义，那么我们大家都知道，它是根本谈不上的，而且根据到目前为止的一切经验看来，这些认识所包含的需要改善的因素，无例外地总是要比不需要改善的或正确的因素多得多”。因此，他结论说，“思维的至上性是在一系列非常不至上地思维着的人们中实现的；拥有无条件的真理权的那种认识是在一系列相对的谬误中实现的；二者都只有通过人类生活的无限延续才能完成”[①]。在“唯物主义和经验批判主义”一文中，列宁曾多次引证辩证唯物主义哲学家狄慈根的论述。其中，在谈到“自在之物”与人类认识的关系时，列宁引述狄慈根在《一个社会主义者在认识论领域中的漫游》的论述，鲜明地肯认了人类认识的发展品格：“对于意识到自己的本质的意识来说，任何微粒，不论是灰尘、石头或木头的微粒，都是一种不能彻底认识的东西（Unauskenntiliches），也就是说，每一个微粒都是人的认识能力所不可穷尽的材料……”[②] 在已为我国法学界所熟知的有关图画与模特儿的论述中，狄慈根再次谈道，“不言而喻，图画不包括对象的全部，画家落后于他的模特儿……图画怎么能够和它的模特儿‘一致’呢?只能是近似的一致”。“我们只能相对地认识自然界和它的各个部分；因为每一个部分，虽然只是自然界的一个相对的部分，然而却具有绝对物的本性，具有认识所无可

① 恩格斯：《反杜林论》，载中共中央马克思恩格斯列宁斯大林著作编译局编：《马克思恩格斯选集》（第3卷），人民出版社1972年版，第125~126页。

② 《列宁唯物主义和经验主义批判》，载中共中央马克思恩格斯列宁斯大林著作编译局编：《列宁选集》（第2卷），人民出版社1972年版，第119页。

穷尽的自在的自然整体（des Naturganzen an sich）的本性……”①

然而，对于主张“裁判者能够查明案件事实”、“裁判者的认识能够达到客观真实”的学者，他所强调的却是“客观真实”的另一面，即裁判者的认识与案件事实真相的符合关系。例如，我国传统证据法学强调，“查明案件的客观真实，归根结底，就是要求司法人员的主观认识必须符合客观实际”。在这里，重点不在于认识是否具有发展的性格，而在于特定认识结果与客观实际是否“符合”：就特定认识结果而言，符合客观实际，即认为达到了客观真实。在哲学上，与客观对象符合的认识被称为真理。“为了强调客观性是真理区别于错误的根本属性，通常也将真理称为客观真理。”② 那么，人的认识能否与其认识对象相符合而达到真理性认识呢？对此，马克思曾尖锐地指出，“人的思维是否具有客观的真理性，这并不是一个理论的问题，而是一个实践的问题。人应该在实践中证明自己思维的真理性，即自己思维的现实性和力量，亦即自己思维的彼岸性。关于离开实践的思维是否具有现实性的争论，是一个纯粹经院哲学的问题”③。针对不可知论者在该问题上的怀疑态度，恩格斯曾论述说：看起来，这种论点（即不可知论者所主张的“我们怎么知道我们的感官所给予我们的，是我们通过感官去感知的事物的正确反映呢？”）确实是很难只凭论证去驳倒的。但是在有论证之前，已经先有了行动。“起初是行动。”在人类的才智发现这个困难以前很久，人类的行动已经解决了这个困难。对布丁的检验在于吃。当我们按照我们所感知的事物特性来利用这些事物的时候，我们就让我们的感性知觉的正确性受到确实可靠的检验。如果这些知觉是错误的，那么我们关于这种事物可能有什么用途的判断，必然也是错误的，而我们的尝试就必然要失败。开始，如果我们达到了我们的目的，如果我们发现事物符合我们关于它的认识，并且产生我们所预期的目的，那么这就肯定地证明，在这一范围内我们关于事物及其特性的知觉是同存在于我们之外的现实相符合的。当我们发现自己遭到了失败的时候，我们一般地总是不用很久就能找出使我们失败的原因；我们总是发现，我们的行动所依据的知

① 《列宁唯物主义和经验主义批判》，载中共中央马克思恩格斯列宁斯大林著作编译局编：《列宁选集》（第2卷），人民出版社1972年版，第134页。

② 田心铭：《认识的反思》，人民出版社2000年版，第447页。

③ 马克思：《关于费尔巴哈的提纲》，载中共中央马克思恩格斯列宁斯大林著作编译局编：《马克思恩格斯选集》（第1卷），人民出版社1972年版，第16页。

觉，不是不完全的和肤浅的，就是不正确地和其他知觉的结果结合在一起——我们把这叫做有缺陷的推理。只要我们注意正确地训练和运用我们的感官，并把我们的行动限制在正确地形成和正确地运用的知觉所限定的范围之内，我们就会发现，我们的行动结果证明我们的知觉是和知觉到的事物的客观本性相符合的。到目前为止，没有一个例子迫使我们得出这样的结论：我们经过科学检验的感性知觉，会在我们的头脑中形成一种在本性上同现实不符合的关于外部世界的观念；或者在外部世界和我们关于外部世界的感性知觉之间，存在着天生的不一致。①

在这里，作者大段地引述马克思主义经典作家在“思存同一性”问题上的著名论述，其目的只有一个，即马克思主义经典作家从来没有因为认识的发展性格而否认人类认识与其认识对象相符合的能力和事实。“符合”是一个哲学术语，但是，“符合”并不因此而变得神秘。相反，“符合”的基本含义十分明确，也十分简单，即特定的认识结果正确反映了其认识对象的客观实际。例如，当我们指着一个苹果说“这是一个苹果”时，我们关于苹果的认识即已经符合于客观实际；然而，如果我们指着一个苹果说“这是一个梨”，那么，我们关于该水果的认识即不符合客观实际。

通过上述分析，我们可以看到，上述两种主张以不同的“客观真实”概念为起点，分别强调了认识的不同侧面。那么，在“司法人员能否查明案件事实真相”这一问题上，二者的分歧究竟在哪里呢？我们认为，关键在于二者对“查明案件事实真相”中的“查明”，或者说，对“主观对客观的符合”中的“符合”存在着不同的理解：持反对观点的学者把“查明”视为“查明事实真相的所有方面”，将“符合”视为认识与案件事实的“彻底的、全面的、终极意义上的符合”，因此，根据认识的发展性格，他们极力否定司法人员的认识能够与客观实际（彻底、全面、终极地）符合而达到“查明案件事实真相”的要求；而持赞同观点的学者则将“查明”理解为一种“质”的要求，即主观对客观的“正确反映”：只要司法人员的认识符合客观实际，就等于查明了案件的事实真相，因此，“查明”的关键在于认识是否符合实际，而不涉及究竟有哪些要素应当符合客观实际。

① 恩格斯：《社会主义从空想到科学的发展》（英文版导言），载中共中央马克思恩格斯列宁斯大林著作编译局编：《马克思恩格斯选集》（第3卷），人民出版社1972年版，第387页。

显然，上述两种主张在理论上都是正确的，都是运用辩证唯物主义认识论的必然结果。但是，从“认识只能无限接近客观对象”出发，能否否认“具体认识能够与客观对象符合”呢？或者说，如何理解上述两种主张之间的矛盾呢？我们认为，辩证唯物主义认识论中关于“绝对真理和相对真理”的论述已经给出了最好的回答。

第一，尽管认识无法达到绝对真理，但是，不能因此而否认认识与客观对象符合的可能，不能否认达到相对真理的可能。“相对真理与绝对真理”的哲学区分是为了突出强调认识的发展性格；其前提条件是承认“认识能够与客观对象符合”。换句话说，认识的发展性格与认识是否与客观对象符合是两个层面的问题，只有先承认“认识能够与客观对象符合”，才可能讨论认识的发展品性和绝对真理。在哲学中，“相对真理”是指一个个有限的真理性认识。它首先是真理，具有与客观对象符合的最基本特征；在此前提下，“相对真理”这一概念强调指出它的相对性，即它是对认识对象的一定条件下、一定范围内和一定程度上的正确反映，而非无条件的、全面的、彻底的正确反映。而“绝对真理”，则是指不断发展着的无数真理性认识的总和，指始终是作为一个发展过程而并非是以某种完成形态存在的真理总体。因此，绝对真理和相对真理是真理的两种形式：与谬误相比，二者都是与客观对象符合的认识；二者的区别不在于是否与客观对象“符合”，而在于符合的深度和广度。

第二，“马克思主义承认‘绝对真理’，并不是认为人类有一天可以最终完成对无限的物质世界的认识，最终达到绝对真理，而是肯定认识发展的无限性和绝对性。”① 因此，在具体的认识实践中，谈论绝对真理是没有意义的，任何具体存在的真理性认识都是“相对真理”，尽管就实践目的而言，这些相对真理已经足以满足我们的需要。“在此，我们绝不需要担心我们现在所处的认识阶段和先前的一切阶段一样地都不是最后的。这一阶段已经包括大量的认识材料，并且要求每一个想在任何专业内称为内行的人进行极深刻的专门研究。”② 显然，作为一种实践科学，法律实践所需要的不是哲学上的绝对真理，而是满足我们实践

① 田心铭著：《认识的反思》，人民出版社 2000 年版，第 471 页。

② 恩格斯：《反杜林论》，载中共中央马克思恩格斯列宁斯大林著作编译局编：《马克思恩格斯选集》（第 3 卷），人民出版社 1972 年版，第 130 页。

需要的相对真理。

第三，必须注意区分“真理的绝对性”与“绝对真理”。在严格意义上，“绝对真理”是指不断发展着的无数真理性认识的总和；而“真理的绝对性”则是真理的属性之一，指任何真理性认识在正确反映其认识对象上的绝对性。但是，马克思主义经典著作以及我国许多哲学论著包括教科书常常交叉使用“绝对真理与相对真理”、“真理的相对性与绝对性”这两对范畴，以致“绝对真理”有时候亦被用以指称“真理的绝对性”。因此，在引述马克思主义经典著作时，必须注意区分“绝对真理”与“真理的绝对性”。在我国哲学界，“绝对真理”与“真理的绝对性”的混淆使用已经引起了许多不必要的争论与分歧。针对这一现实，田心铭先生主张应当严格区分这两个概念，并根据经典马克思主义著作中的论述对这两个概念进行认真的清理和界分。① 例如，列宁在《唯物主义和经验批判主义》第五章第八节中指出，“绝对真理是由发展中的相对真理的总和构成的；相对真理是不依赖于人类而存在的客体的相对正确的反映；这些反映愈来愈正确；每一个科学真理尽管有相对性，其中都含有绝对真理的成分。”② 在这里，列宁第一个“绝对真理”是在与“相对真理”相对意义上使用的，而第二个“绝对真理”则是指相对真理因与认识对象符合而具有的“真理的绝对性”。在严格区分“绝对真理”与“真理的绝对性”基础上，列宁的上述论断可以表述为：任何一个具体的真理性认识，尽管它总是构成绝对真理长河的一部分并有可能随着人类认识的发展而被精确度更高的真理性认识所取代，但就已经正确反映了其客观对象这一点而言，该真理性认识却是绝对的、永恒的。换句话说，对于具体的真理性认识，人类认识的发展只能是在正确反映的精确程度上的发展，而不会导致“质”的改变。例如，随着科学的进步，拿破仑死亡的时间可能会精确到具体的时、分、秒，但这种进步却不会反过来否定“拿破仑死于1821年5月5日”的真理性。在严格区分“绝对真理”与“真理的绝对性”的基础上，可以说，我国传统证据理论中对“客观真实”的强调，重在强调认识对客观实际的符合，重在强调这种符合的绝对性、客观性，而非认识的终极性、彻底性。

基于上述分析，我们认为，尽管两种主张都具有自身的理论自洽性，但是，

---

① 详见田心铭著：《认识的反思》，人民出版社2000年版，第467页。

② 中共中央马克思恩格斯列宁斯大林著作编译局编：《列宁选集》，人民出版社1972年版，第315页。

作为一种指导实践的理论，我国传统证据理论却具有更强的科学性。具体而言，我国传统理论在以下方面是正确的：第一，强调查明案件事实真相的根本尺度在于主观对客观实际的符合，突出了裁判的客观性要求；第二，相信司法人员的认识能够正确反映案件事实真相，为优化诉讼制度以更好地发现真实提供了理论支撑；第三，要求司法人员应当以符合客观实际的认识作为裁判的根据，突出了实体正义对司法人员的伦理要求。

但是，亦不容否认，我国传统证据法学中一直都有着强劲的认识乐观主义精神。在论述中，论者往往忽视了实践操作的困难，有意无意地夸大了司法人员查明案件事实真相的能力和实际可能。因此，针对我国传统证据法学的客观真实理论，仍须明确以下几点：

第一，并非所有的案件都能够查明案件的事实真相。在此，我们必须在坚持可知论的前提下，承认具体历史条件下人类认识的有限性和有条件性。诉讼认识是历史认识的一种，为了重构过去发生的事实，我们必须依赖特定的中介手段。在现代诉讼制度中，证据是裁判者认识过去的基本手段。由于主客观等多方面的原因都有可能造成的证据缺失，司法实践中必然存在着我们无法查证清楚甚至是根本无法查证的案件。因此，在诉讼制度上，我们必须承认：确实存在一些案件超出了我们的认识能力，并应对这些确实无法查明的案件设置法律上的处理途径。其中，以依据证明责任进行裁判的法律机制最为重要。

第二，诉讼认识并不要求穷尽案件事实的所有方面，而只要求，就裁判所需要的事实问题，司法人员的认识必须正确地反映客观实际，达到主观与客观的符合。在诉讼认识活动中，法律从未要求我们查明生活事实的所有细节。在与社会生活的对应关系上，法律关系的实质是“对一部分现实生活的撷取。社会关系是一个连续同一体，而我们正是从这一连续同一体中去除一部分来，对其进行法律观察”①。因此，具体诉讼认识过程中，“即使是对于案件客观真实性的认识也不意味着再现案件的细枝末节。只是主体所达到的对案件事实的一定层次的认识，这一认识止于具有法律意义的事实和情节。法律并不过问杀人者每一刀的方向和砍向被害人的姿势，仅仅关心杀人行为与被害人的死亡是否有直接的因果关系，

---

① ［德］迪特尔·梅迪库斯著，邵建东译：《德国民法总论》，法律出版社2000年版，第51页。

因为这才是法律评价的对象，对案件认识的客观真实性的要求仅止于此"[①]。换句话说，在司法实践中，"符合"总是特定方面的符合。例如，"张三借给李四100元钱"的生活事实是丰富多彩的，然而，其中的许多枝节，如钱的新旧、当时的天气、借钱的场所、李四的衣着等细节在这里都不具有实质意义；我们可以对这些细节一无所知，但当我们断定"张三借给李四100元钱"时，该认识照样达到了"真理性认识"的程度。因为，就该项认识的实质核心（即张三借给李四100元钱）而言，它已经正确反映了客观实际，并由此具有了认识上的绝对性(因而属于列宁所说的"只有疯子才会怀疑的真理")。在对波格丹诺夫的批判中，列宁以恩格斯所举的有关永恒的、绝对的真理（指真理的绝对性）的例子说明了具体认识在与事实相符合时的绝对性和永恒性。"如果你不能断言'拿破仑死于1821年5月5日'这个命题是错误的或是不确切的，那么你就得承认它是真理。如果你不能断定它在将来会被推翻，那么你就得承认这个真理是永恒的……恩格斯所举的这个例子是非常浅显的，像诸如此类的有关永恒的、绝对的真理的例子，像恩格斯在举'巴黎在法国'这个例子时所说的那种只有疯子才会怀疑的真理的例子，任何人都能够轻而易举地想出几十个。"[②] 在此，素描是一个很好的例子。素描仅仅勾勒了一个人的轮廓。相对于被画的人，画家故意舍弃了她的许多特征，但是，就该画像足以让人们辨认出它所画的人是谁而言，该画像显然已经正确地反映了所画的对象。

第三，诉讼认识所要求的"符合"是一种常识意义上的"符合"。作为一个哲学上的术语，"符合"所表述的是认识与其认识对象之间的正确反映关系。为了准确表达这种"符合"关系，哲学家绞尽脑汁提出了种种理论，根据对"符合"的理解，真理符合论可以分为关联符合论（又可以分为本质关联论、罗素的对应论、维特根斯坦的结构同构论）与和谐符合论。怀特以形象的比喻对这两种符合论进行了说明：和谐的符合，好比一把钥匙可以同其匙眼相符合，半张邮票可以同另半张符合；而相关的符合则犹如账本上的一笔账目可以符合于一笔交易，陆军中一个官阶可以符合于海军中一个官阶。[③] 但是，理论上的困难并没有

① 魏晓娜：《刑事证明标准的两个维度》，载何家弘主编：《证据法论坛》（第3卷），中国检察出版社2001年版，第134页。

② 中共中央马克思恩格斯列宁斯大林著作编译局编：《列宁选集》，人民出版社1972年版，第131页。

③ 参见弓肇祥著：《真理理论》，社会科学文献出版社1999年版，第33页。

影响实践生活。在日常生活中，我们对“认识符合客观对象”中的“符合”究竟指的是什么并不存在疑虑，或者如波普尔所言，即使我们不能决定一项认识是否确实与客观实际相符，但我们仍然知道“它与事实相符意味着什么”[①]。因此，在本质上，“是否符合”不是一个理论问题，而是一个常识性问题、实践性问题。例如，认错人是一个很好的例子。在认错人的场合，实际上发生了两个认识过程：先有一个认识结果：“这个人是李四”；而后，我们发现我们错了。在此，无论是前一个认识，还是后一个认识，我们的判断标准都是认识结果与认识对象之间的符合关系。

在诉讼认识中，我们所要求的符合也是指这种常识意义上的符合。在某种意义上，认识与认识对象的“符合”确实存在着“不同精确程度的符合”。对于任何客观事物，我们都可以沿着认识的发展性格无穷尽地认识下去：“这是一个苹果”；“这是一个红苹果”；“这是一个香甜可口的红苹果”；“这是老王送来的香甜可口的红苹果”……然而，当我们断言“苹果中有毒”时，我们并不用关心苹果是红还是青、苹果是否香甜可口，而只需弄清楚苹果中是否含有致命物质。在此，只要苹果中确实含有致命物质，我们关于“苹果中有毒”的认识即已经达到了常识意义上的符合。在认识实践中，我们一般只需关心对于当前问题有关的“符合”，只需要满足实践需要的“符合”。“精确性和准确性其本身并没有智力价值，我们绝不应该追问超过问题本身所要求的精确性或准确性。”[②] 在诉讼认识中，我们所关心的是一种“质”上的“符合”，或者说是常识意义上的“符合”。

三、“客观真实”与裁判事实

“司法人员的认识能否正确反映客观实际”不仅是一个重要的理论问题，而且是一个司法实践中必须直面的现实问题。因此，仅仅从理论上肯定司法人员的认识能够达到“客观真实”是远远不够的。“能够达到”仅仅是一种可能！因此，为了进一步澄清这种“能够”是一种“什么意义上的能够”，我们必须考察“能够达到客观真实”的实践表现形式。

---

① ［英］卡尔·波普尔著，范景中、李本正译：《通过知识获得解放》，中国美术学院出版社 1996 年版，第 418～419 页。

② ［英］卡尔·波普尔著，范景中、李本正译：《通过知识获得解放》，中国美术学院出版社 1996 年版，第 396 页。

在司法实践中，裁判事实是裁判者确信为真并被法律视为真而作为裁判基础的认识结果。因此，“司法人员的认识能否正确反映客观实际”这一现实问题可以通过考察裁判事实与“客观真实”的关系来回答。

（一）静态分析

如前所述，裁判事实是否达到“客观真实”取决于其是否符合客观实际。换句话说，衡量一个裁判事实是否达致“客观真实”的根本尺度是：司法人员主观认识与客观实际之间的符合关系。因此，在谈论裁判事实是否达致“客观真实”时，我们只需关注这种认识是否符合客观实际，而毋庸关心该认识的获得途径。例如，如果事实上张三确实曾经借给李四100元钱，那么，即使“张三借给李四100元钱”的裁判事实是通过投掷硬币得出的，该裁判事实仍然是达致了“客观真实”。在此，我们并不是说，认识过程或手段不重要，而是强调必须分清两个不同性质的问题：裁判事实是如何获得的；该裁判事实是否符合客观实际，或者说，是否达致客观真实。就后者而言，对于已经形成的裁判事实而言，它是否达致“客观真实”只取决于它与客观实际的关系，而与如何获得该项认识无关。

在此基础上，我们可以进一步得出以下推论：

第一，任何一个裁判事实或者符合客观事实而达到“客观真实”，或者不符合客观事实而没有达到客观真实。在理论上，这一点是非常明确的：我们不可能说“张三借给了李四100元钱”既符合又不符合客观事实。“那就是‘判决’这个词的意义——对真理的断言。如果被陪审团判决的受刑人事实上没有犯被控诉的谋杀罪，那可能是陪审团高估了那个曾看见受刑人逃离现场的见证人证言的可信度。那项判决也可能是由于陪审团采信了该受刑人在案发时不在现场这个更可相信的证明。陪审团从来没有怀疑，这两种可能必居其一：那个受指控的谋杀者不是有机会去犯案，就是没有机会去犯案……常识观点毫不迟疑地断言在某段时间内某个特殊事物存在过或未存在过，某个时间发生过或未发生过，某件被考虑的事物具有或不具有某种特点或属性。”① 当然，在具体案件中，上述非此即彼的说法会遇到一些麻烦，即由于裁判事实往往由多个要件构成，在裁判所认定的事实中，可能会出现一些认定与事实相符，一些认定与事实不符的“真假混杂”

① ［美］艾德勒著，郗庆华译：《六大观念》，生活·读书·新知三联书店1998年版，第41页。

情况。例如，李四确实向张三借过钱，但借的是50元而不是100元。这种实践中常常发生的“真假混杂”情况并不影响我们这里的推论。因为如果该事实要素已经影响到了法律上的实质性判断，那么，就整体而言，可以说，该裁判事实尚未能达到客观真实的程度。

第二，“符合”是一种事实状态，对于这种事实状态，无论我们是否承认、是否有清醒的认识，它都客观存在着。在此，我们必须区分两个关系：裁判事实是某个人的认识，在此意义上，裁判事实不可能与人的认识无关；但是，裁判事实一旦形成，它与客观事实之间的关系即独立于任何人的认识和判断。我们只能认识它，而不能改变它。艾德勒以例子说明了“符合”的这种外在性。“让我们以对卡罗拉多山脉中超过一万四千尺高的山峰数目所持的不同意见为例子。有个人说有五十座山峰；另一个人说：并非如此。卡罗拉多山脉的峰顶数目是某个确定的整数，所以说数目有五十个或为真或为假，不管那些争论山峰数目多寡的人如何争论这件事。”[①] 在诉讼活动中，裁判事实是对过去案件事实的肯定。因此，裁判事实是否符合客观实际，对于那些亲身经历了该过去事实的人而言，当然是清楚的。但是，这种符合关系并不依赖于是否被人认识：有人认识它，它存在；没有人认识它，它亦存在。“一个叙述的真或假来自它与确定事实的关系，而不是它与人类所作的判断的关系……我们不是以肯定或否定那两个叙述而使它们为真或假。叙述本身具有真或假，而不论我们对它的思考、我们对它的意见以及我们对它所作的判断。”[②]

第三，为此，我们必须区分“事实上的符合”与“对符合关系的判断”。前者是一种客观存在，后者则是一种主观判断。就后者而言，在诉讼实践中，我们还必须进一步区分不同主体的判断：以裁判者为代表的非知情人的判断；以当事人为代表的知情人的判断。对于知情人而言，由于他亲身经历了案件事实，“对符合关系的判断”实质上是一个比较性判断，即裁判者的认识是否符合客观实际。这种判断非常简单，就好比要我们判断“对面的动物是不是马”一样简单。在此意义上，可以说，知情人的判断反映的是“事实上的符合关系”。其中，对被告人尤其如此。在现代法律制度下，一个人只对自己的涉他性行为负责。因

① ［美］艾德勒著，郗庆华译：《六大观念》，生活·读书·新知三联书店1998年版，第46页。
② ［美］艾德勒著，郗庆华译：《六大观念》，生活·读书·新知三联书店1998年版，第47页。

此，对于将要因自己行为而承担法律责任的被告人，他当然清楚自己是否实施了被指控的行为，当然知道裁判事实是否真实地反映了客观实际。在此，对于刑事诉讼法尤其强调对刑事被告人上诉权的保障，可作出如下解释：作为必然的、最了解情况的知情人，刑事被告人最清楚裁判事实是否错误、错在哪里，通过保障他对裁判事实提出反驳意见的权利，有助于减少误认事实的可能。

然而，裁判者的判断则表现出不同的性格。对于作为非知情人的裁判者，他头脑中并没有预存的可以拿来比较的图案，它无法将自己的认识与“客观事实”比照，以决定二者是否符合。因此，对于裁判者而言，所谓“对符合关系的判断”仅仅是一种不同确信程度的判断，一种相信“二者已经符合（或不符合）”的主观判断。在司法实践中，据以指引裁判的只能是裁判者头脑中的主观判断。这种判断或者正确反映了“事实上的符合关系”或者没有反映“事实上的符合关系”，但在裁判者进行判断当时，它无法确切地知道自己的判断是否正确；此时，裁判者所有的只是不同程度地相信该判断正确的信念。“一个叙述不是客观的真就是客观的假。但当我们主观地判断一个叙述为真或假时，我们的判断总带着或多或少的确信性，所以，我们可以说那个叙述有几分真，或者我们可以说那个叙述的真的或然率有大有小。”①

在诉讼实践中，裁判者在事实认定时，尽管应当包含对所认定事实符合客观实际的信念，这种信念却仅仅是一种依托于证据的信念。因此，即使一个真实发生的行为，如果没有证据，裁判者也将否认其曾经发生；另外，即使裁判者的认识（事实上）正确地反映了客观实际，裁判者也不可能像经历者那样清醒、明确地认识到这种“事实上的符合关系”。此时，裁判者所有的认识仍然只是一种判断和对该判断的确信，这一点同其他案件甚至像错认事实时一模一样。对此，古希腊游吟诗人色诺芬尼的诗句很恰当地描述了裁判者的境地：“即使偶然他会说出最终真理，他自己也不会知道。”② 波普尔对此颇为赞许。他将客观真理比喻为“烟雾缭绕的顶峰”，并认为，在烟雾缭绕中，我们无法分清主峰和次峰，

① ［美］艾德勒著，郗庆华译：《六大观念》，生活·读书·新知三联书店1998年版，第52页。

② ［英］卡尔·波普尔著，范景中、李本正译：《通过知识获得解放》，中国美术学院出版社1996年版，第396页。

因此，即使已经登上了山顶，我们也无法知道。①

裁判事实只是裁判者根据诉讼认识活动所获得的认识和确信。然而，确信并不必然符合真实。因此，尽管裁判事实能够达到客观真实，而且在司法实践中确实存在裁判事实符合客观实际的大量案例，裁判事实却并不等于“客观真实”；在实践层面上，也并非所有法律视其为真的裁判事实都达到了“客观真实”。追求“形式真实”的民事诉讼如此，追求实质真实的刑事诉讼亦如此。

这是由人类认识的可错性决定的。“人的认识一分为二，即分为真理和错误。真理和错误构成了矛盾的统一体，这个统一体就是人类认识。人的认识中真理和错误这对矛盾的双方之间，存在着如对立统一规律所揭示的相互排斥和斗争又在一定条件下相互依存和转化的关系。马克思主义认识论依据人类认识史既证明了人类能够正确认识客观世界，即获得真理，又证明了人的认识中不可避免地会出现错误，这意味着真理和错误作为人类认识中的矛盾双方是相互依存的。要追求真理，就不可能不发生错误。”②

波普尔亦认为，知识在于寻求真理——寻求客观上正确的说明性理论。但是，“人孰无过。一切人类知识都难免出错……人孰无过不仅意味着我们必须不断地与错误搏斗，而且意味着，甚至当我们最小心谨慎的时候，也不能完全确信我们没犯错误”③。

在此意义上，裁判事实只是一种确定性认识，它能够达到“客观真实”，但并非必然达到“客观真实”。在诉讼认识中，裁判者对案件事实的认识像我们对真理的追求一样都无法保障必然获得正确的认识。因此，在承认裁判者的认识能够达到“客观真实”的前提下，我们还必须承认，裁判事实具有可错性，或者说，并非所有的裁判事实都达到了“客观真实”。

以刑事诉讼的有罪裁判为对象，英国法理学家朱克曼教授将诉讼认识中的错误区分为两类：推理错误和事实错误。其中，如果（有罪的）裁判事实不能够合乎逻辑地从证据中推出，那么，这种错误可以称之为推理错误。如根据一个人

---

① ［英］卡尔·波普尔著，范景中、李本正译：《通过知识获得解放》，中国美术学院出版社 1996 年版，第 323 页。

② 田心铭著：《认识的反思》，人民出版社 2000 年版，第 467 页。

③ ［英］卡尔·波普尔著，范景中、李本正译：《通过知识获得解放》，中国美术学院出版社 1996 年版，第 2 页。

曾经是小偷而推断他是这次盗窃案的实施者，从一个人被看到从一所着火的房子中跑开而推断他实施了纵火罪。与推理错误不同，事实错误是指裁判事实尽管可以得到足够证据的支持，它仍然与客观实际不符。此时，虽然以诉讼视野中的证据确实让裁判者合理地相信被告人有罪，但该认识却与客观事实不符。如从犯罪现场收集的所有证据都于被告人不利，而被告人对此又无法作出合理的解释，此时，我们根据证据合理地得出被告人有罪的结论，但最终却证明这一切都是他人故意设计的骗局。朱克曼教授认为，为了避免对无辜者定罪，必须设置一定的制度防止出现裁判事实的错误。但是，尽管高度的谨慎措施一般能够消除推理错误，我们却无法彻底根除事实错误。这是诉讼认识采用归纳推理而不可避免的特征：推论的作出只能是一种盖然性，而不具有确定性。①

因此，波普尔认为，对于法学和法律实践而言，我们必须区分真理和确定性。“凡是当过陪审员的人都会懂得，真相是客观的事物，而确定性却是主观判断的问题。这就是陪审员所面临的困难局面。当陪审员们取得了一致意见——一个‘约定’——这就称作‘裁决’。裁决绝非是任意的。尽其所知，凭着良心，努力发现客观真相，这是每一位陪审员的职责。但是，同时他应当意识到自己的可错性，意识到自己的不确定性。”② 在此意义上，我们必须承认，法律上视为真的裁判事实不等于事实上符合客观实际的“真实”。“法律意义上的真实或真相其实只是程序意义上的和程序范围内的，这意思是说，法律上的真实与真相并不是现实中的真实和真相。”③

（二）动态分析

认识的可错性是一个铁的事实；裁判事实不可避免地存在着出错的可能，也已经为司法实践经验一再证明。但是，承认这一现实的同时，我们也必须承认，作为一种人为的制度安排，诉讼制度存在的理由和目的也恰在于尽力缩减这种可错性。认识难免会出错，但基于人类能够获得真理性认识的可知论立场，人类一直在努力为追求真理而创造有利条件。诉讼制度亦是如此。在诉讼制度史上，随着人类认识能力的提高，随着诉讼制度的科学化，裁判事实达致“客观真实”

---

① A. A. S. Zuckerman, The Principles of Criminal Evidence, Clarendon Press, Oxford (1989), p. 122.

② ［英］卡尔·波普尔著，范景中、李本正译：《通过知识获得解放》，中国美术学院出版社 1996 年版，第 5 页。

③ 孙笑侠、应永宏：《论法官与政治家思维的区别》，载《法学》2001 年第 9 期。

的能力也在不断提高。

因此，在动态意义上，裁判事实与“案件实际情况”的关系表现为：人类为最大限度地降低裁判事实可错性而进行着种种努力和尝试，而诸种努力也确确实实地改善着裁判事实“符合案件实际情况”的现实能力。

概而言之，这主要表现在三个方面：

第一，随着认识能力的提高，能够查明的案件范围越来越广，原来的许多疑难案件已经不再构成认识上的困难。比如，在物证技术发展之前，为了查明案件事实真相，我们不得不过多地依赖目击证人。因此，能够查证的案件范围十分有限。然而，随着科学技术的发展，即使没有目击证人，借助实物证据同样能够准确地推断出我们所需要的事实，如死亡的时间、是否到过犯罪现场、是谁的笔迹……能够查证的案件范围明显扩大了。

第二，随着人类认识的进步，对特定种类的案件而言，裁判事实“符合案件实际情况”的整体比例正在不断提高。以亲子鉴定为例，在古代，当对亲子关系产生疑问时，往往通过“滴血认亲”的方式予以确认；而现代社会，借助高科技，我们在此问题上的可错性已经大大降低。由此带来的必然结果是，在此类案件中，正确反映客观实际的裁判所占的比率大大提高了。

第三，更重要的是，随着诉讼法律制度的发展，尤其是诉讼职能的分化，诉讼实践已经成为多主体参与的复杂活动。在多主体参与下，裁判事实已经不再是某一个人的认识，而是多主体交互作用之后达到的一种均衡，因此，在个案中，裁判事实达致客观真实的能力也在提高。

但是，需要说明的，“查明事实真相”作为诉讼活动的基本价值目标之一，是对诉讼制度、证据制度提出的整体性要求；尽管它必然渗透在每一具体制度之中，却并不意味着可以无视裁判者认识的特殊性。而且，诉讼制度、证据制度在查明事实真相方面的能力更多地体现为这一制度的一般能力，这一能力尽管具体表现为个案中裁判者的事实认定，却并不意味着法律制度能够确保裁判者的事实认定能够必然查明事实真相。因此，在个案中，我们必须承认两个最基本的命题：一是并非所有的案件都能够查明事实真相。为此，在事实真伪不明的时候，我们必须引入体现价值选择的制度化处理机制，即依据证明责任进行裁判。二是裁判者认识的可错性（出错的可能性）。即裁判者自认为查明事实真相的案件并不意味着裁判者的认识真的正确反映了案件事实本身。为此，必要的事实救济制度就显得尤为重要。

更重要的是，这一价值目标的实现依赖的是诉讼制度、证据制度的整体合力，而非某一具体制度的自身力量；依赖的是多主体的诉讼参与，而不仅仅是裁判者的个人才智。

具体而言，除证明标准外，裁判者的事实认定能否“符合案件事实真相”还受到以下因素的影响：

第一，纠纷事实能否准确、全面地转化为诉讼中的事实主张。不告不理原则是现代诉讼制度的基本原则之一。根据该原则，起诉范围确定了裁判的事实边界，诉外裁判不具有法律效力。因此，在事实认定问题上，裁判者的认识是一种具有明确事实指向的活动。而这一事实指向通常取决于双方当事人诉讼主张。①

第二，纠纷事实能否有效地转化为法庭上的证据。在裁判者视野中，所见的只是证据而非案件事实。因此，裁判者只有通过证据这一桥梁，才能对过去的案件事实有所认识。然而，在现代诉讼制度中，提出证据的责任主要在于双方当事人。而且，即使在奉行职权调查主义的刑事诉讼制度中，裁判者事实上也不得不依赖于控辩双方提请调查的证据。因此，在事实向证据转化问题上，尽管裁判者也可以有所作为，但是，双方当事人影响却更具实质性。

第三，证据的甄别、推理是否正确。证据不可能直接向裁判者展示案件事实真相。证据自身尚需甄别，依据证据认定事实亦需要借助思维推理。在此过程中，裁判者理所当然地居于决断者的地位。但是，双方当事人的积极参与，② 不仅丰富了裁判者的“知识库”信息，而且有助于裁判者将其“知识库”中的一般知识转化为指向具体争议问题的情境化判断。

(三)“客观真实”与证明标准

随着我国法学理论的不断发展和对外国证据制度的借鉴，尤其是随着我国市场经济的不断发育以及由此引发的民事诉讼制度及理念的更新，人们逐渐对把

① 吴宏耀、魏晓娜著：《诉讼证明原理》，法律出版社2002年版，第84~86页。

② “盖刑事诉讼，属于当事人与法院之共同作业，既非专责与法院，且真实之发现，尤赖于当事人与法院之协力。当事人，尤其被告对于事实之真相，本较法院明了，其证明方法之收集，亦较法院为易。且证据之调查，重在发现证据态度，形成正确之心证，基于法官裁判制及自由心证主义之理论，证据之调查与证明力之判断，其职权固属于法院；然证据之应否调查及如何调查，与证明力之如何判断，倘完全不容许当事人参与其事，既有背诉讼之本意，且其所形成之心证，亦难免过分主观，均非良善之制。”陈朴生：《刑事证据法》，台湾三民书局1979年版，第71页。

“客观真实”作为民事案件证明标准的适当性产生了疑问,[①] 而“客观真实”标准在民事诉讼领域的动摇，则进一步引发了人们对将“客观真实”作为证明标准的科学性的深刻反思。

现行刑事证据理论的研究几乎只从客体方面去理解，甚至片面地把“客观真实”作为证明标准，而主观方面的研究则很少涉及。刑事诉讼既然是主体、客体两方面的矛盾运动，认识的主体、客体就是对立统一的辩证关系，只有对两者都加以重视，才能把刑事证明标准建立在科学的基础之上……理论研究和实践证明，我们再也不能用一个深不可测的所谓“客观真实”的抽象口号，作为衡量刑事诉讼证明的标准了，而是要寻找一个既符合实际又易于操作的标准来指导证明活动。[②]

1.“客观真实”能否作为证明标准?

在有关证明标准的争论中,[③] 我国民事诉讼法学界多立足于民事诉讼制度的基本特点，围绕“以客观真实为标准是否必要”这一问题而展开。应当承认，随着我国社会主义市场经济的不断发育完善，公民有权处分自己民事权利的观念已经成为一项普遍的共识；在此前提下，相对于民事纠纷的裁决，查明案件的客观真相确实已经不再构成裁判的必要条件。因此，在民事诉讼领域，放弃客观真实标准的要求已经得到了多数学者的赞同。

与民事诉讼法学界的争论不同，在我国刑事诉讼法学界，基于对保障无辜者权利的普遍认同，多数学者对刑事案件“应当查明案件的客观真相”并没有异议；有关客观真实标准的争论，焦点不在于“以客观真实为标准是否必要”，而在于“以客观真实为证明标准是否可能”。换句话说，刑事诉讼法学界关于“客

① 韩象乾:《民、刑事诉讼证明标准比较论》，载《政法论坛》1996年第2期。

② 樊崇义:《客观真实管见》，载《中国法学》2000年第1期。

③ 我国关于证明标准的研究可以粗略分为三个阶段：第一阶段是从中华人民共和国成立后至20世纪80年代。在此期间，相关研究主要围绕自由心证问题展开讨论。第二阶段20世纪90年代。在此阶段，我国法学研究开始从模仿苏联转向借鉴英美法系。在证明标准问题上，学界的讨论逐步走出自由心证的窠臼，转向介绍、研究英美法系的证明标准制度。第三阶段以樊崇义教授发表《客观真实管见》一文为标志，学界对证明标准的争论持续至今。并且，这一时期论战的参与学者之多，观点分歧之大，均属前所未有。更为特殊的是，由于恰值我国证据立法活动的高峰期，关于证明标准的理论争论，也逐渐由证明标准问题生发开去，逐渐触及“认知理论”“真理论”“事实观”等证据制度的深层理论问题，并引发、推动了我国证据法学理论研究的深入。

观真实标准”的争论，焦点不在于应不应当查明案件的客观真相，而在于“客观真实能否作为刑事裁判的证明标准”。

值得注意的是，在有关证明标准的争论中，多数学者（包括部分民事诉讼法学者）从事实认定的困难性入手，通过强调事实认定过程的复杂性、相对性而否认事实认定能够达到客观真实的要求，并以裁判者认识无法达到客观真实程度为论据，主张放弃客观真实的证明标准。这种论证思路显然混淆了两个不同性质的问题：第一，认识过程对认识结果的决定作用；第二，认识结果能否达到客观真实。确实，认识过程决定着认识结果，而且，规范过程的法定程序的严格程度直接影响着认识结果的质量。但是，判断认识结果是否符合客观实际的标准却与我们采取何种认识手段/方法无关——即使投掷硬币，我们也可以得到符合客观实际的真理性认识。

在事实认定中，我们必须承认事实认定过程的复杂性和查明客观真相的难度，但以此为据并不能否认裁判事实能够达到客观真实的程度。二者是两个层面上的问题。在论及对历史命题的证明时，金岳霖先生曾经指出：

> 这类命题底证实比B段所论的（对当前特殊命题的证实），要困难得多，也许有人会想到，这类命题底证实不大靠得住。一部分的证实也许有这一问题，但不是所有的证实都有这一问题。问题不是在证实底靠得住与否，而是在形成证实底困难，表示历史的特殊命题是不容易证实的。[①]

美国法哲学家波斯纳亦认为，“昔日是不能恢复的，这一点使对有关昔日的假设命题难以证实或者证伪，但必须明确，不是在每一个案件中都不可能”[②]。因此，从认识过程的困难和复杂，无法得出“裁判者的认识不能达到客观真实”的结论。如前所述，就任一裁判事实而言，其是否达到客观真实的关键在于其是否正确地反映了客观实际，因此，从认识过程的复杂性入手，否定认识能够达到客观真理性是一条错误的论证思路。其实，即使在不要求查明客观真实的民事诉讼案件中，裁判事实能够正确地反映客观实际也是不容置疑的事实。

但是，承认裁判者的认识能够达到客观真实，是否就意味着客观真实能够作

① 金岳霖著：《知识论》，商务印书馆1983年版，第870页。
② ［美］波斯纳著，苏力译：《法理学问题》，中国政法大学出版社1996年版，第259页。

为刑事裁判的证明标准呢？对此，坚持客观真实标准的学者认为，既然裁判事实能够达到客观真实的程度，那么，从保障人权的观点出发，有罪裁判当然应当以“客观真实”为裁判标准。显然，坚持客观真实标准的学者忽视了这样一个问题：即使裁判者的认识能够达到与案件事实相符合的程度，裁判者是否就能够对此作出清楚明白的判断呢？

在这里，我们必须以“剧场之内”的裁判者为认识主体，而不能以无所不知的上帝的眼光来进行判断。因此，如果承认法官对案件客观事实的认识必须借助证据这一手段来完成，那么，我们就不得不承认下述推论：在诉讼视野中，没有证据就没有事实，有什么样的证据就有什么样的事实。由于裁判者不知道客观事实究竟是什么样子，在具体案件中，即使司法人员的认识达到了与客观事实相一致的程度，司法人员也无从知晓主观认识已经符合客观这一事实。换句话说，在方法论上，我们根本无法将诉讼中根本就不存在的客观真实作为判断裁判者主观认识的具体尺度。对此，我国研究历史哲学的学者的下述论断或许对我们有所启发。

> 本体意义上同属主观（主体）的思想之所以在认识意义上进而区分为客观性和主观性，是依其与客观实在（客体）的正确关系（真实、映像、契合）或错误关系（幻想、歪曲）决定的。在此，思想或认识的客观性被看作是对认识对象的客观实在性的分有，客观性即反映的真实性，关于认识客观性的此一理解因其与我们日常经验背后暗含的视觉隐喻（罗蒂所谓的“自然之镜”）颇为吻合而深具影响。问题是我们据此如何在操作上实际判断一种思想、认识之是否合乎客观实在。今天人们已普遍认识到，除非我们具有上帝式的超然视角——神目观（God's Eye），这种认识与对象间的符合是无法为人所直接观察证实的。①

在现代诉讼制度中，立法不允许法官头脑中预先存在一个客观事实的图景，法官对案件事实的认识必须借助诉讼视野中的证据来进行。诸如司法中立、证据裁判主义等诉讼理念和制度，都进一步强化了证据对法官认识的直接决定作用。因此，法官对案件事实的认识必然处于下述特殊的认识困境之中：法官只能看到

① 周建漳：《历史认识的客观性问题反思——关于史学中认识一致性问题的哲学分析》，载《哲学研究》2000年第11期。

他能够看到的东西，而无法看到（也不允许他看）没有进入诉讼视野的证据和事实。

尽管我们可以说，在诉讼以外肯定存在一个客观事实，但是，在诉讼视野中，此种客观事实的存在与否却没有任何意义，法官不能超越诉讼证据去断定这种客观事实，更无法将自己的认识同诉讼视野以外的客观事实进行比对，以确定自己的认识是否符合客观存在的事实原貌。因此，如果以客观事实作为证明标准，实质上等于对法官提出了勉为其难的要求。而强行要求法官这么做，只能产生两种可能：法官或者超越诉讼视野中的证据直接接触诉讼视野外的事实（而此种做法必然导致程序的虚无和诉讼活动的表面化），或者严格遵守立法的要求，武断地宣称自己的认识已经符合客观真实（而此种做法实质上承认了“法官是客观事实究竟如何的”最终判断者）。

因此，客观真实论者根本无法回应以下质疑：

> 我们以往认为要发现案件的客观事实，是基于这样的认识，我们总拿已经发生了的客观事实来对照在刑事程序中发现的事实，而且务必让后者符合前者。这里便就存在着一个悖论，客观事实一方面要靠在刑事程序中发现的事实来认定，一方面又要作为认定案件事实的参照。①

正是基于上述方法论上的困难，即使我国传统的客观真实理论，也没有真正将主观符合客观作为衡量的标准，而是将其转化为一定的具体要求。② 但是，严格地说，这种做法实际上已经不再是客观真实观所坚持的主观符合客观的证明标准，而更接近于法律真实观的意味。因为，无论如何，具体化的标准仅仅是作为一种表征“主观符合客观”的形式化表现，显而易见，符合该标准并不意味着“主观认识已经符合了客观事实”。

此外，需要进一步明确的是，对于客观真实论者所举的“查明客观真实”的案例，论者显然忽视了裁判和客观真实判断之间的时间先后关系：裁判者先认定裁判事实，然后，我们才能判断该裁判事实是否达到客观真实。因此，在裁判

---

① 樊崇义等著：《刑事证据法原理与适用》，中国人民公安大学出版社 2001 年版，第 30 页。

② 在我国传统理论上，一般将“犯罪事实、证据确实充分”具体化为四项具体的要求：第一，据以定案的证据均已查证属实。第二，案件事实均有必要的证据予以证明。第三，证据之间、证据与案件事实之间的矛盾得到合理排除。第四，得出的结论是唯一的、排除了其他可能性。

当时，即使知情人（至少是遭受不利裁判的人）能够清醒地知道裁判事实是否正确地反映了客观实际，作为非知情人的裁判者也不可能对这种“事实上的符合关系”有清醒的认识，其所依据的只能是确信自己的认识已经正确地反映了客观实际的确信性认识。换句话说，由于在裁判当时，裁判者无法知晓自己的认识是否达到了客观真实（否则，也就不会有错案了），所以，客观真实根本无法作为裁判的尺度和标准。在此意义上，可以说，客观真实论者显然忽视了裁判尺度与裁判结果客观性各自所针对的问题的不同属性。

总之，在裁判当时，裁判者根本无法将“主观符合客观”作为裁判的标准。而且，可以肯定地说，法律证明标准所能规范的也绝对不是“是否符合”的关系，而应当是裁判者关于“是否符合”的确信程度和信念。在此，我们必须看到，裁判者的事实认定本质上是一种确信性判断。作为一项关于过去事实的主观判断，裁判者的判断事实上包含着两个方面：一是认知因素，即是否形成了一项明确的判断；二是信念因素，即对于该判断具有什么样的确信信念。其中，前者取决于“是否符合”的主观判断，由此裁判者得出指控是真是假的判断；而后者则取决于是裁判者的反思性评价，由此裁判者确定自己对已经形成的判断究竟具有何种程度的确信信念。如上所述，“是否符合”的判断依据来自于社会日常实践，来自于特定个体的社会经验。因此，“是否符合”根本不是法律规则所能规范的事项。因此，与我国传统证据理论不同，我们认为，证明标准指向的不是外在的是否符合案件事实情况，而是指向裁判者内心的确信信念。

2. “事实清楚，证据确实充分”

根据我国《刑事诉讼法》的规定，“犯罪事实清楚，证据确实充分”是侦查终结、提起公诉、裁判有罪的法律标准，对于办理刑事案件具有非常重要的指导作用。但是，尽管这一术语在我国刑事诉讼法学和刑事司法实践中频频使用，关于这一术语所包含的事实与证据之间的关系却一直缺少深入的理论分析。

从刑事诉讼法学教材的现有论述来看，一般是将这一法律标准分解为“犯罪事实清楚”与“证据确实充分”两个部分进行解释。其中，“犯罪事实清楚”是指与定罪量刑有关的事实情节都必须查清。在“证据确实充分”中，证据的确实与充分是相互联系、密不可分的。所谓证据确实，是指证据要真实可靠，如实地反映案件的事实真相，这是对证据质的要求；所谓证据充分，是指对证据在量上的要求，就具体案件而言，是指必须足以形成一个完整的证据锁链并得出排他的唯一的结论。

显而易见，上述传统两分式解释不仅没有论及这一法律标准所包含的事实与证据之间的关系，而且，甚至有可能会导致对事实与证据关系问题的错误回答。例如，在刑事诉讼活动中，“事实清楚”能否脱离证据而独立存在？在时序上，究竟是先有证据确实充分，还是先有事实清楚？无疑，对于诸如此类问题的不同回答，将直接关系到司法实践对“犯罪事实清楚，证据确实充分”这一法律标准的正确适用并由此影响到案件的公正处理。

那么，在“犯罪事实清楚，证据确实充分”这一法律标准中，事实与证据之间究竟是一种什么关系呢？为了回答这一问题，必须从刑事诉讼活动的自身规律出发，从刑事诉讼制度的基本要求出发。

从刑事诉讼活动的自身规律来看，在任何具体案件中，公安司法人员关于犯罪事实的认知都只能是一种事后的回溯性认识。犯罪事实是过去发生的事实。基于时间的一维性，犯罪事实一旦发生，将不可逆转。就此而言，公安司法人员关于犯罪事实的认知，不可能通过亲身参与事实的发生过程加以认识，而只能通过犯罪事实遗留的证据来认识事实。因此，从诉讼自身的规律来看，我们必须区分作为历史的案件事实与作为现实的证据事实。前者是公安司法人员的认知对象，必须通过证据、通过证据的回溯性推理才能弄清楚。因此，公安司法人员关于犯罪事实的认识，只能从证据中来，只能以证据为依托。

从诉讼制度的基本要求来看，现代诉讼强调公安司法人员的中立性，强调亲身感知犯罪事实的公安司法人员，应当优先充当证人，而不应作为办案人员参与本案的处理。公安司法人员的中立性是实现司法公正的必要前提。根据我国刑事诉讼理论，在具体案件中，对于曾经亲身感知案件事实的公安司法人员，当事人可以要求其回避。显而易见，现代诉讼理论和制度的上述要求，进一步强化了公安司法人员与犯罪事实之间的距离。在这种制度约束下，公安司法人员对犯罪事实的认识必须从零开始，必须从证据入手。

基于上述原因，就事实与证据之间的关系而言，刑事诉讼活动与日常生活存在着本质区别。在日常生活中，我们常常会遇到这样的情形：即事情尽管很清楚，却很难拿出相应的证据。换句话说，在日常生活中，事实是否清楚与有没有证据、证据是否确实充分无关，二者可以彼此分离、互不影响。然而，在刑事诉讼活动中，公安司法人员关于犯罪事实的认识只能来自证据，或者说，必须依据证据进行回溯性推理才能得到。因此，“犯罪事实清楚”不可能脱离证据存在，不可能与“证据确实充分”割裂开来独立加以判断。

犯罪事实必须以证据存在为前提，是证据裁判原则的必然结论。证据裁判原则是现代刑事诉讼关于认定事实的基本法律原则。证据裁判原则包含了两项基本要求：第一，在刑事诉讼中，关于犯罪事实的认定必须以证据为基础；第二，如果没有证据，就不能对犯罪事实加以认定。因此，在刑事司法活动中，认定犯罪事实必须以证据为前提，必须通过证据才能彰显自身的存在；离开了证据，单纯犯罪事实尚不足以引发相应的刑事法律后果。试想，大量存在的犯罪黑数，不就是因为没有相应的证据，而不能引发任何刑事法律活动吗？

通过上述讨论，我们可以看到，在“犯罪事实清楚，证据确实充分”这一法律标准中，犯罪事实是否清楚无法与证据确实充分割裂开来独立加以评价。相反，在二者关系上，犯罪事实是否清楚，必须依赖于“证据确实充分”；离开了证据确实充分，也就不存在犯罪事实是否清楚的问题。

就此而言，我国现行立法关于“犯罪事实清楚，证据确实充分”的立法表述其实并不科学。从积极效果来看，既然“犯罪事实清楚”必须以“证据确实充分”为根据，并以“证据确实充分”作为唯一的判断标准，那么，“犯罪事实清楚”其实只是“证据确实充分”的同义反复，似乎没有独立存在的价值。从负面效果来看，基于现在的立法表述和学理解释，容易让人觉得“犯罪事实清楚”与“证据确实充分”是两个独立的要件。由此出发，或者错误地将“犯罪事实清楚”当作比“证据确实充分”更高的证明要求，而在证据确实充分时，强求公安司法人员必须进一步做到犯罪事实清楚；或者错误地认为“犯罪事实清楚”可以脱离证据确实充分而独立存在，从而在缺乏充足证据支持的情况下，根据所谓的“事实清楚”的个人推测或主观确信作出相应的处理决定。

第七章　诉讼行为

诉讼行为理论在诉讼法学研究中具有非常重要的地位，因为诉讼行为是组成诉讼程序的基本要素，是实现诉讼程序的价值和目的的基本载体。诉讼行为理论在诉讼法学中的重要地位可以从民事法律行为理论在民法学中的显著地位得到印证，在民法学中，民事法律行为理论被誉为“民法规则理论化之象征”“大陆民法学中最辉煌的成就”。德国法学家绍尔（Sauer）曾说：“诉讼行为之概念乃为诉讼法之中心点。”① 日本学者河野正宪先生认为：“民事诉讼中各种主体的诉讼行为，构成了民事诉讼程序富有活力的内容。各种主体的诉讼行为的交错，结成了相互关联的行为锁链。”② 我国台湾地区学者也认为：“民事诉讼为法院及两造当事人之行为及诉讼法上其他法律事实，连贯而成，其主要部分为诉讼行为，若谓民事诉讼程序系前起后继之诉讼行为，连贯而成，亦非过当。”③ 我国澳门地区学者也认为：“刑事诉讼与诉讼行为共存，或者说，刑事诉讼即是一系列的诉讼行为所构成。因此，诉讼行为贯穿于整个《刑事诉讼法典》中。”④ 然而由于种种原因，我国法学界对这一理论一直缺少深入而全面的介绍和阐述。

就笔者所知，最早对刑事诉讼行为进行研究的是谢家友先生、邓云先生，其在1996年诉讼法年会上提交了论文《刑事诉讼行为引论》；北京大学陈瑞华教授在中国人民大学出版社2000年出版的《刑事诉讼的前沿问题》一书中对此问题

① 曹鸿兰：《刑事诉讼行为之基础理论（1）——刑事诉讼行为之效力》，载《法学评论》1974年第6期。

② ［日］河野正宪：《当事人行为的法律构造》，弘文堂1988年版，第1页，转引自刘荣军著：《程序保障的理论视角》，法律出版社1999年版，第222页。

③ 王甲乙等著：《民事诉讼法新论》，台湾广益印书局1983年版，第110页。

④ 徐京辉、程立福著：《澳门刑事诉讼法》，澳门基金会1999年版，第50页。

进行了研究。此后，中国政法大学锁正杰博士在其博士论文中也对此进行过探讨。除此以外，几乎没有人涉及这一理论。

本章试图对此作一尝试性研究，以期引起我国法学界对这一理论的应有重视。

第一节 诉讼行为理论的产生及沿革

诉讼行为理论源自于民事法律行为理论，而民事法律行为理论最早可追溯到古罗马时代。虽然罗马法中并没有出现完整的法律行为概念，[①] 但学者们大多认为，罗马法通过对不同表意行为的具体规范的概括，已经建立起了实质意义上的法律行为制度，它通过对具体表意行为规则、一般表意行为规则和大量的法律概念的抽象与概括，为后世法律行为理论与法律的产生奠定了坚实的基础。[②] 现代意义上的法律行为概念和系统的法律行为理论的创立是由德国学者完成的。早在中世纪后期的启蒙时代，德国自然法学家奈特尔布兰德（Daniel Nettlblandt，1717—1791）就在其著作中使用了法律行为这一概念，但当时其使用这一概念主要是为了阐述其自然法思想，而不是为了建立系统的法律行为理论。[③] 然而，正是由于这一概念的使用，使得德国的概念法学、私法学，尤其是民法学理论，在法律行为方面有了重大的发展。第一次系统地论述法律行为理论的是德国法学史上著名的“学说汇纂”学派的代表人物海瑟（G. H. Heise）法官。海瑟在其1807年出版的《民法概论——学说汇纂学说教程》中首次讨论了法律行为的一般意义、类型及要件。[④] 此后，任普鲁士司法部长的德国大法学家萨维尼（Freidrich Carl Von Savigny，1779—1861）又在其《当代罗马法体系》一书第三卷中将法律行为的概念和理论进一步精致化。[⑤]

---

① Zweigert & Ktz, An Introduction to Comparative Law, North Holland Co. , 1977, p. 3.

② 董安生著：《民事法律行为——合同、遗嘱和婚姻行为的一般规则》，中国人民大学出版社1994年版，第18～19页。

③ Zweigert & Ktz, An Introduction to Comparative Law, North Holland Co. , 1977, p. 2.

④ 董安生著：《民事法律行为——合同、遗嘱和婚姻行为的一般规则》，中国人民大学出版社1994年版，第30页。

⑤ 《德国民法典》（序言），法律出版社1984年版，第9页；张俊浩主编：《民法学原理》，中国政法大学出版社1991年版，第220页。

随着民事法律行为理论在民法领域的成熟，诉讼法领域的学者也开始从行为的角度来研究诉讼程序。系统的诉讼行为（德文 Prozesshandlung）理论的研究是在 19 世纪末开始的。较早在理论上实现突破的是刑事诉讼行为理论的研究。1900 年，德国学者贝宁（Benneke Beling）在其著作《德国刑事诉讼法教程》一书中首次系统论述了刑事诉讼行为的概念、分类及效力。[①] 1910 年，德国民事诉讼法学的泰斗赫尔维希（Konrad Hellwig，1856—1913）发表了《诉讼行为与法律行为》一文，对诉讼行为的概念、种类、条件、意思瑕疵等问题进行了考察。赫尔维希通过考察将民法里有关法律行为的规定适用于民事诉讼法的可能性，论证了诉讼行为有别于民法上法律行为的特征，他认为，有关诉讼行为的内容、形式等方面的要件与民法上法律行为的要件是迥然不同的。[②] 1925 年，德国另一位诉讼法学者哥尔德斯密特（James Goldschmidt，1874—1940）又出版了《作为法律状态的诉讼程序》[③] 一书，从诉讼状态的角度对诉讼行为进行了系统的研究，从而将诉讼行为理论进一步引向深入。此后，西格尔特、尼谢、凯尔特哈尔那、穆勒、都布内尔、拉西格、斯拉德、卡巴尼、斯拉哈尔、巴斯都尔弗、伯罗斯、李斯内尔、贝底格特等一大批学者对诉讼行为展开了不间断的、系统的研究，从而使诉讼行为理论在大陆法理论中不断地走向深入，并对立法产生了深远的影响。1976 年《法国民事诉讼法典》对诉讼行为的无效作出了集中规定。在 1993 年，法国又通过 1 月 4 日的 93—2 号及 8 月 24 日的 93—103 号法律，在原《法国刑事诉讼法典》第三编中增加了“调查的无效”一节（第十节），对预审行为无效的原则、提起程序及后果作出了全面规定。1988 年通过的《意大利刑事诉讼法典》将诉讼行为作为单独的一篇进行了全面而具体的规定。我国澳门地区 1997 年生效的《澳门刑事诉讼法典》也将诉讼行为单列一卷加以规定，该卷的内容包括诉讼行为的一般规定、行为的方式及文件处理、行为的时间、行为的告知及为作出行为而作之传告、诉讼行为的无效等。《澳门民事诉讼法典》在第二卷第一编也对诉讼行为作了专编规定。1999 年生效的《澳门民事诉讼法典》也将诉讼行为作为单独的一编加以规定。

---

① 参见曹鸿兰：《刑事诉讼行为之基础理论（1）——刑事诉讼行为之效力》，载《法商学报》1972 年第 8 期。

② 刘荣军著：《程序保障的理论视角》，法律出版社 1999 年版，第 224 页。

③ ［德］克劳斯·洛克信，吴丽琪译：《德国刑事诉讼法》，台湾三民书局 1998 年版，第 221 页。

我国对诉讼行为理论的研究也有着很长的历史。早在西方国家比较系统地研究诉讼行为后的20年左右，我国诉讼法学者夏勤就在其1921年出版的《刑事诉讼法要论》一书中对诉讼行为的意义、要件、形式、取消、无效以及各种具体诉讼行为进行了系统的研究。此后，我国另一位诉讼法学者陈瑾昆又在其1930年出版的《刑事诉讼法通义》中对诉讼行为进行了更深入的探讨，内容包括诉讼行为的概念、分类、成立及生效等问题。[①] 我国民国时期的这些研究成果在我国台湾地区得以继续和发展。虽然我国台湾地区“刑事诉讼法”和“民事诉讼法”并没有诉讼行为的专章规定，但在理论上，诉讼行为，特别是刑事诉讼行为一直是我国台湾地区几乎所有诉讼法学，特别是刑事诉讼法学教材一项不可或缺的内容。我国台湾学者曹鸿兰还从价值论，即刑事诉讼的公正性、安全性、经济性、妥当性等价值权衡的角度对诉讼行为无效的概念、原则、原因、形态及后果等进行了全面而深入的研究。[②] 我国内地解放后随着国民党《六法全书》的废除，解放前借鉴西方研究成果建立起来的现代法学理论和法学研究方法也被抛弃。取而代之的苏联的诉讼法学理论中虽然也不乏对诉权、诉讼主体、诉讼客体、诉讼职能等基本范畴的研究，但诉讼行为一直未被纳入其研究领域。20世纪80年代末期以来，在我国老一代法学家的指引下，一批中青年学者冲破注释法学的樊篱，对诉讼法领域的一些基本理论进行了研究。但由于受各种主客观条件的限制，这一时期的研究仍停留在一些最宏观的领域，如刑事诉讼的价值、目的、构造等范畴上，刑事诉讼行为理论一直未得到应有的重视。20世纪90年代末期，这种局面得以打破。先是谢家友先生、邓云先生在1996年诉讼法年会上提交了《刑事诉讼行为引论》[③] 一文。虽然这篇文章只是从宏观上运用民事法律行为的有关理论对刑事诉讼行为的程序机能进行了研究，有些观点尚值得商榷，对刑事诉讼行为理论的许多核心问题也均未涉及，但这篇文章的出现无疑标志着诉讼行为理论的重要性开始受到我国法学理论界的注意。此后，北京大学陈瑞华教授在其《二

---

① 转引自陈瑞华：《二十世纪中国之刑事诉讼法学》，载《中外法学》1997年第6期。

② 参见曹鸿兰：《刑事诉讼行为之基础理论（1）——刑事诉讼行为之效力》，载《法商学报》1972年第8期；《刑事诉讼行为之基础理论（2）——判决以外诉讼行为的效力》，载《法商学报》1972年第8期；《刑事诉讼行为之基础理论（3）——判决以外诉讼行为的无效形态与其治愈》，载《法商学报》1973年第9期。

③ 参见中国法学会诉讼法学研究会编：《诉讼法理论与实践》（1996年卷），中国政法大学出版社1997年版，第43~51页。

十世纪中国之刑事诉讼法学》一文中，对我国民国初年刑事诉讼行为理论的研究成果进行了总结，并在2000年出版的专著《刑事诉讼的前沿问题》中对刑事诉讼行为的有关理论进行了更加全面的介绍。紧接其后，中国政法大学锁正杰博士在其博士毕业论文《刑事诉讼法哲学要义》中也对刑事诉讼行为进行了探讨。值得注意的是，与此同时，诉讼行为理论在我国民事诉讼法学界也引起了学者们的注意。先是中山大学的刘荣军博士在1998年出版的《诉讼法论丛》[①] 第一卷中发表了《德国民事诉讼行为论学说之展开》一文，对德国和日本诉讼行为理论的产生和发展进行了介绍。其后，刘荣军博士又在其专著《程序保障的理论视觉》中对诉讼行为理论研究的历史、诉讼行为的概念及效果、种类、撤回和取消、瑕疵和处理、人民法院和当事人的诉讼行为等进行了系统的研究，从而呈现出民事诉讼行为研究与刑事诉讼行为研究交相辉映的景象。应该说这是我国近年来诉讼法学理论研究深入的结果，也是我国立法和司法实践的内在要求。

第二节　诉讼行为的概念及分类

一、诉讼行为的概念

诉讼行为的概念一直是诉讼行为理论中一个存在很大争议的问题。从现有资料来看，大体有三种观点：第一种观点认为只要是能引起诉讼法上效果的行为就是诉讼行为。[②] 如谷口安平先生认为："能够在诉讼法上引起一定效果的行为就是诉讼行为。"[③] 日本另一位学者伊藤真先生也认为："能够引起诉讼法上法律效果的行为就是诉讼行为。"[④] 我国也有学者持这一观点："诉讼行为是诉讼法律关系的主体在特定诉讼中所实施的能够发生诉讼效果的行为。"[⑤] 第二种观点将诉

① 陈光中、江伟主编：《诉讼法论丛》，法律出版社1998年版，第385～393页。

② 陈瑾昆著：《刑事诉讼法通义》，北平朝阳大学出版社1930年版，转引自陈瑞华：《二十世纪中国之刑事诉讼法学》，载《中外法学》1997年第6期。

③ ［日］谷口安平著，王亚新、刘荣军译：《程序的正义与诉讼》，中国政法大学出版社1996年版，第135页。

④ ［日］伊藤真：《诉讼程序》，载伊藤真、竹下守夫：《注释民事诉讼法（3）》，有斐阁1993年版，第22页，转引自刘荣军著：《程序保障的理论视角》，法律出版社1999年版，第222页。

⑤ 柴发邦主编：《民事诉讼法学》，北京大学出版社2000年版，第38页。

讼行为限定为合法行为，即除了能发生诉讼法上的效果外，还必须符合诉讼法规定的构成要件，如我国台湾地区陈朴生先生将诉讼行为界定为："构成诉讼程序所实施合乎诉讼法上定型之行为，并足以发生诉讼法上效果者。"[①] 我国台湾地区另一位诉讼法学者褚剑鸿的看法与此类似，他认为刑事诉讼行为是："刑事诉讼程序进行中，诉讼主体及其他诉讼关系人依诉讼法规定，所进行之各种诉讼行为，诉讼行为必须符合法律之规定，亦必须于法定期限内为之，或依一定之程序为之，乃足发生法律之效果。"[②] 第三种观点对诉讼行为能够引起的诉讼效果进行了限制，认为诉讼行为必须是能够发生"预期的"诉讼效果的行为，但又不要求是合法行为，如德国大法学家洛克信将诉讼行为表述为："在诉讼程序中能够按照意愿达到所期望之法律效果，并促使诉讼程序继续进行之意思表示。"[③] 在以上三种观点中，笔者认为第一种观点较为妥当。理由是，虽然从法律的角度来说，参与诉讼的各主体应当严格依法行事，但由于法律素养以及利益和立场等因素的差异，诉讼主体实施的行为既可能是合法的，也可能是非法的，而为了维护程序的有序运作，一旦这些行为具备基本的法律形式，有权机关就不得对这些行为置之不理，而必须采取符合法律规定的方式加以处理，或认可其有效，或宣布其无效。也即从维护程序有序运作的角度出发，无论是合法行为，还是非法行为，只要其已具备一些最基本的法律形式，有权机关就必须加以处理。而诉讼行为作为以整个诉讼程序为研究对象的诉讼行为理论体系中的最上位概念，当然应当将所有可能引起一定的诉讼后果的行为，无论是合法的还是非法的都纳入自己的研究视野。[④]

关于刑事诉讼行为的范围，也有三种不同的学说：狭义说认为，刑事诉讼行为仅包括法院和控辩双方的诉讼行为；[⑤] 中义说认为，除包括法院和控辩双方的

---

① 陈朴生著：《刑事诉讼法实务（增订版）》，台湾海天印刷厂有限公司1981年版，第114页。

② 褚剑鸿著：《刑事诉讼法论》，台湾商务印书馆1994年版，第437页。

③ ［德］克劳斯·洛克信著，吴丽琪译：《德国刑事诉讼法》，台湾三民书局1998年版，第222页。

④ 笔者这一结论的形成很大程度上得益于与学友中国政法大学民事诉讼法方向博士生李仕春的讨论，在此表示感谢。

⑤ ［日］小野清一郎：《刑事诉讼法讲义》全订第3版，第202页，转引自曹鸿兰：《刑事诉讼行为之基础理论（1）——刑事诉讼行为之效力》，载《法商学报》1972年第8期。

行为以外，刑事诉讼行为还包括其他诉讼参与人的行为[①]；广义说则认为，除法院、控辩双方及其他诉讼参与人的行为外，刑事诉讼行为还应包括起诉前的侦查行为和审判后的执行行为，[②] 理由是侦查和执行与起诉和审判一样，是刑事诉讼程序的必要组成部分，将其纳入刑事诉讼行为的范围之内进行整体性研究，有利于揭示刑事诉讼的内在规律。笔者认为，广义说更为合适，因为侦查是起诉和审判的必要准备，执行阶段许多刑罚执行方式的变更也涉及事实和法律的重新认定，将其纳入诉讼行为的研究领域有利于揭示刑事诉讼活动的内在规律。

二、诉讼行为的分类

根据主体的不同，诉讼行为可以分为法院（法官）的行为、控辩双方的行为及第三人的行为。法院（法官）的行为主要包括审理和裁判以及为进行审理和裁判而实施的附随行为，如证据调查、传唤、拘留、逮捕等。法院（法官）的行为又可分为法官的行为和辅助机关的行为，辅助机关的行为主要包括书记员、翻译人员、法警的行为等。控辩双方的行为主要包括警察、检察官、自诉人及犯罪嫌疑人和被告人的行为。辩护人和代理人所进行的行为也属控辩双方行为的组成部分。控辩双方的行为大体可分为申请、立证、陈述和主张四类。第三人的行为，是指前两类主体以外的主体所实施的行为，如报案、控告、举报、证人作证和鉴定人进行鉴定等。

根据意思表示与行为效果之间关系的不同，诉讼行为可以分为法律行为（德文 Prozessrechtgeschft）与事实行为（德文 Prozessuale Realhandlung）。所谓法律行为，是指以产生某种诉讼法律效果的意思表示为要素，且行为后果的发生与主体的意思表示直接相关的诉讼行为，如被害人控告、检察机关起诉、法院判决、控辩双方上诉的意思表示分别是立案、法院受理案件、被告人被认定有罪或无罪及上诉审程序启动的直接依据，因而这些行为均是法律行为。所谓事实行为，是指不以行为人的意思表示为要素，且行为后果的发生与当事人的意思表示无关的诉讼行为。例如，被告人陈述和证人证言的内容与讯问被告人和进行证据调查的主

---

① Beling, Deutsches Strafprozessrecht, 1982. S. 163. 转引自曹鸿兰：《刑事诉讼行为之基础理论（1）——刑事诉讼行为之效力》，载《法商学报》1972 年第 8 期。

② ［日］团藤重光：《新刑事诉讼法纲要》第 6 次修订版，第 141 页，转引自曹鸿兰：《刑事诉讼行为之基础理论（1）——刑事诉讼行为之效力》，载《法商学报》1972 年第 8 期。

体的意思表示是无关的，因而讯问被告人和证据调查是事实行为。有些行为，如逮捕，前一阶段签发逮捕证是法律行为，而后一阶段执行逮捕是事实行为。此外根据内容的不同，事实行为又可进一步分为表示行为与单纯事实行为两种。表示行为，是指虽然包含有行为主体的意思表示（如证人证言、检察官的法庭辩论等），但其最终的法律效果不是由主体的意思所决定的，因而属于法律行为不同的事实表示行为。而单纯事实行为则不要求主体的任何意思表示，如执行拘留、执行逮捕等。

根据行为与诉讼程序之间关系的不同，诉讼行为可以分为诉讼追诉行为，实体形成行为（德文 Erwirkungshandlung）与程序形成行为（德文 Bewirkungshandlung）。国内民事诉讼法学界有学者将 Erwirkungshandlung 和 Bewirkungshandlung 分别翻译为“取效性诉讼行为”和“与效性诉讼行为”[①] 笔者通过比较相关研究资料认为，翻译为“实体形成行为”与“程序形成行为”更为合适。或实体形成行为与程序形成行为。[②] 诉讼行为的这种分类方法是与大陆法学者有关诉讼的实体层面与程序层面相区分的理论紧密相关的。在大陆法学者看来，对诉讼过程可以从两个层面进行考察，一个是形式上为了达成其判决而进行的程序发展过程；一个是内容上为了查清案件事实而进行的实体形成过程。早在 20 世纪初，德国学者绍尔（Sauer）就从发展的角度对诉讼程序进行了分析，他认为诉讼活动包含着三个发展过程：一是程序进行过程（德文 Verfahrenslinie）；二是实体形成过程（德文 Sachgestaltungslinie），三是诉追过程（德文 Verfolgungslinie）。[③] 相应地，刑事诉讼行为也被分为实体形成行为、程序形成行为和追诉行为，这被称为刑事诉讼行为理论的三面说。[④] 其后，又有许多学者认为前述追诉过程完全可以并入另外两个过程，因而刑事诉讼行为只需分为两种，即实体形成行为和程序形成行为。实体形成行为又被称为心证形成行为，是指直接作用于法官的心理并使其形成关于案件事实认定及法律适用的心证的行为，如询问证人、调查证据

---

① ［日］谷口安平著，王亚新、刘荣军译：《程序的正义与诉讼》，中国政法大学出版社 1996 年版，第 135 页；刘荣军著：《程序保障的理论视角》，法律出版社 1999 年版，第 226 页。

② ［日］团藤重光著：《新刑事诉讼法纲要》第 7 次修订版，创文社 1967 年版，转引自曹鸿兰：《刑事诉讼行为之基础理论（1）——判决以外诉讼行为的效力》，载《法商学报》1972 年第 8 期。

③ 转引自曹鸿兰：《刑事诉讼行为之基础理论（2）——判决以外诉讼行为的效力》，载《法商学报》1972 年第 8 期。

④ ［日］田口守一著，刘迪、张凌、穆津译：《刑事诉讼法》，法律出版社 2000 年版，第 128 页。

等。而程序形成行为则不是直接作用于法官心证，而是通过形成程序上的法律关系来推动程序的运作的行为，如传唤被告、通知开庭日期等。当然，这两种行为在诉讼过程中往往是紧密相连的，如申请调查证据是程序形成行为，而法官调查证据则是实体形成行为。它们互相结合，相互依存，共同构成刑事诉讼的实体面和程序面。[①]

这两种行为的区别也是非常明显的，实体形成行为通常属事实行为，而程序形成行为通常属法律行为。按我国台湾地区学者陈朴生的归纳，“程序形成行为重在诉讼关系，多具有定型性、独立性、规范性，以维护程序的公正；实体形成行为则重在诉讼状态，多具有非定型性、连锁性，以发现实体的真实为目”[②]。

根据作用和功能的不同，诉讼行为可分为决定性行为（葡文 actos determinantes）、条件性行为（葡文 actos condicionantes）和执行性行为（葡文 actos de-execuo）。决定性行为，是指那些旨在产生法律效力的行为人的意愿性行为，如自诉、放弃上诉等。条件性行为，是指那些在特定条件下才能实施或者某种决定性行为效力的产生取决于某种条件性行为的完成的行为，如申请准许等。执行性行为，是指赋予某种具有法律效力的行为以实质的物质性表现的行为，如送达、执行拘留等。[③]

根据作用机理的不同，诉讼行为可以分为实质性行为（葡文 actos materiais）和声明性行为（葡文 actos de declaraes）。实质性行为，是指通过事实状况的变更而产生诉讼效果的行为，声明性行为，则是指通过行为人的意识活动才能产生诉讼效果的行为。声明性行为又可分为意向性声明（葡文 declara es de voutade）、单纯意向性声明（葡文 Simples decleara es voluntárias）和认知性声明（葡文 declara es de ciência）。认知性声明是表达主体对特定事项的认识，意向性声明是为了产生一定的法律效果，而单纯意向性声明则是为了表达主体本身的意愿。绝大多数诉讼行为都属认知性声明或单纯意向性声明，意向性声明在诉讼活动中极少。这种分类方法在诉讼行为的分类中具有非常重要的意义，尤其是当行为人的意向有瑕疵时，因为意向有瑕疵即意味着诉讼行为有瑕疵。例如，在上诉及放弃

① 陈朴生著：《刑事诉讼法专题研究》，台湾三民书局 1985 年版，第 88～89 页。
② 陈朴生著：《刑事诉讼法实务（增订版）》，台湾海天印刷厂有限公司 1981 年版，第 120～121 页。
③ 徐京辉、程立福著：《澳门刑事诉讼法》，澳门基金会 1999 年版，第 52 页。

上诉时，如果上诉人是因胁迫而放弃的，则此诉讼行为有瑕疵应认定为无效。[①]

此外，诉讼行为还可划分为起始行为（葡文 actos de iniciao）、展开行为（葡文 actos de desenvolvimento）和结束行为（葡文 actos de encerramento），侦查行为（葡文 actos de inquérito）、预审行为（葡文 actos de instruo）、审判行为（葡文 actos de julgamento）、上诉行为（葡文 actos de recurso）和执行行为（葡文 actos de execuo），可重复性行为（葡文 actos repetíveis）和不可重复性行为（葡文 actos irrepetíveis），决定性行为（葡文 actos decisórios）和非决定性行为（葡文 actos nodecisórios）[②] 等。

第三节　诉讼行为的评价及要件

一、诉讼行为的评价

诉讼行为不同于民事法律行为。民事关系是一种私法关系，强调当事人的意思自治，原则上国家不加干预，当事人的行为只要不违反法律所设定的极少数限制性条件，均可自由实施并产生预期的法律效果，即以当事人意思自治为原则，以法律干预为例外。而诉讼则是一项在特定时间、特定地点，由特定机关主持进行的一种国家职能活动，因此法律对每项诉讼行为的主体、方式和内容都作了严格的限制性规定，诉讼参加人能够自由选择的余地很小，即以法律规定为原则，以诉讼参加人的意思自治为例外。因此，从不同的标准出发，可以对诉讼行为进行不同的评价。

（一）是否成立

是否成立是对诉讼行为进行的最基本评价，是指行为从事实上看是否已经现实地存在，存在即成立，不存在即不成立（德文 Ungüetig）。是否成立是一种事实评价而非价值判断，因而是对诉讼行为的最基本评价，是进行其他评价的前提和基础。某一行为如果不成立为诉讼行为，即不能对其进行是否有效、是否合法及有无理由的评价。对不成立的行为，相关主体有权视其为不存在，即视为无

① 徐京辉、程立福著:《澳门刑事诉讼法》，澳门基金会 1999 年版，第 52 ~ 53 页。

② 徐京辉、程立福著:《澳门刑事诉讼法》，澳门基金会 1999 年版，第 51 ~ 54 页。

（德文 Nichtig）而不采取任何行动。

然而从现有法律资料来看，学者们对诉讼行为成立的内涵的认识并不一致。比较典型的看法有两种：一种观点以日本的田口守一先生为代表，认为不成立就是“不具备诉讼行为形式要件”[①]。另一种观点以我国台湾地区的陈朴生先生为代表，认为成立是指“具备诉讼法上定型之构成要件”[②]。笔者认为，以上两种观点均不妥当，因为从中外学者对成立和生效要件的归纳来看，诉讼行为要件的内容非常复杂，无论是“形式要件”还是“构成要件”，均包括成立要件和生效要件两个方面，而不成立仅仅是不符合诉讼行为的成立要件，而不包括不符合生效要件。从学者们对成立要件的归纳来看，不成立主要是指不符合诉讼行为的一些最基本构成要件，因此诉讼行为的（不）成立可界定为：“（不）符合诉讼行为的最基本构成要件”。北京大学的沈岿博士在探讨行政行为无效的概念时也表示了基本相同的看法，他认为：“在行政法学理上，行政行为之成立与否和无效与否是两个不同的问题。对前者只需从行政行为最终是否以外部可知的形式而存在这一形式来考察，考察的目的在于判断行政行为何时正式存在，从而具有推定的正式效力——除非该成立的行政行为具有重大、明显的违法情形。”[③]

（二）是否有效

是否有效是对诉讼行为进行的价值评价，是在诉讼行为已经成立的基础上，对其是否有利于诉讼目标的实现，对其在诸种诉讼价值的冲突中是利大于弊还是弊大于利进行评价的基础上，进而决定是否赋予其预期的诉讼效力，赋予其预期诉讼效力的即为有效，否则为无效。需要强调的是，无效是指不能发生该行为本来的或行为人预期的诉讼后果，而不是指不发生任何诉讼效果。例如，无效的起诉虽然不能引起法庭审判的预期后果，但却可引起驳回起诉的非预期后果。是否有效是在已经成立的基础上实施的进一步评价，只有对已经成立的诉讼行为才能进行有效与无效的评价。

（三）是否合法

是否合法是对诉讼行为进行的法律评价。这种评价范围包括行为的主体、意

---

① ［日］田口守一著，刘迪、张凌、穆津译：《刑事诉讼法》，法律出版社 2000 年版，第 131 页。

② 陈朴生著：《刑事诉讼法实务（增订本）》，台湾海天印刷厂有限公司 1981 年版，第 121 页；张丽卿著：《刑事诉讼法——理论与运用》，台湾五南图书出版公司 1995 年版，第 158 页。

③ 沈岿：《法治和良知自由行政行为无效理论及其实践之探索》，载《中外法学》2001 年第 4 期。

思表示、内容、方式、程序等各个方面，符合法律规定的为合法（德文 Zulssig），不符合法律规定的为非法（德文 Unzulssig）。不符合法律规定的行为通常又被称为不完善的行为（葡文 actos imperfeito）或有瑕疵的行为（葡文 actos vicio）。但同违法行为违反的法律规范的性质和程度不一样，后果也不一样。违反法律的强制性、基础性规范的，法律将不承认其效力，而违反非强制性、非基础性规范的，从法律的安定性出发，仍可赋予其效力。因而，是否合法与是否有效并不对应，合法的肯定有效，而有效的则不一定合法。

（四）有无理由

与以上三个方面是对诉讼行为从程序和形式上进行的评价不同，有无理由是对诉讼行为从内容和实体上进行的评价，即从实体上判断诉讼行为是否符合法律对实施特定行为所设定的实体性标准。许多行为（如起诉、拘留、判决等）只有既符合法律所规定的形式要件，又符合法律所规定的实体要件（即有理由）才能产生预期的法律后果。在刑事诉讼中，诉讼行为的理由存在与否对以下三个问题至关重要：一是发动起诉；二是进行裁判；三是实体形成。在诉讼行为合法的情况下，是否存在正当理由是判定该行为实体法律效力的重要标准。[①]

（五）四种评价的相互关系

是否成立、是否有效、是否合法和有无理由虽然是四种不同的评价标准，但它们之间却有着内在的联系。从是否成立到是否有效、是否合法和有无理由，评价标准越来越高，符合标准的外延却越来越小。成立是有效的前提，有效是合法的前提，合法是有理由的前提。因而有理由的肯定合法，合法的肯定有效，有效的肯定成立，但成立的却不一定有效，有效的不一定合法，合法的不一定有理由。它们之间的关系可用图表示如下：

上面的括号越大（表示符合条件的行为越来越多）

行为	不成立	无效	不合法	无理由
	成立	有效	合法	有理由

下面的括号越小（表示符合条件的行为越来越少）

① 陈瑞华著：《刑事诉讼的前沿问题》，中国人民大学出版社2000年版，第183页。

二、诉讼行为的要件

诉讼行为的要件包括成立要件和生效要件两个方面。本来，这两种构成要件对诉讼行为评价的角度完全不同，但由于笔者掌握的资料极其有限，无法展开论述，并且从立法规范及实务操作来看，两者之间存在着紧密的联系，因此本书对其合并探讨。

诉讼行为的成立和生效是诉讼行为理论中一个非常复杂的问题，不同国家和不同学者的诉讼目的观及程序价值理念不一样，对刑事诉讼行为成立和有效要件的界定和划分也有所不同，因而对同一要件，有的国家或学者认为是成立要件，而有的国家或学者则认为是生效要件。例如，我国台湾地区几乎所有学者都认为检察机关以外的主体提起公诉是诉讼行为不能成立的理由。[①] 对有些要素的缺失或瑕疵，有些国家或学者认为影响诉讼行为的成立或生效，而有些国家或学者则认为不影响诉讼行为的成立或生效。因此，本书以下对诉讼行为成立或生效要件的论述只是对绝大多数国家或学者占主导地位观点的总结和概括。

（一）主体合格

主体是诉讼行为的实施者，主体资格的瑕疵将直接影响行为的表意功能及实施效果，因此，各国立法都对诉讼行为主体的资格作出了严格限定，主体资格的瑕疵将直接导致诉讼行为不成立或不生效。如《法国民事诉讼法典》第117条明确规定："以下事项，构成影响诉讼行为有效性的实质上的不符合规定：无作为一方当事人之权利；无作为法人代表或无行为能力人之代表进行诉讼的权利；无作为诉讼当事人之代理人进行诉讼的权利。"主体合格通常包括以下内容：

其一，主体行为适格。许多诉讼行为只有特定的主体才有资格实施，该类主体可以实施或应当实施特定行为的资格即为行为适格，如刑事自诉必须由被害人及其代理人或近亲属提起，审判笔录只有书记员才有权制作，等等，否则诉讼行为的成立或生效就会受到影响。按我国台湾地区学者陈朴生的概括，行为适格对诉讼行为的影响有两种情况：（1）有些行为适格，是诉讼行为成立的要素，未

① 参见陈朴生著：《刑事诉讼法实务》，台湾海天印刷厂有限公司1981年版；诸剑鸿著：《刑事诉讼法论》，台湾商务印书馆1994年版，等等。但日本田口守一先生则认为是不能生效的理由（参见田口守一著，刘迪、张凌、穆津译：《刑事诉讼法》，法律出版社2000年版）。

具备此项行为适格，则该诉讼行为不成立。如判决应由法官作出，非法官制作的判决，不能成为判决；公诉只能由检察官提起，司法警察将侦查结果移送法院不能称之为起诉，等等。（2）有些行为适格是诉讼行为生效的要素。自诉权人提起自诉，上诉权人提起上诉，这些行为适格是诉讼行为的生效要件，没有自诉权或上诉权的人提起自诉或上诉只是行为无效，而不是行为不成立。[①]

其二，诉讼能力符合法律的规定。所谓诉讼能力，是指诉讼主体欲使其行为发生诉讼法律效果其自身所应具备的能力。[②] 诉讼能力又分为当事人能力与第三人能力两种情况。当事人能力，是指主体在诉讼中可成为当事人的能力。对于不同的当事人，法律所要求的当事人能力程度是不一样的。自诉的原告，通常必须具备民事活动中的辨认和控制自己行为的能力。对犯罪嫌疑人及被告人的能力，法律要求较高。日本判例要求其在进行某种诉讼行为时，具有理解该行为的意义，保护自己权利的能力。[③] 对于第三者的诉讼能力，法律通常没有作出明确的规定，通说要求具有意思能力即可。对于证言能力、日本判例有承认 11 岁的小学生及 13 岁 11 个月的被害人的证言能力的。[④] 主体没有相应诉讼能力，必须由有诉讼能力者代理或替换，否则，将给诉讼行为效力的发生造成影响。不过，诉讼能力的欠缺通常只是影响诉讼行为的效力，而不影响诉讼行为的成立。并且，诉讼能力的欠缺通常只影响程序形成行为的效力，而不影响实体形成行为的效力。因为实体形成行为重在发现真实，行为效果的发生重在与事实是否相符，而与当事人的意思表示无关。[⑤]

其三，诉讼主体组成合法。这主要是指侦查、起诉及审判主体组成方式合法。这一要求包括两个方面，一是构成这些主体的自然人具有法定能力。德国法

---

① 陈朴生著：《刑事诉讼法专题研究》，台湾三民书局 1985 年版，第 107 页。

② 曹鸿兰：《刑事诉讼行为之基础理论（2）——判决以外诉讼行为的效力》，载《法商学报》1972 年第 8 期，第 122 页。

③ ［日］最决昭和 29（1954）年 7 月 30 日刑集第 8 卷第 7 号第 1231 页，转引自［日］田口守一著，刘迪、张凌、穆津译：《刑事诉讼法》，法律出版社 2000 年版，第 129 页。

④ ［日］最判昭和 23（1948）年 4 月 17 日刑集第 2 卷第 4 号第 364 页；最决昭和 32（1957）年 9 月 26 日刑集第 11 卷第 9 号第 2376 页，均转引自［日］田口守一著，刘迪、张凌、穆津译：《刑事诉讼法》，法律出版社 2000 年版，第 129 页。

⑤ 曹鸿兰：《刑事诉讼行为之基础理论（2）——判决以外之诉讼行为的效力》，载《法商学报》1972 年第 8 期。

学家绍尔（Sauer）认为，司法人员的能力应与当事人的能力相同，[①] 狭义的法院以外的司法人员，如检察官等也应当具有当事人能力。二是组织性主体在构成方式上符合法律规定。如合议庭组成不合法、应回避人员没有回避者会导致诉讼行为无效。并且，司法主体组织上的瑕疵与一般诉讼主体能力上的瑕疵不同，不仅其程序形成行为无效，其实体形成行为也应归于无效。[②] 例如，《意大利刑事诉讼法典》第178条规定，如果审判人员不符合担任法官的条件，或者审判组织不符合关于司法制度的法律为组建合议庭规定的法官数目的，审判无效。《澳门刑事诉讼法典》第106条也规定，“组成有关审判组织之法官人数少于应有数目或违反定出有关组成方式之法律规则”属“不可补正之无效”。

（二）意思表示合格

意思表示合格对诉讼行为的影响有两种情形。一是影响诉讼行为的成立，因为诉讼行为必须是意思活动的结果，无意识的行为不成为诉讼行为，[③] 如睡梦中的行为及明显欠缺真实意思的玩笑，缺乏成立诉讼行为所要求的发生预定诉讼效果的目的意识，因而不能称之为诉讼行为。二是影响诉讼行为的效力。这主要是指意思表示的欠缺或瑕疵。通常情况下，意思表示的欠缺或瑕疵只影响诉讼行为的效力而不影响诉讼行为的成立，且通常只影响程序形成行为而不及于实体形成行为。学说认为，实体形成行为受实体真实主义及职权主义所支配，重在行为内容与客观真实是否一致，而不在于与主体的真实意思是否有出入，即使行为意思有瑕疵或欠缺，只要其与客观真实一致也是有效的。而与客观真实是否一致应由法官自由判断，而不能根据行为与行为人本意是否一致来衡量。而程序形成行为重在保护诉讼参与人的权利，如果无视主体意思的欠缺或瑕疵而认定其有效必然会损害当事人的合法利益。对于法官及其他公职人员的行为，如果忽视其意思表示的欠缺或瑕疵不仅不利于保护诉讼参与人，特别是犯罪嫌疑人、被告人的合法权益，而且不利于实现司法的公平和正义。[④] 以上是处理意思表示欠缺或瑕疵与

① 曹鸿兰：《刑事诉讼行为之基础理论（2）——判决以外之诉讼行为的效力》，载《法商学报》1972年第8期。

② 曹鸿兰：《刑事诉讼行为之基础理论（2）——判决以外之诉讼行为的效力》，载《法商学报》1972年第8期。

③ 骆永家：《当事人诉讼行为之评价》，载《法学丛刊》第184期。

④ 曹鸿兰：《刑事诉讼行为之基础理论（2）——判决以外之诉讼行为的效力》，载《法商学报》1972年第8期。

诉讼行为是否成立及是否生效关系的一般原则。具体而言，意思表示欠缺或瑕疵对诉讼行为的影响又可以分为三种情形。

其一，对行为要素认识的错误。第二次世界大战前日本多数学者认为，对行为要素认识的错误不得成为认定诉讼行为无效的原因，如牧野英一教授就是其典型代表。第二次世界大战后主流学说认为，对诉讼行为要素认识的错误，原则上应成为诉讼行为无效的原因，但有一项例外，即因错误而撤回公诉时，如果认定其撤回无效，势必会使被告地位陷于不稳定状态，并侵害法的安全性，因而不宜认定为无效。①

其二，基于欺诈、胁迫、心中保留或虚伪表示等原因导致的意思表示错误。主流观点认为应分别处理。对于欺诈，应在因欺诈而使相对方发生错误的范围内认定诉讼行为无效。对于胁迫，应当视为欠缺诉讼能力的一种情形予以处理，如《澳门刑事诉讼法典》第 325 条规定："如嫌犯声明欲自认对其罪责之事实，主持审判之法官须询问其是否基于自由意思及在不受任何胁迫下所作之自认，以及是否拟作出完全及毫无保留之自认，否则无效。"对于心中保留及虚伪表示，应在从外表上即可发现其意思欠缺的范围内认定为无效。②

其三，违法的意思表示。主流观点认为，违法意思不足以作为法律效果的基础，因而基于违法意思而实施的诉讼行为应认定为无效。③ 如检察官收受被告贿赂而撤回公诉即属无效。

（三）行为形式合格

诉讼行为，特别是刑事诉讼行为直接关系到当事人的生命、自由、财产、名誉等基本权利，因而法律对诉讼行为的实施通常都设置了严格的形式要件，以规范和限制国家权力的行使，保护诉讼参与人特别是犯罪嫌疑人、被告人的合法权利。但如果过分强调诉讼行为的形式，又可能影响诉讼程序对案件事实的发现能力，影响诉讼效率的提高，因而立法者和司法者又经常通过对安全与自由、公正

① 曹鸿兰：《刑事诉讼行为之基础理论（2）——判决以外之诉讼行为的效力》，载《法商学报》1972 年第 8 期。

② 曹鸿兰：《刑事诉讼行为之基础理论（2）——判决以外之诉讼行为的效力》，载《法商学报》1972 年第 8 期。

③ 曹鸿兰：《刑事诉讼行为之基础理论（2）——判决以外之诉讼行为的效力》，载《法商学报》1972 年第 8 期。

与效率等价值进行权衡来决定特定诉讼形式的违反是否应作为影响诉讼行为成立或生效的因素。形式的错误对诉讼行为的影响表现在以下几个方面：

其一，对少数基本形式的违反会导致诉讼行为不成立，如向警察机关或检察机关提起自诉，属根本性的对象错误，会导致诉讼行为不成立。[①]

其二，对多数形式规则的违反会导致诉讼行为不生效。在诉讼过程中，因形式上的瑕疵导致诉讼行为无效的情况非常普遍。从主要国家和地区的立法来看，因形式违反法律的规定导致诉讼行为无效的情形主要有：（1）时间的错误。在诉讼中，因超越法定的诉讼期限导致诉讼行为无效的情形非常普遍。例如，《法国刑事诉讼法典》第30条规定，省长如果在和平时期行使警察权，应立即通知设在国家安全法院的检察官，并且在开始行动后48小时内，将有关证据材料和捕获的人犯移送检察官，否则，逾期的全部诉讼程序无效。《法国民事诉讼法典》第386条规定："如在两年之中，任何一方当事人均未尽其职责进行诉讼，诉讼因逾进行期限而无效。"《澳门民事诉讼法典》第141条规定，"在应被传唤之人死亡后作出，或应被传唤之人为法人时，在其消灭后作出的"传唤无效。（2）地点的错误。诉讼中大量发生的是地域管辖的错误。例如，《澳门刑事诉讼法典》第106条规定："违反与法院管辖权有关之规则"将导致绝对的无效。（3）对象的错误。例如，《澳门民事诉讼法典》第141条规定："错误传唤非为应被传唤之人"时，传唤无效。（4）语言的错误。例如，《澳门刑事诉讼法典》第82条规定："诉讼行为不论以书面或口头作出，均需使用本地区其中一种官方语言，否则无效。"（5）方式的错误。例如，《意大利刑事诉讼法典》第109条规定，刑事诉讼行为必须用意大利语实施，否则无效。《澳门民事诉讼法典》第141条规定："不当采用公示传唤"时，传唤无效。（6）程序的错误。例如，《澳门刑事诉讼法典》第106条规定，应当采用普通诉讼程序时采用了特别诉讼程序的，构成不可补正的无效；第107条规定，应当采用特别程序时而采用了普通程序的，构成相对的无效。[②]（7）条件的错误，如起诉是审判的条件，对未被起诉的被告进行审判即属条件的错误。（8）其他错误，如应该公开审判却未公开，起诉书应记载犯罪嫌疑人、被告人姓名却未记载，传票、拘留证、逮捕证上

① 骆永家：《当事人诉讼行为之评价》，载《法学丛刊》第184期。
② 徐京辉、程立福著：《澳门刑事诉讼法》，澳门基金会1999年版，第80~81页。

应由签发机关签名盖章而未签名盖章等。例如，《法国刑事诉讼法典》第107条规定："笔录的行文不能有任何空白。增删和涂改应经预审法官、书记官和证人认可，如有译员在场，还应经译员认可。如未经认可，增删和涂改视为无效。"《意大利刑事诉讼法典》第110条规定："采用机械手段或不同于书写的其他记号签署文书不具有效力。"需要说明的是，以上形式方面的错误并非绝对导致诉讼行为无效，如许多学者认为，管辖的错误会导致法院的准备行为无效，但如果法院已进行实体审理，则不得仅仅因管辖的错误而认定审判无效，[①] 其目的是兼顾诉讼的效率及对程序安定性的维护。

其三，对有些非根本性错误，法律通常允许行为人补正而不认定其无效。如诉讼文书应采用法院所属国许可的文字写成而未采用，起诉书仅仅是时间记载的错误，而不是没有记载犯罪嫌疑人、被告人姓名，等等。

（四）行为内容合格

即行为内容符合法律规定，主要包括以下方面：

其一，行为内容明确、合理。诉讼行为前后关联，诉讼一方的行为往往是另一方行为的前提和基础，一方行为内容的模糊不定或不合情理将使相对方难以把握其要旨以决定自己的行为，因此，对内容模糊、不合情理，甚至是相互矛盾的行为应认定为无效，以保护相对方的利益、程序的安定性和可预测性。如《澳门民事诉讼法典》第139条规定：（1）如起诉状不当，则整个诉讼程序无效。（2）在下列情况下，起诉状属不当：①请求或诉因未有指明或含糊不清；②请求与诉因相互矛盾；③同时载有实质上互不兼容之诉因或请求。

其二，不得附条件或附期限。实体法律行为具有较大独立性，一行为的瑕疵通常不会涉及其他行为，因此，实体法律行为通常可以附条件和附期限。而诉讼行为则具有很强的关联性，行为之间相互依存，构成一个完整的程序锁链。如果允许诉讼行为附条件或附期限，那么在该条件或期限成就之前，所有后续行为在效力上都将处于不稳定状态，特别是当该条件未成就而导致该行为不能生效时，那么所有后续行为都有可能随之无效，而引起程序的震荡和反复。如《意大利刑事诉讼法典》第339条规定："附期限或者附条件的弃权不产生任何效力。"

---

① 曹鸿兰：《刑事诉讼行为之基础理论（2）——判决以外之诉讼行为的效力》，载《法商学报》1972年第8期。

其三，符合法律作出的其他规定。首先，所有实体形成行为及绝大多数程序形成行为的实施都必须符合法定的条件和理由，否则，将难以产生预期的法律效果，甚至会引起一定的法律责任，如自诉行为理由不充分法院将不予立案，判决理由不充分可能导致国家赔偿，等等。其次，所有诉讼文书，特别是官方制作的诉讼文书必须包含法定的内容，否则也难产生预期的法律效力。如《法国刑事诉讼法典》第 215 条规定："起诉裁定的内容应当包含所控事实及其法律性质，以及起诉的对象，否则无效。"《意大利刑事诉讼法典》第 426 条规定："如果判决书的实质要件中缺乏决定部分或者该部分不完全，或者缺乏法官的签名，该判决书是无效的。"

第四节　诉讼行为的无效

一、无效的标准

前文已探讨了诉讼行为的生效要件，那么，是不是所有生效要件存在瑕疵的行为都无效呢？答案是否定的。诉讼行为不同于民事实体行为，正如前文所论述的，民事实体行为相互之间通常具有较大的独立性，一行为的无效一般不会波及其他行为，并且民事实体行为通常只涉及行为人相互之间的利益，而不涉及国家及社会的利益，因而各国立法都规定，民事实体行为不符合生效要件，通常都会导致无效或可撤销的法律后果；而诉讼行为相互之间紧密关联，一行为被认定无效往往会给其他行为的效力带来消极影响。并且，诉讼活动不仅涉及当事人之间的利益，还涉及国家和社会的利益。"诉讼行为与私法行为不同，系对于法院所为之行为，而非对于他造所为之行为。又诉讼行为相互间，有因果关系及连续性，某一诉讼行为之无效或撤销，可能使而后多数诉讼行为归于徒劳。"① 因此，各国在确定诉讼行为是有效还是无效时，除考虑其生效要件是否得到遵守以外，还慎重权衡该行为所涉及的诸多相互冲突的利益，如控制犯罪与保障人权，实体真实与程序正义、司法公正与程序安定等，只有认定该行为无效利大于弊时才会

① 王甲乙等著：《民事诉讼法新论》，台湾广益印书局 1983 年版，第 125 页。

最终被认定为无效，即所谓“无利益则无效”[①]。但立法上到底应如何划定诉讼行为有效与无效的界限，不同时期、不同国家，甚至同一国家在不同诉讼中的立法又有所不同。在现代诉讼制度产生的早期，各国立法通常规定，只有法律明确规定的为数极少的几种诉讼行为的生效要件未得到遵守时才应认定其无效，即所谓“无明文则无无效”[②]。如旧《意大利刑事诉讼法》第184条第1项规定：“诉讼行为未具备其法定方式者无效，但以法律有明文规定者为限。”1808年《法国刑事诉讼法典》第408条也规定：“违背方式而无效之诉讼行为，以有明文规定者为限，得为上诉第三审（上告）之理由。”很明显，这种立法方式是不能适应司法实践的复杂情况的。在实务中，有些依法应被认定为无效的行为可能对诉讼目的的实现损害不大，有些对诉讼目的的实现损害很大的行为法律却又未规定应认定为无效。为此，近年有些国家又在传统的法定无效的基础上增加规定了实质无效（法文 Nullitie's Substantre1les）制度，即对于除法定无效范围以外的其他诉讼行为，如果被认定为侵犯了法律的实质性条款，也可能被认定为无效。例如，法国在1993年以前，可以“无效”作为其制裁手段的诉讼行为的范围是由法律作出明确规定的。1993年1月4日以前，法定的无效情形不足10种，1993年1月4日的立法增加到19种以上。但这仍不能满足司法实践的需要，因而1993年8月24日立法在传统法定无效的基础上增加了实质无效制度，第171条规定：“违反本法典或其他刑事诉讼条款所规定的实质性手续，已经危害与诉讼有关的当事人的利益时，即产生无效。”法国最高法院还通过判例确认：某些手续应当视为“实质性手续”，如不遵守这些手续将引起行为（文书）无效。正是根据这一规则，法国最高法院还规定，在法院疏于审理“旨在适用法律给予的某项权利”的请求时，允许撤销该法院所作的裁判决定，即使法律条文中并未明文规定“如果要求或应当履行的某一手续未得到履行即引起无效”，亦允许撤销所作的裁判决定。[③] 值得注意的是，法国的这种法定无效与实质无效相结合的诉讼行为

---

① 曹鸿兰：《刑事诉讼行为之基础理论（1）——刑事诉讼行为之效力》，载《法商学报》1972年第8期。

② 曹鸿兰：《刑事诉讼行为之基础理论（1）——刑事诉讼行为之效力》，载《法商学报》1972年第8期。

③ ［法］卡斯东·斯特法尼等著，罗结珍译：《法国刑事诉讼法精义》（下），中国政法大学出版社1999年版，第662页。

无效标准不仅实行于其刑事诉讼中，而且在其民事诉讼中也得到了坚持。其《法国民事诉讼法典》不仅在不同章节明确规定了一些应认定为无效的情形，而且在第1卷第5编第2章第4节中对实质无效作出了规定。该法典第114条规定，任何诉讼行为，如果未遵守诉讼行为的根本性手续，即使无效事由并不是法律所明文规定的，也可宣告为无效。第119条规定："基于未遵守有关诉讼行为之实质性规则而提出无效抗辩，应当接受，无须提出抗辩的人证明其受到妨害，即使此种无效事由并无任何明文规定，亦同。"此外值得注意的是，《澳门民事诉讼法典》也吸收了《法国刑事诉讼法典》的基本精神，建立了一定范围的实质无效制度。该法典第147条"关于行为无效之一般规则"规定，原则上，只有在法律明确规定的范围内，"作出法律不容许之行为，以及未作出法律规定之行为或手续"才可宣告无效，但如果"所出现之不当情事可影响案件之审查或裁判时"，即使法律没有作出明确规定，也可作为无效处理。

然而，采取以上法定无效与实质无效相结合的诉讼行为无效模式的国家和地区为数仍然不多，多数国家对可依成立的要件欠缺认定无效的诉讼行为的范围的界定仍奉行严格的法定主义。如1988年《意大利刑事诉讼法典》第177条（法定无效）仍然明确规定："只有在法律规定的情况下，未遵守有关诉讼行为的规定才构成无效的原因。"1997年生效的《澳门刑事诉讼法典》第105条（合法性原则）第1项也规定："违反或不遵守刑事诉讼法之规定，仅在法律明文规定诉讼行为属于无效时，方导致有关诉讼行为无效。"

但笔者认为法国的法定无效与实质无效相结合的立法模式更为科学合理。因为传统的法定无效模式过于僵化，可依生效要件的欠缺认定无效的行为的数量太少，难以满足司法实践的需要，而法国的法定无效与实质无效相结合的诉讼行为无效模式，一方面，由法律明确规定部分诉讼行为生效要件的欠缺将导致无效的法律后果，便于操作；另一方面，又规定其他虽不属法定无效的范围，但只要违反了法律的实质性条款，也可认定为无效，从而为法官根据司法实践的复杂情况来灵活认定诉讼行为的效力，从而对最大限度地实现诉讼程序的综合价值具有非常重要的意义。

二、无效的分类

不同的国家和地区，由于各自的立法传统及诉讼价值取向的不同，对诉讼行为无效的分类也大不相同。

法国根据无效原因的不同，将刑事诉讼行为无效分为“法律条文明文规定的无效”（即法定的无效）和在法律明文规定的无效情形之外的“实质性无效”（即实质的无效）。所谓法定的无效，即法律明文规定的（如不遵守某项手续将“以无效论处”）无效，如《法国刑事诉讼法典》第30条第2款规定的省长在24小时之内未将有关证据材料和捕获的人犯移送检察官将导致全部诉讼程序无效，第59条第2款规定的“第56条（扣押），第56—1条（对律师住所的搜查），以及本条规定的手续应当遵守，否则，调查无效”等。[①] 所谓实质的无效，是指法定无效之外的，若被认为侵犯了刑事诉讼法的“实质性手续”也将“以无效论处”的无效，也即《法国刑事诉讼法典》第171条所规定的无效制度。《法国民事诉讼法典》中所规定的无效也可分为法定的无效和实质的无效两类。凡法律明确规定的某些要件一旦未得到遵守即应认定为无效的无效属法定的无效，除此以外，如上文第114条和第119条所提到的，虽然法律未明确规定可作无效处理，但如果一旦违反也会给当事人的合法权益或诉讼公正造成重大损害，因而也可被认定为无效的无效。

《意大利刑事诉讼法典》根据无效行为违法程度的不同把刑事诉讼行为的无效分为绝对的无效和相对的无效。绝对的无效又称不可补正的无效，是指违法程度严重，可在诉讼的任何阶段和审级中提出的无效。如《意大利刑事诉讼法典》第179条“绝对无效”第1款规定：“第178条第1款第1项规定的无效情况，因公诉人在提起诉讼中的行为而造成的无效情况，因未传唤被告人或未让必须在场的辩护人在场而引起的无效情况是不可补救的，并且当然地可在诉讼的任何阶段和审级中指出。”第2款规定：“由法律条款专门列出的无效情况也是不可补救的，并且当然地可在诉讼任何阶段和审级中指出。”相对无效又称可补救的无效，是指违法程度较轻，必须由当事人在法定期限内提出抗辩的无效，如《意大利刑事诉讼法典》第181条“相对无效”第1款规定：“除第178条和第179条规定的情况外，其他无效情况基于当事人的抗辩而宣告。”

日本诉讼理论根据无效原因出现时间的不同，把无效分为原始无效和后发性

---

① ［法］卡斯东·斯特法尼等著，罗结珍译：《法国刑事诉讼法精义》（下），中国政法大学出版社1999年版，第661~663页。

无效。所谓原始无效，是指诉讼行为自实施时即无效。原始无效可分为两种：一是不需要进行审判的当然无效，如检察官以口头起诉；二是需要进行审判的非当然无效。后发性无效是指诉讼行为成立时有效，后来无效。后发性无效也可分为不需要进行审判的当然无效和需要进行审判的非当然无效两种情况。①

我国台湾地区学者曹鸿兰对诉讼行为无效的分类也进行了比较系统的研究。曹鸿兰认为，无效首先可以根据无效原因出现时间的不同分为原始的无效和事后的无效。原始的无效是指诉讼行为成立时即已出现无效原因的无效，而事后的无效则是指诉讼行为成立时是有效的，在成立以后才出现无效原因的无效。原始的无效又可分为当然无效、有撤销必要性的无效和有撤销可能性的无效三种情形。当然无效是指既不需要当事人提出异议，也不需要权力主体进行无效宣告而必然不能产生预定法律效果的无效。有撤销必要性的无效是指无须当事人申请，有权机关即可径行宣告的无效。有撤销可能性的无效是指必须经利害关系人申请，法定机关才可宣告的无效。曹鸿兰认为，鉴于诉讼程序形式确实性的要求，诉讼行为一经成立，即使在法律上无效，法院也不得置之不理，而必须以裁定予以驳回或撤销，因而无效绝大多数情况下都必须履行撤销手续。曹鸿兰认为撤销必要性受职权主义支配，而撤销可能性则以处分主义和当事人主义为原则。曹鸿兰还指出："无效有如此种种不同与范围之存在，正反映了刑事诉讼程序各种利益的复杂性和对立性。"②

《澳门刑事诉讼法典》将刑事诉讼行为的无效分为不可补正之无效，取决于争辩之无效和不当情事或不规则。

我国澳门地区民事诉讼法将无效分为法官依职权审理之无效和取决于当事人争辩之无效两种。③

不可补正之无效又称绝对无效，是指应在程序任何阶段依职权宣告的无效，取决于争辩之无效是指应由有利害关系人提出争辩的无效，不当情事或不规则是指形式上与刑事诉讼法的规定不相符，但法律并没有明文规定应作为无效处理的情形。不规则行为从本质上看也是无效行为的一种，但是不规则行为的瑕疵程度

① ［日］田口守一著，刘迪、张凌、穆津译：《刑事诉讼法》，法律出版社2000年版，第131～132页。

② 曹鸿兰：《刑事诉讼行为之基础理论（1）——刑事诉讼行为之效力》，载《法商学报》1972年第8期。

③ 参见《澳门民事诉讼法典》第148条。

比无效行为轻，因而在未被宣告为不规则之前，也能产生与合法行为一样的效果，并且，其比无效行为更容易被补正。此外，不规则行为与无效行为一样，都需要利害关系人在法定期间内提出争辩，否则，有关诉讼行为的瑕疵将被视为补正。例如，《澳门刑事诉讼法典》第 110 条规定，如在诉讼程序中存在任何不规则（葡文 irregularidade），则仅当利害关系人在不当行为作出时提出争辩，该不规则方使有关行为成为非有效行为。澳门民事诉讼法对诉讼行为无效的分类与刑事诉讼法基本相同。根据《澳门民事诉讼法典》第 148 条的规定，诉讼行为无效被分为法官依职权审理之无效和取决于当事人争辩之无效两种。所谓法官依职权审理之无效，是指法律严格规定范围内的除非应视为已获补正，否则法院必须依职权审理的无效。法官依职权审理的无效主要指《澳门民事诉讼法典》第 139 条、第 140 条、第 144 条第 2 款第 2 部分、第 145 条和第 146 条。

所谓取决于当事人争辩的无效，通常情况下是指只有在利害关系人提出申请时，法院才能进行审理的无效。按《澳门民事诉讼法典》的规定，除法律明确规定的法官依职权审理的无效以外的所有的无效，都取决于当事人争辩的无效。

虽然不同国家和地区对诉讼行为无效进行分类的根据不同，因而得出的结果也不一样，但这些分类方法都是有其各自的理论基础及实践意义的。法国将无效分为法定无效与实质无效，反映了诉讼行为无效标准由传统的法定无效制度向实质无效制度的发展，反映了诉讼行为理论及立法的深化和完善。日本及我国台湾地区诉讼理论将无效分为原始无效与事后无效（后发性无效），便于根据无效原因出现时间的不同来建立不同的瑕疵治愈制度。其他国家或地区将无效根据程度的不同分为不同的等级并建立不同的确认规则，则反映了诉讼程序利益冲突的复杂性。以司法正义与程序安定的冲突为例，确认违法行为无效有利于维护司法正义而不利于维护程序安定，维持违法诉讼行为的效力有利于维护程序安定却不利于实现司法正义。因而何种情况下应认定非法诉讼行为无效必须仔细权衡该行为对诉讼程序不同价值的损害程度，当违法情形严重，严重损害司法公正和当事人的诉讼权利时，就有必要宣布该行为无效；反之，当违法情况不甚严重，对司法公正和当事人的诉讼权利损害不大时，就没有必要宣布其无效，以维护程序安定这一较大利益。

三、无效的治愈

诉讼行为一旦被认定为无效，有关机关或诉讼参与人就必须重新实施该行为。为了防止程序的反复过于频繁以致影响程序的安定和诉讼效率的提高，大陆法系各国，一方面限制可被宣布无效的行为的范围，即规定只有部分严重违反法律规定的行为才可被认定为无效；另一方面又规定，即使是那些可被宣告无效的行为，也可基于一定的事实而取得法律效力，即治愈行为的无效。从世界主要国家和地区的立法及理论来看，诉讼行为无效的治愈大致有以下几种方式。

一是补正和追补。即通过后续行为弥补先行行为的缺陷，从而使先行行为取得预期的法律效力。其中，补正是指先行行为在构成要件上存在瑕疵时，后续行为通过弥补先行行为在构成要件上的瑕疵，从而使先行行为取得预期的法律效力，如提起公诉应采取书面形式而未采取时，通过补交书面起诉书来弥补先行起诉行为在形式上的瑕疵。又如，《法国民事诉讼法典》第 115 条明确规定："如尚未因逾期而丧失权利，并且如对形式无效进行补正不会造成任何妨害，无效事由得经事后补正而不予追究。"该法第 177 条规定，如引起审前准备活动无效的缺陷可予排除，审前活动可经纠正而使其符合规定。无效又可以分为可以补正的无效和因瑕疵严重不能补正的无效两种情形。如日本判例认为，诉因不确定是可补正的无效，检察官重新解释即可补正其无效，而违反起诉状一本主义的公诉则是瑕疵严重不可补正的无效。所谓追补，是指后续行为以先行行为为条件，未实行先行行为导致后续行为无效时，可通过补正先行行为而使后续行为产生预期的法律效力。如无权代理人的代理行为和非辩护人的辩护行为都可因当事人的追认而取得法律效力。日本学说又进一步将追补分为单纯追补和补正性追补两种情形。[①]

二是放弃异议权。即无效行为的利害关系人放弃提出异议而使有瑕疵的行为产生法律效力。放弃异议权在理论和立法上又被许多国家认为属广义的补正，但由于其与上述典型意义上的补正有很大的差异，因而本书将其分开探讨。从主要国家和地区的立法和学说来看，放弃异议权又可分为以下几种不同情形：一是明

① ［日］田口守一著，刘迪、张凌、穆津译：《刑事诉讼法》，法律出版社 2000 年版，第 132 页。

确放弃对该行为的无效提出异议，如《澳门刑事诉讼法典》第 108 条（无效之补正）第 1 款第 1 项规定：明示放弃就该等无效提出争辩，则有关无效获补正。二是关系人明确表示接受可撤销的行为的法律效力，如《意大利刑事诉讼法典》第 183 条（对无效情况的一般补救）第 1 款第 1 项规定，当事人明确接受有关行为后果的，无效可获补救。三是有关权利确已实现。即当一定的法律规则是为实现某一特定的诉讼权利而设置时，如果该行为规则的瑕疵并未影响当事人对其法定权利的行使，那么该无效行为也可获得补正，如《法国民事诉讼法典》第 178 条规定："如能以任何方式证明法律规定的事项在实际上得到遵守，在用以证明审前准备活动符合规定的某项记载有遗漏或并不准确的情况下，并不引起该项活动无效。"《意大利刑事诉讼法典》第 184 条"对涉及传唤、通知和送达的无效的情况的补救"第 1 款规定："涉及传唤、通知和送达的无效的情况，如遇有关当事人出庭或者放弃出庭，可以获得补救。"《澳门刑事诉讼法典》第 108 条第 2 项也规定，如有关无效系因欠缺为作出诉讼行为所作之通知或传召所引致，又或因该通知或传召有瑕疵而引致，但利害关系人在作出有关诉讼行为时到场或放弃到场，则该无效获补正。《澳门民事诉讼法典》第 146 条第 1 款规定："如法律要求检察院作为辅助当事人参与诉讼，而检察院未获给予卷宗作检阅或查阅，则只要应由检察院辅助之当事人已透过其代理人行使其在诉讼程序中之权利，检察院未作检阅或查阅一事即视为已获补正。"四是法定期限内未提出异议即视为放弃异议，如《意大利刑事诉讼法典》第 182 条第 3 款规定，提出无效抗辩的期限逾期即不得抗辩。《法国民事诉讼法典》第 112 条规定："诉讼行为之无效，得随其完成，随时提出之；但是，如援引诉讼行为无效的人，在受到攻击的诉讼行为之后进行实体上的辩护或提出不受理请求，而不提出无效事由，此种无效不予追究。"《澳门民事诉讼法典》第 142 条"对未作传唤所生无效之补正"规定："如被告或检察院参与诉讼时未及时提出未作传唤之争辩，则所生之无效视为已获补正。"

三是诉讼状态的变更。即特定法律事实的发生使原本无效的行为取得法律效力。如按西方许多国家证据法的规定，庭前取得的证言笔录是不具有证据效力的，但是如果该证人在审判过程中死亡、患疾病或发生了其他某种情况导致证人无法出庭时，则该证言笔录即获得了证据能力。又如，《法国民事诉讼法典》第 121 条规定："在无效事由可予补正的情况下，如在法官进行审理之时，无效原因业已消失，无效不予宣告。”

四、无效的后果

诉讼行为一旦被认定为无效，将无法产生预期的法律效果，也即不能产生该诉讼行为的构成要件本来的法律效力。例如，《意大利刑事诉讼法典》第185条“宣告无效的后果”第1款规定：“宣告某一行为无效使依赖于该行为的执法活动丧失效力。”第3款规定：“宣告无效意味着使诉讼程序退回到出现无效行为的阶段或审级，除非法律另有规定。”《澳门刑事诉讼法典》第109条“宣告无效之效力”第1款进一步规定：“无效使当中出现瑕疵之行为成为非有效行为，亦使依附于该行为之各行为即可能受该无效影响之各行为成为非有效行为。”需要注意的是，无效诉讼行为是不能发生预期的法律效果，而不是不能产生任何法律效果。[①] 法院作出的无效的有罪判决虽不能使被告人受到预期的法律制裁，但却可以起到禁止检察机关双重起诉的作用。《澳门民事诉讼法典》第147条第3款也规定：“行为之瑕疵妨碍某一效果产生时，不应理解为该行为适当产生之其他效果亦受影响。”

诉讼行为无效范围的界定，应具体情况具体分析。原则上，只能在无效原因所涉及的范围内认定诉讼行为无效；无效原因及于其他行为的，应认定瑕疵行为及受其影响的所有诉讼行为无效；无效原因只及于诉讼行为的一部分的，就只应认定受无效原因影响的诉讼行为的部分无效，而不得扩及其他诉讼行为。在法国，上诉法院起诉审查庭决定是否应当仅限于撤销所指出的不符合规定手续的诉讼文书或文书之一部或全部，或者决定将该项撤销事宜扩大适用于后来进行的程序之一部或全部。总之，没有必要将此种撤销事项扩大适用于那些从任何角度看都与被撤销文书无关联的文书。[②]

《澳门刑事诉讼法典》第109条“宣告无效之效力”第3款规定：“无效之宣告不妨碍对所有不受该宣告之效力影响而仍能保留之行为加以利用。”《澳门民事诉讼法典》第147条第2款也规定：“一行为必须予以撤销时，其后作出且

---

① 曹鸿兰：《刑事诉讼行为之基础理论（2）——判决以外之诉讼行为的效力》，载《法商学报》1972年第8期。

② ［法］卡斯东·斯特法尼等著，罗结珍译：《法国刑事诉讼法精义》（下），中国政法大学出版社1999年版，第671页。

绝对取决于该行为之行为亦予撤销；行为一部分之无效并不影响不取决于该部分之其他部分。”第 3 款还规定：“行为之瑕疵妨碍某一效果产生时，不应理解为该行为适当产生之其他效果亦受影响。”

通常，诉讼行为一旦被认定为无效，诉讼程序将恢复原状，即返回到该行为没有实施的状态。与此同时，许多国家和地区立法还规定，行为被认定无效后，行为人通常可重新实施该行为，如《意大利刑事诉讼法典》第 185 条（宣告无效的后果）第 2 款明确规定：“宣告某一行为无效的法官在必要和可能时决定重新实施该行为。”《澳门刑事诉讼法典》第 109 条“宣告无效之效力”第 2 款规定：“在宣告无效时，须规定何行为方视为非有效行为，且在必要时即在可能范围内须命令重新作出该等行为。”

但为了防止对重新实施诉讼行为毫无限制引起诉讼拖延，损害其他诉讼参与人的合法权利，许多国家和地区的立法又规定，对诉讼行为的补充实施必须在法律原规定的诉讼时限内进行，也即超过法定的时间限制，除非存在法律规定的除外事由，有关机关和当事人就丧失了重新实施该行为的机会。如《澳门民事诉讼法典》第 154 条规定：“不能重新作出无效行为”规定：“如一行为属无效，而应作出该行为之期间已过，则不得重新作出该行为；但就有关不当情事不可被归责之当事人因重新作出该行为而得益者除外。”

此外，为了防止无效诉讼行为及相关案卷材料对后续诉讼程序产生不良影响，许多国家和地区还确立了相应的保障制度和制裁机制，如法国 1993 年 8 月 24 日第 93—1023 号法律明确规定：“宣告无效的文件或证据，应予注销，其原本送上诉法院归档。部分宣布无效的诉讼文件或证据，应予注销，其原本送上诉法院归档，其副本仍保留在审查档案中。禁止引用被全部或部分宣布无效的文件或证据中的任何情况以反对对方当事人，否则，追究律师或法官的法律责任。”

第五节　可被宣告无效行为的范围

为了方便研究，现对主要国家法典规定可作无效处理的情形作一梳理：

《法国刑事诉讼法典》在第 1 卷第 3 编第 10 节“调查的无效”中对实质无效的标准、申请和宣告无效的程序、无效的法律后果等作出了系统的规定，对于法定的无效，即哪些行为一旦违反法律的规定即应作出无效处理都是在不同条文中分散规定的。该法典规定可作出无效处理的条文主要有：第 29 条、第 30 条、第 56 条、第 56 条 1、第 57 条、第 59 条、第 78 条 3、第 95 条、第 96 条、第 100 条 7、第 107 条、第 121 条、第 170 条、第 206 条、第 215 条、第 305 条 1、第 393 条。

《法国民事诉讼法典》对诉讼行为无效的规定主要集中在以下 3 处：第 1 卷第 5 编第 2 章第 4 节"无效事由抗辩"，该节共两目："诉讼行为因形式上的缺陷而无效"和"诉讼行为因不符合实质性规定而无效"；第 2 副编第 1 章第 3 节"无效"；第 11 编第 4 章第 1 节"诉讼因逾期而失效"；第 11 编第 4 章第 3 节"传唤失效"。

《意大利刑事诉讼法典》第 2 编第 7 章对法定无效原则、无效的分类、两种无效的主要适用情形、无效的补救、无效的法律后果等作出了系统规定。除此以外，该法典规定可以作出无效处理的条文还有：第 27 条、第 79 条、第 80 条、第 86 条、第 95 条、第 109 条、第 110 条、第 125 条、第 127 条、第 142 条、第 160 条、第 171 条、第 173 条、第 191 条、第 213 条、第 292 条、第 302 条、第 303 条、第 308 条、第 309 条、第 339 条、第 364 条、第 386 条、第 390 条、第 391 条、第 407 条、第 419 条、第 426 条、第 471 条、第 487 条、第 497 条、第 522 条、第 546 条、第 585 条、第 601 条、第 604 条、第 606 条、第 655 条、第 715 条。

《澳门刑事诉讼法典》第 2 卷第 5 编"无效"对法定无效原则、两种无效及不当情事、两种无效的主要适用情形、无效的补正、无效的效力等作出了规定。除此以外，该法典规定的可以作出无效处理的条文还有：第 76 条第 1 款、第 82 条第 1 款、第 93 条第 3 款、第 113 条、第 121 条第 2 款、第 159 条第 5 款、第 162 条第 3 款、第 164 条第 1 款、第 164 条第 2 款、第 165 条第 2 款、第 172 条、第 173 条、第 241 条第 1 款、第 289 条第 3 款、第 295 条第 1 款、第 311 条第 1 款、第 325 条第 1 款、第 336 条、第 337 条、第 400 条。

由于对于哪些行为违反了法律的规定可以宣告无效，各国立法通常是在不同的法律条文中分散规定，因而有必要对主要国家和地区的法典中规定的可以作无效处理的情形作一系统的梳理。按照实施主体的不同，可作无效处理的法定情形大体包括以下几类：

一、侦查行为

以下介绍的许多诉讼行为，如鉴定、辨认等在西方国家是必须由法官主持的，但由于在我国主要是作为侦查机关的一项取证措施，因而笔者将按照我国的习惯，将其划入侦查行为范围内。

（1）移交案件。在大陆法系国家，检察机关是侦查活动的指挥机关，警察以及其他侦查主体都是检察机关的辅助人员，警察以及其他主体在启动诉讼程序以后应立即向检察机关报告，否则逾期的行为可能被宣告为无效。如《法国刑事诉讼法典》第30条规定，省长如果在和平时期行使司法警察权，应立即通知设在国家安全法院的检察官，并且在开始行动后48小时内，将有关证据材料和捕获的人犯移送检察官，否则逾期的全部诉讼程序无效。此外，《法国刑事诉讼法典》第29条对经宣誓的特殊保卫人员在确认发生刑事案件以后向检察机关移交的时限也作出了规定。

（2）核查身份。《法国刑事诉讼法典》第78条3对核查被告人身份的程序作出了详细的要求，并规定违反这些程序的行为将被宣告为无效。如第3款规定，对受核查人，只能在为确定其身份所必需的时间内加以拘留，在适用第78条2进行此项拘留时，从检查其身份开始起不得超过4小时，而且共和国检察官可以随时结束拘留，违反上述规定的措施应被视为无效。

（3）讯问犯罪嫌疑人。《澳门刑事诉讼法典》第93条规定："讯问嫌犯不得在零时与六时之间进行，否则无效，但在拘留后随即作出之讯问除外。"

（4）询问证人。《澳门刑事诉讼法典》第121条规定，对因血亲或姻亲关系而享有拒证权的证人进行询问之前，应告知其有权拒绝作证，否则所作证言无效。

（5）搜查。《法国刑事诉讼法典》第56条、第56条1、第57条、第59条、第95条、第96条对搜查，特别是一些特殊场所进行搜查的程序作出了详细的要求，并规定违反这些规定的行为应被宣告为无效。如第56条1规定，搜查律师的办公室或住宅，必须由一名法官进行，并且有律师公会会长或其代表在场。对医师、公证人、诉讼代理人或执达员的办公室的搜查，应由一名法官进行，并有其纪律负责人或利害关系人所属职业组织的负责人或其代表在场，否则搜查行为视为无效。《澳门刑事诉讼法典》第 162 条对律师事务所或医生诊所的搜查也作出了基本相同的规定。第 159 条还规定，在紧急情况下，警察有权不经法官许可进行搜查，但应“立即将所采取之措施告知预审法官，并由预审法官审查该措施，以便使之有效，否则该措施无效”。

（6）扣押。《澳门刑事诉讼法典》第 164 条第 1 款规定，对书信、包裹、有价物、电报或其他函件的扣押，必须符合法定的条件，并且经法官批准，否则无效。第 2 款规定：“禁止扣押及以任何方式管制嫌犯与其辩护人间之函件，除非法官基于有依据之理由相信该函件为犯罪对象或犯罪元素，否则所作之扣押或管制无效。”第 165 条规定，对律师事务所或医生诊所进行的扣押，对于属职业秘密之文件，除其本身为犯罪对象或犯罪元素外，不得扣押，否则所作的扣押无效。

（7）鉴定。《法国刑事诉讼法典》第 156 条至第 169 条 1 对鉴定程序作出了严格的要求，第 170 条进一步规定：“在任何情况下，应预审法官、共和国检察官或有关当事人的申请，上诉法院刑事审查庭在案件审理过程中，有权对（鉴定程序——引者注）某一行为或某一证据宣布无效。”

（8）辨认。《意大利刑事诉讼法典》第 213 条规定：“1. 当需要对人加以辨认时，法官要求辨认者描述有关人员的情况，列举一切他记得的特征；然后询问他在以前是否对该人进行过辨认，在案件发生前后是否见过须加以辨认者包括其照片，是否有人向他指出过或者描述过该人，是否存在其他可能影响辨认可行性的情况。2. 在笔录中记入第 1 款规定的活动以及有关的陈述。3. 未遵守第 1 款和第 2 款的规定导致辨认活动无效。”

（9）特殊侦查措施。例如，《法国刑事诉讼法典》第 100 条 7 规定：“预审法官必须事先通知国民议会主席，才能在通向他们的电信线路上截留。法国 1995 年 2 月 8 日第 95—125 号法律规定。预审法官必须事先通知律师公会会长，才能在通向律师办公室或其家宅的电信线路上截留。法国 1993 年 8 月 24 日第 93—1013 号法律规定。违反本条所规定的程序，截留的信息视为无效。”《澳门刑事诉讼法典》第 174 条规定，电话监听必须遵守法定的条件和程序，否则无效。

（10）拘留。《澳门刑事诉讼法典》第 241 条规定，拘留状必须制作一式三份，并载明法定的内容，否则无效。

（11）羁押。首先，对被羁押人的移送。《意大利刑事诉讼法典》第 386 条规定，除应立即释放外，司法警官和警员应在24小时内将被逮捕人或被拘留人交给公诉人，并在同一时间内将被逮捕人或被拘留人解送到逮捕或拘留地的辖区监所，违反法定期限的，逮捕或拘留无效。其次，对羁押的申请复查。《意大利刑事诉讼法典》第390条规定，除应当释放以外，公诉人应当在逮捕或拘留后的24小时内要求对逮捕或拘留地拥有管辖权并且负责初期侦查的法官给予认可，否则拘留和逮捕无效。最后，是羁押的期限。《意大利刑事诉讼法典》第303条对预防性羁押的期限作出了强制性要求，并规定超越法定期限的，预防性羁押丧失效力。

（12）羁押以外的强制措施。《意大利刑事诉讼法典》第308条对羁押以外的强制措施的期限作出了要求，并规定超越法定期限的强制措施丧失效力。

（13）侦查的强制性。《澳门刑事诉讼法典》第106条规定，法律规定必须进行侦查或预审而未进行侦查或预审的，有关的诉讼行为无效。第107条规定，“侦查或预审不足，且其后未采取可视为对发现案件事实真相属必要之措施”，构成相对的无效。

（14）侦查的期限。《意大利刑事诉讼法典》第407条第3款规定：“如果公诉人未在法律规定的期限内或者经法官延长的期限内提起诉讼或要求撤销案件，在期限届满后实施的侦查行为不得加以利用。”

二、起诉行为

（1）公诉行为。《意大利刑事诉讼法典》第178条规定，公诉人违反“公诉人为提起刑事诉讼而采取的主动行为以及他对诉讼的参与”的行为无效。《澳门刑事诉讼法典》第106条规定，检察官没有按照法典第37条的规定促进有关诉讼程序以及在法律要求其到场的场合中缺席的，构成绝对的无效。

（2）起诉书。《法国刑事诉讼法典》第215条规定：“起诉裁定的内容应当包括所控事实及其法律性质，以及起诉的对象，否则无效。”《澳门刑事诉讼法典》第265条也规定，起诉书必须载明法定的内容，否则无效。《澳门民事诉讼法典》第139条规定：“一、如起诉状不当，则整个诉讼程序无效。二、在下列情况下，起诉状属不当：①请求或诉因未有指明或含糊不清；②请求与诉因相互矛盾；③同时载有实质上互不兼容之诉因或请求。”

三、法官行为

由于在西方国家法官的职权不仅限于审判，还常担负着大量其他职能，因而这里没有使用“审判职能”或“裁判职能”，而使用“法官职能”。

（1）管辖权。《意大利刑事诉讼法典》第27条“由无管辖权的法官采取的防范措施”规定，因任何原因而被宣告无管辖权的法官所采取的或以前采取的防范措施不再有效，除非得到了有管辖权的法官的认可。《澳门刑事诉讼法典》第106条规定，“违反与法院管辖权有关之规则”，构成绝对的无效。

（2）审判程序的类型。《澳门刑事诉讼法典》第106条规定，应当采用普通程序而采用简易程序的，构成绝对的无效。第107条规定，应当采用简易程序而采用普通程序的，构成相对的无效。[①]《澳门民事诉讼法典》第145条规定，诉讼形式的错误将导致无效。

（3）法官任职条件及合议庭的组成。《意大利刑事诉讼法典》第178条规定，违反“担任法官的条件，关于司法制度的法律为组建合议庭规定的法官数目”的行为无效。《澳门刑事诉讼法典》第106条规定：“组成有关审判组织之法官人数少于应有数目或违反定出有关组成方式之法律规则”，构成绝对的无效。

（4）对羁押措施的认可。《意大利刑事诉讼法典》第391条规定：“如果自被逮捕或拘留人被提交他处理之日起的48小时内法官未就认可问题作出决定，逮捕或拘留立即失效。”

（5）强制措施裁定。《意大利刑事诉讼法典》第292条规定，法官作出的有关防范措施的裁定必须包含法定的内容，否则无效。

（6）法官讯问。《意大利刑事诉讼法典》第302条规定，在初期侦查过程中，法官应当在第294条规定的期限内对被羁押的犯罪嫌疑人进行讯问，以决定是否应当对犯罪嫌疑人进行关押，否则，预防性羁押立即丧失其效力。

（7）对强制措施的复查。《意大利刑事诉讼法典》第309条规定，在强制措施执行过程中，犯罪嫌疑人和辩护人有权要求法官对强制措施进行复查，法官应当在接到有关申请后的10日内作出决定，否则有关强制措施的裁定失去效力。

---

① 徐京辉、程立福著：《澳门刑事诉讼法》，澳门基金会1999年版，第80～81页。

（8）审前准备。《意大利刑事诉讼法典》第 127 条规定，法官应在开庭 10 日以前通知当事人、其他关系人和辩护人，听取有关人员意见，在被追诉人因意外原因无法出庭时应将庭审时间推迟，否则所实施的诉讼行为无效。该法第 419 条对此作出进一步的规定。《法国民事诉讼法典》第 176 条规定，不符合规定的审前准备活动无效。《澳门刑事诉讼法典》第 295 条规定，制定开庭日期的通知书应当载明法定的内容，否则无效。

（9）法庭审判。《意大利刑事诉讼法典》第 471 条第 1 款规定："庭审是公开的，否则无效。"《澳门刑事诉讼法典》第 76 条也作出了相同的规定。

（10）对当事人的传唤。《澳门民事诉讼法典》第 140 条规定："遇有下列情况，起诉后在诉讼中作出之所有行为均无效，但起诉状本身除外：a）无传唤被告；b）如属检察院应以主当事人身份参与之诉讼，而在诉讼程序开始后未立即传唤检察院参与。"第 141 条进一步对应被视为"未作传唤之情况"作出了具体规定。

（11）庭审时控辩双方的缺席。《澳门刑事诉讼法典》第 311 条规定："听证开始时，如检察院或辩护人不在场，则主持听证之法官以法定代任人替代检察院及以适当之人替代辩护人，否则为不可补正之无效。"

（12）庭审时对证人的询问。《意大利刑事诉讼法典》第 497 条规定，在询问之前，庭长应告诫证人有义务说实话，除涉及不满 14 周岁的未成年人外，庭长还应告诫证人承担哪些刑事法律为虚假证明或沉默行为规定的责任，并要求证人发表以下声明："我意识到作证的道德责任和法律责任，保证全部讲实话并且不隐瞒我所知道的情况。"随后再要求他提供自己知道的一切情况。违反以上程序的询问证人的行为无效。

（13）笔录的宣读。《澳门刑事诉讼法典》第 337 条规定，符合法定条件时，庭审阶段可以宣读审前制作的笔录，但"宣读之容许及其法律依据须载于记录，否则无效"。

（14）变更或增加指控罪名。《意大利刑事诉讼法典》第 7 编第 2 章第 4 节"新的指控通知"对庭审阶段公诉人变更或增加指控罪名的程序以及当事人，特别是辩护方在这一过程中所享有的权利作出了明确的要求，并规定未遵守本节的各项规定的将导致行为无效。

（15）证据的采纳。《澳门刑事诉讼法典》第 336 条规定："未在听证中调查或审查之任何证据，在审判中均为无效，尤其是在法院形成心证上为无效力。”

（16）判决、裁定和决定的形式。《意大利刑事诉讼法典》第 125 条第 3 款规定：“判决和裁定应当说明理由，否则无效。当法律明确规定应当说明理由时，命令也应当附理由，否则无效。”第 426 条对判决书的要件作出了明确的规定：“除第 125 条第 3 条规定的情况外，如果在判决书的实质要件中缺乏决定部分或者该部分不完全，或者缺乏法官的签名，该判决书是无效的。”第 546 条“判决书的要件”对判决书作出了与第 426 条基本相同的规定。

（17）裁定的效力。《意大利刑事诉讼法典》第 487 条第 4 款规定：“如果在宣告缺席时有证据表明被告人的缺席完全是由第 485 条第 1 款规定的对传唤通知的不知晓或者由意外事件、不可抗力或者其他合法阻碍原因造成的，关于被告人缺席的裁定则为无效。”

（18）上诉理由。《澳门刑事诉讼法典》第 400 条规定：“如不遵守某些要件会导致无效，而该无效不应视为已获补正者，则上诉还得以不遵守该要件为依据。”

（19）上诉审的传唤。《意大利刑事诉讼法典》第 601 条第 6 款规定，如果传唤令未明确地指明被告人，未列明开庭的地点、日期和时间，并告诫被告人如不出庭将进行缺席审判，传唤令无效。

四、执行行为

执行中的送达。《意大利刑事诉讼法典》第 655 条第 5 款规定：“本章规定应向辩护人送达的公诉人决定，应当在发布后的 30 日内向关系人指定的辩护人或者公诉人依照第 97 条的规定指定的辩护人送达，否则无效。”

五、司法协助

司法协助中的强制措施。《意大利刑事诉讼法典》第 715 条规定，根据外国的请求以及司法部长附理由的要求，上诉法院可以在收到引渡请求之前决定临时采用强制措施。司法部长应立即将临时使用强制措施以及有关扣押的情况通知外国。如果自进行上述通知后的 40 日内外交部或司法部未接到引渡请求和第 700 条规定的文件，防范措施无效。

六、当事人行为

（1）到场权。《澳门刑事诉讼法典》第106条规定，“依法需到场之嫌犯或其辩护人缺席”的，有关诉讼行为无效。第107条规定，法律要求辅助人或民事当事人到场，因未作出通知以致辅助人或民事当事人缺席的，构成相对的无效。

（2）自认。《澳门刑事诉讼法典》第325条规定：“如嫌犯声明欲自认对其归责之事实，主持审判之法官须询问其是否基于自由意思即在不受任何胁迫下作出自认，以及是否拟作出完全及毫无保留之自认，否则无效。”

（3）上诉的期限。《意大利刑事诉讼法典》第585条对上诉的期限作出了明确的要求，并规定：“本条规定的期限必须遵守，逾期无效。”

七、共同性行为

共同性行为，主要是指可能同时涉及以上多种诉讼主体的行为。从主要国家和地区的立法来看，可被宣告无效的其他诉讼行为主要有以下情形：

（1）主体条件。《法国民事诉讼法典》第117条规定：“以下事项，构成影响诉讼行为有效性的实质上的不符合规定：无作为一方当事人之权利；无作为法人代表或无行为能力人之代表进行诉讼的权利；无作为诉讼当事人之代理人进行诉讼的权利。”

（2）笔录。《法国刑事诉讼法典》第107条和第121条对制作笔录作出了严格的要求。第107条规定：“笔录的行文不能有任何空白。增删和涂改应经预审法官、书记官和证人认可，如果有译员在场，还应经译员认可。如未经认可，增删和涂改视为无效。”《意大利刑事诉讼法典》第142条规定：“除法律另有规定外，如果在笔录中没有确切记录被询问人的情况或者无制作该笔录的公务员签名，该笔录无效。”

（3）语言。《意大利刑事诉讼法典》第109条规定，除在使用少数民族语言的地区以外，刑事诉讼行为必须用意大利语实施，否则所实施的诉讼行为无效。《澳门刑事诉讼法典》第82条也作出了类似的规定。

（4）翻译。《澳门刑事诉讼法典》第107条规定，法律要求必须指定翻译人员而未指定的，构成相对的无效。

（5）送达。《意大利刑事诉讼法典》第171条对送达的无效作出了具体的规定。

（6）签字。《意大利刑事诉讼法典》第110条规定："采用机械手段或不同于书写的其他记号签署文书不具有效力。"

（7）期间。《意大利刑事诉讼法典》第79条对设立民事当事人的期限；第80条对公诉人、被告人和民事负责人要求排除不合格当事人的期限；第86条对要求排除民事负责人；第95条对当事人就有关团体和机构作为被害人的辅助人参与诉讼提出异议以及法官作出决定的期限等作出了严格的要求，并规定违反法定期限的行为无效。

（8）对当事人权利的保护。《意大利刑事诉讼法典》第178条规定，违反"被告人和其他当事人的参与、对他们的救助和代理，传唤犯罪被害人和告诉人参加诉讼"的法律规定的行为无效。

第六节 诉讼行为无效制度在我国的建构

一、我国立法的相关规定

应当肯定的是，我国立法中也有些类似规定体现了诉讼行为无效制度的基本要求，特别是在1996年修正《刑事诉讼法》以后，这种趋向尤为明显。从我国三大诉讼法的规定来看，以下规定体现了诉讼行为无效制度的基本要求。

一是将诉讼程序的错误作为二审发回重审的法定理由。我国《刑事诉讼法》第191条规定，第二审人民法院发现第一审人民法院的审理有下列违反法律规定的诉讼程序的情形之一的，应当裁定撤销原判，发回原审人民法院重新审判：（1）违反该法有关公开审判的规定的；（2）违反回避制度的；（3）剥夺或者限制了当事人的法定诉讼权利，可能影响公正审判的；（4）审判组织的组成不合法的；（5）其他违反法律规定的诉讼程序，可能影响公正审判的。《民事诉讼法》第153条也规定："……（四）原判决违反法定程序，可能影响案件正确判决的，裁定撤销原判决，发回原审人民法院重审。"《行政诉讼法》第61条也作了类似规定。

二是规定强制措施超过法定期限时应当予以撤销。《刑事诉讼法》第74条规定，犯罪嫌疑人、被告人被羁押的案件，不能在该法规定的侦查羁押、审查起诉、一审、二审期限内办结，需要继续查证、审理的，对犯罪嫌疑人、被告人可以取保候审或者监视居住。第75条规定，犯罪嫌疑人、被告人及其法定代理人、近亲属或者犯罪嫌疑人、被告人委托的律师及其他辩护人对于人民法院、人民检察院或者公安机关采取强制措施超过法定期限的，有权要求解除强制措施。人民法院、人民检察院或者公安机关对于被采取强制措施超过法定期限的犯罪嫌疑人、被告人应当予以释放、解除取保候审、监视居住或者依法变更强制措施。

三是规定非法取得的证据不得作为认定案件事实的根据。由于排除非法证据直接影响到对案件事实的认定，因而其他国家和地区对非法证据予以排除的程序和范围与对其他行为无效的宣告相比存在着重大差异，也正因为如此，其他国家和地区理论在探讨诉讼行为无效制度时，往往并不包含非法证据排除规则。由于非法证据排除规则也体现了诉讼行为无效制度的基本精神，因而笔者在此处予以介绍，但考虑到惯例，笔者在后文对诉讼行为无效制度的探讨也将非法证据排除规则排除在外。

刑事诉讼法典对此未作规定。最高人民法院《关于执行〈中华人民共和国刑事诉讼法〉若干问题的解释》第61条规定："严禁以非法的方法收集证据。凡经查证确实属于采用刑讯逼供或者威胁、引诱、欺骗等非法方法取得的证人证言、被害人陈述、被告人供述，不能作为定案的根据。"最高人民检察院的《人民检察院刑事诉讼规则》第265条也作了类似的规定。《民事诉讼法》对非法证据的排除未作规定，但1995年3月6日最高人民法院在《关于未经对方当事人同意私自录制其谈话取得的资料不能作为证据使用的批复》指出："证据的取得必须合法，只有经过合法途径取得的证据才能作为定案的证据。未经对方当事人同意私自录制其谈话，系不合法行为，以这种手段取得的录音资料，不能作为证据使用。"

对于这一规定是否合理，我国法学界存在着激烈的争论。许多学者认为，非法证据排除规则从其在西方国家的产生及宗旨来看，是为了遏制刑事诉讼中国家机关，特别是警察人员滥用职权实施的非法取证行为。对于公民个人实施的非法取证行为，主要通过提起民事侵权之诉，或追究刑事责任来加以制裁，至于通过非法手段取得的证据，只要查证属实，仍然可以用作认定案件事实的根据。

四是对上诉、抗诉期限的严格执行。刑事诉讼法、民事诉讼法和行政诉讼法都对上诉（抗诉）期限作出了规定。虽然法律并没有严格规定超过法定上诉（抗诉）期限的上诉（抗诉）无效，但在司法实践中，法院严格遵守法律的规定，超过规定期限的上诉（抗诉）都不予受理，因而司法实践中对上诉（抗诉）期限的严格执行使法律规定的上诉（抗诉）期限起到了诉讼行为无效制度的实际功能。

然而从总体而言，由于我国法律并没有将诉讼行为无效制度作为一项基本制度加以建构，因而与其他国家和地区的诉讼行为无效制度相比，我国的诉讼行为无效制度的规定存在以下缺陷：一是可被宣告无效的行为的范围太小。在其他国家和地区，涉及诉讼行为无效的法律条文往往在 20 条以上，可被宣告无效的行为往往达几十种之多。而我国涉及诉讼行为无效的条文只有 5 条，可被宣告无效的行为也不过 10 种，与其他国家和地区相比存在着巨大差距。许多严重损害当事人的权利和诉讼的基本价值的行为在其他国家和地区都可被宣告无效，而在我国却照样可产生预期的法律效力。二是对宣告诉讼行为无效的程序规定不明。按照《刑事诉讼法》第 191 条的规定，对于一审程序中存在违反公开审判制度、回避制度等严重损害诉讼基本价值的行为的，二审法院有权撤销原判，发回重审。而在司法实践中，许多违反诉讼程序的行为，如违反回避制度、严重剥夺或限制当事人的诉讼权利等行为不仅可能发生在审判阶段，而且可能发生在侦查和起诉阶段，对此，是否也应当宣布无效呢？如果应当的话，应通过何种程序宣布无效呢？谁有权提出？在行为发生后多长时间内可以提出？提出后，有权机关通过何种程序作出认定？等等，法律均未作出规定。三是对有权宣告诉讼行为无效的主体的定位不科学。对于诉讼行为无效应由哪一个机关认定，我国法律没有作出明确的要求。按照法律的零星规定以及司法实践中的实际做法，通常是公、检、法三机关“流水作业”，即对于侦查阶段的行为，由侦查机关决定是否宣告无效；对于起诉阶段的行为，由检察机关决定是否宣告无效。而在司法实践中，大量违法行为都是由侦查或起诉机关的工作人员实施的，由侦查或起诉机关自行决定本机关工作人员的行为是否应被宣告无效，出于追求胜诉以及保护本机关声誉的需要，侦查或起诉机关往往怠于处理，以致《刑事诉讼法》中的各项强制性规定在司法实践中很少有得到落实。

二、建立诉讼行为无效制度的必要性

首先，建立诉讼行为无效制度有利于实现我国诉讼制度在价值取向上的平衡和合理化。长期以来，在诉讼制度实体真实与程序正当的价值冲突中，大陆法系国家倾向于对实体真实的追求，而英美法系国家倾向于对正当程序的维护。近几十年来，随着世界各国法律制度相互影响的增强以及人们对诉讼的本质和人类自身价值认识的提高，大陆法系各国纷纷借鉴英美法系的合理因素，来强化本国诉讼程序的人权保障能力，特别是强化刑事诉讼程序对犯罪嫌疑人、被告人权利的保护能力。作为近几十年人权保障运动兴起后在大陆法系国家产生的一项新兴诉讼制度，诉讼行为制度更将对诉讼参与人权利的保护作为优先于案件实体真实发现的首要价值。在刑事诉讼过程中，诉讼行为制度强调只有基于合理的理由，国家才有权对犯罪嫌疑人、被告人的权利进行限制；只有遵守法定的条件和程序，侦查、起诉和审判机关的行为才能产生预期的法律效力；严重违反法定的诉讼程序可能导致被追诉者在实体上被认定无罪的惩罚性后果。我国自清末改制以来建立的现代诉讼程序，特别是刑事诉讼程序受大陆法系影响较大，在价值取向上侧重于对实体真实的发现。新中国成立后的诉讼制度是在借鉴苏联的基础上建立起来的，而苏联自斯大林上台以后在政治上"左"的倾向一直非常严重，许多西方大陆法系和英美法系共有的人权保障机制在苏联诉讼制度中都未得到建立，而我国立法者在借鉴苏联的诉讼制度时，出于所谓"国情"等方面的考虑，又进一步将苏联本已非常疏漏的人权保障机制加以简化，这导致我国的诉讼程序，特别是刑事诉讼程序的人权保障功能极其薄弱，犯罪嫌疑人、被告人几乎完全处于被追诉的地位而不享有任何诉讼权利，1996 年修正的《刑事诉讼法》虽然使这种状况有了一定的改观，但从总体而言，特别是在审前阶段，犯罪嫌疑人、被告人的被追诉地位并没有实质性改变。而如笔者前面所论证的，诉讼行为制度的价值侧重点是通过规范和限制国家侦查、起诉和审判机关的行为以保障诉讼参与人，特别是犯罪嫌疑人、被告人的权利，因而将其移植于我国的诉讼程序之中，将有利于增强我国诉讼程序的人权保障机能，弱化我国刑事诉讼过于浓厚的犯罪控制色彩。

其次，建立诉讼行为无效制度有利于提高当事人在我国诉讼程序中的法律地位和程序参与能力。参与性是现代程序正义的一项基本要求。只有提高当事人对诉讼的参与能力，才能使有关案件处理的各种意见都被纳入法官视野，从而提高诉讼程序的事实发现能力；也只有提高当事人对诉讼的参与能力，使当事人对案件处理结果发挥积极的影响，才能使当事人在心理上真正接受案件的最终裁判，从而提高诉讼程序解决纠纷和维护秩序的社会功能。正是基于以上考虑，当今许多国家和地区都非常重视当事人对诉讼的参与和控制能力。以辩诉交易为例，现在不仅美国将其作为处理刑事案件的一项主要方式，意大利、英国、德国等许多国家也在实践，甚至立法上借鉴辩诉交易的做法。意大利的“依当事人的要求适用刑罚”的程序 Applicazione della pena su richiesta delle parti，英文翻译为 the application of punishment upon the request of the parties，意为“依当事人的要求适用刑罚”，又有学者将其翻译为意大利式辩诉交易。[①] 借鉴了辩诉交易的精神自不待言，英国司法实践中控辩之间进行交易的现象也非常普遍。“在英国，为被告辩护的律师经常答应以就某项控告劝其当事人认罪作为交换条件而使起诉方面同意不再追究其他更严重的控告。”[②] 在德国，许多州在司法实践中也有将辩诉交易逐渐合法化的趋势。例如，著名的科尔贿赂基金丑闻案最终就是以一种类似于辩诉交易的形式结案的，负责此案调查的北莱因—威斯特伐利亚州司法部说“将责令科尔交付 30 万马克（合 145 万美元）罚款，作为对停止调查工作的交换”[③]。又如，以罪状认否程序为例，现在不仅英美法系国家采行这一制度，许多传统上的大陆法系国家和地区也开始吸收这一制度的精神。例如，《澳门刑事诉讼法典》第 325 条即规定，法官可直接将辩方自认的检察机关指控的事实视为是真实的而无须进行调查。再如，以审前准备程序为例，当今许多国家和地区立法都规定，法院在确定庭审日期时不仅应当考虑法官的时间安排，而且应当征求辩护人，特别是证人的意见，从而确保证人能出庭作证。如英国法律即明确规定，法官在审判前的“答辩和指导的听审”（plea and directions hearing）程序中

① 程味秋：《意大利刑事诉讼法典简介》，载黄风译：《意大利刑事诉讼法典》，中国政法大学出版社 1994 年版。

② E. C. 费里森、I. R. 斯科特：《英国刑事审判》，转引自《法学译丛》1979 年第 5 期。

③ 《参考消息》2000 年 2 月 18 日。

必须了解“证人能够出庭作证及控辩双方可以出席法庭审判的时间”[①]。再以证人出庭为例，在西方国家，按传闻证据法则和直接言词原则，证人必须亲自出庭接受询问，其所提供的证言才可用作认定案件事实的根据，但许多国家法律同时规定，控辩双方同意的，证人可以不出席法庭而仅提供书面证言。《德国刑事诉讼法典》第251条规定，“检察官、辩护人和被告人同意宣读”时，证人可以不出席法庭。而我国，刑事诉讼程序的职权化色彩一直非常浓厚，侦查、起诉、审判由公、检、法三机关依职权进行，完全无须顾忌当事人的意愿。在审判阶段，控辩双方既无权决定案件的处理结果，也无权决定证人是否应当出庭作证；法官确定开庭审判日期既无须征求被告人和辩护人的意见，也无须征求检察机关的意见。而按照诉讼行为无效制度，有瑕疵的行为最终能否发生预期的法律效力相当程度上取决于权利受损害的当事人，特别是犯罪嫌疑人、被告人的意愿，即除属绝对无效的情形以外，即使诉讼主体的行为不符合法律的规定，但如果相对人放弃提出异议或明确表示接受该有瑕疵行为产生的法律后果，有权机关也将其视为合法的而不予宣告。由此可见，建构诉讼行为无效制度对于增强当事人对诉讼程序的参与和控制能力，从而强化我国诉讼制度的民主品质，弱化我国诉讼制度的官僚化色彩具有非常重要的意义。

最后，诉讼行为无效制度的建立有利于提升程序法在我国法律体系中的独立地位和内在价值。程序法和实体法如同人的左脑和右脑，共同组成统一的法律有机体，都是法律有机体的两个不可或缺的组成部分。然而长期以来，由于我国理论和立法一直把程序法视为发现案件事实真相以实现实体法价值的工具，因而我国法律虽然对违反实体法规定了严格的法律责任，但对违反程序法的责任的规定却很少。虽然三大诉讼法对公、检、法机关办理案件的程序和规则也作出了一定的要求，但这些程序最终都是服务于更高的诉讼目标——发现案件事实真相。因而司法实践中最终决定行为能否产生预期效力的不是其是否符合法律的规定，而是其是否有利于发现案件事实真相。只要有利于发现案件事实真相，违法的行为一样会发生预期的法律效力；只要有利于发现案件真相，非法获得的证据一样可以用作认定案件事实的根据。正是由于这一原因，我国司法实践中公安司法人员

① 中国政法大学刑事法律研究中心：《英国刑事诉讼制度的新发展——赴英考察报告》，载陈光中、江伟主编：《诉讼法论丛》（第2卷），法律出版社1998年版，第352页。

违法操作，甚至是通过威胁、引诱、欺骗、刑讯逼供等手段获取证据的现象非常普遍。这种状况严重损害了诉讼参与人，特别是犯罪嫌疑人、被告人的合法权利，严重损害了诉讼程序本应具有的基本的正义品质。而诉讼行为无效制度的核心就是通过设定诉讼主体，特别是公安司法机关违反诉讼程序所应承担的程序上的不利后果，规定不符合法律规定的行为将无法产生预期的法律效力，来督促诉讼主体，特别是公安司法人员严格遵守法律的规定，严格按照法律的规定保护诉讼参与人的合法权益。因而，建立诉讼行为无效制度对于提升我国程序法的独立地位和内在价值将具有非常重要的意义。

三、诉讼行为无效制度的具体设计

（一）可被宣告无效的行为的范围

通常情况下，可被宣告无效的行为的范围越广，诉讼行为无效制度对诉讼主体，特别是公安司法机关的限制力度就越大，因而就越有可能警示公安司法机关严格遵守法律的规定，从而更有效地保护诉讼参与人，特别是犯罪嫌疑人、被告人的合法权益。但在确定可被宣告无效的行为的范围时还应当考虑以下因素：一是诉讼程序的事实发现能力。诉讼活动是一个艰难的事实求证过程，由于时间的紧迫性，诉讼主体，特别是刑事诉讼中的公安司法人员实施的行为在构成要件上出现一定的瑕疵是难以避免的，如果可被宣告无效的行为的范围过广，诉讼活动中宣告诉讼行为无效的频率过高，以致大量案件因证据不足难以作出处理，就可能影响诉讼程序对事实的发现能力，特别是影响刑事诉讼程序对犯罪的控制力度。二是程序的安定性和诉讼的效率。可被宣告无效的行为的范围过广，将可能使诉讼过程中大量行为被宣告无效，导致诉讼程序出现反复，影响程序的安定性，降低诉讼的效率。三是我国现有的诉讼制度基础。我国现行立法没有建立系统的诉讼行为制度，司法人员和社会公众缺少相应的观念和意识，如果在诉讼行为无效制度建立之初即将可被宣告无效的行为的范围规定得过大，可能导致在司法实践中难以真正落实，最终损害这一制度在中国的发展前途。基于以上考虑，笔者认为，在建立诉讼行为无效制度的初期，可被宣告无效的行为的范围应界定得小一些，等到将来社会公众，特别是公安司法人员的观念和意识提高以后，再逐步扩大可被宣告无效的行为的范围。

可被宣告无效的行为的范围与诉讼行为无效的标准是紧密相连的。如前所述，关于诉讼行为无效的标准，有两种不同的立法模式：一是法定无效模式；二是实质无效模式。所谓法定无效模式，是指只有法律明确规定可作无效处理的行为才可被宣告无效。虽然在这种模式下可被宣告无效的行为很有限，但范围明确，便于掌握，并且不会对程序的事实发现能力和诉讼效率产生较大的影响。所谓实质无效模式，是指法律对可被宣告无效的行为的范围不作明确规定，到底哪些行为可被宣告无效，由有权机关根据案件的具体情况来加以确定，对当事人的权利损害较大的，即可被宣告无效，否则便不应被宣布为无效。这种模式有利于有权机关根据案件的具体情况决定是否应当宣布行为无效，从而灵活保护当事人的合法权益，但其缺陷是对可被宣告无效的行为的范围的规定弹性过大。在司法实践中如果把握过严，有可能导致过多的行为被宣告无效，以致严重损害程序的安定性以及诉讼活动的事实发现能力。

基于以上分析，笔者认为，我国在建立诉讼行为无效制度的初期可借鉴大多数国家的做法，在诉讼行为无效的范围上采行法定无效模式，即由法律对可被宣告无效的行为的范围作出明确规定，只有法律明确规定范围内的行为不符合法定的构成要件时才可被宣告为无效。等到社会公众，特别是公安司法人员的执法意识提高以后，再采行实质无效模式，将可被宣告无效的行为的范围予以扩大，规定所有严重损害诉讼当事人合法权益的行为都可被宣告为无效。

至于在采行法定模式时到底应将哪些行为纳入可被宣告为无效的行为的范围，由立法者根据立法时我国立法和司法实践的具体情况加以确定，限于篇幅，此处不一一探讨。

（二）有权认定行为无效的主体

在其他国家和地区，无论是在刑事诉讼中还是在民事诉讼中，就刑事诉讼而言，无论是在审判阶段还是在侦查和起诉阶段，法院和法官都是唯一有权决定诉讼行为是有效还是无效的主体。如《法国刑事诉讼法典》第173条第1款规定："如果预审法官发现诉讼的某项文件或证据属于无效，应当通知刑事审查庭宣告其无效，但事先应当报告共和国检察官，并通知双方当事人。"具体而言，在法国，"在侦查过程中，上诉法院起诉审查庭唯一有权宣告预审行为（预审文书）无效"，特殊情况下，"预审行为（预审文书）的无效事由，有时也可以向审判法院提出”[①]。《意大利刑事诉讼法典》第185条规定：“宣告某一行为无效的法官在必要和可能时决定重新实施该行为……”这表明在意大利，法院和法官也是唯一有权决定诉讼行为是否有效的主体。

那么在我国，诉讼行为是否有效应由谁决定呢？笔者认为，在民事诉讼中，应由法院决定诉讼行为是否有效自不待言，在刑事诉讼过程中，从长远而言，无论是在侦查、起诉还是审判阶段，认定诉讼行为是否有效也应当由法院进行。[②]原因很简单：在刑事诉讼过程中，侦查和起诉机关是诉讼争议的一方，由侦查或起诉机关决定诉讼行为是否有效违反任何人不得作自己案件法官的基本原则。但考虑到我国检察机关被定位为法律监督机关的实际情况，以及法院无权参与审前程序的司法现实，笔者认为，我国认定诉讼行为是否有效的主体的立法也可以考虑分两步走：在初期阶段，可规定侦查机关、检察机关的内部侦查部门除外[③]的行为是否有效由检察院决定，起诉和审判阶段的行为是否合法由法院决定。等到侦控人员的执法意识得到提高，特别是我国的司法体制进行了调整，法院有权介入审前阶段以后，再将有权认定诉讼行为是否有效的主体加以集中，统一规定只有法院才有权认定诉讼行为是否有效。

（三）有权提出宣告行为无效的主体

从其他国家和地区立法来看，当事人、侦查、起诉和审判机关通常都有权提出和启动诉讼行为无效的宣告程序。如在法国，“预审行为之无效可以由当事人提出，也可以由预审法官或共和国检察官提出；预审行为之无效还可以由上诉法院起诉审查庭依职权提出”[④]。笔者认为，在我国，有权提出宣告诉讼行为无效的主体也可界定为当事人、侦查机关、起诉机关和审判机关。具体说明如下：首先，当事人有权对损害其基本权利和自由的行为提请有权机关宣告无效是不言自明的；其次，侦查机关也应有权提请宣告诉讼行为无效，因为诉讼行为无效制度虽然主要是用来控制侦控和审判机关的行为的，但对于当事人所实施的少数严重

① ［法］卡斯东·斯特法尼等著，罗结珍译：《法国刑事诉讼法精义》（下），中国政法大学出版社1999年版，第666页。

② 就法院内部而言，一审法院的行为是否有效应由二审法院决定，二审法院的行为是否有效应由更上一级的法院决定。

③ 检察机关内部侦查部门的行为是否有效应由法院决定。

④ ［法］卡斯东·斯特法尼等著，罗结珍译：《法国刑事诉讼法精义》（下），中国政法大学出版社1999年版，第664页。

违反法律规定的行为也是可以宣告无效的，对于侦查阶段当事人实施的此类行为，侦查机关当然应当有权提请宣告无效；另外，检察机关在我国被定位为法律监督机关，即使在取消检察机关的法律监督职责以后，检察机关作为国家执法机关也是应当承担客观及诉讼关照义务的，因此，检察机关无论是对于辩护方的行为，还是对于控诉方的行为，一旦认为不符合法律规定，都应有权宣告或提请其他有权机关宣告为无效；最后，虽然按照不告不理原则，法院一般不应主动启动裁判程序，但对于少数严重违反法律规定，严重损害诉讼的基本价值的行为，法院也应有权主动宣告无效。如在意大利以及我国澳门地区，法律都规定，对于属法律明确规定的"绝对的无效"或"不可补正之无效"情形的行为，法院在任何阶段都应依职权宣告。其实这一做法不仅为大陆法系国家立法所认可，英美法系许多国家也有类似规定。如1984年《英国警察与刑事证据法》第76条即规定，在查明被告人的口供系以非法手段取得时，法庭有权主动予以排除。

（四）提请宣告无效的期限

为了防止有关诉讼主体过于迟延地提出宣告诉讼行为无效的请求，导致在被异议的行为被认定无效后与该行为相关的大量诉讼行为都被认定为无效，以致过于严重地损害程序的安定和效率，各国都对当事人和有权机关提请认定诉讼行为无效的期限作出了严格的规定。法国按犯罪种类的不同，分别规定了不同的申请期限。对于无须经过二级预审的轻罪和违警罪，申请无效的请求应当在法庭审判的辩护阶段之前提出。对于必须经过二级预审的重罪，法国又按照提请主体的不同分别作出规定：当事人，除确实不了解法律的规定以外，对于在侦查阶段发生的所有无效事由，都应当在向上诉法院起诉庭提出请求时一并提出；对于检察官和预审法官，则无须受到上述时间的限制。① 《法国民事诉讼法典》根据无效原因的不同将提出行为无效的期间分两种情形予以规定：对于因形式上的缺陷而申请宣告无效的，必须在无效事由出现的同时提出，《法国民事诉讼法典》第113条规定："针对已经完成的诉讼行为援用的所有无效理由，应同时提出，否则不予受理。"对于因实质上的缺陷而申请宣告无效的，可在诉讼的任何阶段提出，《法国民事诉讼法典》第118条规定："基于未遵守有关诉讼行为之实质性规则

① ［法］卡斯东·斯特法尼等著，罗结珍译：《法国刑事诉讼法精义》（下），中国政法大学出版社1999年版，第669～670页。

而提出无效抗辩，得于诉讼的任何阶段提出之；但对意图拖延诉讼，故意不尽早提出此种抗辩的人，法官得科处损害赔偿。”意大利根据无效种类的不同分别设定不同的时间要求。对于绝对的无效，有关主体可在诉讼的任何阶段和审级中提出。对于相对无效，原则上应在一审以前提出。具体而言：针对初期侦查行为和附带证明中的行为的无效抗辩以及针对初步庭审中的行为的无效抗辩，应当在初步庭审作出裁定前提出；针对提交审判令或者针对法庭审理前的预备行为的无效抗辩应当在《意大利刑事诉讼法典》第 429 条规定的法庭审判前的初审程序中提出；就审判期间出现的无效事由应当在就有关判决提出上诉时一并提出。此外，为了促使有关主体能尽早提出诉讼行为无效的请求，《意大利刑事诉讼法典》第 182 条第 2 款还规定：“如果当事人看到某一可能导致无效的行为，他应当在该行为完成前提出抗辩；如果不可能当场提出，应当随后立即提出。”《澳门刑事诉讼法典》对无效提请期间的规定与《意大利刑事诉讼法典》的规定基本相同。

笔者认为，以上《法国刑事诉讼法典》对于轻罪和违警罪，不分无效原因的差异，统一规定必须在法庭辩论阶段之前提出申请，要求过于绝对；对于重罪，根据提出主体的不同，分别规定不同的提起期限：作为普通公民的当事人，必须在向上诉法院起诉庭提出申请时一并提出；作为国家机关的检察官和预审法官则可在任何阶段提出，有违控辩平等的基本正义原则。相反，意大利根据无效原因的不同，分别规定不同的提出期限：对于绝对无效事由，可在任何阶段和任何审级中提出；对于相对无效事由，通常必须在无效事由出现后一定时间内提出，既注意到诉讼的效率和效益，又兼顾到诉讼的公平和正义，比较合理。因而，笔者建议，我国在将来规定诉讼行为无效的提请期限时借鉴意大利的立法模式，首先将无效分为对当事人的权利和诉讼的基本价值损害较大的绝对无效和对当事人的权利和诉讼的基本价值损害较小的相对无效。对于绝对无效事由，为了保障诉讼的基本价值，应允许有关主体一旦发现，在任何阶段均可提出；对于相对无效事由，由于其对当事人的权利和诉讼的基本价值损害较小，为了保护位于更高价值位阶的程序安定和诉讼效率，应规定有关主体必须在一定时间内提出，否则无效事由应被视为已经获得补正。具体而言，相对无效最迟应在哪个阶段提出呢？笔者认为，根据无效事由出现时间的不同，大体可分为以下几种情况：对于侦查和起诉阶段出现的无效事由，最迟应在一审庭审开始前提出；对于一审期间出现的无效事由，最迟应在二审上诉前提出。当然以上规定的期限只是最后期限，如果有关主体在无效事由出现的当时，如侦查阶段出现时就立即提出的，法院也应当受理。

（五）诉讼行为无效的证明责任

诉讼行为无效的证明责任的分配对于诉讼行为无效制度的实施具有非常重要的意义。因为即使诉讼行为无效制度设计得再完善，如果证明责任分配得不合理，也可能导致即使司法实践中违反法律规定的现象再普遍，但在诉讼程序中也很难证明，最终导致诉讼行为无效制度出现虚置。

尽管诉讼行为无效制度的证明责任问题如此重要，但却未引起各国立法和理论的应有重视。法国是在其法律中对此作出了比较具体规定的唯一国家。《法国民事诉讼法典》对当事人因形式上的缺陷和实质性的缺陷提请无效分别规定了不同的证明责任：对应于形式上的缺陷而申请宣告无效，必须由提出异议的一方进行证明；对于因实质性的缺陷而申请宣告无效，则由法院或对方当事人进行证明，提出异议的一方无须进行证明。例如，《法国民事诉讼法典》第 114 条规定：“仅在提出诉讼行为无效的一方当事人负责证明其因此种无效受到妨害时，诉讼行为无效始得宣告之。”第 119 条规定：“基于未遵守有关诉讼行为之实质性规则而提出无效抗辩，应当接受，无须提出抗辩的人证明其受到妨害，即使此种无效事由并无任何明文规定，亦同。”《法国刑事诉讼法典》对诉讼行为无效的举证责任未作规定。理论上看法不一，有人主张应由提出无效事由的一方负证明责任，有人认为应由被异议的行为的实施者负证明责任。法国最高法院的判例虽未对此作出明确规定，但却经常以“第 802 条①所要求的损害在本案中并未得到确认，甚至没有得到说明”② 为理由驳回当事人要求宣告诉讼行为无效的请求，这表明在法国司法实践中，诉讼行为无效的证明责任是必须由申请方承担的。

笔者认为，《法国刑事诉讼法典》要求申请宣告无效的一方当事人必须对其主张无效的理由进行证明不太合理，而《法国民事诉讼法典》规定因实质性的

① 《法国刑事诉讼法典》第 802 条是法国 1993 年 8 月 24 日第 93—1093 号法律增加的，内容是：“违反法律规定程序而造成无效或不遵守主要的程序手续时，所有法院包括最高法院在内，当其受理一个申请撤销或依职权指出这样的不合规定时，如涉及侵犯有关当事人利益的情况，可以宣布无效。”

② ［法］卡斯东・斯特法尼等著，罗结珍译：《法国刑事诉讼法精义》（下），中国政法大学出版社 1999 年版，第 670 页。

缺陷而申请宣告无效无须申请方承担证明责任比较科学。笔者建议我国在将来立法时统一规定，诉讼行为无效必须由被异议方承担证明责任，即当一方基于合理的根据提出相对方的行为应被认定无效时，相对方必须对其行为的有效性进行证明，如果相对方不能证明其有效，法院就应推定其行为无效而予以撤销。理由是：首先，诉讼行为不同于民事实体行为，民事活动是一项私法活动，在民事活动中，当事人享有意思自治的权利，只要不违反法律规定的极少数例外情形，当事人有权按照自己的意愿选择自己行为的方式和内容，即在通常情况下，当事人的行为都是合法的，因而对民事实体行为法律规定通常必须由提出主张的一方承担证明责任是合适的。而诉讼活动是一项公法性活动，法律对实施每一项诉讼行为都规定了非常严格的要求，如侦查必须符合法定的程序、起诉必须符合法定的条件、判决书必须符合法定的形式等，也即任何主体在实施诉讼行为时都必须符合法定的要求，只有这样，其行为才是有效的，否则就是无效的。因而当其行为的有效性受到质疑时，理应由其承担证明其行为有效性的责任。其次，从各国的立法来看，在诉讼活动中，特别是在刑事诉讼活动中，虽然也有少数无效事由是针对当事人的，但绝大多数无效事由都是针对侦查、起诉、审判等国家专门机关的。而与当事人相比，国家专门机关无论是在法定的诉讼权力方面，还是在对现实诉讼资源的拥有上都优于当事人，并且国家专门机关所实施的许多行为当事人是无权参与的，在这种情况下，即使国家专门机关所实施的行为存在无效事由，当事人也很难知悉，即使获悉了，也很难用充分的证据加以证明。另外，从其他国家和地区对非法证据排除规则证明责任的分配来看，笔者认为，也应当由被异议方而非申请方承担证明责任。虽然由于非法证据排除规则与诉讼行为无效在制度上有很大差异，因而各国都没有将其一起规定和研究，但毕竟这两者都是对违反诉讼法的一种程序性制裁，因而在制度设置上也应有许多相同之处，而就非法证据排除规则而言，几乎所有国家和地区都规定应当由被异议方承担证明责任。① 因而笔者认为，规定诉讼行为无效必须由被异议方承担证明责任。无论是从理论上来说，还是从实践上来说，都是有合理依据的。

（六）诉讼行为无效的后果

诉讼行为一旦被认定为无效，该行为以及与该行为相关的一系列行为都将被

① 陈永生：《论非法证据排除规则的举证责任之分配》，载《福建政法管理干部学院学报》2001 年第 1 期。

认定为丧失效力，诉讼程序返回到该行为实施前的状态。对此，各主要国家和地区立法的规定基本一致，笔者也不持异议。这里有以下两点需要讨论：一是被异议的行为被认定无效以后，有关主体是否还有权再次实施该行为？二是行为被认定无效以后，因该行为无效而受损害的一方是否有权获得一定的补偿和救济？

以上两个问题非常重要。理由是：首先，如果行为被宣告无效以后，有关主体可以毫无限制地再次实施该行为的话，那么诉讼行为无效制度实际上只取到了维护程序的合法性和权威性的功能，而无法取到应有的对违法者进行制裁、对无效程序的受害者进行救济的功能。在刑事诉讼中，如果毫无限制地许可侦控机关再次实施被宣告无效的行为，那么被追诉人将会处于极其不利的地位，因为一旦允许侦控机关再次实施被宣告无效的行为，那么诉讼期限将会被进一步延长，如果采取了羁押措施，犯罪嫌疑人、被告人被剥夺人身自由的期限也会随之进一步延长，并且侦控机关由于有了前面实施无效行为时对案情的了解作铺垫，在再次实施诉讼行为时的追诉力度可能比第一次实施时的追诉力度更大。其次，诉讼行为一旦被认定无效，其他诉讼主体，特别是相对方的合法权利往往会受到一定的损害，如长期无法摆脱讼累、合法权利迟迟得不到应有的保护、诉讼成本增加等。并且，如果行为被认定为无效，因该行为受到损害的主体却无法得到应有的补偿和救济，这也是不公平的。

对于以上两个问题，其他国家和地区也有一定的规定。如《意大利刑事诉讼法典》第 185 条“宣告无效的后果”第 2 款明确规定：“宣告某一行为无效的法官在必要和可能时决定重新实施该行为，并且要求因故意或者严重过失而造成无效情况的人为此承担费用。”《澳门刑事诉讼法典》第 109 条“宣告无效之效力”第 2 款规定：“在宣告无效时，须规定何行为方视为非有效行为，且在必要时及在可能范围内须命令重新作出该等行为，而有关开支由因过错而导致该等无效之嫌犯、辅助人或民事当事人负责。”《澳门民事诉讼法典》第 154 条规定：“如一行为属无效，而应作出该行为之期间已过，则不得重新作出该行为。”由以上规定可见：第一，只要在法定时限之内，只要有必要和有可能，被宣告无效行为的实施者通常有权重新实施该行为；第二，因诉讼行为无效而受到损害者一般无法获得任何程序内的救济；第三，因诉讼行为无效而增加的成本必须由实施无效诉讼行为的主体承担。

笔者认为，规定导致诉讼行为无效者必须承担由此而增加的诉讼费用是值得肯定的。但规定诉讼行为被宣告无效后有关主体可重新实施该行为，并且不给予受害者以任何程序内的救济则是不妥的，这既不利于保护诉讼参与人的合法权利，也不利于遏制有关主体滥用诉讼权利（权力）。基于以上考虑，并遵循诉讼行为制度保护诉讼参与人权利的总体价值取向，笔者认为，在建构诉讼行为无效制度时应首先将诉讼行为无效根据行为主体的不同分为不同的类别。对于因原告（控诉）方的原因导致诉讼行为无效的，再进一步根据无效行为对当事人，特别是被告方的权利和诉讼的基本价值损害程度的不同分为非常严重、一般和轻微三类。在此基础上，由法律明确规定：如果原告（控诉）方的行为对被告方的权利和诉讼的基本价值造成了非常严重的损害，在该行为被认定无效后，法院应禁止原告（控诉）方重新实施该行为而直接认定被告人无罪或无须承担法律责任；如果原告（控诉）方的行为对被告方的权利和诉讼的基本价值只是造成了一般性的损害，法院应允许原告（控诉）方重新实施该行为，但与此同时应减轻被告方应承担的法律责任，并责令原告（控诉）方承担因无效行为而导致的增加的诉讼费用；如果原告（控诉）方的行为对被告方的权利和诉讼的基本价值造成的损害非常轻微，法律可规定原告（控诉）方有权重新实施该行为，法院也无须减轻被告人应承担的法律责任，而仅要求原告（控诉）方承担因诉讼行为无效而增加的诉讼费用即可。

下　编

司法运行机制与法律移植

第八章　司法独立

第一节　司法权独立和司法权的独占性

司法独立，契合司法活动的规律，是近现代诉讼中的基本原理之一。它含有三大要素：一是指司法权的独立；二是法院独立；三是司法官的独立。一个国家的司法体制是否采行司法独立的模式，取决于它是否满足司法独立的上述三项要求。

司法独立的第一个层面是司法权独立。司法权独立意味着在国家权力体系中，司法权与其他国家权力保持距离，不受其他国家权力的干涉。

一、司法权的含义

司法权通常被认为是“依照法律以及依法律的运用和法律的原则建立起来的方法决定‘案件’和‘争议’的权力”①。

司法权独立有狭义和广义之分。狭义的司法权独立，一般意味着独立于其他国家权力。广义的司法权独立可理解为：（1）独立于国家；（2）独立于社会各种势力；（3）独立于诉讼当事人；（4）独立于诉讼的上级领导者；（5）独立于自我等。② 这里广义的“司法权独立”是司法独立的完整内涵，狭义的“司法权独立”则意味着司法权在外部关系中保持独立性，其中最重要的是司法权不受国家权力体系内其他权力的干涉。这也就是说，司法机关作为整体对外保持独立性。

---

① Edward S. Corwin, The Constitution and What it Means Today, Princeton Press. 1969. p. 132.

② ［韩］金镐城、张海滨著：《当代韩国政府与政治》，人民出版社 1996 年版。

二、司法权独立的国际标准

1983 年 6 月 10 日在加拿大蒙特利尔举行的司法独立第一次世界会议全体大会一致通过的《司法独立世界宣言》确立司法权独立的标准：

（1）司法权不受行政权和立法权的干预，“司法机关应独立于行政部门和立法机构”。行政机关和立法机关“不得使用任何权力干涉司法程序”。“行政部门无权关闭法院或停止其工作”。“行政部门应禁止以任何行为或懈怠方式妨碍对争议的司法判决或妨碍法院判决的正常执行。”“立法或行政命令不得追溯性地推翻具体的法院判决，或改变法院的人事构成以影响它作出判决。”

（2）司法机关的管辖权不受剥夺，“司法机关应对包括它自己的管辖权和权限在内的所有具有司法性质的问题，直接地或通过复查的方式具有管辖权”。“行政部门不得控制法院在执行司法中的管辖职能。”“不应建立任何特别法庭来取代正当授予法院的管辖权。”当遇到威胁民族生存的严重公共紧急状态时，“国家应尽力规定，被指控犯有任何刑事罪的平民应在普通平民法院受到审判，没有指控而对个人的行政拘留，应接受法院或其他独立当局以人身保护权或类似的程序的复查，以确保这种拘留的合法性，并调查有关虐待的任何申诉”。“军事法庭的管辖权应限制在军事罪的范围内。犯人应始终有权从这种军事法庭向法律上有资格的上诉法院或法庭提出上诉，或享有以申请废除判决的方式获得补救的权利。”

（3）为保证司法权的独立，“法官应有权采取集体行动以保护其司法独立性”。

从司法权与立法权的关系上看，许多国家的议会可以通过立法确定法院的组织、法官资格，议会对任命大法官和法官、法院预算有审议和认可权以及弹劾法官的权力。

从司法权与行政权的关系上看，许多国家的行政机关拥有法院预算编制权、一般赦免权和特别赦免权，以及大法官和法官的任命权。

议会和行政机关行使的上述权力，不能损害司法权的独立性；司法机关掌握司法审查权，对议会通过的法律是否违背宪法以及行政机关的行政命令是否违背宪法和法律行使审查权，司法机关还拥有行政裁判权对行政机关加以制衡。

此外，司法权也不受社会团体和个人的干涉，任何社会团体和个人将自己的意志强加给司法机关或者使用利诱的办法使司法机关成为实现其意志的工具，都是损害司法权的行为，为法律所禁止。

司法权的独立还包含着相对于舆论、民意的独立性，司法机关既不受代表民意的立法机关的干涉，也不为社会舆论和新闻媒介的报道、评论所左右。

至于司法权的独立是否包括法院所拥有的司法行政权的独立，首先需要考察司法行政权的内容。司法行政事务一般包括：预算；司法官员的任命；对法官的惩戒；司法官的任命升迁、考勤、监督等；对司法官员的弹劾；其他司法行政事务。司法行政并非诉讼活动，不过，如果司法行政权的行使影响诉讼活动，司法权独立就需要由有关的司法行政权独立加以保障。所以，1982 年 10 月 22 日第十九届国际律师协会全体大会通过的《司法独立最低标准》① 提出：

（1）司法事务专属司法机关之责任，包括中央层次的司法行政和法院层次的司法行政。中央层次的司法行政宜授予司法机关，或由司法机关与行政机关联合负责。

（2）行政机关或立法机关对法官任命和升迁的参与，违反司法独立。这一原则有两项例外，其一，如果该权力授予司法团体而且其过半数成员为法官或者法律职业专家者不在此限；其二，因长期历史及民主传统之原因，该项权力由非司法团体为之，其运作令人满意之国家，并不违反司法独立。

（3）法官的惩戒和免职。该权力应授予独立于司法机关的机构进行。其中对法官的免职宜授予司法法庭为之。立法机关可以被授予对法官进行免职的权力，但必须基于司法委员会的建议。行政机关可以参与对法官的惩戒，但参与的范围限于提出控告和提起惩戒程序，而不包括对法官惩戒的裁决。

（4）国家有义务提供足够的财政资源，以实现适当的司法活动。法院的事务，应由政府有关机关给予足够的财政支持。例如，《俄罗斯宪法》第 124 条规定：法院的经费只能来自联邦预算，应能保障按照联邦法律充分而独立地进行审判。

（5）法官的职务分配、承担分案责任、法官的调转（须经该法官本人同意）由司法机关进行。

---

① 参见张慜、蒋惠岭著：《法院独立审判问题研究》，人民法院出版社 1998 年版，第 428 ~ 429 页。

由此可见，司法行政权原则上由司法机关独立行使，但在一些项目上，也允许立法机关和行政机关参与，参与的范围和方式以不损害司法权独立为限。

三、司法权的独占性

司法独立的一项基本要求是司法权独立，而司法权独立要求司法权具有独占性，要求司法权归属而且只归属于司法机关，即只有法院才能行使司法权，其他任何机关都不能行使这一权力。

司法权的独占性排除其他机关行使具有司法性质的权力，也不允许在司法机关以外另设特别法庭，因为，这种分割司法权的做法，规避了司法机关对应由其管辖的案件的司法权，如果允许这样做，则为保障法治的种种制度设置就会被废弃。历史上，专制者常常依靠这种办法来推行暴政，政治案件尤其如此。

国际社会为维护司法独立，对司法权的独占性作出了规定，并将“接受普通法院或法庭按照业已确立的法律程序的审讯”列为一项基本人权。按照《关于司法机关独立的基本原则》《司法独立世界宣言》《关于司法机关独立基本原则的声明》[①] 规定，司法权独占性的标准为：

（1）司法机关应对所有司法性质问题享有直接管辖权或复审管辖权。

（2）司法机关应拥有绝对权威就某一提交其裁决的问题按照法律是否属于其权力范围作出决定。

（3）不应设立不采用业已确立的正当法律程序的法庭来取代应属于普通法院或法庭的管辖权。不得设立临时法庭。

不过，复杂的现代社会有时需要行政机关具有一定的司法性质的职权，因此司法权向行政权让渡的现象也是不可避免的。

现在的行政机关有权判定特定案件中有无违法现象，有权依照程序处理违法者；有权允许某些人享受一般人所不能享受的特权；甚至有权罚款，决定金钱债务的判决。正式的行政程序更是法庭内的双方对抗程序的仿制品，具有司法化的特点。

在刑事审判方面，一般认为，行政机关不得具有宪法上的判处监禁刑罚之

---

① 该声明又称《北京声明》，1995 年 8 月 19 日由在北京召开的第六届亚太地区首席大法官会议通过。

权。如果把对犯罪的审判权授予行政机关行使，其处罚只能以经济制裁为限。而且，也不把这种违法行为视为犯罪，只作为轻微违法案件处理。

无论如何，行政机关和法院都可以实施经济处罚，但监禁只能由法院通过刑事诉讼程序定罪宣判后才能实施。不过，在美国存在两项例外：其一，卫生官员通常被赋予行政拘留权和监禁权。行使这种权力是为了促进公众健康的社会利益。这种权力理所当然地要包括关押和隔离那些被怀疑患有传染病的人的权力。其二，除卫生部门外，行政机关在驱逐外国人时也可以行使逮捕权，这一权力的有效性几乎从美国建国伊始就得到了承认。

在德国，监禁权只属于法院的观点根深蒂固。按照德国传统，刑罚权是为了惩罚和打击犯罪行为而科处刑罚的权力，这一权力只能由法院行使。[①] 德国允许行政机关对“（非刑事犯罪的）行政非法”运用处罚措施，如有相应管辖权的行政机关可以对违反秩序行为采取罚款和警告等作为制裁。对于行政机关的处罚，允许相对人向法院请求权利保护。这种处罚是与只能由法院宣判的真正的刑事处罚相区分的。《德国宪法》第 104 条（剥夺自由时的法律保障）第 2 项规定：“只有法官才能对准许或继续剥夺自由作出裁决。如果不依据法官命令作出剥夺自由时，应该立即获得司法裁决。警察不得擅自在扣押后第二天终了时继续扣押任何人。”第 3 项还规定：“任何人因违法嫌疑而被暂时拘留，必须在扣押后第二天内受法官审查；法官告知拘留的理由，对他进行查问并给予机会提出反对的理由。法官应当立即列举逮捕理由，发出逮捕令或命令解除拘留。”

荷兰也在宪法中作出了明确规定，《荷兰王国宪法》第 113 条（三）规定：“剥夺自由的判决只能由司法机关作出。”

显然，严格服从宪法和刑事诉讼法中保障个人权利的这些条款是至关重要的。

第二节 法院独立

司法独立的第二个层面是法院独立。法院独立意味着在法院系统中，上下级别的法院之间不存在行政隶属关系，它们各自保持其独立性。

---

① 在德国，曾存在财政部门行使刑罚权的情况，德国学者认为这种现象违宪，应使之不复存在。

司法机关是为了发挥某种预期的功能而进行组织的，在组织司法机关时要根据人们期待它所要发挥的功能而选择不同的结构。司法独立体制注重个别公正，采取的是分权式结构，即法院系统中纵向关系中存在分权，表现为审级的设置和级别管辖权的分掌；法院体系中的横向关系中也存在分权，表现为地域管辖权的分掌。

在诉讼中，法院自上而下被划分为若干审级，不同的审级有不同的审判区域和级别管辖权。从各国审判体制看，审级设置通常为三级制或者四级制，即法院系统纵向上分为三级或者四级。我国现行的审级制度为四级制。

在表面上，法院体系与行政机关一样呈金字塔形结构，但法院体系与行政机关不同，上下级法院之间不存在隶属关系，而是相互独立的。审级的本质是为已经进行的审理活动和作出的判决设置纠错机制，下级法院并不是最高或者上级法院对下的延伸。上一级法院的第二审（或者第三审）审判程序的启动是基于辩护方或者控诉方对于下一级法院的不满意，而不取决于下级法院的主动移送或者上级法院的主动调取。没有控诉方或者辩护方以对下级法院作出的裁决提出异议的方式作出启动上一级审判的意思表示，上级法院就不能主动地对下级法院承审的案件进行干预。这既能够保证下级法院审判的独立性，也显然符合诉讼经济的要求。

诉讼活动的公正性是通过法院与诉讼两造的分立与制衡关系加以保障的，在刑事诉讼活动中，是通过控、辩、审三方的分立与制衡关系加以保障的。当利益相互对立的控诉方和辩护方（这里需要通过律师加入以帮助建立一种与控诉方水平相当的局面，被告人自己可能不具有准确的判断力或者因其他原因而不能作出明智的决定）对业已作出未生效的裁决均无异议时，上级法院就没有主动干预打破这种平衡局面的必要，这是不告不理原则在第二审或者第三审程序的表现；当控辩双方中的一方或者双方都对判决提出异议时，则可能意味着判决存在错误或者诉讼过程缺乏公正性，上级法院就有必要对下级法院的审判过程和审判结果进行审核。这是上级法院对下级法院审理和判决的事后干预，司法独立的原则不拒斥这种干预，显然，当刑事诉讼中为纠错所设立的机制能够发挥保障司法公正的作用时，拘泥于绝对意义上的司法独立（它是不存在的）并非明智。

在我国，对于审级制度的威胁来自法院系统内部的具有普遍性的上请制度，这种上请制度存在于司法活动长期形成的习惯中，一般对于重大、复杂、疑难的案件，下级法院在开庭前、庭审过程中或者庭审后判决前向上级法院请示如何处理，上级法院似乎乐于为下级法院承审的案件的定罪量刑问题发出具体的指示，在有的案件的审理活动中这种请示甚至层层上达到最高法院。对于某些“特殊”案件，上级法院主动向承办该案的下级法院发出具体的指令。这些活动俗称“上定下审”，是对审级制度的破坏，它使上下级法院不能再发挥纠错机能，这要么损害辩护方的合法权利要么使控诉方的诉讼预期受挫，甚至使他们双方受损，并且难以获得救济。

第三节　法官独立及其制度保障

司法独立的第三个层面，是法官独立。法官独立意味着法官作为独立的个体存在，每一个法官在审判自己承办的案件时，不受任何其他人的干涉，甚至不受自己的私欲的干涉。

一、法官独立的含义和标准

法官独立包括以下要素，对于这些要素，概括地说，就是法官享有不受任何他人干涉的权利：

（1）法官不受任何非司法官的干涉而保持独立性；

（2）法官不受非属承审同一案件的审判组织的其他法官包括上级司法机关的法官的干涉而保持独立性；

（3）法官不受承审同一案件的审判组织内的其他司法官的干涉而保持独立性。

也有论者认为，法官独立包括两层含义：一是身份独立，即对法官职位的条件和任期加以适当保障，以确保其不受外来干涉；二是实质独立，即法官在实际履行其司法职务时，除了受法律及其良知的拘束外，不受任何干涉。[①] 从这两层含义的关系上看，身份独立是实质独立的保障，实质独立是身份独立的目的和归宿，两者相辅相成，缺一不可。

---

① 《司法独立世界宣言》，转引自张懋、蒋惠岭著：《法院独立审判问题研究》，人民法院出版社1998年版，第424页。

还有论者将法官独立分为外部独立和内部独立。外部独立，是指法官不受任何外界之干涉；内部独立，则是指法官不受自我之干涉。所谓不受自我干涉，是指“法官须独立于自我、偏见及激情之外，才能免予自我干涉。如其囿于自我主观之私见，或为个人野心提高自己声望或畏惧批评，而投时人之所好；或为自己所属党派或自己利益而徇私；或以个人信仰或好恶而枉法等，均系自我干涉之适例。必具有富贵不能淫，威武不能屈，贫贱不能移的大无畏的精神，加上丰富的学养，才能独立于自我之外，不受自我的干涉”①。

1924 年 7 月 9 日，美国法官会议在费城召开第 49 次年会，会议讨论了草拟的《司法伦理的规范》（Canons of Judicial Ethics），该文件强调法官在审判中应独立于自我之外，不受自我干涉。讨论后通过的条文包括：“法官不应因党派的要求，公众的喧扰或个人的人望或声誉之顾虑而动摇，不应注意不正当的批评。”（第 14 条）“法官应仔细检点不受非难，应凭良心、勤勉、周到、叮咛、忍耐、严守时间，正当、公平、不畏公众之喧扰，不顾虑公众之赞誉，不受私人政治或党派的影响。应依法为审判，以自己之使命为受国家之信托，不容有其他业务或私人的利益，以碍于其为敏速并适当的司法上职务之处理，亦不得为达成自己个人野心或升高人望之目的，而行使其职务。”② 这里所强调的不受“自我干涉”，实际指的是法官应具有独立品格，超然忘我之一切私利。

需要指出的是，司法独立不仅仅是个司法原则，也是一个政治原则。就其宪政意义而言，司法是否独立决定了国家政治的基本格局，以此为标志，将民主与专制、法治与人治得以区别开来。就其司法意义而言，司法独立被认为是司法公正的重要保障措施。要实现司法公正，不能不在司法体制建构中确立司法独立的原则。

当代世界各国，无论法院内部组织存在何等差异，一般都实行独立体制。从单一法院来看，表现为具体承审各个案件的法庭独立进行审理活动并独立作出裁决。从各个法庭看，法官是其中最基本的独立单元，独任庭自不必论，即使是合议庭，作为组成成员的各个法官也是独立作出判断，只是最后总是根据一定的规则作出一个有效裁决。《司法独立世界宣言》规定，“法官在作成裁判过程中，

① 廖与人编著：《中华民国现行司法制度》，台湾黎明文化事业股份有限公司 1982 年版，第 7 ~ 8 页。
② 廖与人编著：《中华民国现行司法制度》，台湾黎明文化事业股份有限公司 1982 年版，第 8 页。

应独立于其同僚及其监督者”。实行法官独立制度的国家，都认同这一原则，例如，宪法确立了“审判员独立”原则的苏联，诉讼中“每个审判员在实行审判时都是独立的。刑事判决或民事判决都由多数票通过。同时任何人不得弃权。审判长（首席审判员）最后投票。如果某一个审判员处于少数地位，那么法律赋予他书面阐述自己的特别意见的权利”①。这就是说，司法权随着案件分散在每一个法庭甚至每一个法官手里。没有承审此案的其他任何审判组织和任何法官（包括级别较高的法官）都没有权力对此案的审理和裁决发出指令或者进行其他形式的干预，宪法和法律保障法庭和法官不受任何形式的干预。

二、司法独立的保障制度

要保障法官独立体制的确立，必须切实给予法官以身份保障，从国际社会制定的标准和各国宪法对法官独立提供的宪法保障看，法官的身份保障主要包括：

（一）法官任职的终身性

1. 法官原则上不可撤任、罢免

不得违反法官（有的国家限定于“终身定职的专职法官”）的意愿在其任期届满前将其撤职或停职（终身或暂时的）或调职或命令其退休。联合国《关于司法机关独立的基本原则》第 12 条规定：无论是任命的法官还是选出的法官，其任期都应当得到保障，直到法定退休年龄或者在有任期情况下直到其任期届满。《司法独立世界宣言》规定：无论是被任命的法官还是选出的法官，其任期都应得到保障，直到退休年龄或其法定任职期满，但要服从该宣言所规定的有关惩戒和免职的条款。在职法官的退休年龄，不经其同意，不得被改变。一些国家规定，由于法律规定之某种原因，并在法律保障的情况下，方得被撤换、停职、调动或退休。例如，《西班牙宪法》第 117 条第 2 款规定：“法官和大法官只能由于法律规定之某种原因，并在法律保障的情况下，方得被撤换、停职、调动或退休。”《意大利宪法》第 107 条第 1 项规定：“法官是常任的。除非遵照最高司法委员会根据法院组织法规定的理由并严守法院组织法规定的辩护保障所作出的决定，或征得法官本人同意，法官不得被免职或停职，也不得被调往其他法院或委

① ［苏］B. H. 库德里亚夫采夫等，刘向文译：《苏联宪法讲话（删节本）》，群众出版社 1983 年版，第 219 页。

派其他职责。”在议会法令规定情况下，上述人员得由议会法令明文规定的隶属司法系统的法院宣布停职或解职。《日本宪法》第六章第78条规定：“法官除依审判决定因身心故障不能执行职务者外，非经正式弹劾不得罢免。”

2. 法官权力的终止、暂停必须依法进行

法官的权力可以根据下述原因终止：

（1）辞职。如《荷兰王国宪法》第117条第2项规定：掌理司法的法官以及最高法院的总检察官提出辞职，可以离职。

（2）根据法律并按法律规定的方式作出司法裁决。如《奥地利宪法》第88条第2款规定：“除非根据正式的司法决议并按照法定情况和法定手续，不得免除法官职务或违反本人意愿调任其他职务或辞退。”《巴西宪法》第113条第1款规定：法官享有终身性保障，除因为司法判决外，不会失掉职务。《荷兰王国宪法》第117条第4项规定：在议会法令规定情况下，掌理司法的法官以及最高法院的总检察官得由议会法令明文规定的隶属司法系统的法院宣布停职或解职。《瑞典政府组织法》第11章第5条规定：已任命的常任法官，因犯罪行为，严重失职或屡次玩忽职守，显系不适宜担任此职务者，可以被免职。《巴西宪法》第113条第2款规定，法官不可罢免，但出于公共利益的原因通过有资格的法院或者根据法律组成的特别机构的不记名投票，或所属法院2/3的正式成员同意，可以决定低级法官的调动或另外分配。《希腊宪法》第88条第4款规定，只有根据法院的刑事判决，或因法官严重违反纪律，或因病残或不适任，依照法律的规定并根据第93条第2款及第3款的规定的批准，始得将法官免职。

（3）自愿退休。例如，在英国和美国，法官为终身职，在达到一定年龄时，可以根据本人自愿而退休。

（4）强制退休。立法可以限定终身职法官的退休年龄。如《日本宪法》第79条规定：“最高法官到达法律规定年龄时退职。”该法第80条还规定：下级法院法官达到法律规定年龄时退职。《德国宪法》第97条第2项作出了这样的规定；《奥地利宪法》第88条第1款也规定：“法官任职的年龄限制由司法规定，凡到达规定年龄的法官一律退休。”《巴西宪法》第113条第1款规定：年满70岁或被证明为残废者的退休是强制的；公共服务满30年后，退休是自愿的。《瑞典政府组织法》第11章第5条规定：已任命的常任法官，已达到退休年龄或者依照法律规定必须领取退休金退休者，可以被免职。《希腊宪法》第88条第5

款：上诉法院法官和上诉法院副检察官或相当于这一级及其以下的全部法官，凡年满65岁者一律退休。等级高于上述的法官，年满67岁时一律退休。

（5）法院的组织或管辖地区发生变动。如《德国宪法》第97条第2项规定：在法院的组织或管辖地区发生变动时，法官可以被免职。

此外，法官权力的终止、暂停还必须遵循特定的程序和原则：

在英国，法官一旦被任命后，没有议会两院的联合会议共同要求并由国王加以免职，是不能予以解职的。在英国司法史上，这种免职从来没有发生过。

《奥地利宪法》第88条第3款规定根据法院院长的命令或一同涉及提交给全能法庭的案件的上级司法机关的命令，同时将此等问题提交主管法院，方可暂时停止法官的职位。

《瑞典政府组织法》第11章第5条规定："任何常任法官如因某一非法院的机关的决定而被撤职，该法官有权要求法院审查这一决定。本条规定适用于暂停任何常任法官行使其法定职能的决定，以及命令任何常任法官接受医疗检查的决定。"

《日本宪法》第六章第78条规定：罢免法官须经正式弹劾。

《德国宪法》第98条第2款也规定：联邦法官在行使或不行使其职权时违反本基本法的原则或某州的宪法秩序，联邦宪法法院经联邦议院要求，可以2/3之多数裁决将其调职或命令其退休。在故意侵犯的情况下，可以命令将其撤职。

（二）法官的不可调任性

法官无疑是需要予以特殊保障的公职人员，予以特殊保障的内容是禁止专断性开除或调动工作。除非由于法院的组织或管辖地区发生变化等特定原因以外，法官原则上不被调任。

《司法独立世界宣言》规定：除非根据定期轮换制度或是被晋升，法官不得不经本人同意就被从一个管区调到另一个管区，或从一个职务换为另一个职务；但如果这种调动是依据司法部门经过适当考虑之后所制定的统一政策，那么法官个人就不应无理地拒不同意。如果法律规定可以根据对法官的任命或司法职位的甄选自由斟酌将法官派往一个岗位，那么这种指派应当由司法部门作出，或是由司法部门的上级主管委员会作出，如果存在这种主管委员会的话。当一个法院被取消时，在该法院工作的法官不应受到影响，除非他们被选担任一个特定的任期；但他们可以被调移到另一个具有同等地位的法院。在英国，对法官进行转任与解职受到的限制一样。《德国宪法》第97条第2项规定：在法院的组织或管辖地区发生变动时，法官可以转至另一法院。《奥地利宪法》第88条第2款也规定："……因法院组织结构的改变而成为必要的调离或辞退。在这种情况下，法律应规定一个期限，在此期限内可以不需要其他规定的手续调离或辞退法官。"《瑞典政府组织法》第11章第5条规定："已任命的常任法官，出于编制上的需要可以将任何在职常任法官调任任何同级司法职务。"《希腊宪法》第88条第6款规定：不准将法官调派至另一部门但允许调派普通法官去填补最高法院副检察官缺额的半数以及填补下级法院陪审法官或检察官的缺额；依照法律规定应本人请求的调动是允许的。《巴西宪法》第113条第2款规定，依特定程序决定低级法官的调动或另外分配时，应保证其辩护权和受到同他们自己的法官一样的对待。

（三）法官的职务豁免权

给予法官以职务豁免权是保障法官独立、防止审判体制官僚制化的又一重要手段。法官应被保护免受针对他们的有关其司法职责方面的个人诉讼的困扰；除非经适当的司法当局授权，否则不得被起诉或控告。在不损害任何纪律惩戒程序或者根据国家法律上诉或要求国家补偿的权利的情况下，法官个人应免于因其在履行司法职责时的不当行为或不行为而受到要求赔偿金钱损失的民事诉讼。当今世界许多国家在审判体制建构中都为法官提供了这一保障。法官职务豁免权的内容是法官不应自己所作出的判决而受到追究。《俄罗斯宪法》第122条规定："法官不可侵犯。""除非按照联邦法官规定的程序，否则不能追究法官的责任"。《日本宪法》第78条规定："法官的惩戒处分不得由行政机关施行。"《葡萄牙共和国宪法》第221条第2项规定：除法律另有规定的情况外，法官不因其所作判决而受追究。在我国，《香港特别行政区基本法》第85条也作出了"司法人员履行审判职责的行为不受法律追究"的规定。

除此之外，为保障其独立，法官还被赋予免于作证的豁免权。法官享有职业保密的权利。《关于司法机关独立的基本原则》规定：法官对其评议和他们在除公开诉讼过程外履行职责时所获得的机密资料，应有义务保守职业秘密，并不得强迫他们就此类事项作证。《司法独立世界宣言》规定：法官对有关其审议的内容和在其尽职过程而不是公开诉讼过程中所获得的秘密信息，应严守职业保密原则，不得要求法官就这类事情作证。

在我国法律体系中，《香港特别行政区基本法》在职务保障方面作出了较为具体的规定，即香港特别行政区法院的法官只有在无力履行职责或行为不检的情况下，行政长官才可根据终审法院首席法官任命的不少于3名当地法官组成的审议庭的建议，予以免职（第89条第1款）。香港特别行政区终审法院的首席法官只有在无力履行职责或行为不检的情况下，行政长官才可任命不少于5名当地法官组成的审议庭进行审议，并可根据其建议，依照该法规定的程序，予以免职（第89条第2款）。香港特别行政区终审法院的法官和高等法院首席法官的任命或免职，还须由行政长官征得立法会同意，并报全国人民代表大会常务委员会备案（第90条第2款）。

我国1995年2月28日第八届全国人民代表大会常务委员会第十二次会议通过的《法官法》对法官享有的权利作出了规定，主要包括：法官享有履行职责应当具有的职权和工作条件；依法履行职务不受行政机关、社会团体和个人的干涉；非因法定事由、非经法定程序，不被免职、降职、辞退或者处分；获得劳动报酬，享受保险、福利待遇；人身、财产和住所安全受法律保护；参加培训；提出申诉或者控告；辞职等，在法律上为法官行使职权提供了一定的保障。相比之下，这些规定都很粗放，对于法官的保障是不完善的，需要参照国际社会制定的标准和其他国家的规定，随着司法制度的进一步改革加以补充、完善。

第四节　司法独立的起源及发展

司法独立是在长期的历史发展中确立起来的一项重要政治原则和法律原则，这项原则凝聚了人们对于司法权运作规律的透彻理解，这种理解是在许多经验、教训的基础上获得的。在司法独立的历史中可以清楚地看到，司法独立是基于限制王权的需要而产生的，是经过与王权的斗争而最终实现的。

司法独立的原则和制度，是随同现代法治的发展而建立起来的。[①] 司法独立与法治密不可分。

---

① G. M. 特里维廉（G. M. Trevelyan）在其所著《英国史》一书中记述了这一历程，以下资料来自该书。参见G. M. 特里维廉著，钱端升译：《英国史》，商务印书馆1934年版，本节未明注出处的资料皆引自该书。

现代法治的核心内容是防止出现专横的权力。最早出现的强大的专横权力是王权（或者皇权），司法权原为王权的一部分，司法独立意味着司法权从王权中分离出来，成为国王（国王掌握行政权）不能随意摆布的权力，并使之成为制约国王和行政权的权力。在现代诉讼中，司法独立仍旧保持着它最早被确立时的功能和对这一功能的满足能力。

为什么法治和司法独立婉出于英国，而不是其他国家或者地区呢?

现代法治和司法独立肇始于英国，并不是偶然的。英国法治的发展条件可谓得天独厚。英国国王从君临伊始，就没有像其他一些国王或者皇帝那样获得过恣意的专制大权，始终受到法律的约束。威廉在英国实行统治期间，虽然也像别的国家的君主一样在努力地强化君权，但他并没有独揽专制大权，其后继者中也没有哪一个国王拥有过这一权力。威廉在位期间，受到两种法律的约束：一是他曾宣誓遵守的萨克森法律；二是他及其来自欧洲大陆的随从所遵奉的欧洲大陆的封建习惯。从这两种法制的混合调和中，逐渐产生出近代英国人的自由。按照中世纪时期英国人的观念，公法是许多不可攘夺的私权和团体权利的集合，离开私权和团体权利，就无所谓“公法”；如果已有的权利可以被任意取消或改变，也就无所谓“法”。这一观念是与权力集中于一人之手、国家万能、君权万能不能相容的。在诺曼时代，法学家彭布罗克伯爵就曾提出：“让我违背理性而顺从国王的意愿，这不是体现国王的尊荣，而是在损害国王的利益，损害国王应该为其臣民施行的正义。如果那样做我将为人们树立一个屈从国王错误意愿而背弃正义和法律的邪恶榜样。因为那样做说明我们把自己尘世财富看得比正义更重要。”①

王权受到来自贵族的抗衡，为法治的形成和司法独立的实现提供了政治条件。在英国，国王面前有贵族与之抗衡，国王和贵族之间尚有教会，教会对国王和贵族也都起到牵制的作用，教会自恃掌握着道义的大权，往往起到维持宪法平衡的作用。除涉及自身利益的以外，教会常常能够顾及公众利益，为平民作喉舌。贵族与国王的对抗关系，为法治的形成创造了条件，诚如我国学者萧公权先生所言：“法治只能在两种环境之下实现。一为贵族政治，一为立宪政治。盖以贵族有抵抗君权之实力，法律亦限制君意之利器。贵族籍法律以自保其利益，法治每凭之以树立也。立宪政府之一切职务胥以法律划定（即无明文规定，亦有习

① 转引自程汉大主编：《英国法制史》，齐鲁书社 2001 年版，第 340 页。

惯或成例之界限）。不仅法律高于一切，即寻常之法律亦不容政府任意违反。近世之宪政乃法治最高之表现，贵族抗君之法治则为其雏形也。英国之宪法史正可作法治由贵族抗君以进于君主立宪之著例。”[①] 法治的产生条件也是司法独立的产生条件，司法独立乃法治之必要条件，法治娩出之日，亦即司法独立形成之时。

在英国，国家机构的分立是咨议院（consilium/curia，又译为“廷议”）产生和发展的结果。起初，直接向国王佃田的，为“大佃主”（tenants - in - chief），凡政事征求“大佃主”的意见，是国王的特权，也是国王的义务。向国王提供意见，也是“大佃主”的特权和义务。由此发展起咨议院，咨议院由国王的全体咨议或顾问组成。然而，事实上无行政、司法和立法机关之分。司法权、立法权和行政权往往集于一人（君主）之身，是王权的组成部分。立法权、司法权与行政权由国王一人掌握。不过，与许多专制国家不同的是，在行使权力时，国王必须顾忌贵族的势力，以免招致自己的地位不稳。国家机构的最早分立，是从亨利一世成立税收机关时开始的。一部分贵族（barons）从咨议院分离出来，服务于税收机关，该机关遵循特定的办事程序。由此迈出了议行分立的第一步。

英国虽然设有法院，但法院并不是在一开始就独立的。当时最小的地方单位是采邑（Lord's manor），每一采邑设立一个采邑法院，是附属于封建地权而设立的私家法院。除采邑法院外，还有县法院。大佃主也可以建立法院以解决所属附庸间的纠纷。所以，私家法院皆隶属于封建领主，封建领主及僧侣拥有审理多种案件的特许权。直接隶属于国王的王家法院于诺曼征服英国后逐渐发展起来。王家法院也没有独立于国王的权力。英国原来尚有教会法院，主教、邑官共同执掌采邑法院，审理属于世俗和宗教性质的一切案件。后来国王威廉命令主教退出采邑法院，另立专门审理宗教案件的法院。世俗与宗教法院管辖权分化，这一分化是英国法治化历史进程中具有积极意义的事件。

英国普通法的发展得益于亨利二世为此付出的努力。他采用的司法程序在改变英国的社会和政治方面发挥了举足轻重的作用。王家法院和巡回法官的管辖权和审判权因亨利二世的改革而得到增大，随着这一改革，各地遵行的习惯法也归于一致，由此产生了“普通法”（common law）。这里所谓普通法，是通行全国

---

① 萧公权著：《中国政治思想史》，辽宁教育出版社 1998 年版，第 251 页。

的法律习惯的意思。此时，咨议院在采用分工制度的基础上组成的各委员会，逐渐获得专门职务和特殊程序。国王的法院就是由咨议院分出来的司法委员会发展而来。

在中世纪，颁发敕令（writs）以命令或者禁止臣民做某事，是国王的权力。亨利二世曾经发布多项敕令来规定诉讼程序。根据这些敕令，人民向王家法院诉讼的案件越来越多，而向私家法院诉讼的案件越来越少。不过，这种发布敕令的权力，到亨利三世和德·蒙特福特（De Montfort）的宪政时期已有限制，不能滥发。与此同时，王家法院已获得相当的地位，差不多要成为普通法院，不必依赖国王的敕令也可以自立。亨利三世时期，国王咨议院基于政治原因推翻了巡回法庭的一项判决，巡回法官立即联名上书，抗议说："既然我们是你们选择的——而不是我们自己选择的——法官，既然你们命令我们为了国王和王国的安宁而进行巡回审判，那么，为所有人伸张正义，对富人和穷人一视同仁，决不考虑个人利益，就是正当的和值得尊敬的……你们这样做对于国王的尊荣和我们的声誉都是不利的。"1234 年，亨利三世以特别命令将休·德·伯格逐出法律（按：疑为"院"之误），法官威廉·雷利代表法庭宣布国王的命令无效，最后这一判决得到胜利。[①]

法治首先表示法律排斥行使专断权力的思想。它意味着正常的法律保有绝对的至高无上或压倒一切的地位，与专制权力相对立，并且排斥专制的存在、特权的存在乃至政府自由裁量权的存在。在约翰和亨利三世两朝，民众对于法律有了进一步的、深刻的认识，认为法律是可以自存的事物，不必依赖于王权而存在，而且将法律视为在国王之上，即便是国王，也不能离开法律而进行治理。

当时，贵族和国王的对抗关系也由采取封建的方式转为采取宪政的方式。国王和贵族的权利、义务在封建制度（与独裁制度相对立）下保持着平衡，贵族的权利有法律和习惯加以保护，即使是国王也不能侵犯。如果国王所要索取的服务和捐助金等费用比习惯允许的要大，则贵族们可以根据法律而严加拒绝。法律的至尊性，后来成为英国民主政治的显著特性。戴雪在《英宪精义》（1885 年）中指出英格兰政治制度有两件异彩：一是议会至上；二是法律的至尊性。戴雪指出："我们的政治所有怪异性质；法院有一条老规矩（old law）最能将此项性质

① 转引自程汉大主编：《英国法制史》，齐鲁书社 2001 年版，第 341 页。

表白清楚：即是，这种法律是最贵国宝，为君主所有；全国人民以至君主本身都需要受制于法。”①

走向宪政的第一大步是《大宪章》的制定。《大宪章》的制定本来是贵族在与国王对抗中取得的一大成果，主要起着维护贵族传统特权的作用，与一般庶民无涉。《大宪章》并没有完全否定独裁，只试图用习俗约束和规范王权，以防过度肆虐。其结果至多达到开明和有限的专制，与现代法治是不同的。但那些容易受到政府欺压、软弱无助的中下阶级成员，站在贵族的背后而受到了掩护。贵族虽然属于特权阶级，但在君主面前，他们终归是臣子，客观上就成了反对派的领袖，他们以下抗上的行为，为社会伸张了正义。例如，在1215年时，《大宪章》规定自由人都有要求公平审判的权利和防止国王凌虐的保护，其中“自由人”的范围本来十分狭窄，此后历时3个世纪，全体佃奴都成了自由人，《大宪章》赋予权利的范围才覆盖了全体。国王的权力受到限制，由左右法律到受法律的拘束，政治结构发生了里程碑式的变革。

不过，司法独立原则的确立，并不是一蹴而就的。英国的国王本无力实行专制政治，宗教权力也受到有力的制约，人民享有为同期欧洲大陆人民不能想象的自由。但苏格兰的詹姆斯六世继任英吉利国王（即詹姆斯一世）后，英吉利与苏格兰合并，局势发生了变化。苏格兰民主政治的发育远不及英吉利（苏格兰的所谓议会实际不过是个国王的“记录法院”而已），詹姆斯一世是一个对英吉利的国情国法一无所知的继任者，在Newark，他竟不经审讯而命令将当场捕获的强盗绞死。1612年11月10日，英国国王詹姆士一世召见英格兰的法官，依据一些人的建议想要收回部分案件的审判权，由国王亲自审判和裁决。这就是著名的“星期日上午会议”，会上大法官爱德华·柯克（Edward Coke）代表法官们坚决维护司法权的独立性，指出：根据英格兰法律，国王无权审理任何案件，所有案件无论民事或刑事，皆应依照法律和国家惯例交由法院审理。这种激烈辩论的会议进行了数次，柯克也因此而被解除了职务。② 随后，首席法官克鲁和黑斯、财政法庭的首席男爵沃而特也分别于1626年、1630年和1634年被因同一缘由而被

① ［英］戴雪著，雷宾南译：《英宪精义》，法制出版社2001年版。

② 参见［美］罗斯科·庞德著，唐前宏、廖湘文、高雪原译：《普通法的精神》，法律出版社2001年版，第41～42页。

解除了职务。[①] 詹姆斯一世的继任者查理一世于1625年继承王位。查理继续推行专制统治，解散了国会并将一切敢于执法如山的法官解职，解除了宪法对于国王的束缚。如同罗马法学者的观点那样，詹姆斯一世和查理一世认为法官不过是培根所说的“王座下的狮子”，乃体现国王意志的工具。罗斯科·庞德就此评论说：“17世纪，王权至上的观点被视为进步的表现。人们总把国王奉为社会利益的保护神而希望授予其审判权，并幻想着国王能忠实而仁慈地行使这一生杀予夺的权力。故而他们对律师们创制用以约束王权的法律恨之入骨，视《大宪章》之类的法律为“散发霉味的垃圾”。在他们看来，国王的意志就是法律，法官仅仅作为国王的代表来行使审判权，所以不管国王何时因何事而作出的决定，法院都必须遵照执行。”[②] 从这种观念和制度的束缚下摆脱出来，是实现司法部门整体享有自治性及对于行政机关的集体独立的必经之路。

1638年到1640年，苏格兰叛乱引发了不列颠革命，这场革命推翻了国王的专制统治，星座法院、高等委任法院、威尔士及北方事务院等遵行罗马法并维护君主专制的特权法院为法律所废止，国王再度被纳入普通法的约束之中，普通法获得了胜利。1649年，查理一世以残虐人民罪被枭首。经过短暂的共和政治后，英国重归王室，但王权已经不振，常为议会的势力所湮灭。虽然在此后的英国史中，朝着极端专制的倾向性时有出现，但司法权独立于王权的原则已经被确立起来，成为普通法值得夸耀的一个特性。

不过，英国虽然确立了司法独立原则，但在议会至上的政治体制中，三权的分立并不是十分严格的，司法权的独立也不是绝对的。自爱德华三世即位到亨利六世废立，英国议会的两院制成为固定形式。在中世纪，英国议会不但是表决赋税和制定法律的机构，同时也是国会的高等法院，拥有法院应有的特权和严谨的仪式，其司法职务与立法职务并不是截然分开的。至今英国的上议院仍然掌握案件的终审权。但对于英国上议院拥有的司法权，并未在根本上对司法独立的原则产生实际威胁和损害。

英国式民主、英国的法治连同司法独立，对欧洲大陆和英国在北美的殖民地

① 程汉大主编：《英国法制史》，齐鲁书社2001年版，第347页。

② ［美］罗斯科·庞德著，唐前宏、廖湘文、高雪原译：《普通法的精神》，法律出版社2001年版，第43～44页。

产生了重大影响。欧洲对司法权独立观念的吸收过程，以孟德斯鸠的主张影响最大。此前虽然在英国已有法官独立的司法体制和实践，但在王权至上的欧洲大陆却湮没不显。孟德斯鸠考察了苏格兰政制之后，对英伦实行的政治制度叹羡不已，乃提出自由政制的主张，司法权与立法权保持各自的独立性成为他所主张的基本内容之一。孟德斯鸠在其所著的《论法的精神》一书中指出："如果司法权不与立法权和行政权分立，就不会存在自由；如果司法权与立法权结合，那么法官就将对公民生活和自由实施专断的权力，那么法官就是立法者。如果立法权与行政权相结合，那么法官就拥有压迫者的力量。如果由一个人或由主要人物、贵族或平民组成的同一机构行使这三种权力，则一切都完了。"① 这段话文字质朴，没有藻饰，但至今仍然是最重要的基本政治原理和法律原理，是名副其实的真知灼见。

当今世界，许多国家的宪法确立了司法独立原则，并为法官独立审判案件提供了一系列周密的保障措施。此外，联合国的一些文件确认了法官独立作为司法独立的标准并呼吁各国为法官独立提供保障。

司法独立是由联合国确认的一项司法国际标准；得到独立的法庭审判，被联合国确认为一项基本人权。在建立司法独立的过程中，一些国家的法官为维护法律而对行政权干预司法的行为进行了抵制，最终赢得了司法权的独立性。如在日本，1891 年（明治 24 年）5 月 21 日，前来日本漫游的俄国皇太子（即后来的尼古拉二世）在大津突然受到担任警卫的津田三藏的袭击，头部被打伤。事件发生后，松方正义内阁成员和元老们担心俄国以此为由对日本进行军事报复，便对法院施加压力，要求法院对津田三藏判处极刑。不仅如此，天皇也下了诏书，要当时担任大审院院长的儿岛惟谦谨慎处理。松方正义首相、西相内相、山田法相等人，多次强烈要求儿岛惟谦对津田三藏适用有关加害皇室的规定（按照当时《日本宪法》即明治 13 年制定的刑法第 116 条规定，伤害天皇、太皇太后、皇后、皇太子者处以极刑）。儿岛惟谦没有屈从压力，拒绝政府对司法的干预，坚决主张该案只能根据加害普通人的法律规定，按谋杀未遂罪论处，不能违背法律枉法裁判，损害司法权的尊严。儿岛惟谦说服了当时审理此案的态度比较软弱的法官。5 月 27 日，在大津举行开庭审判的大审院法庭以普通谋杀未遂罪判处津田三藏无期徒刑，从

---

① ［法］孟德斯鸠著，张雁深译：《论法的精神》（上册），商务印书馆 1987 年版，第 154 ~ 156 页。

而维护了司法权的独立,[①] 这一案件被认为是日本司法史上具有里程碑意义的案件，作为日本司法独立的主导案例（leading case）经常被后人引用。

国际社会普遍认为，法官负有对公民的生命、自由、权利、义务和财产作出最后判决的责任，法官能否抵制其他国家机关、社会团体和个人对司法活动的干涉，是公民自由权利能否达到切实保障的关键环节。《联合国宪章》本身并没有将司法独立作为一项基本的国际准则，但为联合国制定一系列有关司法的国际准则奠定了基调，《联合国宪章》“重申基本人权，人格尊严与价值，以及男女……平等权利之信念”，“创造适当环境，俾克维持正义”，“促成大自由中之社会进步及较善之民生”。该宪章在第 1 条宣示了联合国的宗旨，其中第 3 项强调“促成国际合作，以解决国际间属于经济、社会、文化及人类福利性质之国际问题，且不分种族、性别、语言或宗教，增进并激励对于全体人类之人权及基本自由之尊重。”《联合国宪章》中的上述内容成为后来联合国机构制定有关司法的国际准则的主要依据。《世界人权宣言》特别揭示了得到依法设立的合格、独立和不偏不倚的法庭所进行的公正和公开审讯的原则，该宣言第 10 条宣布：“人人完全平等地有权由一个独立而无偏倚的法庭进行公正的和公开的审讯，以确定他的权利和义务并判定对他提出的任何刑事指控。”《国际法院规约》（1945 年 6 月 26 日）阐明和规定了法官独立原则。该规约在第 1 章中规定了“法院之组织”，其第 2 条规定：“法院以独立法官若干人组织之。”《公民权利和政治权利国际公约》第 14 条第 1 项规定：“在判定对任何人提出的任何刑事指控或确定他在一件诉讼中的权利义务时，人人有资格由一个依法设立的合格的、独立的和无偏倚的法庭进行公正的和公开的审讯。”

上述宣言、公约和规约，虽然确立了司法独立的原则，但对于司法独立的具体标准，特别是“法庭独立”是否在与“法官独立”同一意义上使用的问题上语焉不详。

联合国机构进一步将司法独立的国际标准具体化是在 1985 年初步完成的，其目的之一是在司法独立的原则和标准方面促进世界范围的相互声援，发展司法独立体制，促进正义，加强自由和推动法治。

第六届联合国预防犯罪和罪犯待遇大会在其第 16 号决议中，要求犯罪预防

---

① 上海社会科学院法学研究所编译：《法学流派与法学家》，知识出版社 1981 年版，第 115 页。

和控制委员会把拟订有关法官的独立等列为优先事项；因此最好首先考虑司法制度中法官的作用以及法官的甄选、专业训练和行为的重要性。1985 年 8 月 26 日，在米兰召开的第七届联合国预防犯罪和罪犯待遇大会所通过了《关于司法机关独立的基本原则》（经联大 1985 年 11 月 29 日第 40/32 号决议及 1985 年 12 月 13 日第 40/146 号决议核可）呼吁各国政府在国家立法和实践范围内考虑并尊重为协助会员国确保和促进司法机关的独立而拟订的基本原则，并提请法官、律师、行政和立法机关人员及一般公众注意这些原则。[①] 该文件在“司法机关的独立”项下写道：各国应保证司法机关的独立，并将此项原则正式载入其本国的宪法或法律之中。尊重并遵守司法机关的独立，是各国政府机构及其他机构的职责。司法机关应不偏不倚、以事实为根据并依法律规定来裁决其所受理的案件，而不应有任何约束，也不应为任何直接或间接不当影响、怂恿、压力、威胁或干涉所左右，不论其来自何方或出于何种理由。

《司法独立世界宣言》进一步确认法官应当具有独立性，“法官个人应当自由地履行其职责，根据他们对事实的分析和对法律的理解公正地裁决其所受理的案件，而不应有任何约束，也不应为任何直接或间接不当影响、怂恿、压力、威胁或干涉所左右，不论其来自何方或出自何种理由”。法官的独立性应当表现为法官个人的独立，即“在作出判决的过程中，法官应与其司法界的同事和上级保持独立。司法机关的任何级别组织和等级、官职上的任何差别，都决不能影响法官自由地宣布其判决的权利。就法官方面来说，他们应当以对其司法体系中的法规完全负责的态度单个地或集体地履行他们的职责”。作为法官独立的保障措施，“法官应始终使自己的行为方式能够维护其工作的尊严和信誉，保持司法机关的公正和独立。为实现这一原则，法官应有权享有思想、信仰、言论、表达、职业结社、集会和迁徙自由”。

作为联合国所确认的一项国际标准，司法独立被评价为法治、平等的法律保护、防止歧视和保护少数的基础，这一认识得到了涉及有关司法中的平等的各项原则草案的联合国大会第 3144 号决议的确认。

尽管不同国家的政治体制和司法机制千差万别，但世界上各种宪法和法律体

---

① 所拟订的原则时主要考虑的是专业法官，但如有非专业法官，这些原则根据情况也同样适用于非专业法官。

制中关于司法独立性的原则和基本标准却基本上和实质上是一致的。重申和阐明司法独立原则以及基于这种原则的实施标准，被认为将有助于改善司法，加强制度性的法治文化。

第五节　司法独立的意义

从司法独立在英国的起源，可以看到司法独立具有如下特性：

一、司法独立与法治有着密切的关系，司法独立是现代法治的重要组成部分

戴雪在《英宪精义》中指出，法治的重要特征之一是“普通法律与普通法院居优势”。这表明，法律面前人人平等，在国家境内，没有一人高居法律之上。每个人，不论为贵为贱为富为贫，都要受命于国内所有普通法律，并处于普通法院的管辖之下。这意味着官吏和臣民受到普通法院执行的普通法律的同等制约。它排斥政府行为享有的特殊豁免权或对涉嫌政府官吏的案件加以特殊制裁。它意味着所有人平等地服从由普通法庭实施的国家普通法，包括所有在职官吏、自内阁总理以至巡视或征税差役，倘若违法，一律与庶民同罪。

从戴雪对“法治”特征的经典描述中可以清楚地看到：在“法治”概念中，司法机关具有极不寻常的地位。法院是约束立法机关不违反宪政原则和对拥有庞大权力的行政机关加以控制、防止其滥用权力的重要力量。所以司法可以说是法治的屏障。

为了使司法机关能够发挥约束立法机关和行政机关的作用，前者必须具有不受后两者干涉的独立性。没有司法独立能够有申韩式的法治、诸葛式的法治，但不会有现代意义上的民主的法治（法律主治）。正如安吉尔所言：“如果人们并不将法院看作是代表着一种公正的制约的话，那么法治这一概念就失去了其大部分作用。”①

英国学者韦德在谈到法治的时候论证了司法的作用，他指出，法治的含义是，任何事件都必须依法而行。将此原则适用于政府时，它要求每个政府当局必

① 邓正来主编：《布莱克维尔政治学百科全书》，中国政法大学出版社1992年版，第675～676页。

须能够证实自己所做的事是有法律授权的，几乎在一切场合这都意味着有议会立法的授权。否则，它们的行为就是侵权行为或侵犯了他人的自由。政府行使权力的所有行为，即所有影响他人法律权利、义务和自由的行为都必须说明它的严格的法律依据。受到影响的人都可以诉诸法院。如果法律依据不充分，法院将撤销此行为，后者则不会产生任何后果。这就是合法性原则。不仅如此，法治还要求，政府必须根据公认的、限制自由裁量权的一整套规则和原则办事。这也就是说，法治的实质是防止滥用自由裁量权的一整套规则。法院必须努力在需要公正有效的行政与需要保护公民免受行政专断之间作出平衡。这里，它们必须依靠自己的判断，体会什么是宪法所要求的这两者之间的相互关系。没有这些规则，各种各样的滥用行为都有可能发生，法治就可能被专断权力所代替。因此，它们的存在对法治而言是不可或缺的。为实现这种保障状态，政府行为是否合法的争议必须由完全独立于行政之外的法官裁决。在由高度独立的法官组成的普通法院里提起与政府的争议，是英美法治概念中的重要成分。

为法治所不可或缺的司法独立，在国际法领域也具有同样的意义。在国际范围内，“法治”一词也获得了普遍运用，它反映了要使民族国家的行为服从于由国际法院或仲裁者所适用的普遍公认的原则的愿望，国际法院或仲裁者的判决则得到那些服从其管辖的国家的普遍接受和遵循。

总之，要厉行法治，就应当提高司法机关的地位，并保障其独立性。可以说，没有司法独立，法律至上的局面就难以确立，现代法治就会退避三舍。

二、司法独立与自由紧密联系，司法独立是个人自由的基本保障手段

司法机关不是实现国王意志的工具，而是在国王权力和人民自由之间发挥着调节作用，要实现这一功能，必须使司法权摆脱王权的控制。司法机关的现代特性，正体现在司法机关在国家权力和个人自由之间发挥的这一作用方面。英国学者大卫·巴纳德在《诉讼中的刑事法庭》一书中指出：“社会必须保护它的成员，使之不受坏人侵害。同时，民主国家的公民又有不受警察干涉的正当要求，法律必须在这互相冲突的两者之间取得平衡。”① 法院发挥着平衡这一关系的作

① ［英］大卫·巴纳德著，王国庆译：《诉讼中的刑事法庭》，中国人民大学法律系诉讼法教研室1985年版，第69页。

用，美国最高法院法官威利斯·V. 德万特曾揭示了这一特性，云：“……审判人员……是整个审判体系的平衡轮，起着维持个人权利与政府权力之间的调节作用。”① 就政府权力与个人权利的平衡而言，控制被统治者和对政府加以控制要求：在需要平衡的一侧，政府官员应有足够的权力发现、拘捕、起诉、定罪以及惩罚；在另一侧，宪政民主要求对国家官员的权力作出限制，以便为个人自由、隐私权和财产权提供最大限度的保障。② 法院在其中起到的调节作用，就是通过签发某些令状、作出肯定性的裁决，保证政府官员应有足够的必要权力去遏制犯罪、捕获犯罪人、获取证据和发现真相，同时通过拒绝签发某些令状、发布人身保护令和作出否性的裁决限制国家官员的权力，为个人的各项自由、权利提供切实有力的保障。因此，民国时期学者王世杰尝言：“任何权利，如果不受法庭之保障，实际上便同虚设。”③

对于司法独立对于个人自由所具有的保障作用，我国的知识阶层早有认识，如伍廷芳曾就司法独立在保障民权方面的效用指出：“司法者，全国治体命脉所系，非从表面皮相者也。”司法要求对诉讼案件必须做到明察秋毫、防止冤抑，“鞫谳重大，为民生性命所托。”章太炎进一步指出在三权分立的政权体制中“惟刑官堪与政府抗衡”，司法可以限制元首权力，保障民权，“总统惟主行政国防，于外交则为代表，他无得与，所以明分局也。司法不为元首陪属，其长官与总统敌体，官府之处分，吏民之狱讼借主之，虽总统有罪，得逮治罢黜。”“当专以法律为治，而分行政司法为两途……夫长吏不奸裁判之权，则无由肆其毒。”

三、司法独立是一个国家司法文明程度的表现

司法独立已经成为近现代世界各国的文明标志。由于司法独立能够为政治民主提供一个有力的支撑，同时又是保障个人自由的必要条件。以民主、自由为基本特征的现代文明社会无不在建构政治和司法体制时建立起司法独立制度。

当今世界，大多数国家（包括发达国家也包括发展中国家）都在本国宪法

① 美国最高法院法官威利斯·V. 德万特就埃文斯诉戈尔一案所撰判词，原载《联邦报告》第243卷第245页（1920年）。

② Joel Samaha, Criminal Procedure, Fourth Edition, Wadsworth Publishing Company, 1999, pp. 3－4.

③ 王世杰著：《比较宪法》，商务印书馆。该书后增补了一些内容，补钱端升为第二作者，商务印书馆近年有再版本。

中确立了法官独立的原则，加上实际上实行法官独立的国家，可以说绝大多数国家认同法官独立。例如，《韩国宪法》（1987 年 10 月 27 日全民投票通过）第 103 条规定："法官根据宪法和法律，凭其良心独立审判。"《日本宪法》第 67 条第 3 款规定："所有法官依良心独立行使职权，只受本宪法和法律的约束。"《德意志联邦共和国基本法》（1949 年 5 月 8 日联邦德国议会通过）第 92 条（法院组织）规定："司法权赋予法官，由联邦宪法法院、本基本法规定的联邦法院和各州法院行使。"第 97 条第 1 项规定："法官是独立的，只服从法律。"《俄罗斯联邦宪法》第 120 条规定："法官是独立的，只服从于俄罗斯宪法和联邦法律。"《意大利宪法》第 101 条第 2 款规定："法官只服从法律。"第 104 条第 1 款又规定："司法机关为独立于任何其他权力机关的自主体制。"《加拿大宪法》（1982 年）从公民权利的角度确立司法独立原则：公民享有"独立的不偏袒的法庭举行公平的公开审判"的权利。值得注意的是，许多社会主义国家在本国宪法中也作出了相似的规定。例如，《苏维埃社会主义共和国联盟宪法基本法》（1977 年 10 月 7 日苏联第九届最高苏维埃非常第七次会议通过）第 155 条也规定："审判员和人民陪审员独立，只服从法律。"1936 年该部法律第 112 条规定："审判员独立，只服从法律。"苏联宪法规定的审判员独立的含义是"任何人无权干涉审判员和陪审员客观地弄清刑事案件或民事案件的材料，无权指示他们应当作出何种民事判决和刑事判决，无权对他们施加压力。法院作出民事判决或刑事判决，依靠法律和自己的内心信念"。1969 年 6 月 30 日苏联最高法院全体会议在"关于刑事判决"的指导性决议中强调："对一切应在刑事判决中解决的问题，审判员根据法律，根据社会主义法律意识和崇高的共产主义道德原则，根据自己基于全面、彻底和客观审理案件一切情况而形成的内心信念，在排除对审判员外来影响的情况下予以解决。"① 苏联宪法的这一规定对东欧以及其他社会主义国家产生了很大影响。在现存的社会主义国家宪法中可以清晰地发现这一影响。

我国近代学者已经认识到司法独立在政治民主和文明方面具有的举足轻重的作用，认为中国政治要有所进步，必须从司法一门入手。伍廷芳曾经指出，文明国家，有三权鼎立，各不相侵，"立法一也，司法二也，行法三也"。三者之中，

① ［苏］B. H. 库德里亚夫采夫等，刘向文译：《苏联宪法讲话（删节本）》，群众出版社 1983 年版，第 216 页。

以司法独立最为重要。这是因为，司法独立，既利于国，也利于民。从利国来说，看一个国家文明与否，须看其司法能否独立，并且其执法能否廉明。伍廷芳揭露了中国司法与行政不分所造成的弊害，指出："中国司法，向昧夫独立之一理，循二千余年之专制，举立法、司法、行政之鼎立三权，操于一手。中央如是，各省亦如是，命令一出，视为定例……承审权宜即为立法所操纵，提刑执法，生死机关，亦立法之一人所得而操纵也，是以中西司法判若两途……每因一案之龃龉，积久未能清理。由是国际问题尤多阻碍，外人以我行政官有权干预司法，为所轻视耳。"因此，改良司法的首要步骤，在于实行三权分立原则，确保司法独立。这是文明国家的重要标志："视一国之文明与否，须视其司法能独立与否。"

四、司法独立有利于法官保持较高素质，并促使在法官选任方面保持较高标准

不少论者对法官独立心存疑虑，认为法官达到较高素质才能赋予其独立的权力。诚然，法官独立与法官素质存在密切关系，不过，他们之间存在一个悖论是不能忽视的，这就是：法官独立需要由法官的高素质加以配合，但没有法官的独立则法官的素质又往往不易提高。

总的来说，法官独立有利于提高法官的素质。奥妙在于，当官员的本分就是执行指令而不需要进行创造性的思维和行动的时候，下级官员的积极性和责任感就难以形成；相反，他们的依赖性、惰性就会滋长。当体制不能给他们提供提高素质的动力时，他们就会甘于庸懦，素质就会保持较低的水准。不仅如此，由于权力的惯性作用，领导者容易养成专制的作风，而社会心理学研究表明，在专制的上司的领导下，被领导的下属通常对工作缺乏主动性和积极性，效率低下的现象就普遍存在。

司法活动中也是这样。法官不独立，原因之一是法官的素质太低，法官的素质太低就需要由上级官员把关，这种把关的做法可以使上级官员在下级官员"正确"办理案件方面负起责任，从而分散和减轻了低素质的官员个人责任，这些低素质的官员也就能够在办理案件中有所依赖，即使确实力不从心，他们也能够根据上级官员对该案作出的具体指令而"圆满"地完成司法任务。高素质的官员，如果他们的等级不够高，那么所面临的是与低素质的官员一样的处境，即都没有

自主决定自己所承审的案件如何处理的权力，他们无法将自己对案件进行审理所获得的关于该案件应当如何正确处理的确信化为实际的判决，而有决定权的却是未接触过诉讼参与人、未参加过庭审而且也往往没有阅过案卷的、只是等级处于上位的官员，这不能不一次次地使他们的自尊心和积极性受挫。

给予自由、赋予权力，应当意味着责任亦由个人独立承担。权力与责任是结合在一起的：司法分权，会使每一承审案件的法官的责任更加分明；司法集权，虽然拥有决定权力的个人或者团体应当对审判结果真正负起责任，但实际上由于集体操作性的活动使司法权运作的完整过程被分割成审理、评议、汇报、讨论、决定许多环节，某些环节的参与人不同，这就使各个参与者都有可能推卸责任，“责任人人有份的原则如果不加上权利和职责的协调和隶属关系，就不可避免地会变成大家都无责任。”① 所以法官不独立，其责任感就会被消磨。久而久之，一个缺乏自主精神、缺乏道德力量、依赖感强、遇事互相推诿、不愿意承担责任、工作质量低下的司法群体就会形成。

总之，法官不独立就难以形成促使法官提高素质的环境。对于司法人才来说，确立法官独立的体制会提供促使法官素质提高的激励和压力机制，这种体制为司法群体素质的普遍提高提供了一个必要的条件。

第六节 我国的审判体制：历史和改革

在我国古代，虽然没有司法独立的体制，却并非没有赋予司法官员一定的独立性的思想，《论语》云：“仲弓为季氏宰，问政。子曰：‘先有司，赦小过，举贤才。’”又云：“大君任法而不弗躬，则事断于法。”强调君主依法而治，不亲自处断案件而将案件交由臣属按照法律加以解决，“术也者，主之所以执也；法也者，官之所以师也。”虽然法制强调了君主的尊严，但法律的执行应当交给属臣。诸葛亮在《出师表》中也表达了这样的思想，他劝后主刘禅：“若有作奸犯科及为忠善者，宜付有司论其刑赏，以昭陛下平明之治”，不要随喜怒行法，以免造成偏私“使内外异法也”②。这表明古人早已认识到个人干涉会引起专横任

① ［苏］科恩著，佟景韩等译：《自我论》，生活·读书·新知三联书店1986年版，第460页。

② 见诸葛亮之《出师表》，此表为前《出师表》。

性而明显地妨碍法治。

西汉廷尉张释之[①]为后代提供了在司法统治的高压环境下中国司法官吏为保障司法公正而寻求法官的独立性的罕见案例。据《史记》记载：

一日，上行之中渭桥，有一人从桥下走出，乘舆马惊。于是使骑捕。属之廷尉，释之治问。曰："县人，来，闻跸，匿桥下。久之，以为行已过，即出，见乘舆车马，即走耳。"廷尉奏曰，一人犯跸，当罚金。文帝怒曰："此人亲惊吾马，吾马赖柔和，令他马，固不败伤我乎？而廷尉乃当之罚金！"释之曰："法者，天子所与天下公共也。今法如此而重之，是法不信于民也。且方其时，上使立诛之则已。今既下廷尉，廷尉，天下之平也，一倾而天下用法皆为轻重，民安所错手足？唯陛下察之。"良久，上曰："廷尉当是也。"……其后有人盗高庙坐前玉环，捕得，文帝怒。下廷尉治。释之案律盗宗庙御物者奏，奏当弃市。上大怒曰："人之无道，乃盗先帝庙器！吾属廷尉者，欲致之族，而君主以法奏之，非吾所以共承宗庙意也。"释之免冠顿首谢曰："法如是足也。且罪等，然以逆顺为差。今盗宗庙器而族之，有如万分之一假令愚民取长陵一抔土，陛下何以加其法乎？"久之，文帝与太后言之，乃许廷尉当。[②]

当然，在"朕即国家"、主权在君的中国历代，法官是否能够保有一定的独立性，取决于君主和上级官吏是否保持自我克制。这种实际上可能具有的独立性是不能得到法律的确认和保障的。

中国历史上长期实行司法与行政合一的体制，司法与行政不分，司法机构一般同时为行政机构。汉代到唐代，审级大体上可以分为三级。[③] 宋代以后直到清末，审级大体上分为四级。秦朝以后，中央集权制度确立起来，司法权最终皆由皇帝执掌，成为维护皇权至上的基本保证。"至前清末季，始仿效欧美各国成例，举行司法独立"[④]。

中国审判体制的近代化面临两个步骤：一是将司法从行政中分离出来，使司

---

① 张释之，字季，堵阳人。汉文帝时拜为廷尉。

② 《史记》卷一百二：《张释之冯唐列传第四十二》。

③ 汉代刑事诉讼案件由乡到县令到郡守再到廷尉，乡以调解为主；魏晋南北朝时期，从县到郡到州再到廷尉，但州刺史大多兼任持节都督，有权不告而杀。因此，虽然名义上分四级，实质上可视为三级。

④ 朱贞白著：《最新法学通论》，上海法政学社1931年版，第87页。

法与行政分立；二是使司法摆脱威权统治的控制，实现独立。这种独立最终要体现为法官独立。第一个步骤的完成比第二步骤要容易得多。

1840 年的鸦片战争使清政府的天朝梦骤然破灭，国家处于危难之中。西方列强凭借船坚炮利迫使清政府“开门延客”，并攫取了中国司法权的一部分设立了领事裁判权。国家积弱，无力抵御外侮，许多有识之士乃欲求强国之路，这条路就是变法图强。日本明治维新以后迅速崛起的经验刺激中国加以仿行。1902 年清政府下诏宣布“参酌各国法例”，进行法律改革，目标是使新法“务期中外通行”“与各国无大悬绝”，并派沈家本、伍廷芳为修律大臣负责修订现行法律。1903 年设立了修订法律馆，修订法律馆负责拟订奉旨交议的各项法律与各项专门法典，增订旧有的法例与各项章程，开始了审判体制近代化的进程。

为适应各级审判厅开办的需要，1906 年清政府颁布了《大理院审判编制法》。1907 年颁行《各级审判厅试办章程》，该章程参照《法院编制法草案》等拟订，分总纲、审判通则、诉讼、各级检察厅通则、附则等五章，共 120 条，概括规定了《法院编制法草案》和《大清刑事民事诉讼法草案》的主要内容，包括：采四级三审制，设立检察厅。1908 年，清政府将刑部改为法部；大理寺改为大理院，专司审判。大理院旋即改组成立，并规定了大理院审判责任。1909 年清政府将沈家本主持草拟的《法院编制法》交宪政编查馆逐条考核，后经修改与宪政编查馆拟订的《初级暨地方审判厅管辖案件暂行章程》《司法区域分划暂行章程》同时施行。《法院编制法》确立了司法独立原则，强调各审判衙门“独立执行”司法权，并于各级审判厅内设立了检察厅，规定行政官和检察官“不得干涉推事之审判”。不过，这两部法律未及实施而清政府覆灭，将三权分立和司法独立引入中国之功只好让位于“中华民国”了。

1911 年 12 月各省都督的代表制定了《中华民国临时政府组织大纲》，以美国国家制度为蓝本，确立了三权分立原则，规定临时中央审判所行使司法权。1912 年 2 月 7 日孙中山在南京公布《中华民国临时约法》，《中华民国临时约法》第 4 条规定：“中华民国以参议院、临时大总统、国务员、法院行使其统治权”；第 51 条规定：“法官独立审判，不受上级官厅之干涉。”还在第 52 条中规定了司法独立的保障措施，即“法官在任中不得减俸或转职。非依法律受刑罚宣告或应免职之惩戒处分，不得解职”。此外，南京临时政府还草拟了《中央裁判所官职令草案》，规定慎选法官等事项。中国的司法领域就此出现了多项重大改革。

北洋政府时期，近现代的司法体系逐步建立：法院系统设大理院、高等审判厅、地方审判厅和初级审判厅，除普通法院外，还设有军事法院；检察机构设置在各级审判衙门内，分为总检察厅、高等检察厅、初级检察厅，负责侦查、公诉并监督判决的执行。然而，在袁世凯当政时期，中国审判体制的近代化进程出现了一次倒退，司法与行政再次合二为一。1914 年 4 月袁世凯撤销约占全国 2/3 的地方审检厅和全部初级审检厅，恢复县知事兼理民事、刑事案件的制度，《县知事审理诉讼暂行章程》规定："审判方法由县知事或承审员相机为之，但不得非法凌辱。"《县知事兼理司法事务暂行条例》中规定："凡未设法院各县之司法事务，委任县知事处理之。"当时司法部将此解释为经费与人才不足所致。袁世凯垮台以后，1923 年的《中华民国宪法》确立了审判公开原则和司法独立原则，规定："法官独立审判，无论何人，不得干涉之"，并规定了法官职务保障。

"中华民国"政府的司法制度是在继承北洋政府基础上并进一步汲取德国、日本等大陆法系刑事司法制度基础上制定的，采行职权主义的诉讼模式，曾设立检察厅，后又予以废除，将检察厅配置于法院，[①] 但检察官属于司法行政官，且拥有搜查、提起公诉和实行公诉等独立职权。1935 年的《中华民国宪法》第 80 条规定："法官须超出党派以外，依据法律独立审判，不受任何干涉。"同年施行的《法院组织法》也规定，法官行使审判权不受任何干涉；检察官独立行使职权，不受法院的干涉，只服从监督长官的命令。

"中华民国"建立以后，实行的是国民党一党执政的政权制度，党与司法的关系本来仿行法国、美国等国模式实行"司法官不党"的司法独立体制，但1917 年以后，改行"党化司法"的制度。

1949 年以前，一些地方的人民民主政权确立了自己的审判体制。其中，1931 年以前的工农民主政权在各根据地建立起革命法庭或裁判部，在中央实行审判权与司法行政权分开的"分立制"，在地方采取"合一制"，审判机关的组织体系分为四级，实行两审终审制。检察机关附设在审判机关内，实行"审检合一制"。工农民主政权还通过颁布裁判条例和有关司法程序的训令确立了审判权统一由司法机关行使等司法原则以及合议、陪审等司法制度。解放战争时期，一些人民民主政权确立了审判权统一由司法机关行使的原则。

---

① 原因据称是检、法分设导致两机构争权夺利，纠纷迭起。

中华人民共和国成立前夕，中共中央发布了《关于废除国民党的六法全书与确定解放区司法原则的指示》（1949 年 2 月），随之华北人民政府也颁布了《废除国民党的六法全书及其一切反动法律》的训令（1949 年 4 月 1 日），由此废弃了“中华民国”政府的审判体制，并确定教育和改造司法干部的指导原则。

1949 年 10 月 1 日中华人民共和国成立，国家成立之初，司法工作对于整个国家来说是“较新的和较弱的一环”[①]。国家成立初期到 1979 年的 30 年间，我国在宪法和颁布的若干单行法律法规中规定了司法机关体系。1951 年中央人民政府委员会颁布了《人民法院暂行组织条例》、《中央人民政府最高人民检察署暂行组织条例》和《各级地方人民检察署组织通则》。这些法规规定了人民法院、人民检察署的组织原则和组织形式，规定人民检察署是国家法律监督机关。

在司法机关的组织与制度上，首先确立的是“双重领导”和司法隶属于行政关系的统制体制，[②] 1951 年 9 月 3 日中央人民政府委员会第十二次会议通过的《人民法院暂行组织条例》第 10 条第 1 款规定：“下级人民法院的审判工作受上级人民法院的领导和监督；其司法行政受上级司法部领导。”第 2 款规定，“各级人民法院（包括最高人民法院分院、分庭）为同级人民政府的组成部分，受同级人民政府委员会的领导和监督。省人民政府分院、分庭受其所在区专员的指导。”第 3 款规定，“各级人民法院院长领导并监督全院工作。庭长领导并监督庭内工作”。该款确立的内部统制体制至今仍然构成人民法院内部的基本结构。

1954 年 9 月，第一届全国人民代表大会第一次会议通过的《宪法》对审判体制作出了重新设定，该法第 78 条规定：“人民法院独立进行审判，只服从法律。”此外，1954 年《宪法》还确立了上下级法院的监督关系从而取消了其领导关系，第 79 条第 2 款规定：“最高人民法院监督地方各级人民法院和专门人民法院的审判工作，上级人民法院监督下级人民法院的审判工作。”宪法制定的同时颁布了《人民法院组织法》和《人民检察院组织法》。同年 12 月颁布了《拘留逮捕条例》。这些法律明确规定：人民法院、人民检察院和公安机关分别行使审判权、检察权、侦查权；人民法院独立进行审判，只服从法律。

---

① 社论：《系统地建立人民司法制度》，载《人民日报》1950 年 8 月 26 日。

② 时任中央人民政府最高人民法院院长的沈钧儒曾言：“人民司法机关是人民政权的组成部分，与资产阶级的所谓‘司法独立’根本不同。”（载《人民日报》1951 年 10 月 30 日）。

始自1966年的“文化大革命”，不但使“人民法院独立进行审判”的原则荡然无存，而且连人民法院都被“砸烂”，成为公安机关军管会下属的“审判组”。“文化大革命”中，地方各级政府被“革命委员会”取代，“革命委员会”下设三个组，即“人民保卫组”、“生产指挥组”和“办事组”，其中“人民保卫组”是“对人民的敌人实行专政”的机构，不但取代了从省公安厅到基层公安派出所的公安机构，而且取代了人民检察院和人民法院，“人民保卫组”成为集公安机关、人民检察院和人民法院于一身的机构。[①] 1975年第四届全国人民代表大会第一次会议通过的《宪法》，干脆取消了“人民法院独立进行审判，只服从法律”的规定。

第五届全国人民代表大会第五次会议审议，于1982年12月4日通过一部新的《宪法》，该法第126条规定：“人民法院依据法律规定独立行使审判权，不受行政机关、社会团体和个人的干涉。”第六届全国人民代表常务委员会第二次会议通过的《关于修改〈中华人民共和国人民法院组织法〉的决定》将《宪法》第78条的内容规定在《人民法院组织法》第4条中。

这里需要指出的是，按照联合国制定的司法独立的国际标准，我国审判体制尚不能称为国际标准意义上的司法独立体制。司法独立的国际标准（基于世界许多国家所确立的模式而制定）为司法独立和司法统制确立了一条明确的分界线，只要在某些层面上没有达到联合国确立的标准，就不能说实现了司法独立。我国当代审判体制上的变化，属于量的而非质的变化，例如，1954年确认的法院独立审判原则为迄今最为进步的规定，但即使这一规定能够得到实现，也可能只是形成“法院独立”的状态，与联合国确认的司法独立标准尚存在一定的距离。

我国适用于大陆的全国性法律则至今没有确立法官独立原则，只有在《香港特别行政区基本法》和《澳门特别行政区基本法》中确立了法官独立原则并作出了相应的保障，我国立法机关和司法实践部门也没有认同法官独立原则。除了权力内容和活动方式有所不同外，我国审判机关的组织结构与检察机关的组织结构几乎相同。不过，针对司法活动中普遍存在的“审者不判，判者不审”的现象，1996年3月17日第八届全国人民代表大会第四次会议通过的《关于修改〈中华人民共和国刑事诉讼法〉的决定》增强了合议庭的独立作用，规定：“合

---

① 程幸超著：《中国地方政府》，中华书局（香港）有限公司1987年版，第257页。

议庭开庭审理并且评议后，应当作出判决。”虽然保留了审判委员会审判案件的制度，但将启动审判委员会这一机制的主动权授予合议庭，[①] 审判委员会讨论的案件限于“疑难、复杂、重大的案件”。

不仅如此，我国1995年2月28日第八届全国人民代表大会常务委员会第十二次会议通过的《法官法》[②] 对法官享有的权利作出了规定，主要包括：法官享有履行职责应当具有的职权和工作条件；依法履行职务不受行政机关、社会团体和个人的干涉；非因法定事由、非经法定程序，不被免职、降职和处分；获得劳动报酬，享受保险、福利待遇；人身、财产和住所安全受法律保护；提出申诉或者控告等，为法官行使职权提供了一定的身份保障。

总之，由于主客观方面的种种原因，我国现行的审判体制没有确立法官独立的体制，法院内部结构没有形成以法官为独立单元的结构，但随着《法官法》的制定和《刑事诉讼法》的修改，合议庭的独立性在法律上得到了一定的确认，结构上的分权和相应的保障机制得到了一定的发展。

中国共产党第十五次全国代表大会提出“依法治国、建设社会主义法制国家”的改革目标，要保证依法治国方略的贯彻，必须有切实能够发挥保证宪法和法律得以被所有人遵守的机制，这就需要确立由特定的机关对超越宪法和法律范围的行为基于控告加以裁决并及时加以制止，这一机制显然非司法机关莫属，但如果法官缺乏独立性，那么他们就无法发挥制约作用，当代史中有着足够沉痛的教训值得吸取，如1976年以前的中国，当法制逐步遭到破坏而司法机关又没有独立审判的权力（它们甚至自身难保）时，审判就成了贯彻领导人错误决策的工具而不能发挥制止和纠正这种错误的功能。因此，要实现“法治”的目标，除了制定完善的法律外，还应当建立起法官独立的体制。

在我国，新的形势迫切要求对我国现有的司法制度加以改革和完善。涉外经济活动和其他活动大量增加，涉外案件也随之增长，需要我国建立独立的审判体制来提升我国司法在国内外的公信力。中国加入WTO和签署《公民权利和政治权利国际公约》为促使中国的司法和审判体制与国际标准相一致提供了良好的契机，同时也为中国的司法和审判体制改革带来了一定的压力。“依法治国、建设

① 修改前的《刑事诉讼法》则规定这一权力由法院院长主动行使。

② 同时通过的还有《检察官法》。

社会主义法治国家”的口号深入人心，要实现这一口号，司法改革必须适应新的经济模式并提供符合国际标准的审判体制。

长期以来，我国法官管理体制和审判工作的管理模式没有根据法官和司法活动特点建构，采取的是行政管理的体制和模式，事实证明，这种司法与行政不分的模式，弊端不少，已经造成相当严峻的局面非加以改革不可。1999 年 10 月 20 日最高人民法院公布的《人民法院五年改革纲要》指出：“现行的法官管理体制导致法官整体素质难以适应审判工作专业化要求，难以抵制拜金主义、享乐主义、特权观念等腐朽思想的侵蚀”，“审判工作的行政管理模式，不适应审判工作的特点和规律，严重影响人民法院职能作用的充分发挥”，“面对挑战，人民法院不改革没有出路，只有通过改革，逐步建立依法独立公正审判的机制，才能适应社会主义市场经济发展和民主法制建设的需要。”这段表述可谓切中肯綮。

第七节　检察体制

“司法”一词，按照通行的理解，是与“审判”同义的。同样，“司法权”和“审判权”、“司法机关”和“审判机关”、“司法体制”和“审判体制”都是在同一意义上使用的。但在我国，对于“司法”的理解比较宽泛，人们对于司法体制可以有两种理解：一是包含“审判”和“检察”两项内容，“司法机关”既包含了审判机关，也包含了检察机关；二是将参与司法活动的各个国家专门机关都纳入“司法机关”的范围，如公安机关、检察机关、审判机关和监狱等。在后一含义的司法体制中，审判体制处于重心位置。

在我国，人们持以为论的“司法机关”概念，通常包含审判机关和检察机关在内，因此，“司法独立”含有审判权独立和检察权独立两项内容，但由于审判和检察在司法独立这一环节各有不同表现，因此，这里需对审判和检察的体制分别予以陈述。

一、检察一体化原则

检察官与法官不同，法官在审判案件中是独立不羁的，但检察官应服从其上级检察官的命令。最高级别的检察官以下，每一检察官对于上级检察官发出的指令，无论是一般指令还是特定指令，都应当服从。

与审判机关的组织结构不同，检察机关在纵向关系上通常实行指令——服从体制，即系统内的统制体制。大陆法系国家一般称之为“检察（官）一体化原则”或曰“检察（官）同一体原则”。

苏联宪法和检察院组织法为检察机关量身定做的“垂直领导”体制，与检察一体化体制基本相同。在旧中国的刑事司法中，已经实行检察一体化原则，法院编制法就该原则作出相应具体规定。我国现行《宪法》《人民检察院组织法》将检察机关的纵向关系定位为“领导关系”，光就检察机关的纵向关系看也体现了检察一体化体制的某些特点，① 但我国检察机关除受上级检察机关领导外，还受各自所在地方党的机构的领导和人民代表大会的监督（实际上还受到地方财政部门的节制），所以我国检察机关实行的是双重领导体制，与苏联的“垂直领导”的单一体制存在着明显的差异。

检察一体化原则对检察机关内部关系的调整主要体现为：各级检察机关作为一个不可分割的整体而存在，每个检察机关和检察官的活动是整个检察机关和检察官全体活动的组成部分，各级检察机关和全体检察官相互协调、配合，形成一体；上下级检察机关和检察官实行上命下从关系，下级检察机关和检察官在履行职权时承担遵从上级检察机关和检察官命令的义务，上级检察机关和检察官负有监督指挥下级检察机关的责任。

在各级检察机关和检察官的纵向关系中，对这种权力的服从义务将检察机关和检察官纳入一个紧密连接的网络，这些权力包括：

1. 指挥、监督权。上级检察机关和检察官有权监督和指挥下级检察机关和检察官，指挥、监督权力涉及的范围包括检察事务和行政事务。有学者指出：“在检察官之行政监督长官，除有监督权外，并有命令权。”② 有的国家在立法中明确规定了这项权力，如 1992 年 1 月 17 日颁布的《俄罗斯联邦检察院法》第 16 条便规定：“俄罗斯联邦总检察长领导俄罗斯联邦检察机关，发布俄罗斯联邦检察机关所有工作人员必须执行的命令、指令、指示和工作细则，并监督他们的活

① 我国检察机关实行领导体制由《宪法》第 132 条第 2 款和《人民检察院组织法》第 10 条第 2 款加以规定。检察机关内部根据这一领导体制确立了请示报告制度、指令纠正制度、案件调取制度、案件交办制度、检查指导制度、组织协调制度、备案制度、报批制度等一系列制度。

② 北平国民学院编写：《刑事诉讼法讲义》（上册），聚魁堂装订讲义书局 1934 年装订，第 77 页。

动。”检察官有服从其上级检察官的指令的义务，但这种指令适用于检察内部关系的调整，如果检察官违背其长官命令而进行检察行为，仅产生行政责任，检察官履行职务的行为仍具有诉讼法律效力。法官没有必要审查其是否遵守了其上级检察官的命令。

2. 事务调取权。上级检察机关和检察官有权调取其指挥监督之下的检察机关、检察官正在办理的事务，以便亲自办理该事务。

3. 事务转交权。上级检察机关和检察官有权将其指挥监督之下的检察机关、检察官正在办理的事务转交给其指挥、监督之下的其他检察机关或者其他检察官承办。旧中国法院编制法第100条规定，地方及高等检察长、总检察厅检察长，有亲自处理各该管区域内检察官事务之权，并有将各该管区域内检察官之事务，移于别厅检察官之权。

事务调取权和事务转交权体现了上级检察机关和检察官对下级检察机关和检察官办理事务中的控制、予夺的绝对权威，也体现了检察机关和检察官在办理事务中的相互替代性。这两项权力在一些国家的立法中得以体现，如《日本检察厅法》第12条规定："检察总长、检事长和检事正可以自行处理其指挥监督下的检察官的事务，也可以使其指挥监督下的其他检察官处理。"《大韩民国检察厅法》第7条也有类似规定："检察总长和各级检察厅的检事长、支厅长可以代行所辖检事的职权或委托其他检事行使。"

日本学者伊藤荣树认为，行使事务调取权或转交权主要适用于以下场合：（1）嫌疑人社会地位很高的特殊案件，上级检察官亲自调查更为适宜的，依检察一体化原则调取；（2）承办该案的检察官与上级检察官存在意见分歧，上级检察官可以调取或者将该项检察事务转交其他检察官承办；（3）根据各个检察官的工作分担情况，以调取或转交方式进行合理调整；（4）由于调动工作或退休引起检察官人事变动而调取或者转交；（5）出庭公诉的检察官因故不能出庭引起的调取或者转交，等等。调取权和转交权的行使本着便宜、高效、保障有力追究犯罪等原则进行，体现检察官活动的整体性和与各种不同情况相适应的灵活性。

4. 委任分管权。上级检察官可以委托下级检察官分管应由上级检察官分管的事务，包括两种情形：一是以委托者的名义处理事务，称为“内部委任”；二是以受委托者的名义行使权力，称为“权限委任”。权限委任必须依法律预先所作的规定进行。《大韩民国检察厅法》第5条规定了委任分管权：“检事总长、各级检察厅的检事长和支厅长可以委托所属检事处理自己权限内的一部分职权。”

5. 任免、惩戒权。任免、惩戒权既是体现检察一体化原则的重要权限，也是保障检察一体化原则得以实现的措施。一些国家在法律中明确规定上级检察机关和检察官对下级检察官有任命权，如《俄罗斯联邦宪法》第129条规定：(1) 俄罗斯联邦检察院组成统一的集中系统，下级检察长服从上级检察长和俄罗斯联邦总检察长。(2) 俄罗斯联邦总检察长根据俄罗斯总统的提名任免。(3) 俄罗斯联邦主体的检察长由俄罗斯联邦总检察长任命并征得俄罗斯联邦主体的同意。(4) 其余的检察长由俄罗斯联邦的总检察长任命。《俄罗斯联邦检察院法》第12条也规定：“俄罗斯联邦共和国检察长由俄罗斯联邦总检察长与该国最高权力机关协商后任命，任期五年，隶属于总检察长，并对他负责。”“边疆区、州、莫斯科市和圣彼得堡市、自治州、自治专区检察长以及相当于上述级别的检察长，由俄罗斯联邦总检察长任命，任期五年，隶属于总检察长，并对他负责。”“区、市检察长以及相当于上述级别的检察长，由俄罗斯联邦总检察长任命，任期五年，隶属于上一级检察长和俄罗斯联邦总检察长，并对他们负责。”一些国家在法律中规定上级检察官有依法对下级检察官进行惩戒的权力，包括免职、停职、减薪、警告、训诫、记过等。《葡萄牙宪法》第225条第2项规定：“对检察署代理人的任命、履职、调动和晋升以及执行纪律处分，属共和国检察长职权。”这类规定显然是为了保障上级检察官的指令能够得到贯彻，保障检察一体化原则得以贯彻实施。

在检察一体化原则下，检察官被视为一体，他们可以互相代替履行职务。在刑事庭审活动中，中途更换出庭的检察官不会引起诉讼程序的更新，庭审活动得以继续进行，即中途更换检察官不影响公诉效果。在法国，不仅正式庭审活动如此，在刑事预审法庭进行的活动中也是如此。检察官是刑事预审庭的组成部分，对于预审法庭的合法性而言，检察官的出席是必不可少的，“根据检察官的一体化和不可分割的硬性规定，在同一案件中，两名检察官相继参加刑事预审庭开庭并不违反法律。”① “检察机关是不可分割的整体，所以检察机关的数名检察官介入同一案件，或公诉书上签名人与出庭审判的不是同一人，都不影响诉讼程序的

① ［法］皮埃尔·尚邦著，陈春龙、王海燕译：《法国诉讼制度的理论与实践》，中国检察出版社1991年版，第12页。

合法性。”①

与检察官不同的是，进行庭审活动的法官必须持续在场参与审理，如果因病或者意外事故等原因不能继续审理，则必须更新审判程序。一些国家在刑事诉讼法中对此加以明确规定，如《韩国刑事诉讼法》第301条规定：“公判开庭后，推事更易者，应更新公判程序。”亦即只有从开始审理一直在场的法官才能作出有效判决。

检察机关和检察官保持一体化的外部条件，是检察机关作为独立的国家专门机关而存在，即检察机关在处理检察事务中具有独立决定并付诸实行的权力。

检察机关依法独立行使职权被一些国家确定为一项宪法原则。《葡萄牙宪法》第224条第2款规定：“检察署享有独立地位。”《西班牙宪法》第124第2款规定：“检察机关通过自己的机构，根据行动统一、下级服从上级，在任何情况下均须服从法制和公正的原则，行使其职权。”这里“须服从法制和公正的原则”的强调也含有关于检察机关不受干扰独立、公正地行使职权的含义。《苏联宪法》第168条也有关于检察机关独立性的规定，云：“各级检察机关独立行使职权，不受任何地方机关的干涉，只服从苏联总检察长。”《苏联宪法》关于检察机关独立性的规定与关于审判机关独立性的规定存在表述上的明显差异，这种差异来源于检察机关与审判机关在组织结构上的差异。

许多国家的检察机关属于司法部，检察机关不另设一套行政人员，工作上受司法部指导，但也有一定的独立性，如在比利时、法国和意大利等国，司法部如果命令检察长追诉某人，则检察长必须执行；反之则不然，如司法部长命令停止追诉某人，检察长却可以不执行。②

检察机关都自成体系，但建置模式有两种：一是检审分署制，即检察机关与审判机关在机构设置上分署办公；二是检审合署制，总检察长、地方检察长和各级检察官，均配属于各级法院，与法院合署办公，与法院院长同为法院的并列首长。③ 与法院合署的检察机构一般称为“检察署”（parquet 或 Ministere publique）。但即使与法院合署，检察机关也保持着自身的独立性，而不隶属于他们

① ［法］皮埃尔·尚邦著，陈春龙、王海燕译：《法国诉讼制度的理论与实践》，中国检察出版社1991年版，第38页。

② 司法部外事司编：《欧洲十国司法制度概况》，法律出版社1987年版，第8～9页。

③ 司法部外事司编：《欧洲十国司法制度概况》，法律出版社1987年版，第8页。

所在的法院。任何法院都不得向检察院下禁令。[①] 当然，检察机关也不能阻碍审判机关的独立，正如《西班牙宪法》第124条第1款所规定的："检察部门在不妨碍属于其他机构之职权的情况下，负责为维护法制、公民权利和受法律保护的公共利益而本能地或应当事人请求而开展司法活动，并保证法院独立。它在法院面前争取满足社会利益。"检察机关的这两种建置模式在1949年以前的中国都曾实行过，当代的中国的司法体制则实行检审分署制。

检察一体化并不意味着检察官在处理检察事务时都是集体作业，实际上检察官在履行职权时具有一定的独立性，如在日本，检察官在执行检察事务时被称为"各自独立的官厅"[②]，即检察官是以自己的名义并自己负责处理分配给他的检察事务的。

当然，检察官的独立性通常是在检察一体化的框架内行使的，受检察一体化原则的限制，检察官独立性的前提在于上级检察官不对履行职务的检察官行使指挥、调取等权力，这与法官的独立存在着明显的差别。当检察官与其上级检察官在检察事务上发生意见分歧的时候，检察一体化原则会要求承办案件的检察官接受上级检察官的指令或者由上级检察官行使事务调取权和事务转交权。在日本，解决这一冲突的办法通常是，受指挥的检察官改变自己的意见，或者辞去自己的职务。在法国，检察机关行政性的等级制度"并不排除检察官行动的自由，假如他们在书面上必须服从上一级领导的命令时，但在开庭审理案件时，却可以表达与之相反的意见，就如同一句古老的格言所说：'笔头上可以服从，口头上可以表示异议'。法官章程第五条明确规定：'开庭时，检察官讲话是自由的。'"[③] 西班牙《检察部组织章程》第40条也规定，检察官与自己的检察长发生严重分歧的，可以将该检察官调离工作。

二、检察体制不同于审判体制的原因

检察一体化原则显示了控诉机关和裁判机关在体制上的明显差异，控诉机关

① 司法部外事司编：《欧洲十国司法制度概况》，法律出版社1987年版，第32页。

② 按照日本学者田边庆弥原的说法，官厅的含义是"处理国家行政事务之义务之一个人或者数个人组织之机关，曰'官厅'。即有职权之主体"［日］田边庆弥原著：《日本法律经济辞典》，商务印书馆1913年版，第49页。

③ 原载《法国司法机构》一书中"检察院"一节，转引自司法部外事司编：《欧洲十国司法制度概况》，法律出版社1987年版，第33页。

实行外部独立（检察机关作为整体对外享有独立性）和内部统制的集权式组织结构，在此结构框架内也通过自我克制对承办案件的检察官不加干预而在事实上赋予检察官一定的独立权力。裁判机关的独立则体现为法官个体的独立，实行排除外部和内部的司法统制的分权结构。这种组织结构的差异来源于对诉讼活动的规律性认识。

检察机关的一体化体制取决于以下因素：

（一）检察一体化体制符合统一法制的需要

检察一体化原则要求检察机关作为一个统一整体独立于其他国家权力主体和一般非权力主体，检察机关的独立性与检察一体化原则的其他要求紧密结合并为其他要求的实现提供切实保障。检察一体化主要体现在人员的可替代性、行动的协调性和命令的服从性等特征上，这些特征共同构成检察官的整体性。如果检察机关不具有整体的独立性，当需要由检察官服从的命令非出自一端且不同命令相冲突时，上级检察机关或上级检察官的命令有时便不能得到贯彻。因此，检察机关的独立性是检察机关凝成一体的条件。

在苏联，检察机关实行垂直领导体制是与列宁的统一法制思想紧密相连的。十月革命取得胜利后，领导苏维埃中央执委会工作的中央委员会就检察机关的体制问题发生了意见上的分歧，分歧的焦点在于：大多数委员反对地方检察官只能由中央委任并只服从中央节制的办法，主张“双重”从属制，即一切地方工作人员一面服从其所属中央人民委员部，一面又服从地方的省执委会。该委员会以多数票否决了地方检察官有权从法制观点上抗议省执委会及一般地方当局的任何决定，理由是：“两重”从属制是进行反对官僚主义集中制和维护地方当局的必要独立性并反对中央机关对省执委会人员之高慢轻忽态度的需要。尽管列宁认为这一分歧还没有发展到需要提交中央政治局讨论决定的程度，但他认为“这个问题如此重要”，所以还是“提议把他交到中央政治局去解决”。

在就此而写的《论“两重”从属制与法律制度——致斯大林同志转中央政治局》[①] 一文中，列宁对“两重”从属制提出措辞强硬的质疑，指出：“我实在难于想象，究竟能用什么理由来辩护中央执委会该委员会中多数人这一显然错误

① 本节列宁引文均引自该文，载《列宁论苏维埃国家机关工作》，人民出版社 1957 年版，第 242 ~ 246 页。

的决定。”“中央执委会该委员会中多数人的决定，不仅本身是最大的原则上的错误，不仅把‘两重’从属制的原则根本应用得不正确，并且破坏那确立法制和起码文明性的一切工作。”

列宁从统一法制和检察机关的职能的角度提出否决“两重”从属制。关于统一法制，列宁认为：“关于法律制度一层，不能有加路格省或嘉桑省的法制，而只应是全俄罗斯统一的，甚至是全苏维埃联邦共和国统一的法制”，“法制应当是统一的”。在农业、全部工业和整个行政方面或管理机关等“有真正不免的区别存在的地方”，“两重”从属制是必要的，“在这样的一切问题中，若不估计到地方特点，就会陷入官僚主义的集中制，等等，就会妨碍地方工作人员去估计地方区别，这种估计乃是合理工作的基础”。关于检察机关的职能，列宁指出：“应该记住，检察机关与一切政权机关不同”，“检察长的唯一职权是：监视全共和国内对法律有真正一致的了解，既不顾任何地方上的差别，也不受任何地方上的影响。” “检察长的责任是要使任何地方当局的任何决定都不与法律相抵触……必须设法使对法制的了解在全共和国内，都是绝对一致的。”“如果我们不来绝对施行这种规定全联邦统一法制的最起码条件，那就根本谈不上对文明性有任何保护和任何建树了。”列宁还对地方主义进行了严厉的抨击，他指出：“无疑义的，我们处在到处都是目无法纪的环境中，地方影响对于确立法律制度与文明性来说，即令不是唯一有害的障碍，也是最有害的障碍之一。”“未必有人敢来否认，我们党要找到十个法律学识充分和能够对抗一切纯粹地方影响的可靠共产党员容易，要找到几百个这样的人就难得多了。”检察机关只服从中央节制，是对抗地方影响、地方的和其他一切的官僚主义的保证。

（二）检察一体化符合检察职权活动的特性

检察机关是公诉权的行使者，有决定起诉、不起诉、支持公诉等多项职能，下级检察机关和检察官作出的决定的正确性往往需要由上级检察机关和检察官通过监督加以保障。上级检察机关和检察官具有的监督、指挥等项权力可以使下级检察机关和检察官的错误决定及时得到纠正，在一体化的组织结构内这种监督、指挥可以有效地贯彻。

除公诉权外，许多国家的检察机关还拥有侦查权，如《日本检察厅法》规定：“检察官对任何犯罪都可以进行侦查。”《德国刑事诉讼法典》也规定：“检察官可以向一切公共机关收集证据，除了宣誓下的讯问外，可以亲自进行侦查，或者交付警察机关及其他人员进行侦查。”侦查活动往往需要协调统一行动，为方便侦查，有时还需要将案件提交给上级检察机关或者检察官进行侦查或者移送同级其他检察机关或者检察官进行侦查。为了在侦查活动中各级检察机关顺利地进行协调、配合，共同承担好侦查任务，确立上下级检察机关的一体化体制，显然是必要的。

（三）检察一体化与诉讼规律相契合

检察机关与审判机关不同的组织特征是由诉讼规律决定的。

审判机关主要以庭审方式调查、核实证据并听取控辩双方的意见，从中查明案件的真实并作出相应的裁决，这种裁决最终会成为国家认可的终局裁决。对于掌握终局裁决权的法院来说，必须通过庭审活动对案件涉及的人和事进行充分了解，必须全面、客观地取得对案件有关证据的新鲜而直观的感受，只有这样才有可能作出与案件客观事实相一致的法律裁决，因此，世界各国一般都强调法官对自己承办的案件独立作出判决，在审理案件中贯彻直接审理和直接采证原则。

对法官的制约是通过诉讼中的分权结构形成的立体制约机制来完成的。这一机制由两方面构成：（1）由控、辩、审三个诉讼主体在诉讼中相互制约形成三角形的横向制约；（2）由上下级法院不同审级构成纵向制约。这种制约是完整的立体制约，当控辩双方对未生效的判决不存异议时，诉讼的纵向制约机制不被启动，则诉讼中只有三角形的横向制约投入实际运作；当控辩双方中的一方或者双方持有异议并在有效期限内启动一审级的审判程序时，整个立体制约机制都投入运作。显然，只有各个审级之间各自保持独立性，审级间的制约才能存在，否则审级间的制约便会沦为形式。因此，审判机关不能实行领导体制，审判人员在诉讼中途换人，必须更新审判程序，否则将与直接采证和直接审理原则相悖。

检察机关在诉讼中承担控诉职能，不对案件作出裁决，也没有审级间必须保持相对独立性以避免审级设置形式化的需要，因此，检察机关通常没有必要实行上下级间相互独立。另外，在庭审过程中检察官换人，一般不会影响案件的正确裁决，不必更新审判程序。当然，后继检察官为圆满完成公诉任务，需要熟悉案情及有关证据的，可以请求延期审理。

总之，结构与功能相适应，一定的结构具有特定的功能，一定的功能需要由特定的结构加以保障。司法独立原则在审判机关体系中体现为法官独立的分权式结构，检察机关作为整体虽然也有必要保持一定的独立性，但检察权的特性和检察活动发生的规律决定检察体制实行的是集权结构，与法官独立并不相同。根据不同的权力特性和诉讼规律采取不同的组织和权力结构的模式，是顺利达到检察活动和审判活动目的的基本条件。

第八节　司法体制改革

在司法活动中，司法体制是作为实现司法目的的手段，作为实现一定的法律价值的机制而存在的。司法体制的建构，通常意味着在一定的价值规范的支配下进行选择的过程。公正是司法的永恒主题，是法律的重要价值。司法体制的建构和改革，应当有利于实现司法公正。

公正意味着公平、正义，司法一词应以公平、正义为基本素质，英文 justice（正义）的另一含义就是“司法”，说明正义与司法是密不可分的。

公正是司法的生命，它对纠纷的解决和个人权利的保障以及实现具有决定性影响。司法公正体现为将法律所确立的公正在处理具体案件中加以实现。司法公正可以区别为实体公正和程序公正，实体公正，是指司法机关就诉讼当事人的实体权利和义务关系所作的裁决或处理是公正的，故又称为结果公正。程序公正，是指在司法活动中程序的运作具有公正性，表现为：在司法实践中，从事司法活动的人员严格遵守具有公正品质的法律程序，使诉讼程序所具有的公正性在办理具体案件中得到充分体现。

司法体制的某些组织原则、方式本身就构成了司法公正的基本内容，主要包括：司法独立、法庭中立无偏、法庭依法设立并应符合“合格”的条件、民众有机会参与司法审判、审级制度完善。在进行司法体制建构中，应体现上述组织原则、方式，如果违背了这些原则、方式，则直接有违于司法公正。

司法体制的建构要达到保障实体公正的目的，一有利于发现案件的实质真实，司法公正表现为对案件事实和证据有着正确的判断，发现案件的是非曲直。二能够将实体法律正确应用于具体案件当中去。职业法官选任条件的设定必须使之具备发现案件实质真实和正确适用法律的能力，另外，司法权的行使必须具有独立性，司法体制应当通过强化分权结构和为法官提供职业保障等措施排除其他权力或者权力以外的因素对司法活动的干扰。

事实证明，司法体制的不合理设计会极大地损害司法公正，司法体制中可能含有的对司法公正的损害因素主要包括：

（1）司法机关和法官缺乏独立行使司法权的切实保障，司法活动因受到各种干扰而不能公正进行和取得公正的结果。不严格遵行诉讼程序的现象与诉讼法本身缺乏对违反程序的不利后果的预先设定有密切关系，与司法人员轻视程序的意识也有关系。除此之外，它与司法体制的不合理设计也存在相当密切的关系，如《刑事诉讼法》虽然规定了合议庭有权独立作出判决，但由于司法机关高度行政化，合议庭不能切实行使法律赋予的独立作出判决的权力。又如，当庭宣判本来是《刑事诉讼法》中规定的第一顺位的宣判方式，但目前几乎已被弃置不用，原因是：案件审理后要层层把关，不经庭长首肯院长审定不能宣判；由于人事管理方面存在弊端，需要的人进不来，不需要的人又送不走，致使法官整体业务素质不高，法官们自知对案件吃不透、拿不准，不敢当庭宣判；司法体制没有将法官的权利与责任结合在一起，使法官可以通过向庭长、院长汇报和将案件交付审判委员会讨论决定而分散甚至推卸责任，所以也热衷于定期宣判等。所以，要使司法机关和法官严格遵行法律，需要对司法体制作出相应的改革。

（2）司法体制不能提供保障司法良性运作的行之有效地机制，司法腐败和司法专横损害了司法公正。廉洁是与有特权的一小部分人专门享受、甚至炫耀享受群体努力所得的成果和利用职权谋取贿赂相对立的，或者说，廉洁是与挥霍国家财产供自己享受和接受私人或者某些组织的贿赂相对立的。毋庸置疑，如果缺乏有效的保证廉洁的机制，司法领域是容易滋生腐败的领域。我国司法腐败现象日趋严重的事实表明，司法体制中缺乏切实有效的遏制腐败的机制或者已经设置的机制——如自上而下的行政化控制——不能有效地发挥作用，需要通过司法体制改革来增进廉洁和遏制腐败。

（3）由于法官缺乏独立性，司法活动成为非个体活动，遵循着集体操作的活动模式进行运作，处处体现着长官意志，因此不重视选任高素质的法律人才从事法官工作，高度行政化的司法体制不能促使法官提高素质。职业法官的选任制度不能将低素质的人员拒之于法律的殿堂之外，职业法官普遍的低素质妨害了司法公正。

在我国，要解决上述问题，需要改革现有的司法体制，这首先需要公允看待司法独立原则，认识到这一原则符合司法活动的规律，在认同这一原则的基础上，确立法官独立制度，去除司法高度行政化的体制。

在我国当前的条件下，确立法官独立体制的条件已经具备，包括：

（1）改革开放和社会主义现代化建设的发展为司法改革提供了良好的政治条件。早在二十多年前中国共产党就明确提出尊重司法机关独立行使职权，后又多次重申，为司法独立体制的确立奠定了一定的政治基础。1978年12月22日通过的《中国共产党第十一届中央委员会第三次全体会议公报》提出："检察机关和司法机关要保持应有的独立性；要忠实于法律制度，忠实于人民利益，忠实于事实真相；[①] 要保证人民在自己的法律面前人人平等，不允许任何人有超于法律之上的特权。"1979年9月9日中发〔1979〕64号《中共中央关于坚决保证刑法、刑事诉讼法切实实施的指示》和1986年7月10日中发〔1986〕18号《中共中央关于全党必须坚决维护社会主义法制的通知》都重申了保证司法机关依法独立行使职权的原则，并严厉谴责了"有的党组织和党员干部，特别是党政军领导机关和领导干部，仍然自恃特殊，以言代法，以权压法，甚至徇私枉法，把自己置于法律之上或者法律之外"的"人治"习惯和做法。这些规定为进一步确立符合国际标准的司法独立体制、废除司法统制体制创造了条件。

（2）社会总的精神结构发生了变化，为审判体制精神结构的改变提出了要求，从而为司法独立体制的建立提供了推动力。随着社会的发展，特别是市场经济体制的建立和知识阶层的扩大，人民的主权意识、民主意识和人权意识都得到了强化，社会总的精神结构由义务观念向权利观念转变，呈现强调国家、集体利益的集体主义与强调市场经济的自由主义、强调个人权利和价值的个人主义等多元并存的局面，整个社会对司法公正的追求和司法中人权保障的需要对刑事审判体制的精神结构的调整也提出了要求，而体现新的精神结构的审判体制的确立就成为必要，无疑，这种审判体制应当是自由模式的审判体制，法官独立则是这种审判体制的基本要素。

（3）长期的司法实践活动提供了大量的经验和教训，为司法独立体制的确立和配套措施的完善提供了经验资源。例如，审判委员会制度、党的政法部门组织公、检、法三家协调办案的做法、检察机关与党的纪检部门联合办案的做法等，都广受争议，从中得出的经验和教训对改革和完善现有的审判体制有着重要

---

① 关于司法机关独立性的这几句表述比宪法中依法独立行使职权、不受行政机关、社会团体和个人的干涉的表述要好得多。

的意义。此外，外国法律界的频繁交流和外国司法制度的大量介绍也为借鉴外国司法制度的经验、避免走弯路提供了方便。

（4）法学教育已经能够源源不断地提供各类高级的司法人才，实施多年的法律业务活动也能够提供可供选用的人才，已经建立的法律资格考试制度（特别是司法考试制度）为法律人才的筛选提供了机制，这就为审判体制的改革提供了人才条件。

（5）我国《刑事诉讼法》已经赋予了合议庭较大的独立性。《关于修改〈中华人民共和国刑事诉讼法〉的决定》规定："合议庭开庭审理并且评议后，应当作出判决。"只有"对于疑难、复杂、重大的案件，合议庭认为难以作出决定的，由合议庭提请院长决定提交审判委员会讨论决定。审判委员会的决定，合议庭应当执行。"毋庸置疑，如果司法实践能够使法律规定的这种独立性得到落实，就为司法官独立体制的确立提供了实践基础。

由以上诸因素不难看出，实行法官独立体制既有必要性，也有可能性。确立法官独立体制及其保障机制的问题是不应回避的。

在我国，进行司法体制改革，目标应设定在确立法官独立体制上。在确立法官独立体制过程中，需要落实现行法律确立的合议庭独立行使职权的规定，着重解决好法院行政化问题、完成法官的精英化转变，为法官独立创造条件。

一、落实合议庭独立行使职权的法律规定

落实合议庭独立行使职权的法律规定，既可以落实直接、言词原则，也有利于减少司法运作的内部环节，提高司法效率。

针对司法活动中普遍存在的"审者不判，判者不审"的现象，1996 年 3 月 17 日第八届全国人民代表大会第四次会议通过的《关于修改〈中华人民共和国刑事诉讼法〉的决定》增强了合议庭的独立性，规定："合议庭开庭审理并且评议后，应当作出判决。"虽然保留了审判委员会审判案件的制度，但将启动审判委员会这一机制的主动权授予合议庭，[①] 审判委员会讨论的案件限于"疑难、复杂、重大的案件"。这一规定如果能够落实，司法体制将向国际标准迈出重要

---

① 修改前的《刑事诉讼法》则规定这一权力由法院院长主动行使。

一步。

我国1995年2月28日第八届全国人民代表大会常务委员会第十二次会议通过的《法官法》对法官享有的权利作出了规定，主要包括：法官享有履行职责应当具有的职权和工作条件；依法履行职务不受行政机关、社会团体和个人的干涉；非因法定事由、非经法定程序，不被免职、降职和处分；获得劳动报酬，享受保险、福利待遇；人身、财产和住所安全受法律保护；提出申诉或者控告，等等。为法官行使职权提供了一定的身份保障。这些制度应得到落实并进一步强化，特别是应强化法官的职务豁免权，防止法官正当履行职务的行为受到无理追究。

二、解决好法院行政化问题

长期以来，我国法院组织结构中一直存在着行政化的问题，主要表现为：

一是司法体制中实行的是首长负责制，混淆了司法与行政、司法机关与行政机关的区别。这一特点突出表现在：合议庭在庭审结束后进行评议，承审法官拟出判决，然后转入俗称的“审者不判，判者不审”的运作过程：承审法官向由庭长主持的庭务会或者向庭长汇报案情、审判情况以及评议结果，庭长有权决定改变合议庭或者独任法官拟定的判决；一些案件还要向主管副院长、院长汇报，后者有权改变审判庭拟定的判决；其中一些案件要向审判委员会汇报，由审判委员会就案件的具体定罪和量刑问题作出集体讨论和决定。无论是由谁最后决定判决的内容，仍由承审法官草拟判决书，判决书拟就后还要交由庭长或者院长（或主管副院长）批改和批准。这一过程同行政决策并无二致。司法机关内实行首长负责制，热衷于让高级别的机构和人员为低级别的机构和人员指明方向“把好舵”，甚至就低级别的法院和法官所承办的案件发出具体的指令、作出实体的判决。这种机制因控制者知识的有限性和被控制者不能充分运用自己的知识而造成的责任心不强以及积极性不高，容易造成决策的失误和人才、知识的浪费。长期以来，我国法官缺乏一种独立负责的精神，总是希望由上级机构或者人员发出明确而具体的指令，在法律明确赋予其自由裁量权的情况下，不愿、不敢或者不会运用这一权力，就是这一体制长期磨炼的产物。

二是审判委员会作为审判组织进行活动，违背司法活动规律。实践中，审判委员会并非没有一点积极意义，如在发挥集思广益和相互制约的作用方面审判委员会就不是乏善可陈，但总的来说，它所能带来的好处难以弥补它可能造成的损害，如它违背刑事诉讼的亲历性原则，损害控辩双方的权利，造成“暗箱操作”。在对案件进行讨论并作出决定时也容易因主持者的独断专行或者其他人的趋奉而形成“一言堂”——即使不如此也因违背诉讼规律而容易给诉讼当事人造成损害，而且还会因责任分散而找不到对实际损害负责任的人。

三是法官等级制度具有明显的行政特性。审判人员的等级是按照行政级别套用的，分科、处、厅、部等数级，这种套用强化了司法机关的行政化。有鉴于此，《法官法》试图设立不同于公务员体制的等级制度，专门设定了法官的十二等级制度，这种等级制度仍是一种行政化的管理制度，虽然在名称上与行政机关相区别，但在本质上仍然沿用的是行政体制。

从上述内容可以看到，我国法院内部结构是集权的而不是分权的：一个审判庭内的权力集中于庭长或者主管副院长；法院的权力集中于院长。这种权力集中的运作模式制约着所有案件的审判，有时它制约着司法活动中的理性选择。

司法机关非行政化，要求在司法机关建立分权结构。司法机关与行政机关在组织结构上的显著区别是：行政机关由具有上命下从关系的人员构成集权结构，而司法机关则由一一独立的法官构成分权结构。近年来，我国法院进行的司法改革，没有解决法院高度行政化的问题，反而有强化这种行政化的举措。如最高人民法院制定的《地方各级人民法院及专门人民法院院长、副院长引咎辞职规定(试行)》强调：地方各级人民法院及专门人民法院院长、副院长在其直接管辖范围内，因不履行或者不正确履行职责，导致工作发生重大失误或者造成严重后果的，负有直接领导责任的，必须引咎辞职。这类措施只会进一步强化法院院长、副院长对自己辖区法院审判工作的统制，不利于增强法官的独立性，与司法改革应有的方向背道而驰，应当废止，另外寻求一条保障司法公正之路，这条路就是：实现法官独立，使权力与责任相结合，从而增强法官的责任心，防止司法专横与腐败。

三、法官精英化，为司法独立和公正创造条件

实行精英司法，对司法独立和公正具有积极的意义。

司法精英，是指具有较强的公民意识和正义感，受过专门的法律训练并具有深厚的法庭经验、经过精心挑选的少数出类拔萃的人。亚历山大·汉密尔顿认为："社会上，有足够的法律知识并适合作法官的只能是极少数人。因为人类的本性已经普遍蜕变，所以能真正把廉政与知识结合起来的人可能更少。"要避免"使司法权落入那些能力低的不合格的人手中。他们不会靠法律与尊严进行执法"。

长期以来，我国司法领域未对司法人员的精英化予以重视，支配司法体制建构的，是一种反精英化的观点，这造成大量不具有法律素养的人涌入法院，使法院充斥着低素质的审判人员，使司法活动的神圣性、法官职业的尊严遭受破坏。早在1957年，就有人提出这一问题，当时笼罩在法院之上的观点是："字都识不了几个的人，只要是党团员，就可以当审判员"，"知识分子有什么稀奇"。许多法院"来了不少审判员，不但不会写判决书，要给代写，甚至出庭程序也要指点，审问时讲错了话要给改正……"与此同时，受过专业训练的人员却不受重视，他们"做的是审判员的工作，职位却永远是个书记员。这就是目前大学毕业生在司法工作上的普遍现象"。由于许多不熟悉业务的工农干部担任审判员，闹出许多笑话，如"必须"和"不须"混淆不清，把"引渡"理解为"用小火轮船弄进来"等，真是不胜枚举。①

改革开放二十多年，法学教育培养了大批法律人才，他们中多数进入司法机关工作，但司法机关也同时源源不断地补充大量没有经过法律训练的人员，在司法腐败的状况日益加剧的状况下，更有一些人通过关系占据了司法机关，反而使正规法律院校培养的毕业生在司法机关就业受阻。尽管司法在职人员中很多人通过各种渠道纷纷取得了大中专、本科学历，但了解司法人员素质实质状况的人，仍然感叹司法人员素质不高。②

从我国现在的司法人员素质看，司法人员素质不高，实际上已经成为我国司

---

① 何济翔著：《沪上法治梦》，北京十月文艺出版社2001年版，第117~119页。

② 1988年5月最高人民法院提出了"789计划"，即在1995年全国法院人员的文化结构要达到：全国干警中的70%、审判人员的80%、正副院长的90%要达到大专以上（引自王利明著：《司法改革研究》，法律出版社2000年版，第448页）这一计划所定的标准并不高，但要得到落实还需要规范、严格的考试加以配合，如今文凭满天飞，花钱和考试作弊都可以获得文凭，有文凭无水平会造成文凭结构达到了要求而实际"文化结构"仍然缺失。

法进一步改革的极大障碍。要使我国的司法体制得到进一步发展，建立精英司法体制，是十分必要的。

总的说来，我国的司法体制经过了近百年的近现代化改革，已经基本完成了司法权从行政权分离，但由于主客观方面种种原因，我国法院内部结构没有形成以法官为独立单元的结构。我国的现行司法体制存在一定的问题，如司法的高度行政化、司法人员的非精英性、民众参与司法的机制尚不健全等，都在不同程度上制约着司法公正的实现。要促进司法公正的实现和提高诉讼效率，需要进一步完善我国的司法体制，以适应我国的法治化进程，满足人民对司法公正与效率的期待，实现司法机关对公正价值的追求。

第九章 司法透明

第一节 司法透明的含义

司法透明意味着让特定的人或者不特定的人了解司法活动的某些内容和过程，了解司法活动中的诉讼文书、证据材料，从而使司法活动在不同程度上为这些特定或者不特定的人所了解。

与司法透明相对应的，是所谓的“暗箱操作”，即在司法活动的整个过程或者大部分过程中，实行密行原则，不允许特定的人、更不允许不特定的人了解司法活动的某些内容和过程以及司法活动中的诉讼文书、证据材料，整个诉讼过程或者大部分诉讼过程带有神秘主义的特征。

在近现代司法活动中，除特殊情况外，审判活动均实行公开原则。刑事侦查活动主要实行密行原则，但随着司法活动的过程公正（程序正义）的意义被人们深刻地认识到，并且通过司法过程的公正达到保障个人自由权利的问题越来越受重视，某些原本实行密行原则的诉讼过程——如侦查过程——的透明度也得到加强，越来越多的诉讼环节和证据资料得以向特定的人公开。

在现代社会，人民一般不可能在实际上共同行使包括司法权在内的国家权力，而只能将其“委托”给遴选出来的一小部分人行使，接受“委托”的这部分人是如何行使权力的，“委托人”（人民）有知情权。在民主机制健全的社会，人民的知情权是通过大众传播媒介来保障的，就是说，人民是通过新闻媒体来获知事实真相。对于专横的司法活动，人民可以加以批评，促其改进，舆论压力可以促成司法制度的重大变革，所以在人民有充分知情权和表达自由的社会，司法腐败和司法专横会受到极大的遏制；反之，司法腐败和司法专横就难以得到遏制。司法透明原则的意义就体现在这里。

司法活动实行透明原则，涉及两个问题：一是知情权，二是监督权。就特定的人来说，知情是进行诉讼准备，维护本方的实体权利和诉讼权利的基础。就不特定的人来说，知情是了解司法活动，并在此基础上形成舆论压力，进而达到对司法活动进行监督之目的的前提。司法透明引发一系列价值冲突，如何在相互冲突的价值间进行取舍，怎样达成各种价值之间的平衡，是需要进行认真研究的问题。

第二节　知情作为一项权利

知情权是一个国家的公民所应当拥有的一项重要权利。从国家主权的观念看，人民是一切国家权力的来源，人民对于国家权力的运作的情况——无论是好的一面还是不好的一面——都享有知情权。人民的知情权是人民主权原则的具体体现。

公民的知情权，涉及的是个人与国家之间相互关系的权利。公民权包括公民的（civil）、政治的（political）和社会的（social）三项要素。所有这些要素都含有对于个人与国家的权利与义务，要享有这些权利并履行相应的义务，不能不产生获知某些有用信息之需要。[①] 知情权是获取信息（access to information）的权利，“也就是了解政府在做什么和为什么要这么做，是有效履行义务的前提条件。”[②]

知情权对于公民其他权利的行使是必要的，道理十分简单，不掌握足够的信息，就不知道政治上的失范现象的发生，不知道自己的权利被侵犯的事实，不能找到侵犯自己的权利的责任人，也就无法行使自己的权利进行抗争，政治上的罪恶就不能消除，愚氓就会充斥整个社会，最有利于少数统治者而不是人民的政治局面就会形成，“只有充分知情，公民们才有可能行使他们的权利，完成他们的责任和充分参与民主过程。”[③]

---

① Information for Citizenship in Europe, Edited by Jane Steele, Policy Studies Institute, 1997, p. 4.

② 英国文化委员会编：《法治与管理》1998/1999 年第 3 期。

③ Information for Citizenship in Europe, Edited by Jane Steele, Policy Studies Institute, 1997, p. 1.

一些主要发达国家，重视公民的知情权。这种重视不是从来就有的。在英国，“英国公民遇到了重重障碍，这是因为他们没有获得官方信息的合法权利，另外英国政府的许多部门都有保守机密的习惯。而保守机密的依据是，未经许可泄密会受到民事和行政制裁。尽管存在着这些措施，但人们也承认如今公众已可以获取大量的官方信息。”[①] 这里所说的“重重障碍”，是指在英国有着限制信息公开的单独法规，其中最重要的是1989年《官方保密法》，其保密涵盖的范围较广，涉及的领域包括安全与情报、国防、国际关系、犯罪、特别调查权限和机密信息。除《官方保密法》外，根据1993年英国政府的统计，还有二百多项法规规定，泄露特定范围的信息构成刑事犯罪。“此外，契约性的条文和普通法的原则又对官方信息的公布作了进一步的限制，从而也使法规保护措施得到了进一步的加强。比如，公务人员‘未经许可，不能以不适当的方式或提前泄露自己所接触到的任何信息，从而阻挠或影响政府的政策、决定或行动’；公务人员和其他所有的雇员一样，也有保守机密的责任（对从事安全和情报工作的官员来说终身都有这样的责任）；如果披露信息会有碍公众利益，总检察长可以下达禁令，以阻止信息公开。”[②] 不过，英国民众的知情权保障已经取得了进展。“已经出台的法规，规定了获取严格限定范围的信息的合法权利。一般来说，其重点是地方部门和卫生部门，而不是中央政府部门。另外法规中的某些条文还规定，各部大臣可以公布信息，还可以根据自己的意愿作出决定。”“这样一来，涉及英国政府工作情况的资料就公诸于众了。”1994年，英国制定了《获取政府信息实施守则》，以“扩大了解情况和分析结果的渠道，为审议提出的政策提供依据，从而改进决策程序，推进民主进程”[③]。

在德国，知情的需要可以分为主观的和客观的需要，并且将对公民知情问题的关心分为三种：对程序的关系，对控制的关心和对信息的关心。需要（need）来源于想要做某件事而产生的匮乏的感觉。人都有一些基本的需要，如饿了、渴了有饮食的需要，还有更高级的需要，如社会的需要。想望（want）是针对特殊物品的特别需要，如针对一块面包。与一定购买力相联系的想望就是需求（de-

① 英国文化委员会编：《法治与管理》1998/1999年第3期。

② 英国文化委员会编：《法治与管理》1998/1999年第3期。

③ 英国文化委员会编：《法治与管理》1998/1999年第3期。

mand)。人们以其购买力满足其需要时，需求——只有需求——对市场产生影响。知情的需要就是获得信息的需要。主观的信息需要意味着缺乏信息的主观感觉。客观的信息需要意味着客观上要求获得信息以便解决一定的问题。主观的信息需要通常会包含客观的信息需要，但它们很少会完全同一。可能会有这样的信息，一个人主观上认为自己需要得到它，但在客观上没有需要依赖这一信息要解决的问题，该人自己对此并不清楚。德国没有信息自由法，德国当局的保密传统、魏玛共和国直接民主的教训和德国的政治文化使拥有信息成为主要权力来源，这阻止了开发政府的产生。原则上，德国公民要从政府获得信息需要证明其理由的正当性，如果政府不愿意将信息披露给公民却无须证明自己这样做是正当的。如今，德国已经制定了一些法律，这些法律赋予公民获得与自己的权利和义务有关的信息的特殊权利。有一些基本的法律——如《德国宪法》和《德国社会法》——要求满足公民的知情的需要。1977 年《德国宪法》规定，当局应当为民众提供信息，因为民主的运作需要依靠知情的民众。这一规定通过 münster 州法院的判例而适用于地方当局。《德国社会法》的主要目标是为人类的存在作出贡献和为个人的自由发展提供平等机会。该法律认识到只有公民获得了足够的信息，他们才能自由地行动和承担责任。基于这一原因，社会法要求所有的公共机构要在各个公共机关的职责范围内向民众提供与他们的权利和义务有关的信息。一项特别法还规定，所有公民都有权阅读前东德秘密警察为他们编辑的档案。1993 年，绿党（绿色和平组织）提出一个立法动议，要求制定信息自由法。这一动议被所有的主要政党否决，因为他们担心有关信息会被他们的政治对手滥用。在德国，公民获取信息的费用一般由政府支付。①

从总的趋势上看，公民的知情权被看作是与政治民主有关的一项重要权利，一个政府被要求越来越开放。为了实现民主、保障公民充分行使自己的权利并承担自己的义务，公民知情权有扩大的趋势，保障公民知情权的措施和技术手段也在不断地增加和不断地完善。

① Information for Citizenship in Europe, Edited by Jane Steele, Policy Studies Institute, 1997, pp. 38 – 52.

第三节 向当事人公开：诉讼当事人的知情权

在司法活动当中，提到知情权，通常指的是知悉诉讼中与自己利益相关或者与同自己有特定关系的人有关信息的权利。这项权利的设定，考虑的是，只有当一个人知悉了有关信息之后，他才有可能行使自己的权利、履行自己的义务并在司法程序中充分地发挥作用。

与这项权利相对应的，是国家专门从事司法活动的机关及其人员所承担的提供这些信息的义务。科学技术的发展以及相关设备的改进，为更好地提供信息创造了更为有利的条件。一般地说来，信息的提供范围的限制，主要与能够在多大程度上公开信息和公开哪些信息的因素有关，另外与掌握这些信息的司法活动的机关及其人员对于公开自己掌握的信息的重要作用的认识和利害权衡的考虑也有着密切的关系。后者决定了司法活动的机关及其人员能否忠实地履行自己所承担的提供信息的义务。

一、民事诉讼当事人的知情权

民事诉讼当事人的知情权，主要对象是诉讼过程中应当向其公开的诉讼活动过程、诉讼证据、诉讼结果和作为这些结果的理由。民事诉讼是当事人攻击和防御的对抗性活动，在这一活动中，当事人对于对方进行的攻击和防御需要进行准备，了解对方的诉讼主张、辩驳理由和证据材料是其进行攻击和防御准备的基本条件，其中防御一方在开庭前了解攻击一方的诉讼请求、事实依据和证据材料尤为重要。在民事诉讼程序的设计中，需要为民事当事人进行攻击或者防御提供了解有关信息的知情权保障措施。

例如，在英国，民事诉讼的一方当事人对由其占有、保管或支配的有关诉讼中争论事项的文件应当进行展示，由对方当事人进行审查。“在以令状开始的高等法院的诉讼中，披露是自动及相互的，即：无须法院发出命令，所有当事人都须把文件清单送交其他当事人以便披露文件内容，在高等法院的其他诉讼中，以及在郡法院及某些法庭中，则必须有法院和法庭的命令才能将文件披露。审查时，可领取文件清单中所包括的文件的复本，但当事人无须将其声称享有特权的文件提供对方审查。”[①] 一方当事人未披露文件或未提出文件以供检查，法院可以发出任何它认为公正的命令，即：驳回起诉，或者在认为适当时取消辩护以及据此作出裁决。[②]

在日本，当事人可以通过准备程序了解对方的攻击或防御的方法，以及对于对方当事人的请求及攻击或防御方法的陈述等与诉讼有关的资料。按照《日本民事诉讼法》的规定，口头辩论以书状进行准备。该法第 243 条第 1 款规定：“在向法院提出准备书状时，应当留出使对方当事人就书状所记载的事项进行准备必要的期限。法院应当将准备书状送达给对方当事人。”准备书状记载的内容包括：（1）当事人的姓名、名称或商号、职业及住所；（2）代理人的姓名、职业及住所；（3）案件的表示；（4）攻击或防御的方法；（5）对于对方当事人的请求及攻击或防御方法的陈述；（6）附上文件的表示等。经引用在准备书状的而由当事人所持有的文书，应当附上副本。

又如在美国，1938 年《美国联邦证据规则》第 16 条规定了庭前准备程序，根据该规定，法官可以根据自由裁量权命令双方当事人的律师在庭审前参加审前会议，讨论是否简化诉讼的争论点、是否有必要修正起诉的内容、是否可以承认某些事实或文件以免在法庭上作不必要的举证、是否要限制专家证人的人数以及其他有助于诉讼审结的情况。1983 年，联邦司法会议所设的民事法规顾问委员会为修改《美国联邦民事诉讼规则》而对上述规定进行评估，结论是：庭前准备程序有助于消除诉讼中的突袭行为，减少庭审的时间和次数，可以尽量明确案件的争议点、减少庭审工作，也可以避免重复开庭、拖延诉讼等弊端，尤其是该程序有助于使当事人双方在庭前达成和解。[③]

二、刑事诉讼当事人的知情权

在刑事诉讼中，知情权是当事人及其委托的人所应拥有的一项重要权利，特别是对于犯罪嫌疑人、被告人及其辩护人来说，这项权利的重要性更为凸显。犯

---

① ［英］伊丽莎白·A. 马丁编著，蒋一平、赵文伋译：《牛津法律大词典》，上海翻译出版公司 1991 年版，第 156 页。

② ［英］伊丽莎白·A. 马丁编著，蒋一平、赵文伋译：《牛津法律大词典》，上海翻译出版公司 1991 年版，第 197～198 页。

③ 王利明著：《司法改革研究》，法律出版社 2000 年版，第 326～327 页。

罪嫌疑人、被告人及其辩护人在刑事诉讼活动中行使的是一项防御性的权利，辩护作为一种防御行为，是一种积极的行为，它所针对的是指控，当控诉方指控犯罪嫌疑人、被告人有罪，“辩护人就须提出无罪的抗辩，要解释解除责任的理由，要搜寻有力的证据，要辩明起诉理由的不充分和起诉事实或证据的欠缺，所以辩护是积极的前进的抵御，并非消极的退守。”① 辩护既是为了维护犯罪嫌疑人、被告人的利益而针对指控进行的活动，充分了解指控的内容、根据，就成为切实行使辩护权的基本条件，这就涉及被追诉者的知情权及其保障问题。

在我国刑事司法活动中，对于被追诉者的知情权及其保障问题，法律上作出了一定的规定，如规定在侦查阶段，犯罪嫌疑人聘请的律师有权了解犯罪嫌疑人所涉嫌的罪名等，但与国际标准司法准则相比，尚存在不足；另外，在审判阶段辩护方的知情权范围过窄，不利于其充分行使辩护权的问题十分突出，需要加以改进，以满足维护司法公正、保障当事人合法权利的需要。

（一）逮捕理由和犯罪指控的告知

《公民权利和政治权利国际公约》第9条第2项规定，任何被逮捕的人，在被逮捕时应被告知逮捕他的理由，并应被迅速告知对他提出的任何指控。该公约第14条第3项（甲）还规定，在判定对他提出的任何刑事指控时，人人完全平等地有资格享有“迅速以一种他懂得的语言详细地告知对他提出的指控的性质和原因”这一最低限度的保证。这些规定，表明犯罪嫌疑人、被告人在刑事诉讼中对于逮捕他的理由、对他提出的任何指控、对他提出的指控的性质和原因应享有知情权。

这里需要指出的是，西方国家往往将“逮捕”一词理解得较为宽泛，其含义包含有证逮捕和无证逮捕。其中的“无证逮捕”与我国刑事诉讼中的“拘留”有一定的相似之处。无论是有证逮捕还是无证逮捕，都必须告知其逮捕理由，英国学者特别指出：“无论是由警官还是由平民所做出的无证逮捕，只有当他是基于被捕人已经被告知的指控（除非具体情况使他必然知道所指控的犯罪的实质）时才被认为是合法的。公民有权知道他是根据什么样的指控或被怀疑犯了什么样的罪而被抓获的。如果公民在没有这样告知的情况下被逮捕，除了某些特殊例外，警官（或平民）应该负非法拘禁的责任。然而，如果被捕人自己使这种告

① 朱采真著：《刑事诉讼法新论》，世界书局1929年版，第80～81页。

知在实际上成为不可能，如立即反抗或逃跑，那么他不能申诉说他没有被依上述规定告知他。”①

在我国的刑事司法中，侦查阶段律师参与诉讼活动有权了解犯罪嫌疑人涉嫌的罪名，犯罪嫌疑人则可以通过在逮捕证、拘留证上签名这一程序获知自己被逮捕的理由；在审查起诉阶段，辩护人通过介入诉讼，以及查阅、摘抄、复制本案的技术性鉴定材料和诉讼文书，了解被告人涉嫌的罪名；在审判阶段，被告人的知情权则是通过接受送达起诉书副本得到保障的。但比较《公民权利和政治权利国际公约》确立的标准，我国有关侦查阶段犯罪嫌疑人知情权的法律规定尚存在不足，我国《刑事诉讼法》没有明确规定在侦查阶段“任何被逮捕的人，在被逮捕时应被告知逮捕他的理由”，包括犯罪嫌疑人被拘留时，法律上也没有明确规定应当告知他拘留的理由，而且法律也没有明确规定在侦查和审查起诉阶段犯罪嫌疑人“应被迅速告知对他提出的任何指控”。这使得我国刑事司法中对犯罪嫌疑人、被告人知情权的保障不足，不利于他掌握自己被拘捕的原因并在此后的诉讼过程中行使防御权。

（二）侦查阶段和审查起诉阶段知情权的实现

与审判活动主要实行公开原则不同，侦查活动主要实行密行原则，审查起诉活动也主要采取非公开的方式进行审查活动。这样做的主要原因是：

（1）案件尚处于侦查阶段，犯罪嫌疑人是否实施了业已发生的犯罪尚在调查，如果在这一阶段实行公开原则，容易造成实际上是无辜的犯罪嫌疑人名誉受损，对其工作、生活都会添置不必要的障碍。在审查起诉阶段，尽管案件已经侦查终结，但通过审查，有可能进行补充侦查，并在审查结束时作不起诉决定，过分暴露犯罪嫌疑人的基本情况，同样容易给犯罪嫌疑人带来不必要的麻烦。

（2）过分暴露案件情况和侦查过程，容易使侦查活动陷入被动。有些案件是多人犯罪，其中有的犯罪嫌疑人尚未查获，实行公开原则可能会打草惊蛇，引发湮灭、伪造、毁损、改串证据的行为，为侦查活动添置障碍。

（3）侦查阶段和审查起诉阶段存在为被害人、证人保密问题，在这个阶段实行公开原则，容易导致证人、被害人人身遭受威胁。

---

① ［英］J. W. 塞西尔·特纳著，王国庆、李启家等译：《肯尼刑法原理》，华夏出版社 1989 年版，第 611 页。

（4）检察机关的审查起诉活动不同于司法审判活动，后者有着特定的面向公众的场所（法庭）以高度仪式化的方式进行活动，前者主要是以间接、明快的风格进行活动，检察机关活动的特殊性使之向一般公众公开缺乏可行性。我国一些检察机关在审查起诉活动中尝试进行不起诉听证制度，将侦查人员、诉讼当事人和其他某些诉讼参与人召集在一起，对不起诉案件以“开庭”的方式进行审查，这种做法其实并不符合检察活动的特性和规律，是庭外开庭、叠床架屋的累赘做法。

不过，这并不意味着侦查活动和审查起诉活动要“暗箱操作”，也不意味着当事人不能落实知情权，民众不能监督。事实上，在这两个诉讼阶段，当事人不能落实知情权和民众的监督权仍然需要以特定的方式加以实现：

首先，当事人知情权的行使方式。在侦查和审查起诉阶段，当事人的知情权实现的方式主要有两种，一种是通过侦查机关、检察机关履行法定的告知义务来实现，另一种是通过律师介入诉讼进行活动来实现。律师介入诉讼，可以了解犯罪嫌疑人涉嫌的罪名，查阅有关的证据材料，并进行相关的调查活动。我国《刑事诉讼法》规定，在侦查阶段，犯罪嫌疑人聘请的律师有权了解涉嫌罪名；在审查起诉阶段，有权查阅、摘抄、复制诉讼文书和技术性鉴定结论。

其次，民众的知情权。在侦查和审查起诉阶段，一般民众的知情权主要通过大众传播媒体就案件所作报道来实现其知情权。在侦查阶段，大众传播媒体的报道是有一定限制的，这种限制的理由在于既要对侦查机关及其人员的活动进行舆论监督，又要将其负面影响降低到可容忍的限度内。要做到这一点是不容易的，因此，围绕这一问题往往会引起不同意见的交锋。

除上述途径外，我国检察机关实行检务公开制度。检务公开是检察机关实行的增加检察工作透明度的制度。从具体内容上看，“检务公开”包括公开：（1）人民检察院的性质、任务和职权，内部机构设置情况及工作职能；（2）人民检察院司法活动的法律依据；（3）人民检察院的活动原则、工作制度、规程和要求；（4）人民检察院直接受理立案侦查案件的范围、立案标准等；（5）诉讼参与人的权利、义务；（6）人民检察院受理举报、控告、申诉和复查案件的工作规程；（7）人民检察院及其工作人员办案纪律规范；（8）人民检察院及其工作人员违法违纪行为的举报、控告的途径、方法。从“检务公开”的形式上看，主要包括：（1）通过报刊、电台、电视等新闻媒介，公布和宣传“检务公开”

的具体内容；（2）采用设置专栏、制作牌匾和印发小册子等形式公布“检务公开”的内容；（3）检察人员执行公务活动要通报姓名、身份和执行检察活动的事由，告知公务对象有关法定权利和义务等必须知道的具体内容，告之对检察公务活动如有异议，可以投诉及其投诉办法。最高人民检察院强调，在“检务公开”中落实群众监督。要不折不扣地依照已经公开的各项制度办事，绝不允许搞形式主义。要虚心听取人民群众和社会各界的意见，改进检察工作。不过，从“检务公开”的具体内容上看，许多要公开的事项并不具有实质意义，如“诉讼参与人的权利、义务”“人民检察院的性质、任务和职权”等，早已在相关法律公布时即向社会公开，并不是什么秘密事项，公开这些内容本来不必由检察机关代劳，其他如“人民检察院受理举报、控告、申诉和复查案件的工作规程”“人民检察院及其工作人员办案纪律规范”等，对于当事人、一般民众来说，似乎都缺乏实质意义。但检察机关的人员通常认为“检务公开是目前比较成熟的检察改革项目”，同时也指出，对“检务公开”的内容与范围还在进行进一步研究，并使“检务公开”进一步规范化、制度化。①

继检察机关实行检务公开制度后，我国公安机关也着手实施警务公开制度，在刑事侦查、治安管理、交通管理、户籍管理、出入境管理等多方面实行增加警务活动透明度的制度。与检察机关一样，这种公开、透明的内容与范围还应更具实质性，不能追求形式化、表面化，以切实落实当事人和一般民众的知情权。

（三）先悉权的保障

在庭前准备中，很多国家的辩护方被赋予对他造证据的先悉权，控诉方应当履行披露证据的义务，此所谓“审前证据开示制度”。

美国学者小查尔斯·F. 亨普希尔在解释“先悉权”（discovery）时说：“先悉权是一个崭新的法律术语，它使律师可以获得了解对方将使用的某些证据的权利。在多数情况下，先悉权是由被告律师行使。根据理论，在审判前了解证据是获得公平审判所必需的。这一权利通常只限于书面陈述、政府调查人所取得的供词或者鉴定人（专家证人）对物证所作的鉴定报告。”②

---

① 刘生荣：《检察理论研究的回顾与展望》，载《检察日报》2001 年 1 月 9 日。

② ［美］小查尔斯·F. 亨普希尔著：《美国刑事诉讼——司法审判》，中国政法大学出版社 1984 年印制，第 183 页。

有些国家法律规定，控诉方对于某些特定事项亦有先悉权，辩护方应当履行披露义务。

如在美国，联邦最高法院就布雷迪诉马里兰州一案作出裁决宣布："隐瞒对被告人有利的任何证据，按照先悉权的要求，都是违反正当法律程序的，法律规定，证据对于定罪或惩罚都具有决定性意义，不论指控是诚实的或欺诈的。"在美国刑事诉讼中，"根据联邦法院关于先悉权的规则，被告人及其律师可以查阅被告人向侦查官员或大陪审团所作的供词或陈述。尤其是被告人声称他不能准确地记住他对侦查官员说了些什么，而且自从作出陈述以来已经过了相当长的时间，在这种情况下，这样做是允许的。"联邦规则允许被告人获得为起诉一方所利用的供词或签过字的陈述，以及医疗报告和实验室检验报告的抄件；被告人及其律师也有权查阅簿册或物证。《美国联邦刑事诉讼规则》第16条详细规定了证据披露和审查制度。按照该规定，根据被告人请求，政府应当将以下资料对被告人公开，并供其审查、复制或照相：任何由政府掌握、保管或控制的有关被告人书面陈述或口头陈述的记录及其副本。政府还应对被告人公开其他由被告人在逮捕前后回答其认为是政府工作人员的询问时所作的口头陈述的内容，如果政府意图在审判中使用这些陈述的话。如果政府掌握、保管或控制有关于被告人先前的犯罪记录，应当向被告人提供该犯罪记录的副本。政府应当允许被告人对有关书籍、纸张、文件、照片、有形物体、建筑或场所，或者其复制品或其中某部分进行检查、复制或照相。政府应当允许被告人对处于政府掌握、保管或控制下的有关身体或精神检查的结果或报告，科学测验或实验报告的结果或报告，或者其复制件进行检查、复制或照相。根据詹克斯规则（Jencks rule），"在政府证人作证以后，允许被告人查阅证人向政府侦查官员或律师所作的任何陈述或证词"①。被告人的律师可以要求法官举行审前听证，以便通过先悉权程序尽力了解控诉方掌握了什么证据。

又如在日本，"检察官、被告人或辩护人，必须事前给予对方阅览的机会。但是，对方无异议时不在此限。""诉讼当事人特别是检察官，应当在掌握的证据中，准备以后向法庭提出的证据文书和证物，事先给对方阅读的机会，明确同

① ［美］小查尔斯·F. 亨普希尔著：《美国刑事诉讼——司法审判》，中国政法大学出版社1984年印制，第78～79页。

意还是不同意。”[①]《日本刑事诉讼法》第299条第1项的具体内容是“检察官、被告或辩护人声请讯问证人、鉴定人、通译或翻译时，应预先将该证人、鉴定人、通译或翻译之姓名及住居告知对造。声请调查证据书类或证物时，应预先给与对造阅览之机会。但对此无异议时，不在此限”。

还有一些国家专设具有证据展示功能的正式开庭前程序或者辩护方阅卷权，允许辩护方在正式开庭前了解控诉方的证据，同时，对“不在现场”（alibi）证据，又规定辩护方有预先告知控诉方的义务。在英国，在正式向刑事法院起诉前，要经过一个治安法院的起诉审程序，在起诉审程序中，治安法官的唯一职责是审查是否有足够的证据证明被告人犯有可起诉的罪行，从而决定是否交由皇家刑事法院进行审判。这个程序犹如一道过滤工序，是为了确保无辜的人不在缺乏证据的情况下被草率地交付审判。起诉审程序的作用在刑事司法史中几经变化，“今天的起诉审程序之目的在于检验控诉一方诉讼的力量，同时，他为被告提供了一个在皇家刑事法院审判之前听到控诉证据和质问控诉证人的手段，换句话说，他向辩护一方提供了一个预先知道控诉证据的机会”[②]。值得注意的是，“起诉审程序为被告提供了一个在陪审团以前听到控诉证据的机会。控诉方面则没有这样的权力来事先了解辩护证据。然而，多年来的经验表明，在一种特殊的情况下，控诉一方由于事先不了解辩护一方的情况，会处于非常不利的地位以至于导致不公正的判决。这主要是指被告提出‘不在现场’的辩护的时候——当被告说他不可能犯罪，因为罪行发生时他在一个别的什么地方的时候。每当辩护一方事先未通知而突然进行这种辩护，并且叫来证人加以证实时，控诉方面就没有机会亲自进行调查以确定不在现场证明是真实的还是被告和他的朋友们编造的”[③]。由于这一原因，在英国，如果被告人在审判时提出不在犯罪现场的辩护，他必须在起诉审程序中或者随后的7日内通知控诉一方并提出不在犯罪现场的事实。为此，在起诉审程序中，书记官必须将这一规则告知被告人，以便落实这一规则。

我们可以由此得出结论，先悉权的根本用意在于让辩护方在审判前充分了解

---

① ［日］法务省刑事局编：《日本检察讲义》，中国检察出版社1990年版，第138页。

② ［英］大卫·巴纳德著，王国庆译：《诉讼中的刑事法庭》，中国人民大学法律系诉讼法教研室1985年印制，第104~106页。

③ ［英］大卫·巴纳德著，王国庆译：《诉讼中的刑事法庭》，中国人民大学法律系诉讼法教研室1985年印制，第108页。

控诉方的全部指控的罪名、事实、证据和法律根据，从而为辩护进行充分的准备。例如，美国詹克斯规则虽然规定被告人查阅证人向政府侦查官员或律师所作的任何陈述或证词的时间是“在政府证人作证以后”，但这一规定是为辩护方对控方证人进行质证提供的保障性措施，“这样做的理论根据是，这可以迫使政府证人的证词完全准确，这种查看有助于被告人的律师对证人进行交叉询问”①。美国学者就此指出：“法院允许‘先悉权’的理论根据是，如果陪审团不了解有利于或不利于定罪的两方面事实，实质性的审判便不能进行。如果不允许被告方先有‘先悉权’程序，进行辩论，那为被告人辩解的证据就可能永远显露不出来。”② 由于先悉权的根本用意在于为辩护方进行充分的辩护准备提供条件，因此，除“不在现场”等特定证据外，辩护方不向控诉方展示自己掌握的证据，即实行控诉方向辩护方单方面展示的制度。在美国，“起诉方也有预先知悉辩护证据的权利，但从可行性看，这一权利很少使用”③。

在我国的刑事司法改革中，尽管存在争议，但看起来多数人赞同双向展示，即控诉方向辩护方展示的自己掌握的全部证据，辩护方也要向控诉方展示自己欲在法庭提出的证据。这一证据双向展示的制度，已经超越了满足辩护方的知情权从而为辩护进行充分准备的意义，它附带着产生一个好处，那就是让辩护方和控诉方事先了解对方的证据，当对于证人证言笔录这类言词证据的记录不存在意义的情况下，可以免除证人或者提供言词证据的其他人出庭作证的义务，从而提高审判效率，达到诉讼经济的目的。

在我国的刑事司法改革中，围绕审前证据开示方式问题有颇多争议：一种主张是由法官介入并主持审前证据开示，借鉴英美国家的起诉审程序或者大陆国家的预备庭程序，在控辩双方在场的情况下，以庭审方式进行审前证据开示；另一种主张是法官不介入，而由控辩双方自行双向展示证据。在我国，进行审前证据开示制度，以简单、经济、实用的方式为佳，我国既不采英美国家由治安法官

---

① ［美］小查尔斯·F. 亨普希尔著：《美国刑事诉讼——司法审判》，中国政法大学出版社 1984 年印制，第 79 页。

② ［美］小查尔斯·F. 亨普希尔著：《美国刑事诉讼——司法审判》，中国政法大学出版社 1984 年印制，第 80 页。

③ ［美］小查尔斯·F. 亨普希尔著：《美国刑事诉讼——司法审判》，中国政法大学出版社 1984 年印制，第 183 页。

（英国）或者大陪审团（美国）审查决定是否起诉的制度，也不实行德国式的裁判是否开始审判程序或者苏联式的交付审判程序，实无设立由法官以开庭方式进行证据开示之必要，应由控辩双方自行双向展示证据，对于证据开示中出现的纠纷，在法院审判过程中以提请法院裁决的方式加以解决，避免屋下架屋、庭外开庭的烦琐程序。但在并非检察机关提起的附带民事诉讼和自诉案件中，可以在法官主持下双方进行证据开示，其中公诉案件附带民事诉讼的证据开示，应当通知检察机关到场。

至于审前证据开示的时间，以决定起诉之日起至开庭审判的时日之间为宜。这就要求人民检察院在决定起诉之日起，应通知犯罪嫌疑人聘请的辩护人到检察机关查阅、摘抄、复制全部证据材料。在审前证据开示的期间内，辩护人就自己一方掌握并拟向法庭提出的证据材料亦应安排时间向检察机关提出。刑事附带民事诉讼案件中的审前证据开示，如果该附带民事诉讼是由检察机关提起的，应当与刑事证据一并开示；如果该附带民事诉讼是由其他诉讼主体提起的，则应分别进行开示。需要指出的是，我国的审前证据开示证据需要辅之以强制辩护制度，否则将窒碍难行。因为，当70%以上的刑事案件并无辩护人的情况下，以存在辩护人特别是辩护律师为预设前提的审前证据开示证据就在大多数案件中不能推行。

三、对当事人知情权的限制

需要指出的是，当事人的先悉权不是没有弊端的。例如，在一些案件中，证人的姓名、地址一旦被披露，该证人有可能处境危险，“正如任何有经验的侦查人员所知道的，这种做法会为证人遭到报复（表现为犯罪性攻击，甚至谋杀）打开方便之门。”另外，“被告人对他的行为过程过去究竟如何的详细情况是知道的。如果他也了解起诉案件的细节，他便会处于更加有利的地位，以制造他当时不在犯罪现场的伪证，或者引诱某个证人犯伪证罪。”①

因此，知情权并不是绝对的。不过，对知情权加以限制，主要限于为保护证人安全、防止司法公正或者国家安全遭受损害，以及阻止动乱或犯罪之目的。

---

① ［美］小查尔斯·F. 亨普希尔著：《美国刑事诉讼——司法审判》，中国政法大学出版社1984年印制，第80～81页。

在英国，依据1981年《藐视法庭罪法案》第10节，如果披露信息来源不利于司法公正、国家安全或阻止动乱或犯罪，任何法院都不得要求披露信息来源。为此，法院应当斟酌和权衡，是不透露信息来源有利还是透露有利。在这个问题上，一般民众倾向于通过媒体向公众传递信息，而法院通常都认可国家安全会受到威胁的说法。

在美国，《美国联邦刑事诉讼规则》第16条规定，下列资讯不属于透露范围：联邦证据规则没有授权透露或检查由政府检察官或其他政府机构制作的与案件的侦查、起诉有关的报告、备忘录或其他政府内部文件；除法律特别规定以外的大陪审团的文件。另外，“除指控属死罪外，所有的政府证人的姓名、地址都没有必要提供给被告一方。”这样做的原因，是考虑到证人的安全问题。“许多公诉人认为，通过像被告人透露政府所有证人的姓名、地址和所要求提供的证言，审判体系就会蒙受相当大的损失。实际的案例表明，如果被告人或他的朋友们能够认出起诉方证人并知其地址，那么起诉方证人就可能受到威胁或压力。”美国学者就此评论说：“当然，所有的证人都有义务去证实他们所知道的有关事实。但是，在审判以前，法院是否有权让证人在审判之前经受一段恐惧的时期，这是值得怀疑的。”①

第四节 向公众公开：一般民众的知情权

不仅当事人在诉讼中享有知情权，而且一般民众在诉讼中也享有一定的知情权。公民对司法活动的知情权来源于人民主权观念，是司法民主性的表现。一般民众的知情权是对司法活动进行监督的必要条件。为保障一般民众的知情权，司法活动必须具有一定的透明性。司法的透明性集中体现了审判公开原则上。民众了解司法活动，一是通过亲身参与，如以陪审员身份参与审判或者到庭旁听；二是通过新闻报道了解司法活动的情况。显然，大众传播媒体自由、广泛地进行采访报道的权利配置是一般民众实现其知情权的重要条件。

① ［美］小查尔斯·F. 亨普希尔著：《美国刑事诉讼——司法审判》，中国政法大学出版社1984年印制，第81页。

一、作为法律正当程序的审判公开

审判公开体现了司法的开放性，这是一项重要的诉讼原则。司法的开放性是由两个方面的诉讼机制体现的，一是民众参与司法，包括实行陪审或者参审等制度保障司法程序能够在民众参与之下展开；二是实行审判公开原则，包括两个方面的内容：

（1）司法过程的开放性，表现为允许一般与案件没有关系的公众到庭旁听，允许大众传播媒介采访报道。

（2）审判结果（判决）的公开性。亦即："审判公开云者，谓法院公开其处所，许他人在场也。其中有仅许当事人及其他诉讼关系人在场者，称当事人公开。又有许一般人在场者，称曰公众公开。通常所谓公开，乃指或者而言。"①

审判公开是国际社会确认的一项重要的国际司法准则。1948 年联合国《世界人权宣言》第 10 条规定："人人完全平等地有权由一个独立无偏倚的法庭进行公正的和公开的审讯，以确定他的权利和义务并判定对他提出的任何刑事指控。"1966 年联合国《公民权利和政治权利国际公约》第 14 条也规定，"所有的人在法庭和裁判所前一律平等。在判定对任何人提出的任何刑事指控或确定他在一件诉讼案中的权利和义务时，从有资格由一个依法设立的合格的、独立的和无偏倚的法庭进行公正的和公开的审讯"。

一些国家在宪法中规定了审判公开原则。日本学者指出："诉讼应在公开的法庭上进行审判并作出判决，这也是宪法所要求的原则。这一原则是废除欧洲各国专制时代实行的秘密审判和君主干预司法的制度，向公众表明光明正大地行使审判权，并且以审判受观众的监督来保证其实行。因此，这是法治国家的一项根本原则。"②《美国宪法修正案》第 6 条规定："在一切刑事诉讼中，被告得享受下列权利：由发生罪案之州或地方公正陪审团迅速予以公开审判……"1791 年《法国宪法》第五章第 9 条规定："预审应公开。"1793 年《法国宪法》第 94 条规定在民事审判中，"他们进行判决的评议是公开的。"第 96 条规定，在刑事审

---

① 曾繁樾述：《刑事诉讼法讲义》，北平国民大学 1934 年印制，第 14 页。

② ［日］兼子一、竹下守夫著，白绿铉译：《民事诉讼法（新版）》，法律出版社 1995 年版，第 85 页。

判中，“预审是公开的。”我国1954年《宪法》和《人民法院组织法》规定了审判公开原则。1975年《宪法》取消了审判公开原则。1978年《宪法》重又规定了审判公开原则。1982年《宪法》第125条规定：“人民法院审理案件，除法律规定的特别情况外，一律公开进行。”

从实际利益上看，公开审判具有如下意义：

(1) 防止司法专横。审判公开，意味着民众和大众传播媒介有机会了解司法活动过程和结果，有利于对司法活动进行监督，防止司法不公的倾向，起到遏制检察官和法官专横的作用。

(2) 增强裁判的公正性。审判公开，在一定程度上避免了司法活动中的“暗箱操作”，使审判机关受到制约，促使其作出公正的裁决。

(3) 提高判决的公信力，增强法院的威信。公开审判使“正义以人们看得见的方式得到实现”，有利于强化民众对司法机关的信赖和法制的信心，巩固司法权威。

(4) 改进司法工作。民众了解司法活动过程和诉讼结果，可以形成一定舆论，这些舆论有利于司法机关发现司法制度和司法活动中存在的问题，从而改进司法工作。

二、司法过程开放的范围和形式

司法过程的开放性涉及开放案件的范围和开放形式的问题，开放司法过程并不是没有限制的。这是因为审判公开原则并非没有弊端，从下列几个方面可以看到审判公开的负面作用：

(1) 审判公开可能造成被告人羞耻心的过度损害。人皆有其羞耻之心，虽犯罪人也不可免。公开审判，使被告人曝光于众目睽睽之下，其不光彩的行为也广为人知，容易损害被告人的自尊心，使其自感无脸见人，于是破罐破摔，其结果是不利于其改过自新，重新做人。

(2) 审判公开将会妨碍未成年被告人的心理健康发展。未成年人身心处于发育阶段，公开审判容易造成其与社会的对立，形成反社会心理或者封闭隔膜心理，不利于其心理的健康成长。

(3) 审判公开可能引发犯罪传习。公开审判，使犯罪的过程、方法的细节被公开，可能会使潜在的犯罪人习得新的犯罪方法，并鼓励那些有犯罪倾向的人仿效被告人去实施犯罪。

（4）审判公开可能造成国家秘密外泄，损害国家利益。某些案件涉及国家秘密，不加选择地一律公开，将会造成国家重大利益遭受损害，造成难以挽回的损失。

（5）审判公开可能泄露商业秘密，对当事人一方的经济利益造成损害。诉讼过程中涉及的某些商业利益，一旦泄露，会给受益于这些商业秘密的经济实体或者个人带来经济损失，为了保护当事人的经济利益，不能不考虑对审判公开的范围加以适当限制。

（6）审判公开可能损害当事人的隐私权，甚至损害公序良俗。隐私是有关个人的信息，一旦披露可能会给该信息所涉及的人造成名誉、经济利益等损害或者造成不便。隐私权是公民的一项重要权利，保障公民的隐私权是法律的一项重要承诺。公开审判，将导致当事人的隐私被曝光，从而对该人的利益造成损害。当事人隐私中有关性丑闻的细节，如果在社会上广为传播，不仅对当事人极具杀伤力，而且有可能损害社会的善良风俗，造成公众利益的损害。

正是由于上述原因，不能无限制地进行公开审判。对公开审判的限制，主要体现在对案件范围的限制和开放形式的限制两个方面。

从案件范围的限制看：为了保护未成年人心理健康发育，对于未成年人犯罪的案件一般不公开审理；为了社会风化考虑，对于涉及当事人隐私的案件不公开审理；为了国家秘密和商业秘密考虑，对于涉及国家秘密或者商业秘密的案件也可能不公开审理。

从开放形式看，为了便利证人作证，许多国家的法庭严格限制录音、摄像和拍照。在日本，曾经对旁听人员做笔记也加以禁止，这一做法直到受到一名来到日本研究经济法的美国律师的挑战才取消，该律师在法庭连续 7 次向审判长请求作记录被拒绝，遂愤而提起诉讼，他的主张得到日本最高法院的支持，1989 年 3 月最高法院作出判决云：“按照宪法的精神，作记录的自由应当受到尊敬。”但日本法庭对录音、摄像和拍照仍予严格限制。

三、审判结果的公开性

审判结果的公开性体现为将判决的内容公之于众，这种公开的主要目的在于监督司法，使诉讼结果公正；此外，对于无罪判决，则还包括为了消除司法审判给被告人带来的不利影响的意义，无罪判决应该通过当地新闻媒体加以公开。

判决的公开性还体现为判决理由的公开，即法官对于自己对案件证据的取舍、事实的认定应当进行解释说明甚至论证，使人们知道判决是如何得出的。例如：1961 年，在马普诉俄亥俄州案件（Mapp v. Ohio）的判决中，法院指出：

> 由于宪法修正案第四条中的隐私权保护已被宣布通过宪法第十四条中正当程序条款实施于各州，如同对联邦政府所采取的那样，它也将排除非法证据的制裁方法施行于各州。假如不是那样，那么正如没有威克斯规则一样，不受联邦政府无理搜查和扣押的保障将形同具文，在永久保障人的极为珍贵的自由的允诺中也将毫无价值和不足挂齿，同样，没有这项规则，则免于各州侵犯隐私权的自由将是短命的，并将完全失去其与免于以野蛮手段强取证据的观念的联系。如同未曾得到理应得到的法院对一种自由“隐含在有秩序的自由的观念当中”之类的高度评价一样。

在 1984 年美国诉莱恩案件（United States v. Leon）中，美国最高法院在判决中引用了在马萨诸塞州诉谢泼德案件（Massachusetts v. Sheppard）中一个善意行为的例子，这个案件与美国诉莱恩案件可以相提并论：

> 在这个案件中，警官们采取的每一步都是可以合理地预见的。侦探奥马利准备了一个经由地方检察官审查和支持的附誓证词，他将该附誓证词提供给了一位中立的法官。法官认为该证据已经确立了足够的理由去合法搜查谢泼德的住所……并且通知奥马利将依请求批准搜查。奥马利随即提供了令状表并告知法官他需要作些变更。法官告诉他可以进行必要的变更。随后他看到法官作了一些改动并取得了令状和附誓证词。在这种情况下，一个理智的警官会得出结论——正如奥马利曾所做的那样——该令状授权搜查附誓证词所描述的材料。

美国法院的上述判决都详细论证了判决的依据和理由，将法官的裁判清清楚楚地呈现在世人面前，其司法判决的说理性、公开性给人留下印象深刻。

在大陆法系国家中，德国法官的判决也含有严密的论证。这种判决因将法官对案件的认定理由条分缕析地加以论证而使判决具有高度的公开性，避免判决的暧昧不清，这对于防止司法官的专横显然有着积极的意义。但在历史上，并非所有欧洲国家都对判决理由加以公开，例如，在昔日法国，法庭有许多种类，“……而公平的判断则少见。受冤的人们，屈打成招。审案的时候，不许人旁听，故无人知道判决的理由，法官向来是不申说的”①。

我国古代时，对于判词并没有严格的程式要求，由于兼理司法的行政官员一般是通过科举考试而获得官职的，不少官员具有较高的文学素养，在司法文牍中，小施雕虫技艺，便成为颇感精致的判牍。我国古代的判决通常由文言写成，文言具有言简意赅的特点，所以尽管古代判词大多简洁，许多判词未尝不击中要害。有的判词虽只三言两语，却切中肯綮，足以辩诬释冤、惩奸罚恶、化解纠纷。我国古代的判词是高度个性化的，官员文学素养的优劣，直接影响判词的可读性。前人留下的一些判词，每每可供畅诵。在古代判词中，不乏进行论证的内容，例如，判决必须根据法律作出，所以有的判决依律而论。判决还要以事实和证据为依据，有的判词包含了妥帖的论证。②

我国当代法院的判决，简洁、严肃有余，论证和个性化不足，主要的问题在于对于证据的取舍、事实认定和法律适用缺乏详细的说明和论证，这就使判决的公开性不足。法院已经认识到这一点，认为：“裁判文书应包括六个方面的内容：

---

① Carlton J. H. Hayes 著，余楠秋等编译：《近代欧洲史》（中译本），黎明书局 1933 年版，第 452 页。

② 如在关于一件杀人案件的判词中，承审法官论证道：“审得人命真伪，必论死因，而死必求其尸以实之，未有无尸而可言人命者。即或有水火沉埋之事，亦须见证真确，投明地方，呈明官府，始可议辟焉。若但云匿尸一悬空无着之言，讼牒中不知其几千百，若执此以论抵偿，不几轻听耶？如刘选三之讼刘奇六，奇八也。选三先载谷往梢岗易灰，路经瓦子角，奇六等俱市灰之人，强拉之贾。选不从，遂相殴哄。此二年闰四月十四日事也。选三归新建，至二十日始告县，二十九日始告抚院，俱选三出名。原系斗殴，乃以船户熊科一杀死为衬，直至八月而熊雍三乃出告矣。岂非谓异姓不可以告人名，商谋互耸乎？此等伎俩，一烛立穷。彭知府初招已成铁案，缘宪驳根究熊科一，屡提无下落，只据选之遁词，曰‘抢匿’，曰‘沉河’，遂为奇六、奇八之死案，监毙奇六，而仍坐奇八以元谋。冤哉！夫瓦子角去清江十余里，劫杀大变，何不鸣驰风掣电，形影刹那，本地竟无一知见乎！其递公呈之左庚仔等皆新建人，非原词中人也。原词干证惟席文、雷坤，而文之保家忽于投审之前二日报文病故矣。果真故也，抑避不就质耶？薛推官署印时，席文提到，业审过供单，有‘席文供：事情不知’，则人命是假无疑，亲笔在券可凭也。即雷坤之供更有异焉，问以科一何由毙，云是‘大棍猛击，阁死舟中’，则似目见其死矣；‘招称负伤沉水，身尸漂流无踪’何也？口词招情，种种互异。再阅选三控院之初词，称‘尸船现存彼处，鸣官候相’。夫所鸣者何官？而尸船现存，飞檄可得，行查三年不见又何也？若尸果漂流，船果拆毁，原词方以借以张皇，而不一及又何也？求现存而不得，乃委之于溺、于拆，明属支吾，执为铁案，误矣！今所致疑者，唯熊科一生死未的耳。夫科一不出，安知非遁去？顾凭抢尸之驾词成大狱可乎？科一万无获理，而奇六空令填圜。选三拟配，犹有余恨。刘奇八以兄死，减诬科杖。熊雍心帮讼，雷坤偏证，并杖允宜。”（李少文就立杀事所作判词）该判词既指出原审认定事实的疑窦，明白指出供词、证言的矛盾，层层剥笋地进行推理论证，也属于说理的判词。

即对案件所经程序的叙述、对当事人提交证据和所持论点的概述、对案件事实的陈述、所适用的法律规则、支持判决的理由以及法院最后的判决结论。裁判文书的制作应遵循全面、客观、说理的原则，裁判文书应当及时作出和下达，同时应当公开，保证当事人的裁判知情权。”① 对于裁判书要充分说理的实际意义，法院认为：“判决书和裁定书是人民法院行使国家审判权的体现，是司法公正的最终载体，它不仅应当在结论上体现人民法院裁判上的公正，而且应当通过透彻的说理使当事人知道、理解该裁判为什么是公正的。”② 故而裁判文书的制作方式应当加以改革。近年来，各级法院进行了判决书改革，增加对判决的论证内容，对促进司法公正可谓迈出了有价值的一步。

我国刑事庭审活动中存在一个十分普遍的现象，就是很少当庭宣判。这种现象产生的原因是法官素质不高、庭审流于形式、法官依赖庭后阅卷，但更主要的原因是合议庭没有独立性，合议庭经过合议作出的判决还要向庭长、院长汇报，由庭长、院长同意后才能宣布，庭长、院长可以改变合议庭合议后草拟的判决，但庭长、院长并不在判决书上署名，也没有给予当事人提出回避的机会，这种判决即使进行了理由论证和公开宣布，由于实际作出判决的人没有“公开”在判决书中，因此也不能说具有充分的公开性。

同样，审判委员会对案件进行的讨论也是如此，该委员会作出的判决合议庭必须执行，但作出这一判决的审判委员会成员的名单并不出现在判决书中，当事人也没有机会对审判委员会成员提出回避的要求，这种判决同样缺乏公开性。

判决结果的公开性还体现在公众有机会查阅判决书甚至案卷材料，使审判公开原则延伸到审判之后。我国法院正在逐步推行审判依据、审判资料和审判结果的公开制度。其中，审判依据的公开，是“将各种办案规则、案卷资料、司法解释向社会开放”；审判结果的公开，是“法庭的裁判文书应当向公众展示，允许公众查阅裁判文书”。这样做的目的是“将审判工作有效地置于当事人和社会公众的监督之下，增强司法的透明度，防止和避免司法腐败，最大限度地实现司法的社会功能，有效地调动诉讼参与人的积极性，增强审判人员的责任感，提升司

① 曹建明主编：《公正与效率的法理研究》，人民法院出版社 2002 年版，第 169 页。

② 祝铭山：《关于〈人民法院五年改革纲要〉的说明》。

法公信度”①。

第五节 大众传播媒体与司法公正

在当代社会，大众传播媒体发挥着越来越重要的作用。由于大众传播媒体具有强大的力量和不可取代的独特功能，它已经成为政治民主和司法公正的守护神。大众传播媒体对司法活动的关注，使司法机关被置于新闻舆论的监督之下，民众可以通过传媒的客观报道了解事实真相，掌握司法活动的情况，在公正司法的影响下，培植对国家法制的信心，并对不良的司法运作产生强大的舆论压力，促使司法机关改进自己的工作。

不过，大众传播媒体在发挥监督司法活动的功能的时候，也容易将某些不应披露的信息加以披露或者误导视听，给司法活动添置障碍，对司法公正产生无益反损的效果。充分发挥大众传播媒体的积极功效，遏制其消极作用，是需要认真加以关注的问题。

一、新闻报道与司法公正

新闻的重要功能是获得情报信息并加以整理和传播，有时还要在这个基础上提供意见和评论，作出有见地的反应。如今印刷机已成为一种权力工具，新闻被视为除立法、行政、司法以外的“第四权力”。这里所谓“权力”，指的实际是影响力，它与真正的权力有着一个共同的特点：由于它的介入，受作用的一方将不得不做或者不得不停止去做某件事或者某些事。

大众传播媒介是“第四权力”的合法执掌者，它拥有广大的接收对象，具有强大的影响力，其传播手段迅速、价廉、方便，能够发布消息、传递甚至制造舆论以及“动员”欢乐。由大众传播媒介具有的特定功能所决定，新闻舆论早已成为民主机制的重要组成部分。大众传播媒介从不同角度监督着政府的活动，具有使政治保持廉洁的“警犬”作用，是国家揭露和控制腐败的重要机制之一。

新闻媒体具有监督作用的机理之一，是它所主要关注的对象总是那些对“常

① 曹建明主编：《公正与效率的法理研究》，人民法院出版社2002年版，第26页。

规”的背离现象而不是规范现象。这种对常规的背离表现为：其一，行为者异常；其二，行为异常；其三，行为和行为者都无异常，但事件本身具有特殊性。[①] 新闻的这一特性使违法犯罪等偏离现象以及对这些偏离现象的审判、制裁成为大众传播媒介报道的热点。

另外，由于大众传播媒介能够及时地反映民众对新闻实践的看法，并能够通过对一些事件曝光而促成社会舆论的形成，从而产生纠正这些偏离的压力，进而可以达到维护司法公正的效果。

新闻报道的自由是信息自由的重要组成部分，是人民知情权的必然要求。要保障这种知情权，信息的提供和传播都应当是自由的。大众传播媒介应当具有一定的独立性，才能发挥新闻舆论监督政府的作用，如果大众传播媒介在政府的严密控制之下，那么就不能充分发挥新闻舆论监督政府的“警犬”作用。因此，新闻媒体的发展状况是一个国家是否民主以及民主程度的重要标志。在专制制度下舆论受到压制，政治的罪恶被掩盖下来，“不准报道”、“不准印刷”、“不准出版”是专制国家伟大塑造者。[②]

新闻报道对司法公正具有促进作用，只要其功能得到正常发挥，新闻舆论在监督司法权力运作方面就具有举足轻重的作用。在新闻媒体报道的诸领域中，法院体系是最为特别的。因为进行司法考虑和作出司法决定都是私下进行的，人们称为“法袍遮盖着秘密”(cloaked in secrecy)。但在一些环节中，新闻媒体能够发挥监督司法运作的作用，包括对审理的案件的报道，对公开审判过程的报道，对判决结果的报道，对当事人有关诉讼过程和诉讼结果的反应的报道，以及揭露司法腐败和专横的报道，都能够起到对司法不公的现象提供舆论压力，从而起到维护司法公正的“警犬”作用。

近年来，我国的一些新闻媒体在揭露司法腐败和专横、发挥对司法活动监督作用方面同样取得了一定的成效。一些司法腐败、司法专横和司法人员违法犯罪的案例和事实被披露，促进了这些案件和事实的及时、公正处理。当然，新闻舆论所具有的强大力量还没有得到充分释放，它在监督和促进司法公正方面的潜力

---

① 王沪宁编，竺乾威、林尚立、林恒增等译：《腐败与反腐败——当代国外腐败问题研究》，上海人民出版社1990年版，第446~447页。

② George Seldes, You Cant Print That! Payson & Clarke Ltd, 1929, p. 11.

还有待挖掘。

二、电视转播法庭审判的利弊

现代大众传媒包括出版印刷（报刊、杂志）和电子媒体（电视、广播和电脑网络），其中影响力最大的，首推电视。电视对于审判活动的转播是有热情的，毕竟，许多审判活动属于人们愿意了解因而可以获得较高收视率的节目。

对于审判活动应否允许电视转播的问题，存在着争议。西方国家对电视转播一直抱有慎重态度，对于法庭审理的场景的直观描述，往往是由一些法庭画家来完成的。英国对新闻报道犯罪情况和司法活动的限制较严。美国虽然宽于英国，但以往多数法庭同样不允许新闻记者在法庭上摄像和拍照，允许对审判活动进行电视转播是罕见的，美国学者曾经介绍说：大多数刑事法庭从来不允许新闻记者在法庭上拍摄电影、电视片或拍摄静物景象。这就是为什么电视台对某些人受审所播送的，几乎都是艺术家的特写镜头的原因所在。

法院这样做的理由是，新闻界可以从法庭自由地收集和报道有关消息，而电视转播则扰乱了法官、证人、陪审团成员以及被告人埃斯蒂斯本人，以致他不能获得公正的审判。1965 年埃斯蒂斯诉得克萨斯州一案中，由于法庭破例允许对审判进行了电视转播而被最高法院撤销了定罪，理由是："从审判法官宣布某一案件要进行电视实况播送时起。它就变成为轰动一时的案件……受到电视转播的陪审团成员不能不感到有压力，知道朋友和邻居们的眼睛正盯着他们。"① 不过，近年来一些法院在电视转播方面的限制有所松动，例如，1952 年纽约州通过的《民权法》第 52 条规定：禁止照相机和摄影器材进入州法庭。1987 年《纽约州法院法》第 218 条规定，法庭可以有限制地对新闻媒体开放。如今纽约州基于宪法中的言论自由条款和对电视报道的信任而允许进行电视转播。迄今为止，美国已有 48 个州允许新闻媒体在案件审理中进行一定的录音录像报道，其中 37 个州允许电视台对法庭审理进行转播。美国学者就此评论说："一些观察家认为，我们国家法律制度的施行过于有利于新闻界。例如，在英国，报纸和电视的报道不能在法院裁决案件之前刊登任何有关采用的证据的消息。判决以后，新闻界才有

---

① ［美］小查尔斯·F. 亨普希尔：《美国刑事诉讼——司法审判》，中国政法大学出版社 1984 年印制，第 31 页。

充分自由公布有关审判和所提出来的证据的全部情况。英国人的观点认为，罪犯之间任何不正当的联系和他们之间的正式接触，可以在审判以后揭露出来，其有效程度和审判以前的揭露是一样的。”①

电视转播的支持者们认为，对于公众瞩目的案件，应当让民众知道法庭是怎样审理的，在民众的监督下案件能够得到公正审理。法庭旁听席容量有限，如果民众只能到法庭旁听，就剥夺了一些人参与的权利。允许新闻媒体进行电视转播，能够增进更多的人对司法系统的了解，提高他们的法律意识。②

哈佛大学法学院教授德萧维奇在检讨辛普森一案时，从辩护方立场对大众传媒与审判结果的关系进行了阐述，他指出：电视转播对审判结果的影响没有一定之规，有时它对被告人有利，有时它对被告人不利。“我们相信电视摄影机将能清楚地监看检方的各项论控以及法官的裁定。至于对媒体表示意见，我们知道检方跟警方将会持续地露出消息，所以我们也希望让世界听听、看看我们这一边的论证。”“转播对辛普森确实是有很大的帮助。我相信那些看过大部分审判过程的人，对于检方论控的弱点应该比那些仅从新闻记者的眼睛和语言看本案的人还清楚。”相比之下，泰森就不那么走运。泰森案件的审判就没有电视转播，全世界都是通过那些报道该案的记者了解案件证据的，不幸的是，大部分记者都有明显的反泰森的“偏见”。“承审法官派翠西亚·吉福（Pattricia Gifford）作的许许多多裁定，如果本案有全国性电视转播的话，一定让她吃不了兜着走。”“我相信泰森没有电视现场转播而吃亏了，尤其他的辩护律师根本不跟媒体说话，而检方则不停地对着每个人说。”德萧维奇还认为：“电视转播有助于让人更诚实些。”德萧维奇得出结论：“就我的意见来说，管制这一不带偏见、直接，而完全诚实的审判报道者——法庭内的电视机——实在没有多大道理。”这样做“将会失去社会大众对司法制度的信任。”③

对于电视转播法庭审判，有不少人提出质疑和反对的声音。美国著名律师、作家文森特·布廖西（Vincent Bugliosi）在《暴行》（Outrage）一书中对辛普森

① ［美］小查尔斯·F. 亨普希尔：《美国刑事诉讼——司法审判》，中国政法大学出版社 1984 年印制，第 31 页。

② 见《检察日报》2000 年 2 月 2 日。

③ ［美］亚伦·德萧维奇著，高忠义、侯荷婷译：《合理的怀疑：从辛普森案批判美国司法体系》，台湾商周出版社 2001 年版，第 216～221 页。

被无罪释放的原因进行了探析，其中对法官伊托允许进行电视转播的做法提出了尖锐批评，他认为：其一，电视转播与法庭的严肃性是矛盾的："审判是严肃、庄重的过程，经常决定一个人有无自由，甚至是生死攸关的大事，任何介入，哪怕存在最小的潜在的介入都应禁止。"法官允许电视转播法庭审判是错误的决定，"电视转播审判，就等于在上演一出全国性的肥皂剧。"其二，电视转播对证人有不良影响，大多数的人在公众面前讲话都不自然，他们会显得胆怯、犹豫或者做作，行为有些异常，陈述时的措辞也会更糟，"当这样的事情发生时，审讯作为寻找事实真相的过程，以及它的目的就无法正常实现。"其三，电视转播也影响到法庭中的其他人，辛普森一案的律师们就抱怨说电视转播副作用很大，让他们觉得像演戏一样不自然。针对一些人提出的电视转播法庭审判对民众具有教育意义的说法，文森特·布廖西指出，实际情况与一些人所夸示的不同，人们看电视，纯粹抱着消遣、猎奇的心理，当他们抱着与看肥皂剧相同的心理去观看电视转播时，很难说电视会发挥出教育功能。不仅如此，必须记住的是，"无论有没有附加的教育任务，刑事审判的唯一目的是要决定被告是否有罪，而不是一定要教育群众"①。

我国在刑事司法改革中，将审判公开作为切入点，各级法院针对长期以来审判公开做得不够的局面，简化了群众旁听审判的手续，并允许人们拍照、录音、摄像甚至与各地电视台直播法庭审判过程。在审判公开的诸形式中，影响最大的是电视转播。由于覆盖面广，电视转播对于法制观念普遍淡漠、民众对司法程序运作颇为陌生的我国社会来说，起到了使一般民众了解一些案件的审理情况和诉讼程序的作用，宣传了法制，从已经取得的社会影响看，可以说正面的效应大于负面的效应。

不过，电视转播的做法也存在一定的问题，需要抱有足够的警惕：

其一，对于审判公开的积极作用认识有余，对审判公开存在的弊端估计不足。审判公开素来存在一定的弊端，如前文所述，公开审判的副作用是过分损害被告人的羞耻心，不利于其悔过自新；对于某些意志力不强、缺乏辨别力或者具有不良倾向的人，可能会起到传习犯罪的作用；影响证人出庭陈述，在人员芜杂

① ［美］文森特·布廖西著，徐珍、阚方宇、杨冀译：《无法无天——辛普森无罪获释原因五探》，内蒙古人民出版社1997年版，第56～58页。

的公开场合，证人的心态和表达可能会受到不良影响，而影响其向法庭提供证人证言；在涉及国家机密和经济企业的案件，公开审判可能造成国家机密和商业秘密的扩散。电视转播在取得良好效应的同时，使审判公开的负面效应也成倍放大，显然，司法机关对此估计不足。

其二，对审判人员产生精神压力。无论采取电视转播的做法是否为承审案件的法官主动采用的，电视转播对他都会产生一种精神压力，这就是过分关注媒体对案件的评价或者报道中表现出来的倾向性，留意媒体对承审法官的褒贬，对舆论的走向也表现出过分敏感，这样就产生了一种危险：法官在判决案件的时候难以保持一种独立判断的精神，成为新闻媒体和社会舆论的奴隶。这样，电视转播不但不利于司法公正反而可能起到相反的作用。

其三，电视转播中容易掺入表演成分，使法庭审理的活动变成了表演“秀”(show)。电视转播，常常使法官、检察官和律师演员化，《洛杉矶每日新闻》曾经在1994年报道说：为了电视转播，“辩方律师买了两件新衣服，法官的妻子在他早上上班之前，检查他的发胶喷没喷好，法庭记录员总得提醒自己不要用嘴叼笔。”当他们在法庭上过度地注意自己的形象时，怎么能期望他们把全部注意力放在法庭上呢？不难了解，电视转播也使我国的一些法官、检察官和律师对自我形象大为注意。为了开好庭，法官、检察官和律师往往在庭审前进行了充分的准备。特别是，案件通常是挑选出来的，有的法院在庭审前专门进行研究，拿出或者近乎拿出了处理意见，法官在“胸有成竹”的情况下开庭，庭审势必流于形式。

其四，电视转播只是对庭审过程在媒体上进行传播，庭审之外存在的更为实质性的活动，并不为公众所了解，如开庭前研究和开庭后向庭长、院长甚至上级法院的请示汇报等，并非电视转播的对象，但正因这些庭外活动的存在，使法庭审理已不具有实质性，这样电视转播所具有的监督法庭审理活动的功能就被削弱，即使对庭上审理进行全程直播，也不能解决“暗箱操作”问题。

其五，法官应当缄默，他们对案件的认定和态度应体现在裁决书中，正如我国台湾学者蔡墩铭所指出的：“盖审判官之判决，已在判决书内叙述其理由，对于认定事实与适用法律各点既予以详尽之说明，则当判决书正式发表之后，实毋庸在法庭外为多余之补充说明。此因法庭外之说明，不但于事无补，且必引起反复之辩驳，徒使司法信誉受损，而无任何实益。英国法谚谓：‘审判官不为辩解'，确属有感而发。"① 法官经常在电视上接受记者采访，动辄公开发表对案件的认识和意见，有悖于法官谨慎、缄默的形象，对法官的尊严是有损害的。

总之，对于电视转播，应当认真权衡利弊得失。如今全国各地具备在一定范围内进行电视转播条件，作出电视转播的决定也并不难，但是否应当进行电视转播，不能不考虑到案件的公正处理、对当事人及其亲属的影响和对社会的影响等诸多因素。在我国，电视转播的范围应当严格限制在社会普遍关注、具有广泛影响的个别重大案件上，对于不具有上述特点的案件，大众传播媒体可以进行报道，但不能进行电视转播，以免在媒体的介入下反而有伤刑事司法活动的公开和公正，使审判活动成为一场场“表演秀”。

三、对新闻报道的限制

大众传播媒体是民主社会的重要保障机制，也是司法民主的重要保障机制。不过，在缺乏必要的约束时它也有可能对司法公正产生损害，但只要建立必要的约束制度，就能够对司法活动公正而高效地进行起到保障作用而避免其可能产生负面效应。

新闻舆论必须遵循一定的规范。新闻的生命在于它的真实性，如果提供的是歪曲的信息，不但不能对司法状况提供客观公正的信息，反而对司法公正产生损害。因此，新闻媒体对于所获得的信息，必须进行认真核实、筛选，将正确的信息传达给民众，错误的信息通常不可能形成正确的舆论，其结果反而无益于维护政治清明、司法公众和社会正义，甚至对后者造成损害。

新闻自由是有一定限度的，这是因为信息自由和民众的知情权都不是漫无限制的，任何自由都必须受到社会道德法律的约束和理性的限囿，而放任的自由则会冲破民主的樊篱。基于这一原因，信息自由和民众的知情权往往因道德原因和保护国家重大利益的需要而受到一定的限制。

新闻自由也离不开责任，就司法领域而言，在一些国家，报纸和电视报道不能在法院裁决之前刊登任何可能采用的证据的消息。判决以后，新闻界才能充分

---

① 蔡墩铭著：《审判心理学》，台湾水牛图书出版事业有限公司 1981 年版，第 619 页。

自由公布有关审判和所提出的有关证据的全部情况。[①] 在英国，一份报纸因在审判之前登出“杀人犯被逮捕归案”的断言，这被认为损害公平审判而依藐视法庭罪受到了法院的惩处。[②]

英国学者大卫·巴纳德指出：“对一个被告人来说，最后审判他的陪审团能否不带任何偏见地审理他的案件。这是非常重要的问题。”在过去，由于新闻界急迫地竞相报道治安法官审查案件的消息，往往使陪审团在审判前就形成了对案件的大体看法。那样的报道往往是片面的，因为在审判中被告人常常保持沉默，因此，在治安法院的起诉审中只能听到控诉一方的证据。为避免陪审团在审判前产生预断，1967 年《刑事审判法》第 3 条规定：未经被告人同意，不准通过报纸、电视或广播报道正常起诉审程序以外的任何其他内容，特别不准透露控诉证据方面的任何消息。“应该注意，这种限制只适用于所有被告人都希望不作报道的情况。如果同案诸被告人中的任何一个希望加以报道，那么，不管别的被告人怎样反对，法庭也应该准予报道。”[③]

为保持司法公正，有时有必要对新闻或电视报道加以限制。国际刑法学会《关于刑事诉讼法中人权问题的决议》第 14 条就规定：“公众传媒对法庭审判的报道，必须避免产生预先定罪或者形成情感性审判的效果。如果预期可能出现这种情况，可以限制或禁止无线电台播送审判情况。”

对新闻或电视报道加以限制往往会引起争议，因为这涉及新闻自由应当受到保障的宪法权利。“赞成对新闻报道加以限制的法学家争辩说，法律不应在审判之前就区分有罪和无罪。因此，法律务必既要保护无罪者防止受到不准确的报道，同时也保护有罪者使其免受准确的报道。”在实际工作中，一些“负责任的报社，如果发现对耸人听闻的犯罪进行的报道可能危及某人的生命时，则会控制报纸的印行。然而，几乎在所有其他的情况下，记者们认为他们的职责是要使公

---

① ［美］小查尔斯·F. 亨普希尔：《美国刑事诉讼——司法审判》，中国政法大学出版社 1984 年印制，第 30 页。

② ［英］丹宁勋爵著，李克强、杨百揆、刘庸安译：《法律的正当程序》，群众出版社 1984 年版，第 39～40 页。

③ ［英］大卫·巴纳德著，王国庆译：《诉讼中的刑事法庭》，中国人民大学法律系诉讼法教研室 1985 年版，第 109～110 页。

众都了解犯罪行为。”①

在美国，“几乎每一个执法机构，对于逮捕或重要侦查之后可以作为新闻发布的情报消息，都制定了政策，如果记者在犯罪或逮捕的现场拍照，只要他不妨碍执行侦查或逮捕的任务，便应当允许他这样做。”“警察局发言人，绝不应当把被告人对侦查官员交代的任何供词或者被告人声称他当时不在现场的任何辩解透露给新闻记者。至于所作的科学验证或对证据的评价是否牵连被捕人的情况，不应当作任何陈述。警察局安排嫌疑人列队辨认的结果，同样地不应泄露，而且绝不能发表这样的声明，大意说‘证人已对他作了肯定的辨认’。同样也不应当作诸如此类的陈述：‘我们已经进行了逮捕，毫无疑问，罪行现在已经肯定。’”②

对新闻或电视报道施加限制的主要理由之一，是某些报道容易制造偏见，有学者指出：“有时，报纸或者电视记者坚持开庭审判前便对某个刑事案件作出大量的宣传报道。这会导致记者和审判法官之间出现严重的分歧。记者声称，他们应当有权自由地报道关于犯罪以及侦查结果的全部细节，因为宪法修正案第一条规定了言论自由的权利。而法院和被告律师则认为，如果报纸或电视的公开报道会使公众的思想产生不利于被告人的偏见，被告人就不可能在宪法第五条修正案规定的正当手续下得到公正审判。这些律师们害怕陪审团会自觉或不自觉地受到影响而对被告人定罪。”在陪审团审判当中，偏见的去除尤其为人们所重视，“人们指望审判陪审团所作的报告不带偏见，而且指望他们只是根据法庭上提出的证据作为裁断案件的依据。而关于耸人听闻的、残酷的罪行的新闻报道，可能早在被告人有机会洗清自己之前，就会给他的案件带来损害。”因此人们认为，“对罪行本身及逮捕进行异常大量的新闻报道，有可能削弱公正的审判。”③

带有偏见的报道来源于不真实的故事或者报道者在取舍材料时在一定倾向性的支配下剪裁的信息，这也就是说，报道的内容是不真实的，或者只有部分是真实的，或者没有报道出整个事件的全貌。对于审判活动来说，不仅虚假的、未揭

---

① ［美］小查尔斯·F. 亨普希尔著：《美国刑事诉讼——司法审判》，中国政法大学出版社 1984 年印制，第 29～31 页。

② ［美］小查尔斯·F. 亨普希尔著：《美国刑事诉讼——司法审判》，中国政法大学出版社 1984 年印制，第 29～31 页。

③ ［美］小查尔斯·F. 亨普希尔著：《美国刑事诉讼——司法审判》，中国政法大学出版社 1984 年印制，第 29～31 页。

示案件的全貌和只有部分事实是真实的报道具有破坏力，即使报道的内容是真实的也具有破坏力，因为一些国家的诉讼机制要求审判活动要尽量减少甚至去除法官或者陪审团的预断，而媒体的广泛报道可能会影响法官或者陪审团并使之产生预断，预断容易使裁判者失去中立的立场而破坏程序的公正性甚至实体的公正性。

在我国，由于缺乏必要的规范和传统，大众传播媒体在对案件和审判活动进行报道时容易出现失范现象。我国学者指出：在进行报道时，媒体存在着追求轰动效应的问题，“为追求轰动效应，一些媒体有意无意夸大其词，演绎情节，表现为追逐低级趣味的倾向”。存在着“大批判”倾向，“媒体往往只管骂得痛快，揭露得彻底，而不顾社会影响、司法公正和被指控者的权利。在涉及犯罪案件的报道中，总喜欢把犯罪嫌疑人说得越坏越好，完全缺少报道犯罪案件应有的‘无罪推定’、‘罪行法定’、‘罪罚相当’这样一些基本的法律观念，不懂得尊重犯罪嫌疑人的人权和人格。”① 这些问题，在我国的新闻报道中确实存在。针对这些问题，有必要完善新闻法律规范，使新闻媒体在进行报道时恪守客观报道的准则，增进新闻从业人员法律素养和人权意识，避免新闻报道的负面效应。

四、新闻舆论与司法机关独立行使职权的关系

大众传播媒介是舆论的重要源泉，对于大众传播媒介来说，在新闻基础上所进行的评论和由新闻促成的舆论应当富于理性，错误的信息造成错误的舆论，是应当尽力避免的。只有这样，才能发挥清除司法腐败和专横的舆论监督作用，同时又不至于对司法独立和公正造成损害。

舆论监督司法工作，不是对案件的处理直接施加干预，而是通过揭露事实、促成舆论的方式保持、维护司法公正。对于舆论中反映的问题，法院应当注意进行调查了解，如果情况属实，应当通过自身的机制加以解决；如果情况并不属实，法院也不应屈从舆论，让舆论左右司法审判。大众传播媒体对司法的监督，还体现在引起立法部门对司法活动中存在的问题的关注，在我国的宪法框架内，在审议法院工作报告中提出质询、投票反对，甚至在必要时启动对法院院长、法

① 曹建明主编：《公正与效率的法理研究》，人民法院出版社 2002 年版，第 85 ~ 86 页。

官的罢免程序，以法定的方式进行落实监督权力。

需要强调的是，法官在审理案件和作出判决的过程中，不应该受到舆论的影响而应本着自己的良知进行审判。这也就是说，司法机关行使审判权，应当独立于舆论。因为大众传播媒介不是法官，他们对事实和证据的判断困难存在自身的局限性；大众舆论不一定尽与理性相符合，顺从这样的舆论，司法公正是难以得到保障的。所以，对于法官来说，重要的是“公其心以审事理之正，静其气以察世事之平，然后天下乃有真是非之可见”①。为达到这一目标，自我克制不受舆论的影响必然成为对司法官的一项基本要求。

我国要进行刑事司法体制的改革，需要将司法人员的监督社会化，这种社会化中最卓有成效的步骤当属使新闻媒介能够对刑事司法活动进行适时的监督。新闻媒体本来是民主机制包括司法民主机制的组成部分，司法改革需要借助新闻媒体在国家政治中的重新定位，依赖于它最大化地发挥对司法腐败和司法专横的预警和曝光作用，如果新闻媒体的作用不能得到发挥，就失去或者极大地削弱了这一在监督司法机关和司法人员方面具有举足轻重作用的机制，司法活动中的内部统治就要被迫强化，为此既有的司法体制的弊端就会像慢性病一样常与身随，即使在身体状况最好的情况下也不能消除随时发作的危险。

第六节　透明度与司法的公信力

司法透明是诉讼活动的一项准则，它的目的在于保持司法制度运作的完美性和司法活动过程及结果的公正性。这是人们对国家法制的信赖感和对司法的公信力的来源。

我国的司法人员已经认识到公信力是一种群体的信赖感以及培育公信力的重要性，有论者指出：“公信力是人们对社会现象和事物的认同感，归根结底它是一种心理现象，它反映的认识主体的心理感受，其感受如何是认识主体的心理因素在起作用。当一定数量的多数人对某一社会现象或事物具有认同感时，我们说这一社会现象或事物取得了公信力。反之，产生认同感的主体数量未达到一定的

① 长舆：《立宪政治与舆论》，载《国风报》1910年6月17日。

多数时，该社会现象和事物则不具有公信力。”① 人们相信，司法的公正性是产生公信力的基础。

司法的公正性体现在实体公正和程序公正两个方面。一个案件的实体处理不公正，则司法机关和司法活动就难以获得公众的信赖；司法活动的过程缺乏公正性，司法机关和司法活动也难以获得公众的信赖。当实体不公正或者程序不公正只出现了个别案件中的时候，可以通过司法救济的渠道，以纠正错误的方式加以匡正，挽救人们对司法信赖感的动摇或者丧失。当实体不公正或者程序不公正成为普遍现象的时候，民众必然普遍丧失对司法的信赖感，这样的司法就失去了公信力，只能通过大刀阔斧、兴利除弊的司法改革加以解决了。

人们对国家法制的信赖感和对判决的公信力，与法官廉洁公正的品格操守也有着密切关系。英国莫里斯·阿莫斯爵士在介绍英国司法的时候曾言：“我们可以得出这样的结论，英国的刑事司法得到了各界民众的广泛支持和拥护。由于英国法官完美无瑕和他们完全独立于官方压力或者其他腐败影响，民众给予刑事司法以深厚的信赖。”② 英国的司法具有较高威信，不仅在英国如此，在世界范围内也是如此。这主要得益于英国法官的中立的品格、廉洁的作风和公正的裁判，同时也得益于对抗制审判培育出来的人们对司法权力运作的信赖感。

在一个和平的社会，对司法权威最大的破坏来源于司法腐败和司法专横。司法腐败表现为接受贿赂或者在其他腐败因素的影响下进行裁判。司法专横表现为在行使司法权的过程中具有专横性，通常不是为了金钱的目的而滥用手中的权力。司法机关整体表现出来的专横通常表现为对任何来源的监督和制约都表现出强烈的敌意，滥用司法权来达到使其他机关或者个人屈服以履行自己的职责或者维护本部门利益，上下袒护，牺牲当事人利益，明知司法不公正而进行判决或者拒不纠正等。司法腐败和司法专横是司法运作不良的两项表现形式，不过有时它们也结合在一起，腐败者之所以腐败的原因，正是由于他们掌握着专横的权力。

司法腐败和司法专横形成的原因非止一端，其中之一是民众无法通过民主机制达到对司法权的控制，他们没有正当的途径对司法权的行使加以监督，更不能对司法机关和司法人员施以经常性的压力防止其偏离轨道、滥用权力。

① 曹建明主编：《公正与效率的法理研究》，人民法院出版社 2002 年版，第 157 页。

② Mauriice Amos, British Justice, Longmans Green Co. 1940. p. 52.

司法透明的准则，正是为了遏制司法腐败和司法专横而确立起来的。这一准则如能得到贯彻，司法的公正便有望得到保障，司法的权威也有望得到确立。正如德国法学家拉德布鲁赫所言：在诉讼中实行当事人原则、言辞原则、直接原则、集中原则等一系列原则，“所有这些原则，归根结底需要公开性，尤其是新闻和议会的监督予以保障。现代刑事程序重新采用了为纠问程序所抛弃的中世纪刑事程序的公开性。司法的公开性不应仅仅为了监督。民众对法律生活的积极参与会产生对法律的信任，对法律的信任同时又是他们主动参与这类活动的前提：陪审法院、自治以及议会制。”①

① ［德］拉德布鲁赫著：《法学导论》，中国大百科全书出版社 1997 年版，第 125～126 页。

第十章　诉讼体系[①]

第一节　作为现代诉讼制度构筑基础的诉讼体系理论

一、诉讼体系的含义

所谓诉讼体系，是指为了及时、公正、有效地解决各种法律争端和排解社会冲突，积极回应社会发展对公正有效法律制度环境的迫切需要，在学界和实务界的推动下，由国际和国内以及同一国内不同地区、不同诉讼类型、不同诉讼专门制度之间所逐步形成的，运转协调、衔接完整、动态发展的法律救济保障系统。

要把握诉讼体系的概念，至少需要明确如下几个方面的要素：

(一) 诉讼制度的系统性

系统性是整个世界发展的一般规律，不仅在自然界存在，在社会领域同样存在。哲学上有关系统性研究的系统论发展到法学上，形成了法理学的法制系统理论。这是诉讼体系命题提出的理论背景。

这里有必要首先解释体系和系统的一般语义。体系的一般含义是“若干事务或者某些意识相互联系而构成的一个整体。”[②] 系统的一般含义是“同类事物按

① 中国政法大学博士研究生刘东亮协助。

② 中国社会科学院语言研究所词典编辑室编：《现代汉语词典》，商务印书馆1996年版，第1241页。

照一定的关系组成的整体。”[①] 可以看出，体系和系统的共同要旨是“部分”、“联系”和“整体”，当我们将体系、系统与诉讼联系起来并且提出“诉讼体系”这一命题时，需要将诉讼制度按照合理的标准分解成若干部分，确定这些部分之间的内在联系，然后根据内在联系对部分进行整合，最终形成作为实在法形态的诉讼体系。这是我们认识“诉讼体系”的起点。

在哲学领域，系统（System）是指由元素组成的有机整体。所谓元素是指构成要素，它是按照一定标准分类的结果。分类标准往往是元素内在联系的不同表现形式。按照不同的标准，系统可以分为物质系统和思想系统、动态系统与静态系统、开放系统与封闭系统等。任何系统都是相对的。以系统为支撑概念形成的系统论是“研究现实系统或可能系统一般规律和性质的理论”，从 20 世纪 40 年代在生物学、通信技术和控制论的基础上发展而来。系统论的核心是“系统方法”（system method），即将“对象作为系统定量化、模型化和择优化研究的科学方法”。具体包括系统的分析和综合、建立系统模型、系统择优化等方面。系统化丰富和发展了辩证唯物主义的认识论。[②] 哲学上的系统论揭示了客观世界普遍联系规律的一种表现形式即事物的整体性、关联性、动态性和相对性，提供了认识自然和社会的一种科学方法，在经济学、社会学、法学等领域中得到了进一步的发展。

在法学上，体系和系统是指法律体系和法律系统。这两个概念有相同之处，但并不等同。法律系统（Rechts system），是指由具体的法律规范按照特定的规则组成内部协调的制度整体（Gesamtrechtsordnung）。其要点是：第一，“任何法律规范都是‘总体法律制度’的组成部分，与其他法律规范存在着紧密的外部——如与其他法律——或者内部联系。所有的国内和国际法律制度概莫能外”。第二，“制度整体中有关某问题的所有法律规范相互联系，尽可能没有含义冲突”[③]。

法律体系即“法的体系”，是指一个国家在一定历史阶段上，以现行的和即

---

① 中国社会科学院语言研究所词典编辑室编：《现代汉语词典》，商务印书馆 1996 年版，第 1352 页。另请参见 Black's Law Dictionary，5TH，West Publishing Co. 1979，p. 1300，该词典对系统（System）作出基本相同的解释。

② 《中国大百科全书》光盘 1. 1 版，哲学部分“系统”“系统论”“系统方法”等词条。

③ Bernd Ruetters，Rechtstheorie，Verlag C. H. Beck1999，S. 82.

将制定的法律规范为基础，以宪法为龙头，由不同的法律部门组成的一个内容和谐一致、形式完整统一的有机整体。①

就法律制度（legal system）而言，上述两个概念是相互补充的，前者着眼于法律制度微观层面的内部联系，后者偏重于法律制度宏观层面的外部联系，它们共同构成了法律制度的系统性要求的完整内涵。

法理学上专门研究法律制度系统性的代表是鲁曼（Niklas Luhmann）的系统论法律社会学（进化—系统论），认为法律是社会系统的一种结构，其功能是调节复杂的社会系统，使社会形成协调的社会结构。鲁曼理论的目的是将社会学和法学结合起来，使法律成为社会变革的有效动力。②

将哲学和法理学的上述研究成果应用到诉讼领域，可以认为：

第一，“诉讼”与“体系”之间原本就具有客观的联系，“诉讼体系”命题的提出并非凭空的杜撰，而是国家诉讼制度的内在联系规律的集中表达；“诉讼体系”是诉讼的内在规律之一，以前我们没有提出这个命题，只能说明我们没有认识到这个规律，而不是不存在这个规律。该命题的提出是我们对诉讼规律认识深化的结果。

第二，不能将刑事诉讼、民事诉讼、行政诉讼和其他诉讼类型隔离，甚至孤立，相反，应当将各种诉讼类型视为一个相互联系和作用的系统。不仅如此，不同国家的诉讼、同一个国家不同地区的诉讼、同一种诉讼之内的不同诉讼类型和专门制度之间也存在着客观的联系，这些“元素”或者“部分”之间相互作用，相互影响。

第三，“诉讼体系”的研究以诉讼要素的分解为前提，重在揭示不同诉讼要素之间的诉讼关系规律。所谓诉讼要素，具有不同层面的含义，例如，国际与国内层面、不同基本诉讼类型的层面、同一基本诉讼类型内部不同诉讼种类的层面以及同一种基本诉讼类型内不同专门制度的层面。在要素分解的基础上，需要进一步研究“诉讼关系”，即不同层面的、各种诉讼要素之间的相互作用关系。

第四，从实在法的角度来看，诉讼体系的形成是一个客观历史过程，不同的

① 王启富、陶髦主编：《法律辞海》，吉林人民出版社1998年版，第1068页。另请参见赵震江、付子堂著：《现代法理学》，北京大学出版社1999年版，第416～417页；《牛津法律大辞典》，光明日报出版社1989年版，第545页。

② 参见沈宗灵主编：《现代西方法理学》，北京大学出版社1992年版，第365～373页。

国家有不同的特点，但是，客观的、普遍的衡量标准是存在的。这个客观的标准集中起来就是“系统性”，即有关诉讼制度的系统理性，具体包括诉讼制度的协调性、完整性、动态性等。这是有关诉讼体系的定义中“运转协调、衔接完整、动态发展”的要旨所在。

第五，对诉讼制度系统性的研究，应当考虑到政治、经济、社会、科技、文化发展的需要，换句话说，应当考虑到诉讼制度与外部社会历史条件之间的互动关系。

（二）诉讼制度的目的性

与“系统性”相同，“目的性”也是人类社会发展的规律，是指人作为理性的动物，具有追求特定目的的自然本能，没有任何目的的行为不是行为，而只是单纯的事实；没有目的的制度也不是制度，而只是空泛的摆设，因为“目的是这个世界的创造者”[①]。这是耶林的一句名言。诉讼制度是人们为了实现特定的目的而构筑的一种社会冲突的解决机制。在哲学、经济学和法学上都存在有关目的性的目的论，它们是“诉讼体系”命题的另一个理论背景。

目的的一般含义是“人们在采取行为之前所期望实现的目标”[②]，是“想要达到的地点和境地”[③]。从“目的”一般含义中可得到的启示是目的应当在采取行为之前确定，是目的决定了行为，而不是行为决定了目的。就诉讼体系而言，我们在构筑诉讼制度过程中应当首先明确期望达到的目标，然后选择必要的手段。

哲学上的目的论是“目的或目的因解释世界的哲学学说”，认为观念性的目的是预先规定事物的存在和发展及其相互关系的原因和根据，自然和社会的结构安排都具有合目的性，例如，猫被创造出来是为了吃老鼠，老鼠被创造出来是为了给猫吃。哲学上的目的论具体分为外在的目的论和内在的目的论。前者用神的目的解释世界，后者则从事物必然性的目的性中认识世界。另一个相关理论是“目的与手段”。如果说目的应当具有主观观念和需要的合理性，那么，可以认为，“手段”体现的是客观和工具的合理性。[④]

① Bernd Ruetters, Rechtstheorie, Verlag C. H. Beck1999, S. 304,

② Black's Law Dictionary, 5TH, West Publishing Co. 1979, p. 1112.

③ 中国社会科学院语言研究所词典编辑室编：《现代汉语词典》，商务印书馆 1996 年版，第 904 页。

④ 《中国大百科全书》光盘 1.1 版，哲学部分“目的论”“目的和手段”等词条。

在经济学上，目的性是指人们追求效率的一种经济理性。“经济学研究理性行为，理性行为可以定义为用有效率的手段追逐一贯的目的”。经济学的目的就是处于均衡状态的利益最大化，具体包括相互联系的三个要素，即最大化、均衡和效率。所谓最大化，是指客观上可能实现的最大的利益。所谓均衡，是指任何方面的参加方同时达到最大化目标而相互作用形成的能够持久存在的关系状态；一旦达到这种均衡状态，效率就得到了实现。[①]

法学上有关目的的理论称为“法律目的论”，主要研究课题是法律对政治、经济、社会和文化的进步应当发挥什么样的作用，不同的学者对此有不同的表述。功利主义理论的代表者是英国的边沁、德国的耶林等。他们本着功利主义的态度认为，目的是法律的主导原则，任何法律规则的本源都是各种动机，法律的目的是发展和保护社会利益。[②] 马克思、恩格斯和列宁则从利益的角度解释目的，认为法律的目的归根结底是利益，因为利益是社会成员组成公民社会的纽带，一切社会现象都可以归因于特定阶级的利益。[③]

目的论问题近年来引起了诉讼法学界的关注，出现了有关刑事诉讼目的[④]、民事诉讼目的和行政诉讼目的[⑤]的专门研究成果，但是，将诉讼制度作为整体考察的系统的、一般的诉讼目的理论还没有出现。

根据上述介绍，就诉讼体系而言，可以认为：

第一，诉讼制度作为法律文化参见本书关于“诉讼文化”的论述。其组成部分是人类按照理性改造社会的历史成果。这里所说的理性主要是指诉讼理性，其中首先是指目的理性，即诉讼制度的构筑应当使其发挥最大化的效用，尽可能推进一个国家政治、经济、文化、科技的进步；换句话说，就是应当并且能够及时、有效地解决各种法律争端和排解社会冲突，积极回应社会发展对公正有效法律制度环境的迫切需要。

第二，诉讼制度的目的性客观上表现为各种社会利益及其互动关系。这里所

---

① ［美］罗伯特·考特、托马斯·尤伦著，张军等译：《法和经济学（第六版）》，上海三联书店、上海人民出版社 1994 年版，第 1 页、第 22 ~ 25 页。

② 王启富、陶髦主编：《法律辞海》，吉林人民出版社 1998 年版，第 1086 ~ 1087 页。

③ Bernd Ruetters, Rechtstheorie, Verlag C. H. Beck1999, S. 302 ~ 303.

④ 宋英辉著：《刑事诉讼目的论》，中国人民公安大学出版社 1995 年版。

⑤ 李祖军：《民事诉讼目的论》，法律出版社 2000 年版；朱维究、马怀德主持：《中国政法大学诉讼法学专业〈行政诉讼法〉授课记录》，2000 年 9 月至 2001 年 1 月。

说的社会利益包括公共利益，关于公共利益,[①] 个人权益表现形式多种多样。从主体来看，有自然人权益、法人权益、社会团体权益和其他组织的权益；从内容来看，表现为人身权益、财产权益、政治权益和社会保障权益等。所谓互动关系，表现为政治、经济、文化、科技、环境保护等不同的公共利益之间、不同的个人权益之间以及公共利益和个人权益之间的利益权衡[②]关系。就此而言，诉讼制度的目的性就是人们在认识有关诉讼利益的基础上确立的使其最大化的目标。通过诉讼机制，各个方面的利益能够得到有效的平衡，得到最好的实现。利益均衡应当成为设计诉讼制度的考虑因素，它是诉讼目的性的实质内容。

（三）诉讼制度的系统性与目的性之间的关系

在分析了系统性和目的性各自的含义之后，还需要进一步考察两者之间的关系，由此，才能全面把握“诉讼体系”的含义。

从主客观的相互关系来看，系统性针对的是诉讼制度的客观理性，而目的性针对的是诉讼制度的主观理性；从内容来看，系统性是诉讼制度作为手段的工具合理性，而目的性是诉讼制度作为社会进步推动力的目的合理性。两者存在着工具与手段之间的辩证关系。一方面，目的性作为人类改造世界主观能动性的理性体现，表明人类在选择和设计诉讼制度方面的能动性、创造性和主动性，是目的性决定了诉讼制度，而不是诉讼制度决定了目的性。另一方面，一定的目的必须有与之相适应的手段，诉讼制度的目的性必须与其系统性相适应。诉讼制度目的是否能够实现，在很大程度上取决于诉讼制度构筑的合理性即系统性，而这正是诉讼体系命题的要旨所在。

二、诉讼体系理论

上文从诉讼体系的系统性和目的性等两个概念要素及其相互关系的角度分析了诉讼体系的含义。随之产生的问题是：诉讼体系是否能够成为一个诉讼法学理论？如果能够成为一个诉讼法学理论，其研究内容是什么？在诉讼法学中具有什么样的地位？

---

① 参见［德］汉斯·J. 沃尔夫、奥托·巴霍夫、罗尔夫·施托贝尔著，高家伟译：《行政法》第1卷第29节，商务印书馆2002年版。

② 参见高家伟主编：《现代行政法专题研究》，中国政法大学2001级宪法行政法专业硕士研究生授课材料，2002年9月至2003年1月。

（一）诉讼体系能否成为一个诉讼法学理论

对此，学理上存在两种截然对立的观点。目前没有有关该问题的书面文献。下文有关该问题的介绍是本教材编写人员在选题、修改等过程中反复争论形成的观点。

否定说从刑事、民事和行政三大诉讼独立性的角度认为诉讼体系不能成为诉讼法学的一个理论。因为：第一，三大诉讼在目的、对象、范围、程序、主体、依据等方面存在质的差异，各自沿着不同的路径发展，理论上也相互独立，相互之间原本不存在什么“关系”，所谓的诉讼体系，无从谈起。第二，诉讼体系的概念非常含糊，主题不明确，这不符合法学理论形成的一般规则。任何法学理论都必须有明确的主题、若干支撑概念和基本定律，并且由此形成一个自圆其说的理论体系。目前还没有出现有关诉讼体系的有价值的研究成果，更没有成熟的支撑概念和定律，因此，诉讼体系没有成为诉讼法学理论的条件。

肯定说以哲学上的系统论、法理学上的法律系统理论以及司法实践为出发点，认为诉讼体系不仅可以也应当成为诉讼法学的一个理论，而且具有重大的研究价值。因为：第一，三大诉讼的独立性是相对的，它们之间固然存在不少质的差异，但也存在许多质的共同性，如诉讼目的、诉讼原则、诉讼结构、证据制度等。这说明三大诉讼的独立性不能绝对化，在认识个性的同时也应当考察其共性。第二，哲学上的系统论和法理学上的法律系统理论表明，不仅一个国家的总体法律制度与政治、经济、文化、科技之间存在客观上的互动关系，而且在总体法律制度的内部，各个构成部分之间也存在着相互衔接、协调和互动的关系。具体到诉讼制度领域，诉讼救济途径与非诉救济途径、不同的诉讼救济途径相互之间以及同一种诉讼救济途径内部的不同程序种类之间客观上也存在密切的联系。这是一个世界的普遍规律，不能因为没有认识到这个客观规律而否认其存在，否则就会陷入唯心主义的泥潭。第三，从我国司法实践来看，大量的案例表明三大诉讼之间确实存在多种形式的联系，如先后、附带、衔接的关系。由于没有科学理论指导，司法实践存在不少失误，一方面，出现了大量的循环诉讼，给当事人造成很大的讼累，给司法机关造成了不必要的负担，给国家造成了无谓的资源浪费；另一方面，因诉讼体系存在漏洞，许多本应当纳入诉讼渠道的法律争端得不到及时处理，酿成剧烈的社会冲突，影响了国家的长治久安。第四，作为否定说的回应，肯定说认为没有成熟的研究成果恰恰说明了诉讼体系作为诉讼法学理论研究的必要性和开创性。

（二）诉讼体系理论的研究内容

我们认为，诉讼体系理论的研究内容是：

（1）按照系统论的研究方法，对诉讼制度进行要素分解，为其内在关系的研究奠定基础。要素分解必须有一定的“度”，即体现理论研究的科学性和可行性，符合实在法的现状，并且积极回应司法实践的需要。

本着这个思路，我们认为，可以将法律救济途径分解为诉讼制度与非讼制度，如协商、调解、仲裁、异议、（行政）复议、申诉、请愿等。将诉讼制度分解为国际和国内两个层面，然后将国内诉讼制度分解为刑事诉讼、民事诉讼、行政诉讼和其他诉讼（其中特别是宪法诉讼）等不同诉讼救济途径，接下来再将每种诉讼救济途径进一步进行内部的分解，例如，将行政诉讼分解为一般行政诉讼和特别行政诉讼，将一般行政诉讼分解为确认之诉、形成之诉和给付之诉。① 如此，作为诉讼体系理论研究基础的诉讼要素框架基本形成。

（2）对社会纠纷进行类型化研究。即按照主体、客体、内容、社会影响、法律适用等标准，对已经发生或者潜在的社会纠纷进行分门归类，在此基础上研究与其相应的诉讼救济途径，发现诉讼体系中的漏洞，为诉讼制度改革提出建议。

经过长期历史演变形成的宪法诉讼、刑事诉讼、民事诉讼、行政诉讼等分别用来解决宪法争端、刑事案件、民事纠纷和行政争议。这为社会纠纷的类型化研究提供了可靠的实在法基础，我们可以直接拿来所用。就司法实践的迫切需要而言，研究的重点应当放在宪法争端和未类型化的社会纠纷方面，因为这是我国诉讼体系中的漏洞所在。

（3）研究不同法律救济途径之间的内在关系即诉讼制度系统性的表现形式。具体包括：

第一，诉讼制度与非讼制度之间的关系协调规则；

第二，国际诉讼与国内诉讼之间的关系协调规则；

第三，国内不同诉讼类型其中特别是三大诉讼（即刑事诉讼、民事诉讼和行政诉讼）之间的关系协调和漏洞弥补规则；

---

① Friedhelm Hufen, Verwaltungsprozessrecht, 3. Aufl., Verlag C. H. Beck1998, S. 232 ~ 233.

第四，我国诉讼制度的系统性改造。

(4) 诉讼制度系统性规则与其目的性之间的关系，特别是诉讼制度的系统性对目的性的制约作用和实现意义。

在上述四个方面的研究内容中，第（1）部分偏向于刑事诉讼法学、民事诉讼法学、行政诉讼法学和其他诉讼法学学科的各自独立性，主要属于它们各自的研究内容；第（4）部分主要属于“诉讼目的论”的研究范畴；第（2）和第（3）部分是诉讼体系理论研究的重点和特色所在。

（三）诉讼体系理论在诉讼法学中的地位

对此，可以作如下简单的概括：诉讼体系理论是构筑现代诉讼制度的理论基础，是现代诉讼法学的基本理论之一。

第二节　诉讼体系构建的社会实证基础

社会实证基础是指诉讼体系构建的现实条件，具体包括三个方面的内容：一是诉讼体系构建的一般社会条件；二是我国现行诉讼体系的形成和特点；三是我国现行诉讼体系的缺陷。

一、诉讼体系构建的一般社会条件

诉讼体系并不是凭空、随意产生的，它来自于人类的理性创造，从根本上受制于一国的社会发展状况；一国政治、经济、文化等各方面的因素影响着该国诉讼体系的形成及其在社会运行过程中所发挥的实际效果。

（一）历史条件

法与国家一样，不是从来就有的，而是人类社会发展到一定阶段的产物。在早期人类社会，各个国家的法律往往是诸法合体、混沌为一。在实体法与程序法尚合为一体的情况下，自然谈不上各种诉讼类型的分设，我们今天所言的刑事、民事案件当时在诉讼程序方面并没有太大的差异。人类社会发展初期社会关系并不复杂，社会冲突状况比较简单，因而，划分不同诉讼类型解决社会冲突的需求并不十分强烈。

随着人类社会的不断发展，社会关系日趋复杂，社会冲突的多样化，要求针对不同的状况，运用不同的诉讼手段对冲突实施调和与排解，维护既定社会秩序，整合现实社会关系。首先，刑事诉讼、民事诉讼开始在立法上出现分野，随后，其他新的诉讼类型也逐渐形成。

今天，人们评价某一社会法治水平或社会秩序的状况，其基本依据并不在于该社会中社会冲突发生的频度和烈度，而在于其诉讼制度对现实社会冲突的排解能力与排解效果。由各种不同诉讼类型所构成的诉讼体系成为调节和消除各种社会冲突、实现社会控制的常规机制。[①] 不同性质的社会冲突，需要采取不同的诉讼手段、按照不同的诉讼方式加以解决，这就构成了不同的诉讼类型。当不同诉讼类型被当作一个整体看待时，我们就称为诉讼体系。

一国诉讼体系完善的标志，在于现有的诉讼类型是否具有有效解决各种社会冲突的适应性。社会生活变动不居，既定的诉讼体系同不断发展变化的社会现实之间总会存在一定的距离。解决社会冲突的需求对现实诉讼类型不断提出挑战。在许多情况下，面对已经发展变化了的社会现实，如果仍然墨守原有的诉讼类型划分方式，这样的解决社会问题的方式无异于刻舟求剑。现实生活要求一国诉讼体系必须不断发展、完善。

通过对一国社会发展状况的考察，对社会发展过程中出现的社会冲突类型的概括、归纳，发现现有诉讼体系在提供冲突解决方式方面存在的盲区与空白，进而找到对其进行填补、完善的方法，可以消除影响社会运行的障碍，阻止、预防社会堕入不良运行状态，保持社会健康、持续、协调发展。在我国近年来的现代化过程中，社会生活各方面都发生了深刻的变化，利益主体、利益形式多元化，社会冲突在主体、内容、频度与烈度各方面都大异于从前，解决社会冲突的诉讼体系，已不适应或者说不完全适应社会发展过程中出现的新情况、新问题。改革、完善诉讼体系的任务，历史地摆在广大法学理论工作者和司法实际工作者面前，实践召唤我们去思考、探索、设计、完善诉讼体系的理论方案。

（二）民主条件

民主最基本的含义是人民主权，即由全体社会成员或者大多数社会成员直接或间接掌握国家权力、决定国家事务。民主是对“朕即国家”的否定，是与君主专制相对立的政治制度。

① 柴发邦主编：《体制改革与完善诉讼制度》，中国人民公安大学出版社 1991 年版，第 3 页。

一个国家的政体是否民主政体决定了哪些纠纷和争议可以进入诉讼程序。在"国王不为非"（The King can do no wrong）的年代，行政诉讼是无法想象的。"打虎、告官，辞别祖先"的中国民谣生动地说明了这一点。民主政治建立以后，个人由原来的"臣民"变为"公民"，法律面前人人平等的原则使个人与国家机关取得了对等地位，个人的权益受到国家机关的侵犯必须予以法律上的救济。行政诉讼正是在民主政治的发展过程中逐步建立起来的。民主政治要求一国诉讼体系必须为行政诉讼留下一席之地。

民主的核心特征是建立在平等主义基础之上的多数决定原则。然而，民主又不仅仅是多数人的统治，因为多数如果拥有无限权威，就有导致多数暴政的可能。① 民主的要义在于尊重多数决定的同时又要保护少数人的权利。民主必须是有节制的民主。当多数意志上升为法律，成为压迫少数人的工具时，民主政治制度要求必须为少数人提供救济的途径，违宪审查或者称宪法诉讼在各国应运而生。

（三）宪政条件

宪政与民主之间存在着重大差异。民主涉及的是权力的归属，宪政涉及的是对权力的限制。宪政与民主的根本差异在于"有限政府"的概念。② 宪政主义者尽管承认主权在民的必要性，但怀疑民主政府能够充分保护少数人和异议分子的权利，也不相信民主政府有自我节制的能力。因此，根本的解决办法是用外在的制度机制来约束民主政府，这一外在制度机制的表现形式即是宪法。

宪政，又称立宪政治，其基本特征是用宪法的形式确立制度安排，限制政府的权力，保护个人的自由。宪法是宪政存在的基础。宪法的作用就在于把政治活动纳入法律程序。

如其他法律一样，宪法必须得到实施，否则，它不过是一张废纸。这就需要有一种专门的机制来保证宪法的实施。正如马歇尔大法官所言："如果没有司法审查，一个成文宪法是不足以作为限制政府滥用权力的有效手段的。"③ 保证宪法实施的最好办法是把宪法适用于司法程序。所有的政府组织都被要求遵守宪

① 参见［法］托克维尔著，董果良译：《论美国的民主》（上卷），商务印书馆1996年版，第287页。
② 刘军宁著：《共和·民主·宪政——自由主义思想研究》，上海三联书店1998年版，第126页。
③ 孙炳珠主编：《西方宪法概论》，中国政法大学出版社1990年版，第80页。

法，但是，如果没有宪法法院，就无人对其是否违反此种义务作出判断。因此，宪法所确定的规范，只有通过宪法法院才能变成政治现实。

立宪政治要求一国诉讼体系必须包括司法审查（宪法诉讼）。法院通过行使司法审查权，一方面，可以有效保障个人基本权利；另一方面，还能协调各国家机关之间的关系，解决其权限争议，这也是维护宪法秩序，保障国家权力合法、合宪行使的有效方式。因此，司法审查是实行宪政的要求，是一国宪政体制不可缺少的制度。事实上，司法审查在各国也不再是一项单纯的司法制度，它已经属于一国政治制度的范畴。

（四）人权保障条件

在现代国家，有了宪法，并不当然意味着人权就可以得到保障。历史一再表明，政治并不是当然地在为国民的幸福而运作。对于宪法所确立的公民的基本权利，如何使之不至于流于形式，成为空洞的口号，就引发出人权保障的问题。

在资产阶级革命取得胜利，资产阶级政权建立初期，对人权的保障主要是通过议会的制定法来实现的。立法机关作为人民的代表，其职责就在于保障人民的权利。然而，各国的实践证明，议会保障人权的功能事实上并没有得到充分的实现。现代政治是政党政治，议会作为政党活动的场所，常常成为党派私益的角斗场。从各个国家的情况来看，第二次世界大战以后，保障人权实现的机制发生了显著变化，大多数国家由原来的依靠议会保障人权发展到主要通过法院的司法审查权保障人权。超越于党派利益之外的中立的法院被看作宪法的真正维护者。

人权并不是一个静止的概念。随着社会与时代的变迁，其内涵也在不断地发展变化，西方近年来出现一种被称为“三代人权观”的人权学说。这种学说认为，人权的发展可分为三个阶段。第一代人权是在17、18世纪欧美资产阶级革命胜利以后确立的，主要包括言论、出版、集会、结社的自由、宗教信仰自由、迁徙自由，不受任意逮捕的自由，通信不受干涉的自由，私有财产神圣不可侵犯等。这一代人权在表述时通常采取“免予……的自由”的形式，而不是作为一种积极的“享有……权利”的形式来表述，因此又被称为“消极的权利”。第二代人权以1919年德国魏玛宪法的规定为代表，主要是指经济、社会、文化方面的权利。这一代人权以国家积极干预并创造各种条件来保障实现为特征，因此被称为“积极的权利”。第三代人权是正在出现，目前还不十分确定的新一代人权，主要包括环境权、发展权、和平权、交流权、接受人道主义援助权、继承人类共同财产权等。第三代人权的提法得到了国际社会不同程度的承认和赞同。[1]对于宪法和法律尚未确定的新兴的第三代人权，在理论上很难将其归为民事的或者行政的或者其他形式的权利，然而，这一代人权仍然可以通过诉讼机制或者诉讼的创造性救济功能而得以生成。借助于判例法的功能通过诉讼生成权利，谷口安平举了一个典型的“日照权”的例子。[2] 人权保障的需要要求法院不能拘泥于原有的诉讼类型，而应该不断拓展诉讼体系的范围，为人权保障提供最大限度的实现空间。

（五）法治条件

法治既是一种法律学说，也是一项法律实践。何谓法治？自古希腊哲学家亚里士多德提出“普遍服从良法”的古典法治思想，亚里士多德认为，“法治应包含两层含义：已成立的法律获得普遍的服从，而大家所服从的法律又应该本身是制定得良好的法律”[3]。到当代福利国家的法治观，历代思想家从不同的角度对法治作出了不同的回答。[4]

不管人们对法治作何解释，毫无疑问，法治是一种理想的社会状态。法治可以被理解为这样一种社会状态：在法律与国家、政府之间，运用法律约束国家、政府的权力；在法律与人民之间，运用法律合理地分配利益；在法律与社会之间，运用法律确保社会公共利益不受权力和权利的侵犯。在这样一种理想的社会结构和社会秩序中，所有的社会冲突，只要可以纳入法律评价的轨道，一概都可以或者说最终都可以通过司法的途径予以解决。在这样一种理想的社会状态中，诉讼体系的范围扩展至极致，所有的法律争议，包括公法争议和私法争议都一览无遗。可以说，这样一种国家形态已经发展到了法治国家的最高阶段——司法国家（Justizstaat）。德国法学界认为，法治国家的发展经历了三个阶段：行政国家、

---

① 关于第三代人权，参见斯蒂芬·P·马克斯、赵红野：《正在出现的人权：八十年代的新一代人权？》，载《环球法律评论》1987年第2期。

② 参见［日］谷口安平：《权利概念的生成与诉的利益》，载［日］谷口安平著，王亚新、刘荣军译：《程序的正义与诉讼》，中国政法大学出版社1996年版，第148～166页。

③ 参见［古希腊］亚里士多德著，吴寿彭译：《政治学》，商务印书馆1965年版，第199页。

④ 关于法治思想的演变历程，可参见陈新民：《国家的法治主义》及《德国19世纪法治国概念的起源》两文，载陈新民著：《德国公法学基础理论》（上册），山东人民出版社2000年版。

立法国家、司法国家。其中，司法国家是法治国家发展的最高阶段。[①]

（六）文化条件

人们在对各个国家的法律制度进行比较时会发现，对同一类问题不同国家有不同的解决办法。在一个国家用法律调整的问题，在另一个国家可能由其他社会规范调整。在一个国家用某种法律手段解决的问题，在另一个国家可能用另一种法律手段解决。不同国家对同一类问题采取不同的解决办法，与它们在文化传统方面的差别有很大的关系。

法律文化是一个国家法律体系（legal system）的“内在逻辑”，现代法律体系的许多差别只有通过历史形成的法律文化才能得到解释。[②] 法律文化是一个国家、地区或民族从事法律活动过程中形成的并且长期起作用的“定势”，是一种根深蒂固的习惯。一国诉讼体系的形成，很大程度上受到该国法律传统的影响。

凡属于同一传统的法律可被看作一个法系。按照法的渊源和结构上的差别，当代世界各国法律基本上可概括为两大法系：大陆法系和英美法系。在这两大法系的历史发展过程中，由于受到各自法律传统的影响，各个法系所属的国家在诉讼体系上存在相当大的差异。

罗马法是大陆法系最古老的法律渊源。在罗马法形成初期，民事诉讼、刑事诉讼尚未分设开来。《十二铜表法》中虽然已有关于诉讼程序的规定，但刑事诉讼和民事诉讼并未明确加以区分。我们只能根据今天的理解来判断各条文所规定的诉讼类型。但是，由于罗马法已有公法和私法的划分，诉讼类型也相应分为公益诉讼和私益诉讼。[③] 或许罗马统治者和法学家并未形成明确的诉讼分类意识，但运用不同手段解决不同性质的社会冲突的需要，为民事诉讼、刑事诉讼的独立存在与发展提供了前提和根据。在18、19世纪大规模的法典编纂运动中，现代意义上的独立的民事诉讼、刑事诉讼以及行政诉讼相继形成。由于大陆法系国家特别是法国严格划分公法与私法，加上其对分权原则的独特理解，其普通法院和行政法院两大系统分开设置，两套法院在职能、人员及法律适用等许多方面截然不同。这种典型的二元主义司法制度对具有相同传统的其他大陆法系国家产生了

---

① 参见陈新民：《国家的法治主义》，载陈新民著：《德国公法学基础理论》（上册），山东人民出版社2000年版，第87页。在司法国家，国家生活已经达到了普遍的司法性（Justizfoe migkeit）。

② 参见沈宗灵主编：《法理学》，高等教育出版社1994年版，第247页。

③ 参见周枏著：《罗马法提要》，法律出版社1988年版，第206页。

深远的影响。

而作为英美法系国家代表的英国，不严格区分公法和私法，公民和政府之间的关系以及公民相互之间的关系，原则上受同一法律支配，由同一法院管辖。英国所理解的这种法治原则有其深刻的历史渊源。英国在都铎王朝和斯图亚特王朝前期所设立的星法院（Star Chamber）在英国臣民心目中造成的不良影响，使得英国人难以接受一切特别法院。在英国人心目中，普通法院才是自由和权利的可靠保障，是防止行政机关专横，维护法治最有力的工具。因此，在光荣革命后，形成了由普通法院受理一切案件包括行政案件的传统。自 20 世纪以来，虽然英国成立了许多行政裁判所负责受理某些行政案件，但这并不妨碍普通法院对行政案件行使管辖权。因为行政裁判所作的裁决，有时依照法律规定，可以上诉于普通法院；在没有法律规定时，普通法院仍然可以根据普通法对行政机关传统的司法审查权受理行政案件。普通法院在审理行政案件时，虽然并不排除在某些情况下使用特殊的程序和救济手段，但基本上仍然适用一般的民事诉讼程序规则。由于英国的传统法治原则在很大程度上阻碍了英国行政法的发展，近年来，针对目前行政裁判所制度存在的问题，有人主张建立法国式的行政法院，但英国大部分人仍然认为行政裁判所制度虽有待改进，却不能违背英国的历史传统，因此并不赞成根本性的改革。[①]

在我国，虽然自西周时起即已有了“狱”与“讼”的区分，人们常常喜欢引用“讼谓以财货相告者”“狱谓以罪名相告者”[②] 的说法来证明我国古代已有民事诉讼、刑事诉讼程序之别，但实际上无论是“讼”还是“狱”都不是针对制度而言，而只是表述个别案件的用语而已。[③] 从整体上看，我国传统法律中形式主义的要素十分稀薄，程序法一直没有独立于实体法之外，其内部分化也很不充分，不存在几种诉讼程序的并立，这种情况一直持续到 20 世纪初清末修律才得以改变。中国古代民刑不分，民事诉讼刑事化，并且习习相沿两千余年，其根源即在于中国古代国家公权力过分发达，过早形成了国家至上的国家主义观

① 参见王名扬著：《英国行政法》，中国政法大学出版社 1987 年版，第 148 页。

② 《周礼·秋官司寇·大司寇》。

③ ［日］滋贺秀三：《清代中国的法与裁判》，转引自季卫东著：《法治秩序的建构》，中国政法大学出版社 1999 年版，第 55 页。

念。[①] 时至今日，这种传统并没有随着中华法系退出历史舞台而彻底割断与现实的联系。中华人民共和国成立后，《行政诉讼法》历经千呼万唤整整40年才得以正式出台。《行政诉讼法》颁布后，行政诉讼虽然在制度上已经建立，“民不告官”的观念在潜意识里或者说事实上仍在影响着我国行政诉讼制度的发展。

（七）理论条件

“没有革命的理论，就没有革命的实践”，诉讼体系的构建也不例外。一国诉讼体系的发展，背后总有某种法学理论的支持与推动。

对诉讼体系的形成影响最大的莫过于罗马法关于公法、私法划分的理论。虽然由于年代久远，我们事实上已无法确切地知道这种对法律二元划分的理论肇始于何时，但通过历史遗留下来的断简残编，我们仍然可以推算出其产生的大致时间。据《学说汇纂》记载，罗马法学家乌尔比安（D. Ulpianus，约公元170—228年）认为：“公法是关于罗马国家的法律，私法是关于个人利益的法律。”以盖尤斯（Gaius，约公元130—180年）同名著作为蓝本，经删改、增补的查士丁尼《法学阶梯》（颁布于公元533年）也作了类似的论述。公、私法二元划分的学说，不但为当时的罗马立法所承认，而且影响到后世整个大陆法系国家诉讼体系的发展。

对英美法系国家特别是英国诉讼体系影响至为深远的当推戴西（A. V. Dicey）的法治理论。英国著名宪法学家戴西在1885年的《宪法研究导论》[②] 一书中声称，行政法是法国的东西，是保护官吏特权的法律。在这种制度下，支配政府与公民关系的法律和支配公民相互间关系的法律不一样，是两种不同的法律体系，由两种不同的法院系统管辖。前一体系给予官吏特别保护，和英国的法治原则不相容，不能在英国存在。英国的法治原则保障一切公民在法律面前平等；官吏在执行公务时不享有任何特权；全国只有一个法律体系，一个法院系统。戴西对于行政法的见解，在英国影响很大。很多英国法学家都认为英国没有行政法，也不应有行政法。实际上，戴西是把行政法与行政诉讼等同起来，并

---

① 参见张中秋著：《中西法律文化比较研究》，南京大学出版社1999年版，第100页。

② A. V. Dicey, Introduction to the Study of the Law of the Constitution, Macmillan Co., 1885. 该书前后共印行10版，第9版及第10版由Wade整理（Wade/Dicey）。中国早在1930年即有雷宾南依据第8版所译之中译本，由上海商务印书馆印行。台北学人月刊社1971年曾有影印本，收入《五元文库第二十七号》。中国内地最近发行中文再版。参见［英］戴雪著，雷宾南译：《英宪精义》，中国法制出版社2001年版。

对法国行政法院抱有偏见。虽然戴西对英国宪法的发展功不可没，但其对行政法的误解却在很大程度上阻碍了英国行政法及行政诉讼的发展。

在美国，1803 年的马伯里诉麦迪逊案确立了联邦最高法院的违宪审查权。违宪审查制度的确立，固然应直接归功于马歇尔大法官杰出的政治智慧与司法才能，但不应忽视的是，早在 1787 年宪法制定的过程中，制宪者中间就已存在是否应当确立违宪审查制度的争论。极力主张“法院必须有宣布违反宪法明文规定的立法为无效之权”的汉密尔顿等人的论述,① 事实上已为联邦最高法院的违宪审查权奠定了理论上的基础。这也是为什么马伯里一案作出以后违宪审查能够为美国社会所接受的原因。汉密尔顿等人的主张及有力论证已为违宪审查制度的确立铺平了道路。

在我国，法学理论对诉讼体系构建的影响也是不容忽视的。《行政诉讼法》的制定，行政法学者功不可没。1986 年，法学界在《民法通则》通过以后讨论如何进一步加强完善我国法制建设时，许多人提出要尽快制定我国行政法和行政诉讼法，并认为刑法、刑事诉讼法、民法、民事诉讼法、行政法、行政诉讼法是国家的基本法。我国在已有了《刑法》、《刑事诉讼法》、《民法通则》和《民事诉讼法（试行)》的条件下，进一步完善法制的最重要的任务就是尽快制定行政法和行政诉讼法。1986 年 7 月，《光明日报》发表署名文章“尽快制定作为国家基本法的行政法”，《中国法制报》发表了“加强我国社会主义行政法制建设”的文章，建议加快我国行政法和行政诉讼法的立法。与此同时，全国人大法律委员会顾问陶希晋同志召集北京部分法学界人士座谈行政立法问题。在其建议和推动下，1986 年 10 月成立了由行政法学者、专家和有关实际部门的同志共 14 人组成的“中国行政立法研究组”。研究组设组长 1 人（中国政法大学校长江平)，副组长 2 人（北京大学副校长罗豪才和中国政法大学副教授应松年)，组员 11 人，另设顾问若干人，并下设秘书组和资料组。行政立法研究组原定的目标是在半年内研究和提出“中华人民共和国行政基本法”的初步框架。

研究组在研究中发现：制定“行政基本法”，在我国当时的条件下尚不成熟。与此同时，由于新的《治安管理处罚条例》（1986 年）的通过，为准备迎接治安行政诉讼，各级人民法院开始设置行政审判庭，因而迫切需要有一套审判程

① 参见［美］汉密尔顿等著，程逢如等译：《联邦党人文集》，商务印书馆 1980 年版，第 392 页。

序上的法律规定。在此情况下，研究组当机立断，毅然决定率先研究行政诉讼立法。研究组组织人力收集国外行政诉讼立法资料，并对国内的行政诉讼实践作分类调查，经过多次研究讨论，于1987年8月起草《中华人民共和国行政诉讼法(试拟稿)》，为我国将要制定的行政诉讼法提供了第一个框架。后来，试拟稿经多次讨论修改、补充，最后形成的草案终于在1989年4月4日经第七届全国人大第二次会议审议通过，并于1990年10月1日起正式施行。《行政诉讼法》的通过和正式施行，标志着行政诉讼制度在我国由试验阶段转入正式的全面运作阶段。①

在我国，宪法的司法化问题一直是学界研究的热点。宪法学者纷纷著文指出，“宪法也是法律，应当在司法审判中予以适用”②。在法学界不懈的努力下，观念上的障碍终于被扫清，新中国第一个直接引用宪法条文作为判案依据的判决应运而生。③ 虽然该案审理时遵行的是民事诉讼程序，但由于该案所涉及的主体及争议的权利性质已构成实质意义上的宪法诉讼。联系到我国行政诉讼也曾脱胎于民事诉讼的历史，我们是否可以大胆推断：该案已孕育着中国宪法诉讼产生的契机！

任何理论都有其自身的局限性，我们在重视理论重要性的同时，也不能无限夸大理论的作用。法学理论来自社会实践，为社会实践服务，并接受社会实践的检验。最终经得起实践检验的法学理论，才具有真理性，才能指导诉讼体系的发展完善。

二、我国现行诉讼体系的形成和特点

中国古代法律制度的特点是诸法合体、民刑不分，刑事案件与民事案件在诉

① 参见姜明安著：《行政诉讼法学》，北京大学出版社1993年版，第31页；胡建淼主编：《行政诉讼法教程》，杭州大学出版社1990年版，第27页。

② 代表性的著作参见王振民：《我国宪法可否进入诉讼》，载《法商研究》1999年第5期；廖中洪：《中国宪法非讼化原因探析》，载《学习与探索》2000年第5期；王克稳：《我国违宪审查制度建立的主要法律障碍》，载《现代法学》2000年第2期；毛国辉：《论宪法的可诉性》，载《政治与法律》2001年第4期；王磊：《宪法的司法化》，中国政法大学出版社2000年版。

③ “齐玉苓诉陈晓琪、陈克政、山东省济宁市商业学校、山东省滕州市第八中学、山东省滕州市教育委员会以侵犯姓名权的手段侵犯宪法保护的公民受教育的基本权利”案，参见山东省高级人民法院民事判决书（1999）鲁民终字第258号；参见《中华人民共和国最高人民法院公报》2001年第5期。

讼程序上没有太大的差异，这种状况一直持续到清末变法修律。民国时期，民事诉讼与刑事诉讼在立法上有了明确的分野，“民国”三年颁布的《行政诉讼法》也标志着行政诉讼制度粗具雏形。1949 年 2 月，中共中央发布了《关于废除国民党的六法全书与确定解放区的司法原则的指示》，认为在新的政权下，国民党的六法全书应予废除，人民司法工作不再以国民党六法全书为依据，而应以人民的新法律为依据。这一文件的发布，标志着中国诉讼制度的发展进入了一个新的历史阶段。

（一）我国现行诉讼体系的形成

我国现行诉讼体系的形成与我国几部诉讼程序法律的制定密切相关，因此，本节论述主要围绕几部诉讼法律的制定展开。

中华人民共和国成立初期，中央人民政府颁行的《人民法院暂行组织条例》、《中央人民政府最高人民检察署暂行组织条例》及《地方各级人民检察署组织通则》是中华人民共和国关于司法组织和诉讼程序的重要法律，这些法律对人民法院、人民检察院（署）的性质、任务、职权、组织和活动原则等作出了规定，为中华人民共和国成立初期的诉讼活动提供了法律依据。

1954 年，第一届全国人民代表大会第一次会议通过了《宪法》、《人民法院组织法》、《人民检察院组织法》。此后，最高人民法院制定了《关于北京、天津、上海等十四个大城市高、中级人民法院刑事案件审理程序的初步总结》、《各级人民法院民事案件审判程序总结》、《各级人民法院刑、民事案件审判程序总结》等法律文件，供各级人民法院在审判案件时参照执行。但是，从 1957 年开始的“反右”斗争及后来发生的“文革”，使中国诉讼制度与整个法制建设一样，陷入停顿状态。

1. 《刑事诉讼法》

我国刑事诉讼法的起草工作开始于 20 世纪 50 年代初期。1954 年，中央人民政府法制委员会曾经草拟过《刑事诉讼条例（草案）》。1956 年，全国人大委托最高人民法院负责刑事诉讼法的起草工作，并组成了专门机构，于 1957 年 5 月拟出了《刑事诉讼法草案》（草稿）。后又在征求各方意见的基础上对草稿进行了修改，于 1957 年 6 月拟出《刑事诉讼法》（初稿）。1962 年 6 月，中央政法小组主持并恢复了刑事诉讼法草案的修订工作，1963 年 4 月拟出了《刑事诉讼法草案（初稿）》。随着政治运动的开展，特别是“文革”的开始，刑事诉讼法的制定工作陷入长期的停顿。

1979年5月，在党的十一届三中全会召开之后，全国人大常委会法制委员会开始了制定刑事诉讼法的准备工作。这次立法以1963年形成的《刑事诉讼法草案》为基础，经过反复修改和补充，于1979年7月1日提请第五届全国人大第二次会议审议通过，并予以公布。该法于1980年1月1日起施行。至此，中华人民共和国历史上第一部刑事诉讼法典诞生了。

《刑事诉讼法》颁行后，全国人大常委会陆续颁布了一系列单行法律，对陪审制度、审判组织、审判程序、办案期限、死刑复核权等问题作出了补充和修改。其中较为重要的有：1983年9月2日颁布的《关于迅速审判严重危害社会治安的犯罪分子的程序的决定》，1984年7月7日颁布的《关于刑事案件办案期限的补充规定》等。

进入20世纪90年代以后，《刑事诉讼法》在实施过程中出现的问题越来越多，法学界要求全面修改《刑事诉讼法》的呼声日益强烈。1993年，全国人大常委会法制工作委员会正式将修改《刑事诉讼法》列入立法议事日程，并委托刑事诉讼法学方面的专家组织起草《刑事诉讼法》修改建议稿。经过充分的调查研究，并对修改建议稿进行修改、补充，全国人大法工委在1995年12月草拟出《刑事诉讼法修正案》（草案），提交第八届全国人大常委会第十七次会议审议。

1996年3月，全国人大常委会经过广泛征求意见和反复补充、修改，最终完成了《刑事诉讼法修正案》（草案），并提交第八届全国人大第四次会议审议。同年3月17日，全国人民代表大会《关于修改〈中华人民共和国刑事诉讼法〉的决定》正式通过，并于1997年1月1日起施行。《关于修改〈中华人民共和国刑事诉讼法〉的决定》共110条，对中国刑事诉讼制度进行了相当大的改革和完善。例如，该决定确立了法院统一定罪的原则；改革刑事辩护制度，使犯罪嫌疑人和被告人在侦查阶段和审查起诉阶段即可请求律师协助；改革刑事强制措施制度，放宽逮捕的条件，完善取保候审和监视居住适用程序；废止收容审查，并将其原适用的对象纳入拘留范围之中；改革审查起诉制度，废除免予起诉；改革刑事审判程序，取消开庭前的实体审查，改革法庭调查程序，扩大控辩各方的参与权；设立简易程序，使轻微案件得到迅速处理；加强对刑事被告人的权利保障，使其拥有当事人的地位和诉讼权利等。

2.《民事诉讼法》

1979年，第五届全国人大第二次会议制定公布了《刑法》、《刑事诉讼法》等7个重要法律。人大代表们在这次会议上提出了制定民事诉讼法的问题。全国人大常委会法制委员会于1979年9月正式成立了民事诉讼法起草小组，开始了民事诉讼法的起草工作。《民事诉讼法（草案)》拟订后，曾先后三次在全国范围内广泛征求意见。1981年12月，第五届全国人大第四次会议原则通过了《民事诉讼法（草案)》。这次会议授权全国人大常委会根据全国人大代表们的意见和有关单位的意见，对《民事诉讼法（草案)》修改后，公布试行。1982年3月8日，第五届全国人大常委会第二十二次会议审议通过了《民事诉讼法（试行)》。《民事诉讼法（试行)》自1982年10月1日起在全国试行。

《民事诉讼法（试行)》颁布后，经过几年的实践，证明它所规定的任务、基本原则和制度是正确的，所规定的诉讼程序也基本上是可行的。但是，随着改革开放和社会主义商品经济的发展，出现了许多新情况和新问题。这就需要根据当前的形势，对《民事诉讼法（试行)》进行修改、补充，以适应进一步改革开放的需要。1991年4月9日，第七届全国人大第四次会议审议通过了《民事诉讼法》，并自公布之日起施行，这在我国法制建设史上有着极为重要的意义。《民事诉讼法》的颁布，对于保障公民、法人和其他组织的合法权益，保障社会主义现代化建设事业的顺利进行，起着极为重要的作用。

3.《行政诉讼法》

早在1949年9月29日公布的《中国人民政治协商会议共同纲领》中就曾规定："人民和人民团体有权向人民监察机关或者人民司法机关控告任何国家机关和任何公务人员的违法失职行为。"这就十分明确地提出了要建立行政诉讼制度。1954年《宪法》第97条规定："中华人民共和国公民对于任何违法失职的国家机关工作人员，有向各级国家机关提出书面控告或者口头控告的权利。由于国家机关工作人员侵犯公民权利而受到损失的人，有取得赔偿的权利。"这表明不仅要建立行政诉讼制度，而且要建立国家赔偿制度。1982年《宪法》第41条对此作了更为明确的规定。

尽管中华人民共和国成立之后的有关宪法和宪法性文件，原则上确认了行政诉讼制度，但由于缺少可操作性的具体法律规定，我国的行政诉讼制度一直未能实际建立起来。1982年3月8日公布的《民事诉讼法（试行)》开始改变这一状况。该法第3条第2款规定："法律规定由人民法院审理的行政案件，适用本法规定。"《民事诉讼法（试行）》的规定，具有重大的现实意义，它是我国行政诉讼制度建立的标志。当然，由于《民事诉讼法（试行）》规定的人民法院受理行政案件的范围仅限于法律规定，而当时乃至其后两三年时间内规定人民法院审理行政案件的法律还很少，因此1982年以后人民法院开始的行政审判还只是我国行政诉讼制度的试验，并非正式制度的运行。

从1982年《民事诉讼法（试行）》规定的行政案件人民法院可以受理，到1989年《行政诉讼法》颁布之前，已有近130件法律、法规规定个人、组织可以按照各单行法律、法规规定的内容提起行政诉讼。其中，法律规定可以提起行政诉讼的大多是经济管理领域的行政案件，在人民法院行政审判庭建立之前，这些案件大多是由经济审判庭审理的。1986年9月，第六届全国人大常委会第十七次会议通过了《治安管理处罚条例》，行政诉讼进入到治安行政管理领域。治安行政案件由经济审判庭审理自然有困难，理论上也说不通，于是一些地方法院开始设立行政审判庭，从而使我国行政诉讼制度的试验进入到一个新的发展阶段。

随着改革开放的深入，我国民主和法制建设的进程进一步加快。党的十三大报告明确提出了制定行政诉讼法的任务。特别是"中国行政立法研究组"成立后，起草行政诉讼法的速度大大加快。研究组组织人力收集国外行政诉讼立法资料，并对国内的行政诉讼实践作分类调查，经过多次研究讨论，于1987年8月起草出《行政诉讼法（试拟稿）》，为我国将要制定的行政诉讼法提供了第一个框架。后来，试拟稿经多次讨论修改、补充，最后形成的草案终于在1989年4月4日经第七届全国人大第二次会议审议通过，并于1990年10月1日起正式施行。《行政诉讼法》的颁布和正式施行，标志着行政诉讼制度在我国由试验阶段转入正式的全面运作阶段。

（二）我国现行诉讼体系的特点

我国目前建立的诉讼体系，既不同于大陆法系国家，也不同于英美法系国家，而是具有自己的某些特色。

1. 在法院系统的设置上，我国实行一元化的司法体制

行政案件和民、刑案件一样，都由人民法院统一受理，并不存在专门的行政法院。这一点不同于大陆法系国家行政法院和普通法院分立的双轨制诉讼体系。

我国实行单轨制的诉讼体系，跟我国不严格区分公、私法有很大的关系。当然，在普通人民法院之外，我国也设有一些专门人民法院，如铁路运输法院、森林法院、海事法院、军事法院等，它们负责审理一些特殊性质的案件。但从总体上说，我国的诉讼体系在法院设置方面表现为单轨制诉讼体系。

2. 在人民法院内部，我国实行分庭设置，以受理不同诉讼类型的案件

虽然我国实行的是单轨制诉讼体系，但与英美法系国家不同的是，我国在人民法院内部分设刑事审判庭、民事审判庭和行政审判庭，并根据独立的《刑事诉讼法》、《民事诉讼法》和《行政诉讼法》审理各类案件。此外，我国人民法院还一度设置经济审判庭。经济审判庭的设置是因为1981年《经济合同法》颁布后出现了经济合同的概念。经济审判庭主要审理经济合同纠纷。但由于我国现行《合同法》已经不再使用经济合同的概念，因此，统一的《合同法》颁布后，经济审判庭又改为民事审判庭。现在，我国各级人民法院的经济审判庭大多都改称民事审判第×庭。有学者建议最好采用商事庭的概念。[1] 在同一法院内部，分设不同的法庭受理不同诉讼类型的案件，特别是民事诉讼和行政诉讼分别按照不同的诉讼程序进行审理的做法，与英美法系国家有很大的不同。

三、我国现行诉讼体系的缺陷

与其他国家的诉讼体系相比较，我国现行诉讼体系存在以下缺陷：

（一）公法诉讼薄弱

随着我国民主政治的发展，现实生活中开始出现大量的宪法争议。然而，由于我国现阶段宪法诉讼制度的欠缺，这些宪法争议特别是大量侵犯公民基本权利的争议不能被纳入诉讼轨道解决，公民向法院提起诉讼时常常被人民法院以没有法律根据为由拒绝受理，最近一个引起广泛关注的案件是“王某立等诉民族饭店选举权纠纷案”。北京民族饭店的员工王某立等16人在1998年西城区人大换届选举时，在民族饭店登记为合法选民，但民族饭店没有给他们发放选民证并通知他们参加选举，侵犯了他们作为公民所享有的最基本的政治权利即选举权。16名工人为此起诉到西城区人民法院，但西城区人民法院于1999年1月作出“不

① 参见王利明著：《司法改革研究》，法律出版社2000年版，第187页。

予受理”的裁定。16名工人上诉到北京市第一中级人民法院。北京市第一中级人民法院裁定“驳回起诉”，理由是该诉讼没有法律根据，[①] 从而使宪法基本权利受到侵犯的公民无从获到法律上的救济。在行政诉讼领域，由于我国《行政诉讼法》第11条在规定受案范围时采取列举式的方法，这种挂一漏万式的规定难免使大量行政争议不能进入行政诉讼渠道；而《行政诉讼法》第12条对受案范围的反面排除规定所排除的除了第1项规定的国防行为和外交行为以外，恰恰是绝大多数民主法治国家行政诉讼或者司法审查的重点。再加上现实中法院与同级政府、党委之间的关系等种种因素的影响和制约，事实上，我国的行政诉讼正处于一种尴尬的困境。[②]

（二）诉讼体系内部有欠协调，存在权利救济真空

由于我国在同一法院系统内部分设不同的审判庭负责审理各类案件，从而使每一案件争议性质的界定显得十分重要。然而，由于现实生活的纷繁复杂，一个争议究竟应该归属于何种诉讼类型，很多情况下很难用一个截然的划分标准加以确定，因而常常出现对于同一案件人民法院行政审判庭和民事审判庭都拒绝受理的情形。而我国法律上又没有关于处理不同审判庭之间管辖权消极争议的规定，这就使当事人常常告诉无门，当事人的权利受到侵犯却无从获得法律上的救济。

（三）我国现行诉讼体系对社会发展的适应性不够

当前，我国正处于社会转型发展时期，这一时期的社会现实是：由于我国曾长期实行计划经济体制，计划经济的影响还没有完全消除，计划经济下的社会矛盾与社会冲突依然存在；同时，我国的市场经济体制还很不健全、不完善，市场经济所固有的各种社会矛盾与社会冲突也大量存现。更严重的是，在与计划经济相适应的行政权力约束已经趋于松弛的情况下，市场经济中的商业信用约束又尚未有效形成，大量别异于先前的社会矛盾与社会冲突充斥于中国社会生活之中。这就需要有健全的诉讼机制来适应并解决这些矛盾与冲突。然而，我国宪法诉讼缺失，行政诉讼受案范围极其狭窄，民事审判庭也只在法律有明确规定的情况下

① 参见晓黎：《十六名下岗职工为选举权打官司》，载《民主与法制》1999年第11期。

② 参见皮纯协、邓旦旦：《关于中国司法改革的研讨（下）行政审判的困境与改革思路》，载《法学家》1998年第2期。

才受理案件的做法，使得我国的现行诉讼体系既缺乏广涵性又欠缺开放性，难以适应社会发展的需要。

第三节　社会纠纷的类型化与诉讼体系构建

一、社会纠纷的类型化

社会纠纷是两个以上的法律主体之间就法律和事实问题发生的分歧、争端、争议或者冲突。诉讼制度是专门用来解决社会纠纷，并且借此实现政治、经济、文化和其他法律目的的一种法律机制。对社会纠纷进行类型化研究整理是构筑诉讼体系的前提，也是发现和弥补诉讼体系漏洞的必要途径。

（一）类型化的研究方法

这是指将具有一定普遍性的规律性因素作为标准，将社会纠纷划分为若干具有相同属性的类别，以便为有关的法律适用和制度设计提供社会实证根据的法律方法。标准和分类是类型化研究方法的要点所在。

所谓类型，是指“群体（class）、级别（grade）和类别（sort）”[①]，即“具有共同特征的事物所形成的种类”[②]。从一般语义可以看出，类型化研究方法的目的是按照一定的标准对社会纠纷进行归类总结，为相应诉讼救济途径的设计或者诉讼体系漏洞的弥补奠定社会实证基础。

在我国社会科学领域，类型化属于资料分析的一种辅助手段，还没有成为一种独立的研究方法论。[③] 在哲学领域，类型化更加薄弱。[④] 在法学领域情况同样如此，[⑤] 尽管所有的部门法学都应用分类方法，但是，作为一种系统的独立的研究方法，类型化只在平等原则方面得到了有限的应用。[⑥]

理论基础的薄弱是我国诉讼体系构建不完善的原因之一。

---

① Black's Law Dictionary，5TH，West Publishing Co. 1979，p. 782.

② 中国社会科学院语言研究所辞典编辑室编：《现代汉语词典》，商务印书馆1996年版，第766页。

③ 《中国大百科全书》光盘1.1版，社会学部分“社会学方法”“社会学方法论”等词条。

④ 《中国大百科全书》光盘1.1版，社会学部分“社会学方法”“社会学方法论”等词条。

⑤ 《中国大百科全书》光盘1.1版，社会学部分“社会学方法”“社会学方法论”等词条。

⑥ Juergen Schwarze，European Administrative Law，Sweet & Maxwell 1992，p. 545.

我们认为，处于现代化历史转型时期的我国社会纠纷纷繁复杂，不仅传统的已经类型化的社会纠纷出现了重新分化组合的趋势，而且新的未类型化的社会纠纷层出不穷，需要进行归类整理。由此，才能在扑朔迷离的社会纠纷中找到规律性的因素，并且在此基础上发现对症下药的有效解决办法。因此，在诉讼法学领域，类型化作为一种研究方法是非常必要的。

（二）划分类型的标准

对社会纠纷划分类型的标准有：

1. 主体

主体，即发生纠纷的一方或者双方主体的国籍、身份、法律地位、性别、年龄等一切具有法律意义的个性因素作为社会纠纷的划分标准。例如：（1）民事纠纷与行政争议的划分标准之一是其中一方当事人是否行政机关，以及双方当事人的法律地位是否对等；（2）宪法争端与行政争议的一个重要划分标准是双方当事人是否都是具有独立法律地位的国家机构；（3）未成年人案件中的未成年人；（4）涉外纠纷中的外国自然人或者法人。

2. 客体

客体，即发生纠纷、争议、争端或者冲突的双方或者多方当事人分歧的事项，可能是有关权利义务设定的规范，也可能是有关真相的事实。例如：（1）刑事争端与其他社会纠纷的区别的关键在于客体涉及罪与非罪、罪轻和罪重以及处罚；（2）民事纠纷与行政争议的划分标准之一是争议的事项是个人性事项还是公益性事项，是否涉及公权力；（3）宪法争端与行政争议的划分标准之一是争端事项是否涉及宪法规范的解释、国家组织体制、国家分权体制、基本权利保护、政党的法律地位等。

3. 内容

内容，即以纠纷的社会影响大小、专业复杂程度、时间等内在因素作为划分标准。例如：（1）家庭、邻里的日常琐碎纠纷与一般民事纠纷的区别；[①] 琐碎民间纠纷是否适合诉讼途径解决是一个值得探讨的问题，其中包括权益保护与司法资源节约的利益权衡，也涉及滥诉问题。（2）国家行为引起的争议与一般行政活动争议的区别；国家行为引起的争议涉及国家的国家主权、国家安全等事项，

① 《慎待五毛钱官司——高院称是“滥用诉讼权利”》，载《法制文萃报》2002年10月17日。

被《行政诉讼法》第12条排除在行政诉讼的受案范围之外。[①] (3) 高度复杂、高度人身性或者经验性的判断争议、涉及风险评估或者未来发展预测的事实或者政策问题的争议与一般法律争议的区别；前一种争议也不适合通过诉讼途径解决。[②] (4) 轻微案件、一般案件与重大案件的区别；[③] 有关“简单轻微”的解释，即事实清楚、情节简单、危害性小、影响不大。(5) 需要紧急处理的纠纷与一般法律纠纷的区别。

需要解决处理的纠纷应当按照加速的诉讼救济途径解决，如民事诉讼和行政诉讼中的临时法律救济，即先予给付、先予执行等。

4. 法律依据

法律依据，即以发生和解决争议的法律依据作为划分标准，将特定的社会纠纷确定为独立的法律纠纷类型。例如：(1) 军事法律争议，即在军事法律法规执行过程中发生的个别争议，包括刑事[④]、民事[⑤]、行政、纪律处分等争议。(2) 海商法律争议，即国内企业、组织、公民之间，中国企业、组织、公民同外国企业、组织、公民之间，外国企业、组织、公民之间的因海上运输关系、船舶关系

① 参见马怀德主编：《行政法与行政诉讼法》，中国法制出版社2000年版，第559页。

② 参见［德］哈特穆特·毛雷尔著，高家伟译：《行政法学总论》，法律出版社2000年版，第137～141页。

③ 参见陈光中主编：《中国刑事诉讼程序研究》，法律出版社1993年版，第546～547页。

④ 如中国人民解放军军事法院《关于复员转业军人犯罪其军籍、证书的处理问题的批复》，1955年10月6日。

⑤ 最高人民法院《关于军事法院试行审理军内民事案件问题的复函》（2001年6月26日 法函［2001］33号）规定：一、根据《中华人民共和国民事诉讼法》第三十七条第一款规定的精神，军事法院试行审理双方当事人都是现役军人、部队管理的离退休干部、军队在编职工或者军内法人的民事案件。申请宣告军人失踪、申请宣告军人死亡的案件，申请人向军事法院提出的，军事法院可以受理。民事案件一方当事人为非军人的，由地方人民法院受理。二、当事人向军事法院提起民事诉讼实行自愿原则，即原告可以向军事法院起诉，也可以向地方人民法院起诉。

而发生的纠纷。[①]（3）财政法律争议，即公民与国家机关之间因税收而发生的争议。（4）劳动法律争议，即因劳动关系而发生的争议，具体包括报酬、解雇、劳动保护等争议。（5）社会福利争议，即因社会福利保险、失业及事故保险、战争受害者补偿、儿童福利金等而发生的争议。[②]

（三）划分类型的结果

按照上述标准，根据我国的实际情况，首先可以将社会纠纷划分为法律纠纷与非法律纠纷。诉讼制度为法律纠纷的解决设计，非法律纠纷应当排除在诉讼制度之外。这一方面说明诉讼制度的局限性；另一方面也提出了诉讼救济途径与其他社会冲突解决机制之间的动态协调。

法律纠纷可以进一步划分为：

（1）刑事、行政、民事等传统的已经类型化的一般社会纠纷。

（2）军事、海事等已经类型化的特殊社会纠纷。

（3）宪法争端。这是指因宪法的适用、解释发生的争议，其中包括国家机构之间发生的权限争议、公权力机关侵害公民基本权利的争议、有关政党法律地位的争议等。

（4）未类型化的社会纠纷。这是指由于法律规定存在漏洞，其法律性质和诉讼救济途径有待明确或者弥补的社会纠纷。对这类纠纷而言，首要的问题是明确其法律性质和类型归属，然后将其纳入既有的诉讼体系之中；现有的诉讼制度

---

① 最高人民法院《关于设立海事法院几个问题的决定》（1984 年 11 月 28 日）规定，我国管辖下列海事案件和海商案件：1. 船舶碰撞损害赔偿案件；2. 船舶碰撞海上和港口设施损害赔偿案件；3. 船舶排放有害物质和海上作业措施不当，造成水域污染的损害赔偿案件；4. 海上作业设施影响船舶航行造成经济损失的索赔案件；5. 海上运输和海上、港口作业过程中的人身伤亡事故引起的损害赔偿案件；6. 海运和海上作业中的重大责任事故案件（审理过程中发现构成犯罪需要追究刑事责任的，分别转公安、检察机关依照法律规定的程序办理）；7. 海上货物运输合同纠纷案件；8. 海上旅客和行李运输合同纠纷案件；9. 船舶租赁、代理、修理合同纠纷案件；10. 海上保险业务纠纷案件；11. 海上救助、打捞、拖航纠纷案件；12. 共同海损纠纷案件；13. 港口装卸作业和理货纠纷案件；14. 海洋开发和海洋利用纠纷案件；15. 因海事、海商等纠纷，起诉前一方当事人申请采取保全措施扣押船舶的案件；16. 因违反有关海事的法律、条例受主管行政机关处罚，当事人不服，在法律规定的期限内起诉的案件；或者在期限内不起诉，期满又不履行，主管行政机关申请强制执行的案件；17. 海事仲裁机构申请采取保全措施的案件；对海事仲裁机构作出的裁决，一方当事人逾期不履行，对方当事人申请执行的案件；18. 上级人民法院交办的和法律规定由海事法院受理的其他海事、海商案件。另请参见《中华人民共和国海商法》第 1 条；全国人民代表大会常务委员会《关于在沿海港口城市设立海事法院的决定》（1984 年 11 月 14 日）；最高人民法院、交通部《关于设立海事法院的通知》（1984 年 5 月 24 日）。

② 关于 D、E、F，参见 Inter Ntiones：《德意志联邦共和国的法律体系》，1996 年 11 月，第 23 ~ 24 页。

不能提供有效救济途径的，则构成诉讼体系的漏洞，由此而产生的问题是新诉讼类型的构筑。

二、宪法争端与宪法诉讼

宪法诉讼是我国诉讼体系中的一个空白，为此需要借鉴国外的经验。美国和德国是两大法系和两种宪法诉讼模式的代表，尤其值得我们重视。

世界各国的法律实践表明，宪法实施过程的争端不可避免。如果不能有效解决，必然会危及一国的宪法秩序，进一步危害国家的安宁和社会的有序运行，无论采取什么样的组织形式和程序设计，专门解决宪法争端的宪法诉讼制度必不可少，否则就会形成诉讼体系中的漏洞，进一步损害整个诉讼制度目的性的实现。这是有关诉讼体系构建的一个普遍规律。

（一）宪法诉讼的类型

宪法争议的解决并不一定非得由法院来进行。大陆法系中的分权原则和限制司法机关权力的理论，就排斥了普通法院的违宪审查权。[①] 审查立法行为是否合宪的要求并不一定导致司法审查制度的产生。奉行“议会至上”的国家就由立法机关来审查法律的合宪性。然而，由立法机关自己来审查自己所制定的法律的合宪性，虽说在理论上并非不可能，在实践中却难以实行。立法机关违宪审查制度实质上排除了法律违宪及其审查的可能性，因而是一种不完全的违宪审查制度。[②] 第二次世界大战以后，西方国家中许多原来实行立法机关审查制的国家纷纷改变原体制，转而采取普通法院违宪审查制或宪法法院等专门机构违宪审查制。违宪审查机构的专门化，已成为当代世界违宪审查制度的发展趋势。[③]

根据主管宪法诉讼的主体的不同，可以把宪法诉讼模式分为两大类型：一类是普通法院主管的类型；另一类是设立专门的宪法法院主管的类型。

由普通法院行使违宪审查权的代表国家是美国，美国也是世界上最早确立违宪审查制度的国家。一般认为，开创违宪审查制度先河的是 1803 年的马伯里诉

---

① 参见［美］约翰·亨利·梅利曼著，顾培东、禄正平译：《大陆法系》，知识出版社 1984 年版，第 159 页。

② 参见费善诚：《试论我国违宪审查制度的模式选择》，载《政法论坛》1999 年第 2 期。

③ 参见张庆福、甄树青：《宪法监督发展趋势简析》，载《环球法律评论》1998 年第 1 期。

麦迪逊案。[①]

事实上，早在马伯里案之前，美国实际上已经存在着另外两个层次的违宪审查：（1）各州最高法院审查州议会制定的法律是否违反州宪法；（2）联邦地方法院审查州议会制定的法律是否违反联邦宪法。[②] 马伯里一案之所以凸显的原因，是因为该案确立了第三个层次的违宪审查：联邦最高法院审查国会制定的法律是否违反联邦宪法。在马伯里案之后，联邦最高法院又通过判例发展出对州议会制定的法律是否违反联邦宪法的审查权。1810 年，联邦最高法院在“弗莱彻诉佩克案”中宣布一项州法违宪，因为它违反了宪法第 1 条第 10 款中的契约条款。[③] 从而最终确立了联邦最高法院对一切涉及联邦宪法问题的最后审查权。自美国通过马伯里一案确立违宪审查制度以来，许多国家纷纷模仿美国的做法，建立了由普通法院行使违宪审查权的制度。据统计，目前世界上大约有 64 个国家采用这一制度,[④] 其中主要有美国、日本、菲律宾、阿根廷、巴西、印度、澳大利亚、加拿大、挪威、丹美、瑞典、智利、洪都拉斯、玻利维亚、哥伦比亚等。除日本外，其他实行普通法院违宪审查制的国家都属于英美法系。

在美国，由普通法院行使违宪审查权的原因，有学者概括为：（1）三权分立与制衡原则下法院的地位；（2）司法权优越的政治理念；（3）宪法的特性和司法机关的特性；（4）自由放任主义原理；（5）法官的独立性等。[⑤] 我们认为，英美法系国家普通法院能够行使违宪审查权的原因在于，根据英美法传统，普通法院有对法律的解释权。进入资本主义社会以后，普通法的传统仍然得以保留和延续。在作为国家根本法的宪法产生以后，法院又获得了对宪法的解释权。由于宪法也是法律，具有法律的一切特征，在司法程序中同一般法律一样具有可适用性，这样，法院既具有对一般法律的解释权，又具有对宪法的解释权。在审理具体的案件时，法院就完全可以对法律是否符合宪法作出判断。这就是为什么马歇尔大法官在马伯里诉麦迪逊一案中反复强调“阐明法律的意义是法院的职权”

① 45 Marbury v. Madison, 5U. S. 137.

② 参见胡锦光：《论司法审查制的成因》，载《法学家》1999 年第 Z1 期。

③ 参见［美］杰罗姆·巴伦、托马斯·迪恩斯著，刘瑞祥等译：《美国宪法概论》，中国社会科学出版社 1995 年版，第 12 页。

④ 胡锦光：《论司法审查制的成因》，载《法学家》1999 年第 Z1 期。

⑤ 胡锦光：《论司法审查制的成因》，载《法学家》1999 年第 Z1 期。

的原因。

相反，大陆法系国家对分权原则的理解排除了普通法院行使违宪审查权的可能性。与美国相比，大陆法系国家对分权原则的贯彻更为严格，或者说，大陆法系国家对分权原则的理解似乎过于机械。

被誉为美国“宪法之父”的汉密尔顿是分权制衡理论的集大成者。他和洛克、孟德斯鸠等人同样看到了政治自由必须靠分权来保障，必须建立权力的监督与制约机制。但汉密尔顿对孟德斯鸠及以往的分权学说作出了进一步的解释、发挥和补充，他所说的权力分立并非是三者的绝对隔离，为了达到权力的制约与平衡（checks and balances），恰恰需要“权力的局部混合”①。

鉴于违宪审查的主要问题是审查议会立法是否违反宪法，而强调普通法院不享有任何意义上的立法权（即使是对法律的解释权）的观念导致了大陆法系国家不得不在普通法院系统之外另辟蹊径，建立专门的宪法法院来审理宪法争议案件。

奥地利出生的纯粹法学派代表人物凯尔森率先提出设立宪法法院作为主管宪法诉讼的专门机关。在他的影响下，奥地利最早在1920年设立了宪法法院。第二次世界大战结束后，德国、意大利等国相继建立了宪法法院，它们代表了整个大陆法系宪法诉讼活动的发展方向。据统计，现在全世界共有37个资本主义国家建立了宪法法院。② 另外，独联体、东欧一些国家在完成体制转变后也先后建立了自己的宪法法院。③

从形式上看，普通法院违宪审查模式属于“分散型”体制。最高法院所拥有的只是对违宪的最终裁决权，并不排除下级法院或者地方法院的违宪审查权。大陆法系宪法法院模式属于“集权型”体制，审查权一般都集中在唯一的宪法法院。当然，例外也是存在的。比如，拉丁美洲一些国家给予普通法院一定的违宪审查权，但这种权力一般都集中在最高法院，而不是扩散于整个普通法院系统。在大陆法系国家，如果实行的是联邦制，各个州（邦）也可能设有宪法法

① 参见［美］汉密尔顿、杰伊、麦迪逊著，程逢如等译：《联邦党人文集》，商务印书馆1980年版，第337页。

② 张庆福主编：《宪法学基本理论》，社会科学文献出版社1999年版，第893页。

③ 关于俄罗斯宪法法院制度，参见于洪君：《俄罗斯联邦的宪法监督制度》，载《西伯利亚研究》1999年第2期。

院，如在德国，除石勒苏益格—荷尔施泰因州（Schleswig-Holstein）未建立宪法法院外，其他各州都建立了州宪法法院。之所以产生“分散型”与“集权型”体制的差别，最主要原因在于“遵循先例”原则的有无。英美法系国家因为有“遵循先例”原则，最高法院作出的判决，下级法院必须服从，对同类宪法问题不致导致不同判决之间的冲突。而大陆法系国家因为没有“遵循先例”原则，如果由多个主体同时行使违宪审查权，很可能导致不同法院对同一宪法问题作出不同的判决。因此，把违宪审查权集中于一个宪法法院，可以在一定程度上减少这种冲突的发生。

（二）宪法法院的性质、地位及其组成

如前所述，根据主管机关的不同，各国宪法诉讼基本上可划分为两大类型：美国型和德国型。我国学者一般认为，设立专门机构负责监督宪法实施的国家以法国和德国为代表。法国的宪法委员会（Conseil Constitutionnel）在性质上属于什么样的机关，中外学者众说纷纭，甚至法国国内也观点各异。如果从宪法委员会审查法律案合宪性的程序来看，它更像“一个立法程序的附加阶段”；如果从宪法委员会就选举事宜作出裁判的方式来看，它又是一个不折不扣的司法机关。因此，法国的宪法委员会可以说是一个具有政治和司法二重性的机关。姑且抛开这些争论，毫无疑问，与法国的宪法委员会相比，德国的宪法法院在大陆法系国家中更具有代表性。① 这两种模式虽然主管机关并不相同，但它们在性质、地位及组成方面仍然存在某些相似或者共同的特征。

1. 宪法法院的性质和地位

美国的宪法法院实际上是指整个普通法院系统。普通法院在性质上属于司法机关，无需赘言。其中，联邦最高法院在涉及联邦宪法问题上有最终的裁决权。根据《美国宪法》第3条的规定，联邦最高法院是与联邦国会、总统平行的宪法机关，三者按照宪法的规定各自行使自己的职权。

根据《德国联邦基本法》的规定，德国联邦宪法法院属于司法机关。《德国联邦基本法》第92条规定：“司法权赋予法官，由联邦宪法法院、本基本法规定

① 参见张庆福主编：《宪法学基本理论》，社会科学文献出版社1999年版，第900页；朱国斌：《法国的宪法监督与宪法诉讼制度——法国宪法第七章解析》，载《比较法研究》1996年第3期；［美］约翰·亨利·梅利曼著，顾培东、禄正平译：《大陆法系》，知识出版社1984年版，第160页；孙炳珠主编：《西方宪法概论》，中国政法大学出版社1990年版，第138页。

的联邦法院和州法院行使。”这一条款突出了联邦宪法法院行使司法权的特殊地位。根据《德国联邦宪法法院法》的规定，联邦宪法法院在德国具有最高司法地位。该法第31条第1项规定：“联邦宪法法院的裁判拘束联邦和州的宪法机关、所有法院和官署。”这就是说，联邦宪法法院裁判的拘束力及于全联邦的立法、行政和司法机关，这远远超过了任何其他法院裁判拘束的范围。联邦宪法法院还是联邦宪法机关。《德国联邦宪法法院法》第1条第1项明确规定：“联邦宪法法院是一个与其他宪法机关一样的享有自主独立地位的联邦法院。”联邦宪法法院作为联邦宪法机关，与其他宪法机关如联邦众议院、联邦参议院、联邦总统和联邦政府一样，都是各自独立的联邦最高机关。

观察其他国家的宪法法院也可以看出，宪法法院在国家机构体系中都具有崇高地位。如果宪法法院地位卑下，不享有足够的权威，就无法对宪法问题作出裁判，即使勉强作出判决，该判决也难以保证得到遵守和执行。

2. 宪法法院的组成

美国联邦最高法院根据宪法和1789年《美国司法法》的规定于1790年成立，最初由首席大法官1人和法官5人共6人组成；1807年增加到7人；1834年增加到9人；1864年又增加到10人；1869年国会法令规定由1名首席法官和8名法官组成，迄今固定为9名。按照宪法规定，联邦最高法院的法官和其他联邦法院的法官一样，由总统提名，经参议院同意后由总统任命。通常情况下，总统总是任命与他关系密切并与他政治观点一致的人为法官。关于法官的任职资格，宪法并无明文规定，但是仍然存在一些不成文的条件，如专业资格、行政经验，另外，还要考虑宗教以及种族的因素等。在今天，具有法学学位是充任联邦法官的先决条件。担任过最高法院法官的人几乎全都做过律师。许多联邦法官在被提名前都担任过联邦或者州的公职，具有丰富的行政经验。

根据《德国联邦宪法法院法》的规定，德国联邦宪法法院法官共16人，他们由联邦众议院和联邦参议院各选举一半，再由总统任命。联邦宪法法院法官的选任资格，必须是年满40岁，具有被选为联邦议院议员的资格以及担任法官的资格。联邦宪法法院的法官不得兼任其他公职，但可以担任高等学校的法学教师。在联邦宪法法院内部，分设两个庭，即第一庭和第二庭，每个庭各8名法官。两个法庭在管辖案件的范围上有所分工，第一庭管辖的案件包括对法律法规是否合宪的审查、宪法控告案、联邦众议院选举争议案，第二庭管辖宣告剥夺基本权利案、宣告政党违宪案、联邦总统与法官弹劾案、国家机关之间的权限争议案等。联邦宪法法院设立院长和副院长各1人，他们分别隶属于两个法庭，并担任所在法庭的庭长。

从宪法法院法官的任命方式来看，宪法法院的组成具有明显的政治性。宪法法院旨在解决宪法争端，而宪法争端往往都具有一定的政治性。为了保持权力间的平衡，宪法法院法官一般由最高国家机关联合任命。但是，宪法法院的法官由政治机关任命，并不意味着不需要考虑他们的法律能力。事实上，各国宪法法院的法官在出任之前通常都是担任过或正在担任法官的人、资深律师或者著名法律学者。宪法法院工作的特殊性质要求其成员必须具备特殊的条件。

（三）宪法争议的界定

宪法争议的存在是宪法诉讼发生的前提。宪法争议是宪法法院管辖权的基础，对非宪法争议宪法法院不会受理。因此，对宪法争议的界定具有重要的意义。

1. 宪法争议与宪法法院管辖权

所谓宪法争议，是指当事人争议之标的，属于宪法规定的问题。这当然只是学理上的解释，各国法律都没有对宪法争议作出明确的定义。然而，各国法律关于宪法法院管辖权的具体规定仍然体现出这一学理解释的指导意义。《德国联邦基本法》和《德国联邦宪法法院法》规定了16种宪法争议案，均由联邦宪法法院管辖裁判。

根据德国教授勒希纳（Lechner）的分类，这16种宪法争议案可以概括为：（1）准刑事案件。这类案件主要包括：①宣告基本权利的丧失和丧失程度的案件；②裁决和宣告政党违宪并解散该政党的案件；③联邦总统弹劾案；④联邦和各州的法官弹劾案。（2）宪法审判所固有的案件。这类案件主要包括：①联邦最高机关或由联邦基本法和联邦最高机关通过议事规程授予固有权利的其他关系人的有关权利与义务范围的争议案；②对抽象法律法规违宪的审查案件；③联邦与州的权限争议案；④各州之间的宪法争议案。（3）具体的法律法规违宪审查案。（4）联邦议院议员的选举申诉案。（5）宪法控告案件。《美国宪法》第3条第2款对联邦各级法院的管辖权作了概括规定。

根据《美国宪法》第3条第2款的规定，联邦法院有权审理如下案件：属于普通法和衡平法的一切案件，以及按本宪法、合众国法律和根据合众国权力已缔结或将缔结的条约而产生的案件；涉及大使、公使和领事的案件；关于海事法和海上管辖权的案件；合众国为一方当事人的案件；涉及两个或两个以上的州的案件，等等。①

在这些案件中，如果涉及联邦宪法问题，那么本案件就同时构成一个宪法争议。联邦法院在本案的审理过程中，可以行使宪法性管辖权，对宪法争议作出裁判。

2. 宪法争议与政治问题

如前所述，宪法法院所解决的问题往往都具有一定的政治性。这是因为宪法是政治性的法律，涉及宪法问题的争议不可避免地都带有一定的政治色彩。宪法争议的政治性并不影响宪法法院对案件的审理。然而，如果存在的争议是一个纯粹的“政治问题”（Political question），宪法法院往往会拒绝受理。

“政治问题不予审查”是美国联邦最高法院在司法审查过程中确立的一个原则。在 1803 年的“马伯里诉麦迪逊案”中，马歇尔大法官第一次系统地提出了“政治问题”理论。在马伯里一案的著名判词中，当论述到法院是否应当向麦迪逊国务卿发出要求其送达法官委任状的强制执行令时，马歇尔说：“法院的唯一职责是裁决个人权利，而不应调查行政部门或行政官员是如何运用自由裁量权履行职责的问题。这种问题在性质上是政治问题，根据宪法和法律应由行政部门处理，而不应由法院审理。”②

根据马歇尔大法官的解释，所谓“政治问题”，就是宪法把全部自由裁量权委托给立法或行政机关行使，司法机关不得审查的问题。法院如果审查政治问题，就等于替立法或行政机关作出判断，行使了不应该由其行使的权力，从而可能导致三权分立原则的破坏，使三权之间失去平衡。对法院来说，保持“中立”地位至关重要，法院如果审查政治问题，最终难免卷入政治斗争的漩涡之中。根据实证的民主理论，政治生活的根本问题就是对一系列社会基本价值的选择，这种选择应该由人民或者人民选举的代表来完成，由选举产生的法官代替人民作出决策显然是不合适的。

“政治问题不予审查”实际上是美国联邦最高法院在行使司法审查权时的自

① 参见《美国宪法》第 3 条第 2 款的具体规定。

② Marbury v. Madison, 5 U. S. 137.

我抑制。自马伯里案之后，美国联邦最高法院在一系列案件中反复重申这一原则，并且在司法实践中逐渐发展出判断某一问题是否属于政治问题的一套规则。在1962年的“选区重划第一案”中，[①] 布伦南大法官（J. Brennan）认为涉及政治问题的争议一般都具有如下特征：“通过明文显示，宪法把问题委托给平行的政府部门；或者在解决问题时，缺乏能被发现和易于控制的司法标准；或者在作出决定之前，必须初步决定非明确属于司法裁量权的政策；或假若法院从事独立决定，就必然对平行政府分支有欠尊重；或者存在非常需要，必须不加质疑地服从已经作出的政治决定；或者不同政府分支对同一问题的多种意见将产生潜在的困扰。”布伦南大法官的论述基本上可概括为：第一，宪法是否已明确规定将此问题交给立法或行政部门处理；第二，是否缺乏具体可行的标准来作出合理的司法判断。如果出现上述情形的一种，法院将会以政治问题为由拒绝审理此案。

然而，“政治问题”这一概念本身的模糊，使得抽象的标准在适用于具体的个案时，在很多情况下仍然难以作出判断。事实上，美国联邦最高法院在重审“政治问题不予审查”的同时，也受理了大量的在我们看来明显属于“政治问题”的案件，如最近发生的2000年美国总统大选争议案。[②] 而德国联邦宪法法院第二庭受理的案件，绝大多数都是“政治性”案件。如何看待“政治问题不予审查”与这些明显具有“政治性”的案件？

在现代法治国家，政治事务的“政治性”并不表明法院不能对其进行审查。例如，选举，它显然属于“政治事务”，但是，选举又是一种严格根据法律程序进行的政治活动，法院在审查过程中完全有法可依，因而具备“能被发现和易于控制的司法标准”，也没有证据表明宪法把这类问题已“委托给平行的政府部门”，或“假若法院从事独立决定，就必然对平行政府分支有欠尊重”。当选举结果存在疑问时，就需要一个中立的机构来作出判断，而法院无疑是最好的选择。[③] “政治问题”的司法化，使得各国宪法法院管辖范围中的“政治性”案件占有越来越显著的位置，可以说，这是一国法治高度发展的重要标志。一场在别

---

① Baker v. Carr, 369 U. S. 186. 参见张千帆著：《西方宪政体系：上册·美国宪法》，中国政法大学出版社2000年版，第75页。

② 参见张千帆：《论美国总统大选中的宪政问题》，载《中外法学》2001年第4期。

③ 参见张千帆：《论美国总统大选中的宪政问题》，载《中外法学》2001年第4期。

的国家可能导致兵戎相见、尸横遍野的权力交接，在美国却由联邦最高法院一锤定音，和平解决。美国2000年总统大选真是一场国内媒体所谓的“闹剧”？结论未免过于轻率。美国2000年总统大选纠纷的解决方式很值得我们深思。

因此，对“政治问题”法院并非一概不能审查。“政治问题”实际上可以分为两类：宪法争议和非宪法性争议。对非宪法性争议，宪法法院当然无权受理，如战争状态的宣布、与外国断交或对外国政府的承认等。对属于宪法争议的“政治问题”，宪法法院可以受理。日本的违宪审查制度未能发挥有效作用的原因之一，就是法官具有将宪法案件当做不能审查的政治问题的倾向，从而抑制了违宪审查制度的发展。[①] 但需要注意的是，宪法法院不能直接对政治问题作出政治性裁判，因为民主原则排除了它行使这种权力的可能性，宪法法院只能从法律的角度对争议问题作出是否符合宪法的判断。

（四）宪法诉讼的程序

宪法争议作为法律争议的一种，其处理方式必须遵循法律争议的一般处理规则。当然，对某些特殊性质的案件，在适用一般程序规则的同时，也存在一些特殊的程序方面的要求。

在美国型由普通法院主管违宪审查的国家，宪法争议被视为普通法律争议的一种，宪法争议和普通法律争议一样由相同的法院以相同的程序进行审理。违宪审查程序与普通诉讼程序并无实质差别。并且，由于美国型违宪审查模式在审查宪法争议时实行附带性审查，宪法争议不与具体的案件相结合法院就不能对其进行审理。这就是说，当事人实际提起的普通诉讼成为法院启动宪法诉讼程序的前提。一个普通的（民事、刑事或者行政的）诉讼提起后，违宪审查在两种情况下发生：其一，诉讼当事人在自己的案件中认为，国会的某项立法或者州的某项法律违反宪法，并且因此直接侵害了自己的权利，可以向法院提出请求，要求对该法进行违宪审查。这是法院应当事人的请求被动地审查违宪问题。其二，当事人在诉讼中并未提出适用于他们的法律违宪，但是，法院在案件审理过程中认为相关法律可能违宪，因而主动对该法进行审查（这种审查方式就如同马歇尔大法官在马伯里诉麦迪逊案中所作的一样）。这两种审查方式虽有被动和主动的不同，

① 参见［日］户波江二，莫纪宏译：《司法权与违宪审查制论的50年》，载张庆福主编：《宪政论丛》（第1卷），法律出版社1998年版，第334页。

但总体来说，仍然都属于被动性审查。因为法院只能在有人提出一个普通诉讼案后，才能对涉及的法律进行审查。因此，普通法院的审查方式被称为附带审查，又称具体性审查或者个案审查。

德国模式的国家既有附带性审查也有抽象性审查。由于普通法院不具有裁决宪法争议的权力，如果它们在审理普通案件过程中认为可能存在法律违宪，必须先将该案件提交宪法法院审查。在宪法法院作出裁判之前，普通法院中止对该案的审理，待宪法法院作出裁判后，再恢复原来的诉讼程序。所以，在这种情况下，对法律是否合宪的附带审查权实际上是由普通法院和宪法法院结合行使的。除了这种对法律的附带审查外，宪法法院还有对法律的抽象审查权。根据《德国联邦基本法》第93条第1项第2款的规定，当联邦法律或州法律同基本法在形式上和实质上是否相一致的问题产生分歧或疑义时，或者当州法律同联邦其他法律是否相一致的问题产生分歧或疑义时，根据联邦政府、州政府或联邦议院1/3议员的申请，联邦宪法法院有对此问题的裁决权。联邦宪法法院在审查该法律时，不必通过具体的诉讼案件而可以直接对之进行审查。当然，联邦宪法法院对法律的抽象审查，必须依申请人（联邦政府、州政府或者联邦议院1/3议员）的申请，才能进行，联邦宪法法院也不能主动对法律是否合宪进行审查。被动性审查是德国联邦宪法法院和美国普通法院违宪审查的共同特点。被动性是司法权最显著的特征。①

除了对法律的违宪审查，其他种类的宪法诉讼案件所适用的程序，《德国联邦宪法法院法》第二章和第三章分别做了规定。第二章规定的是适用于所有宪法争议案件的一般程序，第三章对不同种类的宪法案件所适用的特殊程序作了详细的规定。②

需要指出的是，德国联邦宪法法院审理宪法案件程序的开始，必须以当事人的申请为前提，但一旦程序开始之后，宪法法院便居于主动地位，不完全受当事人申请内容的限制。这是因为，一般情况下，宪法争议的意义都会超过对双方当事人自身的意义。所以，审理程序开始之后，当事人的申请内容便不能完全制约

① 参见［法］托克维尔著，董果良译：《论美国的民主》（上卷），商务印书馆1988年版，第110页。

② 《德国联邦宪法法院法》第二章、第三章。

宪法法院的裁判。这一点实际上在前述美国违宪审查程序启动的第二种情形上（当事人未提出而法院在诉讼中主动对有违宪嫌疑的法律进行审查）也有所体现。

（五）宪法法院裁判的效力

在美国，法院只能通过具体的个案附带审查法律的合宪性，也只能在个案中宣布其违宪。法院判决的效力首先及于该案的诉讼当事人。例如，在马伯里诉麦迪逊案中，马歇尔大法官宣布1789年《美国司法法》第13条违宪，它的效力直接落到马伯里与麦迪逊头上，即马伯里无权通过最高法院强制麦迪逊向其颁发委任状。一般而言，法院的判决只适用于具体的个案。但是，由于美国是一个实行判例法的国家，法院的裁判特别是最高法院的裁判对任何下级法院都具有拘束力，不仅作出裁判的法院本身，而且任何下级法院以后遇到同类案件时都必须遵守先前的判例，因此，凡是被美国法院宣布为违宪的法律，在事实上已经成为“死法”，不再发生法律效力，尽管它仍然被放在法典之中。美国法院可以否认违宪的法律，而无权予以撤销。但由于“遵循先例”原则的存在，被美国法院否认的法律或法律的一部分，在事实上仍等于撤销。①

这就意味着美国法院在个案审查中作出的裁判事实上具有普遍的拘束效力。

一个长期困扰美国法院的问题是：法院宣布了一部法律违宪，而该法可能已经施行多年，那么，法院关于该法违宪的裁判是否具有溯及既往的效力？这是一个理论和实践都没有完全解决的问题。这一问题的不确定性本身是由于美国的违宪审查制度并没有法律上的明文规定，无论是宪法还是国会的立法都未对违宪审查制度作出规定，违宪审查是通过司法判例确立的。而美国的司法判例并非一成不变，法院有时改变自己的立场和观点的现象屡见不鲜（这也是判例法能够不断向前发展的原因）。法院的裁判有无溯及力对民事法律还不十分重要，但对刑事法律却非同小可。例如，一部法律规定某种行为是犯罪，后来经法院审查，这一法律的规定是违宪、无效的，以后人们当然不会因此种行为而被定罪，但在此之前，若有人已被定罪怎么办？关于法院违宪审查裁判的溯及力问题，卡多佐大法官在审理 Linkletter v. Wacker 一案时明确指出，应否溯及既往，这是个政策问题，因事而异，要根据个案决定。如果问题严重，就要彻底翻案，溯及既往。如果问题不太严重，就不再翻案。刑事立法涉及人民的基本权利和自由，当然是严

① 参见王世杰、钱端升著：《比较宪法》，中国政法大学出版社1997年版，第302页。

重问题，对违宪刑事立法，法院裁判应具有溯及力。至于对一般民事立法，则不具有溯及力。既判的民事案件通常只能将错就错，不再翻案。①

与美国不同，《德国联邦宪法法院法》对宪法法院裁判的溯及力问题作出了明确规定。《德国联邦宪法法院法》第 79 条规定：“（1）对于根据与基本法相抵触的法律或者根据按照第 78 条被宣告为无效的法律法规所做出的确定刑事判决，或者是依据与基本法相抵触的法律法规之解释所做的判决，可以依据刑事诉讼法的规定提起再审之诉。（2）其他根据按照第 78 条规定被宣告为无效的法律法规所做出的不得再行撤销的裁判，除第 95 条第 2 项或者其他特别法律规定外，不受影响，这些裁判不得执行。依据民事诉讼法需要强制执行时，则适用民事诉讼法第 767 条的规定。不得主张不当得利的请求权。”

由此看出，联邦宪法法院对被审查的法律法规作出的无效宣告原则上具有溯及力，对依据与基本法不符的或者被宣告为无效的法律作出裁判的刑事案件，要重新进行审理；但对于依据无效法律作出裁判的非刑事案件，出于维护法律安定性的考虑，如果不再有争议的，则不因所依据的法律无效而受影响。

《德国联邦宪法法院法》第 31 条第 1 项规定：“联邦宪法法院的裁判对于联邦和各州的宪法机关，以及所有法院和行政机关均具有拘束力。”这表明德国联邦宪法法院裁判的效力并不限于宪法争议的当事人，而具有“类推适用”的效力。德国联邦宪法法院的裁判具有与法律相似的普遍的拘束效力。并不存在“遵循先例”原则的德国，联邦宪法法院的裁判却具有类似英美法系判例法的效力，其原因在于，宪法争议的意义往往超过对当事人自身的意义，而关系到一国整体的宪法秩序，法律必须赋予此种裁判普遍的拘束效力。

（六）总结：司法的政治化与政治的司法化

美、德两国的宪法诉讼（违宪审查）代表了世界各国宪法诉讼的整体发展方向。这两个国家的宪法诉讼尽管在形式上有所不同，但在许多方面仍然表现出强烈的共性。其中，最明显的两个特征是：

1. 司法的政治化

与普通法院相比，各国宪法法院受理的案件在数量上极为有限。由于人力、物力等各种因素的限制，宪法法院往往只对在全国具有深远政治与社会意义的问

① 参见李步云主编：《宪法比较研究》，法律出版社 1998 年版，第 420 页。

题作出裁判。但是，这些数量有限的案件，却鲜明地表现出宪法法院在塑造国家方面的重要性。它们帮助界定了联邦制的特征、联邦政府的权力以及决定了美国应该强调商业和发展的政策导向。联邦最高法院通过这些判例创立了一系列的全新政策。它们对美国政府和美国社会的总体影响等同于甚至超出了其他法院所作的所有判决。一些研究司法决策影响的学者指出：司法机构对现代美国的最大影响或许当属布朗诉教育委员会一案的判决，它引发了追求种族平等的运动。[①] 自20世纪50年代的废除学校种族隔离制度的判决到六七十年代一系列民权案件，美国人不仅仅将法院当做是定分止争的场所，也将它视为政治与社会改革的先行者。[②]

在德国，联邦宪法法院的管辖权也在不断地扩展，联邦宪法法院的裁判已涉及国家政治生活的各个方面。联邦宪法法院通过其宪法裁判对德国政治与社会生活所起的巨大影响，已经大大突破了德国法院所扮演的传统角色，甚至有时成为对内对外决策的最高裁判者。

宪法法院的政策形成功能，对国家的发展起着巨大的导向作用。这一现象说明，被动的司法也蕴涵着一定的能动性。司法权的行使不仅仅是对孰是孰非的简单裁定，在某种程度上它同样面临着社会价值的衡量、判断与选择。司法权的作用不仅仅是解决已经发生的纠纷，更重要的是为未来的社会发展制定规则。

2. 政治的司法化

与司法的政治化相对应，现代法治国家的政治也表现出司法化的倾向。[③] 早在19世纪，托克维尔在结束了对美国政治制度的考察后，总结说，几乎在美国出现的任何政治问题，迟早都会转化成司法问题。[④] 当民主政治遇到本身所不能解决的问题，就必须借助于司法的干预。各国宪法法院越来越多地受理从政坛上移送过来的“烫手山芋”。这时，政治问题被转化为程序问题，价值问题被转化为技术问题进行处理。或许，正如某些西方法学家所说的，实质意义的法治国

① 宋冰编：《读本：美国与德国的司法制度及司法程序》，中国政法大学出版社1999年版，第520页。

② 宋冰编：《读本：美国与德国的司法制度及司法程序》，中国政法大学出版社1999年版，第531页。

③ 参见前文“宪法争议与政治问题”。

④ ［法］托克维尔著，董果良译：《论美国的民主》（上册），商务印书馆1988年版，第310页。

家，就是司法国家（Justizsstaat），任何法律上之争讼，皆应由法院裁判，政治问题也应纳入司法程序。

三、特殊类型社会纠纷的解决

诉讼类型的分设源于需要运用不同的诉讼手段对不同类别的社会冲突进行抑制和排解。在历史上，在民、刑诉讼相互独立之前，就曾经存在一些以冲突侵害对象为根据而设置的诉讼类别。中世纪，欧洲封建割据以及僧俗势力并存的局面，导致了审判权的分裂，民、刑诉讼在立法上的分野尚未廓清，但与冲突侵害对象相适应的新的诉讼类别却由此形成。侵害宗教教规、宗教权力以及其他宗教事务的冲突，均由宗教法庭运用教会的诉讼程序进行审理。侵害封建领主利益以及其他涉及采邑利益的冲突，则由采邑自己组成的法庭审理。采邑诉讼成为中世纪欧洲的一种独立的诉讼类型。皇室诉讼则是与教会诉讼和采邑诉讼相鼎立的一种诉讼类型。皇室诉讼产生的根据在于侵害皇室或邦君利益的冲突的存在，解决这种冲突的需要，导致了皇室诉讼的形成和运用。①

时代发展到今天，教会诉讼、采邑诉讼、皇室诉讼这些落后、野蛮的诉讼形式作为一种独立的诉讼类型早已不复存在。但是，把某一特定种类的社会纠纷交给为此目的而特别设立的法院进行解决，这种专业化思想却并没有过时，并且仍然在对现实诉讼制度发挥着影响。

在德国，法院体系的组织遵循两个原则：权力分散原则和专业化原则。前一原则是为了适应联邦制的需要，后一原则主要是为了有利于案件的解决。除了宪法法院和普通法院，德国设有包括行政法院在内的许多专业法院，如劳动法院、社会法院、财税法院等。劳动法院（Arbeitsgerichte）审理有关劳动争议案件，其活动由劳动法调整；社会法院（Sozialgerichte）审理社会保险、社会救济方面引起的争议案件，其活动由社会法院法调整；财税法院审理有关财政税收纠纷引起的案件，其活动由财税法院法调整。此外，附设在普通法院内的联邦专利法院负责审理专利争议，惩戒法院、军事法院等专业法院负责审理涉及公务员、法官、军人等公职案件。由于德国人比较倾向于由专家解决问题，所以，德国司法体系

---

① 参见柴发邦主编：《体制改革与完善诉讼制度》，中国人民公安大学出版社 1991 年版，第 29～30 页。

表现出明显的专业化特色。

在法国，普通法院体系内除了民事法院、刑事法院外，还设有各种专门法庭，如商务法庭、劳资纠纷调解委员会、社会保险委员会、少年法庭、海上商事法庭等，这些法庭是负责处理各种专业性问题的专门法庭。例如，商务法庭专门处理商业案件，设在较大的城市的区中，每一法庭设3名法官，这些法官是从商人中推选出来的，他们不是职业法官，而是从事义务工作。劳资协调委员会专门处理劳资之间发生的纠纷。劳资纠纷发生后，劳资协调委员会首先进行调解，如调解无效，再作出裁决。为了解决日益严重的少年犯罪问题，法国专门设立了少年法庭，它在审理有关少年犯罪案件时，得视具体情形，宣告适当的保护、救助、监督与教育措施。此外，在行政法院系统，除了普通行政法院外，法国还设有一些专门行政法庭，负责处理行政管理方面涉及较强专业性问题的纠纷，如会计法庭、预算与财政纪律法庭等。

英美国家属于普通法系国家。普通法系的特点是公法和私法没有严格区别，公民和政府之间的关系以及公民相互之间的关系原则上受同一法律支配、同一法院管辖。英美法系国家特别反对特别法院的存在，认为这是对法治原则的破坏。英美法系国家没有设立法国式的行政法院，跟传统法治观念有很大关系。然而，这种僵化的传统法治观念在今天已经被打破。事实上，英美法系国家除了普通法院外，也有一些专门法院的存在。例如，在英国，在普通法院之外，根据法律规定成立了许多行政裁判所，以解决行政方面的争端以及公民相互间某些和社会政策有密切联系的争端。行政裁判所的种类繁多，概括而言，主要有财产权和税收方面的裁判所、工业和工业关系方面的裁判所、社会福利方面的裁判所、外国人入境方面的裁判所等。这些行政裁判所之间差别很大，有些行政裁判所很难和法院相区别，特别是很难和低级法院相区别。一般而言，法院大都是历史上长期存在的正式裁判机构，而绝大部分的行政裁判所是20世纪为适应社会立法的需要成立的。[①] 在美国，联邦普通法院系统之外还存在联邦索赔法院、关税和专利上诉法院、军事上诉法院、征税法院等专门法院，这些专门法院是根据国会的立法创设的，因此被称为“联邦立法性法院”（相对于联邦最高法院、上诉法院和地区法院三种主要的宪法性法院而言）。之所以成

① 参见王名扬著:《英国行政法》，中国政法大学出版社1987年版，第136页。

立这些专门法院，部分原因在于国会想要有比其他三种宪法性法院“更有弹性”的审判机关；部分原因是为了减轻后者的工作负担；部分原因是为了公共领域的特殊问题而出于技术上的考虑。[①] 第二次世界大战后，日本参照美国的司法制度进行了某些改革，废除了行政法院和其他特别法院。《日本宪法》第76条第2款规定：“不得设置特别法院。”但在日本，普通法院系统内部仍然存在独立的家庭法院。家庭法院的主要职责是，审判及调解家事审判法所规定的与家庭有关的案件、审判少年法所规定的少年保护案件、审理未成年人禁止吸烟法规定的第一审犯罪案件。[②]

纵观各国法院体系，大多数国家都将某一特定种类的争议交给特别设立的法院来审理。这样设置司法组织的好处是，法官对这类案件有专门的知识和经验，案件审判的质量自然会更高一些。从另一角度而言，由特别的法院审理特殊类型的社会纠纷，这也是对一国诉讼体系的发展与完善。就此而言，我国将军事和海事纠纷确立为特殊类型，并且设立专门法院和专门的程序是科学的、必要的。

四、未类型化社会纠纷的解决

（一）未类型化社会纠纷的种类

在我国，新的法律纠纷类型不断出现，现行的诉讼制度虽然能够在一定程度上为其中部分纠纷提供法律救济途径，但因不能切合其特性，往往不及时、公正。其中主要是：

（1）教育领域中出现的有关学生权益保护[③]、教师权益保障的纠纷。

① 宋冰编：《读本：美国与德国的司法制度及司法程序》，中国政法大学出版社1999年版，第102页。

② 参见许崇德主编：《宪法学》（外国部分），高等教育出版社1996年版，第299页。

③ 《谁能剥夺我的考试权》，载《中国青年报》2002年7月15日；《儿子考上大学与一位父亲之死》，载《南方周末》2002年9月5日；《制止早恋曝光学生情感日记，老师被判侵害名誉权》，载《法制文萃报》2002年9月26日。

（2）高等教育中出现的有关考试①、招生、学籍管理②、教师管理等方面的纠纷。

（3）国家机关人事录用和管理方面的纠纷。③

（4）农村争议，涉及村规民约、土地承包、户籍和村籍管理、身份证明、选举权与被选举权等。

（5）行会管理案件，主要是其法律性质和诉讼救济途径的选择。④

（6）环境纠纷，包括因环境污染、核安全、机场噪声而引起的纠纷。

---

① 《法制日报》2002年5月6日（青岛市铁路一中的三名学生状告教育部侵犯其平等受教育权）。

② 比较典型的是刘燕文诉北京大学案。1996年1月24日，北京大学校学位评定委员会召开第41次会议，对包括刘燕文在内的29名博士学位申请者的学位论文等进行全面审核。对刘燕文博士学位论文的审核，校学位评定委员会以无记名方式投票的最终结果是：6票赞成，7票反对，3票弃权。由于赞成票未过全体成员半数，校学位评定委员会据此作出不授予刘燕文博士学位的决定。北京大学也就据此不予颁发刘燕文博士生毕业证书，而只发给其博士生结业证书。1999年9月24日，刘燕文向北京市海淀区人民法院提起行政诉讼，状告北京大学及北京大学学位评定委员会，要求北京大学为其颁发博士研究生毕业证书，并要求校学位委员会在合理的时间内对其申请重新评议并作出决定。一审法院经过审理，判决被告北京大学在判决生效后两个月内向刘燕文颁发博士研究生毕业证书，责令被告北京大学学位评定委员会于判决生效后3个月内对是否批准授予刘燕文博士学位的决议审查后重新作出决定。被告不服此判决，上诉至北京市第一中级人民法院。二审法院以原审法院未能查清诉讼时效问题为由，撤销原判，发回重审。目前，此案尚未启动重新审理程序。《北京市海淀区人民法院行政判决书》（1999）海行初字第103号、第104号，北京市第一中级人民法院行政裁定书（2000）一中行终字第43号、第45号。

③ 《四川大学的毕业生状告中国人民银行成都市分行侵犯其平等担任公职权利》，载《法制日报》2002年5月6日。

④ 比较典型的是足球行业的“黑哨”案。因2001年10月6日进行的两场甲B足球比赛，即在杭州黄龙体育中心进行的杭州绿城队对长春亚泰队，在南京五台山体育场进行的江苏舜天队对成都五牛队，中国足协作出了7年职业联赛以来最严厉的处罚，在两场比赛之后的10天里（特别是2001年10月16日），以警告、罚款、降级、取消晋级资格、停止裁判工作、取消注册资格、取消转会资格、取消引进外籍球员资格、责令整顿等形式处罚了60多名球员、5家俱乐部和15支球队。绿城队被开除的5名球员事后向浙江省劳动争议仲裁委员会提出了申诉，因绿城俱乐部没有出具书面的开除决定，劳动争议仲裁委员会没有受理申诉。但劳动仲裁委员会的介入问题因此暴露出来。2001年12月国家体育总局要求浙江省体育局局长陈培德明确其对媒体炮轰中国足协的言行是个人行为还是组织行为，要求其按照规定向上级汇报，不要越俎代庖。体育行政机关的介入由此开始。2001年12月广州吉利汽车足球俱乐部以中国足协10月16日的警告处罚侵犯其名誉权为由向广州市天河区人民法院提起民事诉讼，中国足协以原告资格、争议性质、国际足联章程第59条、体育法第33条和中国足协章程第87条的规定为由，提出管辖权异议，声称该争议不属于受案范围，司法不能介入体育事业的行业管理。该案开辟了司法机关介入体育事业行业管理的先例。2002年1月19日，长春亚泰足球俱乐部以新闻发布会形式，对中国足协取消其晋级资格的处罚决定提出不服，并根据行政诉讼法第25条第4款，最高人民法院司法解释第20条第3款的规定，以中国足协是法律法规授权的行业管理组织为由向北京市第二中级人民法院提起行政诉讼，要求中国足协恢复其甲A资格，并且赔偿名誉损失300万元，被驳回之后向北京市高级人民法院提起行政诉讼。参见高家伟、张玉录：《论“黑哨”中的行政法问题》，载《政法论坛》2002年第3期。

（7）公共事业提供服务缺陷造成的争议，如列车的运行价格、时间及速度。

（8）由于市场变动而引起的存款实际减少。

（9）社会保障纠纷，主要是因为工龄计算、保险费交付、保险金提取等社会保险事项而发生的纠纷。

很多情况下，法院在处理这类案件时并没有事先存在的实体法作为判断的基准，很难像处理传统的诉讼那样按照既存的法律作出判决，因而，也很难将其归入确定的诉讼类型并按照对应的诉讼模式展开诉讼活动。这些案件具有政治、经济、社会等多方面的重要性，反映出现代社会的某些特征，被称为“现代型诉讼”案件。①

（二）国外的经验

对于这类在社会发展过程中出现的未类型化的“现代型诉讼”，不同的国家有不同的处理办法。在德国，大量的依照严格的公私法划分标准难以归类的兼具公私法混合色彩的法律纠纷分别交由劳动法院、财税法院、社会法院等专门法院处理；而在日本，这些“现代型诉讼”则采取民事诉讼途径由法院在案件审理过程中通过判决不断创造出现的实体法所未规定的新的实体权利。②

在普通法系国家，“衡平法不允许有违法行为而无救济方法”（Equity will not suffer a wrong to be without a remedy）。在历史上，衡平法在其发展过程中，创制出许多新的救济方法，及时确认、保护了当事人的权利，并对普通法国家法律体系的完善作出了重要贡献。自 1975 年以后，英国的衡平法院和普通法院已经合二为一，所有法院都可适用英国法的全部规则，不论该规则是在普通法院还是在衡平法院发展起来的，也就是说，衡平法和普通法已经实现了融合，但是，这并不意味着衡平法已经消亡，时至今日，衡平法仍然是创造新的救济方法和救济规则的重要手段，尽管它已经没有了单独适用的法院，而是和普通法一样适用于普通法院。③

在美国，法院的创造性或者裁量性的救济功能更是得到美国社会的广泛承

① 参见［日］谷口安平著，王亚新、刘荣军译：《程序的正义与诉讼》，中国政法大学出版社 1996 年版，第 20 页。

② 参见［日］谷口安平著，王亚新、刘荣军译：《程序的正义与诉讼》，中国政法大学出版社 1996 年版，第 148 页。

③ 参见何勤华主编：《外国法制史》，法律出版社 1997 年版，第 201～202 页。

认。在现代型诉讼问题上，美国法院常常一反“自我抑制”的常态，转而采取积极的司法能动主义。美国法院在处理这些未类型化社会纠纷的过程中越来越表现出明显的“政策形成”功能，法院的作用已不止于仅仅定分止争。①

（三）解决办法

我们认为，解决问题的办法有两个：一是将部分纠纷纳入传统三大诉讼之中，如行会案件、农村案件可以纳入行政诉讼之中；二是对一些难以纳入现行诉讼体系的案件，可以设置新的诉讼类型，即在人民法院之下设立专门的法庭，并且设置专门的程序种类，如环境（诉讼）庭、劳动（诉讼）庭、社会保障（诉讼）庭、教育（诉讼）庭等。

我们主张设置新诉讼类型的理由是：具有特定事实关系的案件需要通过特定的诉讼方式加以处理解决。如果由于社会变化或者其他情况发生导致原有的诉讼方式不适应现实的要求，就必须创造并引入新的诉讼方式。而诉讼方式的追加其实就意味着创制新的实体权利和新的实体法。关于普通法上有“程序先于权利”（Remedies precede rights）的理论，② 通过对各国关于未类型化社会纠纷处理方式的考察，可以清楚地发现，各先进法治国家的诉讼体系都具有两个鲜明的共同特征：广涵性和开放性，即诉讼体系都具有极强的包容性，基本上可以将一切法律争议都纳入诉讼轨道，而不留下权利救济的真空；当既有的诉讼方式不能满足现实的需要时，又不墨守成规、故步自封，而是不断通过诉讼实践创造出新的诉讼类型。

第四节　诉讼关系的协调与诉讼体系构建

上一节从社会纠纷类型化的角度探讨了我国现行诉讼体系存在的漏洞，得出了增加宪法、环境、劳动、社会保障、教育等新诉讼类型的结论。接下来需要探讨的问题是不同法律救济途径之间关系的协调，这是诉讼制度系统性的另一方面的内容。

---

① 参见《美国法律制度中的司法决策》，载宋冰编：《读本：美国与德国的司法制度及司法程序》，中国政法大学出版社 1999 年版，第 532 页。

② 参见［法］勒内·达维德著，漆竹生译：《当代主要法律体系》，上海译文出版社 1984 年版，第 299 页。

一、诉讼关系的协调

广义的诉讼关系协调包括外部和内部两个方面的内容。所谓外部诉讼关系的协调，是指作为诉讼救济途径与非讼救济途径之间、国际诉讼之间的关系以及作为宏观诉讼制度基本构成要素的不同诉讼类型即刑事诉讼、民事诉讼、行政诉讼以及其他诉讼类型之间相互关系的协调。内部诉讼关系，是指单一诉讼制度内部不同程序类型和专门制度之间的关系协调。就学科门类的划分而言，内部诉讼关系的协调属于刑事诉讼法学、民事诉讼法学和行政诉讼法学等各自的研究内容，只有外部诉讼关系的协调才属于一般诉讼原理研究的课题，因此，下面的论述限于外部诉讼关系。

（一）非讼救济途径与诉讼救济途径之间的关系协调

解决社会纠纷的法律途径很多，就私法纠纷而言，非讼救济途径包括协商、调解、仲裁、督促、催告以及对司法机关裁决的复议、申诉等；就公法争议而言，非讼救济途径包括请愿、协商、调停、行政复议、申诉、信访等。诉讼救济途径有其客观的局限性，并不适合解决所有的社会纠纷。这就产生了两类救济途径范围的划分问题。

诉讼救济途径的局限性表现在：

1. 分权体制的限制

统治权、立法权、行政权、司法权、军事统率权等国家权力的划分客观上形成了每种国家权力的特点、优点和缺点，进一步决定了一种权力不适合介入的、属于其他国家权力的独占事项。例如，国防、外交、宣布戒严、总动员令等国家行为①本质上属于统治行为，具有高度的主权性、政治性、灵活性和秘密性，因此而发生的争议不适合以诉讼途径解决。

2. 专业限制

法院在针对已经成就的事实适用法律方面具有专长，但在处理经验性、技术性、预测性的事物方面则捉襟见肘。

---

① 最高人民法院《关于执行〈中华人民共和国行政诉讼法〉若干问题的解释》（1999年11月24日）第2条。

3. 司法资源限制

诉讼救济途径的公正性往往以司法资源的耗费为前提，公正与效率的权衡规则要求司法机关处理的社会纠纷必须与司法资源的支出成本之间存在合理的比例关系。这是比例原则对社会纠纷在诉讼与非讼救济途径之间分配方面提出的一个利益权衡要求。

4. 法律适用限制

其指对法律明确确认的利益而发生的纠纷，属于纯粹事实性质，无法通过诉讼途径解决，如有关男性生育权的赔偿纠纷。

这方面的一个案例是：

1997 年，家住广州的顾强和何洁经过两年的恋爱后，领了结婚证书。又过了两年，何洁生下了一个男孩，但生下孩子后不久，何洁回娘家，不愿意回来。夫妻两个也因此闹得很不愉快。2002 年 1 月，顾强的父母对孩子的身份产生怀疑，并告诉了顾强。当月，顾强悄悄到法医鉴定中心作了亲子鉴定，结果显示，这孩子根本不是他亲生的，他白白替人养了两年的孩子！法院并没有支持顾强提出的延误生育费用的赔偿请求。法院认为，因该笔费用实际上还没有发生，因此这一请求没有法律依据。据此，法院判决何洁赔偿抚养孩子的各种损失 330000 元，精神损失费 15 万元。宣判后，何洁表示对法院的判决基本无异议，不再上诉。法院判决的理由之一是：《人口与计划生育法》规定男性同样享有生育权，但本案事件发生在该法颁布之前，因此不能适用这一法律；因生育期延期发生的费用，物价上涨导致孩子教育费用和生活费用的提高等都是现在无法预料的，顾强自己也不能举出证据，因此法院不能支持。①

5. 权利滥用限制

诉讼制度的本意是及时有效地解决社会纠纷，保护当事人的合法权益。但是，当事人可能利用诉讼救济途径达到其他恶意目的的情况客观上存在，如拖延支付债务、贬损他人名誉、舆论炒作等。这就给司法机关提出防止恶意诉讼的问题。

根据上述分析，我们认为下列社会纠纷不能通过诉讼途径解决：

---

① 参见《妻子不忠丈夫怒索生育权》，载《法制文萃报》2002 年 9 月 26 日。

（1）因国家行为产生的争端；

（2）因书面考试、面试、考核等高度经验性的事项产生的争议；

（3）因纯技术鉴定的内容发生的争议；

（4）因预测性事实或者结论而发生的争议；

（5）已经因非讼途径作出了终局处理决定的事项发生的争议；

（6）司法资源的成本支出明显大于解决价值的社会纠纷，其中主要是可以通过非讼救济途径能够有效解决的琐碎纠纷。这方面的一个典型案例是：

湖南长沙铁路运输法院立案庭就对7起小额侵权纠纷作出不立案的决定，将铁路运输企业从讼累中解脱出来，将矛盾解决在法庭之外。2002年3月，湖南株洲市一律师余某乘坐K510次旅客列车从株洲前往长沙，补票时列车员多收了0.5元。余某于是向长铁运输法院提出退还多收的票款0.5元和赔偿其精神损失费两万元等诉讼请求。客运公司提出协商解决，但被余某拒绝。长铁运输法院立案庭指出，解决社会矛盾的方式和途径多种多样。通过诉讼程序解决冲突只是解决社会矛盾的最终救济措施，这件"五毛钱纠纷"的问题完全可以通过其他办法解决，况且广铁集团客运公司主动联系退还票款，不一定非要走上法庭。长铁运输法院立案庭认为，余某拒绝接受客运公司的主动协商，其诉讼请求隐含"炒作"成分，属于滥用诉讼权利，不符合诉讼经济的原则和立法精神。①

（二）国际、国外诉讼与国内诉讼之间的关系协调

在加入WTO之后，我国的法律制度与外国和国际法律制度紧密地联系在一起，我国的诉讼制度与国际和国外的诉讼制度之间客观上形成了互动关系。因此，在诉讼体系的研究和构建方面，国际、国外与国内诉讼关系的协调成为不可忽视的一个问题。这主要涉及如下方面的事项：

（1）国际性司法机构生效裁判的承认和执行；

（2）外国法院生效裁判的承认和执行；

（3）国际司法协助，如司法文书的送达、证据调查、事实确认、案件移送、犯罪嫌疑人的引渡等；

（4）WTO的贸易争端解决机制与国内涉外贸易纠纷诉讼救济途径的协调。

① 《慎待五毛钱官司——高院称是"滥用诉讼权利"》，载《法制文萃报》2002年10月17日。

因上述事项产生的关系按照中国政府缔结或者参加的国际条约办理。就WTO贸易争端解决机制与我国诉讼制度的关系而言，按照WTO的要求改革我国诉讼制度，其中主要是司法的中立性、有效性和公正性。具体内容是：（1）扩大行政诉讼的受案范围。（2）行政程序、行政复议和行政诉讼之间的衔接关系。在WTO中，申请复议和之后的起诉都称为“上诉”（Appeal），因此，可以将《行政诉讼法》中的“起诉”修改为“上诉”。（3）法院在反倾销和反补贴案件中的审查强度，即是除了法律审查之外，应当进行事实审查。（4）确保法院的独立性。（5）放宽行政诉讼原告资格。中国加入WTO议定书明确承诺“受到被复审的任何行政行为影响的个人或者企业提起上诉的权利”，即享有诉权的是“受到被复审的任何行政行为影响的个人或者企业”，诉权人的范围广泛，不限于行政行为所针对的行政相对人，还包括因此类行政行为受到影响的特定范围的或者不特定范围的个人或者企业。[①] 如果我国的诉讼制度不能提供有效的救济，原本是国内能够解决的纠纷可能激化为国际贸易争端。[②]

（三）刑事诉讼、民事诉讼、行政诉讼等不同诉讼类型之间关系的协调

当不同的诉讼类型涉及同一案件事实时，客观上产生了相互关系的协调问题。否则，将出现恶意诉讼、规避诉讼、循环诉讼、判决冲突等弊端。这方面的一个极端案例是：

1983年6月，河南省焦作市纺织工业局（以下简称“纺织局”）出资购得房屋3间，在取得市统建住宅指挥部颁发的住宅产权所有证后，交由其下设的“纺织工业局供销公司”（以下简称“供销公司”）使用。不久，供销公司将购房款交给纺织局。1984年10月，纺织局设立“焦作市纺织实业公司”（以下简称“实业公司”），并将房屋移交实业公司使用——供销公司与实业公司在纺织局主持下签订了移交协议。1988年12月25日，纺织局与实业公司签订“房产转让协议书”，由实业公司支付纺织局3万元，取得房屋所有权，双方未办理所有权转移登记手续，但该房屋由实业公司使用。1992年12月，供销公司向焦作市房产管理局申请颁发办理了证号为12161的房屋所有权证，并于1993年4月29日将

① 参见高家伟：《WTO与中国行政法》，载高家伟主编：《现代行政法专题研究》，中国政法大学2001级宪法行政法专业硕士研究生授课材料，2002年9月至2003年1月。

② 孔祥俊：《WTO法律对我国司法审查制度的影响》，载《政法论坛》2002年第1期。

该房屋卖给高永善。高永善当日从房管局领取了证号为37121的房屋所有权证。由于该房屋由实业公司下属的电子光源总店（下称“光源总店”）使用，该店认为房屋所有权属于实业公司，拒绝搬出，纠纷遂起。民事诉讼一审：1993年5月11日，高永善以光源总店为被告，向焦作市山阳区法院提起民事诉讼，请求被告迁出房屋，影视公司（房屋使用人）作为第三人参与诉讼。行政诉讼一审：影视公司同时于1993年12月以房管局为被告，向山阳区法院提起行政诉讼，请求：撤销房管局1992年12月向供销公司颁发的12161号房屋所有权证及1993年4月29日颁发给高永善的37121号房屋所有权证。供销公司作为第三人参与该案诉讼。1994年3月31日，山阳区法院就影视公司提起的行政诉讼案作出一审判决，撤销房管局1994年颁发给供销公司第12161号房屋所有权证，法院在判决理由中认为它“同时自动丧失法律效力”。行政诉讼二审：房管局及供销公司不服一审行政判决，上诉至焦作市中级法院。焦作市中级法院以“此案还缺少诉讼主体，程序上有一定的问题”为由，于1994年7月21日裁定：撤销原判，发回重审。民事诉讼一审：山阳区法院于1994年8月17日就高永善诉光源总店的民事诉讼案作出一审判决，认定：争议房屋所有权属实业公司所有，并令该公司于判决生效后立即补办房屋过户手续。高永善及供销公司不服一审民事判决，向焦作市中级法院提起上诉。行政诉讼再一审：山阳区法院对实业公司提起的行政诉讼案进行了重审，追加高永善为第三人，并于1995年6月16日判决：撤销房管局向供销公司颁发的12161号房屋所有权证和向高永善颁发的37121号房屋所有权证。行政诉讼再二审：实业公司对判决的理由不服，供销公司对判决的结果不服，双方向焦作市中级法院提起上诉。1996年8月16日，焦作市中级法院作出行政终审判决：维持山阳区法院撤销房管局为高永善颁发的37121号房屋所有权证的判决，撤销山阳区法院撤销房管局为供销公司颁发的12161号房屋所有权证的判决。民事诉讼二审：焦作市中级法院不久后又就民事争议作出终审判决：撤销一审民事判决，争议房屋归供销公司所有。行政诉讼再三审：对于焦作市中级法院的行政终审判决，河南省高级法院认为适用法律、法规错误，于1997年3月19日提审此案，并裁定中止焦作市中级法院行政判决的执行。1997年4月7日，河南省高级法院作出行政判决：维持焦作市中级法院终审判决第一项、撤销第二项，并责令房管局自接到判决之日起两个月内对争议房屋重新确权。河南省高级法院的行政再审判决并未确认争议房屋所有权归属，而焦作市中级法院的民事终审判决又未被撤销，仍具有法律效力，故房管局以执行焦作市中级法院民事终审判决为由，将房屋所有权确权给供销公司。供销公司即将该房抵押给高永善。行政诉讼新一审：实业公司遂以《行政诉讼法》第55条和河南省高级法院行政再三审（提审）判决为依据，于1997年10月再次提起行政诉讼，请求撤销房管局的确权行为。此案目前已为法院受理。民事诉讼再一审：实业公司对民事终审判决申请再审。[①]

我们认为，在不同诉讼类型涉及同一案件事实时，应当按照如下规则处理：

（1）前案裁判优先。一个司法机关已经对案件事实作出生效裁判的，其他司法机关必须尊重。除非出现明确的反证，或者法律状态或者事实状态发生了实质性的变更，应当直接以生效裁判确认的事实和结论为根据；在出现了明确的反证或者法律状态、事实状态发生了实质性变更的情况下，应当裁定中止本案诉讼，将有关的案卷材料移送生效裁判的作出机关，该机关作出处理决定之后再开始本案诉讼。

（2）附带。并行的刑事、民事或者行政诉讼涉及同一案件事实，并且又属于同一法院管辖时，应当确立附带关系，由一个合议庭一并裁判。关于附带关系的安排，学理存在争议。通说认为，刑事诉讼可以附带民事诉讼和行政诉讼，行政诉讼可以附带民事诉讼。近年来有学者提出新的观点，认为附带关系的确定不能一概而论，而是应当取决于案件的主要法律问题是什么，凡是处理同一案件事实主要法律问题的诉讼类型都可以附带其他诉讼类型。按照这种观点，刑事、民事和行政诉讼之间可以相互附带，行政诉讼可以附带刑事诉讼，民事诉讼也可以附带刑事诉讼或者行政诉讼。[②] 我们认为，通说具有更强的可行性。

（3）先后。并行的刑事、民事或者行政诉讼涉及同一案件事实，但不属于同一法院管辖，不能采取附带方法解决时，应当确立先后关系，后位诉讼应当裁定中止，等前位诉讼作出生效裁判后再开始本案诉讼。关于先后关系的安排，通说认为是刑事诉讼优先于行政诉讼，行政诉讼优先于民事诉讼。近年来有学者提

---

① 参见朱维究、马怀德主持：《中国政法大学诉讼法学专业〈行政诉讼法〉授课记录》，2000年9月至2001年1月。

② 参见朱维究、马怀德主持：《中国政法大学诉讼法学专业〈行政诉讼法〉授课记录》，2000年9月至2001年1月。

出的新观点认为，与附带关系相同，先后关系的安排也不能一概而论，而是取决于哪个诉讼类型解决的法律问题是主要方面或者关键所在。我们赞成新观点，因为行政诉讼优先于刑事诉讼、民事诉讼优先于刑事诉讼或者行政诉讼的可能性是不能排除的。在不能由一个合议庭附带一并解决全部法律问题时，就应当优先解决关键的问题。

（4）移送。处理本案的司法机关发现本案不属于自己管辖或者存在应当由其他机关处理的事实问题或者法律问题时，应当将有关的材料移送有管辖权的司法机关。

（四）三大诉讼关系漏洞的弥补规则

但是，一种可能存在的情况是：一个案件既不能诉诸刑事诉讼，也不能作为行政案件受理。我们认为，在这种情况下，以民事诉讼作为解决社会纠纷的最后补充手段。

我国法院只在法律有规定的情况下才受理案件，这种做法十分不科学。社会生活变动不居，僵硬的法条与鲜活的社会现实之间总是存在一定的距离。特别是在当前我国正处于社会转型发展时期的情况下，各种未类型化社会纠纷不断涌现。对于这些在社会发展过程中出现的未类型化社会纠纷，法律总应该提供一个解决的渠道和办法，而不能将其拒之门外或者一脚踢开。在此问题上，我国不妨借鉴德国的做法。《联邦德国基本法》第 19 条第 4 项规定：“任何人之权利，受到公权力之侵害时，得向法院提起诉讼。如无其他法院有裁判权时，得向普通法院提起诉讼。”这表明，在德国，一切公、私法纠纷，在没有其他法院有管辖权的情况下，最终都可以通过普通（民事）法院予以解决。一切社会纠纷，在不能通过既有法定诉讼类型解决时，最终都可以通过民事诉讼途径解决。民事诉讼将作为最后的手段发挥补充性救济作用，以避免造成法治国中法外之漏洞。民事诉讼可以作为补充手段发挥救济作用，是因为民事诉讼是一切诉讼制度的蓝本，其他诉讼最初都源于民事诉讼。[①]

---

① 参见王亚新：《民事诉讼的程序、实体和程序保障（代译序）》，载［日］谷口安平著，王亚新、刘荣军译：《程序的正义与诉讼》，中国政法大学出版社 1996 年版，第 9 页。

二、诉讼关系冲突

按照上文提出的四种规则能够解决诉讼关系中的大多数问题，但是，实际中发生诉讼关系冲突的可能性是存在的，其中主要是因法律规定不明确、案件性质认识分歧而导致的管辖权异议。对此，外国存在的解决办法是：

（一）法国的权限争议法庭

为了解决普通法院和行政法院之间的权限争议，根据1872年颁布的一项法律，成立了一个权限争议法庭，由最高（普通）法院和最高行政法院同等代表组成。权限争议法庭的职权有两方面：一是解决两个法院系统之间的权限争议；二是解决两个法院系统之间的判决冲突。权限争议可能是普通法院和行政法院都认为自己对某一案件有管辖权，这是积极的权限争议；也可能是普通法院和行政法院都认为某一案件属于对方管辖，这是消极的权限争议。两个法院系统之间的判决冲突，是指在没有管辖权争议的情况下，普通法院和行政法院都作出了确定判决，但内容相互矛盾，因而当事人得不到司法救济，这时由权限争议法庭对案件作出裁决。权限争议法庭解决不同系统法院之间的判决冲突，根据是1932年4月20日的法律。这一法律的制定由罗泽（Rosay）案件引起。罗泽因所乘私人汽车与军用汽车相撞而受伤。他先向民事法院控告私车司机，要求赔偿。民事法院拒绝赔偿，认为相撞是由于军车驾驶过错引起，应由国家进行赔偿。他向行政法院起诉，要求国家赔偿，行政法院也拒绝赔偿，认为相撞由私车驾驶过错而引起，国家不负赔偿责任。在这个案件中，两个法院系统都有管辖权限，普通法院和行政法院都在其正当权限范围内作出了判决。但由于两个判决相互矛盾，受害人得不到救济。这里没有权限争议，而只是判决的冲突。1932年法律要解决的正是这种问题。①

（二）德国采取的做法

1. 采取列举方式明确规定各种法院的管辖权

德国《行政法院法》第40条、《联邦宪法法院法》第13条、《劳动法院法》第2条、《社会法院法》第51条、《财税法院法》第33条分别对联邦宪法法院、

① 参见王名扬著：《法国行政法》，中国政法大学出版社1988年版，第566页。

劳动法院、社会法院和财税法院的裁判权范围作了明确的列举规定，这使得各法院之间的权限争议通常不易发生。

2. 前者优先原则

《（普通）法院组织法》第17条、《行政法院法》第41条、《劳动法院法》第48条、《社会法院法》第52条、《财税法院法》第34条确立了“前者优先原则”（Grundsatz der Prioritaet）。根据该原则，各法院对其受理之案件，有无裁判权之问题，得自己决定，同时，其裁定发生确定力时，对以后其他法院对同一案件有无裁判权之决定，具有拘束力。例如，行政法院对其受理之某案件认为有裁判权时，其他法院不得主张对该案件也有裁判权。以此类推，某一法院对其受理之案件认为有裁判权时，其他法院都不得主张对该案也有裁判权。唯联邦宪法法院不受其他法院有关裁判权决定之拘束，联邦宪法法院得受理自认为有裁判权之案件。根据《联邦宪法法院法》的规定，联邦宪法法院在德国具有最高司法地位。该法第31条第1项规定：“联邦宪法法院的裁判拘束联邦和州的宪法机关、所有法院和官署。”

3. 成立联邦各最高法院合议庭

德国1968年成立了由各联邦最高法院院长与有关联邦法院院长组成的联邦各最高法院合议庭（der gemeinsame Senat der obersten Gerichtshoefe des Bundes），以协调不同法院系统之间的权限冲突。巴伐利亚邦在邦最高法院内设置了权限争议法庭以解决本邦各法院之间的裁判权限争端。实际上它只有受理消极权限冲突，或普通法院与惩戒法院、职务法院、职业法院等特别法院之权限争议之机会。①

4. 普通法院作为补充救济途径

《联邦德国基本法》第19条第4项规定：“任何人之权利，受到公权力之侵害时，得向法院提起诉讼。若无其他法院有裁判权时，得向普通法院提起诉讼。”据此，普通法院补充性质的裁判权将发挥最后的保障作用，消弭任何可能存在的消极权限争议。

（三）由最高法院决定

在比利时和意大利，行政法院和普通法院管辖权的争议，由普通法院中的最

① 参见翁岳生著：《行政法与现代法治国家》，台湾大学1982年版，第465页。

高法院来决定。

可以看出：第一，各国并不都是一律采取由一个独立的第三方机构或者由双方的代表组成的联合机构来决定不同法院系统之间的权限争议。但不管怎么样，只要存在两个以上的法院系统，或者单一法院系统如果分设审判庭受理不同类型的诉讼，诉讼体系的冲突协调就成为不可忽视的问题。第二，除了积极的权限争议之外，更重要的是要避免消极权限争议，即公民的权利受到侵害却得不到救济。

我国实行单一法院体制，这为诉讼关系冲突的解决提供了简单的办法，即由共同的上一级法院裁定。我们认为，这是我国诉讼体系构建中值得肯定的一个方面。

第十一章　诉讼法律移植

第一节　法律移植的概念和意义

一个国家或者地区借鉴、吸收另一个国家或者地区法律制度，确立起与另一个国家或者地区的法律制度相同或者相近的法律制度，甚至将另一个国家或者地区的法律直接用于本国或者本地区，就是法律移植。这种现象在法制发展史上并不鲜见。

近代以来，由于国际战争和国际文化交流的作用，强势文化对弱势文化产生了强烈冲击，迫使弱势文化借鉴、吸收强势文化以求自强。在现代社会，任何一个国家要闭关锁国孤立发展，都意味着拒绝与世界文明发展相隔绝，这样的局面和可能性几乎已经被打破或者不复存在，文化传播的步伐随着信息交流手段的进步而变得更加快捷。

就诉讼法律来说，各国的诉讼法律发展都经历了由野蛮到文明，由非科学（如神判）、不够科学（如法定证据制度）到科学的发展历程，这一过程通常取决于以下两大原因：一是本国或者本地区的文明进步；二是文化传播，主要是先进文化向后进文化传播。在现代社会，法律制度的进步，更多地取决于文化传播，这种文化传播无论是有意推动还是无意发生，或多或少都触及所谓“现代化”问题。国际社会为了促进各国法律文化、法律制度的发展、进步，制定了一系列国际司法准则，这些准则对各国法制的发展提供了国际公认的标准，为进一步增进诉讼法律移植提供了助力。诉讼法律移植的现象背后存在着一系列规律性的东西，探讨这些规律，对于公平看待国际司法标准、外国法律文化和制度，勇于和善于借鉴、吸收先进国家或者地区的法律文化和制度，达到甚至超越国际司法标准，实现诉讼民主、文明和公正，其意义是不言自明的。

第二节　诉讼法律发展各阶段的法律移植现象

在原始社会，不存在现代意义的法，调整部落成员行为的规范是风俗习惯。当时的风俗习惯既有实体性的也有程序性的。部落成员自觉遵守这些习惯并以公众舆论、与神明惩罚相联系的恐惧心理、集体情感维系着习惯的权威性。部落社会没有严格意义的司法。

随着人类文明进程的推进和国家的产生，法律产生出来。在法律产生过程中，基于惩罚、遏制犯罪的需要而产生实体法和程序法。法律的发展经历了三个阶段：传统法的发展阶段、由传统法向现代法的转变阶段、现代法的发展阶段。

一、传统诉讼法律发展过程中的法律移植

传统法总的特征是：在神意观念或者强力观念支配下，皇权或者王权至上，不受限制或者较少受到限制，即使存在宪法性文件，也不完备；法律大多以义务为本位，尤其在刑事诉讼中，被告人没有诉讼主体地位，缺乏诉讼程序和法定权利的保障；在商品经济不发达的社会，法律较少对经济活动加以调整，调整手段也较为单一，如中国古代受儒家思想影响，重农轻商，调整经济活动的法律贫乏，其调整手段往往是刑罚。

传统法中的诉讼法，经历了弹劾主义和纠问主义两个发展阶段。在弹劾主义诉讼中，诉讼以当事人争斗的方式进行，一方当事人对另一方进行弹劾，另一方进行辩解，在此基础上判断是非。此种方式在希腊、罗马共和时期和帝国衰落时期实行。在弹劾主义诉讼中，实行“不告不理”（ne judex procedat ex officio, nemo judex sine actore）原则，司法权受制于当事人的控告，法官为双方当事人争斗的仲裁者，由当事人选任，不依职权主动进行调查，只在双方举证、辩论的基础上进行判断，法官是消极、中立的。纠问主义诉讼在罗马帝国的初期、后期以及中世纪实行。16 世纪以后，英国以外的欧洲国家的刑事诉讼中仍然实行这一诉讼模式。纠问主义诉讼与严刑峻法的刑法相配合，司法官员不是由当事人选任的，他们在公益的名义下，主动依职权对犯罪进行侦查、审判并对判决进行执

行。法院不受提供来的证据材料的限制，法官可以自行收集各种证据。审判活动主要依书面、秘密方式进行。在这种诉讼模式中，法官只受到两项措施的限制：一是法定证据制度；一是上诉制度。我国古代诉讼，与纠问式诉讼更为接近，一般认为，我国古代诉讼属于纠问式诉讼模式。

传统法中有的在本国或者本地区逐步成长起来而没有或者较少受到外来影响，如罗马法、古代中国法；也有的受到外来影响，如明治维新前的日本法、17世纪以前的英国法、18世纪以前的法国法等。

公元前2100年，古巴比伦的审判制度已经确立，专门的法官、书记官、公证人以及各种诉讼上的专门诉讼文件和程序比较完备，一切法律被视为神授，最高审判权由国王掌握，汉谟拉比国王将审判权从僧侣那里转移至法官（包括巴比伦城市中的行政长官和村镇的首长等）之手，但当时司法权与行政权尚无严格的区分，审判活动均在宫殿大门和市区公开进行，书记官将一切笔录记于泥土版碑之上。汉谟拉比在任时期制定的法典后人称“汉谟拉比法典”。在巴比伦王国，刑事诉讼和民事诉讼没有明确的划分，《汉谟拉比法典》是诸法合体的，它对控告、传唤证人、举证责任、法官责任、神明裁判等作出规定，其确定的审判制度历经4000年而未发生显著变化。

古代罗马人在法律的划分、法律的一般理论和实施方法等方面作出了杰出的贡献。罗马法的全面发展持续了1000年。现今可考的最初的罗马成文法典为《十二铜表法》，共有105条，其第一牌共9条，是关于法庭对诉讼当事人进行传唤的规定；第二牌共4条，是关于诉讼中审问的规定。除《十二铜表法》外，罗马人还为人类文明的发展奉献了宝贵的《查士丁尼法典》。罗马法法庭具有程序完备的特点，罗马法昌盛时期也正是辩护律师大显身手的时期。帕皮尼安、保罗和乌尔比安主持的法庭发现并确立了一系列法律原则、制度和规则。

现代警察制度，可以在古罗马发现端倪，罗马帝国时期就出现了身兼警察和军人两种职务的骑士。近代警察是以法国在14世纪初成立的警察队为开端的，随后英国首创了专职警察队伍，伦敦警察是现代专职警察的开端。相传，“警察”一词起源于希腊，14世纪末为法语所吸收。现代世界各国，均建立起警察制度，这是法律制度移植的显例。

罗马法为现代法律制度构造了框架，其确立的诉讼原则、制度、规则成为现代诉讼原则、制度和规则的主要来源之一，为意大利、法国、西班牙和德国提供了可供借鉴的样板。

英国法在其法律的实质以及推理方法上都受益于罗马法。英吉利人到达英格兰之前，英格兰由其他部落定居，这些部落有着自己的文明。他们曾经被罗马人统治数个世纪，当时正是罗马法学的黄金时代，罗马法对英格兰产生了巨大影响。

继罗马法之后，公元5—9世纪的欧洲又形成了日耳曼法。日耳曼法是在日耳曼国家中适用于日耳曼人的一系列法典的总称。尽管日耳曼法在日耳曼部族原有习惯的基础上发展而成，却在西欧法律发展史上占有重要地位。日耳曼法确立的神明裁判制度和公开审判原则给后世影响久远，如今审判公开原则已成为现代诉讼的一项重要原则。此外，属于日耳曼法的《萨克森法典》规定，法院从黎明到日落进行审判，日落后法院不能再行使权力，后来一些国家将此类限制扩展到了逮捕和讯问等侦查程序。据分析，现代英美国家的陪审制度也与取法实行日耳曼法的法兰克王国的相类制度有关。

公元4—15世纪，罗马天主教的法规从罗马法和日耳曼法中借鉴了许多法律原则和制度，成为欧洲中世纪的重要法律。教会法与罗马法、日耳曼法并称为欧洲三大法律传统的重要组成部分。教会法以《圣经》、宗教会议的决议、法令与法律集、教皇教令集等为法律渊源。教会法采用书面审理程序和代理制度，证据必须经过宣誓提出，法官依据“理性和良心原则”进行审判活动，必须发自内心地确信他作出的判决。教会法在诉讼中确立了纠问式诉讼程序，例如，英诺森三世的教会法则规定，根据公众告发或私人控告，法院可以对案件进行调查，从调查证据到刑罚执行都由官方负责。纠问式诉讼程序对大陆各国刑事诉讼法的影响很大。

在封建制度下，法国的法律经历了由习惯法到罗马法再到王室立法的发展过程（从9—18世纪），1670年制定的刑事诉讼法是这一发展历程的重要成果之一。法国的司法审判先采用“神明裁判”与“司法决斗”，后采用形式证据制度，并实行纠问式诉讼。早在12世纪，法国就出现了代表国王参加诉讼的“代理人”，这种代理人是现代检察官的雏形。1302年法国国王腓力四世为加强王权，颁布敕令要求代理人必须和总管、地方官同样宣誓，并以国王名义参加诉讼活动，这一敕令标志检察官正式出现在刑事诉讼活动中。一般认为，检察制度形成于17世纪，法国国王路易十四颁布法令要求各级法院设置检察官，检察官对刑事案件行使侦查起诉权，检察制度由此得以确立。首先是大陆法系诸国，后来是其他国家，都纷纷仿效法国的检察制度而在本国建立起检察制度。

日耳曼习惯法和罗马法对德国法的产生和发展产生了重要影响。德国封建社会的早期沿袭日耳曼人的习惯，采取弹劾式诉讼。1220年德国编成了《萨克森法典》，其中对刑事诉讼规则作出了规定。1532年颁布了《加洛林纳法典》，该法典共179条，包含刑法和刑事诉讼法两方面的内容，确立了纠问式诉讼制度，刑事诉讼分为侦查和审判两个阶段，实行“有罪推定”和刑讯制度，审理不公开，判决分为有罪判决、无罪判决和存疑判决。

俄国直接从部落习惯法转化为早期封建制法，11世纪出现的《罗斯法典》是在习惯法和立法的基础上汇编而成的，1497年颁布和1550年颁布的两部《律书》(前者称《大公律书》，后者称《沙皇律书》或《第二律书》）对法院的权限、诉讼费用、诉讼程序作出了规定。1649年制定的《会典》采用了纠问式诉讼制度。1833年俄国编纂《俄罗斯帝国法律全书》，原为15卷，42000余条，规模十分庞大。该全书在修订和补充时增补了《1664年审判条例》作为第16卷，对法定证据制度作出详细规定。

就世界范围的广泛影响而言，罗马法是人类在法律领域取得的丰硕成果，不但对后来的法、德等欧洲大陆国家产生了沦肌浃髓的影响，也在一定程度上影响了英国法制，并通过英、法、德等国间接影响到美洲、亚洲等许多国家和地区，其影响至今不衰。

就东亚地区而言，古代中国法具有举足轻重的地位，它直接影响到日本、韩国、越南等国家和地区，以唐律为代表，这些国家的法律制度共同构成了中华法系。

二、传统诉讼法律向现代诉讼法律转变过程中的法律移植

在法律发展的过程中，人类经历了从蒙昧、野蛮到文明的发展过程，经历了自然灾害、战争等种种磨难，走过了无数坎坷，并在磨难和坎坷中找到通往幸福的道路。法律制度作为人类发展的重要成果，是人类不断在与苦难进行斗争、不断探索的产物，正如贝卡利亚所言，“人们只有在对生存和自由来说最重要的问题上成千上万次地走出了迷途之后，只有当他们受尽了极端的苦难而筋疲力尽之

后，才动手消灭他们的无秩序状态，并且开始理解最显而易见的真理。”[①] 在种种真理性的认识中，最重要的成果是人们越来越多地认识到尊重人自身的尊严和价值的重要性，各国先后通过改革摒弃了充满愚昧、残酷内容的法律，确立了体现和保障人和公民基本权利的新的法律制度。

诉讼法律制度由传统型向现代型转变，得益于英国光荣革命、美国独立战争和法国大革命的遗惠，这三次革命传播了平等、自由的理念，确立了尊重人的价值和尊严、限制国家权力的政治和法律思想，表现在诉讼领域，就是要求司法公正。

现代法的形成首推英国法律的发展的辉煌成果。英国法律深深植根于其本国历史，是其国内生活的长期孕育的产物。由于英伦三岛与欧洲大陆被海水隔断，英国法制很少受到欧洲大陆影响而得到独立发展，形成不同于欧洲大陆的显著特色。1066 年，诺曼人在威廉公爵的率领下侵入不列颠全岛，在英国建立起王权统治。国王向各地派出巡回法官并以巡回法官的判决为判例，在遵循先例的原则下通过这些判例使各地存在的习惯法逐渐统一，形成适用于全国的普通法，其后又陆续制定了一些成文法，但大多由习惯法或判例汇集而成。公元 12—13 世纪英国统治内部权力斗争加剧，诸侯为摆脱王权控制而开始了反对国王的战争，迫使国王约翰在 1215 年 6 月 15 日签署了旨在限制国王权力的《自由大宪章》，其第（39）项规定：“任何自由人，如未经其同级贵族之依法裁判，或经国法判决，皆不得被逮捕，监禁，没收财产，剥夺法律保护权，流放，或加以任何其他损害。”[②] 由此确立了“正当程序”（due process）原则，这给英美法系各国刑事诉讼法带来深远影响。在英国，自从 1215 年签署大宪章（Magna Carta）以来，英国人民得到君主的书面允诺，国王承认放弃一部分权力，嗣后随着民权运动进一步推进，国王在理论上仍是王国的统治者——立法、订约和任命官吏都以他的名义进行，并且，如其他君主一样，有枢密院做他的顾问，有内阁掌理中央的行政，“但这不过是形式而已。实际上讲来，大不列颠的君主已失去了许多的职权，所保留的只是人君的尊严”。英国国王没有立法权，对于法律，尽管名义上他有否决权，但从安妮女王（Queen Anne）以后，这一权力就没有被行使过。国王也

① ［意］切查列·贝加利亚著：《论犯罪和刑罚》，西南政法学院刑法教研室 1980 年翻印本，第 6 页。

② 董云虎、刘武萍编著：《世界人权约法总览》，四川人民出版社 1990 年版，第 231 页。

失去了司法统制权，即使他不同意法官的判决，也不能免去法官的职务。[①] 由此在英国确立了法官独立体制。这一体制随着其他许多国家专制制度的终结而被确立下来，并最终成为由联合国确认的司法国际准则。法官独立的司法体制使司法权的行使保持分散性，周密的职务保障使专制权力难以发挥对司法权的禁锢作用，从而在履行维护秩序的职责的同时，也为自由提供有力保障。在英国，实行对抗制诉讼程序和陪审团制度。这种法律制度延续至今。当事人主义诉讼是弹劾主义和纠问主义的折中模式。在这一诉讼模式中，审判程序必须依当事人（分检察官起诉与私人起诉两种）的起诉才能启动，"不告不理"原则得以恢复。法官进行裁判，以良心和理性判断证据。审判活动采取辩论原则，被告人拥有防御权。除国家官员职掌检控和审判权力外，允许一般民众以陪审方式参与审判活动。在北美，英国人统治的各州移植了英国的大小陪审团制度。美国建国后，其宪法第 3 条第 2 项第 4 款规定：除了弹劾案外的一切罪案，均应由陪审团审判。陪审团制度在美国得以延续。

英国法制中的人道、文明的内容，给痛恨本国纠问主义诉讼野蛮性的欧洲大陆国家的人们留下了深刻印象。孟德斯鸠等法国启蒙思想家到英国，他们对政治、法律进行了考察，归国后在文章、著作中高度赞扬英国的法制和政制，为法国等欧洲大陆国家借鉴英国的法治经验提供了强有力的理论支持。

在 17、18 世纪，卢梭、孟德斯鸠等启蒙思想家提出了"天赋人权""人民主权""三权分立"等理论，奠定了西方政治法律制度的理论基础。与此同时，意大利的贝卡利亚在 1764 年 7 月 16 日出版了《论犯罪与刑罚》一书，系统地提出了现代刑事法律的基本原则，即罪刑法定原则、罪刑相适应原则、刑罚人道化原则、无罪推定原则，并主张废除刑刑。思想家们倡导的"自由""理性"和"良心"等思想，直接影响到政治和法律制度的各个方面。他们宣扬人道主义，尊重个人人格和保护个人人身权利，并宣布按照这些原则来改革政治、法律制度。在反对特权和等级制度的斗争中，人们提出"法律面前人人平等"的口号，平等原则成为现代国家机关活动的一项重要原则。各国革命胜利后所颁布的法律，确认了这些刑事法律的原则。这些法律有宪章性的，如英国的《人身保护律》（1676 年）、《权利法案》（1689 年），美国的《美利坚合众国宪法》

---

① Carlton J. H. Hayes 著，余楠秋译：《近代欧洲史》，黎明书局 1933 年版，第 420 页。

(1787)，法国的《人权和公民权宣言》(即《人权宣言》)(1789 年) 及其他各国的宪法。有法典性及其他单行法律的，如各国的刑法典、刑事诉讼法典等。以法国《人权宣言》为例，它规定了以下刑事诉讼原则：

(1) 不得任意捕人。“除非在法律所确定的情况下并按照法律所规定的程序，任何人均不受控告、逮捕与拘留。”(第 7 条)

(2) 罪刑法定原则。“法律只应设立确实必要和明显必要的刑罚，而且除非根据在犯法前已经通过并且公布的法律而合法地受到惩处，否则任何人均不应遭受刑罚。”(第 8 条)

(3) 无罪推定原则。“所有人直到被宣告有罪之前，均应被推定为无罪”。(第 9 条)

(4) 反对酷刑。“即使判定逮捕系属必要者，一切羁押人犯身体而不必要的严酷手段都应当受到法律的严厉制裁”。(第 9 条)

近现代刑事诉讼的代表性法典之一是《法国刑事诉讼法典》。法国大革命以后，拿破仑亲自主持法典的编纂。1808 年《法国刑事诉讼法典》采职权主义的诉讼程序，建立了起诉、预审、审判职权分立的原则和依重罪、轻罪、违警罪分设法院的司法体系，并确立了内心确信的证据制度和其他一系列具有现代精神的诉讼原则、制度和规则。《法国刑事诉讼法典》对欧洲大陆诸国产生深远的影响，而且影响远及亚洲、非洲和美洲的许多国家，成为大陆法系国家刑事诉讼制度的奠基之作。

追随法国之后，大陆法系其他国家也纷纷制定本国的刑事诉讼法典。1865 年，意大利以《法国刑事诉讼法典》为蓝本制定了《意大利刑事诉讼法典》，确立了无罪推定和陪审制度（由职业法官和非职业法官组成合议庭），1913 年这部法典得到修改，提高了被告人的诉讼地位，扩大了被告人的诉讼权利。19 世纪中叶德国一些地方出现了“改革的刑事程序”，1879 年德国制定了刑事诉讼法，摒弃了德意志帝国成立前地方邦国数百年来实行的建立在警察国家专制主义政治基础之上的宗教法庭程序，限制了法官权力，实行公诉与审判分立，建立了检察机关，被告人在程序中拥有辩护权并通过“保护形式”得到保护。

法国大革命时期，陪审团制度作为平民政治的标志而被推广到欧洲大陆。法国曾经于 1791 年仿效英国实行陪审团制度，由一定数量的非专业人士（通常为 12 人）组成陪审团，在没有法官出席的情况下负责对事实的有无进行裁决，但这一移植没有取得成功，法国于1940年取消了陪审团制度，改采参审制度。德国也曾于1848年以法律正式在本国确立陪审团制度，但这一移植也没有取得成功，1924年德国取消了陪审团制度。

在证据制度方面，法律移植现象也颇为明显。例如，1790年12月26日，杜波耳向法国宪法会议提出革新草案，建议废除书面程序及其形式证据，用内心确信（自由心证）制度取代法定证据制度。会议经过辩论，于1791年1月18日通过了杜波耳提出的草案。1791年9月29日，法国发布训令明确宣布：法官必须以自己的自由心证作为裁判的唯一根据。1808年制定的《法国刑事诉讼法典》率先较详细规定了自由心证制度。1808年《法国刑事诉讼法典》第342条规定："法律对于陪审员通过何种方法而认定事实，并不计较；法律也不为陪审员规定任何规则，使他们判断已否齐备及是否充分；法律仅要求陪审员深思细察，并本诸良心，诚实推求已经提出的对于被告不利和有利的证据在他们的理智上产生了何种印象。法律未曾对陪审员说，'经若干名证人证明的事实即为真实的事实'；法律也未说，'未经某种记录、某种证件、若干证人、若干凭证证明的事实，即不得视为已有充分证明'；法律仅对陪审员提出这样的问题：'你们已经形成内心的确信否？'此即陪审员职责之所在。"现行《法国刑事诉讼法》第353条对自由心证的文字表述作了简化，但其基本内容是一致的。继法国之后，欧洲各国立法也相继规定了内心确信制度，例如，1877年《德国刑事诉讼法》第260条规定："法院应根据从全部法庭审理中所得出的自由心证来确定调查证据的结果。"19世纪末俄罗斯废止了法定证据制度。1892年俄国《刑事诉讼条例》第119条规定："治安法官应根据建立在综合考虑法庭审理时所揭露的情况基础上的内心确信，来裁判受审人有无罪过的问题。"

在亚洲，日本提出"泰西主义"的口号，进行了欧洲化、"脱亚入欧"的进程。1871年11月到1873年9月，明治政府派出外务卿岩昌具视为右大臣和特命全权大使，由其率约50人的遣外使节团，还带上一些日本留学生，先后访问了美、英、法、比、荷、德、俄、丹麦、瑞典、意、奥和瑞士12国，为期1年零10个月。1882年3月，明治政府又派出参议伊藤博文等高官组成"宪法考察团"到欧洲国家考察研究，伊藤博文赴柏林和维也纳拜访了柏林大学的宪法和行政法教授格奈斯特（R. Genist）及其弟子默塞（A. Mosse），赴维也纳拜访了维也纳大学行政法和法哲学教授施泰因（L. Stein），学习德国宪法。在德国人罗塞尔

(R. K. F. Roseler) 的帮助下，于1889年制定出《明治宪法》。1873年日本聘请了法国巴黎大学教授布瓦索纳特（G. Boissonade)，帮助日本起草了模仿法国法律的《治罪法》（即《刑事诉讼法》，1880年)，采行自由心证制度（明治九年)。日本现行《刑事诉讼法》第318条规定：“证据的证明力由审判官自由判断。”后日本又于1890年和1922年分别重新制定了《刑事诉讼法》，后者明显受到德国的影响，但日本根据本国国情舍弃了德国式的“起诉法定主义”，代之以“起诉便宜主义”。在德国人的帮助下，还制定了由德国人鲁道夫（O. Rudolff）起草的《法院组织法》、由德国人特肖（H. Techow）起草的《民事诉讼法》、由德国人罗塞勒（R. K. F. Roseler）和默塞（A. Mosse）起草的《行政审判法》。日本近代法律制度移植的初期，法国、德国法律的影响参半，法国法律的影响似乎更大，1870年“普法战争”以后，日本转而全面移植德国法律制度，日本人称这一现象为“德国法的继受”[①]。

日本曾经仿效英国实行陪审制，1923年颁布了《陪审法》，但陪审制度的移植并未取得成功。按照日本人的心理，由上级官员进行审判更能获得信赖，对于与自己平等的普通人的审判颇不习惯。另外，陪审制失败的原因还包括：对陪审员的财产限制过严，符合陪审员资格的人数仅占具有众议院选民资格的人数的14.3%；陪审案件的范围过窄，大量刑事案件被排除在外；陪审制度对被告不利，如对于法官给予陪审团的指示不能提出异议；被判有罪的被告人需要负担陪审费用，加重了被告人的经济负担；陪审团的评议采取简单半数通过，有违无罪推定原则；陪审团的裁决对审判长没有约束力；对陪审团的判决不能提出上诉。[②]

三、现代诉讼法律发展中的法律移植

在现代社会，人在共同生活及其发展过程中，逐步形成了关于自我价值的思想和关于人的尊严的观念，构成民主要素的同情、宽容、相互承认、相互保障、保障人民的政治参与权、保障人民的生命和自由作为首要课题等价值理念已获得广泛认同。现代法体现了人类文明发展成果并在促进人类文明进程方面发挥着重要作用。诉讼法作为与人的基本权利关系极为密切的法律，现代价值理念获得了

① 参见龚刃韧著：《现代日本司法透视》，世界知识出版社1993年版，第3~6页。
② 参见龚刃韧著：《现代日本司法透视》，世界知识出版社1993年版，第40~41页。

相当充分的体现。

然而，现代法律的发展并不总是朝向民主和文明的。在现代法律发展中，法律在两次世界大战之间出现了重大倒退，第二次世界大战中这种倒退达到最低点。这一倒退给各国提供了有益的教训。爱好自由、民主、和平的人们在汲取教训的基础上强化了诉讼中的权利保障，特别是在刑事诉讼中，强化了对嫌疑人、被告人的诉讼权利保障。

第二次世界大战是法西斯主义者在一些国家掌握政权的恶果，他们对外发动疯狂的侵略战争，对内行使恐怖的极权统治，恣意践踏本国和占领国人民的人权，法西斯主义国家和一些受法西斯主义影响的国家的刑事诉讼法纷纷法西斯化，刑事诉讼制度的发展出现严重的倒退。1942 年纳粹德国废除了司法独立；对叛国案，在柏林专门设置了“人民法庭”，合议庭中纳粹党员、党卫军和武装部队成员占绝对多数，审判秘密进行；法院组织和诉讼的许多保障措施都在“简化”的理由下被废止了。意大利于 1930 年颁布第三部《刑事诉讼法典》，这些法典都强化了检控机关的权力，对被告人的权利加以严格限制。第二次世界大战以后，一些国家改革了本国的刑事诉讼制度，强化对人权的保障。

20 世纪后半叶，强化诉讼中的权利保障成为诉讼制度改革的主要趋向；另外，两大法系诸国相互借鉴吸收，使许多具体原则、程序和规则进一步趋同。

德国、法国等大陆法系国家实行职权主义诉讼（litigation system）模式，这种模式也称纠问式诉讼（inquisitorial system）。纯粹职权主义诉讼模式的特征是：(1) 法官推进诉讼进程；(2) 法官主动依职权调查证据，可以主动询问被告人、证人、鉴定人并采取一切必要的证明方法；(3) 采不变更原则，案件一旦起诉到法院，控诉方不能撤回起诉，诉讼的终止以法院的判决作为标志。在现代，大陆法系国家纯粹职权主义的诉讼模式已经打破，诉讼中一般均采行变更原则，允许控诉方撤回起诉。德国还吸收了英美对抗制诉讼中的交叉询问制度，将两种调查制度同时规定在本国的刑事诉讼法中，《德国刑事诉讼法》第 239 条第 1 款规定：“依他们的一致申请，审判长应当让检察官、辩护人询问由检察院、被告人提名的证人、鉴定人。对由检察院提名的证人、鉴定人，检察官有权首先询问，对由被告人提名的证人、鉴定人，辩护人有权首先询问。”

1948 年日本以新宪法为依据并参照美国模式制定了新的诉讼法，采行当事人主义诉讼模式。在刑事诉讼中，实行起诉状一本主义和令状主义、废除预审制、强化公审中心主义和控辩双方的对抗作用、限制口供的证据能力、限制传闻证据、赋予被告人以保释的权利、对上诉审从原来的复审制改为事后审查制，使日本刑事诉讼制度得到进一步完善，形成混合式诉讼模式。这种诉讼模式又称“折中主义”诉讼，其特征是：（1）保留了法官主动依职权进行调查证据的权力，注重发挥法官在调查案件事实方面的能动性，表现了对职权主义诉讼模式的优势的客观态度；（2）大力借鉴对抗制诉讼的因素，在诉讼中注重发挥控辩双方的积极性，注重控诉辩护双方平等对抗。在法庭调查中，实行英美式的交叉询问等制度，如《日本刑事诉讼法》第304条规定：“审判长或陪席审判员，应首先询问证人、鉴定人、通译人或翻译人。”（第1款）“检察官、被告人或辩护人，可以于前款询问完毕后，告知审判长，询问证人、鉴定人、翻译人或通译人，于此情形，对证人、鉴定人、翻译人或通译人调查，如果是出于检察官、被告人或辩护人的请求时，应由提出请求的人首先讯问。”（第3款）“法院认为适当时，得征询检察官、被告人及辩护人之意见，变更前两项讯问之顺序。”以期取两大诉讼模式之长而摒弃其短。不过，尽管日本的《法院法》第3条第3款规定“本法的规定不妨碍在刑事案件中依据其他法律建立陪审制度”，但日本没有重新确立陪审制度也没有确立与法国或者德国式的参审制度。在当代日本，重建陪审制的呼声很高，特别是一些通过再审得到纠正的冤案震动朝野，不少人主张恢复陪审制以减少误判。日本最高法院也对这一主张表示支持。[①] 混合式诉讼是在原有的职权主义诉讼模式的基础上大力吸收对抗制诉讼的积极因素的结果，它以折中模式试图结合职权主义诉讼和对抗制诉讼之长而避免其短，即强化对人权的保障，又注重发现案件真实和提高效率，这种结合为许多国家刑事诉讼的发展提供了新的可供借鉴的典范。

同样，英美国家也在借鉴大陆法系国家的法律制度。英美国家实行对抗制诉讼（adversary system），该诉讼模式又称“当事人主义”诉讼、“辩论主义”诉讼、“竞争主义”诉讼。其主要特征之一是法官不主动依职权调查证据，自我克制是法官在案件调查活动中的惯例，不过，美国也吸收了大陆法系国家法官主动依职权进行调查的内容，如《美国联邦证据规则》第614条规定：“法庭可以自己询问证人，不管该证人是法庭传唤的，还是当事人传唤的。”

---

① 龚刃韧著：《现代日本司法透视》，世界知识出版社1993年版，第40~41页。

1988 年意大利对本国的刑事诉讼制度进行了大幅度改革，制定了新的刑事诉讼法，这部法典对意大利传统的职权主义诉讼结构进行了根本的改革，强化了对嫌疑人、被告人诉讼权利的保障，移植了对抗制的诉讼制度，在庭审活动中实行交叉询问制度，同时保留了法官依职权进行调查的权利。另外，为了提高诉讼效率，还增设了多种简易、速决程序。

俄罗斯对本国的司法体制和诉讼制度也进行了西方化改革，引人注目地重新设立了陪审制度。1991 年以后，俄罗斯对苏俄刑事诉讼法典进行不断修改，1993 年将陪审庭审理案件的程序作为单独一编，共 47 条，列在原法典的后面，该编对于陪审团审理程序的适用范围、提起程序、陪审团的组成、陪审员的权利与义务、陪审团审理案件的庭审程序等都作出了规定。

毫无疑问，人类经过长期探索、奋斗取得的文明成果将继续发扬光大，人类将进一步走向民主和自由，并在日益发达的科学技术的帮助下获得更多的力量和幸福美好的生活。

第三节　法律发展原因与方式的一般规律

前述法律发展的三个阶段都存在法律移植现象。

法律移植不是没有一定规律可循的，无论是法律发展（包括法律移植）的原因还是方式，都有其固有原因。

一、法律发展的原因

法律的发展可以分为法律演进和法律移植两种模式。法律演进的成因主要来自本土政治、经济、文化等方面的发展进步，这种发展被称为“内在性发展”。法律移植的成因主要来自其他国家或者地区的法律文化传播，这种发展被称为“传播性发展”。①

（一）法律的内在性发展

法律移植与法律本身的自我演变不同。法律移植表现为外来因素起到决定性

---

① 关于这两个概念，参见［日］富永健一著，董兴华译：《社会结构与社会变迁——现代化理论》，云南人民出版社 1988 年版，第 189 ~ 198 页。

作用，即外国或者域外地区的法律文化、法律制度产生影响导致对其进行借鉴、吸收。法律演进不取决于外来因素，其动因来源于社会系统内部，这种法律被称为“内因性”发展。法律演进总的趋势，是由野蛮、残酷向文明、人道发展。

我国古代法律的演进是内因性发展模式。例如，汉代废除了包括黥、劓、刖在内的肉刑，这一法律进步就是来自内因而非外部先进法律文化的传播。《汉书·刑法志》记载：汉代孝文帝时，齐太仓令淳于公有罪当刑，诏狱逮系长安。淳于公无男，有五女。其少女缇萦，自伤悲泣，乃随其父至长安，向皇帝上书说：“妾父为吏，齐中皆称其廉平，今坐法当刑。妾伤夫死者不可复生，刑者不可复属，虽后欲改过自新，其道亡繇也。”孝文帝怜悲其意，下令：“盖闻有虞氏之时，画衣冠异章服以为戮，而民弗犯，何治之至也！今法有肉刑三，而奸不止，其咎安在？非乃朕德之薄，而教不明！吾甚自愧。故夫训道不纯而愚民陷焉。《诗》曰：‘恺弟君子，民之父母。’今人有过，教未施而刑已加焉，或欲改行为善，而道亡繇至，朕甚怜之。夫刑至断肢体，刻肌肤，终身不息，何其刑之痛而不德也！岂称为民父母之意哉！其除肉刑，有以易之；及令罪人各以轻重，不亡逃，有年而免。”① 至此改定刑法以定肉刑。这里废除肉刑，不是移植域外法制的结果，而是中国法制自身发展、演进的产物，在这个发展、演进过程中，缇萦上书之类的事件提供了契机，中国传统文化重自省，唐虞时期的一些典章制度甚至传说塑造了一种理想的国家和社会治理状态，为文化自省提供了重要的仿效对象，最终促成了法律制度的进步。

法国学者亨利·莱维·布律尔指出：法律是多种影响的产物，对社会发生作用的一切因素都对该社会的法律产生影响。从法律演进的原因上看，主要有经济原因、政治原因、文化原因和宗教原因等几种。

1. 经济因素

我国学者丘汉平在谈到法律与经济的关系时曾说：“法律与政治均脱不了经济的影响，怪不得唯物史观论者专注重经济的动力了。但同时经济也因法律而变更。经济是时时进化的，而法律则至某一时期一变更。在一定时期内的中间，法律自身是不变的。不过常常因经济的变迁，不得不使法律的真精神符合这新的局

① 丘汉平编著：《历代刑法志》，群众出版社 1962 年版，第 7 ~ 8 页。

面。”[①] 一个社会的经济结构肯定要在法律中反映出来。亨利·莱维·布律尔举例说，古罗马社会由农民组成，他们大都从事耕种，他们的习俗恰恰正是耕种者的习俗，其特征是家族内部权力高度集中，纪律严明，家族成为当时主要的、几乎是唯一的真正具有一定结构的社会组织。这个组织的所有成员都服从 Pater familias（家长）的强有力的权威，唯有他一人拥有法律上的能力。这样的社会，无须许多权利主体，相反，只需要一种严格的纪律。这种极端的家长制度的社会结构在一个贸易甚为罕见、几乎自给自足的农业社会并没有什么大的弊端。罗马的古老法律几乎完全适应这种小农社会。公元前 3 世纪，从事耕作的罗马人成为商人，经济结构发生了变化，这种变化很快反映到法律当中。由于社会关系的发展，人们开始寻求增加权利主体，如解除监护，使儿子摆脱父亲的专横权威；使妻子可以依据“无夫权婚”（sine manu）摆脱丈夫的权威，妻子婚后可以不入夫家，仍在娘家居住，从而不受夫家的权威钳制，这种婚姻关系可以通过离婚予以解除，等等。罗马法还创立了一些只要双方同意就可以使订约双方承担义务的法律行为。现代经济结构发生的变化也同样会影响到法律方面发生相应变化，18 世纪大工业和机械工业兴起，产生了新的阶级，新的阶级取得政权后废除了阻碍资本主义发展的特权并建立起公民平等权利。[②]

2. 政治因素

政治因素对法律产生影响的最显著例子是武力征服兼并后，胜利者将自己的立法、私法及政体强加给战败者。另外，一般地说，生活在君主立宪、贵族、封建或民主的不同制度下，家庭、财产的组成甚至契约的订立都有所不同，这种不同有的表现在法律中。[③] 当代中国在政治方面发生了很大变化，这种变化也对法律产生明显影响，如政治民主性有所增强，行政诉讼制度、行政程序、行政复议制度和国家赔偿制度建立起来并有所发展。

3. 文化因素

法律现象与文化现象之间存在必要的和谐，罗马人征服了希腊，希腊文化对罗马人产生了影响，不但影响到罗马人的文学艺术，而且对罗马人的法律也产生

---

① 丘汉平著：《先秦法律思想》，光华书局 1931 年版，第 6 页。

② ［法］亨利·莱维·布律尔著，许钧译：《法律社会学》，上海人民出版社 1987 年版，第 80 ~ 82 页。

③ ［法］亨利·莱维·布律尔著，许钧译：《法律社会学》，上海人民出版社 1987 年版，第 82 ~ 83 页。

了决定性影响。[①] 实际上，中国也有这样的例子，如蒙古人、满族人征服中原，但中原地区的文化转过来对征服者产生了影响，包括法律的影响。满族人入主中原以前，其法律规定有："凡奸有夫之仆妇者，责二十七鞭。""会集不来者，王等罚马二十匹；扎萨克贝勒贝子公等罚马十五匹。""射斫家奴或割截耳鼻者，王者罚牲畜五九；扎萨克贝勒贝子公等罚三九；庶人罚一九。"这类规定带有明显的游牧民族特性。满族人入主中原以后不上几十年，大部分已经删削，新定条款和文字风格已经与明律颇为近似。[②]

4. 宗教因素

在政教合一的国家或者宗教占重要地位的国家，宗教对法律有深远影响。原始社会的法律、古犹太法、伊斯兰法就渗透着宗教精神。公元 3 世纪和 4 世纪，罗马法就曾受到基督思想的冲击，但罗马法有效地抵制了这种冲击。在中世纪，教会法形成后，宗教的影响更为广泛，最终导致一些新的制度创立起来。[③]

总之，法律逐渐演变，主要表现为内部原因，随着文明进步，人们对法律制度及其背后的价值有了新的认识，这种新认识，导致人们改变现行法律制度或者确立新的法律制度；同时，法学的发展也为这一变化提供了重要条件。

（二）法律的传播性发展

法律移植是法律文化传播的结果。日本学者富永健一指出："所谓传播（diffution)，是人类学的术语，指文化项目从一种文化向另一种相异的文化转移。传播绝不是权力性的强加，而是接受的一方自发性的容纳，是文化的借用。"[④] 不过，自 19 世纪末以来，西方各国不仅仅传播他们的文化，还实行殖民制度和进行殖民统治，这显然意味着一种权力关系；但如果在这个过程中，后进地区的人们与西方文化项目接触并且容纳它们，就不能说是权力现象。[⑤] 法律文化传播，像其他文化传播现象一样，通常是由先进法律文化向后进法律文化传播；不过，在历史上，也有后进法律文化摧毁了先进法律文化并取而代之的现象。

在现代，这一过程被称为"现代化"。日本学者富永健一引用马里恩·利维

① ［法］亨利·莱维·布律尔著，许钧译：《法律社会学》，上海人民出版社 1987 年版，第 83 ~ 84 页。
② 杨鸿烈著：《中国法律发达史》，商务印书馆 1930 年版，第 868 页。
③ ［法］亨利·莱维·布律尔著，许钧译：《法律社会学》，上海人民出版社 1987 年版，第 84 ~ 85 页。
④ ［日］富永健一著，董兴华译：《社会结构与社会变迁》，云南人民出版社 1988 年版，第 13 页。
⑤ ［日］富永健一著，董兴华译：《社会结构与社会变迁》，云南人民出版社 1988 年版，第 13 页。

的话称“现代化”为“普遍性的社会溶剂”（universal social solvent），即现代化能把一切与之接触的东西（尽管是异质的东西）溶入其中。① 一个开放的社会为这种接触提供了条件，促成了越来越多的文化传播。法律文化的传播也是如此。现代化的力量是如此强大，一旦人们接触到先进的法律制度，对比自己的制度而自惭形秽，必然会产生移植先进法律制度的愿望，但这种愿望积聚到一定程度却受到阻遏的时候，也许会产生与这种阻遏力量的强烈冲突，甚至会爆发革命。因此，一旦人们走出封闭打开眼界，现代化的潮流往往是不可阻挡的。

在法律文化传播过程中，被传播方可能基于改变落后法律制度的自主愿望主动引进外来的先进法律制度，也可能是迫于某种外在压力而被动地接受或者主动地移植外来的先进法律制度。对法律的移植存在不同态度，根据这种不同，可以将法律的移植区分为内因型移植和外因型移植。

法律移植受到“模仿律”支配，法国学者勒内·罗迪埃尔指出：“使各国法律体系趋于统一的最经常性的因素是模仿律。对外国法律体系的了解，把他们同本国法律规则进行的比较，自然导致这种统一。一种法律体系借用另一种法律体系的情况不可胜数”②。一个国家或者地区的人们对另一个或者数个国家、地区的法律制度产生艳羡心理，在这种心理动机的支配之下，可能会主动地借鉴、吸收其法律制度。这种借鉴、吸收体现了主动性，如古代日本对中国唐律的借鉴、吸收，就是来源于对中国文化的崇尚心理。一个国家或者地区对其他国家或者地区法律制度的借鉴、吸收，往往是对先进的法律制度的借鉴吸收。当认识到本国或者本地区的法律制度存在缺陷的时候，一旦外国或者域外地区的法律制度可供比较并提供了借鉴、模仿的范本，主动进行法律移植的愿望和行动就产生了。一个国家或者地区要自强，要跻身于世界强者之林，主动进行法律移植显然是必要的。

法律移植也可能来自外部压力而表现出一定的被动性，甚至表现为强加给被移植地区的人们。我国清末法律改革受到两个方面因素的影响：一是激励作用，日本明治维新后学习西方政治法律制度，迅速崛起，成为强国，日本的经验对中国起到了示范和激励作用；二是外在压力，中国法律制度与当时西方法律制度比

① ［日］富永健一著，董兴华译：《社会结构与社会变迁》，云南人民出版社1988年版，第13页。
② ［法］勒内·罗迪埃尔著，陈春龙译：《比较法概论》，法律出版社1987年版，第15页。

较起来，明显要野蛮、落后得多，一旦适用于外国人，大受非难，“生息于近代最进步之罗马英美法系的人，就很急于脱离中国法系的支配”①。1843 年，鸦片战争以后的英国急于获得裁判权，在草案第 7 条提出在中国设英国法庭；1858 年中英《天津条约》第 16 条规定：“英国人民有犯事者，皆由英国惩办；中国人欺凌扰害英民，皆由中国地方官自行惩办……”从此中华法系遭受重大挫折。然而，光绪二十七年九月五日，中英缔结《中英追加通商航海条约》，其第 12 条规定：“中国深欲整顿律例，期与各国改同一律，英国允愿尽力协助，以成此举，一俟查悉中国律例情形及其案断办法及一切相关事实，皆臻妥善，英国允弃其领事裁判权。”这一规定使国人为之兴奋，第二年，清政府就派沈家本等为修订法律大臣，参酌西方律例进行法律改革。② 清末的法律移植，是在部分裁判权操控在外国领事手中的压力之下进行的，实为不得已而为之。

二、法律发展的方式

在这些阶段的法律发展中，法律的演变依循两大方式进行：一是渐变方式，二是激变方式。亨利·莱维·布律尔认为，经济、政治、文化、宗教等因素对法律影响的方式包括：停滞、正常变化和革命。这里的“停滞”是“无变化”，“正常变化”即为渐变模式的变化，“革命”是激变模式的变化。

1. 渐变方式

这是一种逐渐变化的过程，“大部分社会的法律都处于程度不一的正常变化之中，只要这些社会存在，其变化就不会停止”。公法比私法而易于发生变化，因为公法制度受群体意愿的影响更深，其变化通常是猛烈的。③ 法律的渐变发展还有一种特殊情况，在一些武力征服兼并的例子中，战胜国的人民实行自由的政策，允许战败国的人民进行按照其传统习惯生活下去，或至多只是以缓慢和渐进的方式将一种制度逐渐取代另一种制度。④

2. 激变方式

革命是一个社会现象，也是头等重要的法律现象，其定义是：“由于在社会

① 杨鸿烈著：《中国法律发达史》，商务印书馆 1930 年版，第 870 页。
② 杨鸿烈著：《中国法律发达史》，商务印书馆 1930 年版，第 871 ~ 872 页。
③ ［法］亨利·莱维·布律尔著，许钧译：《法律社会学》，上海人民出版社 1987 年版，第 85 ~ 86 页。
④ ［法］亨利·莱维·布律尔著，许钧译：《法律社会学》，上海人民出版社 1987 年版，第 83 页。

群体的积极因素中引入了代表新价值的人民因素而导致一个法律系统全面或者部分地、突然或剧烈地变化。”例如，法国1789年的大革命和俄国1917年革命，都深刻地改变了国家结构，也废除了先前的法律。①

至于哪一种方式是法律移植的理想方式，存在两种不同观点。英国法律制度的发展是渐变方式的成功范例；法国的法律制度经过了革命方式，革命浪潮的推动使它进行了变革。对于这两种方式，历史学家、政治学家、法学家都曾给予研究，形成不同认识。经验主义者通常认为，渐变的方式更加可取，而以一个人们自以为是理想的方案进行激进的改革，往往导致与人们的设想不一致甚至出现相反的局面。理性主义者相信理性的力量，认为设计一个理想的方案并付诸实施，实现预期的效果是可能的，为了达到相应的效果，必要时采取革命的方式是理所当然的。

第四节　法律移植与文化传统

法律移植是借鉴、吸收域外国家或者地区法律制度的一种法律文化传播现象。进行法律移植，通常意味着现有的法律制度存在弊端，需要借鉴先进的法律制度加以改进。在进行法律移植时，人们经常面临的，不仅仅是现行法律制度与国外法律制度的关系问题；而且还面临着如何处理好古代文化传统与法律移植的关系问题。在中国这类历史悠久、文化传统沉淀深厚的国家尤其如此。

一般地说，文化是指后天、历史地形成的群体成果和行为方式，美国学者杰克·普拉诺等认为，文化是“社会习惯的并通过社会传递下来的行为模式的聚合体。每一社会群体的文化都是通过正式的和非正式的学习、语言、知识、习俗、信仰、习惯、传统、制度——一句话，都是通过社会经验的总体发展和维持下来的”②。“文化”由外在表现和内在蕴藉两部分构成，外在表现是行为方式，内在蕴藉则是指各种价值伦理等思想观念。人们对文化的考察一般从两方面入手：一是文化理想，即文化中各种思想观念；二是文化实践，即将文化理想付诸实际行

① ［法］亨利·莱维·布律尔著，许钧译：《法律社会学》，上海人民出版社1987年版，第85～86页。

② ［美］杰克·普拉诺等著，胡杰译：《政治学分析辞典》，中国社会科学出版社1986年版，第36页。

动的实践活动。

作为集体现象的文化所包含的是群体共性的东西，它为整个群体共享，或是在一定时期内为群体的特定部分所共享。从广义文化概念看，法律属于文化的组成部分，法律制度、法律行为的方式以及由它们反映和体现的法律价值、理念等较为抽象的内容都可以纳入文化的范畴。

每一社会中的人都浸淫在其本人所处的社会文化的氛围中，其思想观念、行为方式等无不带有这一社会文化影响的痕迹，人们表现出来的各种差异，不仅为生物界的差异，也是精神界即文化界的差异。① 这种差异通过人而在人所从事的活动及成果中显示出来。

法律的制定和执行都是在整体文化环境内由人来完成的。文化对立法者、司法者和其他参与立法和司法活动的人所具有的沦肌浃髓的影响，必然通过个人对立法和司法活动的内容、方式、过程等产生影响。国内外的研究者中有不少人已注意到这种影响的存在，如美国大法官佩卡姆曾经指出："一个法官自然地和必然地会受到他所生活的那个时代的气氛的影响。"② 这种影响的极端形式是，当一部法律与整个文化背景缺乏和谐一致的性质的时候，法律会受到规避、扭曲或者改变其面目，但相反的作用尽管很少却也同样存在，即法律在一定程度上推动文化的变迁。H. W. 埃尔曼认为："在新的环境中，一项外国的设计常常被加以彻底的改变，结果与其意图相反，引进国的法律制度实质上继续依照其先前的传统行使职能。但是在某些特殊情况下（一般认为这种情况较为少见），新的方法所精心设计的冲击却可以打破传统，使法律制度从一个族类走向另一个族类。"③ 与之相应，文化的变迁会对法律的改革提供外在的需要，法律制度必须随文化变迁而适时加以调整，这种调整是在逐渐变化的文化环境中由思想观念及其支配下的行为方式都有所变化的人来完成的，人是文化作用于法律制度及其运作状态的媒介。

法国学者亨利·莱维·布律尔指出："法律与其他同样表现社会群体意志的

① ［德］斯普兰格著：《人生之型式》，商务印书馆1938年版，第2页。

② 引自［美］伯纳德·施瓦茨著，王军等译：《美国法律史》，中国政法大学出版社1990年版，第125页。

③ ［美］H. W. 埃尔曼著，贺卫方、高鸿钧译：《比较法律文化》，生活·读书·新知三联书店1990年版，第28页。

文明现象具有直接的关系，法律现象和文化之间存在着必要的和谐。”① 正因为如此，许多法律现象可以溯源于文化现象，正如杰克·普拉诺等学者所言：“文化却是理解个人和群体行为的关键，而且是社会科学，尤其是人类学、社会学和政治科学的关键。”②

例如，在英美法系国家实行一种称为“对抗制”（adversary system）的诉讼制度，它是依严格的证据规则并通过行使交叉询问和辩论的权利来推进的，一方当事人连同证人努力去证实就其案件来说必不可少的事实，而另一方当事人则努力去否定那些事实或者进行正面的辩护。③ 这种诉讼模式是双方对垒性质的，在法庭上表现为激烈的言辞对抗。这种诉讼制度，植根于英国的历史传统和英美的对抗制文化。美国社会的观察者注意到，对抗性渗透在美国社会、经济等各个方面，诉讼中的对抗不过是对抗性文化在司法领域里的突出表现，对抗和对手的观念植根于美国的文化传统当中，尽管对抗制诉讼是对抗性文化的重要组成部分，但远不是对抗性文化的全部内涵。美国学者威廉·F. 梅称“对抗性的观点统治着美国社会”。

人们在处理古代文化传统与法律移植的关系时，容易走两个极端：一个极端是固守本国文化传统，颂扬本国现行法律制度，反对移植其他国家或者地区的法律制度；另一个极端是将其他国家或者地区的法律制度视为绝对优越的制度，贬低本国或者本地区现行法律制度和古代文化传统，主张全面移植外国的法律制度。亨利·莱维·布律尔曾指出，在法律发展过程中，对待外来因素有两种态度：“有的民族比别的民族更坚持自己的民族观念，以近乎英雄主义的顽强精神进行斗争，反对被外来民族同化；而另一些民族则消极地或者甚至热情地欢迎在他们看来比自己民族法律先进的法律。”④ 这两种态度，一个涉及的是如何正眼看西方（现在的法律移植主要是从西方发达国家向发展中传播）的问题，一个涉及的是如何正眼看自己的问题。

正眼看西方和正眼看自己都不难，只要避免人们经常出现的在了解全部情况之前就匆忙下结论和囿于自己的成见的认识习惯，不带偏见地真正了解所要认识

---

① ［法］亨利·莱维·布律尔著，许钧译：《法律社会学》，上海人民出版社 1987 年版，第 83 ~ 84 页。

② ［美］杰克·普拉诺等著，胡杰译：《政治学分析辞典》，中国社会科学出版社 1986 年版，第 36 页。

③ ［美］《韦伯斯特国际大辞典》（第三版），第 31 页。

④ ［法］亨利·莱维·布律尔著，许钧译：《法律社会学》，上海人民出版社 1987 年版，第 83 页。

的对象，公允地得出结论，就容易摆正现行法律制度与国外法律制度的关系，以及古代文化传统与法律移植的关系。

在我国，要认识古代文化传统与法律移植的关系，需要首先对中国古代文化传统（主要是法律文化传统）的内容有一个正确了解并在此基础上对其优劣作出公允判断。在法律移植过程中，不能不考虑我国古代文化传统的特性。

我国古代文化传统具有如下特性：

1. 重和合

美籍华人学者孙隆基在《中国人的人格发展》一文中指出："中国文化的一个至为基本的原理就是'和合性'，因此，总是认为'合'是好的，'分'是不好的。"① 儒学大师钱穆也认为："中国人的天性，所谓我们的国民性，是'和合'的分数比较多过'分别'的。"② 和合性文化在中国社会有着多种表现形式，如在中国人的人际关系中，没有清晰的自我疆界，中国人不喜欢在亲属、朋友间划分清楚的界限，他们宁愿互相渗透、彼此依赖、不斤斤计较并由此构成富有人情味的社会；在中国，"逆来顺受""吃亏是福""和为贵"等观念支配着人们的行为，为保持一团和气，中国人不过分坚持己见，甚至会牺牲原则，从而体现出一种合群性。和合性文化是一种相互依赖模式的文化，体现了农业文明的非竞争性。

2. 家族本位

与西方采个人本位不同，我国文化传统素以家族为本位，其根源在于中国乃一重农社会。在家族本位的社会，"长老享有特殊的地位、权利和尊敬。老人是'父亲意象'（father—image）之活生生的发祥地。而父亲意象又回过头来营养、加强、扩大和巩固老人的地位和权利。老人的特殊地位并非只限于血缘亲族之间，由老人作基底所形成的父亲意象，好像空气似的，几乎扩散到所有的生活圈子（spheres of life）以内。在这样的社会中，上下的亲和是通过下对于上的驯顺和上对于下的关爱来实现的，亦即"父慈、子孝，兄爱、弟悌，夫义、妇听，长惠、幼顺，君仁、臣忠"，它不鼓励对立，在君臣、父子、兄弟、夫妇、长幼的关系中，不可能形成个人主义和独立精神，遑论对抗意识了。

① 转引自沙莲香主编：《中国民族性》（一），中国人民大学出版社 1989 年版。
② 转引自沙莲香主编：《中国民族性》（一），中国人民大学出版社 1989 年版。

3. 非讼、厌讼

和的文化对诉讼的理想状态的体认是简讼甚至无讼现象。在我国传统法律观念中，非讼观念最具特点，它源自《论语·颜渊》中孔子的一句话，子曰：“听讼，吾犹人也，必也使毋讼乎！”儒家讲求德政，强调和谐，厌恶讼争，反对滥刑，认为“听讼，乃法禁于已然之后，治其末，而塞其流；无讼，乃礼禁于未然之前，正其本，而清其源，是无讼矣。”[①] 这种非讼观念给后世影响巨大。讼简刑清一直是我国传统社会理想的治理状态。

美国学者 H. W. 埃尔曼指出：“法律发展不可能与其赖以存在的社会制度的变化以及社会的变化着的情感和要求先相分离。一位欧洲学者，比较法律社会学的开山鼻祖这样归纳他的经验发现，他解释说‘法律发展的重心不在于立法，不在于法律科学，也不在于司法，而在于社会本身’。”[②] 我国诉讼法律制度的变化，是社会对诉讼公正的更高期待的反映，是社会普遍情感和理念变化的产物，耐人寻味的是，这种情感和理念变化的程度并未大到足以构成对整个文化背景加以改造、更易的力量，而只属于社会文化变迁的一个侧面和阶段性内容，处在这一情境下的庭审活动，仍重重包裹在文化传统的襁褓之中，无时无刻不在吸纳着文化传统的影响。

通过对我国古代文化传统的认识，人们也能够进一步理解诉讼模式形成及其运作效果的深层原因，研究诉讼模式的文化背景，对诉讼制度的完善和对庭审程序的运作效果的分析都会有所助益。

在和的传统文化背景下，我国的传统诉讼模式缺乏对抗性，法官在审判中完全处于支配地位，而诉讼的其他参与者均处于受支配地位。这种诉讼模式以下顺上为设计蓝本，并不以控、辩双方相互对抗为基本框架，“当事人在诉讼中的活动主要是形成供状（陈述情节）和招状（表示认罪）。但招供的过程实际上并不是事实认定的过程，只是通过结论必须由被告自己承认这一制度设定防止专断。证据是在促使被告认罪这一意义上使用的。因此，司法官不必受复杂的证据法的限制，当事人对法律的援引和解释也没有发言权，法律适用完全系于司法官的一

① 王洁卿著：《中国法律与法制思想》，台湾三民书局 1982 年版，第 148 页。

② ［美］H. W. 埃尔曼著，贺卫方、商鸿钧译：《比较法律文化》，生活·读书·新知三联书店 1990 年版，第 9 页。

念之间，不必经过法庭争辩，律师也没有设置的必要。”① 这是一种纠向式诉讼模式，诉讼结构由审问者和被审问者构成，审问者为官府的代表（兼理行政与司法的官长），被审问者多为平民，在观念上，平民顺从官府，才能达到诉讼中的和谐，对这种和谐的保障则是刑讯。

不过，文化有其相对的、长期的稳定性，并不意味着它是一成不变的，实际上，文化总要在社会发展中逐渐发生变化，在某些特定时期或者在某些重大事件的作用下，文化甚至有着重大变革。文化的变迁必然对法律及其运作产生或多或少或深或浅的影响。传统文化一直在变化的各种因素的影响下发生变化，它逐渐融合了一些新的文化因素，但这种文化的基本精神并不容易被改变，即使在全盘、激烈的反传统时期。

我国近现代法律制度的发展是传播性的发展，亦即在借鉴、吸收域外先进法律制度中获得发展。传播性的发展面临着更多的选择机会和对比资讯。在现代法律制度移植中，进行制度选择是必不可少的。当代立法者所面临的基本问题，就是如何选择。

在选择中会发现，解决同一问题的先进的制度可能不是唯一的，先进的制度也不一定是完美无缺的。在制度的选择过程中，制度本身存在的优点和弊端是选择时主要考量的对象；同样，一项制度被引进后的适应性也很重要，国情为这种选择提供了另一重要的参照系。在进行选择时，不能全然不顾本国、本民族文化提供的可行性而进行空中楼阁式的设计。否则，一个绞尽脑汁设计出的完美的制度可能会在实践中折戟沉沙。一项好的制度，如陪审团制度、起诉法定制度，可能因司法资源的不足而难以推行；又如，审级制度可能因为民族的和合特质而减弱了它在保障司法公正方面的作用。因此，国情中具有的某些特殊因素可能导致一些制度在借鉴中不被纳为选择的对象，或者被加以改造成为具有适应性的制度。

但另一方面，国情并不是宿命的，它们是变量而不是恒量，可以随着文化的发展和社会的变迁而发生变化，一项新的制度可能会促成这种变化。在对外来制度进行借鉴中，不能将国情作为静止不变的宿命物来看待，使国情成为排拒外来因素的借口，从而放弃了后进者的特权。例如，中国在20世纪初确立检察制度

① 季卫东：《法律程序的意义》，载《中国社会科学》1993年第1期。

时就有论者以“与国情不合”为由加以反对，然而确立之后还是畅行无碍至于今日。这说明，在将国情作为选择的标准的时候，应当对国情本身加以精密地研究，不能将既存的一切不分良莠一概视之为不可动摇的神圣之物。

其实，国情也有好的一面也有坏的一面。对于这好的一面应当有充分的认识，对于国情中不好的一面，也应有更为清醒的认识，有的国情，恰恰是需要加以改变的国情。我们应正确估价我们在现代文明发展方面与发达国家的距离，如果总是盲目地将我们的制度视为世界上最为优越的制度，就会故步自封，使不够先进的制度永远保持落后。

在我国，自改革开放以来，政治、经济、文化诸领域都发生了深刻变化，随“市场经济体制”确立和发展，价值观念融入了一些与自由市场相关的因素，它使我国和合性文化纳入了若干对抗性因素，进而对我国刑事诉讼制度若干令人瞩目的变化起到促进作用。经济发展所带来的价值观念的变化，主要体现在竞争观念、公平观念、手段正当观念、效益观念逐渐成为人们普遍认同的观念。上述观念已融入我国既有的思想价值观念当中，虽然它们并不能使和合性文化彻底改观，但它们对法律及其运作的影响是不可忽视的。在庭审诸模式中，对抗制诉讼以其鲜明的竞争性和平等精神契合于由市场经济确立和发展所引起的人们思想价值观念上的变化，这一模式也正为具有这种契合性而成为我国庭审方式改革所着重取法的对象。

不过，仅就目前而言，在儒家传统思想下形成的和合性文化并不足以为目前这些对抗性文化的因素所瓦解，它们实际上尚不能构成冲击传统并取而代之的文化力，和合性文化仍然是中国文化的实质性传统（substantive tradition），这样的传统显然不能被随意抛弃。因此，对抗制的文化基础并未在我国完全建立起来，我国既有文化与对抗性仍存在不少差距，庭审方式改革既处于对抗制诉讼模式的强烈吸引中，又处于文化传统、现实状况与对抗制不尽契合的尴尬之中，故而，从我国现行庭审方式的设计看，这种庭审方式具有明显的混合特征和权宜色彩其实质性特征不同于对抗制。

我国庭审活动受和合性文化的影响，产生一系列与之相应的诉讼文化现象，其中不乏一些不良诉讼文化现象，这些现象往往阻碍着诉讼对抗机制，使庭审方式的效果不能达到令人满意的状况。增强诉讼的对抗性，不仅依赖于中国文化中对抗因素的进一步增多和强化，仰赖于人们思想价值观念中权利意识、独立意识、平等意识、竞争意识等的进一步培养和权力观念的转变，而且也需要通过进一步完善诉讼机制，遏制和合性文化对诉讼活动的负面影响。毋庸置疑，吸收当事人主义诉讼因素、增强诉讼中的对抗性顺应了我国社会进步发展的总体趋势，它反映了我国诉讼文明程度的进一步增强，是我国诉讼制度发展过程中的一大步，这已成为人们的共识。不仅如此，与对我国政治、经济、文化不断发展进步的乐观预测相一致的合理推断必然是，增强诉讼中的对抗性是我国社会进步的必然结果，随着社会的进一步发展，诉讼的民主化和科学化必定会进一步增强。

第五节 现代化与本土资源

现代化可以分为三个层面：一是器用的现代化，就是吸收现代文化中的器用特征来发展本国的物质文明；二是制度现代化，即借鉴现代制度对旧有的制度进行改造；三是思想的现代化，就是在现代思想观念的影响下，对既有文化的基本前提、基本价值、伦理规范和重要思想进行改造。① 中国最早接受的现代化观念是器用现代化的观点。在清朝末年进行的改革中，最初提出的是学习西方“船坚炮利”并为此开展了洋务运动，制度层面和思想层面的东西涉及很少，即使如此仍然受到保守势力的抵制，思想层面没有现代化很容易造成这种局面。当代中国进行改革开放，最早提出的“四个现代化”，也基本上属于器用现代化的范围。②但器用现代化的发展最终不能回避制度和思想的现代化，因为制度和思想的现代化不仅对于器用的现代化的发展提供必要的条件，而且制度和思想的改进本身也是一个国家、一个民族发展所需要的。

在我国，“现代化”（modernization）一词在19世纪称为“近代化”，由于文化通常是由强势文化向弱势文化传播，在近现代，西方文化具有先进性，所以现代化的历程主要表现为借鉴、吸收西方文化的过程。像中国这样的前现代化国家，意识形态根深蒂固，率先进行制度、思想的现代化，阻力必多，如果流年不利甚至会中途夭折。以器用现代化为向导，最终走出器用现代化的局限，向制

---

① 殷海光著：《中国文化的展望》，中国和平出版社1988年版，第441～458页。

② 如1993年《现代汉语词典》将现代化解释为“使具有现代科学技术水平”，这一解释就基本是止于器用的现代化。

度、思想层面的现代化迈进，是一条较为稳妥的道路。这一步必须走出，这是因为，器用现代化发展到一定程度，没有制度、思想相支持，这种现代化将是步履蹒跚，始终存在局限的。中日甲午战争前，中国通过洋务运动，已经建立起号称“远东第一舰队”的北洋水师，但在甲午战争中仍然失败，不能不从制度、思想层面上去找原因。有好的装备，没有与之配套的好的制度和现代化思想（它是人的现代化的重要条件），不足以成为强大的国家。

法律现代化是制度层面的现代化，是超越了器用层面的现代化。在我国器用现代化发展至今，综合国力已经增强，同时发展后劲需要制度和思想方面的现代化加以提供，制度改革已经成为现代化的不可遏制的潮流。制度层面的现代化，需要以思想的现代化为辅助，或者以思想的现代化为基础。解放思想和更新观念，成为制度改革中人们耳熟能详的口号。

在近代史中，具有天朝大国意识的中国人，对待外来因素常常表现出一种反理性的厌恶情绪，有时，甚至有美化落后的倾向和表现。要取得政治制度、法律制度、经济制度等的进步，必须允许文化多元并存以及开放的心灵，不能抱残守缺、敝帚自珍。

诉讼法律现代化是在先进的诉讼法律制度的影响下，对既有的诉讼法律制度加以改良以期达到与先进制度持平或者超越的过程。诉讼法律制度的现代化以一定的思想作为其精神上的根据，思想的现代化也是不能忽视的。

现代诉讼法律制度是以主权在民、法治、保障人及其存在的价值与尊严等为特征的制度，它主要得益于英国司法制度的发展、欧洲的智识革命（intellectual revolution）、美国独立革命和法国大革命的遗惠。英国是第一个近代国家，最早摒弃君权神授和君主专制、建立议会制度、确认司法独立（1701 年）、实行陪审制度，并是世界公认的政治自由发源国。欧洲的智识革命源于意大利的文艺复兴，洛克、孟德斯鸠、卢梭、伏尔泰、贝卡利亚等提出政治自由和民主政府的理念和设计，其中包括司法独立等一系列司法改革的主张，对当时以及后世产生了深远影响。美国独立革命是将洛克等人的理论付诸实践的重要事件，分权制衡原则成为美国的基本政治架构。法国大革命更是对欧洲大陆产生了震撼性的影响，革命中确立了一系列保障人权和公民权的原则，被概括称为“1789 年原则”，主要包括：人人生而平等；主权在民；法无禁止即可为；法律面前人人平等；法定程序；罪刑法定；刑法不溯及既往；无罪推定；政府的目的在于保护人权；言论、著述和出版自由等。现代世界主流的司法理念和司法制度，是在上述理念和制度基础上的延续和发展，其中许多已经成为国际社会共同确认的司法准则。

公认的行之有效的诉讼法律制度往往包含着人们长期以来摸索出来的对司法规律的认识，在诉讼法律现代化的过程中，后来者可以避免重复前人在发现和认识规律中所付出的失败和痛苦，这是后进者的特权。正在进行法律制度现代化的人们，应当勇于和善于接受前人探索的宝贵经验，通过借鉴、吸收先进的制度，使本国的制度——正像对科学技术的追求一样——达到世界领先水平。

在借鉴外来因素进行诉讼法律制度中，应当本着“见贤思齐”“善则赶先”的精神，对于成功的经验大力借鉴。这是诉讼法律制度现代化的必须要经过的一步。

在进行诉讼法律改革的过程中，一个新的问题产生出来，那就是：如何有效地利用本土资源以更有效益地实现现代化？也就是，如何利用本国或者本地区既有文化中有助于促成现代化的内容推进现代化进程，或者对本国的既有制度加以改造，使之进行现代化转型，并且使引进的制度能够适应本土环境，并且发挥出最佳效益，当改造这一环境基本不可能时，这后一点是尤其需要加以考虑的。

在当代诉讼法律制度改革中，一些学者对中国本土资源表现出不屑一顾的态度，认为法制进步的因素仅仅来源于外国先进的法律思想、法律制度和诉讼实践，与本土资源无关。这种观点的出发点也许是，认为在进行法律移植中，主张本土资源一说，有阻碍法律进步之虞。但这种观点，要么是出于误解，要么是出于偏见，要么是出于无知，对于建立起既符合现代标准的诉讼法律制度，又在法律移植过程中付出代价最小、实现高效运作的本国诉讼法律制度，是无益反损的。

就我国诉讼法律制度现代化来说，本土资源首先是中国古代形成的有益于当代法律运作的法律思想和近现代人们在西方影响和对本土进行研究而形成的新的法律意识。其次，是古代、近现代制度中值得保留、改造的内容，有些制度可以纳入新的法律制度的框架内发挥其作用，甚至成为现代诉讼法律制度中的中国特色的内容。最后，法律的本土资源的范围是颇为广泛的，中华文化中的不少内容，是法律移植过程中需要加以利用、予以考量的有价值的资源。

中国古代法制历史悠久，影响深远，不但在时间上绵延了两三千年，而且在空间上也有广泛影响，形成世界五大法系之一的中华法系。一些法律制度至今仍值得重视，可以在现代法律制度的框架内加以弘扬。在法律思想上，中国古代也有许多值得称道的内容，特别是先秦时期许多思想者们提出了许多颇有价值的法律思想，梁启超誉之为放在今日与西方法学思想比较也不为逊色，足可援为当代诉讼法律改革之助。

一、法律思想作为一种资源

中国法律思想蓬勃发展时期，在于春秋、战国时期，居正曾言：当时的一些“诠释法理、倡言法治的议论，就与欧美第一流的法学家言，对照参详，也可相互发明，并提媲美，何况这是两千多年以前的学说！我们很可引以自豪”①。

中国古代以儒家思想为诉讼法制的主要思想基础，除儒家思想外，法家思想也具有相当大的影响，有学者甚至称古代中国是一个“外儒内法”“明儒暗法”的社会。一般认为，中国古代的法制建立在伦理原则的基础上，礼教构成了国家的总的精神，儒家学说的主导地位促成了这一局面的形成。儒家思想中具有有利于和不利于现代化的成分，需要区分这两种成分，将有利于现代化的成分作为一种可供利用的资源，去除不利于现代化的成分可能具有的消极影响。

陈鼓应指出，儒家思想有不利于现代化的几大弊端，包括：

第一，君权至上。儒家思想中颇多“事君”“尊君”“忠君”的思想，这种思想与现代民主主义是敌对的，成为专制主义的政治思想基础。反映在诉讼中，则君主掌握最高司法权。在古代中国，普天之下，莫非王土；率土之滨，莫非王臣。国家被视为君主一家之天下，百官均为君主一人之臣属。君主拥有无限权力，这些权力被宣扬为神授和至高无上，司法权也是由君主掌握成为其独裁专制权力的重要组成部分。皇帝（先秦时期为“王”）掌握着生杀予夺的大权，可以权宜行事。君主言出法随，可以运用自己掌握的生杀大权，将罪不该死的人逮捕治罪甚至处死，体现了专制制度的专横性、残酷性，也可以任意宽免罪犯、平反冤狱。

第二，“尊长”政治。“尊长”的习气，在社会层面上是一种文明表现，但在政治层面，则表现为家长制和长老政治。维护特权和伦理纲常的观念在中国古

① 居正：《重建中华法系》，载章开沅主编：《居正文集》，华中师范大学出版社 1989 年版，第 482 页。

代诉讼中也有着明显影响，统治阶层拥有种种特权，法律面前实行公开的不平等，八议制度和诉讼代理制度等诉讼制度是这种不平等在诉讼中的典型表现。这种家长制和长老政治在当代司法活动中仍然存在弊害，它使中国当代司法体制中特别难以建立法官独立的分权体制。

第三，“亲亲”政治。中国文化的亲和性质使人与人之间容易产生一种温情和凝聚力，但在政治层面上，由血缘政治和“亲亲”关系所组成的关系网，几乎笼罩了整个司法机构，严重地妨害司法的有效运作。在诉讼活动中，在“亲亲”政治观念的支配下，司法公正难以得到切实保障。

第四，崇尚人治，反对法制。孔子重德治、礼教、人治而不重法治，主张德主刑辅，认为法制会使人“贵贱无序”，贵贱无序则“何以为国”？延续到现在，则表现为各级领导干部的领导意识和牧民思想，不利于法治社会的形成。孔子抱有“和为贵”的非讼观念，称“听讼，吾犹人也，必也使毋讼乎！”[①] 这种非讼观念影响所及，造成讼师辅助诉讼的做法一直受到严厉的抑制而难以发展成为类似现代的律师辩护和代理制度。

除上述内容外，儒家思想中反对庶人议政、轻视功利与技艺、压抑个性和泛道德主义等观念，同样不利于近现代中国的现代化。[②]

不过，儒家思想并非一无是处。儒家思想中也含有与现代精神相契合的内容，可以成为现代化可以利用的本土资源的重要部分。

尽管孔子及后世儒家轻视法治，但他们针对诉讼提出的一系列主张，对诉讼产生了重大影响，诉讼法的一些内容和司法的一些实际事例直接反映了这种影响。又如，孔子主张“亲亲相隐”，《论语·子路》云：“叶公语孔子曰：‘吾党有直躬者，其父攘羊，而子证之。’孔子曰：‘吾党之直者异于是。父为子隐，子为父隐，直在其中矣。’”这是古代法律中亲属相为容隐制度的直接理论来源。亲属相为容隐制度与现代诉讼中亲属之间的免证特权的制度是吻合的。

儒家思想中具有浓厚的“人本主义”“民本主义”思想。《论语》乡党篇第十云：“厩焚。子退朝，曰：‘伤人乎？’不问马。”[③] 这种以人为本的观念给后世

① 《论语·颜渊》。
② 陈鼓应：“道、儒、墨、法互补与文化多元化——刘笑敢访陈鼓应”。
③ 《论语》乡党篇第十。

很大影响。孟子曾言："民为贵，社稷次之，君为轻。"[①] 这一民本主义思想对于促使统治者实行亲民政治，厉行自律，实行德政和去除暴政、秕政，也发挥了积极的作用。

儒家所推崇的唐虞思想中具有慎刑狱的司法精神。《舜典》中说："钦哉钦哉，唯刑之恤哉。"据说，舜制定了刑罚之后，要求天下百官慎重行使。《大禹谟》中说："帝曰：'皋陶，惟兹臣庶，罔或干于政。汝作士，[②] 明于五刑，以弼五教。期于予治，刑期于无刑，民协于中，时乃功，懋哉。'皋陶曰：'帝德罔愆，临下以简，御众以宽；罚弗及嗣，赏延于世。宥过无大，刑故无小；罪疑惟轻，功疑惟重；与其杀不辜，宁失不经；好生之德，洽于民心，兹用不犯于有司。'帝曰：'俾予从欲以治，四方风动，惟乃之休。'"[③] 这段君臣对话，提出"刑期于无刑"的司法目的以及"罚弗及嗣""宥过无大，刑故无小""罪疑惟轻""与其杀不辜，宁失不经"的诉讼原则，特别是"与其杀不辜，宁失不经"（宁肯不依常规办案也不要错杀无罪的人），至今仍可作为诉讼中的重要原则加以运用。

除儒家外，先秦其他诸家也提出了一定的诉讼主张，特别是法家思想，在中国古代的诉讼实践中都有一定的影响，但影响力都不及儒家思想。尽管如此，这些思想具有的合理性，适足以为我们现在进行法律现代化所重视，举例如下：

慎到针对当时政治纷乱不堪的局面，提出造成这一局面的缘由是"主观私见"，按照他的发现，"当时人君，从一己之所欲，为所欲为。诛赏予夺，皆从君出。但人情喜怒无常，今天所喜欢的，到明天保不定变成憎恶。以这种变化不定的主观私见，怎能使人民得到平等的待遇呢？"[④] 因此，他提出"客观标准"，反对一国之治乱存亡存于"特定之人"，并提出不必靠贤人而应立法度。他说："有权衡者，不可欺以轻重；有尺寸者，不可差以长短；有法度者，不可巧以诈伪。"[⑤]

商鞅主张严刑峻法，被史家讥为"刻薄寡恩"。但商鞅提出的法贵平等、法

---

① 《孟子·尽心下》。
② 即理官，属于《周礼》中的"司寇"。
③ 《尚书·大禹谟》。
④ 丘汉平著：《先秦法律思想》，光华书局1931年版，第19页。
⑤ 《慎子》。

无偏私，法宜公布、上先守法等主张，至今未失其生命力。按照商鞅的观点，“法不明的原因，多是上不守法，以致上行下效，所以要全国人民，均从于法，只有上先守法。”[①] 商鞅认为，法随时代进化，“三代不同礼而王，五霸不同法而罢”，因此，“法以时而定，制令各顺其宜”[②]。这简直可以作为当代法律改革的依据和口号。

韩非认为，人人有利己心，故而应防范利己心的冲突，目的是使人为己，而又不侵害他人和社会。韩非提出：“今学者之说人主也，皆去求利之心，出相爱之道，是求人主之过（于）父母之亲也，此不熟于论恩，诈而诬也。”[③] 法律的目的在于调和各人的利己心。这种观点，与英美对抗制文化的人性取向是相同的。

在借鉴对抗制诉讼模式的司法改革中，诸如此类的本土资源都是推动现代化的力量，何不加以充分利用呢？

古代法律思想如此，近现代法律思想一样值得重视，实际上，随着欧风东渐，近现代许多政治家和大量的学人对法律制度重新加以认识，形成新的法律思想，这些法律思想，有的曾经达到相当高度，值得加以重视和利用。

二、法律制度作为一种资源

中国古代法律基本上是在封闭的环境中自行发展起来的，历史上没有受到其他国家或者地区法律制度的明显影响。唐律是以前各个朝代法律发展的集大成者。唐以后的法律大都是在唐律的基础上进行增减形成的，与唐律大同小异。只有元代纂定新律，与唐宋有了一定的差异，称《至元新格》，共二十篇。

法制的这种独立发展的状况，对于中国法律制度的进步是一个不利因素，杨鸿烈曾经指出：“这样实在因为自隋唐完成中国法律的体构，经过宋元到了明代益加发展得完满结实，足为东方各国家的冠冕；但因地势和历史的关系，没有与自己文化相等或比较优越国家来交换影响，就不能不几千年来都离群索处，唯以同化邻近西北东北的野蛮游牧民族为最大能事；这样各种制度学术，只能希望其

① 丘汉平著：《先秦法律思想》，光华书局1931年版，第52页。
② 《商君书》更法篇。
③ 《韩非子》六反。

不为外来的野蛮民族所摧毁消灭就于愿已足，而进步缓慢就可不言而喻了。”①

在我国虞舜时代，《尚书》记载舜、禹时期有“皋陶”作为刑官，可见当时已有诉讼。关于诉讼法规，周代有明确记载，周代实行两造审理、五听制度等诉讼制度并采用人证、书证等证据种类，在先秦的典籍中，特别是儒家《周礼》等典籍中有许多记述，影响深远。至于编纂成法典，则始于公元536年郑国的子产将刑法铸在铁鼎上，史称“铸刑书”。战国时魏国的李悝编纂了《法经》，这是我国古代第一部比较系统的刑事法典，该法分为六篇，其中的囚法、捕法两篇属于刑事诉讼法的规定。唐朝制定的唐律为中华法系的代表作，唐朝以隋代法律为蓝本，先后形成《武德律》《贞观律》《永徽律》和《开元律》，现仅有《永徽律》完整保存下来，《永徽律》是我国最早最完整的封建刑律，产生在我国封建社会的鼎盛时期，总结了封建法律制定和司法实践的经验，分十二篇，共502条，其《斗讼律》规定如何控告犯罪，捕亡律规定追捕罪人之事，《断狱律》则集中规定审讯和决断案件。唐朝除“律”以外，还包括“令”“格”“式”三种，其中捕亡令等也含有刑事诉讼法的内容。唐代律令为后代法律树立了典范，影响远及日本、越南等东亚、东南亚诸国。

中华法系的悲壮衰落，再加上外国法律制度的强大影响力，当代中国诉讼法学者对中国古代诉讼法律制度重视不够，国学的底子太薄，对古代诉讼法律的精华不知不识者不可胜数。与此相对照，治法律制度史和法律思想史的学者以法制史为专门学问，尽管研究得卓有成效，但与当代诉讼实践发生接触不多，不能转化为当代法律改革的史学研究，终究难以走出书斋，影响力难以施展。

我国古代诉讼法律制度，既有糟粕，也不乏精华。弃其糟粕、取其精华，充分利用这一资源，是我国当代法律改革需要重视的问题。中国古代有一些不好的制度，随着时代的变迁，已经失去了存在的价值，举例如下：

（1）古代诉讼中的八议制度。八议制度是对于八种具有特殊身份的人，犯罪后须经特别审议并享受减免刑罚的特权的制度。这一制度源于周代，原称“八辟”，后改称“八议”②。唐律规定，除犯十恶罪者以外，凡属八议的人犯死罪，

① 杨鸿烈著：《中国法律发达史》，商务印书馆1930年版，第869页。

② “八议”包括：（1）议亲，“亲”指王室的宗族；（2）议故，“故”指王室的故旧；（3）议贤，“贤”指贤能有德；（4）议能，“能”指有大才业；（5）议功，“功”指有大功勋；（6）议贵，“贵”指有爵位者；（7）议勤，“勤”指勤于国事；（8）议宾，“宾”指承先代之后为贵宾者。

必须将所犯罪状以及应议的情况，先奏请议，议定后奏请皇帝裁可，该管审判官不得擅自处断；犯流罪以下，该管审判官可以径行减等处断。这一制度与法律的平等适用的精神相违背，它所维护的是特权等级，与现代的平等法律精神不相符合，弃之不足为惜。

（2）司法与行政不分，行政官兼理司法。中国古代没有形成司法权独立于行政权的局面。中央司法机关主要职责是办理狱讼案件，但需要绝对服从于君主的命令，并一般受制于冢宰、丞相、三省中央行政中枢。地方司法机关则与行政机关往往为同一机关，司法官同为行政官。司法只不过被看作行政事务的一部分，这种君主专制制度下权力一体化的权力结构，有利于君主对司法权的控制，发挥着为统治服务的功能。

（3）实行纠问式诉讼，刑讯具有法定性。中国古代没有设立专门的控诉机关，也不实行不告不理原则，审判机关主动依职权追究犯罪，没有专门的侦查机关，承审官常常集侦查、控诉、审判于一身，原告、被告以及其他诉讼参与人没有诉讼主体地位，诉讼权利不足，被告人基本上没有诉讼权利，属于被追查、拷讯的对象。中国古代诉讼重视口供，以口供作为定案的主要依据。在通常情况下，没有认罪的口供，则不能定案。为获取口供，立法者、司法者都视刑讯为必要的诉讼手段，在法律中加以明确、详密的规定，在司法实践中也广泛适用，甚至成为诉讼活动的中心环节。

（4）在诉讼中，刑讯是法定的调查取证的方法。刑讯始于何时，已难考定。根据《礼记》的有关记载可以看出，在周朝的诉讼活动中已经存在刑讯。到了秦代以后，刑讯进一步制度化和合法化了，法律中不但明确确认了这种方法，而且明确规定了刑讯的对象、条件、工具、规则等。拷问的对象通常为被告人，但对原告人、证人也允许拷问。刑讯的条件一般是，存在一定的证据而被告人不供或者所犯罪行比较严重。根据唐律规定，审判官认为需要进行刑讯时，需要经过“立案”，由所在长官共同审讯。刑讯的工具通常是杖，其规格有固定的要求。拷打的部位一般限于腿、臀和背。南北朝和隋朝以后，刑讯形成了一些特定规则，如唐律规定：拷讯不得超过3次，每次相隔20天；总数不得超过200。如果属于依法拷讯而造成意外死亡的，审判官不承担责任。拷讯已达法定数限仍不承认的，取保释放。同时反过来拷打原告人，但被杀被盗案件以及被水决火烧案件中的家人及亲属例外。另外，唐律规定：“诸应议、请、减，若年七十以上，十五以下，及废疾者，并不合拷讯，借据众证定罪。”对于上述这些人也不能进行刑讯。

但是，各个朝代，为了保证案件得到公平、正确处理，防止误判错杀，并平反冤案，通常都确立了一系列的制度，主要包括法官责任、会审制度、直诉制度、死刑复核覆奏制度、录囚制度等，这些制度不仅在当时历史条件下发挥了有益的作用，至今仍然有着借鉴意义。诸如：

（1）疑狱处理。《礼记·王制》记载：在殷代，重大案件从立案到庭讯要由下至上经过多次审理，如果属于“疑狱，泛与众共之，众疑赦之，必察大小之比以成之”。[①] 即如果案情疑似，难以处断，就广泛征求意见，众人都认为确属疑似，就予以宽大处理，但仍须作出恰当的判决。

（2）对控告的限制。古代对控告一般采取鼓励甚至奖励的政策，对于知情不举要给予相应的惩罚，但为了维护家族关系和等级制度，除对于谋叛等特别严重的犯罪、亲属互相侵害的犯罪案件以外，又允许：①允许因亲属关系而相互容隐，称“亲亲相隐”，在亲亲相隐的制度下，允许亲属之间互相隐瞒犯罪事实而不进行告发和作证，而且卑亲属控告尊亲属受到限制，违反着要受到惩罚；②限制奴婢控告其主；③80岁以上老人、10岁以下幼童和罹患恶疾、癫狂、两肢废、两目盲等笃疾者，除谋反、逆、叛、子孙不孝以及同居之内为人侵犯案件外，不得告诉；④除对于监狱官员酷虐囚犯、明知别人有谋叛以上犯罪以及坦白自己的罪行牵连他人的情况外，禁止囚犯告发他人，该制度始于北齐；⑤犯罪已受赦免的，一般不得告诉；⑥犯罪人死亡的，一般不得告诉。此外，对控告不实和诬告予以惩处。为堵塞诬告之源，还严禁以匿名文书告发他人。

（3）禁止越诉。中国古代的司法机构存在一定的审级，告诉必须依审级逐级进行，跨越审级直接向上级司法机构起诉称为“越诉”。越诉受到禁止，原因是：自下而上进行告诉，可以使下级官员尽其职，可以使上级官员审查下级已经作出的裁决，如果越诉，则被认为有轻视下级官员之意，也违背了设官分职的意义。

（4）直诉制度。为使民间的冤情能够为君主及时获知，古代还建立了直诉制度，允许直接向国王或者皇帝诉冤。直诉制度起源于《周礼》所载的路鼓

① 《礼记·王制》。

（宫殿最里层门外设立路鼓，由专人掌官，鸣冤者击鼓）、肺石（肺石即赤色的石头，鸣冤者立石上）制度，唐朝有邀车驾（皇帝出行，于路边迎其车驾申诉）、击登闻鼓（申冤者击朝廷专门设置的鼓以求皇帝得知此事）、上表、立肺石等方法，后世也采行邀车驾、击登闻鼓等直诉方式。登闻鼓等直诉方式，不失为古代诉讼中一项好的制度。

（5）严格的审判责任。古代断案一般采独任制，由承审官一人坐堂问案。《周礼·吕刑》称审判官员有五种过错，即所谓“五过之疵”：“惟官、惟反、惟内、惟货、惟来，其罪惟均。”意思是因依仗官势、私报恩怨、受女人影响、接受贿赂、故旧往来而影响案件正确处理，处以所断罪同样的刑罚。后世对于司法错误，明列情况分别惩罚。法官的司法错误主要包括出入人罪（又分故意、过失）、淹禁不决、应当受理而不受理、不依法刑讯、状外求罪、判决不引律令、应上言不上言、应上奏不上奏等，法律规定颇为详密。

（6）两造审理原则。两造审理，是指审判在原告、被告都到场时进行的制度。《周礼·吕刑》有云：“明清于两辞。”又云“两造具备，师听五辞”。这是关于两造审理原则的表述。

（7）恩赦制度。古代诉讼中为平反冤错案件和解决久押不决的案件而实行录囚制度。录囚制度始于东汉，录囚的“录”，是指“省录之，知情状，有冤抑与否”，含有宽省之意，与“虑”相通，故唐朝称此一制度为“虑囚”。录囚由皇帝亲自进行或者由官员进行，录囚的结果多所原宥。史册中光武帝、汉明帝、晋武帝、隋文帝录囚皆在立国之初，属于偶一行之；唐高祖之后成为惯常的制度，皇帝录囚的事迹史不绝书。官员录囚始于西汉，在平反冤滞方面发挥了重要作用。[①] 除录囚制度外，明清时期还进行热审与寒审。热审是中国古代在暑天为疏通监狱而设的审判制度，始于明成祖，但未普遍推行；清代才定为制度，每年小满后十日开始至立秋前一日，非真犯死罪及军流，都可酌情予以减等、宽免或者立秋后执行（监外戴枷）。寒审为明代在寒冬为疏通监狱而设的审判制度，天寒时审释轻罪囚犯，以免死于饥寒，这一做法在明代只是偶尔实行而没有形成惯例。

（8）死刑覆奏制度。在中国古代，对于死刑案件设立了特别程序加以复核。

---

① 陈顾远著：《中国法制史》，中国书店 1988 年版，第 313 ~ 314 页。

对于死刑案件，实行由中央司法机关和皇帝核准的制度，隋唐时期还实行死刑执行前向皇帝报奏，皇帝作最后定夺的死刑覆奏制度。古代的死刑分为立决与监候两种，监候又分情实与缓决。由于监候者死刑多于秋后进行，明、清时期在秋天定期录囚。明清时期，对于判处死刑、加以监禁以待秋天处决的案件实行复核的特别程序称为“秋审”和“朝审”。秋审和朝审是朝廷派员会审死刑案件的制度。朝审始于明英宗，每年霜降后进行。对于京师地方案件由刑部审核，因这种审核由临时派出的王公大臣在天安门外金水桥朝房审理，故称“朝审”。对外省案件的审核称“秋审”。

总之，中国古代的诉讼制度，从夏商至于明清，内容丰富，精华与糟粕并存，反映了以儒家为主导的古代思想的影响，也体现了古代司法活动长期积累的经验，并反映了在司法活动中的专制、集权制度的本质和特征。把一些制度当作资源加以利用，并不是要人们在当代简单加以复制，有些制度与现代法律精神相契合，可以批判地加以继承；有些制度可以加以改造，使之转型，为当代诉讼服务；有些可以取其精神，供人们在进行法律移植时作为选择的参考依据。

三、可以援以为法律现代化之助的其他资源

法律现代化，是在一定地域范围内进行的，构成整个司法环境要素的内容，都可能会成为援以为法律现代化之助的资源，包括本地域内的历史文化传统、习惯和习惯法、人们的法律意识和文化素质、社会正义的观念、经济发展状况等。

进行法律移植，不能对本土的政治、经济、社会和历史相割裂。在进行法律移植的时候，需要对本土资源有一个清晰的了解，并应在这一充分了解的基础上选择最容易本土化的方案，避免出现由于不顾及本土的“土质”差异而盲目移植造成橘逾淮为枳的现象。美国学者安·塞德曼和罗伯特·B·塞德曼曾指出：“把一个地方的法律移植到另一个地方的世界范围方面的经验表明，由于法律导致的行为是非常有时间性和地方的特性的，法律的移植往往不能成功地在新的地方引起法律在原所属地所导致的那种行为。”① 土耳其、法语的非洲殖民地照搬了法国的法律，埃塞俄比亚照搬了瑞士的法律，印度尼西亚照搬了荷兰的法律，

---

① ［美］安·塞德曼、罗伯特B·塞德曼著，时宜人译：《法律秩序与社会改革》，中国政法大学出版社1992年版，第74页。

这些法律在新的国家里都未能导致出在原来国家产生过的相同行为。[①] 按照他们的观点，“除非东道国的非法律环境在有关的方面与法律原所属国的非法律环境相一致，否则法律在新的环境里不会引起在以外环境产生过的行为相一致的行为。”他们称这一规律为“法律不可移植的规律”[②]。

需要指出的是，不是法律不能移植，而是在进行法律移植的时候需要注意本土所能提供的实现预期效果的条件，不顾及这些条件，也许会酿成灾难性的效果。

还需要指出，这里强调重视法律的“本土资源”，并不是主张以与“西方化”相对的是“本土化”（indigenization）来抵制外来先进文化的影响。在20世纪70年代发展起来的第三世界的本土化，意味着“反对外部的（尤其是西方的）术语和方法与强调被意识到的民族文化传统”，这种本土化的口号是针对西方化有吞没了本民族传统文化的危险，为了维护本民族传统文化而提出的，或者为了提防西方自由、民主、人权观念的进入，为了维护独裁、专制统治而提出的。本土化的主张，不应成为拒绝文明演进的口号，否则，一个民族可能丧失与世界文明发展共同迈进的良好机会，而一个不能随着世界文明共同发展进步的民族文化，也许会失去存在下去的动力。法律也是如此。

第六节 我国诉讼法律制度现代化过程中的法律移植

我国法律制度的现代化进程是从清末法制改革开始的，其间经历了中华民国时期的法制发展、中华人民共和国的法制制定直到现在。这正是法律不断移植的过程，这个过程到现在还在继续向前推展。

一、中华法系在与西方文化碰撞中出现的裂隙

我国由清末开始的司法近代化，是由传统法向现代法的发展过程，这一过程

① ［美］安·塞德曼、罗伯特B·塞德曼著，时宜人译：《法律秩序与社会改革》，中国政法大学出版社1992年版，第90页。

② ［美］安·塞德曼、罗伯特B·塞德曼著，时宜人译：《法律秩序与社会改革》，中国政法大学出版社1992年版，第79～80页。

是西方强势文化对中国影响甚至逼迫的产物。中西文化发生碰撞，颟顸无能的中国大小官吏起初并没有意识到中华法系封闭式发展的局面已经被打破。中国法律与西方法律的差距在这种接触中立即显现出来。

1780 年，英国船成功号（Success）上的一名法国水手与英国船斯塔蒙特号（Starmont）上的一名葡萄牙水手发生殴斗，将其杀死后逃入“法国领事馆”（当时未经中国政府承认）躲藏了几日，中国官员要求“法国领事馆”交出犯人。法国人有鉴于 1754 年拒绝交付杀害英国人的法国人致使英国停止与其贸易的教训，同意交付该犯人。犯人交付不久，即被中国巡抚下令斩首示众。这一案件是中国处死西方人的最初例证，颇受非难。

无独有偶，1784 年，停泊于广州湾的英国船休斯夫人号（Lady Hughes）施放礼炮，炮手不慎，炮中遗弹突然射出爆炸，将一中国人炸死，中国官员主张以命抵命，要求英方交出炮手。英国人提出，不知炮手是谁，欲要拒绝。中国官吏遂将船长史密斯（Smith）捕去，押送城里。中国官员向英方提出，逮捕史密斯只是为了方便审理此案，并无他意。中国官员还提出，英国船长应当将炮手交给中国官员，由其审理。英方遂命炮手只身入城投案，船长获得释放，炮手被监禁起来。6 个月后，中国官员称奉北京皇帝谕旨将英国炮手斩首。

1821 年，美国船爱米莉号（Emily）上的水手特拉诺瓦（Terranova），从船上投掷土器，恰逢一只小船从旁经过，船中坐着的一名中国妇女被击中头部，不幸身亡。中国官员要求美国船只交出该水手，美国人予以拒绝，中国官员遂下令停止与美国人进行贸易，美国人被迫作出让步。按美方要求，美国人在船上会同中国官员审理此案，审理结果认定该水手有罪，由美方羁押在船上。但由于美方不交出该水手，中国拒绝解除对美国贸易的禁令。最后，美国人不得不作出让步，将该水手交出。中国官员在没有其他美国人在场的情况下，在城里进行了审判，24 小时内予以斩首，将骸骨交还给美国船，中美贸易得以继续进行。①

这些案件皆以中国官员胜利而告终，但中国官员虽然遂了己愿，却不知当时欧美国家已经基本实现司法的文明变革，被告人的诉讼地位得以提高，诉讼权利有着较好保障，刑法本身也已较为科学，刑罚允当。中国法律仍然是严刑峻法那一套，诉讼中被告人既无诉讼地位亦无诉讼权利保障，一路“从重从快”下来，

---

① 上述三案引自杨鸿烈著：《中国法律发达史》，商务印书馆 1930 年版，第 869 ~ 870 页。

落实了自己的刑罚权，却失掉了公道，为日后司法权被分割埋下了隐患。

二、中国法制现代化的起步

鸦片战争的炮声打碎了中国的天朝梦，为顺应新的形势和收回治外法权，清政府终于模仿西方国家的法制在风雨飘摇的末期开始了中国法制的近代化改革和发展。1902 年清政府下诏宣布立法的宗旨云："参酌各国法例"，"务期中外通行"，"与各国无大悬绝"，并派沈家本、伍廷芳为修律大臣负责修订现行法律。次年设立了修订法律馆，修订法律馆负责拟订奉旨交议的各项法律与各项专门法典，增订旧有的法例与各项章程。制订诉讼法是清末立法的项目之一。

沈家本十分重视诉讼法的编纂，沈氏认为，刑法与诉讼法为体与用的关系，"体不全，无以标立法之宗旨；用不备，无以受行法之实效。二者相因，不容偏废"[①]。他还指出："查中国诉讼断狱，附见刑律，沿用唐明旧制，用意重在简括，揆诸今日情形，亟应扩充，以期详备。泰西各国诉讼之法，均系另辑专书，复析为刑事、民事二项。"[②] 因此奏请分别编定刑事、民事诉讼法。为贯彻立法宗旨，沈家本主持的修订法律馆，积极翻译西方国家的法典、法规，译成日、德、美等国诉讼法，还延请了西方法学家参与法律的草拟工作并担任法律学堂的主讲。1906 年，在沈家本的主持下编成《大清刑事、民事诉讼法草案》及相辅而行的《法院编制法草案》。沈氏于光绪二十三年三月具奏进呈，请明降旨，云："然民事、刑事，性质各异，虽同一法庭，而办法要宜有区别。臣等从事编辑，悉心比絜，考欧美之规制，款目繁多，于中国之情形，未能尽合，谨就中国现实之程度，共同商定简明诉讼法，分别民事刑事，探讨日久，始克告成。"《大清刑事、民事诉讼法》分五章共 260 条，采行公开审判制度、陪审制度和律师制度，"条文虽简，内容甚为详备"[③]，是中国第一部具有近代精神的诉讼法典草案。1906 年，清廷将该法草案下发到各省要求各省体察情形、悉心研究、提出意见，由于当时各省保守力量占有优势，各省先后覆奏请求暂缓施行，这部法律草案遂被搁置而未予颁行。

---

① 沈家本：《修订法律大臣沈家本等奏进呈诉讼法拟请先行试办折》。
② 沈家本：《修订法律大臣沈家本等奏进呈诉讼法拟请先行试办折》。
③ 谢震民编著：《中华民国立法史》，正中书局 1948 年版，第 1206 页。

为适应各级审判厅开办的需要，1906 年清政府颁布了《大理院审判编制法》。1907 年颁行《各级审判厅试办章程》。该法参照《法院编制法草案》等拟订，分总纲、审判通则、诉讼、各级检察厅通则、附则五章，共 120 条，概括规定了《法院编制法草案》和《大清刑事、民事诉讼法草案》的主要内容，包括：采四级三审制，确立预审制度、回避制度，设立检察厅，并对起诉、上诉、管收、保释等作出了规定。1908 年，清廷将刑部改为法部；大理寺改为大理院，专司审判。大理院旋即改组成立，并规定了大理院审判责任。1909 年清政府将沈家本主持草拟的《法院编制法》交宪政编查馆逐条考核，后经修改与宪政编查馆拟订的《初级暨地方审判厅管辖案件暂行章程》《司法区域分划暂行章程》同时施行。《法院编制法》确立了司法独立原则，强调各审判衙门“独立执行”司法权，并于各级审判厅内设立了检察厅。

1909 年，沈家本在修订法律馆开始主持重新编纂《刑事诉讼律》（分六编，共 514 条），1910 年完成，未及颁行，清朝灭亡。

三、中国法制现代化的发展：取法德日的阶段

清政府业经颁布的新型法律，民国成立之初均予以暂行援用。《刑事诉讼律》中关于事务管辖、土地管辖、管辖指定与移转等规定得以在民国各审判衙门暂行实施。

1911 年 10 月 10 日，辛亥革命爆发，推翻了满清政府，结束了长达二千年的君主专制统治，成立了孙中山领导的南京临时政府。1911 年 12 月各省都督的代表制定了《中华民国临时政府组织大纲》，以美国国家制度为蓝本，确立了三权分立原则，规定临时中央审判所行使司法权。1912 年 2 月 7 日孙中山在南京公布《中华民国临时约法》确认了三权分立的制度，规定法院是行使司法权的机关，实行司法独立和审判公开的原则并规定了人民的诉讼权利。南京临时政府提倡人权，指出“天赋人权，胥属平等”，实行法律面前人人平等的原则。南京临时政府还颁布大总统令废除了刑讯制度，规定：“不论行政司法官署，及何种案件，一概不准刑讯，鞫狱当视证据之充实与否，不当偏废口供。”① 同时命令各级官

① 中国科学院近代史研究所史料组编：《辛亥革命资料》，中华书局 1961 年版，第 215 页。

府，焚毁不法刑具。此外，南京临时政府还草拟了《中央裁判所官职令草案》《律师法草案》，规定慎选法官，建立律师制度、陪审制度和辩护制度，要求诉讼采取文明办法、尊重法律并公开进行。南京临时政府虽然只存续了三个月，却在司法领域进行了多项重大改革。这些改革，借鉴了欧美国家的法律制度，否定了苛政酷刑，将近代的法律思想和人道主义精神融入刑事诉讼制度中，尽管存在着一定的局限性并且未能完全付诸实施，但其历史功绩是不能抹杀的。

北洋政府时期，军阀专权，局势动荡。1912 年，袁世凯就任民国大总统之职，袁氏“一人专政，并且残忍阴险，就将‘礼教’、‘重典’，再演于民主政治的假面具之下，所以中国法制彻底更新的一线生机，都为他破坏净尽”①。因民国法律还没有制定颁布，于是下令准许暂时援用清朝施行的法律。1921 年北洋政府将前清的《刑事诉讼律》修改为《刑事诉讼条例》，颁布后于 1922 年 1 月全面施行。

北洋政府时期，近现代的司法体系逐步建立：法院系统设大理院、高等审判厅、地方审判厅和初级审判厅，除普通法院外，还设有军事法院；检察机构设置在各级审判衙门内，分为总检察厅、高等检察厅、初级检察厅，负责侦查、公诉并监督判决的执行。1923 年的《中华民国宪法》确立了审判公开原则和司法独立原则，规定：“法官独立审判，无论何人，不得干涉之”，并规定了法官职务保障。1914 年 4 月袁世凯撤销约占全国 2/3 的地方审检厅和全部初级审检厅，恢复县知事兼理民事、刑事案件的制度，《县知事审理诉讼暂行章程》规定：“审判方法由县知事或承审员相机为之，但不得非法凌辱。”这实际上为任意逮捕、拘押、刑讯等司法专横行为开了绿灯。北洋政府就诉讼活动作出规定，规定了管辖、诉状的程式和讼费等；确立了对于符合起诉条件的犯罪行为检察官必须起诉的法定起诉原则；规定了简易程序；同时确立了辩护制度，规定法政学校毕业并经考试合格者才能充任律师；保留了旧法曾经有过的“职官为原告时”可以不到庭，“得委诸他人代诉”。司法实践中，法官大量使用判例和解释例，作为处理案件的根据。1912 年到 1927 年大理院汇编的判例多达二千多件。

国民党政府执政期间，立法院于 1931 年 10 月 28 日颁布了《法院组织法》，该法分 15 章共 91 条。1928 年 7 月，立法院颁布了《中华民国刑事诉讼法》和

① 杨鸿烈著：《中国法律发达史》，商务印书馆 1930 年版，第 1029 页。

《中华民国刑事诉讼法施行法》，1934 年这两部法律得到修正并于次年颁布施行。此外还制定了一系列单行法规，如《惩治盗匪暂行条例》（1927 年 11 月 18 日颁布施行）、《危害民国紧急治罪法》（1931 年 1 月 31 日颁布）、《特种刑事法庭审判条例》（1948 年 4 月 2 日颁布）等。

国民党政府诉讼法是在取法德国、日本等大陆法系的诉讼法律制度基础上制定的，该法采行职权主义的诉讼模式，确立了如下原则：（1）弹劾原则，即承认当事人为诉讼主体，实行“不告不理”，控诉与审判职能分立，先有控诉方才能启动审判程序，控诉方与被告方地位平等。（2）职权进行原则，法院对于诉讼的进行或者终结，依据职权而进行必要的诉讼行为，不受当事人意思的约束，也不必等待当事人的声请，务求发现实质的真实。（3）直接审理原则，法官应当亲自接触当事人和收集证据，但有例外，也允许委托受命推事进行若干诉讼行为。（4）自由心证原则，对于证据的证明力，法律不预先作出规定而由法官自由判断。（5）审判公开原则，允许一般民众旁听法庭审判，允许新闻媒体进行采访报道。（6）言词审理原则，举证、辩论等行为以言词为之，例外是第三审案件不经过言词辩论。（7）实行四级三审制的审级制度，第三审为法律审，审理以违背法令为理由的上诉。（8）在刑事诉讼中，实行公诉与自诉相结合、以公诉为主的原则。中国古代的司法没有设立专门的控诉机关，在起诉方式上也不像现代诉讼那样只有公诉和自诉两种，古代的起诉实际上是指司法机关开始审理案件的缘由或依据。古代的起诉方式以被害人告诉为主，还包括被害人或其亲属以外的一般人告诉、官吏举发、审判机关纠问等。国民党政府沿用将检察厅配置于法院的制度，检察官属于司法行政官，拥有搜查、提起公诉和实行公诉等独立职权。（9）在刑事诉讼中，实行不变更原则，对于刑罚权及其适用，当事人无权请求撤销或者变更，即当事人无处分权。（10）在刑事诉讼中，实行起诉便宜原则，检察官对于符合起诉条件的犯罪行为一般应当起诉，但在一定条件下可以不起诉等。（11）强制辩护制度。在辩护制度中，确认被告人或其法定代理人、保佐人、配偶均有权为被告人选任辩护人，刑事诉讼法规定最轻本刑为五年以上有期徒刑的案件及高等法院管辖的第一审案件，如果被告人或其法定代理人、保佐人、配偶于起诉后没有选任辩护人的，审判长应当依职权为其指定，否则审判违反法定程序。

民国政府进行的政治借鉴和法律移植，还有一个重要取向容易被人们所忽略，那就是在某些层面上进行了布尔什维克化改革。“国民党在接受苏联的援助后布尔什维克化了，转而反对西方的民主政治模式。党现在可以向传统妥协，确认国家比个人重要，保护个人的民主权利（在这里也就是民主的目的）得让位于使国家统一和强盛的目标。他主张由一个党实行家长式的极权主义统治，把党（像历代的皇帝）置于国家之上。”① 司法的布尔什维克化在20世纪20年代就开始了，最典型的是司法独立原则一度受到破坏，1926年国民政府司法行政委员会主席徐谦于1926年随同冯玉祥到苏联考察，深受苏联影响，在后来提出的改革司法独立说明书中说：“旧时司法观念，认为天经地义者，曰‘司法独立’，曰‘司法官不党’，此皆今日认为违反党义及革命精神之大端也。如司法独立，则司法可与政治方针背道而驰。甚至政治提倡革命，而司法反对革命，势必互相抵触，故司法非受政治统一不可，观苏联之政治组织，立法行政，固属合一，即司法机关，亦非独立，此即打破司法独立之新制也。”“顾现行司法制度”，“非根本改造不可”②。

1949年以后，国民党政府的诉讼法只在我国台湾地区得以继续实施，该法经过多次修改沿用至今。

四、中国法制现代化的转折和发展：取法苏联的阶段

中华人民共和国成立前夕，中共中央发布了《关于废除国民党的六法全书与确定解放区的司法原则的指示》（1949年2月），随之华北人民政府也颁布了废除国民党的《六法全书》及一切反动的法律的训令（1949年4月1日），宣布废除国民党的《六法全书》及其一切反动法律，各级人民政府的司法审判不得再援引其条文，并确定解放区的人民司法工作必须以人民政府新的法律为依据以及教育和改造司法干部的指导原则。中国法律西方化的变革随之在大陆中断。

中华人民共和国建立以后，社会主义法制得到确立，在借鉴苏联模式的基础上确立了社会主义的诉讼制度，但在借鉴过程中并没有完全照搬苏联的模式，而是根据自己的情况和需要进行了改制。1951年中央人民政府委员会颁布了《人

① ［美］兰比尔·沃拉著，廖七一等译：《中国：前现代化的阵痛》，辽宁人民出版社1989年版，第234～235页。

② 转引自张国福著：《中华民国法制简史》，北京大学出版社1986年版，第219页。

民法院暂行组织条例》、《中央人民政府最高人民检察署暂行组织条例》和《地方各级人民检察署组织通则》。这些法规规定了人民法院、人民检察署的组织原则和组织形式，规定人民检察署是国家法律监督机关，还确立了审判公开、以民族语言文字进行诉讼等诉讼原则以及就地调查、就地审判、巡回审判、陪审等诉讼制度。1954年9月，第一届全国人民代表大会第一次会议在制定颁布宪法的同时制定颁布了《人民法院组织法》和《人民检察院组织法》。同年12月颁布了《拘留逮捕条例》。这些法律明确规定：人民法院、人民检察院和公安机关分别行使审判权、检察权、侦查权；人民法院独立进行审判，只服从法律；对于一切公民在适用法律上一律平等；公开审判；被告人有权获得辩护；各民族公民都有权使用本民族的语言文字进行诉讼。这些法律还就回避、陪审、合议、两审终审和死刑复核等诉讼制度和拘留、逮捕程序作出了规定，成为指导当时的司法改革和建设以及刑事诉讼活动的重要依据。与此同时，刑事诉讼法的起草工作也在进行，1954年中央人民政府法制委员会草拟了《刑事诉讼条例》草案，1955年最高人民法院下发了《各级人民法院刑、民事案件审判程序总结》，1957年又在进一步调查研究、总结司法实践经验和借鉴外国立法例（主要是苏联）的基础上拟出《刑事诉讼法草案（草稿）》，分七篇共325条。1962年中央主管部门在1957年草稿的基础上，广泛征求意见，反复修改，又于1963年4月形成《刑事诉讼法草案（初稿）》，条文由325条锐减为200条。不过，这一法律起草活动随着极“左”思潮的日益加剧而又被迫停止，及至“十年动乱”期间，社会主义法制被破坏殆尽，现有的法律尚且受到恣意践踏，制定刑事诉讼法更是无从谈起。

中国这一阶段学习苏联的法制，使中国法制的现代化转了个方向重新起步，这对于中国重新建立起法律体系，是有益处的，而且，在当时的政治环境下，这是唯一与当时的意识形态相吻合的道路。这种以意识形态为取舍标准的法律借鉴，使中国的新型法制带有共产法系的许多共性。向苏联一边倒，而割断了与欧美法制的继受关系，这种单向度地取法苏联的做法，使苏联法制具有的弊端也随之影响到中国的法制和司法运作，需要梳理之处不少。中国仿习苏联法制，对于苏联法制的优点也有颇多学不到位处，可汲取的教训也很多。

五、中国法制现代化的重大挫折：无所取法的阶段

中国法制现代化的挫折在法典研究、起草工作仍在进行的1957年已经出现。1957年5月9日，法学家杨兆龙响应毛泽东在宣传工作会议上的讲话，撰写了《我国重要法典何以迟迟还不颁布？——社会主义建设中的立法问题》一文，发表于《新闻日报》，文章提出："社会主义民主的建立和发扬，在许多场合，要靠法律的制定，将民主的原则变为具有强制性的行为规范；要靠法律的执行。将法律中所包含的民主原则贯彻到实践中去。在这个意义上，社会主义法制的这一面往往显得更重要。"他认为那种"认为中国的情况特殊，必须靠自己创造出一套经验来作立法依据，在这套经验未创造出以前，不应该轻易立法"的观点，存在如下缺点："（1）过分强调中国的特殊性而忽视了社会主义国家很大程度上的共同性和类似性；（2）没想到专靠自己创造经验而不吸取别国的经验是会限制并推迟自己的发展和进步的。"随后，《新闻日报》召集上海法学界人士和司法工作者座谈这篇文章，王造时、杨兆龙等人出席，杨再次阐述自己的观点，提出制定刑法、民法、民刑诉讼法等法典。杨兆龙的文章发表半个多月后，开始受到批判，立刻被定为右派分子，成为上海法学界第一个被揪出的大右派。所有参加座谈会的人，王造时、法官何济翔、王容海和律师李国机等，都被打成了右派。[①] 如此环境，谈仿行苏联法制已足以罹祸，遑论其他？

"文化大革命"中，以苏联为师建立起来的中国社会主义法制遭到了严重破坏，不少正确的刑事诉讼原则、制度，如法律面前人人平等、法院依法独立审判、无罪推定、律师辩护、上诉不加刑等都被视为"资产阶级黑货""右倾观点"而受到粗暴批判和武断否定，认为这些原则和制度与社会主义是不相容的。当《人民日报》一篇社论全国执行的时候，法律已经没有在"大好形势"下的立足之地了。

六、中国法制现代化的重新起步和发展：苏联的影响逐渐衰减，开始取法美欧的阶段

中华人民共和国成立初期到1979年的三十年间，我国没有制定诉讼法典，

① 何济翔著：《沪上法治梦》，北京十月文艺出版社2001年版，第7～19页。

只是在宪法和颁布的若干单行法律法规中规定了司法机关体系及若干诉讼原则和程序。直到 1978 年以后，民主和法制才得以恢复并得到了快速的发展。

党的十一届三中全会以后，学者们冲破禁区，大胆探索，对这些原则和制度重新作了肯定性的论述和评论，并认为它们是衡量我国民主和法制健全程度的重要尺度，从而为 1979 年《刑事诉讼法》的制定提供了理论上的准备，几个高等院校的刑事诉讼法知名专家还直接参与了立法工作。1979 年《刑事诉讼法》的颁布，不仅为公安司法机关办理刑事案件提供了应当遵循的规范，同时也为刑事诉讼法学体系的形成提供了依据。

1979 年《刑事诉讼法》诞生以后，1991 年《民事诉讼法》正式实施，1997 年《刑事诉讼法》得到修改，中国的诉讼法律体系得以建立并得到有效运作。

在这个阶段，中国诉讼法学者对司法实践中出现的问题和一些理论问题展开专题探讨，把诉讼法学进一步推向前进。实践中的问题主要包括司法机关依法独立行使职权问题，辩护律师的性质问题，辩护人对被告人未被揭发的犯罪事实应否保守秘密的问题，被告人供述与辩解问题，特别是共同犯罪同案人口供能否作为定案的唯一根据的问题，免予起诉的存、废、改问题，上诉不加刑的适用问题等。主要理论问题包括关于刑事诉讼主体问题，刑事诉讼形式问题，基本原则体系问题，刑事诉讼证据的概念、特征问题，无罪推定、自由心证是否适用于我国的问题，疑案如何处理的问题，以及如何对待外国刑事诉讼法制等。

中国当代诉讼法律制度的改革，深受西方国家的诉讼法律思想和制度的影响，特别是英美法系国家的影响。学术界非常重视对西方国家诉讼法律制度的研究，以期从外国诉讼法律制度中吸收和借鉴成功做法和有益经验。这方面的显著成果是组织翻译出版了当代有代表性的国家的诉讼法典。在此期间，诉讼法学者大批赴西方国家和我国港、澳、台地区进行考察和参加学术会议，还邀请西方国家诉讼法学者来华讲授外国的诉讼制度，如美国、德国、加拿大都有学者多次来我国讲学。对加强中国与国际社会在诉讼法学领域的交流与合作，促进中国司法改革制度的科学化和民主化具有积极的意义。一些中国诉讼法学者从西方国家的法学理论中获得滋养，论证了刑事诉讼法的目的应当是追究犯罪与保护人权相结合，有的指出刑事诉讼的合理结构是控辩平等，裁者居于客观立场，中国应当吸收当事人主义诉讼模式的积极因素，调整我国的刑事诉讼结构。这一影响的结果是在下面机关方面对诉讼制度作出改革：强化对犯罪嫌疑人、被告人以及被害人权利的保障，确立了未经人民法院依法判决不得定罪的原则，将律师参加诉讼活动的时间提前到侦查阶段；对庭审方式作出重大修改，强化控辩双方的作用，发挥合议庭在审判中的决定作用；增设简易程序等。我国诉讼法律制度的改革，反映了我国改革开放以来立法、司法领域发生的观念变化，它不仅为实现司法公正提供了重要的立法保障，同时也促进了程序公正的意识和保障人权的观念在司法人员中的普及和提高。当然，我国的刑事诉讼制度并非十全十美，与一些国际标准和保障实体公正和程序公正的实际需要相比仍然存在一定的距离，需要通过有关部门进一步努力，对我国刑事诉讼制度和司法制度作进一步的改革，使我国的刑事诉讼制度更加民主、文明、科学，从而更好地实现诉讼法的目的。

第七节　国际司法准则与我国诉讼法律制度

毋庸讳言，以国际社会公认的司法准则来衡量，我国当代诉讼法律制度的发展还存在不小的距离，其中刑事诉讼制度与国际社会制定的刑事司法国际标准相比，差距尤为明显。从司法体制看，尚未确立起以法官独立为核心的司法独立体制，因此，我国的司法现代化需要进一步推行包括司法体制改革在内的司法改革。从被告人权利保障看，我国在刑事诉讼中提高了被告人的诉讼地位，诉讼权利及其保障也有所扩大和增强，但现有的权利和保障尚未达到国际司法标准，刑讯逼供的现象仍然盛行，在国际上存在一定的消极影响。中国诉讼法律制度的现代化，需要以国际司法准则为依据，大力进行法律移植，使我国的诉讼法律制度达到甚至超越国际司法准则所确立的各项诉讼标准。

一、司法国际准则中的程序正义标准

司法国际准则，是指国际社会通过国际法律文件确认的在司法中应当遵循的准则。有的法律文件称为“基本原则”或“最低限度标准规则”。其宗旨在于促使世界各国在行使司法权中保障司法公正，维护人权。基于这一宗旨，司法国际准则中所确立的程序正义标准几乎都是刑事诉讼中的程序正义标准，就不足为奇了。

国际社会为司法确立国际标准，是对第二次世界大战中，纳粹德国和法西斯

意大利等极权国家践踏人权的一种群体反应。鉴于法西斯主义肆虐时代对人权的极大侵犯，人们意识到如果国际社会存在着一些保护人权的有效的国际制度，也许，这些暴行可以得到制止。

1945年在英、美、法、苏等战胜国倡议下成立了联合国，"第二次世界大战后成立的联合国，不仅是国际和平机构，也具有国际合作机构的实质，并把增进保护人权及基本自由的国际合作为目的"[①]。《联合国宪章》第一次将"人权"规定在一个普遍性的国际组织文件中，成为会员国应遵守的最基本的国际准则。当然，《联合国宪章》只对尊重人权作了原则规定，没有规定应予保护的人权的具体内容，"在制定宪章的过程中，巴拿马、古巴等代表曾提出应对人权做出具体规定的主张。但大会以时间不够为理由把规定人权具体内容的工作交给了人权委员会"[②]。人权委员会一开始是要制定一个国际人权法典，1947年却改变方针，首先草拟了《世界人权宣言》。1948年12月10日，联合国大会以48票赞成、0票反对、8票弃权。[③] 通过了人权委员会起草的《世界人权宣言》，宣言虽不是一项国际条约，但它提供了一份不容剥夺的人权一览表，"《世界人权宣言》的通过第一次表明，组织起来的国际社会已经采取了决定性的步骤，认真地考虑进行国际性的人权法案的制定工作"[④]。该宣言发挥了巨大影响力，"联合国大会经常运用这个宣言作为人们行动的准则或标准，并作为敦请或建议有关政府采取措施以促进尊重和遵守人权要求的基础。《世界人权宣言》也是达成日益增长的、地区性的或双边性的国际协定的出发点，在这些协定中，《世界人权宣言》的原则在达成有约束力的条款中已经发挥了影响"[⑤]。

荷兰学者亨利·范·马尔赛文在一项对许多国家的成文宪法所作的比较研究中指出，《世界人权宣言》明确规定了它所赞同和尊重的价值观念，包括：(1)

---

① ［日］寺泽一、山本草二著，朱奇武等译：《国际法基础》，中国人民大学出版社1983年版，第323页。

② ［日］寺泽一、山本草二著，朱奇武等译：《国际法基础》，中国人民大学出版社1983年版，第324页。

③ 苏联等8个国家弃权。［日］寺泽一、山本草二著，朱奇武等译：《国际法基础》，中国人民大学出版社1983年版，第326页。

④ ［荷］亨利·范·马尔赛文著，陈云生译：《成文宪法的比较研究》，华夏出版社1987年版，第246页。

⑤ ［荷］亨利·范·马尔赛文著，陈云生译：《成文宪法的比较研究》，华夏出版社1987年版，第247页。

人的尊严。(2) 人的平等权利。(3) 人的不可剥夺的权利。(4) 自由。(5) 正义。(6) 和平。(7) 人权和基本自由。(8) 法治。(9) 人的平等。(10) 博爱。(11) 保护不受歧视。(12) 司法独立。(13) 家庭是社会天然的和基本的单位。(14) 人民意志是主权的基础。(15) 普选。(16) 秘密投票或平等自由的投票程序。(17) 个性的充分发展。(18) 一般福利。(19) 民主社会。① 其中，人的尊严、人的平等权利、人的不可剥夺的权利、自由、正义、和平、人权和基本自由、法治、人的平等、保护不受歧视、司法独立等也是诉讼法律制度所要体现和维护的价值观念。《世界人权宣言》还列举了个人权利、政治权利和自由的清单，包括：(1) 生存权。(2) 人身自由权。(3) 人身保障权。(4) 保护不致为奴或免遭奴役。(5) 保护免遭酷刑或残酷的、非人道的或侮辱性的待遇或刑罚。(6) 法律面前平等或平等地受法律的保护权。(7) 不受任意逮捕，受到公正及公开的审判权利、享受无罪推定权、一罪不两罚等。(8) 私生活的保护。(9) 迁徙自由权。(10) 庇护权。(11) 思想自由权。(12) 信仰自由权。(13) 宗教自由权。(14) 观点自由权。(15) 发表意见自由权。(16) 集会自由权。(17) 结社自由权。(18) 选举权。(19) 平等地就任公职权。② 在这些权利中，生存权、人身自由权、人身保障权、保护免遭酷刑或残酷的、非人道的或侮辱性的待遇或刑罚、法律面前平等或平等地受法律的保护权、不受任意逮捕，受到公正及公开的审判权利、享受无罪推定权、一罪不两罚、私生活的保护等，与诉讼程序有着直接的关系。

为了使《世界人权宣言》公约化，“作为所有人民和所有国家努力实现的共同目标”（序言），1966 年 12 月 16 日第 21 届联大通过了人权委员会提出的包括《经济、社会和文化权利国际公约》（105 票赞成，0 票反对）、《公民权利和政治权利国际公约》（106 票赞成，0 票反对）以及《公民权利和政治权利国际公约任择议定书》的《国际人权公约》，《公民权利和政治权利国际公约》于 1976 年 3 月 23 日生效。

《公民权利和政治权利国际公约》确立了一系列司法国际准则，主要有：

① ［荷］亨利·范·马尔赛文著，陈云生译：《成文宪法的比较研究》，华夏出版社 1987 年版，第 249 ~ 250 页。

② ［荷］亨利·范·马尔赛文著，陈云生译：《成文宪法的比较研究》，华夏出版社 1987 年版，第 254 ~ 255 页。

1. 权利平等原则

《公民权利和政治权利国际公约》第 2 条要求，“本公约每一缔约国承担尊重和保证在其领土内和受其管辖的一切个人享有本公约所承认的权利，不分种族、肤色、性别、语言宗教、政治或其他见解、国籍或社会出身、财产、出生或其他身份等任何区别。”

2. 司法补救

《公民权利和政治权利国际公约》第 2 条第 3 款要求每一缔约国承担下列义务：（1）保证任何一个公约所承认的权利或自由被侵犯的人，能得到有效的补救；（2）保证由合格的司法、行政或立法当局或由国家法律制度规定的任何其他合格当局断定其在这方面的权利，并发展司法补救的可能性；（3）保证这种补救确能付诸实施。

3. 生命权的程序保障

《公民权利和政治权利国际公约》第 6 条宣告：人人有固有的生命权，生命权受法律保护，不得任意剥夺任何人的生命。并规定，未经合格法庭最后判决，不得执行死刑刑罚；任何被判处死刑的人应有权要求赦免或减刑，对一切判处死刑的案件均得给予大赦、特赦或减刑。

4. 禁止酷刑或施以残忍的、不人道的或侮辱性的待遇或刑罚

《公民权利和政治权利国际公约》第 7 条规定：“任何人均不得加以酷刑或施以残忍的、不人道的或侮辱性待遇或刑罚。”所谓酷刑，是指“为了向某人或第三者取得情报或供状，为了他或第三者所作或涉嫌的行为对他加以处罚，或为了恐吓或威胁他或第三者，或为了基于任何一种歧视的任何理由，蓄意使某人在肉体或精神上遭受剧烈疼痛或痛苦的任何行为，而这种疼痛或痛苦是由公职人员或以官方身份行使职权的其他人所造成或在其唆使、同意或默许下造成的”①。

5. 人身自由和安全的程序保障

人身自由即举止行动的自由，人身自由和安全的保障是行使其他权利的前提，其重要性仅次于生命权。《公民权利和政治权利国际公约》第 9 条规定，任何人不得加以任意逮捕或拘禁，除非依照法律所规定的根据和程序，任何人不得被剥夺自由。同时规定：（1）任何被逮捕的人，在被逮捕时应被告知逮捕他的

① 联合国《禁止酷刑和其他残忍、不人道或有辱人格的待遇或处罚公约》第 1 条。

理由，并应被迅速告知对他提出的任何指控；（2）任何被逮捕或拘禁的人，应被迅速带见审判官或其他经法律授权行使司法权力的官员，并有权在合理的时间内受审判或被释放；（3）任何因刑事指控被逮捕或拘禁被剥夺自由的人有资格向法院提起诉讼，以便法庭能不拖延地决定拘禁他是否合法以及拘禁不合法时命令予以释放；（4）任何遭受非法逮捕或拘禁的受害者，有得到赔偿的权利。

6. 所有被剥夺自由的人应给予人道或尊重人格尊严的待遇

《公民权利和政治权利国际公约》第10条规定，所有被剥夺自由的人应给予人道或尊重人格尊严的待遇，除特殊情况外，被控告的人应与被判刑的人隔离开，并应给予适合于被判罪者身份的分别待遇；被控告的少年应与成年人分隔开，并应尽速予以判决。

7. 独立、公正审判

《公民权利和政治权利国际公约》第14条第1项规定，“所有的人在法庭和裁判所前一律平等。在判定时对任何人提出的任何刑事指控或确定他在一件诉讼案中的权利和义务时，人人有资格由一个依法设立的合格的、独立的和无偏倚的法庭进行公正的和公开的审讯”。受到刑事指控的人均完全有资格享受刑事审判的最低限度保障，其中包括：迅速被告知指控的性质和原因（甲目）；受审时间不被无故拖延（丙目）；在法庭上有权在同等条件下询问对他不利和有利的证人（戊目）；免费获得译员的援助（己目）；凡被判定有罪者，应有权由一个较高级法庭对其定罪及刑罚依法进行复审（第五项）。

8. 辩护的权利

《公民权利和政治权利国际公约》第14条第3项规定，受刑事指控的人“有相当时间和便利准备辩护并与自行择定的律师联络”（乙目）；“出席受审并亲自替自己辩护或经由他自己所选择的法律援助进行辩护；如果他没有法律援助，要通知他享有这种权利；在司法利益有此必要的案件中，为他指定法律援助，而在他没有足够能力偿付法律援助的案件中，不要他自己付费”。（丁目）

9. 对未成年人的特别保障

《公民权利和政治权利国际公约》第14条第4项规定：“对少年的案件，在程序上应考虑到他们的年龄和帮助他们重新做人的需要。”

10. 无罪推定

《公民权利和政治权利国际公约》第14条第2项规定：“凡受刑事控告者，

在未依法证实有罪之前，应有权被视为无罪。”

11．反对强迫自证其罪

《公民权利和政治权利国际公约》第14条第3项庚目规定：“任何人不被强迫作不利于他自己的证言或强迫承认犯罪。”

12．刑事赔偿

《公民权利和政治权利国际公约》第14条第6项规定，根据新的或新发现的事实确实表明发生误判，已有的定罪被推翻或被赦免的情况下，因这种定罪而受刑罚的人应依法得到赔偿。

13．禁止双重危险

《公民权利和政治权利国际公约》第14条第7项规定：“任何人已依一国的法律及刑事程序被最后定罪或宣告无罪者，不得就同一罪名再予审判或者惩罚。”

14．罪刑法定原则

任何人的任何行为或不行为，在其发生时依照国家法律或者国际法均不构成刑事罪者，不得据以认为犯有刑事罪（第15条）。

在《世界人权宣言》通过之后，世界各地区根据《世界人权宣言》相继签订了人权公约，如《欧洲人权公约》（1950年11月4日）、《美洲人权公约》（1969年11月22日）、《非洲人权和民族权宪章》（1981年通过）。这些公约涉及刑事司法准则的内容与《国际人权公约》大体相同。

《公民权利和政治权利国际公约》制定后，联合国大会及其所属组织还通过了一系列有关刑事司法的单项法律文书，[①] 规定了某一方面的准则，将《公民权利和政治权利国际公约》确立的刑事司法国际准则具体化。其中：

关于保护未成年人的有：《儿童权利宣言》（1959年11月20日通过）、《联合国少年司法最低限度标准规则》（《北京规则》，1985年11月29日通过）、《联合国预防少年人犯罪准则》（1990年12月14日通过）、《联合国保护被剥夺自由少年规则》（1990年12月14日通过）。这些法律文件规定：从家庭、学校教育、社会环境、大众传媒及立法、司法等多方面有效地预防少年违法犯罪；少年司法制度应强调少年的幸福，并应确保对少年犯作出的任何反应均应与罪犯和违法行为情况相称；刑事责任年龄的起点不应规定得太低。在诉讼的各个阶段，应当有

---

① 本书未注明会议通过名称的均指联合国大会通过的文书。

保证基本程序方面的保障措施，诸如假定无罪、指控罪状通知本人的权利、保持缄默的权利、请律师的权利、要求父母或监护人的权利、与证人对质和盘诘证人的权利和向上级机关上诉的权利等。

关于保证公正司法和严格执法的有：《关于司法机关独立的基本原则》(1985 年 11 月 29 日通过)、《关于司法机关独立的基本原则的有效执行程序》[①]、《关于检察官作用的准则》[②]、《关于律师作用的基本原则》[③]，以及《关于公正审判和救济的权利宣言草案》。这些法律文书强调：各国应保证司法机关的独立，并将此原则正式载入其本国的宪法或法律之中。司法机关应不偏不倚、以事实为根据并依法律规定来裁决其所受理的案件，而不应有任何约束，也不应为任何直接或间接不当影响、怂恿、压力、威胁或干涉所左右。检察官的职责应与司法（审判）职能严格分开；检察官应始终一贯迅速而公平地依法行事，不偏不倚地履行其职能，注意到对犯罪嫌疑人有利或不利的一切有关情况。所有的人都有权请求由其选择的一名律师协助保护和确立其权利并在刑事诉讼的各个阶段为其辩护。如果他无力支付费用，可以免费。

关于拘捕方面的有：《保护所有遭受任何形式拘留或监禁的人的原则》(1988 年 12 月通过)、《联合国非拘禁措施最低限度标准规则》(1990 年 12 月 14 日通过)、《执法人员行为守则》(1979 年 12 月 17 日通过)。这些法律文件确认：逮捕、拘留或监禁应严格依法进行；被拘捕的人应获得人道待遇和尊重其人格，有权获得律师的帮助，有权在合理期间内接受审判。应当采用非拘禁措施，以减少监禁办法的采纳，促使刑事司法政策合理化。警察和执法人员在执行拘捕等任务时应当维护人权，只有在绝对必要时才能使用武力。

关于禁止酷刑的有：《保护人人不受酷刑和其他残忍、不人道或有辱人格待遇或处罚宣言》(1975 年 12 月 9 日)，《禁止酷刑和其他残忍、不人道或有辱人格的待遇或处罚公约》(1984 年 12 月 10 日)，《有关医务人员，特别是医生在保护被监禁和拘留的人不受酷刑和其他残忍、不人道或有辱人格的待遇或处罚方面的任务的医疗道德原则》(1982 年 12 月 18 日)。这些法律文件宣布：任何国家

① 联合国经社理事会 1989 年 5 月 24 日第 1989/60 号决议通过。

② 1990 年哈瓦纳第 8 届联合国预防犯罪与罪犯待遇大会通过。

③ 1990 年哈瓦纳第 8 届联合国预防犯罪与罪犯待遇大会通过。

不得容许或容忍酷刑或其他残忍、不人道或有辱人格的待遇或处罚。应确保在任何诉讼程序中，不得援引任何业经确定系以酷刑取得的口供为证据，但这类口供可用作被控施用酷刑者刑讯逼供的证据。应确保酷刑受害者得到补偿。医务人员，特别是医生，如积极或消极地从事构成参与、共谋、怂恿或企图施行酷刑或其他残忍、不人道或有辱人格的待遇或处罚的行为，为严重违反医疗道德。

关于死刑的有：《关于保护面对死刑的人的权利的保障措施》（联合国经社理事会1984年5月25日通过）、《关于有效防止和调查非法、任意和即决处决的原则》（联合国经社理事会1989年5月24日通过）。这些法律文书规定，在没有废除死刑的国家，只有对最严重的罪行，法律有明文规定的，年龄满18岁以上的人，才能判处死刑。执行死刑应尽量用引起最少痛苦的方式实施。应以法律禁止一切法外、任意和即决处决，应确保任何此类处决均应根据其刑法规定施作罪刑加以惩处。

关于监狱囚犯待遇的有：《囚犯待遇最低限度标准规则》（联合国经社理事会1984年5月25日通过）、《囚犯待遇基本原则》（1990年12月14日通过）《关于外籍囚犯待遇的建议》[①]。这些法律文件规定，对于所有囚犯，均应尊重其作为人而固有的尊严和价值。应创造条件，使囚犯得以从事有意义的有酬工作，促进其重新加入本国的劳力市场。并对囚犯的住宿、个人卫生、饮食、体育、医疗、戒具、同外界接触申诉、纪律和惩处等方面的最低标准作出规定。

关于被害人的有：《为罪行和滥用权利行为受害者取得公理的基本原则宣言》（1985年11月25日通过），该宣言宣布，对待罪行受害者时应给予同情并尊重他们的尊严，他们有权向司法机构申诉，并特别指出，应考虑将为滥用权利受害者提供补救措施的规定纳入国家法律准则。

关于预防和控制犯罪的有：《加拉加斯宣言》[②]《米兰行动计划》[③]《发展和国际经济新制序环境中预防犯罪和刑事司法的指导原则》[④]《关于从发展角度进

---

① 1985年米兰第7届联合国预防犯罪和罪犯待遇大会通过。

② 1980年加拉斯加第6届联合国预防犯罪和罪犯待遇大会通过。

③ 1980年加拉斯加第6届联合国预防犯罪和罪犯待遇大会通过。

④ 1980年加拉斯加第6届联合国预防犯罪和罪犯待遇大会通过。

行预防犯罪和刑事司法国际合作的建议》①《反腐败的实际措施》②《综合性预防犯罪措施汇编》③《预防和控制有组织犯罪准则》④《打击国际恐怖主义的措施》⑤《防止侵犯各民族动产形式文化遗产罪行示范条约》⑥。这些法律文件指出，预防犯罪和刑事审判问题的探讨，必须联系到经济发展、政治制度、社会文化价值、社会变动以及新的国际经济秩序等情况。应当把预防犯罪和改革刑法、程序法结合起来，包括实行非刑罪化、非刑罚化和移送观护等。预防犯罪要采取综合性措施，包括社会措施和预防犯罪的直接措施。预防犯罪应注意特别有害的行为，如经济罪、危害环境罪、非法贩运药品、恐怖主义、种族隔离和特别危害和平和国内治安相当严重的罪行。并制定了反贪污腐败的实际措施（如公布财产、举证责任倒置等），预防和控制有组织犯罪的实际措施（如允许截获电信和使用电子监视等），打击国际恐怖主义的实际措施（如开展国际合作有效和统一地预防和控制恐怖主义、有效管制武器、弹药和炸药）。

关于刑事国际协助方面有：《引渡示范条约》（1990 年 12 月 14 日通过）、《刑事事件互助示范条约》（1990 年 12 月 14 日通过）、《关于犯罪收益的刑事事件互助示范条约的任择议定书》⑦、《刑事事件转移诉讼示范条约》（1990 年 12 月 14 日通过）、《防止侵犯各民族动产形式文化遗产罪行示范条约》。这些法律文书确认，各国为预防犯罪、打击犯罪而需要提供最广泛的合作，包括引渡、收集证据，递送司法文件，执行搜查和查封，追查犯罪收益（非法所得财物），合作打击盗窃文物出口行为等。

国际上的人权约法，既包括一般人权约法，也包括具体人权约法。这些人权约法的效力不尽相同，有的必须加以严格遵守；有的则是建议性的，有关国家应当参考遵行，如联合国大会 1979 年通过的《执法人员行为守则》建议各国政府“在国家立法或惯例范围内适用这项守则作为执法人员应该遵守的一套原则，给予善意的考虑”。从国际法规范的具体内容看，有的规定颇为具体详明，可以直

---

① 1990 年哈瓦那第 8 届联合国预防犯罪与罪犯待遇大会通过。
② 1980 年加拉斯加第 6 届联合国预防犯罪和罪犯待遇大会通过。
③ 1980 年加拉斯加第 6 届联合国预防犯罪和罪犯待遇大会通过。
④ 1980 年加拉斯加第 6 届联合国预防犯罪和罪犯待遇大会通过。
⑤ 1980 年加拉斯加第 6 届联合国预防犯罪和罪犯待遇大会通过。
⑥ 1980 年加拉斯加第 6 届联合国预防犯罪和罪犯待遇大会通过。
⑦ 1980 年加拉斯加第 6 届联合国预防犯罪和罪犯待遇大会通过。

接加以适用，如《公民权利和政治权利国际公约》第 6 条第 5 项规定：“对十八岁以下的人所犯的罪，不得判处死刑；对孕妇不得执行死刑”；有的规定则比较原则，需要由国内法规范予以具体化才能付诸实施，如《公民权利和政治权利国际公约》第 9 条第 5 项规定：“任何遭受非法逮捕或拘禁的受害者，有得到赔偿的权利。”这一赔偿权利需要通过各国制定国内法规范加以具体落实，因此对于国际法规范中的这类规定，已缔结公约保证履行其国际法义务的国家还应通过制定、补充或者修改国内法的方法，以保证国际法的实施。

二、司法国际准则与中国

《联合国宪章》第 56 条规定，所有会员国为了达到第 55 条“人权与基本自由之普遍尊重与遵守”等的目的，应采取共同及个别行动与本组织合作。作为国际社会（the family of nations）中的一员，中国在人权领域与联合国和其他国家合作，是国际法所确定的一项义务，是义不容辞的责任。

中国是联合国的创始国、成员国和安全理事会常任理事国，也是《联合国宪章》的参与制定国。中国政府对于基本人权，早就鲜明地表示过积极的认同态度。1955 年，周恩来总理在亚非万隆会议上明确地向世界宣告：“尊重基本人权，尊重联合国宪章的宗旨和原则……都是中国人民的一贯主张，也是中国人民一贯遵守的原则。”党的十一届三中全会以后，中国开始进行法制的重建工作，人们经过对“文革”的深刻反思，认识到权利保障的重要性。中国政府对人权问题也再次表示给予重视，并对国际人权公约给予积极的评价。1991 年 11 月 1 日，国务院新闻办公室发表了《中国的人权状况》白皮书，进一步阐述了中国关于人权问题的基本立场和基本政策，并认为：人权是全人类共同创造的精神财富，也是中国人民近一百多年来前赴后继、流血牺牲为之不懈努力奋斗的目标。中国政府和中国的领导人在许多场合表达过肯定人权、尊重和保障人权的积极态度。

1998 年 10 月，中国政府签署了《公民权利和政治权利国际公约》，这项公约现在尚未提交全国人民代表大会常务委员会讨论批准。但随着这一公约的签署，该公约已经在中国的相关立法活动和学术研究领域产生较大影响。

可以预见，这一公约一旦被批准，它将进一步推动中国诉讼法律制度的改革。因为，按照国际法的规定，对于缔结的条约，当事国应当善意履行。所谓善意履行，是指“诚实地和正直地履行条约，从而要求不仅按照条约的文字，而且也按照条约的精神履行条约，要求不仅不以任何行为破坏条约的宗旨和目的，而且予以不折不扣地履行。”《联合国宪章》在序言中强调“创造适当环境，俾克维持正义，尊重由条约与国际法其他渊源而起之义务，久而弗懈”。1969 年维也纳《条约法公约》第 26 条明确规定：“凡有效之条约对各当事国有约束力，必须由各该国善意履行。”这体现了国际法上一项比较古老的原则，即“条约必须信守”（pacta sunt servanda）原则或曰“条约神圣”（sanctity of treaties，inviolability of treaties）原则。该原则的内容是：条约经过缔结之后，缔结各方必须按照条约规定，行使自己的权利，履行自己的义务，不能有所违反。因此，我国加入《公民权利和政治权利国际公约》之后，就应当加以遵守。该公约所确立的司法国际准则，也应当在我国诉讼活动中得到认真的贯彻执行。

条约一旦产生效力便涉及适用的问题，涉及国内法与国际法的关系问题和条约能否适用于国内法院的问题。国际上关于国际法与国内法的关系，存在着不同学说和制度，较多的是主张国际法优于国内法。其理由诚如我国台湾一位学者所云：“如果不承认国际法是世界上的较高法律次序的话，就得认为现在世界上一百三十多个不同的国内法制度优先于国际法，这几乎一定会造成无政府状态。”①因此，国际性司法机构或者行政机构一再强调国际法优于国内法。至于国际法如何实施于国内，世界各国的做法并不一致，归纳起来，分为两种模式：

（1）直接适用（adoption），即不需要国内进行相应的立法而直接将条约适用于国内，当条约与国内法相抵触时，采取国际法优于国内法的原则。这种适用方式被称为国内法“接受”（reception），在接受型的国家里，条约的国内实施原则上是“自动执行”（self - executing），在立法机关（国会）参与缔结条约为前提的国家采取这种办法。即使在这样的国家，具有缔约权的行政机关以及被承认赋予这种权利而参与国会职权以外的内容的条约，为了进行国内实施必须有具有这种权限机关的承认（或立法行为），这就成了“非自动执行”（non self - exe-

① 参见丘宏达主编：《现代国际法》，台湾三民书局 1986 年版，第 93 页。

cuting)[①]。例如，《美国宪法》第 6 条第 2 款规定："本宪法及依照本宪法制定的合众国法律以及根据合众国权力所缔结或将缔结的一切条约，均为全国的最高法律；即使与各州的宪法或法律相抵触，各州法官仍应遵守。"美国联邦最高法院于 1900 年作出判例指出："国际法是我们法律的一部分，当依据国际法的权利问题适当地提交法院决定时，有适当管辖权的法院必须确定与适用它。"德国、法国和日本等国也有类似或者体现这一精神的宪法规定。

（2）转化适用（transformation），即为了在国内实施条约的内容，原则上必须制定相应的法律，这便产生了国际条约向国内法的"转化"，英国及英联邦诸国以及意大利均属此一模式。在英国，国际惯例在不与本国立法相抵触的情况下构成英国法律的一部分，可以为法院直接适用，但国际条约必须经国会立法才能为法院适用。原因在于缔约与批准皆为英国国王的权力，国王属行政机关，而法律必须经国会批准方能生效。意大利也采纳转化适用模式，在意大利，已经发生效力的国际条约必须再经议会命令执行才能被接受为法院适用的法律。

按照通例，各国采取哪一种做法，一般均在该国宪法中作出明确规定。我国宪法没有就国际条约如何在国内适用问题作出规定，但可以就我国一些部门法的相关规定看出，"在中华人民共和国的法律和实践中，中国没有采用第一种方式（转化制度），而倾向于采用第二种方式，即条约直接在国内适用"[②]。例如，《民法通则》第 142 条第 2 款明确规定："中华人民共和国缔结或者参加的国际条约同中华人民共和国的民事法律有不同规定的，适用国际条约的规定，但中华人民共和国声明保留的条款除外。"该条第 3 款还规定："中华人民共和国法律和中华人民共和国缔结或者参加的国际条约没有规定的，可以适用国际惯例。"又如，《民事诉讼法》第 236 条规定："中华人民共和国缔结或者参加的国际条约同本法有不同规定的，适用该国际条约的规定，但中华人民共和国声明保留的条款除外。"同样，《行政诉讼法》等法律也作出了类似的规定。这些规定无一例外地体现了国际法优于国内法的原则。我国学者李浩培指出："上述各法的各个规定是我国最高立法机关对条约的国内执行作出的原则规定，按照这个原则，我国与

---

① ［日］寺泽一、山本草二著，朱奇武等译：《国际法基础》，中国人民大学出版社 1983 年版，第 78 页。

② 王铁崖：《条约在中国法律中的地位》，载《中国比较法学刊》1995 年第 1 期。

外国所缔结的条约在生效时，就应当被纳入国内法，由我国各主管机关予以适用，而无须另以法律予以转变为国内法。”①

可见，在我国，国际条约是国家法律的渊源之一，“国际条约是国际法的主要渊源，不属于中国国内法的范畴。但就其通过法定程序具有与国内法同样约束力这一意义而论，也属于中国国内法渊源之一”②。实际上，这一原则应当贯彻到所有中国已经签署或者加入的国际公约，亦即中国已正式承诺遵守的刑事司法国际准则可以直接适用于中国，国内法与之相矛盾的，应当遵守刑事司法国际准则。国际法与国内法都同样体现了国家意志，国家既然已经庄严缔结了国际条约，就应当采取必要的措施保证在其领土内实施对其有效的条约。《维也纳条约法公约》第 27 条规定，“当事国不得援引其国内法规定为理由而不履行条约”，这一规定便体现了上述主张。

对于中国没有签署或加入的国际公约，对中国没有约束力。但是，司法国际准则之所以被确立，不仅是基于对第二次世界大战期间法西斯主义泯灭人性、践踏人权的惨痛现实的深刻反省，而且体现了国际社会对自由、公正和人权等人类共同的基本价值的追求，其内容具有相当的合理性。对于一个民主、法治国家来说，法律是以保护公众的权利为根本宗旨的，而公众不是抽象的，应当落实到每一个公民的个人的权利。司法国际准则所涉及的人权保障问题在当代已经国际化，司法国际准则不仅通过联合国在国际社会得到公认，并以缔约的方式在许多国家和地区发生国际法效力，人权保障的状况受到不同程度的广泛关注。中国没有签署或者加入某些含有司法国际准则的国际公约，原因是多种多样的，有的固然是由于社会制度、意识形态和司法体制等国情因素与之差异太大难以契合使然；有的则是由于客观条件（诸如物质条件、人员素质等）的限制使然，但这并不意味着对其中合理的积极的内容一概持否定态度。实际上，对于中国没有签署或者加入的国际公约中反映人类共同价值的内容，也应当持肯定的态度，并结合中国国情参考遵行，对于其保障人权的基本精神不应有所背离。

为了维护社会秩序，有时又需要对公民的自由甚至生命进行剥夺或者限制，从而使个人权利与社会利益之间产生碰撞，人们就此必须进行取舍和权衡。在我

① 李浩培著:《条约法概论》，法律出版社 1997 年版，第 329 页。
② 沈宗灵主编:《法理学》，高等教育出版社 1994 年版，第 313 页。

国，使法律的规定既能够实现对具体犯罪的惩罚，又符合法律保护个人权利的根本目的，是人们普遍关心的问题。我国刑事法律过去无论立法还是司法实践，都偏重于追究犯罪、惩罚犯罪，对保障人权重视不够。近年来随着国家政治民主和社会文明程度的逐步提高，人权保障受到重视，加强对人权保障的力度已经成为诉讼立法的宗旨之一。近年来制定和修改的刑事诉讼法在保障人权方面取得了一定进展。随着我国社会政治、经济、文化和法制的不断发展，人权保障观念的逐步增强和司法水平的日益提高，我国司法与司法国际标准的距离必将逐渐缩小。

司法国际标准是为了在世界范围内进行广泛适用而制定的标准，我国应当结合国情积极地在刑事诉讼实践中遵行这些标准，并且进一步完善我国诉讼立法，解决好国内法与国际法的冲突问题，以便使诉讼法律和司法实践都能够与司法国际准则相协调，从而促使我国刑事诉讼制度进一步法治化、民主化和科学化，更有效地保证实现司法公正。国内法与国际法的冲突乃是国家意志本身存在的冲突，解决冲突的最好办法是避免发生冲突，则在制定国内法时应当顾及国际法的需要，而在签署或者加入国际法时应当考虑到国内法的规定，必要时提出保留，以排除或者改变将该条约的某些规定适用于该国的法律效果。就司法国际准则而言，在我国实施这些国际准则的条件已经基本成熟，基本上没有必要加以保留，因此，要避免国内法与国际法的冲突，使我国现有的诉讼法律制度符合司法国际标准，应当对我国现行的诉讼法律制度作出修改、补充和完善。

总的来说，司法现代性表现为将司法制度建立在越来越多的对司法活动规律的发现上，一系列司法活动规律被概括为一些言简意赅的司法原则、司法规则和诉讼权利，司法独立、反对强迫自证其罪的权利、禁止双重危险、无罪推定、证明责任等，都是人类长期摸索、总结出来的符合诉讼规律的原理性认识。贝卡利亚在《论犯罪和刑罚》一书中开篇就警示人们：“人们只有在对生存和自由来说最重要的问题上成千上万次地走出了迷途以后，只有当他们受尽了极端的苦难而筋疲力尽以后，才动手消灭压迫他们的无秩序状态，并且开始理解最显而易见的真理。”① 法律发展的后进者存在一个优势，就是不必花费像当初人们发现这一规律时那样付出那么大的代价，可以直接借鉴、吸收，加以应用。对这些规律性

① ［意］切查列·贝加利亚著：《论犯罪和刑罚》，西南政法学院刑法教研室1980年翻印本，第6页。

认识进行理解并不需要高超的智慧，只需要公允地加以对待和不怀私心地予以借鉴、吸收。

三、全球化作为一种趋势

“全球化”（globalization）这个词，在20世纪80年代中期以前虽然已有人在使用，但直到80年代后5年才越来越多地被使用起来。全球化意味着对于“世界是一个整体”的意识增强，西方学者用世界的“压缩”（compression）或者“收缩”（shrinking）一词加以表达，将世界视为一个地球村（global village），也就是人们常说的“世界真小”、“世界是越来越小了”，它促使“全球共同体”观念的形成，全球化意味着全球文化走向同质化。全球意识是与整体的世界保持一致的自觉意识，人们越来越认识到，“走向世界统一性（global wholeness）的趋势毕竟是不可抗拒的”[①]。

在21世纪，“现代化”的概念可能成为与“全球化”或者与“达到国际标准”的内涵相同的概念。

现代化最早是与“西方化”相同义的。马克斯·韦伯在《宗教社会学论集》的序言中列举了具有现代性的各个要素，如“达到了被认为普遍准确的阶段的科学”、“属于罗马法及其源流的西方法的严密的法学图式和思维方式”、“报纸及杂志”、“对学问的合理化、体系化的专门经营”、“现代国家和现代经济的柱石——专职官僚”、“与父权家长制相对比意义上的身份国家”、“由定期选举出的议员组成的议会”、“拥有合理制定的宪法和合理制定的法律、具备了指向合理制定的规则即法规的专职官僚行政的、政治组织这一意义上的国家”，等等。他指出，所有这些，都是在现代的西方产生出来的。[②] 日本学者富永健一认为，创造它们的行为动机可以归结为科学精神、资本主义精神、平等主义精神和合理主义精神中的任何一种精神，“我们必须作为事实来承认，正如韦伯所言，这些东

① ［美］罗兰·罗伯森著，梁光严译：《全球化：社会理论和全球文化》，上海人民出版社2000年版，第11～37页。

② 参见［日］富永健一著，董兴华译：《社会结构与社会变迁》，云南人民出版社1988年版，第194页。

西都是在15—16世纪到18—19世纪的西方，而且仅仅是在那里自生地创造出来的。"[①] 因此，在最初以及后来很长一段时期，现代化意味着取法西方国家，学习其先进思想、制度和科学技术。

当今世界各国，由于文化传播的手段更加便捷，文化交流日益频繁，世界大部分地域普遍接受了先进文化的洗礼，许多国家的发展足可与西方国家一争轩轾。在21世纪，经济一体化、政治区域化在促成政治一体化方面的作用将更加明显。此际，现代化将不再仅仅意味着取法西方，向西方看齐，而是以可尊重的平等一员的身份融入国际大家庭，意味着需要达到与这个家庭的其他成员"平等"的标准，那就是国际标准。

不难预见，在经济一体化的影响下，世界各国的法律制度的特征性内容将愈加趋同。法国学者勒内·罗迪埃尔认为世界各国的法律规则和制度有着步向统一的趋势："在主要是由人种的不同起源和人民所处的历史地理条件所构成的特殊背景下，人类的共同需要却又造成趋于统一的图景。在这个统一方面，鼓励着各种人群的思潮在比较文明的世界里不断传播。" "对外国法律体系的了解，把它们同本国法律规则进行比较，自然导致这种统一。"[②] 国际社会通过国际法律文件将在司法中应当遵循的准则确定下来，提供给世界各国"作为所有人民和所有国家努力实现的共同标准"，促进对权利和自由的尊重，使这些权利和自由得到普遍和有效的承认和遵行。[③] 国际法所确立的包括司法国际标准在内的法律标准将为这种趋同发展提供最大助力，世界不同法系将继续互相吸收、融合，建立在国际标准基础上的各国司法模式将得到进一步发展和完善而变得更加文明和科学。很显然，司法国际标准的制定，将使近现代社会由于在文化传播中进行法律移植引起的法律趋同化的趋势进一步加强。法学也将在新的信息技术手段的辅助下，交流愈加便利和频繁，这对法律移植将起到更加有力的促进作用。

各国诉讼法的发展，将立足于司法公正。公正意味着公平、正义，它是诉讼法制的重要价值，是司法活动的生命，对纠纷的解决和个人权利的保障以及实现具有决定性影响。诉讼法制的公正性是指诉讼法制本身应具有公正的品格，符合

---

① 参见［日］富永健一著，董兴华译：《社会结构与社会变迁》，云南人民出版社1988年版，第194页。

② ［法］勒内·罗迪埃尔著，陈春龙译：《比较法概论》，法律出版社1987年版，第11～15页。

③ 《世界人权宣言》序言。

公正的标准。这一法律上的公正需要由从事司法活动的人员严格遵守和正确运用，才能在实践中得到充分体现。

诉讼法律制度的公正性，并不是言人人殊的不确定物。在当代社会，带有全球化意义的诉讼法律的发展，将建立在司法公正的国际公认标准之上。诉讼法律制度需要满足国际社会确立的标准，这是实现诉讼法律制度全球化的基本途径。这些标准，是人们经过漫长的司法运作发现和总结出来的。一般认为，符合这些标准的诉讼法律制度和司法活动才能被认为是符合平等、正义的现代法治精神的。这些标准在一些现代文化的先进国家（古罗马、英国、法国、美国等）率先得到实现，并随同法律文化传播而影响了现代文化的后进国家。随着法律移植涉及的国家、地区越加广泛，司法公正的各项标准得到越来越多国家和地区的认同，进而成为国际社会确立司法国际准则的依据。无论未来世界的文化是趋同还是更加多元化，以这些标准——它们业已成为现代诉讼法制文明的标志——作为诉讼法律制度的基本框架，是没有疑问的。

在法律制度层面上，全球化意味着人们走过了太多的弯路，付出了太多的代价，终于认识到那些显而易见的真理，为了避免让人类重蹈覆辙，他们要求将世界文明推进到人类现在能够达到的高度，并且向迈进更加文明、人道、自由的社会而努力。中国的法律人——立法者、司法者、法学者和其他所有参与法律活动的法律职业者，应当认识这一点，以开放的心灵和广阔的胸襟，共同推进诉讼法律制度的发展进步，这不仅是中国之幸，也是对世界和平和世界文明作出的贡献。

第八节 当前我国诉讼法律移植中存在的问题

我国当前的司法改革，许多内容与法律移植有关。在改革当中，存在两大问题：一是在对外国法学理论和法律制度的理解上，存在“形式主义的谬误”的问题；二是一些地方法院自发地进行法律移植，违背了“法律的正当程序”的精神。

一、形式主义的谬误

林毓生先生在“中国人文的重建”一文中检讨了国人对西方“理性”与

“民主”的浮泛理解，指出：“把外国的东西当做权威，常常会变成口号。”“把另外一个文化的东西当做口号是相当简单的，但口号式的了解并不是真正的了解。”他进而阐述了“形式主义的谬误”（formalistic fallacy）的概念：形式主义的谬误是指只看事情表面的谬误和口号式地理解一些名词。“假若我们根据的东西只是一些口号而我们又不知这些口号里面的含义与后面的历史背景，亦即不晓得这几个名词真正意义的时候，我们常常把我们想象出来的意义投射到这几个口号上。我们常常会根据我们的观点、我们的问题或我们所关心的事情来解释这些名词；这种解释常常与这些名词所代表的思想没有多大关系。”

林毓生先生发现“西方社会科学，因受其基本假定的限制，对人间事物的了解实在是有限的”，因此，提醒大家：在攻读西方社会科学理论之时，要特别注意不要被其术语（jargons）所眩惑，同时要探讨它的基本假设与表面上看去颇具系统性的理论的关系。如果我们对问题本身没有具体而实质的了解，往往会根据对问题片面的了解加以演绎，自然要犯形式主义的谬误。犯了形式主义谬误的人，却不自觉地以为他根据形式建构所得到的“了解”是实质的了解。

在我国的法学研究中，比较的方法是常见方法。借用西方政治学、法学、社会学中的理论、术语也早已成为时尚，无可厚非。但随着法学研究的进一步繁荣，避免堕入林毓生先生批评过的“形式主义的谬误”之中，是应当予以注意的问题。近年来，无论是法学研究还是司法实践中，都会时常听闻一些言之凿凿的说法，细推究起来，不少说法并非深思熟虑的结果，有的甚至是人云亦云、妄自臆测或者自以为是的东西，“形式主义的谬误”并非鲜见之物。例如，有的学者在借用马克斯·韦伯“形式理性”一词的时候，将“形式理性”单纯理解为注重程序、注重手段，并持以为论；有的学者从控审分离、“法官不能成为第二公诉人”的预设前提出发，否认法院有自主适用法律选择与指控不同罪名给被告人定罪的权力，甚至想当然地认为西方各国莫不禁止法院这样做，皆有犯了形式主义谬误之嫌。

不仅学术研究如此，司法实践中，形式主义的谬误也不鲜见。有关机关就执行刑事诉讼法所作司法解释中不分具体情况在法庭审判中一概禁止诱导性询问的规定；在已经废止的一则民事诉讼法的司法解释中，不分具体情况一概禁止采纳未经对方同意私下录制的录音带、录像带的证据能力，就是如此。

在办理具体案件中也不乏形式主义谬误的实例，如某高级法院判决的一起计算机软件侵权纠纷案件后，主审法官针对该案中“陷阱取证”问题对记者发表谈话，云：我国民事诉讼中不应该提倡“陷阱取证”，因为这种方式容易侵害公民的基本人权，只能由侦查机关行使。该法官似乎认为在刑事诉讼中对于公民陷阱取证应当采取绝对禁止的方式，并且对公民取证合法性的限制应当严于侦查人员。实际上，一些国家的立法例恰恰相反，对于“陷阱取证”的限制往往加之于侦查人员而不是公民个人。在美国的刑事诉讼中，诸如排除规则之类的规定，其目的是遏制执法中的违法行为和保持司法体制的完美无瑕，由公民个人而不是政府官员非法取得的证据能够为法庭所采纳。在美国 1921 年伯尔弟诉麦克多维尔（Burdeau v. McDowell）案件中，一个平民从另一平民那里非法扣押了某些文件并将它们提交给政府。对此法院裁决：“由政府掌握这些文件并未造成政府当局损害上诉人权利的局面，我们认为基于与政府并无干系的公民个人错误地取得这些文件的事实而阻止这些能够证明犯罪的文件用于控诉犯罪是没有理由的。”对于这类判决及其表达的司法理念，我们是否清楚地了解呢？我们是否在通晓国外的立法例及其价值取向之后作出的理性选择？我们对待证据取舍问题是否采取了务实的态度，该不该采取务实的态度呢？

又如，郑州市中原区法院借鉴英美法系的“判例”制度，规定审理同一类型的案件，法官应当参照先例作出裁决。事情的起因是，4 年前，被人称为郑州打假“三剑客”之一的葛某，在 3 家不同的公司购买了同一种治疗性病的假药，然后分别在郑州市 3 个区法院起诉索赔，结果 3 个法院适用了不同的法律，出现了 3 种不同的判决。另一起案件中，刘某在河南泰隆商场购买了假“莎提萱琳”女式长、短裤各一条进行索赔，2001 年 6 月 12 日，郑州市中原区人民法院判定刘某为消费者，要求河南泰隆商场实施双倍赔偿。这起案例被中原区法院列为“先例判决”。这也就是说，以后，但凡是同类型的案例在该法院起诉，法官原则上都得照此判决进行。媒体称，对于一直沿用欧洲大陆以及苏联模式依制定法审判案件的中国法院来说，这是第一起按英美法律体系的“先例判决”原则进行审判的案例。按照郑州市中原区法院的说法：“所谓‘先例判决制度’，是指把经过一定程序确认的生效判决作为‘先例判决’，指导今后同类案件的处理。建立该制度旨在强化审判委员会的指导作用，规范法官自由裁量权，帮助法官正确使用法律，实现‘公正与效率’。”中原区法院就实行“先例判决制度”所下发的文件上规定：“新类型案件；具有一定代表性的案件；对审判技巧、运用证据、适用法律等具有一定指导意义的案件；对本院审判工作具有一定指导意义的其他案件。”文件还规定：本院合议庭及独任审判员在审理同类案件时应当参照先例判决作出裁判。不参照先例判决裁决裁判的，应当提出理由并报请审判委员会讨论决定。有法学者指出，这项改革超越了基层法院的权限。北京大学法学院教授贺卫方认为：“就算在英美法系国家，能够创立具有约束力的先例的也只是上诉法院和最高法院，而非基层法院。中原区法院的先例判决规定法官遇到同类型案件时有先例要按先例执行，这就意味着那些先例对法官具有约束力，但在现行的法律中，没有任何法律规定判例具有约束力。中原区法院用《人民法院组织法》相关规定作为理论依据，这样的理由是勉强的。”贺卫方还指出，一个法院特立独行地宣布要遵循本院的司法先例，不仅是对立法权的蚕食，而且会伤害法制的统一。先例判决虽然只在一家法院进行，但它不仅仅牵涉一家法院的辖区，因为到本院打官司的当事人不仅仅来自本院的辖区，判决也会影响到外地、外省甚至国外，因此要非常慎重。显然，这项“改革”也有“形式主义的谬误”之嫌。

显而易见，“形式主义的谬误”往往是基于对西方学术或者司法实践中的理论、术语的口号式理解形成的。破除这些谬误的方法，是对西方的理论和司法实践进行精密研究，避免人云亦云、望文生义和以偏概全，只有这样，才能减少或者避免“形式主义的谬误”，并保障司法公正的实现。

二、违反正当程序进行的自发移植

我国的诉讼法律移植在某些方面举步维艰，在某些方面又快得令人目不暇接。人民法院自发移植“辩诉交易”制度就是突出的例子。

2002 年 4 月，黑龙江省牡丹江市铁路运输法院尝试采用“辩诉交易”制度审结了一起刑事案件。在这一起案件中，被告人孟某因涉嫌故意伤害被捕，检察机关认定孟某的行为是造成被害人重伤的主要原因，但由于其他犯罪嫌疑人在逃，且收集证据困难，在辩诉双方存在严重分歧的情况下，辩诉双方达成交易：辩方同意认罪，并承担民事责任；控方同意建议法院对被告人适用缓刑从轻处罚。牡丹江铁路运输法院对协议严格审查后予以确认，此案开庭仅用了 25 分钟。

“辩诉交易”制度的移植是对英美诉讼法律制度艳羡的直接产物。牡丹江市铁路运输法院院长谈起这次尝试时说，采用“辩诉交易”尝试的倡导者是牡丹江铁路中级法院和省高院，有关领导去美国考察过辩诉交易的情况，他们手头正好有这样的案子，所以试行了辩诉交易。

辩诉交易确实体现了某种“合理的可接受性”，它是检察官与被告人或者他的律师进行协商从而达成双方均可接受的诉讼活动——检察官愿意降低指控罪名或者从轻求刑来换取被告人认罪；被告人愿意以认罪来换取检察官降低指控罪名或者从轻求刑。该项交易所达成的协议经法官采纳后才可以生效；如果法官拒绝接受，则该案将按普通程序进行审判。在辩诉交易中，为控诉方作出牺牲的，是案件的真实发现，人们称辩诉交易罔顾被害人一方的利益，其原因恰恰植根于此。通常，被害人一方就不认为这一协议具有“合理的可接受性”。

事实上，美国的辩诉交易是在对抗式诉讼效率过分低下、案件大量积压、金钱耗费惊人的情况下产生的，这种诉讼制度的存在还与对抗制诉讼的结果对于控辩双方来说具有高度的不确定性、被告人在自愿认罪被看做是与民事诉讼当事人的自认具有同等的不需要进行证据调查的效力等因素有关，它是在这些因素的作用下被接纳的。

我国刑事诉讼中没有这一制度。在我国，总的来说，实际并不存在实行这一制度的内在机制和压力。我国诉讼中存在高度的可预见性。刑事司法活动中注重实质真实发现，只有被告人认罪没有其他证据的，不能认定其有罪和判处刑罚。而辩诉交易则是以形式发现主义为基础的，只要被告人认罪而且此一认罪是出于自愿的，基于人的理性预设，就不必进行法庭调查直接进行量刑。这种做法明显异于我国以及大陆法系国家刑事诉讼的基本精神。

事实上，在我国，辩诉交易的基本条件也不具备，贸然采行这一制度，就容易酿成冤错案件。要实行辩诉交易制度，至少有两个条件需要满足：一是切实保障有罪供述的自愿性，杜绝刑讯逼供（包括侦查阶段的刑讯逼供）和其他非法获取口供的做法，辩诉交易得以成立的前提之一是被告人的有罪供述系自愿作出的，如果是在某种压力下作出的供述，就不能保证判决的正确性，在我国刑事司法中刑讯逼供现象还普遍存在，在不少地区还相当严重，因被告人在法庭上作了有罪供述就不再进行法庭调查，直接根据其供述进行定罪量刑，对于实体公正是一种鲁莽的冒险行为。二是实行强制辩护制度，有律师参与，使被告人的认罪能够事先争得律师的意见，保证认罪确实能够为其带来益处，否则一个理性的人应当选择不认罪。不具有必要的条件，贸然实行辩诉交易程序，容易造成冤错案件。

辩诉交易制度将案件的实体处理权交给控辩双方加以实际控制，或者给控辩双方以影响案件实体处理的很大能力，这种制度“扩大了公诉人的自由裁量权，增加了滥用的可能性。因为协商不是在法院之内进行的，法官不能对这些条件像他们审理这些案件那样进行指挥”。而且“它允许被告避开了更为严厉的惩罚”①。

当前我国司法腐败的问题相当严重，尚未得到很好的遏制，在整个司法环境没有得到根本治理的情况下实行“辩诉交易”容易为司法腐败开辟出新的门径，而我国人情化的社会氛围可能会起到助长这种腐败的作用。一些地方法院自发移植外国——主要是美国诉讼法律制度的做法，足以引起人们对与此有关的深层问题的思考。

我国立法机关掌握改变法律规定的权力，这项权力是一项积极权力；审判机关只有执行法律并为了满足这一功能而解释法律的权力，这项权力是一项消极权力，审判机关并没有改变法律规定或者另行规定的权力；同样作为司法机关的检察机关的权力虽然是积极的，但这项权力也没有创设新的法律的内容。普通程序简易化审理和辩诉交易的做法都是没有法律依据，而且是在与现行有效的法律直接冲突中进行的，司法机关根据自己的价值判断或者便利的考虑突破了司法者的界限，变成了既执法又立法的角色，造成国家权力的界限变得模糊不清，破坏了各项国家权力配置的格局。

司法机关认为法律需要进行修改或者补充，应当向立法机关提出立法建议；如果进行“司法改革”试点，应当在模拟案件中实施；如果在真实案件中实施，至少需要经过立法机关的特别授权。不能未经立法或者立法机关的特别授权而撇开现行有效的法律另搞一套。不顾法律规定进行改革，只能破坏现代法治国家的格局，而且必定会动摇人们对法制的信心。

当前以“司法改革”为名义进行的辩诉交易，一个突出问题是抛开现行有效的刑事诉讼法而另起炉灶，这种做法直接违背了现行有效的法律规定。进行

① ［美］彼得·G. 伦斯特洛姆编，贺卫方、樊翠华、刘茂林、谢鹏程译：《美国法律辞典》，中国政法大学出版社 1998 年版，第 191 页。

"辩诉交易"显然违背了我国刑事诉讼法规定的"事实清楚，证据确实充分"的证明标准，违背了我国刑事诉讼法关于法庭调查、法庭辩论的规定，也就是说，建立在"辩诉交易"基础上的判决是违法（程序法和证据法）判决。对于这一判决，上级检察院应当以审判监督程序提出抗诉，上级法院和上级检察院应当以审判监督程序加以改判，如果上级检察院和上级法院该作为而不作为，则我国的刑事司法陷入了"正当程序"危机当中——违反现行有效的刑事诉讼法的判决被认可，没有切实能够发挥功效的机制去纠正建立在违反法定程序和证明标准的判决。

显然，在我国当前司法改革的过程中，有必要在全国建立一个"司法改革委员会"，专门研究司法改革、包括法律移植问题，深入司法机关进行调研，收集、听取各界对司法改革的建议和意见，适时统一提出司法改革的方案，交全国人民代表大会或者其常务委员会修改现行法律或者制定新的法律，从而结束地方司法机关违反现行法律规定、自发进行所谓"司法改革"的混乱局面，维护国家法制的统一格局，增进人们对法制的信心。